Comentário Esperança

Hansjörg Bräumer

Gênesis I

Comentário Esperança

1ª edição

Tradução: Doris Körber

Curitiba
2016

ESPERANÇA

Gênesis I
Comentário Esperança
Hansjörg Bräumer

Título do original em alemão:
Wuppertaler Studienbibel
Das erste Buch Mose

Copyright © 2005 R. Brockhaus Verlag, Wuppertal
Coordenação editorial: Walter Feckinghaus
Tradução: Doris Körber
Revisão: Josiane Zanon Moreschi
Capa: Sandro Bier
Editoração eletrônica: Josiane Zanon Moreschi
1ª edição brasileira: 2016

COMENTÁRIO ESPERANÇA
Antigo Testamento

www.comentarioesperanca.com.br
contato@comentarioesperanca.com.br
facebook.com/comentarioesperanca

Dados Internacionais de Catalogação na Publicação (CIP)
(Câmara Brasileira do Livro, SP, Brasil)

Bräumer, Hansjörg
   Gênesis I : comentário Esperança / Hansjörg Bräumer ; tradução Doris Körber. -- 1. ed. -- Curitiba : Editora Esperança, 2016.
   Título original : Das erste Buch Mose
   Bibliografia.
   ISBN 978-85-7839-152-2
   1. Bíblia. A. T. Gênesis - Comentários I. Título.

16-07206   CDD-222.1107

Índice para catálogo sistemático:

1. Gênesis : Comentários 222.1107

O texto bíblico utilizado, com a devida autorização, é a versão Almeida Revista e Atualizada (RA) 2ª edição, da Sociedade Bíblica do Brasil, São Paulo, 1993.

É proibida a reprodução total ou parcial sem permissão escrita dos editores.

Publicado no Brasil com a devida autorização e com todos os direitos reservados pela:

Editora Evangélica Esperança
Rua Aviador Vicente Wolski, 353 - CEP 82510-420 - Curitiba - PR
Fone/Fax: (41) 3022-3390
comercial@editoraesperanca.com.br - www.editoraesperanca.com.br

ESPERANÇA   editores cristãos

Sumário

QUESTÕES INTRODUTÓRIAS

Orientações..11
Índice de abreviaturas..13
Prefácio..15
Prefácio do autor..16

COMENTÁRIO

PARTE 1 – Capítulos 1 a 11

A. INTRODUÇÃO..17
I. O PENTATEUCO...17
II. TRADIÇÃO ORAL E ESCRITA..18
III. O INÍCIO DA CRÍTICA BÍBLICA..19
IV. SOBRE A REFUTAÇÃO DA TEORIA DAS FONTES................20
    1. Os diferentes usos dos nomes de Deus...21
    2. A diversidade de linguagens e estilos...22
    3. Contradições e pontos de vista divergentes..................................22
    4. Duplicatas e repetições..22
    5. Elementos compositivos de ligação...22
V. LIBERDADE NO MANUSEIO DA PALAVRA DE DEUS...........23
    1. A tradução...23
    2. A correlação do texto...23
    3. O contexto geográfico e histórico do texto...................................24
    4. O significado cultural do texto...24
    5. A história da interpretação do texto...24
    6. A exegese das palavras..24
    7. A formulação da mensagem..24
VI. A DECISÃO DA FÉ: UMA RESPOSTA AOS DESAFIOS LANÇADOS PELA CIÊNCIA..25
    1. Ciência com Deus e sem Deus..25
    2. Criação e formação..26
    3. O evolucionismo e o relato bíblico da criação..............................27
    4. A boa consciência científica..29
    5. A fé em um Deus pessoal..30
B. INTERPRETAÇÃO...32
I. A CRIAÇÃO DO MUNDO: 1.1 – 2.3..32
    INTRODUÇÃO: A criação é fato: 1.1..32
    1. O primeiro dia: 1.2-5...34
    2. O segundo dia: 1.6-8..39
    3. O terceiro dia: 1.9-13...40
    4. O quarto dia: 1.14-19...42

5. O quinto dia: 1.20-23	43
6. O sexto dia: 1.24-31	45
7. O sábado da criação: 2.1-3	52

II. A CRIAÇÃO DO SER HUMANO E SUA EXPULSÃO DO PARAÍSO: 2.4 – 3.24...55
    INTRODUÇÃO: O ser humano, criatura central do mundo: 2.4......55
    1. O ser humano feito de pó e fôlego de vida: 2.5-7...........................57
    2. O jardim do Éden: 2.8-14...59
    3. A tarefa do ser humano no jardim do Éden: 2.15-17.....................61
    4. A criação da mulher e a instituição do casamento: 2.18-25.........63
    5. O pecado do ser humano: 3.1-7..69
    6. O juízo: maldição, castigo e graça: 3.8-21..74
    7. A nova ação de Deus: 3.22-24..81

EXCURSO I: O velho e o novo Adão. – Atalho para a morte
e porta para a vida..83
        1) Cristo, o antítipo de Adão...83
        2) Homem e Filho do Homem...84
        3) A imagem de Deus e a imagem de Jesus Cristo........................85
        4) A porta para a morte e a porta para a vida................................87
            a. A nova vida começa com vestir "roupas novas"..................88
            b. A nova vida fundamenta um novo relacionamento
                entre homem e mulher..89
            c. Ameaça pela culpa...89

III. CAIM E ABEL: 4.1-26...90
    INTRODUÇÃO: Dois irmãos diferentes: 4.1-2.....................................90
    1. O fratricídio: 4.3-8..94
    2. As consequências do assassinato: 4.9-16..98
    3. Os descendentes de Caim: 4.17-22...102

EXCURSO II: A origem ajuda o ser humano a compreender:
sobre o sentido das genealogias..106
        1) A sequência das gerações..106
        2) A origem do ser humano..107
        3) A força da bênção...108
        4) O surgimento de cultura, arte e tecnologia.............................108
        5) As genealogias da História universal e sua continuação......109

    4. O cântico de Lameque: 4.23-24...110
    5. O nascimento de Sete e Enos: 4.25-26..112

IV. DE ADÃO A NOÉ, 5.1 – 6.8..114
    INTRODUÇÃO: O livro das gerações, 5.1a...114
    1. As dez gerações de Adão até Noé, 5.1b-32....................................114
        a. Adão..116
        b. Sete...116
        c. Enos..116
        d. Cainã..116
        e. Maalalel..117
        f. Jarede..117
        g. Enoque...117

	h. Metusalém..119	
	i. Lameque...119	
	j. Noé...119	
	2. Os filhos de Deus e as filhas dos homens, 6.1-4...120	
	a. A interpretação dos anjos...120	
	b. A interpretação dos casamentos mistos...122	
	c. A interpretação humana geral..123	
	3. Castigo para os rejeitados e graça para Noé, 6.5-8..128	
V.	O DILÚVIO, 6.9-9.29...130	
	INTRODUÇÃO: Noé andava com Deus, 6.9s..132	
	1. A irrupção do juízo, 6.11-7.24...133	
	a. A terra corrompida, 6.11s..133	
	b. A incumbência da construção da arca, 6.13-22..............................134	
	c. A convocação para entrar na arca, 7.1-5..138	
	d. A entrada na arca, 7.6-9..140	
	e. O começo do dilúvio, 7.10-16...141	
	f. A dimensão do dilúvio, 7.17-24..143	
	2. Os sinais e a palavra de salvação, 8.1-19..144	
	3. A vida na terra renovada, 8.20-9.27..149	
	a. O culto a Deus, 8.2,21a...150	
	b. A paciência de Deus, 8.21b,22..151	
	c. O novo mandato sobre os animais, 9.1-3..153	
	d. A reverência à vida e a pena de morte, 9.4-7.................................153	
	e. A aliança e seu sinal, 9.8-17..155	
	f. O cultivo da terra, 9.18-21..158	
	g. Bênção e maldição, 9.22-27..159	
	FINAL: A morte de Noé: 9.28-29..162	
VI.	A GENEALOGIA DAS NAÇÕES: 10.1-32...163	
	INTRODUÇÃO: Os filhos de Noé: 10.1..165	
	1. Jafé e seus descendentes: 10.2-5...166	
	2. Cam e seus descendentes: 10.6-20..168	
	3. Sem e seus descendentes: 10.21-31..172	
	RESUMO: A palavra sobre as gerações do dilúvio: 10.32........................175	
VII.	A DISPERSÃO DA HUMANIDADE: 11.1-32..175	
	INTRODUÇÃO: A humanidade unida pelo idioma: 11.1..........................176	
	1. Os planos dos seres humanos: 11.2-4..178	
	2. A resposta de Deus: 11.5-9..180	
	3. Os semitas na dispersão: 11.10-30..185	
	a. Sem...187	
	b. Arfaxade...187	
	c. Salá...187	
	d. Héber...187	
	e. Pelegue..187	
	f. Reú..187	
	g. Serugue...187	
	h. Naor..188	
	i. Tera..188	

      j. Abrão e seus irmãos Naor e Harã...188
    FINAL: A caminho de Canaã: 11.31-32...190

PARTE 2 – Capítulos 12 a 24

Prefácio do autor...193

- A. INTRODUÇÃO..194
- I. A HISTORICIDADE DOS PATRIARCAS...................................195
- II. A TERRA DOS PATRIARCAS E SEUS MORADORES................197
  1. Nomes egípcios..199
     - a. Asiáticos..199
     - b. Guerreiros, selvagens..199
     - c. Moradores da areia...199
     - d. Pastores..199
     - e. Terra dos "andarilhos da areia" ou "terra dos estrangeiros"...............200
     - f. Terra ardente e sedenta...200
     - g. Os horeus...200
  2. A terra ocidental (Amurru) e os amorreus..........................200
  3. Autodenominações da população do istmo sírio-palestino....201
     - a. A terra de Canaã..201
     - b. A terra dos hebreus..202
     - c. A terra de Israel...203
     - d. Palestina..204
- III. A TERRA ENTRE AS GRANDES POTÊNCIAS..........................205
  1. Mesopotâmia..205
  2. Egito..205
  3. O reino dos hititas..207
- IV. A ÉPOCA DOS PATRIARCAS..207
      Quadro cronológico...212

- B. ABRAÃO E ISAQUE (comentário)...216
- I. DEUS FALA COM ABRÃO: 12.1-3..216
  1. Farei de ti uma grande nação..218
  2. Abençoar-te-ei..219
  3. Engrandecerei teu nome...219
  4. Tu serás uma bênção..219
  5. Abençoarei os que te abençoarem....................................219
  6. Amaldiçoarei os que te amaldiçoarem..............................220
  7. Em ti serão benditas todas as famílias da terra.................220
- II. ABRÃO OBEDECE A DEUS: 12.4-9..222
- III. ABRÃO NO EGITO: 12.10 – 13.4...230
  1. O caminho para o Egito: 12.10-13....................................231
  2. O perigo: 12.14-16...233
  3. A salvação: 12.17-20..234
  4. A volta para Canaã: 13.1-4...235

IV. A SEPARAÇÃO ENTRE ABRÃO E LÓ: 13.5-18..................................236
    1. A briga: 13.5-7...237
    2. A pacificação e a separação: 13.8-13..................................238
    3. A nova fala de Deus: 13.14-18..239
V.   A LUTA PELA ROTA COMERCIAL: 14.1-24...............................242
    1. A campanha dos quatro reis do Oriente: 14.1-7.................243
    2. A punição dos rebeldes: 14.8-12..247
    3. A libertação de Ló: 14.13-16..248
    4. O encontro no vale do Rei: 14.17-24..................................249
        a. Sobre a história dos nomes: "vale do Rei" e "Salém"......250
        b. Melquisedeque, rei de Salém..252
        c. O encontro entre Melquisedeque e Abrão......................253
        d. Abrão e o rei de Sodoma...255
VI. SINAIS, FÉ E JURAMENTO: 15.1-21..256
    1. O sinal de Deus: 15.1-5...256
    2. A fé de Abrão: 15.6...259
    3. O juramento de Deus: 15.7-21..260
VII. SARAI E AGAR: 16.1-16..265
    1. A briga entre Agar e Sarai: 16.1-6......................................265
    2. O encontro durante a fuga: 16.7-14...................................268
    3. O nascimento de Ismael: 16.15-16.....................................270
EXCURSO I: Os anjos de Deus..270
        1) Os mensageiros de Deus..271
        2) O anjo com a espada...273
        3) O anjo do juízo...274
        4) O anjo de guarda e proteção...274
        5) O anjo intérprete..275
        6) Os santos de Deus..276
        7) O arcanjo...277
VIII. A ALIANÇA DE DEUS COM ABRAÃO: 17.1-27...........................280
    1. Deus revela seu nome El Shaddai: 17.1..............................280
        a. Deus é suficiente em qualquer situação, em todo sofrimento............283
        b. Deus é suficiente: ele determina os limites....................283
        c. Deus é suficiente: ele determina a medida....................284
    2. Deus estabelece a aliança: 17.2-8......................................284
    3. Deus ordena a circuncisão: 17.9-14...................................286
        a. O mandamento da circuncisão.......................................287
        b. A circuncisão de todos os machos aos oito dias de idade..........288
        c. A circuncisão dos escravos..289
    4. Deus escolhe o herdeiro da aliança: 17.15-22...................291
    5. Abraão obedece: 17.23-27..294
IX. OS MENSAGEIROS DE DEUS EM MANRE: 18.1-16....................295
    1. Os três mensageiros de Deus: 18.1-3.................................295
    2. O convite para a refeição beduína: 18.4-8........................297
    3. A maravilhosa ação de Javé: 18.9-16.................................298

X.	O JUÍZO SOBRE SODOMA E GOMORRA E A SALVAÇÃO DE LÓ: 18.17 – 19.38	300
	1. Deus torna Abraão seu confidente: 18.17-22	301
	2. Abraão intercede por Sodoma: 18.23-33	303
	a. Os pedidos de Abraão	304
	b. A justiça de Deus	305
	3. Os sodomitas não desistem de seu pecado: 19.1-11	306
	4. A catástrofe e a salvação de Ló: 19.12-29	309
	5. As filhas de Ló: 19.30-38	313
XI.	ABRAÃO NA TERRA DE GERAR: 20.1 – 21.34	315
	1. Novo perigo e salvação para o casamento de Abraão e Sara: 20.2-18	316
	a. Abimeleque, o enganado	317
	b. Abimeleque, o obediente	318
	c. Abraão, o intermediador culpado	319
	2. O nascimento de Isaque: 21.1-8	323
	3. A expulsão e a salvação de Ismael: 21.9-21	324
	4. O acordo entre Abraão e Abimeleque: 21.22-34	328
XII.	O "CATIVEIRO" DE ISAQUE: 22.1-24	330
	1. O teste: 22.1 e 2	331
	a. Toma teu filho, teu único filho, Isaque, a quem amas!	333
	b. Vai-te à terra de Moriá!	333
	c. Oferece-o ali em holocausto, sobre um dos montes, que eu te mostrarei!	335
	» A identificação com Abraão	336
	» A idealização do martírio	337
	» Abraão como exemplo	337
	2. O caminho: 22.3-8	340
	a. A decisão de Abraão	341
	b. O silêncio	341
	c. A conversa	342
	3. O sacrifício: 22.9-14	344
	a. Os preparativos para o sacrifício	346
	b. O cancelamento	347
	c. O sacrifício animal	349
	d. O louvor a Deus	349
	» A interpretação tipológica	351
	» A interpretação pastoral	352
	» A singularidade do sacrifício	353
	4. O novo futuro: 22.15-24	354
XIII.	A MORTE DE SARA E A COMPRA DO CAMPO PERTO DE HEBROM: 23.1-20	356
XIV.	OS ÚLTIMOS ANOS DE VIDA DE ABRAÃO: 24.1 – 25.18	361
	1. A corte de Rebeca: 24.2-67	362
	a. O juramento e a primeira oração do servo: 24.2-14	362
	b. As conversas junto do poço e a segunda oração do servo: 24.15-31	366
	c. O pedido por Rebeca e a terceira oração do servo: 24.32-61	368
	d. O encontro com Isaque e o casamento: 24.62-67	372
Bibliografia		375

ORIENTAÇÕES
PARA OS USUÁRIOS DO COMENTÁRIO ESPERANÇA

Com referência ao texto bíblico:

O texto bíblico está impresso em negrito. Repetições do texto bíblico que está sendo tratado também aparecem em negrito.

O itálico é usado apenas para esclarecer as ênfases.

Com referência aos textos paralelos:

A citação abundante de textos bíblicos paralelos é intencional. Para o seu registro foi reservada uma coluna à margem.

Com referência aos manuscritos:

Para as variantes mais importantes do texto, geralmente identificadas nas notas, foram usados os sinais abaixo, que carecem de explicação:

O texto hebraico do Antigo Testamento (também chamado de "Texto Massorético"). A transmissão exata do texto do Antigo Testamento era muito importante para os estudiosos judaicos. A partir do século 2 ela tornou-se uma ciência específica nas assim chamadas "escolas massoretas" (massora = transmissão). Originalmente o texto hebraico consistia só em consoantes; a partir do século 6 os massoretas acrescentaram sinais vocálicos na forma de pontos e traços debaixo da palavra. — TM

Manuscritos importantes do texto massorético:

Manuscrito:	redigido em:	pela escola de:
Códice do Cairo (C)	895	Moisés ben Asher
Códice da sinagoga de Aleppo (provavelmente destruído em um incêndio)	depois de 900	Moisés ben Asher
Códice de São Petersburgo	1008	Moisés ben Asher
Códice nº 3 de Erfurt	séc. 9	Ben Nafthali
Códice de Reuchlian	105	Ben Nafthali

Textos de Qumran. Os manuscritos encontrados em Qumran, em sua maioria, datam de antes de Cristo, portanto, são mais ou menos 1.000 anos mais antigos do que os mencionados acima. Não existem entre eles textos completos do AT. Manuscritos importantes são — Qumran

- o texto de Isaías
- o comentário de Habacuque

O Pentateuco samaritano. Os samaritanos preservaram os cinco livros da lei, em hebraico antigo. Seus manuscritos remontam a um texto muito antigo. — Sam

Targum A tradução oral do texto hebraico da Bíblia para o aramaico, no culto na sinagoga (dado que muitos judeus já não entendiam mais hebraico), levou, no século 3, ao registro escrito no assim chamado Targum (= tradução). Essas traduções são, muitas vezes, bastante livres e precisam ser usadas com cuidado.

LXX A tradução mais antiga do AT para o grego é chamada de "Septuaginta" (LXX = setenta), por causa da história tradicional da sua origem. Diz a história que ela foi traduzida por 72 estudiosos judeus por ordem do rei Ptolomeu Filadelfo, em 200 a.C., em Alexandria. A LXX é uma coletânea de traduções. Os trechos mais antigos, que incluem o Pentateuco, datam do século 3 a.C., provavelmente do Egito. Como esta tradução remonta a um texto hebraico anterior ao dos massoretas, ela é um auxílio importante para todos os trabalhos no texto do AT.

Outras Ocasionalmente recorre-se a outras traduções do AT. Estas têm menos valor para a pesquisa de texto, por serem traduções do grego (provavelmente da LXX), ou pelo menos fortemente influenciadas por ela (que é o caso da Vulgata).
- Vulgata (tradução latina de Jerônimo)   a partir do ano 390
- Copta   séculos 3-4
- Etíope   século 4

ÍNDICE DE ABREVIATURAS

1. Abreviaturas gerais

AT	=	Antigo Testamento
cf.	=	conforme
col.	=	coluna
gr	=	grego
hbr	=	hebraico
km	=	quilômetros
lat	=	latim
LXX	=	Septuaginta
NT	=	Novo Testamento
par	=	texto paralelo
p.ex.	=	por exemplo
pág.	=	página(s)
qi	=	questões introdutórias
TM	=	Texto Massorético
v.	=	versículo(s)
vol.	=	volume

2. Abreviaturas de livros

Bill	=	Kommentar zum Neuen Testament aus Talmud und Midrasch, H. L. Strack, P. Billerbeck
Bl-De	=	Grammatik des ntst Griechisch, 9ª edição, 1954, Blass-Debrunner
CE	=	Comentário Esperança
Ki-ThW	=	Kittel: Theologisches Wörterbuch
NTD	–	Das Neue Testament Deutsch
Radm	=	Neutestl. Grammatik, 1925, 2ª edição, Rademacher
W-B	=	Griechisch-deutsches Wörterbuch zu den Schriften des Neuen Testaments und der frühchristlichen Literatur, Walter Bauer, editado por Kurt e Barbara Aland

3. Abreviaturas das versões bíblicas usadas

O texto adotado neste comentário é a tradução de João Ferreira de Almeida, Revista e Atualizada no Brasil, 2ª ed. (RA), SBB, São Paulo, 1997. Quando se fez uso de outras versões, elas são assim identificadas:

RC	=	Almeida, Revista e Corrigida, 2009.
NVI	=	Nova Versão Internacional, 2000.
BJ	=	Bíblia de Jerusalém, 1987.
NTLH	=	Bíblia na Nova Tradução na Linguagem de Hoje, 2000.
BV	=	Bíblia Viva, 1981.
VFL	=	Versão Fácil de Ler, 1999.
TEB	=	Tradução Ecumênica da Bíblia, 1995.

4. Abreviaturas dos livros da Bíblia

Antigo Testamento

Gn	=	Gênesis
Êx	=	Êxodo
Lv	=	Levítico
Nm	=	Números
Dt	=	Deuteronômio
Js	=	Josué
Jz	=	Juízes
Rt	=	Rute
1Sm	=	1 Samuel
2Sm	=	2 Samuel
1Rs	=	1 Reis
2Rs	=	2 Reis
1Cr	=	1 Crônicas
2Cr	=	2 Crônicas
Ed	=	Esdras
Ne	–	Neemias
Et	=	Ester
Jó	=	Jó
Sl	=	Salmos
Pv	=	Provérbios
Ec	=	Eclesiastes
Ct	=	Cântico dos Cânticos
Is	=	Isaías
Jr	=	Jeremias
Lm	=	Lamentações de Jeremias
Ez	=	Ezequiel
Dn	=	Daniel

Os	=	Oseias		Gl	=	Gálatas
Jl	=	Joel		Ef	=	Efésios
Am	=	Amós		Fp	=	Filipenses
Ob	=	Obadias		Cl	=	Colossenses
Jn	=	Jonas		1Te	=	1 Tessalonicenses
Mq	=	Miqueias		2Te	=	2 Tessalonicenses
Na	=	Naum		1Tm	=	1 Timóteo
Hc	=	Habacuque		2Tm	=	2 Timóteo
Sf	=	Sofonias		Tt	=	Tito
Ag	=	Ageu		Fm	=	Filemom
Zc	=	Zacarias		Hb	=	Hebreus
Ml	=	Malaquias		Tg	=	Tiago

Novo Testamento

Mt	=	Mateus		1Pe	=	1 Pedro
Mc	=	Marcos		2Pe	=	2 Pedro
Lc	=	Lucas		1Jo	=	1 João
Jo	=	João		2Jo	=	2 João
At	=	Atos		3Jo	=	3 João
Rm	=	Romanos		Jd	=	Judas
1Co	=	1 Coríntios		Ap	=	Apocalipse
2Co	=	2 Coríntios				

Cf. CE Mt pág.... = conforme Comentário Esperança Mateus pág.

Cf. CE Mc pág.... = conforme Comentário Esperança Marcos pág.

Prefácio

A coleção da "Wuppertaler Studienbibel" é uma série voltada para a igreja que lê a Bíblia. Ela parte do princípio de que a Bíblia é a Palavra de Deus, anotada e transmitida por pessoas. Ou seja: seus comentários precisam fazer justiça a esse caráter duplo da Escritura Sagrada. Portanto, ela pressupõe que a Bíblia seja comprovação da fala e da ação divina na Criação e na História, inspirada pelo Espírito Santo e acompanhada e protegida por ele desde sua origem. Ao mesmo tempo, a exegese mantém em vista que a Bíblia, assim compreendida, foi redigida por pessoas em situações e locais históricos e concretos, que por sua vez têm sua própria história (história da tradição, do cânone; dos efeitos, do testemunho).

Por isso, uma interpretação adequada olhará para trás, pesquisando a História. Afinal, a fé baseia-se na realidade da fala e da ação de Deus no mundo. Ele não pode nem quer abrir mão de um esclarecimento preciso a respeito da revelação divina acontecida. Além disso, a interpretação precisa manter-se aberta ao fato de que Deus trabalha na e por meio da Palavra na vida do leitor e ouvinte. Ela acontece, assim, na expectativa por novas mensagens e ações de Deus, que correspondam ao que está relatado no texto.

Na interpretação do Antigo Testamento, isso significa, em primeiro lugar, que é preciso conservar sempre o caráter indicativo do texto veterotestamentário em relação a Jesus Cristo e ao Novo Testamento: a história do Antigo Testamento é vista, à luz do Novo Testamento, como história da salvação. Isso significa também que é preciso demonstrar claramente o aspecto profético do texto, isto é, aquilo que transcende tempo e local de sua dispensação ou acontecimento originais e que, assim, ainda esteja esperando pelo seu cumprimento.

Por fim, todo o trabalho histórico e teológico com o texto não passa de obra "preparatória". A real obra é feita pelo próprio Deus, na medida em que ele nos concede ouvir e compreender o texto como sua Palavra em nós e para nós – e em outros e para outros. Por isso, a interpretação da Escritura Sagrada coloca-se abaixo, e não acima do objeto de sua interpretação. Ela nunca poderá controlar se seu objetivo, o de tornar a Palavra de Deus audível, será realmente alcançado; ela se limita a ser serva e auxiliar nesse processo.

Por isso, uma coisa não pode faltar durante todo o trabalho de interpretação: a oração. Oração durante a leitura, a interpretação e a verificação da interpretação à luz da própria Escritura. Quando isso acontece, escancara-se a porta aos novos conhecimentos e compreensões da revelação divina e da vontade de Deus.

Os editores

Prefácio do autor

A presente interpretação da história primitiva não pretende ser científica. Só tive acesso às fontes extrabíblicas por meio de comentários clássicos sobre a história primitiva e das coletâneas de fontes indicadas na bibliografia.

A primeira etapa da interpretação foi a pregação sobre os textos dos primórdios na Igreja do Bom Pastor, da missão Lobetal, em Celle (Alemanha). O objetivo do comentário para leigos é fornecer ferramentas para ler a Bíblia, ouvir pregações e preparar seus próprios estudos.

Sou grato aos meus professores de Antigo Testamento: Martin Wittenberg (Neuendettels-au); Hans Joachim Kraus (Hamburgo); Gerhard von Rad (Heidelberg – falecido em 31/10/1971); Claus Westermann (Heidelberg) e Walter Zimmerli (Göttingen).

Além da pesquisa feita na Alemanha, minhas viagens levaram-me também às terras bíblicas do Oriente próximo. Amigos em Jerusalém apresentaram-me o trabalho de Umberto Cassuto. Para Cassuto, os cinco livros do Pentateuco formam uma unidade harmoniosa e não há nenhum motivo para duvidar da idade avançada e do valor histórico destes conteúdos.

O trabalho do presente comentário nunca teria sido terminado sem as conversas com minha esposa, Rosemarie (nascida Wernick), e sua múltipla colaboração. Junto com ela, dedico este comentário aos nossos pais:

Herta Wernick (+1945) — Hermine Wernick e Emil Wernick (+1971)

Elise Bräumer e Emil Bräumer (+1952).

As lembranças gratas e permanentes de nossos pais estão especialmente ligadas à interpretação das genealogias, devido a um aspecto: a origem ensina o ser humano a entender.

Minha gratidão também aos editores, à editora e ao sr. Kurt Meinel, que mais uma vez assumiu a tarefa de revisão.

St. Peter, janeiro de 1983

Hansjörg Bräumer

Parte 1 – Capítulos 1 a 11

QUESTÕES INTRODUTÓRIAS

A. INTRODUÇÃO

I. O PENTATEUCO

No começo da Bíblia, a Escritura Sagrada de Deus, encontramos uma obra de História em cinco partes. Seus onze primeiros capítulos descrevem a história da humanidade, a assim chamada pré-História, e depois relata a história de Israel até a morte de Moisés. O grande tema desta obra em cinco partes é a eleição de Israel dentre as nações e sua santificação para o serviço a Deus e para a observação da lei em uma terra escolhida por Deus.[1]

O hebraico denomina os cinco primeiros livros da Bíblia como a "Lei". A palavra hebraica para lei, *torah*, vai muito além do significado da palavra em português. Na verdade, *torah* significa "orientação", "ensino". O verbo que dá origem ao substantivo *torah* significa "estender a mão para apontar".[2] Decorre então que *torah*, lei, é "mais do que um fato, um documento escrito".[3] Quando o Antigo Testamento se refere à lei no sentido mais estrito, usa termos como *dabar* (palavra), *mischpat* (norma legal), *choq* (estatuto) ou *miswa* (ordem). Tendo forma de uma obra de História, a Torá é "orientação de Deus" (Martin Buber) ou "ensino dos atos" (Leo Baeck). É o registro guardado na arca sagrada dentro da sinagoga e lido durante o culto judeu. Para os cristãos, a Torá é um livro histórico, que fala sobre os primórdios da história da humanidade e sobre o começo da história da salvação de Deus. Também para os cristãos, ela é parte indispensável da Bíblia. Menken, pregador do movimento avivalista que atuou em Bremen, no século 19, disse o seguinte sobre os três primeiros capítulos da Escritura: "Se tirarmos os três primeiros capítulos do Gênesis da Bíblia, ela perde seu *terminus a quo* (o momento em que tudo começou); se tirarmos dela os três últimos capítulos do Apocalipse, ela perde seu *terminus ad quem* (o momento para o qual se dirige toda a história)".[4]

A grande obra histórica no começo da Escritura Sagrada divide-se em cinco livros.

O primeiro livro começa com a criação do mundo. Deus coloca o ser humano no mundo que criou, ordenando-lhe que domine a terra, respeitando sempre o limite dado, a árvore do conhecimento do bem e do mal. Tendo imposto condenação pelo dilúvio, Deus salvou por sua misericórdia um remanescente da humanidade, e ordenou-lhe que vivesse pelos princípios básicos da convivência humana e em adoração ao Deus vivo. Da plenitude dos povos Deus escolheu Abraão, permitindo que sua família crescesse e se tornasse um povo de doze tribos, transplantado para o Egito. Desde a época em que o Antigo Testamento foi traduzido para o grego, em Alexandria, este primeiro livro chama-se "Gênesis", o livro da formação.

No segundo livro, até o capítulo 12, verso 36, o local dos acontecimentos é o Egito. Deus salva seu povo da escravidão e resgata-o por meio do milagre junto ao Mar Vermelho. A canção da gratidão pela salvação (Êx 15.1-21) separa a saída do Egito da peregrinação no deserto. Depois de subir duas vezes ao monte Sinai, Moisés recebe de Deus os mandamentos santos. De acordo com as orientações de Deus, constrói-se uma moradia para

---

1 Segal, pg.23.
2 Delitzsch, *Genesis*, pg. 9.
3 Weber, *Bibelkunde*, pg. 27.
4 Citado conforme Delitzsch, *Genesis*, pg. 38.

Javé entre o povo. Isso aconteceu no primeiro dia do primeiro mês do segundo ano. O nome grego alexandrino do segundo livro é Êxodo, o livro da saída do Egito.

O terceiro livro conta a história a partir do primeiro mês do segundo ano no deserto. É o livro das ordenanças levíticas e, por isso, tem o nome grego de "Levítico". O livro começa com as leis sacrificiais e contém, entre outras normas, as leis sobre alimentação, a série de leis sobre pureza e impureza e o ritual do grande Dia da Reconciliação.

O quarto livro começa com os preparativos para a viagem do povo em direção à terra prometida. É o livro da rebelião de Israel contra seu Deus, e contém o relato dos quarenta anos de peregrinação no deserto. Por causa da contagem do povo realizada no 2º e no 40º ano da saída, ele recebeu o nome de livro das contagens, "Números".

O quinto livro contém os discursos e as ordens de Moisés do 11º mês do 40º ano da saída. O foco principal é o restabelecimento da lei, a *deuterose* do *nomo*, pela qual o quinto livro recebeu o nome de "Deuteronômio". Ele encerra com a ordem dirigida a Moisés para que subisse ao monte Nebo, para ali morrer.

Como já dissemos, esta grande obra histórica divide-se em cinco partes. O primeiro livro termina com a morte de Jacó e de José. O segundo, o terceiro e o quarto livros terminam sempre com um "encerramento à guisa de assinatura"[5], e o quinto livro termina com a morte de Moisés. No grego alexandrino, esta obra monumental recebeu o nome de Livro dos Cinco Volumes, isto é, "Pentateuco". A divisão em cinco não é casual: por trás dela estão a orientação e a sabedoria divinas. A este "penta-livro", a Torá, respondem os cinco livros nos quais podemos dividir os Salmos, como se fossem "eco do coração da igreja".[6]

O próprio Antigo Testamento menciona várias vezes esta obra histórica quíntupla, a saber *sefer torah mosche* (Livro da Lei de Moisés)[7] ou simplesmente *sefer mosche* (Livro de Moisés).[8] Os livros de Moisés indicam seis trechos que o próprio Moisés redigiu e anotou.[9] Quando a Escritura Sagrada chama os primeiros cinco livros da Bíblia de livros de Moisés, não significa que o próprio Moisés tenha anotado de próprio punho da primeira à última letra, mas antes que Moisés foi o mediador que transmitiu o ensino da lei contido no Pentateuco. Quando o Novo Testamento fala do "livro de Moisés",[10] isso expressa a convicção de que "Moisés é o mediador da lei, por meio de quem Israel se tornou o povo da lei".[11]

II. TRADIÇÃO ORAL E ESCRITA

A força da memória dos orientais, tanto antigos quanto modernos, é diferente da dos habitantes ocidentais. Vinte anos depois de receber as profecias de que Deus o incumbira, o profeta Jeremias ainda se lembrava de cada palavra, de forma que pôde ditá-las

---

5 Delitzsch, *Genesis*, pg. 9.
6 Ibid, pg.9.
7 Js 8.31; 23.6; 2Rs 14.6; Ne 8.1.
8 Ed 6.18; Ne 13.1; 2Cr 25.4; 35.12.
9 1. Êx 20-23 (cf. 24.4,7).
  2. Êx 34.27.
  3. Êx 17.14 (cf. 1Sm 10.25).
  4. Nm 33 (cf. 33.2).
  5. Dt 31.9,24.
  6. Dt 32 (cf. 31.19,22).
10 Mc 12.26; At 15.21; 2Co 3.15 (cf. também Mc 1.44; Mc 12.19; Rm 10.5; Rm 10.19).
11 Delitzsch, *Genesis*, pg. 14.

duas vezes a Baruque, seu servo.[12] Na época do Antigo Testamento, a reprodução oral era livre de suspeitas relacionadas à imprecisão e à questionabilidade. Havia regras muito específicas para transmitir a mensagem de Deus de geração a geração de forma marcante e imutável.[13] Dentro do lar, o pai era responsável pelos rígidos critérios na transmissão da mensagem de Deus. Não há como supervalorizar e superestimar a precisão da tradição oral.

Ao mesmo tempo, não se pode esquecer que Israel entrava em um mundo que já conhecia a palavra escrita dois mil anos antes que os israelitas tomassem a terra prometida por Deus, usando-a em muitas áreas da vida. Isso vale tanto para o Egito e a Mesopotâmia quanto para a Palestina anterior à chegada de Israel. Em El-Amarna, no Egito, havia um arquivo de tábuas de barro e textos de conteúdo religioso, político e científico. Em Ugarit havia verdadeiras escolas de escrita, e na antiga Canaã havia uma cidade chamada de "cidade dos livros", Quiriate-Sefer.[14]

Supõe-se que Abraão, a quem Deus ordenou que saísse da alta cultura da Mesopotâmia, soubesse ler e escrever. E com certeza Moisés e parte do povo de Israel tinham aprendido a escrever no Egito. Naquela época, o Egito já dispunha de um alfabeto completo, com 26 letras. É perfeitamente concebível que as histórias dos patriarcas e outras partes da história da humanidade, que durante muito tempo tinham sido transmitidas oralmente da forma como lemos em Gênesis 1–11, tenham sido registradas por escrito durante a permanência do povo no Egito. E não podemos ignorar a possibilidade de que Israel começou a desenvolver sua própria escrita depois da sua saída do Egito.[15]

A educação que Moisés recebeu na corte do Faraó apresentou-lhe a ciência e também os ensinos secretos reservados à casta dos sacerdotes egípcios.[16] Não podemos subestimar a participação de Moisés no registro e na redação dos textos nos primeiros livros da Bíblia. Com certeza, durante séculos a tradição oral e a transmissão escrita conviveram lado a lado em Israel. Somente descobertas arqueológicas inesperadas no Egito ou no Sinai poderão dar indícios sobre a época em que os primeiros trechos da Bíblia foram escritos. Juntos, a exatidão da tradição oral e o registro precoce dos textos bíblicos formam um testemunho monumental da legitimidade textual das palavras dadas por Deus aos homens. O próprio Deus dotou o ser humano com memória e habilidade de escrita a fim de preservar para sempre a sua santa Palavra.

III. O INÍCIO DA CRÍTICA BÍBLICA

A crítica bíblica encontrou sua origem entre os adversários do cristianismo e da religião da revelação. O primeiro a negar a autoria de Moisés em relação ao Pentateuco foi o filósofo Macarius Magnes (por volta de 403). Em sua obra *Apocriticus* ele afirma que tudo aquilo que é atribuído a Moisés na verdade só foi registrado 1180 anos mais tarde, por Esdras. Também o imperador Juliano (331-363) atribui o Pentateuco a Esdras, fazendo comentários depreciativos sobre Moisés.

Na época da Reforma, Karlstadt (1520) e mais tarde os filósofos Hobbes e Spinoza (1670) negaram a possibilidade da autoria mosaica.[17] Uma série inteira de argumentos apresentados por Spinoza é até hoje considerada válida e comprobatória.[18]

---

12 Jr 36.32.
13 Cf. Êx 12.24-27; 13.8; Dt 4.9ss; 6.6ss,20-25; 11.19; 32.7; Js 4.7-22; Js 22.24-28; Jz 6.13; Sl 44.2; 78.2-6; Is 38.19.
14 Koch, *Formgeschichte*, pg. 102.
15 Delitzsch, *Genesis*, pg. 5.
16 Êx 2.10; At 7.22.
17 Delitzsch, *Genesis*, pg. 15s.
18 Kaiser, pg. 19.

O início da crítica bíblica remonta ao pastor protestante Witter, que em 1711 publicou uma obra em Hildesheim na qual falava de composições poéticas antigas que teriam servido de fonte a Moisés.[19] Aproximadamente na mesma época, o médico francês Astruc (+ 1766) escreveu uma obra que marcou época, na qual fundamentava a hipótese documental. Baseando-se nos diferentes usos do nome de Deus, Astruc discerne dois autores principais no Pentateuco. Goethe escreveu sobre Astruc: "Astruc, médico pessoal de Luís XIV, primeiro aplicou bisturi e sonda ao Pentateuco, e o que mais as ciências já não ficaram devendo a amantes compassivos e anfitriões imparciais".[20] A época crítica tinha começado. No século 18, mesmo homens de origem pietista, como Johann Salomo Semler, foram arrebatados pelo espírito do Iluminismo.[21] Em decorrência da crítica racionalista, a ciência da "Introdução ao Antigo Testamento" ganhou posição própria. Cada escrito do Antigo Testamento deveria ser entendido à luz de seu tempo, e a época de redação de cada um foi determinada com base nos acontecimentos históricos pressupostos em cada um.[22] A pesquisa crítica incluiu nomes como Johann David Michaelis, Gottfried Eichhorn, Hupfeidt, Kuenen e Julius Wellhausen, chegando até Hermann Gunkel, que aplicou a pesquisa de gênero elaborada por antigos filólogos e germanistas aos escritos do Antigo Testamento. Os resultados de quase dois séculos de trabalho no ramo científico da pesquisa introdutória penetraram em quase todas as reflexões teológicas do Antigo Testamento. Otto Weber, que na introdução de sua exegese bíblica diferencia entre "conhecimentos comprovados" e "hipóteses provisórias", enumera a separação de fontes entre os conhecimentos comprovados. Ele também considera que os livros do Pentateuco tenham uma fonte javista e uma fonte eloísta da época dos primeiros reis (aprox. séc. 9 a.C.), assim como a chamada "fonte sacerdotal", que só foi redigida na época de Esdras (séc. 5. a.C.).[23]

Os inúmeros pesquisadores que procuram comprovar a chamada hipótese documental recorrem a cinco argumentos principais:

1. Os diferentes usos dos nomes de Deus;
2. A diversidade de linguagens e estilos;
3. Contradições e pontos de vista divergentes;
4. Duplicatas e repetições;
5. Elementos compositivos de ligação.

IV. SOBRE A REFUTAÇÃO DA TEORIA DAS FONTES

Desde o início, a teoria das fontes foi controvertida. Já no século 19, teólogos como Hengstenberg, Hävernick e Keil reportavam-se a tradições da igreja antiga e das sinagogas. Mesmo teólogos de épocas mais recentes, como Strack, König e Baudissin, não conseguiram aceitar incondicionalmente a teoria das fontes, devido ao seu ceticismo menor em relação à tradição judaica.[24] Atualmente, a teoria das fontes é combatida e contestada por pesquisadores e comentaristas judeus. Em seu estudo sobre a composição do Pentateuco, publicado em 1967 em Jerusalém, M. H. Segal chega ao seguinte resultado: "A teoria das fontes é complicada, artificial e anormal. Ela se baseia em suposições não comprovadas".[25]

---

19 Cassuto, *Documentary Hypothesis*, pg. 9.
20 Citado cf. Delitzsch, *Genesis*, pg. 16.
21 Cf. Kaiser, pg. 19.
22 Sellin, pg. 12.
23 Weber, *Bibelkunde*, pg. 18-20.
24 Sellin, pg. 12.
25 Segal, pg. 22.

Uma das missões de vida do professor judeu Umberto Cassuto foi desacreditar detalhadamente a teoria das fontes. Depois de um extenso estudo prévio, publicado em 1934 em italiano, Cassuto proferiu, em 1940, uma série de oito palestras nas quais falava sobre todos os argumentos usados para fundamentar a teoria das fontes. Ele não apenas postulava a unidade do Pentateuco, mas solidificou esta tese em seus comentários sobre os livros de Gênesis e Êxodo. Não conseguiu terminar o planejado comentário completo sobre o Pentateuco. Os volumes existentes sobre Êxodo e os parciais "De Adão a Noé"[26] e "De Noé a Abraão",[27] escritos antes de sua morte, rejeitam por princípio qualquer tipo de separação de fonte. O comentário escrito por Claus Westermann recorre repetidamente aos resultados da pesquisa de Umberto Cassuto. No capítulo "Formação e significado teológico da pré-História", Westermann discute os "cinco pilares" que, de acordo com Cassuto, sustentam a teoria das fontes. Westermann conclui que Cassuto não conseguiu rebater completamente os argumentos da divisão das fontes. Considera "forçadas" algumas das exposições de Cassuto. Ainda assim, a conclusão final de Westermann é que a recente pesquisa sobre o Pentateuco "reduziu as certezas" da divisão das fontes.[28] Claus Westermann não acompanha os pesquisadores judeus que rejeitam esta teoria por princípio. Mas está naquele grupo de estudiosos do Antigo Testamento que, devido às novas descobertas, passou a lidar de forma muito mais cautelosa com os critérios da divisão das fontes.

O presente comentário quer demonstrar, com ajuda da pesquisa judaica, que é perfeitamente possível prescindir da divisão das fontes. Como a análise integral dos textos leva de volta ao seu verdadeiro sentido e ao contato direto de Deus com as pessoas, não só é possível abrir mão da teoria das fontes, mas até mesmo necessário.

Cassuto refuta de forma suficiente e convincente cada um dos "cinco pilares" que sustentam o edifício da teoria das fontes:

1. Os diferentes usos dos nomes de Deus

Os diferentes nomes para o Deus Onipotente e para Deus, o Senhor pessoal do ser humano, não aparecem somente nos primeiros cinco livros da Bíblia, mas também em toda a literatura hebraica. No entanto, o uso de nomes como Elohim, Javé ou mesmo Javé Elohim nunca é aleatório. A escolha do respectivo nome dado a Deus é feita de forma consciente, para combinar com os requisitos do respectivo raciocínio.

Elohim é o nome mais abrangente de Deus, que se refere à universalidade de Deus e à sua demanda por ser Deus de todos os povos. Elohim é Deus Onipotente, divindade máxima, Criador do Universo, Senhor da natureza, fonte da vida. Elohim refere-se ao Deus do mundo físico.

Javé é o nome usado para Deus quando este se revela ou é invocado como Deus do mundo ético. Javé é o Deus pessoalmente atribuído ao povo de Israel. Javé é o Deus exclusivo de quem crê. Javé é o Deus pessoal.

Javé Elohim, o nome duplo, abrange por um lado a demanda universal de Deus, e por outro lado a existência específica de Deus, aquela que só pode ser reconhecida mediante o pensamento bíblico.

A alternação dos nomes de Deus não indica a existência de várias fontes, mas se trata de escolher o nome correspondente ao contexto e à intenção da Palavra de Deus.[29]

---

26 Cassuto, *From Adam to Noah*, Jerusalém, 1972².
27 Cassuto, *From Noah to Abraham*, Jerusalém, 1974².
28 Westermann, *Genesis I/1*, pg. 764; cf. o parágrafo inteiro: "Os critérios da divisão das fontes", ibid, pg. 764-776.
29 Cassuto, *Documentary Hypothesis*, pg. 15-41.

2. A diversidade de linguagens e estilos

A mudança de estilo e a variedade de idiomas estão ligadas ao assunto e ao conteúdo a ser relatado. Estilo e linguagem de um único autor podem exibir muitas diferenças, dependendo se ele escreve uma genealogia ou um conto. Qualquer pessoa com uma boa percepção do hebraico sabe que as diversas expressões para uma mesma coisa não são uma questão de fontes variadas, mas devem ser atribuídas às peculiaridades do idioma hebraico.[30]

3. Contradições e pontos de vista divergentes

Qualquer intérprete que quiser encontrar um denominador comum na Torá, isto é, no Pentateuco, encontrará contradições e divergências. A Torá não é um tratado filosófico, pois não se dirige apenas à mente, mas também ao coração do ser humano: seu objetivo não é apenas relatar e testemunhar, mas também despertar a fé. Assim, na Torá Deus se apresenta não somente como Onipotente, Deus das nações, nem mesmo somente como Deus de Israel, mas como Pai cuidadoso, aquele que ajuda na dificuldade e ouve as orações. E sempre que o exegeta quiser relacionar Deus com uma única forma de revelação e função, surgirão contradições.[31]

4. Duplicatas e repetições

Quando narrativas e relatos aparecem duas ou três vezes, eles não são simples repetições. Sempre que a Torá traz várias vezes narrativas ou declarações que contenham, em princípio, os mesmos motivos, ela está dizendo a mesma coisa com palavras diferentes, sempre enfatizando um aspecto específico. E não é raro – assim como acontece no duplo relato da criação – que a segunda narrativa pressuponha que as afirmações da primeira já sejam conhecidas.[32]

5. Elementos compositivos de ligação

Nem todas as tradições eram registradas por escrito desde o princípio. Durante muito tempo, tradições orais e escritas conviviam lado a lado, com a mesma autoridade atribuída a ambas. O registro escrito inteiro da Palavra de Deus acarretou a fusão de duas formas diferentes de transmissão. Por isso, constatar a existência de elementos de ligação é tudo, menos prova da existência de fontes diferentes. Os pontos de sutura na obra integral da Torá são simplesmente um indício das duas grandes tradições de transmissão da Palavra de Deus, a tradição oral e a escrita, que coexistiram lado a lado durante séculos.[33]

Cassuto encerra a análise de cada um dos cinco argumentos principais da teoria das fontes com uma declaração estereotipada: "Uma coluna depois da outra é reduzida a pó". Ele resume: "A soma de zero mais zero mais zero etc. nunca é diferente de zero!"[34] O resultado desta pesquisa realizada por um judeu representa um desafio especial para a pesquisa cristã, principalmente na Europa. O detalhamento na interpretação do presente comentário pretende comprovar a solidez e a relevância da pesquisa de Cassuto.

---

30 Ibid, pg. 42-54; cf. também pg. 99: "Disparidades linguísticas, na medida em que realmente existiram, podem ser explicadas com a maior simplicidade recorrendo-se às regras gerais do idioma, à sua estrutura gramatical, ao seu uso léxico e às suas convenções literárias".
31 Ibid, pg. 55-68.
32 Ibid, pg. 69-83.
33 Ibid, pg. 84-97; cf. esp. pg 102ss.
34 Ibid, pg. 101.

V. LIBERDADE NO MANUSEIO DA PALAVRA DE DEUS

Para os cristãos, a Escritura Sagrada não é um livro caído do céu. Também não há nenhum testemunho de que Deus tenha ditado letra por letra todo o seu texto, da primeira à última palavra. Deus deu seu Espírito Santo ao ser humano. Impulsionado por este Espírito de Deus, as pessoas foram capazes de entender, transmitir e anotar a revelação divina.[35]

Deus quis moldar sua palavra por meio de realidades humanas, individuais, locais, históricas e culturais. Além disso, Deus não permitiu que os cristãos do presente recebessem um texto original integral da Palavra de Deus. Assim, o texto básico do Antigo Testamento, o chamado "Texto Massorético", fundamenta-se em textos isolados de vários séculos. Por isso, a Bíblia hebraica tem, ao lado do texto básico contínuo, um aparato abrangente, que reproduz as diferentes formas de leitura dos vários textos transmitidos.[36] Dessa forma, o leitor da Bíblia, especialmente o exegeta, é convocado a esforçar-se para obter a redação correta e a tradução fiel da embalagem terrena da Palavra de Deus. O intérprete encara o texto como ser humano livre e pensante. No entanto, livre não significa ser liberal ou frívolo, e pensar não quer dizer empunhar o bisturi de forma aleatória. Neste sentido, pensar não pode se transformar em espírito de contradição. O ser humano liberto por Deus para a interpretação conhece o segredo: Deus entregou sua Palavra nas mãos dos homens. O ser humano pode retalhar as palavras de Deus, mas também pode ver nela "uma unidade de um Espírito, sentido e objetivo",[37] reconhecendo-a como presente do Espírito Santo.

Em liberdade e responsabilidade diante de Deus, o intérprete percorre sete etapas em seu trabalho:

1. A tradução

O ponto de partida é o chamado "Texto Massorético". Os massoretas eram estudiosos judeus que, no ano 1008, compilaram e publicaram um manuscrito autêntico produzido a partir das fontes textuais disponíveis na época. Os manuscritos e fragmentos listados pelo aparato podem revelar erros de ortografia, audição e abreviação. O tradutor parte do princípio de que as traduções de antigos manuscritos em outros idiomas listados no aparato relativo ao "Texto Massorético" sejam testemunhas significativas, pois elas teriam à sua disposição manuscritos mais antigos do que tinham os massoretas. O tradutor também está consciente do fato de que a simples escolha de palavras na tradução já implica certa medida de interpretação. Por isso, a tradução final é o resultado final da interpretação.

2. A correlação do texto

Fazendo um corte longitudinal, o intérprete estabelece a correlação do texto específico com o contexto geral do livro ao qual ele pertence. Nenhum texto bíblico é um bloco isolado, mas sempre parte de um todo. Ao corte longitudinal soma-se o corte transversal, a busca por trechos paralelos na Escritura Sagrada, que possam ajudar a compreender melhor o texto em questão.

---

35 Cf. 2Pe 1.21.
36 Würthwein, pg. 15-37; Kahle, pg. 89-91.
37 Delitzsch, *Genesis*, pg. 35.

3. O contexto geográfico e histórico do texto

A Palavra de Deus não está suspensa no ar entre o céu e a terra, mas foi ao encontro da diversidade da vida humana. A Palavra de Deus não requer um espaço especialmente reservado, mas aceita o formato que as realidades sociais tornaram necessárias. A Palavra de Deus não é uma coletânea de teses uniformes: ela reflete sempre a intervenção direta de Deus na vida diária do ser humano.

4. O significado cultural do texto

A Palavra de Deus dirige-se em primeiro lugar a uma geração determinada em uma cultura muito específica. Mas imediatamente depois de sua formulação, fica claro que se trata de mais do que apenas uma palavra em determinada situação histórica. A busca pelo significado original e do seu efeito ao longo dos séculos tornam a Palavra de Deus compreensível, plástica e compromissiva também para o presente.

5. A história da interpretação do texto

Interpretar de forma responsável significa, em primeiro lugar, ouvir: é preciso ler outros trabalhos já publicados sobre o assunto, independentemente de concordar com eles ou não. Somente na segunda etapa chega-se à avaliação crítica. Para tanto, é preciso chegar às premissas, isto é, aos critérios sobre os quais cada intérprete baseou suas conclusões. É preciso procurar as áreas de interesse de cada comentarista e descobrir formas e métodos usados na interpretação. As áreas de interesse de cada comentarista desempenham a função de conhecimento prévio. Em uma terceira etapa, é preciso perguntar-se em que pontos é possível extrair algo positivo da interpretação mesmo que não se concorde com as premissas usadas. Não há interpretação que não possa dar contribuições positivas e que não permita aprender e aplicar determinados detalhes.

6. A exegese das palavras

Nenhuma palavra do texto é óbvia no lugar em que se encontra. Por isso, é preciso considerar e analisar cada palavra. É preciso descobrir o significado básico da palavra, sua origem etimológica e as mudanças históricas pelas quais tenha passado. O princípio da explicação da palavra, isto é, da exegese individual, é devolver cada palavra ao mundo no qual foi pronunciada pela primeira vez: "Quanto mais conseguirmos devolver as matérias ao seu mundo antigo e distante, mais claras e atuais elas se tornam para nós".[38]

7. A formulação da mensagem

Cada um dos tijolos que se tornaram visíveis na exegese individual é usado para compor uma mensagem concreta. A mensagem não se forma a partir de verdades genéricas e mediocridades. Ela é, quer versículo quer parágrafo, Palavra de Deus dirigida ao ser humano especificamente nesta unidade textual.

O exegeta, que se sabe comprometido com os sete passos citados, não despreza, como é possível perceber pelas explicações, os métodos teológicos clássicos. No entanto, ele não se dedica a alguma determinada crítica textual ou literária, à história formal ou tradicional, que no momento seja considerada científica, mas a atravessa. Sua interpretação não é pré-científica nem puramente científica, mas pós-científica, isto é, respeita as etapas científicas sem que a palavra divina da Escritura seja reduzida por isso.

---

38 von Rad, *Gottes Wirken*, pg. 14.

VI. A DECISÃO DA FÉ:
UMA RESPOSTA AOS DESAFIOS LANÇADOS PELA CIÊNCIA

O abismo entre a ciência e a fé bíblica na criação não surgiu a partir da transformação milenar da cosmovisão, mas devido à questão de Deus. O relato da criação do mundo só pode ser compreendido diante do pano de fundo da cosmovisão conhecida no antigo Oriente próximo.[39] O exegeta terá que enfrentar a tarefa de traduzir as declarações bíblicas para a cosmovisão copernicana do conhecimento atual. Esta tradução nem sempre simples funcionou e funciona em muitos pontos específicos. Mas a situação é diferente sempre que se levanta a questão sobre Deus. Aqui as opiniões se separam em duas frentes incompatíveis. Tudo depende da resposta dada a um complexo de perguntas elementares: "Deus é? Onde está Deus? Deus é o Criador? Deus tem o mundo em suas mãos? Mundo e pessoas ganham seu sentido a partir de Deus?"

Estas duas frentes incompatíveis não são a ciência e a fé bíblica na criação, mas a fé e a descrença. No começo da fé há uma decisão consciente em favor de Deus. A descrença pode se manifestar ao evitar e ignorar todas as perguntas por Deus ou ao rejeitá-lo conscientemente. Assim sendo, há cristãos e não cristãos em todas as ciências, tanto intelectuais quanto naturais, na teologia e na biologia. Há teólogos que apresentam interpretações que omitem e escondem a vontade de Deus, e há cientistas cujo pensamento está totalmente permeado por uma certeza: Deus é criador e mantenedor do mundo e do ser humano.

Portanto, a discussão com a ciência não trata da oposição entre teologia e ciência, mas atravessa essas disciplinas para chegar à questão da ciência com Deus e da ciência sem Deus.

1. Ciência com Deus e sem Deus

O teólogo que tiver entregado conscientemente sua vida, seus pensamentos e suas ações a Deus Pai e ao Salvador Jesus conhece três formas de lidar com a Escritura Sagrada. Ao ler a Palavra, ele encontra Deus de três formas: na oração, na mesa de estudos e no púlpito. Na oração, o cristão permite que a Palavra fale com ele, sem tentar extrair-lhe uma aplicação. Ele quer se encontrar com Jesus, seu Senhor, antes de encarar as pessoas e elaborar sua pregação. Na mesa de estudos, o teólogo crente esforça-se para obter a interpretação correta. Ele não deseja apresentar teorias ou histórias sensacionalistas aos leitores de exposições e comentários ou aos ouvintes de suas pregações, mas quer transmitir a vontade de Deus enraizada na Palavra. No púlpito, ele proclama o conhecimento adquirido pela oração e pelo estudo, confiando que a Palavra encontrará o caminho certo e que sua aplicação amadurecerá os ouvintes.[40]

O cristão não pode prescindir de Jesus Cristo, seu Salvador, nem mesmo na interpretação do Antigo Testamento. Ele precisa constantemente testificar que Jesus é o alvo de todos os caminhos e palavras de Deus. O intérprete cristão do Antigo Testamento continua sendo crente em Jesus Cristo.

Transferindo isso à matéria estudada pelo cientista que se decidiu por Jesus Cristo, valem para este os mesmos princípios que para o teólogo cristão. Ambos possuem o mesmo conhecimento fundamental da fé, que Karl Heim resume nos quatro pontos a seguir:

    a. Deus é vivo e pessoal. Ele permeia tudo, e tudo o que existe está diante de sua onipresença.

---
39 Koch, *Reclams Bibellexikon*, pg. 539-540.
40 Bonhoeffer, *Homiletik*, pg. 255.

b. Cada ser humano recebe sua existência pessoal e o lugar que ocupa neste mundo diretamente de Deus.
c. Deus estabelece uma tarefa para o ser humano, na qual este pode se apoiar para resistir a este mundo que o ameaça.
d. Por trás de todos os acontecimentos do mundo e da natureza há um plano. O rumo do mundo destina-se a um alvo final, que neste momento ainda está oculto ao ser humano.

Estas premissas são as premissas da fé. A situação é diferente no caso de cientistas de todas as disciplinas que excluem Deus de seus pensamentos e trabalhos. Suas premissas tácitas são resumidas da seguinte forma por Karl Heim:

a. Não há um Deus vivo pessoal, mas um destino impessoal. A oração é um monólogo ou uma forma de autossugestão. Cada pessoa precisa enfrentar seu destino sozinha.
b. Minha existência pessoal e minha posição no mundo são um acaso sem qualquer sentido.
c. Não há uma "incumbência superior" que leve à ação. O ser humano limita-se a agarrar cegamente um valor entre muitos que lhe pareça momentaneamente agradável, para depois descartá-lo novamente quando se entediar dele.
d. Os acontecimentos naturais são um jogo de poder aleatório, em que o mais fraco é sempre engolido pelo mais forte.[41]

Qualquer intérprete da criação, seja teólogo ou biólogo, tem as duas possibilidades diante de si, e precisa decidir-se por uma delas: uma ciência com Deus ou sem Deus. Estas duas posturas fundamentais estabelecem realidades. Por isso, importa questionar toda e qualquer declaração, até chegar à premissa oculta por trás das exposições e afirmações. Portanto, o debate entre a teologia e a ciência não é de oposição entre ramos da ciência, mas de oposição entre ciência com Deus e ciência sem Deus. Sob esta perspectiva trataremos a seguir sobre problemas como criação/formação e criação/evolucionismo.

2. Criação e formação

As perguntas "O céu e a terra foram ou não criados por Deus? O cosmo é autônomo ou não?" têm duas respostas opostas, absolutamente inconciliáveis.

A primeira resposta é: o cosmo e o mundo foram criados a partir do Espírito de Deus, pelo "Ele criou", o "Ele falou" e o "Ele separou", conforme conta o relato da criação. O mundo é um mundo criado, um mundo com Deus. O mundo e os tipos básicos de seres vivos foram chamados à vida por atos criadores diretos de Deus. As alterações biológicas aconteceram somente dentro das espécies originalmente criadas.

A segunda resposta conta com um cosmo de intenção autônoma e um mundo sem Deus. Ela só conhece tipos de formação mundanos, não divinos. Como Deus é negado, são aceitas somente explicações que sejam conscientemente limitadas ao materialismo. A assim chamada teoria da evolução, por exemplo, considera um desenvolvimento contínuo a partir de inícios minúsculos. A palavra latina evolução significa o mesmo que desenvolvimento e desabrochamento. No começo, aconteceu o chamado "Big Bang", o cosmo começou a se formar; depois veio a evolução geológica da Terra, seguida pela evolução química e por fim pela evolução biológica. A evolução biológica descreve a formação genealógica dos seres vivos, das formas inferiores às superiores, até chegar ao ser humano. "O ser humano está sozinho no Universo e é um produto

---
41 Heim, pg. 247-249.

de um processo material impessoal longo e inconsciente, com possibilidades de desenvolvimento uniformes e compreensíveis. Ele deve isso somente a si mesmo e sua única responsabilidade é consigo mesmo. Ele não é criação de uma força incontrolável ou imprevisível, mas é seu próprio mestre, e precisa decidir e conduzir seu próprio destino".[42]

Cada uma destas duas respostas leva a um sistema científico independente, com uma grande quantidade de sistemas de conhecimento históricos. O primeiro dispõe, além do ensino bíblico sobre a criação, de elementos como a doutrina do absoluto, a doutrina do *logos* e a origem da dialética; o segundo dispõe das leis de evolução e conservação, assim como termos como acontecimento natural do mundo, causalidade, ação motivada e consequência lógica.

A diferenciação entre criação e formação é tão antiga quanto a representação do mundo nas culturas e religiões mais antigas. Desde o começo encontramos representações da criação e da simples formação, na qual coisas e pessoas surgem sem a convocação ou influência de um ser pessoal ou em um tipo de desenvolvimento natural. O evolucionismo – a teoria da evolução ou da descendência – faz parte daquele tipo de discurso comum na formação do mundo e do ser humano sem intervenção divina. Ela não interpreta apenas o passado e o presente, mas também contém uma escatologia biológico-cósmica. Dessa forma, esta teoria ultrapassa os limites científicos e procura conscientemente substituir a pré-História e a história final bíblicas.[43]

3. O evolucionismo e o relato bíblico da criação

No século 19, Lamarck e Darwin apresentaram concepções que procuravam demonstrar o surgimento natural das espécies. Ambos pressupunham dispositivos mecânicos que levassem à descendência das espécies. Lamarck chamou-o de princípio da mudança de órgãos pelo uso e desuso; Darwin fala de variabilidade e da seleção natural pela escolha de parceiros na luta pela sobrevivência.[44]

Em sua popular obra "A origem das espécies", publicada em 1859, Darwin defende a teoria de que toda a grande variedade das espécies orgânicas existentes se desenvolveu a partir de algumas poucas formas de vida originais – talvez de uma única.

O fator gerador da evolução, que se estendeu por um período de tempo de um bilhão e meio de anos, da ameba ao ser humano, foi a luta pela sobrevivência. As espécies mais fracas desapareceram, as mais fortes conseguiram se impor. A seleção natural de parceiros levou à formação de muitas espécies diferentes. Ainda que originalmente não fosse essa a intenção de Darwin, também o ser humano foi incluído na genealogia animal.

Os resultados da teoria da evolução no sentido estrito foram colocados em dúvida por pesquisas nas áreas da geologia, da paleontologia e da filogenia. A teoria da evolução deixou de ser consequência obrigatória absoluta dos resultados das pesquisas em disciplinas da ciência natural. A discussão em torno do relato bíblico da criação e da teoria da evolução caminha principalmente por três caminhos:

a) A teoria da evolução é registrada na imagem atual da história da vida humana sobre a terra e correspondentemente alterada. O ser humano é parte de um processo de formação. A história especial do ser humano não pode ser descrita apenas com a linguagem da biologia. Mas para entender a historicidade da biosfera como destino

---

42 G. G. Simpson citado por Gitt, pg. 30.31. George Gaylord Simpson é professor de Paleontologia na Universidade de Harvard. Ele designa a fé cristã de "alta" superstição, em contraposição à "baixa" superstição das tribos pagãs; Ibid, pg. 30.
43 Westermann, *Genesis* I/1, pg. 355; cf. também Gitt, pg. 29.
44 Westermann, *Genesis* I/1, pg. 355.

humano, "atualmente vale mais a pena do que nunca ler a obra de Darwin".[45] Até hoje, este evolucionismo desenvolvido continua sendo mais do que uma hipótese ou um conceito científico. Trata-se de uma cosmovisão antiquíssima e novamente moderna, uma religião baseada na formação do mundo e do ser humano que prescinde totalmente da ação do Deus vivo.

b) A teoria da evolução é refutada com base em observações científicas do campo da Física. É substituída por uma concepção científica que tenta estabelecer um acesso científico ao relato bíblico da criação. A rejeição consequente da teoria da evolução está ligada a um ferrenho combate de lado a lado, em que ambas as partes continuamente lançam novos argumentos e resultados de pesquisas contra o adversário. Werner Gitt pesquisou 20 publicações que ele chama de claramente "criacionistas", isto é, baseadas no relato bíblico da criação, reunindo argumentos contra a teoria da evolução. Sua conclusão é: a teoria da evolução deveria ter sido arquivada há muito tempo, de forma que se limitasse a aparecer em reflexões históricas.[46]

A tentativa de produzir uma refutação científica coerente da teoria da evolução desconsidera o fato de que todo pensamento científico leva ao limiar de uma experiência que só se abre mediante meditação e fé. Ao mesmo tempo, uma luta cega contra a teoria da evolução faz com que deixemos de ver trechos no relato da criação nos quais Deus, como Agostinho já havia compreendido, colocou "pré-potências" no mundo natural, convocando-as à cocriação, à "produção".[47]

c) A teoria da evolução não é rejeitada por princípio, mas é delimitada. Qualquer reflexão científica leva a um ponto que só pode ser ultrapassado mediante fé e meditação, não mais pelo raciocínio e pelo puro intelecto. Ao meditar, a pessoa precisa conscientizar-se de que seus olhos e seus pensamentos são enevoados pelo fato de também ela ser "filha da evolução", de pertencer à geração posterior a um século de domínio da teoria da evolução e da descendência.[48] Portanto, ao interpretar os textos bíblicos sobre a criação do mundo e do ser humano é preciso primeiramente romper a influência de um século de teoria da evolução. Só então o exegeta conseguirá reconhecer onde e como Deus age de forma direta e imediata. Os textos que se destacam pela criação direta de Deus estão marcados pelo verbo *bara* (Gn 1.1,21,27). O relato bíblico da criação tem conhecimento de uma obra divina que independe de processos de formação e desenvolvimento.

Mas ao mesmo tempo Deus convoca a terra a "produzir relva" (Gn 1.11). Deus ordena que aquilo que acabara de ser criado agora passe a permitir o surgimento de coisas novas. A criação de Deus abre-se à formação. As plantas estão na terra, e a terra permite que elas cresçam. A capacitação para cocriar, para deixar surgir é um espaço definido por Deus, dentro do qual é possível evoluir. Portanto, não se pode rejeitar toda e qualquer teoria de evolução como sendo incompatível com o texto bíblico, mas em vez disso é preciso definir os limites da teoria da evolução (cf. também Gn 1.24: "Produza a terra vida que gere vida"[49]).

O limite do evolucionismo é a fé no Deus pessoal, criador do céu e da terra. A simples suposição de um Deus criador genérico não é suficiente, sendo apenas pré-requisito para um "determinado modelo histórico de uma filosofia natural... talvez a mais

---

45 von Wahlert, pg. 235-241; cf. também Haaf e Randow, Nr. 6-8.
46 Gitt, pg. 173.174. Índice bibliográfico, ibid, pg. 175-184. Sobre uma tentativa de refutação científica da teoria da evolução, cf. esp. Wilder-Smith, pg. 31ss.
47 Augustinus, *De Genesis ad litteram*; citado por Schedl, vol. I, pg. 277ss.
48 von Weizsäcker C. F., pg. 150-166.
49 Tradução literal do texto bíblico em alemão, que explica melhor a intenção do autor. (N. de Tradução)

antiga que exista".⁵⁰ Também não é suficiente compatibilizar ideias isoladas dos relatos da criação com resultados obtidos por ciências naturais que neguem a existência do Deus vivo.⁵¹ Na verdade, exige-se uma decisão clara no começo de qualquer trabalho sobre o surgimento do céu e da terra, a saber, a decisão entre uma ciência com Deus e uma ciência sem Deus. A pessoa que se decide por uma ciência com Deus possui determinados padrões básicos para seu raciocínio. Não se trata de desligar a razão, mas de usá-la de forma que "tenhamos assim uma boa consciência científica".⁵²

4. A boa consciência científica

Para alcançar uma "boa consciência científica", Karl Heim aborda três âmbitos (ou espaços) de experiência nos quais o ser humano se movimenta: o relacionamento eu-você, o tempo e o espaço físico. A simples enumeração destes âmbitos deixa claro que, para Heim, o termo "espaço", seguindo a teoria de espaço de Kant, não é uma coisa em si, mas um relacionamento, no qual se manifesta uma realidade em relação a mim, o observador.

Baseando-se em uma semelhança novamente descoberta por Schelling sobre a relação entre o polo positivo e o negativo, que precisam estar sempre presentes para que a energia elétrica possa circular, Karl Heim denomina os três âmbitos de experiência do ser humano como âmbitos polares, ou âmbito da polaridade. Assim, um momento na trilha do tempo só recebe seu lugar por vir depois de outro momento, que acabou de passar, e por preceder um momento que agora ainda está no futuro. Heim conclui a partir dessa observação:

> "Por isso, não pode haver início nem fim do tempo dentro do âmbito polar. Pois cada ponto inicial é forçosamente ponto final de um tempo precedente, e cada ponto final é ao mesmo tempo ponto inicial de um tempo subsequente. Pelo mesmo motivo, os acontecimentos mundiais não podem ter uma causa última nem um objetivo último. Pois cada causa é efeito de causas anteriores, e cada efeito é, por sua vez, a causa de novos efeitos. Portanto, não há origem do mundo nem final do mundo".⁵³

A mesma característica que Heim observa no tempo também é encontrada nos outros dois âmbitos de experiência, o espaço físico e o relacionamento eu-você, e por essa razão Heim não consegue, "de consciência tranquila", decidir-se por um mundo de concepção autônoma, um mundo das ciências que só conheça formas de geração mundanas. Ele também constata que, devido à polaridade do espaço, o ser humano não consegue encontrar resposta à questão do sentido definitivo da vida – nem pelo caminho científico, nem pelo filosófico. Por isso ele se vê forçado a perguntar por Deus. Portanto, para Heim a pergunta é: "A forma polar de mundo seria a única forma de existência que há?"⁵⁴

Uma resposta positiva conduz a duas formas de viver: pode levar ao niilismo mundano de Nietzsche ou à fuga da vida e ao retorno ao nada, conclusões que o hinduísmo e algumas formas do budismo extraem da impossibilidade de escapar do mundo polar.

A segunda resposta, pela qual também Heim opta, é contar com um espaço impalpável, a descoberta de um âmbito suprapolar, que Platão, e antes dele o Antigo Testamento, usaram para superar degraus do pensamento primitivo. O âmbito suprapolar é aquele no qual Deus se apresenta a nós. Também o âmbito suprapolar – assim como os

---
50 von Weizsäcker V., pg. 9.
51 Guardini, *Existenz*, pg. 92.
52 Heim, pg. 194.
53 Ibid, pg. 175s.
54 Ibid, pg. 179.

âmbitos de experiência – não é uma coisa, um objeto em si, mas "um relacionamento, no qual aquela realidade se apresenta a mim, o observador".[55]

Por isso, pressupor o âmbito suprapolar não é um retorno à cosmovisão ptolemaica, com seus dois andares, mas justamente a superação dessa cosmovisão primitiva, na qual os povos colocavam seus deuses em um ponto elevado do ambiente físico observado, como o topo de alguma montanha. O âmbito suprapolar, não físico, é parte da mudança copernicana, um âmbito que abrange tudo, inseparavelmente ligado ao âmbito polar, sem dissolver-se nele.

As pessoas do Antigo Testamento conheciam a cosmovisão do antigo Oriente Próximo. Como o pensamento e a fé do povo veterotestamentário estavam ligados à tradição de Israel, ele nunca conseguiu associar-se às outras cosmovisões do Oriente. Também nunca houve uma cosmovisão veterotestamentária independente da fé. Por isso, não é surpresa que o Antigo Testamento contenha declarações que rompam com o pensamento daquela época e só sejam imagináveis hoje, depois da transição copernicana e do conceito do âmbito suprapolar. Em sua oração por ocasião da inauguração do templo, Salomão diz: *Eis que os céus e até o céu dos céus não te podem conter, quanto menos esta casa que eu edifiquei* (1Rs 8.27). E o salmista reconhece: *Sabes quando me assento e quando me levanto [...] Tu me cercas por trás e por diante. [...] Se subo aos céus, lá estás; se faço a minha cama no mais profundo abismo, lá estás também* (Sl 139.2,5,8).

Essa interação sem dissolução dos âmbitos polar e suprapolar permite que o ser humano experimente Deus em sua realidade. Os acontecimentos naturais no âmbito polar que afetam Jó são experimentados por ele e compreendidos a partir de seu relacionamento com Deus, da realidade do âmbito suprapolar. Jó é capaz de dizer: *O Senhor o deu e o Senhor o tomou; bendito seja o nome do Senhor!* (Jó 1.21).

5. A fé em um Deus pessoal

Pessoa e personalidade são termos cujo sentido pode ser apreendido a partir da vida humana, mas que não podem ser explicados somente a partir do âmbito puramente intrapessoal. O mundo físico não consegue responder a perguntas como: De onde eu venho? e Por que o "aqui", no qual fui "jogado", está justamente neste ponto, e não em outro qualquer? Se o ser humano quiser entender a formação de seu eu somente a partir do seu conjunto de experiências, ao perguntar pela origem de seu eu, que inclui o destino de sua vida com todos os sofrimentos e alegrias correspondentes, ele esbarrará em um mistério absolutamente indecifrável. Restam somente palavras como "destino", "acaso", "jogado no mundo", etc.

Baseado em seu modelo de pensamento do âmbito polar e suprapolar, Karl Heim, que com "boa consciência científica" decidiu que o cosmo não pode ter surgido a partir de um núcleo nebuloso inicial e de sua rotação, mas que foi gerado pelo Deus Criador, é capaz de falar sobre o mistério do Deus vivo como um Deus pessoal. Deus é o "você" suprapolar, que posiciona o eu humano. E isso significa: Deus não é o Absoluto, o Total ou um sujeito aleatório desassociado de qualquer relacionamento com o ser humano. Deus não é um princípio em repouso, um poder sobrenatural e extra-humano sem relação com o homem. Não: Deus é vivo e pessoal. Ele é o Criador do ser humano.[56]

Deus é o "eu universal", o denominador comum por meio do qual todos os seres, separados entre si, podem estabelecer relação direta um com o outro. Isso significa: Deus não é uma grandeza puramente intramundana, imanente, que só é real enquanto estiver no âmbito de experiências do ser humano. Deus não tem lugar somente

---
55 Ibid, pg. 183.
56 Ibid, pg. 239, 235.

na capacidade e na habilidade do ser humano. Deus não é um tipo de convivência humana, mas vivo e pessoal. Como "eu universal", ele está fora dos relacionamentos interpessoais, mas é ao mesmo tempo o seu ponto de unidade. Só nele, o Deus do céu, a verdadeira proximidade humana se torna possível.[57]

Deus é o "eu suprapolar", que pertence a um âmbito totalmente diferente de todo o mundo físico. Por isso, Deus não é criação humana, não é uma tentativa de explicar o inexplicável para aplacar o medo da vida. Deus não é, como pensava Feuerbach, um reflexo da dignidade e das esperanças humanas, criado pela fantasia do homem, uma imagem idealizada daquilo que o próprio ser humano deseja ser. Não: Deus é vivo e pessoal. Ele faz parte do âmbito suprapolar. Ele está fora de todas as medidas de grandezas do mundo físico e ali vem ao meu encontro, como meu interlocutor. Por isso a oração não é monólogo nem autossugestão, mas um relacionamento novo, único do meu eu com o Eu suprapolar, o "onipresente Você de todos os eus, o ser imediatamente próximo, diante de quem sempre estamos, diante de quem agimos e diante de quem também formulamos nossos pensamentos mais íntimos".[58]

Requisito imprescindível do intérprete da Palavra de Deus é a fé em Deus Pai, em Jesus Redentor e no Espírito Santo Consolador. O solo que ancora a fé permanece independente de assim chamadas evidências científicas, isto é, de certezas ou fatos aparentemente compreensíveis.

Franz Delitzsch, que chama Gênesis de 'o livro mais difícil do Antigo Testamento', escreve na introdução de seu comentário: "Somos cristãos, e por isso temos com a Escritura Sagrada uma relação diferente do que com a poesia de Homero, com a Canção dos Nibelungos[59] ou com os tesouros monumentais da biblioteca de Assurbanípal[60]... Não arruinaremos a Santidade com vandalismos cometidos a nosso bel-prazer. Não minaremos os fundamentos do cristianismo... Interpretaremos o Gênesis como teólogos, a saber, teólogos cristãos, isto é, pessoas que confessam a Jesus Cristo, o alvo de todos os caminhos e palavras de Deus".[61]

---

57 Ibid, pg. 244.
58 Ibid, pg. 230, 235, 240.
59 Poema épico escrito na Idade Média por volta de 1200 em alto alemão médio. É a mais famosa das versões da saga dos Nibelungos, que remonta à era do nomadismo dos povos bárbaros. (N. de Revisão.)
60 Último grande rei da Assíria. No seu reinado (por volta de 668 – 627 a.C.), o império assírio incluía a Babilônia e, temporariamente, também o Egito. (N. de Revisão)
61 Delitzsch, *Genesis*, pg. 36-38.

COMENTÁRIO

B. INTERPRETAÇÃO

I. A CRIAÇÃO DO MUNDO, 1.1–2.3

INTRODUÇÃO: A criação é fato, 1.1

1 No princípio, criou Deus os céus e a terra.

Absolutamente breve, sem qualquer restrição, a primeira frase da Bíblia precede o relato em si da criação tal qual um elogio ilimitado a Deus. Deus determina o começo do mundo. Os três termos fundidos em uma só unidade – começo, Deus e criação – não permitem que se procure o momento em que Deus veio a existir. Também não se questiona o porquê da criação, nem o plano de Deus para o mundo ou a necessidade da criação, de forma que estas perguntas nunca terão resposta.[62] As primeiras palavras da Escritura Sagrada relatam como Deus começou o mundo.

1

a Dt 11.12;
Is 40.21;
41.4;
Pv 8.23;
Jo 1.1; 8.25

No princípio. No termo *reschit*[a], começo, inclui *rosch*: cabeça, dianteira, aquilo que precede uma série ou um processo. Na dianteira da história dos céus e da terra está a criação do mundo. A criação dos céus e da terra é a base e o começo de toda a História.[63] Além de *reschit*, o hebraico ainda tem outras palavras usadas para designar um começo. Se o fato da criação começa com *reschit*, significa o seguinte: aqui se trata de algo para além do qual não há mais pensamento humano algum.[64] A primeira palavra da criação determina o ponto além do qual é impossível reconhecer qualquer coisa que seja.[65]

O ser humano não pode falar do começo, pois onde o começo principia, termina o pensamento do ser humano. O ser humano vê-se no meio, sem conhecer seu começo nem seu fim, e sabe apenas que está no meio, isto é, que provém de um início e se dirige a um final. "Para o ser humano, não há nada mais inquietante, mais emocionante do que ouvir alguém falando sobre o começo, como se este não fosse o além absolutamente indizível, impronunciável, escuro da minha cega existência".[66] Por isso, só pode falar do começo aquele que era desde o começo, a saber, *Deus*, o Criador que determinou pessoalmente o início. Por isso, as primeiras palavras da Bíblia não são apenas um elogio a Deus, mas um autotestemunho de Deus.

b Êx 5.1;
Is 2.3;
Sl 46

c 2Rs 17.29

d Êx 12.12;
Js 24.15;
Dt 12.2;
13.7

Deus em hebraico é *elohim*. No Antigo Testamento, a forma plural *elohim* não se refere apenas a Deus[b], mas também pode significar: "um Deus"[c], "o Deus" ou "os deuses"[d]. O fato de o idioma hebraico ter a possibilidade de recorrer a um termo plural para referir-se ao único Deus é explicado por Delitzsch, que deriva *elohim* de *eloah* (em árabe, *ilâh*), reverência e objeto da reverência. Se fora de Israel o plural se referia à forma

---

62 Bonhoeffer, *Schöpfung*, pg. 145.
63 Delitzsch, *Genesis*, pg. 49, 50.
64 Meir-Zlotowitz, pg. 28-30.
65 Scholem, pg. 45.
66 Bonhoeffer, *Schöpfung*, pg. 11.

exterior, isto é, a um coletivo, em Israel o plural era interno, multiplicador, intenso. Portanto, *elohim*, **Deus**, é aquele que deve ser maximamente honrado e temido.[67]

O hebreu sempre chama Deus de *elohim* quando se refere ao Deus de todo o Universo, o Deus das nações e do mundo físico.[68] Ao todo, o Antigo Testamento apresenta sete nomes de Deus, cada qual usado com um propósito e um objetivo muito específicos:

1. Javé — derivando este nome de *haja*, como os exegetas judeus fazem até hoje, ele significa fonte da vida que dura eternamente.
2. Adonai — o supremo Juiz.
3. El — o Poderoso.
4. Eloah — aquele que tem o poder máximo em suas mãos.
5. Elohim — aquele que, em decorrência de seu poder, deve ser maximamente honrado.
6. Shadai — o Onipotente.
7. Sabaó — o Senhor que se revela, especialmente aos inimigos de seu povo.[69]

A exegese judaica parafraseia o significado de *elohim* com sete títulos de honra que, traduzidos, seriam os seguintes: Autoridade, Senhor Supremo; Condutor e Regente; Eterno e Soberano Eterno; Juiz; Detentor do poder sobre tudo o que está em cima e embaixo; Soberano Onipotente; Criador, do qual fluem todas as forças da criação; e Soberano universal sobre tudo o que é e que será.[70]

A pergunta se Deus existe ou não nem é feita. No princípio Deus se manifesta como aquele que age, de quem o ser humano até hoje só pode dizer: **No princípio criou Deus.**

O conjunto dos três termos – começo, criar e Deus – não permite especulações sobre o começo como uma mera determinação de tempo nem sobre Deus como aquele que é. A interação das três primeiras palavras da Bíblia proíbe a supervalorização linguística do valor da palavra criar, *bara*ᵉ. No entanto, desde os primórdios da exegese detectaram-se duas particularidades na definição do verbo *bara*, o que é repetido até hoje pelos intérpretes:

1. O sujeito do verbo *bara* é sempre o Deus verdadeiro e único, nunca um ser humano ou outro deus. Somente Deus pode criar no sentido de *bara*. *Bara* está reservado a ele e ao seu ato criador, assim como *salach*, perdoar, se refere unicamente ao perdão divino.[71]
2. *Bara* nunca é acompanhado por uma preposição nem pelo acusativo da matéria. No contexto de *bara* também nunca se menciona a matéria-prima a partir da qual Deus cria, pois *bara* é a criação nova, inédita, sem que algo esteja pressuposto. "*Bara* só pode expressar *creatio ex nihilo* (uma criação a partir do nada)".[72]

e Êx 34.10;
Nm 16.30;
Sl 51.12;
Jr 31.22

---

67 Delitzsch, *Genesis*, pg. 48.
68 Cassuto, *Documentary Hypothesis*, pg. 15-41; cf. Introdução, IV. 1. Os diferentes usos dos nomes de Deus.
69 Munk, pg. 25.
70 Meir-Zlotowitz, pg. 33.
71 Ehrlich, vol. I, pg. 1; cf. também von Rad, *Mose*, pg. 37.
72 Ehrlich, vol. I, pg. 1; cf. também Westermann, *Genesis* I/1, pg. 136s.

No princípio criou Deus **os céus e a terra**. Deus criou as esferas celestes e a terra. As esferas celestes são os céus acima do céu terreno, os céus dos céus[f] e os céus do mundo original[g]. Céus e terra não são duas grandezas opostas, mas as duas palavras em conjunto representam um todo. Deus criou o Universo. Como o hebraico não tem uma palavra para Universo, ele recorre às palavras céus e terra.[73] Em latim, "os céus e a terra" é Universo, em grego, cosmo, e em português, também Universo. Mas este par de palavras na Bíblia também expressa que o ser humano só consegue imaginar a amplitude do Universo a partir da terra.[74]

Em sua majestosa brevidade, as primeiras palavras da Bíblia são, ao mesmo tempo, um autotestemunho de Deus e um elogio a ele. O começo não é determinado no tempo, p. ex. no ano 4800 a.C. ou em outra data qualquer. Um início cronológico sempre permite que se encontre um ponto anterior a ele, enquanto o começo de Deus com o mundo é simplesmente único, irrepetível e totalmente livre. Esse começo não conhece elo de ligação entre Deus e seu criar, pois Deus cria a partir do nada. Como Deus é o único a agir, criando céus e terra a partir do nada, toda a criação pertence ao Criador. "No início, isto é, da liberdade, do nada, Deus criou céus e terra".[75]

Somente pelo reconhecimento dessa criação a partir da liberdade e do nada é possível ter acesso ao Criador, que determinou um novo começo na ressurreição. Do ponto de vista humano, o Cristo morto da sexta-feira da Paixão é fim e impossibilidade. O acontecimento da ressurreição no domingo da Páscoa é criação do princípio, criação a partir do nada, *creatio ex nihilo*.

O novo céu, a nova terra[h] e a ressurreição dos mortos são novas criações, criação a partir da liberdade, criação a partir do nada. Somente quem puder concordar com o elogio a Deus, *no princípio criou Deus os céus e a terra*, poderá entoar também a oração final do profeta João, que anseia pela volta de Jesus e pela nova criação: *Amém. Vem, Senhor Jesus!* (Ap 22.20).

1. O primeiro dia, 1.2-5

2   A terra, porém, estava sem forma e vazia; havia trevas sobre a face do abismo, e o Espírito de Deus pairava por sobre as águas.

3   Disse Deus: Haja luz; e houve luz.

4   E viu Deus que a luz era boa; e fez separação entre a luz e as trevas.

5   **Chamou Deus à luz Dia e às trevas, Noite. Houve tarde e manhã, o primeiro dia.**

2 A terra, porém, estava. Se desconsiderarmos agrupamento e acentuação das palavras individuais, inseridos posteriormente no texto hebraico,[76]

---

73 Cassuto, *From Adam to Noah*, pg. 20.
74 Westermann, *Genesis I/1*, pg. 141.
75 Bonhoeffer, *Schöpfung*, pg. 18.
76 Originalmente, os acentos serviam à apresentação cantada de trechos da Escritura durante o culto. A partir do século 2 depois de Cristo, o texto de consoantes se manteve razoavelmente constante; no entanto, a pontuação da qual dispomos hoje só se consolidou por volta dos séculos 9 e 10, como resultado de centenas de anos de estudos, tentativas e testes; cf. Würthwein, pg. 25.

as duas palavras seguintes poderiam formar uma frase (ou segmento de frase) independente, que constata o fato de a Terra ter sido criada. A raiz *hajah*, para "ser" ou "tornar-se" é desnecessária quando se trata de definir a simples existência ou identidade de uma pessoa ou objeto. Para isso, o hebraico usa a sentença nominal. A constatação de que Javé é sol e escudo (Sl 84.11), p. ex., é formulada da seguinte forma: "Javé sol e escudo". A palavra "ser" não está no texto, sendo indicada somente pela posição na sentença nominal. É por isso que em vez de "a terra estava sem forma e vazia" o hebraico diz apenas "a terra sem forma e vazia". Mas no texto básico aparece a palavra *hajah*: "formar-se, agir, acontecer, comportar-se", de forma que não podemos deixar de falar sobre seu significado nas primeiras linhas da Bíblia.[77] O Antigo Testamento a usa essencialmente de três formas.[78] O uso puramente teológico em Êxodo 3.14a, "estarei presente para vocês" (conforme tradução de Martin Buber), indica a ação de Deus e abrange a atuação sempre renovada de Deus na História. Nas palavras de maldição e bênção, o termo *hajah* serve para designar aquilo a que a pessoa amaldiçoada ou abençoada está destinada: *Sê tu uma bênção* (Gn 12.2). Nos oráculos proféticos, *hajah* descreve os acontecimentos a serem atribuídos à intervenção pessoal de Deus em termos de juízo e graça, como: *O caminho deles será como lugares escorregadios* (Jr 23.12). Nas leis dadas ao povo da Aliança, *hajah* prescreve seu relacionamento com Deus, com as pessoas e com o entorno: *Ao primeiro dia, haverá para vós outros santa assembleia* (Êx 12.16). Além dessas numerosas possibilidades de uso, *hajah* aparece no ponto alto do relato de um milagre, depois da descrição com vários verbos de ação, para constatar o acontecimento milagroso em si[a]. Ao usar *hajah*, "o relato descreve não um simples acontecimento histórico, mas a realidade de um fato que irrompe na História e manifesta o poder absoluto de Javé".[79] No começo do relato da criação, *hajah* constata: o milagre da criação foi consumado. Deus agiu, e a terra se formou.

a Êx 7.10; Gn 19.26; Jz 6.39

O fato de apenas a terra ser mencionada demonstra que o relato subsequente não se refere mais aos céus dos céus[b], mas somente à terra.

b Dt 10.14

Sem forma e vazia; havia trevas sobre a face do abismo. A fórmula "sem forma e vazia", a combinação *tohu wabohu*, aparece três vezes no Antigo Testamento[c]. Sozinha, a palavra *tohu*, deserto (sem a conexão com *bohu*, vazio), aparece mais dezessete vezes. Uma avaliação destas passagens específicas resulta na definição "desolação, deserto pavoroso, arruinador, uma nulidade sem sentido, sinistro". Ao acrescentar *bohu*, o caráter pavoroso é reforçado pelo conceito de "rudeza, desmaio e sem vida". "Tanto o som quanto o significado desse par de palavras é terrível", sobre a terra havia "uma massa deserta, sufocante, inconsciente e sem vida, ou, em uma só palavra, o caos".[80] A terra não tinha nenhuma forma de vida. Não havia qualquer esperança de que um dia surgisse vida nela.[81]

c Gn 1.2; Jr 4.23

---

77 Munk, pg. 34s.
78 Cf. Amsler, col. 477-486.
79 Ibid, col. 481.
80 Delitzsch, *Genesis*, pg. 51.
81 Cassuto, *From Adam to Noah*, pg. 21.

O terrível deserto e vazio ainda vem acompanhado da escuridão sinistra, *choschäch*. Aqui a escuridão não é um fenômeno natural objetivo, mas também representa pavor.[82] Há uma diferença entre a escuridão que esconde e a escuridão caótica que ameaça a existência. Mesmo os animais conseguem discernir esses dois tipos à noite, e entram em pânico quando há eclipses solares. No Antigo Testamento, a escuridão é um símbolo de sofrimento e juízo. Ela anuncia a aproximação de uma catástrofe[d] e só será eliminada nos tempos do fim[e]. Deserto, vazio e escuridão não são listados como obras da criação, mas são mencionados em sua função de cobrir a face do abismo, *tᵉhom*. De acordo com Salmos 33.7, o abismo também abrange o oceano celestial. No presente significado, *tᵉhom* pode referir-se tanto ao dilúvio ou abismo que ameaça a vida[f] quanto à fonte inesgotável de bênçãos[g]. *Tᵉhom* não designa um caos antidivino, mas equivale à "superfície das águas", sobre a qual paira o Espírito de Deus.[83] A conjunção "e" que une o caos e o pairar do Espírito pode ser chamada de "adversativa", com o seguinte sentido: "Ainda que a terra fosse sem forma e vazia, o Espírito de Deus estava presente"![84] Espírito, *ruach*, é traduzido por alguns comentaristas como "vento, tormenta, tempestade divina", reportando-se ao termo "pairar", que pode significar "vibrar, tremer e agitar"[h].[85] Mas a palavra "pairar" não deve ser a única a determinar que *ruach elohim*, de resto sempre claramente traduzido como "Espírito de Deus", seja traduzido apenas aqui como "tempestade divina". Além de "tremer", pairar também representa o "voo protetor, flutuante do pássaro", *como a águia desperta a sua ninhada e voeja sobre os seus filhotes* (Dt 32.11).

Sobre as águas que cercam a terra paira o deserto pavoroso, o vazio desprezível e a escuridão sinistra, mas também o Espírito protetor do Criador Deus. Este Espírito é a força da qual emana toda a criação. Ao citar o Espírito de Deus, fica claro: o Espírito não é uma força dentro do Universo. Ele está além de tudo o que será criado. Ele pertence a Deus.[86]

A descrição da criação não dá qualquer indicação sobre uma misteriosa destruição do mundo logo após sua criação. O descompasso entre os versos 1 e 2 é resolvido pela afirmação inicial do verso 2: a terra tinha se formado. A segunda parte da frase fala das forças do caos que foram vencidas e dominadas. O pavoroso deserto, o vazio e a escuridão sinistra não têm qualquer força própria. Estão debaixo do comando de Deus. O Espírito de Deus paira sobre eles.

Depois da constatação inicial de que o mundo foi criado a partir do nada e do testemunho a respeito da presença soberana de Deus, a despeito do caos, Deus intervém no mundo com sua palavra real. Deus fala como um rei que pretende construir um palácio.[87]

A história da criação discerne dois tipos de atividade da parte de Deus. Em um deles, Deus permanece em si mesmo. Nestes casos, o texto diz: "O Espírito de Deus pairava por sobre as águas", ou "Deus viu".

---

d Am 5.18; Is 13.10
e Is 8.22–9.1; 10.17; 42.16; 58.8,10; Mq 7.8
f Êx 15.5; Jn 2.5; Sl 107.24; Jó 41.32
g Gn 49.25; Dt 8.7; Dt 33.13s; Sl 78.15; Ez 31.4
h Dt 32.11; Jr 23.9; Dn 7.2

---

82 Westermann, *Genesis* I/1, pg. 144.
83 Westermann, *ThWAT*, col. 1026-1031 e Westermann, *Genesis* I/1, pg. 145.
84 Cassuto, *From Adam to Noah*, pg. 24.
85 von Rad, *Mose*, pg. 37.
86 Munk, pg. 38.
87 Cassuto, *From Adam to Noah*, pg. 25.

No segundo caso, o Criador age sobre o mundo ou para dentro do mundo: "Deus criou", "Deus disse", "Deus separou".[88] No começo da criação dos céus e da terra o texto diz simplesmente "ele criou", sem especificar como aconteceu essa criação.

A descrição da criação do mundo começa com: **Disse Deus: Haja luz; e houve luz**. A palavra de Deus é, ao mesmo tempo, ordem criadora e ato consumado. Aquilo que no ser humano está "perdidamente rompido, em Deus está inseparavelmente ligado: a palavra da ordem e o acontecimento. Para Deus, o imperativo é indicativo".[89] Deus fala e cria falando. A Palavra de Deus é palavra de ação[i]. Sua Palavra gera ação.[90]

A Palavra da criação é diferente da palavra humana. É "detentora da mais alta potência criadora".[91] A criação pela palavra gera distância entre o criador e a criatura. A criatura não é em si uma parte da natureza de Deus, mas está diante dele. Deus não entra no mundo, mas permanece sendo seu senhor.[92] Por outro lado, "devido à forma como foi criado, [o mundo] também é sensível à Palavra de Deus".[93] Deus sempre pode falar com seu mundo. Em algum momento, a Palavra também criará a História[k], e no fim dos tempos o mundo será chamado de volta a Deus e julgado pela Palavra.

A série de ações criadoras começa com a afluência da luz no caos. "Deus cria a claridade e, com isso, possibilita o ritmo básico de tempo, a ordem".[94] Para os orientais, incluindo as pessoas do Antigo Testamento, a separação entre luz e astros, os corpos celestes, era algo inimaginável[l]. A luz como primeira obra da criação não é nada mais nada menos do que a "luz original", cuja fonte é o próprio Deus.[95]

E viu Deus que a luz era boa. A criatura produzida por Deus é boa. Ao olhar para sua obra, Deus a enxerga como boa. Nesse contexto, "boa" significa "compatível com sua natureza", "harmoniosa".[96] Bom significa: não poderia ser melhor, o resultado desejado foi obtido.[97] Mas o fato de Deus olhar para sua obra e se agradar dela também significa que Deus a ama e por isso quer conservá-la. "Criar e manter são os dois lados de uma mesma ação de Deus".[98] Na criação original, criar e manter ainda são um só, referem-se à boa obra de Deus. O critério que determina que a luz era boa aos olhos de Deus está antes da separação entre luz e trevas. Isso mostra que, aos olhos de Deus, nem tudo é igualmente bom. O que acontece na natureza não é simplesmente tudo igual. Deus diz especificamente a respeito da luz: é boa.[99]

E fez separação entre a luz e as trevas. A luz criada por Deus inundou. Em uma imaginação realista, ela "colocou o caos em uma situação

---

i Sl 33.9; Mt 8.9

k Is 9.7; 55.10ss; Jr 23.29; 1Rs 2.27

l Jó 38.19s

---

88 von Weizsäcker, V., pg. 11.
89 Bonhoeffer, *Schöpfung*, pg. 23.
90 Sobre o significado da palavra no pensamento oriental antigo e hebraico, cf. Bomann, pg. 45-56.
91 von Rad, *Mose*, pg. 39.
92 Bonhoeffer, *Schöpfung*, pg. 21.
93 von Rad, *Mose*, pg. 39.
94 Westermann, *Genesis* I/1, pg. 155.
95 Delitzsch, *Genesis*, pg. 53.
96 Ehrlich, vol. I, pg. 2.
97 Munk, pg. 48.
98 Bonhoeffer, *Schöpfung*, pg. 25.
99 Westermann, *Genesis* I/1, pg. 157.

de penumbra enevoada".[100] Agora Deus separa o que está misturado. A luz é liberta da escuridão. Não se diz que a escuridão tenha sido criada por Deus. A escuridão permanece inexplicável, mas agora é limitada na forma de noite e com isso torna-se "um elemento necessário à ordem da criação".[101] A separação é uma intervenção do Criador por meio de um gesto de distinção: ele divide e separa aquilo que era uma coisa só. "Assim surge nosso mundo, a saber, um mundo de separações, de opostos, de polaridades, de negações".[102] A luz transforma-se em designação da salvação, a luz é associada à vida, e a escuridão, à morte.[103]

5 **Chamou Deus à luz Dia e às trevas, Noite.** A criação da luz e sua separação das trevas são seguidas pela nomeação, uma ação que vai além da criação. Dar nome a algo é exercer um direito de soberania[m]. É um ato de domínio, no qual o Criador exerce seu direito de dono. Mas, ao mesmo tempo, Deus usa o nome para definir o destino daquilo que está sendo nomeado. Luz é uma "expressão da natureza". No momento em que Deus chama a luz de dia, ele dá ao dia sua incumbência e sua natureza.[104] Pelo fato de chamar a escuridão de noite, Deus assume seu domínio sobre as trevas. Ele dá à noite um limite de tempo e submete-a ao seu senhorio. Delitzsch tenta explicar a determinação divina a respeito do dia e da noite por meio de uma derivação linguística da palavra hebraica, de forma que dia signifique "tempo de calor" e também "de luz", e noite, "tempo de desenvolvimento e ocultamento".[105]

Houve tarde e manhã, o primeiro dia. A separação entre luz e trevas possibilitou o ritmo de tempo, o ritmo básico de dia e noite. Tarde e manhã representam a transição da luz para as trevas e vice-versa. Tarde significa literalmente "crepúsculo", em que as trevas começam a vencer a luz, e manhã significa "irrupção" (da luz). O dia da criação, indicado por manhã e tarde, não é uma unidade de tempo que possa ser lida com ajuda de um relógio. É um dia de Deus, diante de quem mil anos são como o dia que acabou de passar[n]. O primeiro dia na criação é um dia de Deus. Nem mesmo seria possível que se estivesse falando de um dia terrestre, já que o sol, o critério usado para medi-lo, ainda não existia.[106] Por isso, ver a criação em um ritmo de milhões de anos não prejudica em nada o relato da criação. Manhã é o momento em que a ação criadora recomeça, e tarde é o momento em que o Criador decide encerrar seu trabalho, entregando sua obra ao seu próprio desenvolvimento.[107] A contagem das épocas da criação em números cardinais, isto é, dia um, dia dois, etc., em

---

m Cf. 2Rs 23.34; 24.17

n Sl 90.4

---

100 von Rad, *Mose*, pg. 40.
101 Westermann, *Genesis* I/1, pg. 158.
102 von Weizsäcker, V., pg. 13.
103 Westermann, *Genesis* I/1, pg. 158. Diferentemente do que relata a história da criação, Isaías diz que é o Senhor quem cria as "trevas" (*bara*), Is 45.7. O contexto de Isaías 45 diz: não há nada que possa se apresentar como concorrente daquele que pode dizer: "Eu sou o Senhor, e ninguém mais". Tudo o que for imaginável não passa de criatura diante do Senhor Deus, e Deus diz a seu respeito: "Eu, o Senhor, as criei" (Is 45.8). Na época de Isaías, a declaração "Crio também as trevas" era necessária para combater o dualismo que vinha da Pérsia; cf. Cassuto, *From Adam to Noah*, pg. 26.
104 Cassuto, *From Adam to Noah*, pg. 26s.
105 Delitzsch, *Genesis*, pg. 54s.
106 Ibid, pg. 55: "Imaginar que o relato mede o tempo pelo transcurso da manhã até a noite e de volta à manhã é uma ideia infantil, até mesmo ridícula, imposta ao relato da criação de forma aleatória, sem motivo que obrigue a isso".
107 Ibid, pg. 55, esp. nota 3.

vez de números ordinais, primeiro, segundo, terceiro dia, etc., acarreta o seguinte significado no hebraico: sempre que a intenção é dirigir atenção total para um único dia, sem desviar o olhar para o dia seguinte, o hebraico opta por números cardinais.[108] Dia um significa: olhe para esse dia específico e para as maravilhas que Deus fez nele.

2. O segundo dia, 1.6-8

6 E disse Deus: Haja firmamento no meio das águas e separação entre águas e águas.
7 Fez, pois, Deus o firmamento e separação entre as águas debaixo do firmamento e as águas sobre o firmamento. E assim se fez.
8 E chamou Deus ao firmamento Céus. Houve tarde e manhã, o segundo dia.

Depois de separar luz e trevas, Deus estabelece uma divisão nas águas do caos, para separar as águas de cima e de baixo.

Haja firmamento no meio das águas e separação entre águas e águas. O verbo que dá origem à palavra firmamento significa "compactar com os pés, pisar, achatar, alargar (a marteladas)"[a]. Desta forma, o firmamento é "placa firme, fixa"[b], a abóbada celeste.

Fez, pois, Deus o firmamento e separação entre as águas debaixo do firmamento e as águas sobre o firmamento. Além da palavra criadora "Haja..." o texto agora fala de uma "ação" direta de Deus. Na exegese judaica, o verbo *casah*, fazer, significa "levar algo à condição de finalizado, transformar algo da forma inicial na forma final".[109] Junto com o "relato da palavra" vem o "relato da ação".[110] Deus não somente ordena, mas também cria diretamente[c]. Ele separa as águas de cima[d] das águas de baixo. Quando o hebraico usa a palavra "entre", a primeira coisa citada é sempre a principal. A ênfase está nas águas de cima, das quais se espera a chuva.[111] A separação é imaginada como a inserção de uma divisória no céu do ar e das nuvens[e], "como uma abóbada celeste em forma de hemisfério estendida sobre a terra e suas águas".[112] Diante do conhecimento atual do mundo, é perfeitamente possível imaginar a abóbada celeste como a camada redonda de atmosfera que envolve a terra. Visto da terra, o fim da atmosfera parece um belo céu azul – na verdade, isso é uma ilusão de ótica, mas ainda assim, do ponto de vista da terra, é visto como uma enorme cúpula azul.[113]

6
a Ez 6.11;
25.6;
2Sm 22.43;
Êx 39.3
b Jó 37.18

7
c Gn 1.7,16, 21,25
d Sl 18.12;
29.3;
104.3,13;
Jr 10.13;
Gn 7.11;
Jó 36.27;
38.24s
e Pv 8.27;
Jó 26.10

---
108 Cassuto, *From Adam to Noah*, pg. 30.
109 Munk, pg. 55.
110 Westermann, *Genesis* I/1, pg. 162.
111 Ehrlich, vol. I, pg. 3.
112 Delitzsch, *Genesis*, pg. 56.
113 Asmussen, *Schöpfungsglaube*. Na monografia citada, Asmussen faz uma tentativa fascinante de explicar a criação baseando-se em termos da cosmovisão moderna da astronomia, da ciência da atmosfera. Ele faz referência ao fato de que a atmosfera realmente pode ser descrita como um firmamento. Ela é, de fato, muito firme, pelo menos firme o suficiente para que um corpo que colida com ela em ângulo raso demais ricocheteie nela e seja lançado para o espaço. Um corpo só tem boas chances de penetrar na atmosfera se atingi-la a um ângulo de 3º graus. Se o ângulo for mais íngreme, o corpo queimará.

8 **E chamou Deus ao firmamento Céus. Houve tarde e manhã, o segundo dia.** Somente o nome deixa claro que o firmamento criado é o céu terrestre. A partir do segundo dia da criação, o relato não fala mais da criação do Universo, mas da terra, do mundo, que não é idêntico ao Universo.[114] O céu é coisa criada, é pensado como criatura sujeita a Deus, sem nenhum caráter divino. O Antigo Testamento tampouco o considera como a morada de Deus. Nem mesmo os céus dos céus podem conter o Deus vivo[f].

Como tanto o céu quanto a terra são criaturas, o Antigo Testamento também conta com a destruição do céu durante o Juízo Final[g]. A ideia do trono celestial[h] e do céu como o lugar para onde vão os mortos[i] não se refere ao céu terrestre criado por Deus, mas aos céus que Deus criou antes da terra e sobre os quais o relato da criação nada diz.

f 1Rs 8.27; Sl 73.25
g Is 34.4; 51.6
h 1Rs 22.19
i Hb 12.22ss; Ap 6.9ss; 7.4ss

3. O terceiro dia, 1.9-13

9 Disse também Deus: Ajuntem-se as águas debaixo dos céus num só lugar, e apareça a porção seca. E assim se fez.

10 À porção seca chamou Deus Terra e ao ajuntamento das águas, Mares. E viu Deus que isso era bom.

11 E disse: Produza a terra relva, ervas que deem semente e árvores frutíferas que deem fruto segundo a sua espécie, cuja semente esteja nele, sobre a terra. E assim se fez.

12 A terra, pois, produziu relva, ervas que davam semente segundo a sua espécie e árvores que davam fruto, cuja semente estava nele, conforme a sua espécie. E viu Deus que isso era bom.

13 Houve tarde e manhã, o terceiro dia.

O terceiro dia da criação começa com uma nova separação: a separação entre água e terra seca. É a terceira separação no relato da criação. A separação de luz e trevas fundamenta a organização do tempo. A separação entre águas e águas, junto com a separação entre água e terra seca, baseia a formação do espaço. Agora existe em cima e embaixo, aqui e ali. Agora há tempo e espaço, as duas "categorias básicas daquilo que é".[115]

9 **Disse também Deus: Ajuntem-se as águas debaixo dos céus num só lugar, e apareça a porção seca.** Ainda que a obra do terceiro dia na verdade se destine à formação da terra seca, a ordem criadora dirige-se à água. A água é limitada e reunida em um lugar apontado pelo Criador. Dessa forma aparece a terra seca. Como não há nenhuma ordem criadora para que a terra seca surja, não há resposta para a pergunta da origem da matéria. A limitação da água é um ato criador pelo qual Deus restringe o poder do caos, colocando-lhe fronteiras que não podem ser ultrapassadas sem a intervenção de Deus. Constata-se a justificação do poder do caos, mesmo que falte qualquer tipo de indicação, por menor que seja, de uma luta com os senhores das águas, Raabe e Leviatã[a]. Por mais poderosas que se imaginem essas forças originárias no Antigo Testamento e no

a Is 51.9s; Jr 5.22; Sl 74.13; 89.10; 104.6-9; Pv 8.27-29; Jó 7.12; 9.13; 26.10-12; 38.8-13

---
114 Westermann, *Genesis* I/1, pg. 164.
115 Ibid, pg. 166-168.

entorno de Israel,[116] são grandezas que o Deus Criador não precisa nem mesmo considerar. Raabe e Leviatã não têm a mínima chance de atacar Deus.[117]

Novamente, a separação é seguida de uma nomeação, um nome dado por Deus: **À porção seca chamou Deus Terra e ao ajuntamento das** **10** **águas, Mares. E viu Deus que isso era bom.** Somente quando Deus dá nome ao que se formou pela separação, isso começa a existir como elemento do mundo, sendo governado por Deus e recebendo dele sua destinação. O nome Terra dado à porção seca também pode ser o nome do mundo como um todo (cf. v.1). Em uma tradução literal, terra significa "o chão sob os pés". Originalmente, o mar é visto como um todo coeso, desconsiderando-se lagos e rios.[118] Então terra e mar ouvem o elogio da criação: é bom.

O chão firme surgiu pela separação dos elementos molhados e secos. Têm-se assim os pré-requisitos para as plantas, para a vida orgânica. O terceiro dia da criação é o dia das coisas "de cá, concretas, da natureza que nos foi confiada". O conteúdo criado é duplo, a saber, "a natureza inorgânica e a natureza orgânica".[119] Com o surgimento dos elementos de diferentes qualidades na terra e no mar, havia agora condições para a vida das plantas. Mas no terceiro dia surgiu apenas uma parte da natureza inorgânica e orgânica. Os corpos celestes e os animais ficaram reservados para dias posteriores.

E disse: Produza a terra relva, ervas que deem semente e árvores **11** **frutíferas que deem fruto segundo a sua espécie, cuja semente esteja nele, sobre a terra. E assim se fez.** Agora a Palavra de Deus dirige-se à terra. Deus convoca a terra para um ato criador. Deus reparte "poder criador, isto é, a Palavra ordena que a criatura agora passe a gerar coisas novas".[120] Criação e formação não são obrigatoriamente excludentes. A criação de Deus está aberta à formação. As plantas estão na terra, e a terra permite que elas brotem[b]. No entanto, a terra não é genitora, que produz   b Is 61.11 a partir de si mesma, mas é "a Palavra soberana de Deus que capacita a terra a produzir plantas, pois por si mesma ela não seria capaz disso". O ponto de partida e o começo para que a terra seja coberta por um "manto verde" é a Palavra de Deus.[121]

A terra, pois, produziu relva, ervas que davam semente segundo a **12** **sua espécie e árvores que davam fruto, cuja semente estava nele, conforme a sua espécie. E viu Deus que isso era bom. Houve tarde e ma-** **13** **nhã, o terceiro dia.**

O mundo das plantas, que, pela ordem de Deus, está diretamente relacionado à terra e à força criadora desta, é chamado de relva/vegetação, ou seja, plantas brotando, plantas em crescimento. Elas se dividem em dois tipos ou gêneros principais: a erva, que produz sementes, e as árvores, que produzem frutos que contêm sementes. Não podemos deixar

---

116 Cf. Beyerlin (ed.), pg. 179. 217; ben Gorion, E. (ed.), pg. 43-47.
117 Cassuto, *From Adam to Noah*, pg. 36-39.
118 Delitzsch, *Genesis*, pg. 58.
119 von Weizsäcker, V., pg. 32,36.
120 Schmidt, pg. 106.
121 Westermann, *Genesis I/1*, pg. 174; Cassuto, *From Adam to Noah*, pg. 40; cf. Introdução VI.3. A teoria da evolução e o relato bíblico da criação: Deus convoca a terra para cocriar, para produzir.

de notar que cada um dos dois gêneros é mencionado junto com o tipo específico de semente ou fruto. O relato da criação menciona dez vezes as plantas e animais criados no início (v.11,12, 21, 24, 25)c. A variedade de espécies é obra inicial da criação. A avaliação de Deus, de que "é bom", é pronunciada duas vezes no terceiro dia, uma vez depois da criação da primeira parte da natureza, isto é, os elementos da água e da terra seca, e depois da criação dos primeiros seres vivos, as plantas.

c Gn 6.20; 7.14; Lv 11.14, 22,29; Dt 14.13-15

4. O quarto dia, 1.14-19

14 Disse também Deus: Haja luzeiros no firmamento dos céus, para fazerem separação entre o dia e a noite; e sejam eles para sinais, para estações, para dias e anos.

15 E sejam para luzeiros no firmamento dos céus, para alumiar a terra. E assim se fez.

16 Fez Deus os dois grandes luzeiros: o maior para governar o dia, e o menor para governar a noite; e fez também as estrelas.

17 E os colocou no firmamento dos céus para alumiarem a terra,

18 para governarem o dia e a noite e fazerem separação entre a luz e as trevas. E viu Deus que isso era bom.

19 Houve tarde e manhã, o quarto dia.

A formação e a vida das plantas seriam impossíveis sem a luz criada no primeiro dia. O relato separado da criação dos corpos celestes mostra que somente a luz faz das estrelas aquilo que elas são.[122]

14 Disse também Deus: Haja luzeiros no firmamento dos céus, para fazerem separação entre o dia e a noite; e sejam eles para sinais, para **15** estações, para dias e anos. E sejam para luzeiros no firmamento dos céus, para alumiar a terra. E assim se fez. Os corpos celestes, que aparecem mediante a Palavra de Deus, são chamados de luzeiros[a]. Não devem ser nada além de carregadores da luz criada no primeiro dia. A luz dominava a atmosfera mesmo antes do surgimento do sol, isto é, havia luz proveniente de outra fonte, uma luz sem sol. Esta luz torna-se luz para o mundo por meio da criação das estrelas.[123] Isaías ainda conhece uma diferença entre a luz da criação e a luz do sol. Para ele, a luz do sol é sete vezes mais clara que as luzes dos sete dias da semana[b]. Uma antiga tradição judaica presume que as estrelas também foram criadas no primeiro dia, mas que Deus só as instituiu em sua função especial em relação à terra no quarto dia.[124]

a Sl 136.7; Ez 32.8

b Is 30.26

---

122 Em sua análise (cf. nota 110), Asmussen parte do princípio de que somente com o surgimento das plantas a atmosfera estável original, formada de nitrogênio e dióxido de carbono, passou a ser transformada em atmosfera instável e passível de renovação, formada por nitrogênio e oxigênio. Somente essa assim chamada quarta atmosfera passou a permitir não somente a passagem de luz, mas também de imagens, de forma que o sol, a lua e as estrelas passassem a ser visíveis no céu. Somente agora um ato criador torna visíveis as estrelas, que teriam existido desde a criação do Universo. Agora o dia e a noite não seriam mais determinados pela luz ou pelas trevas, mas pelas estrelas.
123 Cassuto, *From Adam to Noah*, pg. 43, 44.
124 Munk, pg. 73, 69, esp. nota 91.

Como luzeiros, as estrelas são criaturas de Deus com função de serviço. *A primeira tarefa* dos luzeiros é fazer separação entre dia e noite. A partir de agora, essa divisão deve se tornar visível pela alternância entre sol e lua.

Sua *segunda tarefa* é marcar as festas, dias e anos. Essa função é desempenhada até hoje pelo sol e pela lua. São eles, e não o calendário estático, que até hoje determinam as datas das principais festas. A palavra "sinal" refere-se aqui a "identificar". Além da identificação de lugares determinados[c] também podemos nos lembrar da identificação de acontecimentos especiais por meio das estrelas[d].

"Brilhar" define a *terceira tarefa* dos dois grandes corpos celestes. Poeticamente, sua função é descrita da seguinte forma: "Os luzeiros devem ser como luzeiros que luzem", sem mencionar os termos sol e lua. Também não se diz que Deus tenha dado nome aos luzeiros. Os nomes que Deus dá se limitam a dia e noite, céus, terra e mar; o sexto nome será o do ser humano. Dessa forma, o relato da criação combate qualquer tendência de considerar os corpos celestes como deuses.

c Js 8.14;
Êx 9.5;
10.13;
Jr 8.7;
Is 33.20

d Mt 2.2;
Lc 21.25

Fez Deus os dois grandes luzeiros: o maior para governar o dia, e o menor para governar a noite; e fez também as estrelas. E os colocou no firmamento dos céus para alumiarem a terra para governarem o dia e a noite e fazerem separação entre a luz e as trevas. E viu Deus que isso era bom. Houve tarde e manhã, o quarto dia. O relato da criação das estrelas pela Palavra é seguido pelo relato sobre um ato criador que mais uma vez especifica claramente as três funções dos corpos celestes. A repetição e a descrição detalhada da criação com conceitos operacionais como "fazer" e "colocar" sublinham que o sol, a lua e as estrelas são criaturas de Deus! Até mesmo o sol e a lua, considerados deuses da mais alta hierarquia pelos povos em torno de Israel, foram simplesmente "colocados" ali por Deus a fim de exercerem determinadas funções. Esse fato da criação era algo que o antigo Israel precisava repetidamente enfatizar diante de seus vizinhos, e defendê-lo pela guerra[e], e mais tarde, durante a época dos reis, correu o risco de sucumbir à adoração às estrelas[f].

16 17 18 19

No relato dos atos da criação, os dois luzeiros sol e lua recebem ainda uma quarta função: eles devem governar[g]. Devido ao claro impedimento de endeusar lua e estrelas, esse governo não é divino, significando antes: durante o dia, a influência principal deve ser do sol, e durante a noite, da lua. "Dia e noite dependem do sol e da lua. Neste sentido, eles governam o dia e a noite".[125] As estrelas são mencionadas apenas de passagem. A palavra hebraica define as estrelas como corpos esféricos compactos "produzidos" por Deus. Também elas têm sua dignidade e limitação no fato de terem sido criadas por Deus.

e Dt 4.19;
Jr 10.2;
Jó 31.26s
f 2Rs 23.11
g Sl 136.7-9

5. O quinto dia, 1.20-23

**20 Disse também Deus: Povoem-se as águas de enxames de seres viventes; e voem as aves sobre a terra, sob o firmamento dos céus.
21 Criou, pois, Deus os grandes animais marinhos e todos os seres viventes que rastejam, os quais povoavam as águas, segundo as suas**

---
125 Westermann, *Genesis* I/1, pg. 183.

espécies; e todas as aves, segundo as suas espécies. E viu Deus que isso era bom.

22 E Deus os abençoou, dizendo: Sede fecundos, multiplicai-vos e enchei as águas dos mares; e, na terra, se multipliquem as aves.

23 Houve tarde e manhã, o quinto dia.

Com a criação dos animais marinhos e das aves começa algo novo na criação. Depois de criar os primeiros seres vivos, Deus se dirige a eles com sua palavra de bênção. Os seres vivos criados são receptores da bênção.

20 **Disse também Deus: Povoem-se as águas de enxames de seres viventes; e voem as aves sobre a terra, sob o firmamento dos céus.** No imaginário do Antigo Testamento as plantas não eram consideradas vivas[a]; os animais, por sua vez, são resumidos com as duas palavras "seres viventes" ou "seres vivos".[b]

Povoar as águas[c] e voar sobre a terra não inclui a ideia de que tenham se formado a partir da água ou do ar, mas significa apenas que deve haver animais na água e no ar.[126] No hebraico, a expressão "povoem-se as águas de enxames de seres viventes" é um jogo de palavras, significando: com o surgimento de criaturas pequenas e minúsculas nasce um movimento sem fim.[127]

21 **Criou, pois, Deus os grandes animais marinhos e todos os seres viventes que rastejam, os quais povoavam as águas, segundo as suas espécies; e todas as aves, segundo as suas espécies. E viu Deus que isso era bom.** A novidade e singularidade desse dia da criação é destacada pelo uso da palavra *bara*, que não tinha mais sido usada desde a apresentação inicial do fato da criação. Este termo, reservado exclusivamente para a ação criadora de Deus e nunca mencionado em conjunto com uma substância, expressa que Deus chama os seres viventes à vida de forma direta e a partir do nada. Ele, o Deus vivo, cria os grandes animais marinhos e todos os pequenos seres viventes dos mares. Os grandes animais marinhos são especificamente mencionados entre os animais das águas porque, de acordo com as informações da Bíblia, não havia somente quimeras, cobras e crocodilos[d], mas também monstros marinhos caóticos[e]. Como o texto original usava a mesma palavra para todos, também os seres por natureza mais próximos do caos estão sujeitos à vontade criadora de Deus. Deus criou os monstros marinhos a partir do nada absoluto, a saber, por meio de um ato além de toda e qualquer capacidade humana.[128]

Como tudo é criatura, não há nada que o ser humano precise temer, além de Deus.[129] A criação da vida animal começa na água e continua no ar. O termo "ave" na verdade significa "ser vivo no ar", e abrange tudo o que voa[f]. Todos os seres vivos na água e tudo o que sabe voar é bom aos olhos de Deus.

a Jó 14.8; Sl 78.47; Is 14.30; Jd 12
b Gn 9.10, 12,15
c Gn 7.21; 8.17; Sl 105.30
d Êx 7.9,12; Sl 91.13; 148.7; Dt 32.33; Ez 29.3; 32.2; Jr 51.34
e Is 51.9; Sl 74.13; Jó 7.12; Is 27.1
f Lv 11.19s

---

126 Schmidt, pg. 121, Nota 3.
127 Cassuto, *From Adam to Noah*, pg. 48.
128 Munk, pg. 78 e 21, Nota 12.
129 von Rad, *Mose*, pg. 44.

E Deus os abençoou, dizendo: Sede fecundos, multiplicai-vos e enchei as águas dos mares; e, na terra, se multipliquem as aves. Houve tarde e manhã, o quinto dia. **22 23** A bênção que Deus profere sobre os seres vivos por ele criados é a força que lhes concede fertilidade, reprodução e abundância. No idioma árabe, a palavra que corresponde ao termo hebraico para "abençoar" também equivale a "espalhar-se". A bênção, portanto, seria a abundância de frutos, a colheita rica, o espalhamento, o aumento, o florescimento.[130] No Antigo Testamento, a expressão dupla da bênção "sede fecundos e multiplicai-vos" também é usada como encorajamento para o ser humano[g], como promessa de descendência para os patriarcas[h], como introdução à história do povo[j] e para a multiplicação do povo em relação ao retorno e à renovação depois do exílio[k].

A terceira palavra, que explica a bênção, é a abundância. Abundância ilimitada é um resultado da bênção, o que no Antigo Testamento fica claro especialmente nas descrições da abundância nos tempos finais.[131]

A bênção concede aos seres vivos a força divina que conserva a vida, a partir da qual se tornam capazes de transmitir a vida recebida por meio de concepção.[132] O primeiro livro da Bíblia faz nove associações entre bênção e fertilidade[l]. Essa associação entre bênção e fecundidade está baseada no fato de que a bênção de Deus nunca é composta de uma fórmula vazia, mas sempre de boas dádivas. Isto também vale caso a frase "Deus abençoou os animais" seja traduzida como "Deus cumprimentou os animais".[133]

g Gn 1.28; 9.1s
h Gn 35.11; 47.27; 28.3; 48.4
j Êx 1.7
k Jr 3.16; 23.3; Ez 36.11
l Gn 9.1; 17.20,16; 22.17; 24.60; 26.3s,24; 28.3; 35.9-11; 48.3s; 49.25

6. O sexto dia, 1.24-31

24 Disse também Deus: Produza a terra seres viventes, conforme a sua espécie: animais domésticos, répteis e animais selváticos, segundo a sua espécie. E assim se fez.

25 E fez Deus os animais selváticos, segundo a sua espécie, e os animais domésticos, conforme a sua espécie, e todos os répteis da terra, conforme a sua espécie. E viu Deus que isso era bom.

26 Também disse Deus: Façamos o homem à nossa imagem, conforme a nossa semelhança; tenha ele domínio sobre os peixes do mar, sobre as aves dos céus, sobre os animais domésticos, sobre toda a terra e sobre todos os répteis que rastejam pela terra.

27 Criou Deus, pois, o homem à sua imagem, à imagem de Deus o criou; homem e mulher os criou.

28 E Deus os abençoou e lhes disse: Sede fecundos, multiplicai-vos, enchei a terra e sujeitai-a; dominai sobre os peixes do mar, sobre as aves dos céus e sobre todo animal que rasteja pela terra.

29 E disse Deus ainda: Eis que vos tenho dado todas as ervas que dão semente e se acham na superfície de toda a terra e todas as árvores em que há fruto que dê semente; isso vos será para mantimento.

---

130 Delitzsch, *Genesis*, pg. 62.
131 Westermann, *Genesis* I/1, pg. 192-195.
132 von Rad, *Mose*, pg. 43.
133 Ehrlich, vol. I, pg. 4.

30 E a todos os animais da terra, e a todas as aves dos céus, e a todos os répteis da terra, em que há fôlego de vida, toda erva verde lhes será para mantimento. E assim se fez.

31 Viu Deus tudo quanto fizera, e eis que era muito bom. Houve tarde e manhã, o sexto dia.

A obra do sexto dia compõe-se de dois atos criadores, a saber, a criação dos animais terrestres e a decisão singular de Deus de criar o ser humano. Animais e homens são associados uns aos outros. A forma especial da criação do ser humano, no entanto, mostra que ele, que na criação está mais próximo do animal, é ao mesmo tempo fundamentalmente diferente dele.

24 **Disse também Deus: Produza a terra seres viventes, conforme a sua espécie.** A ordem de Deus dirige-se à terra. Os animais saem do seio da terra. Por causa da sua base de vida, os animais dependem totalmente da terra, e dessa ligação decorrente da criação recebem morte e vida.[134] O coletivo "seres viventes" para os animais terrestres indica que também os animais estão debaixo da bênção dada ao ser humano, o "sede fecundos, multiplicai-vos e enchei a terra" (cf. v.28). As espécies de animais, **animais domésticos, répteis e animais selváticos**, são mais uma vez enumerados no verso 25: **E fez Deus os animais selváticos,**

25 **segundo a sua espécie, e os animais domésticos, conforme a sua espécie, e todos os répteis da terra, conforme a sua espécie**. Aqui a criação dos animais é descrita com a palavra fazer, ᶜ*asah*. Deus não cria sem critério, mas assim como na criação das plantas, também agora a terra participa da criação dos animais. A primeira enumeração das classes de animais vai do mais próximo ao mais distante, a segunda, do maior para o menor. Os animais selváticos são as feras, mas também os animais silvestres. Os animais domésticos abrangem, conforme indicado pela raiz da palavra, os quadrúpedes "pesados", e os répteis ("demais animais terrestres", cf. NVI) são os bichos menores, que se arrastam pelo chão[a]. Enquanto as plantas estão presas ao solo, as espécies de animais citadas ocupam toda a terra, pois conseguem movimentar-se. A ênfase "conforme a sua espécie" e a constatação final de que "assim se fez" demonstram que cada tipo de animal é uma espécie em si, excluindo qualquer possibilidade de mistura entre elas.[135] Também esta obra é, como expressão da vontade de Deus, **boa**.

a Lv 11.46; Sl 69.34s

Em forte contraste com a ligação dos animais com a terra, o segundo ato criador no sexto dia trata do ser humano, criado de forma absoluta-

26 mente direta do alto, por Deus. **Também disse Deus: Façamos o homem à nossa imagem, conforme a nossa semelhança.** A criação do ser humano é a única baseada em uma decisão de Deus. O plural no hebraico, "façamos"[b], foi interpretado de diversas formas ao longo da história. Para evitar qualquer questionamento à singularidade de Deus, os judeus optaram pela saída mais simples no assim chamado Livro dos Jubileus: deixaram o "façamos" de fora. A exegese judaica moderna, por sua vez,

b Sl 119.117; Is 41.23

---

134 von Rad, *Mose*, pg. 44. Para a cocriação da terra ver Introdução VI. 3. A teoria da evolução e o relato bíblico da criação.
135 Munk, pg. 83.

opta pelo plural majestático, "Nós, o Deus vivo, queremos criar", ou então pelo assim chamado plural exortativo que aparece na linguagem coloquial, p. ex. em frases como: "Saiamos", que na verdade significa "eu quero sair".[136] A Epístola de Barnabé, afastando-se do judaísmo, diz que antes da fundação do mundo Deus falou a Jesus: "Vamos criar o ser humano". Desde Agostinho, comentaristas de todos os séculos (como Beda, Lutero e Karl Barth) interpretam o plural como uma referência à Santa Trindade.[137] Mas o plural no hebraico também pode ser uma indicação da significância e da majestade da ação criadora com a qual Deus inclui o ser humano em seus planos, demonstrando assim que "vem aí algo novo, totalmente inédito, absolutamente único".[138]

O ser humano é gerado a partir de Deus como a última criatura, a nova, à imagem e semelhança de Deus. Assim, desde as primeiras palavras sobre a criação do ser humano fica claro que ele não pode ser classificado em nenhuma das espécies animais. O ser humano não é uma versão nova de um ser vivo, mas algo completamente novo.[139]

O hebraico expressa a imagem e semelhança de Deus no ser humano por meio de duas palavras que, com significado muito próximo e eventualmente sinônimo,[140] descrevem ênfases diferentes dessa semelhança. A maioria dos estudiosos deriva o termo *zäläm* de *zalam*, "cortar, partir, retalhar", que não aparece no Antigo Testamento. *Zäläm* significa "igual ao original", "cópia do Criador na criação".[141] Nas demais ocorrências no Antigo Testamento, refere-se principalmente a "escultura, imagem plástica, estátua"[c], mas às vezes também "ídolo"[d]. A derivação antiga e amplamente desprezada de *zel*, "sombra", recentemente voltou a ser aceita.[142] Neste caso, a imagem é – assim como acontece com a sombra – uma cópia do original em sentido reduzido[e]. Unindo ambas as explicações, o ser humano, como uma cópia de Deus, representa a soberania de Deus neste mundo como se fosse um monumento ou escultura. Ele testemunha o senhorio de Deus.[143] No entanto, a correspondência não é a identidade em si, mas um reflexo nebuloso. A diferença entre Deus e sua imagem na terra fica ainda mais clara pela segunda palavra usada para a semelhança, *d^emuth*. O radical *damah* resulta em um substantivo com o seguinte significado: "semelhança, cópia, correspondência"[f]. O ser humano é criado à imagem de Deus. Ele representa Deus neste mundo. Ele pode corresponder a Deus, isto é, foi criado de forma que algo possa acontecer entre o Criador e a criatura. O Criador formou sua criatura de forma que possa falar com ela e ela possa ouvi-lo. Este significado especial, perceptível pela palavra *d^emuth*, é detectado pela exegese judaica já em *zäläm*. *Zäläm* expressa um relacionamento que só pode se desenvolver entre personalidades. O ser humano está face a face com Deus.[144]

c 1Sm 6.5,11; 2Rs 11.18; 2Cr 23.17

d Ez 7.20; Am 5.26; Nm 33.52

e Sl 39.6

f Ez 1.5,10, 20,28; 2Rs 16.10

---

136 Cassuto, *From Adam to Noah*, pg. 55.
137 Hempel, pg. 238-245; Westermann, *Genesis* I/1, pg. 200.
138 Bonhoeffer, *Schöpfung*, pg. 40.
139 Munk, pg. 87.
140 Westermann, *Genesis* I/1, pg. 201ss.
141 Schedl, vol. I, pg. 215.
142 A. S. Marmardji, *La lexographie arabe*; W. v. Soden, *Grundriß der akkadischen Grammatik*; citados por Westermann, *Genesis* I/1, pg. 202.
143 Cf. Wolff, pg. 149-154, esp. 152
144 Leibowitz, pg. 2.

Ao manter sempre os dois termos em mente, a cópia e a correspondência, evita-se o erro de limitar a imagem e semelhança de Deus somente ao intelecto do ser humano. A aparência física do ser humano não pode ser excluída da imagem e semelhança de Deus. "O ser humano como um todo foi criado à imagem e semelhança de Deus".[145] Esta imagem e semelhança de Deus não está apenas em sua natureza intelectual, mas também abrange o corpo. No pensamento bíblico, alma e corpo nunca são separados, o que explica o fato de o Antigo Testamento supor a sede da alma nas entranhas (p.ex., nos rins), nos ossos ou no coração.[146] O ser humano como um todo é marcado por Deus.

Também o Salmo 8 fala da imagem e semelhança de Deus, o único texto do Antigo Testamento fora de Gênesis 1.26ss que aborda esse assunto. O Salmo 8 dirige-se a Javé. Sobre o ser humano está escrito que ele é pouco menor que Elohim (Sl 8.6). Nesse contexto, o ponto da comparação é, sem dúvida, o mundo dos anjos, seres da corte celestial formados à imagem e semelhança de Deus[g]. O ser humano assemelha-se aos anjos, e é concebível que a decisão de Deus, "façamos o homem", inclua também os anjos.[147] **Tenha ele domínio sobre os peixes do mar, sobre as aves dos céus, sobre os animais domésticos, sobre toda a terra e sobre todos os répteis que rastejam pela terra.** Os seres humanos criados por Deus à sua imagem e semelhança devem dominar. Essa incumbência de dominar não faz parte da declaração sobre a imagem e semelhança de Deus, mas é antes consequência dela, ou seja, aquilo que o ser humano é capaz de fazer em decorrência de sua imagem e semelhança de Deus. Assim como os grandes reis colocavam estátuas suas (*zäläm*) nas províncias, como sinal da sua soberania, assim o ser humano é o sinal real de Deus no mundo – devido à sua imagem e semelhança de Deus. Ele é o "mandatário de Deus, encarregado de preservar e impor a soberania de Deus na terra".[148]

A ideia da estátua de um rei também combina com os dois termos usados para dominar: *radah*, "pisar os lagares, subjugar, pisotear"[h], e *kabash*, "subjugar pela violência, dominar"[i]. Os dois termos são usados para descrever o governo de um rei. O ser humano deve dominar os animais assim como um rei governa seu reino. A posição real do ser humano impede que ele veja os animais apenas como objetos disponíveis para seu uso. Um domínio real implica ao mesmo tempo proteger, nutrir e cuidar. "Dominar os animais é a melhor forma que o ser humano tem para manter-se humano".[149] Entre as imagens veterotestamentárias mais antigas a respeito das tarefas de um rei e do relacionamento entre ser humano e animal está a figura do Bom Pastor[k]. "A imagem e semelhança de Deus no ser humano está no fato de ele ser uma criatura que sabe controlar a si mesma e que, por isso, está acima de todas as demais criaturas terrenas".[150]

g 1Rs 22.19-22;
Jó 1;
Dn 7.10;
Lc 2.9ss;
Ap 4;
cf. também
Sl 89.8;
Dn 4.13

h Nm 24.19;
Lv 26.17;
1Rs 5.3;
Sl 110.1;
72.8;
Is 14.6;
Ez 34.4

i Jr 34.11,16;
Ne 5.5;
2Cr 28.10

k Gn 48.15;
Sl 23.1;
Jo 10.2,
11,14

---

145 von Rad, *Mose*, pg. 45.
146 Eichrodt, vol. II/III, pg. 65ss
147 von Rad, *Mose*, pg. 45s.
148 Ibid, pg. 46.
149 Westermann, *Genesis* I/1, pg. 220.
150 Delitzsch, *Genesis*, pg. 65.

Criou Deus, pois, o homem à sua imagem, à imagem de Deus o criou. 27
O último e mais novo ato na sequência da criação, a criação do ser humano à imagem de Deus, é novamente destacado e enfatizado pelo uso específico da palavra criadora *bara*. Esta palavra demonstra que a vida humana descende da ação criadora direta de Deus.[151] "Aqui não há uma transição a partir do que veio antes, trata-se de uma criação totalmente nova... O ser humano é obra nova, livre, exclusiva de Deus".[152] Nenhuma teoria da evolução humana a partir do reino animal, qualquer que seja a sua versão, é compatível com essa declaração bíblica.[153] A única coisa que o ser humano e os animais têm em comum é o fato de ambos terem sido criados no sexto dia da criação. Somente o ser humano é criado diretamente por Deus. Somente ele é imagem e correspondência de Deus, semelhante ao seu Criador no fato de ser livre em relação ao restante da criação. Ele é seu senhor, e essa liberdade está no fato de a liberdade de Deus ter se associado ao ser humano, no fato de que a livre graça de Deus se torna real somente ao ser humano, no fato de que Deus deseja ser livre para o ser humano. Portanto, "também para o ser humano não existe um 'ser livre de' sem o 'ser livre para' – não há domínio sem serviço a Deus; perdendo um, o ser humano forçosamente perderá também o outro".[154] O Criador criou uma criatura que lhe corresponde, com a qual possa falar e que o ouve.

Homem e mulher os criou. O ser humano não está sozinho. Sua existência baseia-se na dependência de outra pessoa. Aqui a expressão hebraica para "homem e mulher" não é *'isch* e *i'schah*, mas *sachar* e *n^{e}kebah*, "macho e fêmea". O primeiro par ressalta a ideia de casal, o segundo destaca a diferença sexual.[155] A dupla sexualidade é parte integrante da criação do ser humano. O simples plural "os criou" demonstra que as diferenças sexuais são decorrentes da criação. Não está escrito que em algum momento Adão teria reunido os dois sexos em si mesmo. Pelo contrário, Eva é chamada de "a parte que falta a Adão" (conforme a tradução literal de "ajudadora"). De forma alguma Adão era um ser autossuficiente antes da criação de Eva, reunindo dois sexos em uma pessoa. Deus criou o ser humano como macho e como fêmea. "O ser humano não foi criado de forma isolada, mas é chamado a ser interlocutor do sexo oposto".[156] Qualquer separação entre homem e mulher, incluindo a vocação superior a uma ordem, irmandade ou comunidade, esbarrará a vida inteira no limite da inseparabilidade de homem e mulher. As lutas pessoais, as provações e as batalhas daqueles que permanecem sozinhos por vocação ou pelas circunstâncias da vida nunca terminarão. O propósito original do Criador para o ser humano é a vida a dois como homem e mulher. O ser humano é destinado à comunhão entre homem e mulher, e, graças a esse propósito criador original de Deus, Walter Zimmerli conclui: "Um ser humano sozinho é meio ser humano".[157] Sem dúvida esta palavra é

---

151 von Rad, *Mose*, pg. 43.
152 Bonhoeffer, *Schöpfung*, pg. 40.
153 Cf. Introdução VI. 3, A teoria da evolução e o relato bíblico da criação.
154 Bonhoeffer, *Schöpfung*, pg. 45.
155 Delitzsch, pg. 66.
156 von Rad, *Mose*, pg. 47.
157 W. Zimmerli, *Genesis*; citado por Westermann, *Genesis* I/1, pg. 221.

| Jr 15.17;
8.17; 5.18

dura demais, pois mesmo uma pessoa sozinha ainda é um ser humano completo em si. No Antigo Testamento não há somente o isolamento decorrente da exclusão da comunhão, mas também por vocação, que pode levar à solidão. Qualquer profeta experimenta isso. Mas Jeremias, que talvez seja o que mais sofre com a solidão¹, vê o cumprimento da solidão como consequência do fato de que Javé não cumpre sua palavra.¹⁵⁸ A vontade de Deus não é a solidão do ser humano, pois este foi criado homem e mulher. Também é verdade que a menção à variedade de sexos não contém nenhuma outra diferenciação de valor. A tripla indicação a respeito da criação divina (v.27) mostra que não há nenhuma diferença de hierarquia entre homem e mulher. Devido à ligação direta com Deus, ambos ocupam a mesma posição e têm o mesmo valor. A humanidade não é representada por Adão, mas pelo conjunto de Adão e Eva.¹⁵⁹ A dualidade é a própria estrutura básica da existência humana. "O ser humano não pode escolher ser um elemento comunitário ou qualquer outra coisa... O ser humano existe nessa... dualidade. Essa é a única diferenciação estrutural na qual ele vive".¹⁶⁰ A dualidade é mais especificamente determinada pela diferença sexual entre homem e mulher. A dualidade dos sexos não é uma subdivisão da humanidade, mas sua "representação e imagem original".¹⁶¹ É a ordem desejada e criada por Deus para todos os tempos. Na criação do ser humano, *bara*, a palavra da criação direta de Deus, aparece três vezes, a fim de destacar as três peculiaridades do ser humano. O ser humano é uma criação absolutamente nova de Deus; somente ele é imagem e semelhança de Deus; o ser humano foi, desde o princípio, criado como homem e mulher, como dois seres sexuais diferentes.¹⁶²

28 Ambos, homem e mulher, recebem juntos a bênção e a tarefa de dominar a terra: **E Deus os abençoou e lhes disse: Sede fecundos, multiplicai-vos, enchei a terra e sujeitai-a; dominai sobre os peixes do mar, sobre as aves dos céus e sobre todo animal que rasteja pela terra.** Inicialmente, ser humano e animal recebem a mesma bênção. Mas a introdução da palavra de bênção traz uma diferença significativa. A bênção dirigida a todos os seres viventes começa com "Disse Deus", mas a bênção aos seres humanos começa com "Deus *lhes* disse". Com a criação do ser humano, Deus tinha feito para si um interlocutor, alguém com quem ele pode falar. E a ordem de sujeitar a terra e dominá-la (cf. v.26) vale somente para o ser humano.

Primeiro o ser humano recebe das mãos de Deus a mesma bênção dada aos animais, a capacidade de reproduzir-se e multiplicar-se. A fecundidade do ser humano não é irradiação nem participação da sua imagem e semelhança de Deus. Na verdade, ela o associa à condição de "ser vivente" criado (cf. v.22, 24). A vontade do Criador não inclui o endeusamento da sexualidade. O ato sexual não é um evento divino, como acreditava o culto cananeu, em que o ser humano ganhava acesso ao

---

158 Seidel, cf. esp. as exposições sobre o significado existencial da solidão, pg. 120-122, e a solidão na vida dos profetas, pg. 73-92.
159 Thielicke, *Ethik*, vol. III, 1784-1790.
160 K. Barth, *Dogmatik*, vol. III. 2, pg. 344; citado por Thielicke, *Ethik*, vol. III, 1777.
161 Thielicke, *Ethik*, vol. III, 1782.
162 Cassuto, *From Adam to Noah*, pg. 57.

mundo dos deuses pela prostituição sacral e orgasticamente celebrada.¹⁶³ A capacidade de concepção é cuidadosamente separada da imagem e semelhança de Deus e é abordada por uma palavra de bênção específica.¹⁶⁴

A singularidade dessa bênção, quando comparada com aquela entregue aos animais, está no fato de Deus se dirigir ao ser humano como sua imagem e semelhança. O ser humano, o interlocutor de Deus, escolhe um interlocutor para si. Ele não se reproduz por instinto e aleatoriamente, mas na comunhão com este interlocutor específico. Deus faz dessa comunhão uma unidade indissolúvel, a respeito da qual Jesus diz: *"Não tendes lido que o Criador, desde o princípio, os fez homem e mulher...? Portanto, o que Deus ajuntou não o separe o homem"*.¹⁶⁵ Como o ser humano, imagem e semelhança de Deus, não é dominado por um instinto de conservação sombrio e inconsciente, como acontece com os animais, ele também ganha o direito de escolher pessoalmente seu cônjuge.¹⁶⁶ Somente o ser humano se casa. E o elemento que fundamenta o casamento não é a reprodução, mas a unidade entre homem e mulher desejada pelo Criador. Como a fecundidade na ligação entre homem e mulher não é uma ordem, mas uma bênção de Deus, a sexualidade tem sua razão de existir dentro do casamento independentemente da sua finalidade reprodutiva.ᵐ A sexualidade faz parte da criação. Ao criar o ser humano diferenciando sexualmente homem e mulher e ao abençoá-los com "sede fecundos e multiplicai-vos", Deus organiza o relacionamento sexual.

m Êx 21.10; 1Co 7.3ss

A sexualidade está sob a bênção de Deus, isto é, o ser humano está livre do endeusamento sexual.

O ser humano, imagem e semelhança de Deus, é livre para escolher pessoalmente seu cônjuge. Deus dá à ligação entre um homem e uma mulher o caráter da inseparabilidade.

Somente no caso do ser humano a sexualidade não está limitada à finalidade reprodutiva. Ela não é algo estranho à criatura, isto é, o ser humano criado por Deus está livre do medo sexual.

E disse Deus ainda: Eis que vos tenho dado todas as ervas que dão semente e se acham na superfície de toda a terra e todas as árvores em que há fruto que dê semente; isso vos será para mantimento. E a todos os animais da terra, e a todas as aves dos céus, e a todos os répteis da terra, em que há fôlego de vida, toda erva verde lhes será para mantimento. E assim se fez. O homem é orientado a alimentar-se das plantas. A declaração de Deus, "Eis que vos tenho dado", é um ato de destinação, de entrega, de concessão. Ela não contém uma ordem, mas é um ato do Criador destinado a sustentar suas criaturas.¹⁶⁷

29
30

Também os animais são orientados a se alimentar das plantas. A alimentação do ser humano e dos animais diferencia-se apenas pelo fato de que o ser humano é orientado a alimentar-se principalmente de cereais e frutas, enquanto aos animais destina-se a erva verde. Matar animais para alimentar-se não fazia parte do propósito original do Criador. Para os exegetas atuais é praticamente inconcebível o fato de ter havido uma

---

163   von Rad, *Mose*, pg. 47.
164   W. Zimmerli, *Genesis*; citado por von Rad, *Mose*, pg. 47.
165   Mt 19.4,6.
166   Bonhoeffer, *Ethik*, pg. 184.
167   Westermann, *Genesis* I/1, pg. 223.

época em que nem homens nem animais se alimentassem de carne. Por isso, a única constatação possível é: houve na pré-história uma fase inicial que não pode ser avaliada mediante os critérios das experiências atuais. Essa fase terminou rapidamente com a chegada do tempo em que Deus permitiu ao ser humano matar animais para se alimentar[n]. Mas temos certeza do fato de a criação original ter em mente apenas a reprodução, e não a destruição, e do fato de ter havido um tempo de paz paradisíaca porque no tempo do fim a paz do paraíso será novamente instalada[o].

31 **Viu Deus tudo quanto fizera, e eis que era muito bom. Houve tarde e manhã, o sexto dia.** O olhar de Deus e o elogio do Criador, "era muito bom", não se refere apenas a uma única obra, mas à totalidade da obra da criação. O conjunto, em que cada detalhe interage harmoniosamente com o outro, recebe o adjetivo do mais alto reconhecimento. A palavra "muito" na verdade é um substantivo, que significa "força, capacidade, poder e ímpeto"[p]. Em conjunto com a palavra bom, que também significa "agradável, útil, oportuno, amigável e belo"[168], Deus chama sua criação de extremamente boa e extremamente bela. Por meio do artigo, que acompanha o numeral pela primeira vez, o sexto dia é destacado como o dia final da criação. Até agora os dias dignos de menção no ritmo criador de Deus eram chamados de dia um, dia dois, dia três, dia quatro, dia cinco. Agora está escrito: "um dia, o sexto". O sexto dia é destacado pelo fato de ser o primeiro em que é possível contemplar toda a obra da criação como finalizada. Além disso, no hebraico o numeral ordinal, ou seja, a designação "o sexto dia", inclui uma referência ao que vem a seguir. O sexto dia não se basta. Depois do sexto dia é preciso que venha um sétimo, isto é, o ser humano precisa do sábado, do dia de descanso. Por isso, o fato de a exegese judaica associar o termo "a terra" ao sexto dia, e "o céu" ao sétimo, não é mera brincadeira.[169] Somente o ser humano tem uma destinação dupla: ele vive na terra e é chamado para entrar no céu. O sábado, o dia do descanso, é um aperitivo do céu.

7. O sábado da criação, 2.1-3

1 **Assim, pois, foram acabados os céus e a terra e todo o seu exército.**
2 **E, havendo Deus terminado no dia sétimo a sua obra, que fizera, descansou nesse dia de toda a sua obra que tinha feito.**
3 **E abençoou Deus o dia sétimo e o santificou; porque nele descansou de toda a obra que, como Criador, fizera.**

A criação não se encerra com o ser humano, mas com o sábado da criação, o descanso de Deus de toda a sua obra. O dia final da criação não é limitado pelo ciclo repetitivo do "e houve tarde e manhã", ou seja, o sábado da criação tem uma perspectiva infinita, "ele encerra a criação do mundo e durará para sempre e eternamente depois do sábado da criatura no fim da história do mundo".[170]

---
168 Ibid, pg. 228 e 229.
169 Munk, pg. 52 e 105.
170 Delitzsch, *Genesis*, pg. 72.

n Gn 9.3
o Is 11.2-9; 65.25; Os 2.20; Ez 34.25
p cf. Dt 6.5; 2Rs 23.25

Assim, pois, foram acabados os céus e a terra e todo o seu exército. 1
As últimas palavras do relato da criação do mundo retomam as palavras iniciais da criação dos céus e da terra[a]. Acrescenta-se agora, no final, **todo o seu exército**. *Zaba'*, "exército", normalmente se refere ao céu.[171] Mas "exército" também são as estrelas[b] e as hostes que devem louvar a Deus[c]. Como "exército" também pode ser um paralelo a "todos os povos"[d], a expressão "todo o seu exército" abrange todos os seres nos céus e na terra, inclusive aqueles que não são expressamente mencionados no capítulo da criação do mundo.

a Gn 1.1
b Is 40.26
c Sl 103.21; 148.2
d Is 34.2

E, havendo Deus terminado no dia sétimo a sua obra, que fizera, descansou nesse dia de toda a sua obra que tinha feito. 2 A obra de Deus encerrou-se no sétimo dia. Encerrar não significa que ele tenha "continuado e finalizado um trabalho ainda incompleto, mas que ele deu o trabalho por encerrado porque estava completo".[172] Ao fim da construção da "Tenda do Encontro" está escrito: *Assim Moisés acabou a obra* (Êx 40.33). Uma análise de outras passagens que contenham essa expressão[e] mostra que a frase "Deus terminou a sua obra" não se refere à finalização de algo, mas simplesmente à constatação de que algo terminou. Não havia mais nenhum trabalho para Deus no sétimo dia. Para encerrar, a obra criadora de Deus é descrita três vezes com o termo convencional usado para o trabalho comum[f]. Como os seis dias de criação de Deus são chamados de "trabalho", aquilo que o ser humano entende por trabalho acaba adquirindo um valor inestimável. A palavra hebraica para trabalho deriva de uma raiz que significa "enviar".[173] Trabalho é envio e incumbência.

e Gn 17.22; 24.19; 49.33; Lv 16.20; Nm 4.15; 7.1; 16.31
f Gn 39.11

Como o trabalho humano inclui envio e incumbência da parte de Deus, no início Deus encarrega a si mesmo da tarefa de criar o mundo. O descanso de Deus no sétimo dia "não é um abandono do mundo, mas a glorificação final dele, que olha para o Criador".[174]

Deus abre mão de continuar trabalhando, já que sua criação não precisa nem pode ser complementada, mas não se afasta do mundo. Somente um insensato pode encarar esse descanso de Deus ao fim da criação como um afastamento do mundo, "pois na verdade ele representa uma atenção especialmente misteriosa e graciosa voltada à criação".[175]

E abençoou Deus o dia sétimo e o santificou; porque nele descansou 3 **de toda a obra que, como Criador, fizera.** A peculiaridade do sétimo dia em comparação com os seis dias das obras de criação é o fato de ter sido abençoado e santificado. A bênção proferida sobre o sétimo dia é a terceira bênção em todo o processo da criação[g]. Abençoar abrange força e fertilidade, isto é, a bênção do sétimo dia concede a ele uma força que o tornará frutífero para a existência humana. Por meio da bênção, o dia de descanso recebe "a força que promove, aviva, enriquece e preenche a existência".[176] A força da bênção, isto é, o fomento e o bom resultado que emanam desse dia abrangerão todos os dias. Com isso, a bênção

g Gn 1.22,28

---

171 Westermann, *Genesis* I/1, pg. 233.
172 Delitzsch, *Genesis*, pg. 70.
173 Ibid, pg. 70.
174 Bonhoeffer, *Schöpfung*, pg. 48.
175 von Rad, *Theologie*, pg. 152.
176 Westermann, *Genesis* I/1, pg. 237.

proferida sobre o sétimo dia é uma bênção final sobre toda a criação. Santificar significa separar. O dia santo e separado é diferente dos outros seis dias da criação. Deus contrapõe um dia de descanso aos outros seis dias repletos de trabalho e ação. Com isto, Deus estabelece uma ordem em que o tempo é dividido em momentos rotineiros e santos, de trabalho e de descanso. Depois da separação entre luz e trevas, e entre dia e noite, temos agora também a "polaridade entre dia útil e dia de descanso, entre dia de trabalho e dia de repouso".[177] O dia de descanso é uma dádiva especial de Deus ao ser humano. É "o presente de uma ordem para a existência, em que a ordem de dominar o restante da criação pelo trabalho é delimitada por aquilo que está implícito na santificação e na bênção do sétimo dia".[178] No Antigo Testamento, o dom de Deus era recebido na celebração do sábado[h]. No Novo Testamento, o dia de descanso transformou-se em dia da vitória de Jesus sobre o domínio da morte, o domingo. O povo de Deus no Antigo Testamento santificava o dia de descanso, o sábado, de quatro formas. Os judeus "lembram", isto é, refletem sobre os grandes atos de Deus pela memória em oração. Eles "santificam" o dia, isto é, afastam-se de todo tipo de trabalho rotineiro. Eles "alegram-se", isto é, não transmitem notícias tristes ou ruins neste dia, e o "honram" decorando a casa de forma festiva, usando roupas especiais e acendendo as velas do sábado.[179]

h Êx 31.12-17; 35.1-3; 20.11

Desde o começo os cristãos se reuniam no primeiro dia da semana. No terceiro dia depois da crucificação, Jesus apareceu no círculo dos discípulos (Jo 20.19), e no oitavo dia depois desse, a saber, novamente no domingo, Jesus apareceu a Tomé (Jo 20.26). Desde então os cristãos se reúnem "todos os domingos" (1Co 16.2, cf. NTLH), chamando seu dia de descanso de "Dia do Senhor" (Ap 1.10).

Por meio do sábado da criação, Deus separou o tempo em seis dias de trabalho e um dia de descanso. Nesse dia de descanso o ser humano está livre de qualquer trabalho e, com isso, livre para Deus. O primeiro dia de vida do ser humano foi o dia de descanso. O ser humano deve partir para o trabalho descansado. No dia de descanso, seu único compromisso é encontrar-se com seu Deus. Por isso, é importante não passar esse dia dormindo, mas santificá-lo. O dia abençoado por Deus irradia a bênção de Deus para todos os seis dias de trabalho. Ao mesmo tempo, o dia separado e santificado por Deus é uma preparação para "o último dom da salvação".[180] Para o povo de Deus, o grande descanso sabático ainda não chegou (Hb 4.1-10). Mas virá o dia em que todas as criaturas [descansarão] *das suas fadigas, pois as suas obras os acompanham* (Ap 14.13).

---

177 Ibid, pg. 236.
178 Ibid, pg. 232.
179 As quatro regras para a celebração do sábado foram elaboradas pelo rabino Moisés Maimônides (1138-1204), a partir de Êx 20.8 e Is 58.13s; cf. Friedländer, pg. 266-282.
180 von Rad, *Mose*, pg. 49.

II. A CRIAÇÃO DO SER HUMANO E SUA EXPULSÃO DO PARAÍSO, 2.4 – 3.24

INTRODUÇÃO: O ser humano, criatura central do mundo, 2.4

4 Esta é a gênese dos céus e da terra quando foram criados, quando o Senhor Deus os criou.

Pessoas presas à forma de raciocínio helenista têm dificuldade de compreender por que a criação do ser humano é contada duas vezes em um só livro de história. Para o pensamento semita, isso não é nada estranho. O hebreu está acostumado a primeiro apresentar um relato universal geral do todo, para depois analisar detalhadamente o verdadeiro foco do evento.[181] No contexto da criação, a figura central é o ser humano. Comentaristas dispostos a mergulhar no raciocínio hebraico não têm motivo para falar de um segundo relato da criação. O segundo capítulo da Bíblia não é uma repetição do relato da criação, mas uma descrição detalhada da criação do ser humano.[182] O ser humano ocupa uma posição de destaque na criação. O papel central do ser humano, visto de forma geral pela pré-História, pode ser resumido em sete pontos:

1. Conforme destacado pela tripla ocorrência de *bara*, o ser humano é criado diretamente por Deus.
2. O ser humano, como imagem e semelhança de Deus, é criatura que pode se achegar a ele e lhe responder.
3. Desde o princípio, o ser humano é criado como homem e mulher.
4. O ser humano é criado a partir do pó da terra.
5. Deus soprou o fôlego da vida no ser humano.
6. O ser humano não foi criado apenas à imagem de Deus, mas também à sua semelhança (Gn 5.1). Portanto, cada descendente do ser humano é uma criatura à imagem e semelhança de Deus.
7. Deus deu ao ser humano criado o poder de dominar as demais criaturas (Gn 9.2).[183]

O relato especial sobre a criação do ser humano começa com um título introdutório[184], do qual há onze versões semelhantes no Pentateuco ᵃ. Gênesis 2 não trata mais da criação do Universo, mas somente da criação do ser humano e do ambiente à sua volta. A criação é "o outro lado (da criação do Universo) – não arbitrário, mas necessário (ao menos dentro da compreensão do todo)".[185] Não se trata de repetir o relato da criação com outro objetivo. Portanto, Gênesis 2 usa palavras diferentes para falar do

ᵃ Gn 5.1; 6.9; 10.1; 11.10; 11.27; 25.12; 25.19; 36.1; 36.9; 37.2; Nm 3.1

---
181 Cassuto, *From Adam to Noah*, pg. 90s.
182 Cf. a pesquisa católica que, assim como a judaica, combate a ideia de um segundo relato da criação; Kipper, pg. 101-105.
183 Munk, pg. 94, 95.
184 A suposição de que o título que introduz a criação especial do ser humano deva ser considerado assinatura do capítulo anterior é uma simples hipótese. Certo é que a expressão "esta é a gênese (tolᵉdoth)" sempre se refere ao que vem depois; cf. Cassuto, *From Adam to Noah*, pg. 97. Sobre os títulos em geral, cf. as declarações de Schedl sobre a antiga técnica de escrever livros, pg. 197ss.
185 Bonhoeffer, *Schöpfung*, pg. 51.

mesmo fato da criação. Testemunha-se o mesmo assunto, com o mesmo objetivo, mas enfatizando aspectos específicos. Somente o relato completo dado em Gênesis 1 e 2 deixa clara a vontade completa de Deus para o ser humano.[186] É o próprio Deus que une os dois capítulos da criação em um conjunto indissolúvel. Ele é o único soberano e o único agente, tanto no relato da criação do mundo quanto na apresentação especial sobre a criação do ser humano e do seu entorno.

4   Esta é a gênese dos céus e da terra quando foram criados, quando o Senhor Deus os criou. No termo "gênese", *tol^edoth*, esconde-se o verbo *jalad*, "gerar, dar à luz". O título, cuja segunda parte não é uma frase em si, antes um elemento intimamente ligado à primeira parte, descreve a criação como um nascimento, um parto. Essa forma de expressão não é única no Antigo Testamento. O Salmo 90.2 diz: *Antes que os montes nascessem e se formassem a terra e o mundo, de eternidade a eternidade, tu és Deus.*

O processo pelo qual uma história de geração se transformou em história de criação pela palavra pode ser elucidado por meio dos ensinos egípcios sobre a formação do mundo, as teogonias cosmogônicas de Heliópolis e Mênfis.[187]

Um texto de Heliópolis descreve como o deus Atum, o "deus universal, que existe por si mesmo", produz os elementos originários Shu (ar, vazio) e Tefnut (umidade) por meio da autogênese.[188] A geração do mundo por Atum é reproduzida, entre outras ocorrências, em uma inscrição em forma de oração nas paredes internas das pirâmides Merne-Re e Pepi II. (2.400 a.C.): "Ó Atum, tu estavas no monte original, voaste qual pássaro, cuspiste Shu e Tefnut... Colocaste teus braços em torno deles como os braços de Ka (a força vital), pois teu Ka estava neles".[189]

Quando Mênfis, a "cidade dos muros brancos" se tornou capital do reino, surgiu ali uma lenda da formação do mundo em torno do deus da cidade, Ptah. Não se tratava mais de um deus que se masturbava e autofecundava; os princípios da criação não eram mais "semente" e "mãos", mas "lábios" e "dentes". Do coração de Ptah levantou-se a decisão de criar o mundo, e esta decisão se realizou pela sua palavra de ordem. Shu e Tefnut, ar e umidade, surgiram pela palavra de Ptah.[190]

Ao longo do tempo, as lendas egípcias sobre a formação do mundo passaram por uma espiritualização: o ato sexual transformou-se em palavra de ação. Assim como outros textos da história da religião, tampouco as cosmogonias egípcias, certamente mais antigas que o relato bíblico da criação, comprovam que o Antigo Testamento de alguma forma dependesse desses relatos. Elas ajudam a compreender a profundidade

---

186   Veja Introdução IV, "Sobre a refutação da teoria das fontes", esp. o item 4., "Duplicatas e repetições".

187   Gressmann, *Altorientalische Texte und Bilder*, pg.180-182, 184s; Gressmann, *Altorientalische Texte*, pg. 1-3, 6s; Schedl, vol. I, pg. 237-242. Claus Westermann discute amplamente as cosmogonias egípcias em comparação com o relato da criação, em *Genesis* vol. I/1, pg. 11,39,54-56. Da grande quantidade de referências bibliográficas sobre as cosmogonias egípcias (ibid, pg. 98s), vale destacar Koch, K.: "Wort und Einheit des Schöpfergottes in Memphis und Jerusalem", ZThK 62, 1965, pg. 251-293.

188   "Atum tornou-se um que se masturba em Heliópolis. Ele pôs seu falo em sua mão para despertar desejo. Nasceram o filho e a filha, o irmão e a irmã Shu e Tefnut". Brandon, pg. 23s.

189   Schedl, vol. I, pg. 238.

190   Ibid, pg. 240.

do sentido e da simbologia da palavra do Antigo Testamento. É perfeitamente possível que os textos egípcios contenham um conhecimento original da criação, pois Deus também é Deus dos gentios[b].

b Rm 3.29; 1.19

A gênese do mundo e a criação pela palavra não são fatos contraditórios. O mais tardar na encarnação de Jesus confirma-se novamente a ligação próxima entre a criação pela palavra e a geração. A palavra do mensageiro divino Gabriel no ouvido de Maria e a geração pelo Espírito Santo são a mesma descrição a respeito de um só evento.[191] Quando Deus fala, a verdade nasce. A criação pela palavra é uma história da gênese. Assim como em qualquer concepção o motivo básico é somente o amor, o amor também é o único motivo que levou Deus a criar o mundo.

1. O ser humano feito de pó e fôlego de vida, 2.5-7

5 Não havia ainda nenhuma planta do campo na terra, pois ainda nenhuma erva do campo havia brotado; porque o Senhor Deus não fizera chover sobre a terra, e também não havia homem para lavrar o solo.
6 Mas uma neblina subia da terra e regava toda a superfície do solo.
7 Então, formou o Senhor Deus ao homem do pó da terra e lhe soprou nas narinas o fôlego de vida, e o homem passou a ser alma vivente.

Em relação ao terceiro dia da criação, relata-se que Deus criou todas as árvores e ervas que se reproduzem por semente. Depois dessa criação fundamental, o texto agora fala de plantas e ervas cujo crescimento depende do trabalho humano e da chuva.[192]

Não havia ainda nenhuma planta do campo na terra, pois ainda nenhuma erva do campo havia brotado; porque o Senhor Deus não fizera chover sobre a terra, e também não havia homem para lavrar o solo. Mas uma neblina subia da terra e regava toda a superfície do solo. Com a enumeração do que ainda não existia (as ervas do campo e na terra, a chuva e o ser humano), a terra é descrita como um deserto seco e sem vida[a]. A situação caótica passa a mudar quando da terra começou a sair uma corrente de água que regava o chão (cf. NTLH). Não é possível explicar qual seria essa corrente subterrânea de onde brota a água. As traduções gregas, latinas e sírias falam de uma fonte. De acordo com elas, a primeira fecundidade da terra não é atribuída à chuva, mas a uma fonte incessante das profundezas.[193]

5

6

a Jr 51.43

Somente depois de fazer a água subterrânea irrigar o solo, Deus cria o ser humano.

Então, formou o Senhor Deus ao homem do pó da terra e lhe soprou nas narinas o fôlego de vida, e o homem passou a ser alma vivente.

7

---

191   A história do nascimento virginal, conforme descrito em Lucas 1-2 e Mateus 1, sempre combinada com uma genealogia (tol^edoth), não é diferente de uma história de criação pela palavra. No caso da encarnação de Jesus, trata-se de um novo ato de criação da parte de Deus, que enfatiza a singularidade de Jesus. Mateus 1.1 corresponde a Gênesis 2.4a; Delling, pg. 834.
192   Cassuto, *From Adam to Noah*, pg. 103.
193   Ibid, pg. 104.

Referências	
b	1Cr 17.16; 2Cr 6.41; 2Sm 7.22; 7.25; Sl 84

A designação dupla "Senhor Deus" é rara no Antigo Testamento[b], e o acúmulo incomum de ocorrências no relato especial da criação do ser humano tem um propósito extraordinário. Em relação ao ser humano, Deus não é apenas o Criador geral e Consumador do mundo, que deve ser honrado e temido pelo ser humano, mas também é Javé, o Redentor.

Não há resposta final satisfatória para a origem e para a pronúncia deste nome de Deus, Javé. A partir de Teodoreto (393-460) e Epifânio (315-403) impôs-se a pronúncia "Javé". Um dos significados especiais do nome de Deus pode ser detectado no presente relato, em que Javé começa com o ser humano uma história que também será levada até o fim. Javé é "Deus, o Redentor, isto é, o Mediador da consumação que vai além do pecado e da ira".[194] A combinação dos dois nomes, Deus (*elohim*) e *Yahweh*, testifica a unidade do "Deus sobrenatural e histórico".[195] A combinação das duas funções de Deus é resumida no Salmo 100.3: *Sabei que o Senhor é Deus; foi ele quem nos fez, e dele somos; somos o seu povo e rebanho do seu pastoreio.*

c Jó 33.6; 4.19; Is 29.16; Jr 18.2-4

d Sl 119.73

Javé, o Deus vivo, começa sua história com o ser humano formando-o do pó. O verbo "formar", *jazar*, designa o trabalho do oleiro[c], com a diferença de que agora o material não é barro ou argila, mas pó. Deus cria o ser humano, não como um oleiro, que molda uma obra de arte ou figura com barro ou argila; essa criação é um processo único, uma criação artística feita de pó[d]. A criação a partir do pó é um "acontecimento totalmente inexplicável, inimaginável, maravilhoso... um acontecimento originário fora do alcance do nosso entendimento".[196] No Antigo Testamento, *ͨaphar*, "terra ou pó seco, solto", simboliza falta de valor e nulidade[e]. Deus criou o ser humano a partir do nada! Deus tira o pó sem valor, inútil, da terra. Já *'adamah*, "terra", e *'adam*, "ser humano", derivam da mesma palavra, que descende da expressão árabe equivalente, "pele", "superfície".[197] A "cobertura de pele" do ser humano corresponde à "cobertura de terra". A descrição mais precisa do pó, o nada, destaca o caráter passageiro e débil do ser humano[f]. Enquanto o ser humano for apenas uma figura feita do pó da terra, ele está morto, é um cadáver. Os mortos são iguais ao pó[g], eles moram no pó[h]. Os mortos são aqueles que estão deitados no pó, adormecidos[i]. Somente o fôlego de vida que Deus sopra nas narinas do ser humano transforma o cadáver em um ser vivo. O ser humano, portanto, existe de duas formas, como cadáver e como ser vivo. Somente o "fôlego divino da vida que se une ao material faz do ser humano um 'ser vivo', tanto no aspecto físico quanto psíquico. Esta vida provém diretamente de Deus".[198]

e Sf 1.17; Sl 7.5; Jó 22.24

f Nm 16.29; Sl 49.12; 140.2; Pv 6.12

g Sl 30.9

h Is 26.19

i Dn 12.2

O fôlego de vida que penetra no ser humano une completamente o corpo e a vida. Isto é, o ser humano não é composto de elementos diferentes, como corpo, alma ou espírito, mas "de um todo que pela vivificação se torna ser humano".[199] O ser humano é um "ser vivo", *näphäsch chajah*. No Antigo Testamento, o termo *näphäsch* não tem somente o

---

194 Delitzsch, *Weissagungen*, pg. 25.
195 Delitzsch, *Genesis*, pg. 75.
196 Westermann, *Genesis* I/1, pg. 280.
197 Delitzsch, *Genesis*, pg. 77.
198 von Rad, *Mose*, pg. 62.
199 Westermann, *Genesis* I/1, pg. 282.

significado básico de "vida" e "ser vivo", mas também: "hálito, sopro, fôlego, garganta, goela, anseio, desejo, vontade e gula", além de "alma faminta, esperançosa, desejosa, triste, alegre, amorosa ou odiosa".[200]

Para o ser humano, criado a partir do pó da terra e então despertado para a vida, Deus plantou o jardim no Éden.

2. O jardim do Éden, 2.8-14

8 E plantou o Senhor Deus um jardim no Éden, na direção do Oriente, e pôs nele o homem que havia formado.

9 Do solo fez o Senhor Deus brotar toda sorte de árvores agradáveis à vista e boas para alimento; e também a árvore da vida no meio do jardim e a árvore do conhecimento do bem e do mal.

10 E saía um rio do Éden para regar o jardim e dali se dividia, repartindo-se em quatro braços.

11 O primeiro chama-se Pisom; é o que rodeia a terra de Havilá, onde há ouro.

12 O ouro dessa terra é bom; também se encontram lá o bdélio e a pedra de ônix.

13 O segundo rio chama-se Giom; é o que circunda a terra de Cuxe.

14 O nome do terceiro rio é Tigre; é o que corre pelo oriente da Assíria. E o quarto é o Eufrates.

Com exceção de algumas alusões no Antigo Testamento[a], o "jardim do Éden" ou o "jardim do Senhor" só é descrito mais detalhadamente pelo profeta Ezequiel[b]. Ezequiel descreve o jardim do Éden como o parque de Deus, enfeitado com pedras preciosas (Ez 28.13). Assim como Ezequiel (Ez 31.8,9), o relato da criação menciona uma série de árvores. Mas o relato da criação enfatiza, desde o início, que no meio do jardim havia duas árvores especiais. O fato isolado de que a árvore da vida só voltará a ser mencionada no momento da expulsão do ser humano do paraíso não justifica a suposição de que houvesse apenas uma árvore no meio do jardim.[201] O comentário mostrará por que a ordem de Deus só se refere à árvore do conhecimento do bem e do mal, e por que somente depois a árvore da vida recebe a atenção do ser humano.

a Gn 13.10; Is 51.3; Ez 36.35; Jl 2.3

b Ez 28.11-19; 31.8s

E plantou o Senhor Deus um jardim no Éden, na direção do Oriente, 8 e pôs nele o homem que havia formado. O jardim do Éden não é um jardim de Deus ou dos deuses, como aparece na mitologia das religiões naturais. Deus escolhe o jardim como a moradia do ser humano. Jardim, do hebraico *gen*, significa "pedaço de terra delimitado". O nome Éden aponta para uma paisagem a leste da Palestina.[202] Apesar das alusões existentes no Antigo Testamento[c], todas as tentativas de definir a localização oriental desse jardim continuam sendo apenas suposições. É impossível determinar a localização geográfica do Éden. A única coisa

c 2Rs 19.12; Is 37.12; Ez 27.23; Am 1.5

---
200 Westermann, THAT, col. 71-96.
201 Sobre uma discussão a respeito das duas árvores no meio do jardim, cf. Westermann, *Genesis* I/1, pg. 288-292.
202 Ibid, pg. 284-287.

certa é que "Éden" significa "deleite". Deus criou um jardim frutífero de árvores para o ser humano, uma "terra de deleites", "um lugar bem irrigado".[203]

A tradução grega do Antigo Testamento traz "jardim do Éden" com uma palavra emprestada do idioma persa, "paraíso". Deus criou um paraíso para o ser humano, um lugar com árvores frondosas[d], onde ele deseja encontrar-se com este ser humano. Pelo fato de Deus ter escolhido o jardim destinado ao sustento do ser humano como local de encontro com ele, mais tarde os profetas o chamam de "jardim de Javé" ou "jardim de Deus"[e].

d Ez 31.9, 16,18

e Is 51.3; Ez 28.13; 31.9

9 Do solo fez o Senhor Deus brotar toda sorte de árvores agradáveis à vista e boas para alimento; e também a árvore da vida no meio do jardim e a árvore do conhecimento do bem e do mal. Não se menciona o tipo de árvores presentes, há apenas uma referência a sua grande variedade. Em outros textos supõe-se que no jardim do Éden houvesse figueiras[f], cedro, ciprestes e plátanos[g].

f Gn 3.7

g Ez 31.8s

Das duas árvores no meio do jardim, menciona-se primeiro a árvore da vida. Para o primeiro ser humano, a vida não era um problema, nem alguma coisa pela qual ele ansiasse ou que desejasse agarrar, pois possuía a vida dada por Deus.[204] O livro de Provérbios menciona várias vezes a árvore da vida[h], e no fim dos tempos ela desempenhará um papel decisivo[i]. A árvore do conhecimento do bem e do mal também está no meio do jardim. Antes de descrever o significado especial da árvore do conhecimento, o relato descreve a composição do jardim e seu relacionamento com o resto da terra.

h Pv 3.18; 11.30; 13.12; 15.4

i Ap 2.7; 22.1s,14,19

10 E saía um rio do Éden para regar o jardim e dali se dividia, repartindo-
11 se em quatro braços. O primeiro chama-se Pisom; é o que rodeia a terra
12 de Havilá, onde há ouro. O ouro dessa terra é bom; também se encontram
13 lá o bdélio e a pedra de ônix. O segundo rio chama-se Giom; é o que cir-
14 cunda a terra de Cuxe. O nome do terceiro rio é Tigre; é o que corre pelo oriente da Assíria. E o quarto é o Eufrates. A fertilidade do jardim decorre de um rio[k], que o irriga. A irrigação (ou, literalmente, "molhar, ensopar") do jardim deve ser imaginada como uma inundação regular da sua superfície. Ao sair do jardim, o rio se divide em quatro braços; literalmente, o texto diz: "Ele se divide e se transforma em quatro começos". O número quatro expressa[l] que os rios alimentados pela corrente do paraíso irrigam todo o mundo fora do paraíso. A "água que sobra" depois que o rio passa pelo jardim do Éden é suficiente para o mundo inteiro. Os quatro rios, dos quais depende a irrigação da terra fora do jardim, formam dois pares, dos quais dois rios têm nomes conhecidos no Antigo Testamento, enquanto o nome dos outros dois não aparece em nenhum outro lugar. O Eufrates e o Tigre – em outro ponto do Antigo Testamento também chamado de Hidéquel[m] – já eram conhecidos naquela época por não originarem de nenhuma fonte nem serem braços de outro rio. Por isso, aqui eles representam mais do que os dois rios da Mesopotâmia. Simbolizam e ilustram uma parte da rede fluvial que cobre o mundo.[205] No caso do Pisom, que rodeia a "terra da areia",

k Sl 46.4

l Zc 2.1ss

m Dn 10.4 (ARC)

---

203 Cassuto, *From Adam to Noah*, pg. 108.
204 Bonhoeffer, *Schöpfung*, pg. 60.
205 Delitzsch, *Genesis*, pg. 82.

os pesquisadores reuniram mais de dez sugestões de interpretação.[206] Na terra que ele rodeia há ouro, bdélio e uma pedra preciosa específica, talvez o crisoprásio ou a ônix. O Giom circunda a terra do sul.[207] A imagem dos quatro rios pretende registrar que as "veias vitais" de todas as terras do mundo têm sua origem na corrente de água que alimenta o jardim do Éden.

3. A tarefa do ser humano no jardim do Éden, 2.15-17

15 Tomou, pois, o Senhor Deus ao homem e o colocou no jardim do Éden para o cultivar e o guardar.
16 E o Senhor Deus lhe deu esta ordem: De toda árvore do jardim comerás livremente,
17 mas da árvore do conhecimento do bem e do mal não comerás; porque, no dia em que dela comeres, certamente morrerás.

Depois que o ser humano chegou ao lugar que lhe está destinado, Deus lhe dá uma ordem dupla: ele deve cultivar e vigiar o jardim. Mas também precisa vigiar a si mesmo, e não pode pegar aquilo que Deus lhe proíbe, pois isso o destruirá.

Tomou, pois, o Senhor Deus ao homem e o colocou no jardim do Éden para o cultivar e o guardar. Com o único fim de descrever a razão da existência do ser humano, o texto repete o fato de que, depois de criá-lo a partir do pó, Deus o coloca no jardim do Éden. O verbo "colocou" também pode ser entendido como "fazer descansar", "acalmar".[208]

Deus, que criou o ritmo de trabalho e descanso no mundo, dá descanso ao ser humano e, ao mesmo tempo, declara que o trabalho é algo que faz parte da existência humana.

Os verbos "cultivar" e "vigiar" abrangem todo tipo de atividade humana. O trabalho faz parte do ser humano, pois o ambiente no qual o Criador colocou a criatura precisa desse trabalho. "Uma vida sem trabalho não seria uma existência humana digna".[209] Por isso o jardim do Éden não pode ser comparado nem confundido com as ideias de paraíso de outras religiões. Não é um lugar de deleite bem-aventurado, como diz, p. ex., o Alcorão.[210] Desde o princípio, o trabalho faz parte do destino humano.

E o Senhor Deus lhe deu esta ordem: De toda árvore do jardim comerás livremente, mas da árvore do conhecimento do bem e do mal não comerás; porque, no dia em que dela comeres, certamente morrerás. A segunda ordem manda que o ser humano vigie a si mesmo. Ela começa com a ampla liberação de acesso a todas as árvores do jardim.

---
206 Westermann, *Genesis* I/1, pg. 296 e 297.
207 Atualmente, Giom é o nome da assim chamada fonte de Maria, em Jerusalém; cf. 1Rs 1.33,38,45; 2Cr 32.30; 33.14.
208 Delitzsch, *Genesis*, pg. 89.
209 Westermann, *Genesis* I/1, pg. 300 e 301.
210 Alcorão, Sura 38.49-54: "Eis aqui uma Mensagem: Sabei que os tementes terão um excelente local de retorno. São os jardins do Éden, cujas portas lhes serão abertas. Ali repousarão recostados; ali poderão pedir abundantes frutos e bebidas. E junto a eles haverá mulheres castas, restringindo os olhares, (companheiras) da mesma idade. Eis o que é prometido para o Dia da Rendição de Contas! Em verdade, esta é a Nossa inesgotável mercê." (*Os significados dos versículos do Alcorão Sagrado*. Trad. Prof. Samir El Hayek. São Paulo: 1989.)

O ser humano não precisa sofrer nenhuma carência. Ele tem alimento abundante e nada lhe deve faltar. Este mandamento de Deus não tem por objetivo privar o ser humano de alguma coisa. Na verdade, ele quer fazer de sua criatura um ser humano total e completo, que possa falar e relacionar-se com ele, o Deus vivo. Mas a humanidade total e completa também inclui um "relacionamento com Deus que só é possível mediante um mandamento dele".[211] Deus reconhecerá o coração, a intenção do ser humano no fato de este obedecer ou não ao seu mandamento[a]. Por isso, Deus fala aqui da mesma maneira que usa depois com os Dez Mandamentos: "Não comerás da árvore do conhecimento do bem e do mal". Assim como cada um dos Dez Mandamentos, esta ordem também é um indicativo divino, que pode ser traduzido como "você não vai comer". A base sobre a qual a fala divina a respeito dos Dez Mandamentos está apoiada é a afirmação "Eu sou o Senhor, teu Deus". A ordem dada no jardim do Éden fundamenta-se sobre o fato de que Deus está fisicamente próximo. Deus está junto do ser humano e lhe apresenta uma fala divina. Ao falar com o ser humano, Deus o alerta para seus limites. Deus mostra ao ser humano quem é Deus e quem é criatura. Adão ainda não entende as palavras "bem" e "mal", pois não consegue imaginar o que seja mal, nem mesmo morte. Mas pelo fato de Deus falar com ele, ele conhece seus limites. "Sabe que este limite é intransponível, pois do contrário conheceria o mal, mas ele conhece este limite como a graça dada à sua condição de criatura e liberdade".[212] Deus não tenta o ser humano. Até este momento, somente o Criador sabe o que são a árvore do conhecimento do bem e do mal e a árvore da vida. Naquela época, o ser humano ainda vivia além do bem e do mal, isto é, tinha a vida que vem de Deus. A ordem e a árvore do conhecimento apenas ilustram o limite do ser humano como criatura. Deus queria que esse limite permitisse ao ser humano viver em obediência e liberdade. Ao falar do bem e do mal, Deus mostra ao ser humano "a profunda ruptura da vida humana em qualquer sentido".[213] Pelo fato de Deus usar sua ordem para levar o ser humano a uma humanidade completa, este passa a ser capaz de ultrapassar esse limite ao pegar os frutos daquela árvore proibida. Como Adão ainda tinha vida, não era necessário proibir-lhe a árvore da vida. A árvore da vida só se torna significativa para o ser humano no momento em que a árvore do conhecimento se torna "árvore da morte" para ele. Deus anuncia no seu mandamento: *Porque, no dia em que dela comeres, certamente morrerás*. Isso significa: depois que você comer da árvore do conhecimento, nunca mais terá oportunidade para comer da árvore da vida. A vida eterna ficará totalmente inacessível para você, e um dia você vai morrer.[214]

Portanto, a dura expressão "certamente morrerás" não precisa ser interpretada como uma execução imediata. A árvore do conhecimento do bem e do mal é uma árvore de morte, não de veneno.[215] Também a expressão "no dia em que" não precisa necessariamente significar "no mesmo dia em que o mandamento for quebrado". A frase também pode

[a] Dt 8.2

---

211 Westermann, *Genesis* I/1, pg. 304.
212 Bonhoeffer, *Schöpfung*, pg. 63.
213 Ibid, pg. 64.
214 Cassuto, *From Adam to Noah*, pg. 125.
215 Delitzsch, *Genesis*, pg. 91.

ser traduzida como "assim que eu te vir novamente, terás que morrer".[216] Por isso, estar morto não significa "perda da condição de criatura, mas a impossibilidade de viver na presença de Deus e, ainda assim, ter que viver diante dele, ou seja, apresentar-se a ele como renegado, perdido, condenado, como alguém que não é".[217]

Deus queria que o ser humano vivesse diante dele com plena consciência de sua humanidade. Por isso, Deus colocou duas árvores no meio do jardim que permitiam ao ser humano ser completamente humano. As duas árvores no meio do jardim do Éden eram "árvores de bênção".[218]

4. A criação da mulher e a instituição do casamento, 2.18-25

18 Disse mais o Senhor Deus: Não é bom que o homem esteja só; far-lhe-ei uma auxiliadora que lhe seja idônea.

19 Havendo, pois, o Senhor Deus formado da terra todos os animais do campo e todas as aves dos céus, trouxe-os ao homem, para ver como este lhes chamaria; e o nome que o homem desse a todos os seres viventes, esse seria o nome deles.

20 Deu nome o homem a todos os animais domésticos, às aves dos céus e a todos os animais selváticos; para o homem, todavia, não se achava uma auxiliadora que lhe fosse idônea.

21 Então, o Senhor Deus fez cair pesado sono sobre o homem, e este adormeceu; tomou uma das suas costelas e fechou o lugar com carne.

22 E a costela que o Senhor Deus tomara ao homem, transformou-a numa mulher e lha trouxe.

23 E disse o homem: Esta, afinal, é osso dos meus ossos e carne da minha carne; chamar-se-á varoa, porquanto do varão foi tomada.

24 Por isso, deixa o homem pai e mãe e se une à sua mulher, tornando-se os dois uma só carne.

25 Ora, um e outro, o homem e sua mulher, estavam nus e não se envergonhavam.

Ao deparar-se com os animais, o ser humano percebe algo do mistério da existência de outras vidas. Ao mesmo tempo, ele percebe o que sua própria vida tem de especial em meio a tantos outros tipos de seres viventes. O relacionamento do ser humano com a criatura é, para ele, um termômetro da sua reverência à vida. O mandamento a respeito do dia de descanso ainda inclui permanentemente a correspondência entre as naturezas de animal e ser humano. Ser humano e animal devem descansar[a]. Deus entregou os animais ao ser humano para que estes o ajudem a cultivar e vigiar o jardim. a Êx 20.10

Disse mais o Senhor Deus: Não é bom que o homem esteja só; far-lhe-ei uma auxiliadora que lhe seja idônea. Deus criou o ser humano como macho e fêmea (Gn 1.27). Não se especifica quanto tempo durou a solidão do homem, que foi criado primeiro. Deus descreve a condição da

---
216 Westermann, *Genesis* I/1, pg. 305.
217 Bonhoeffer, *Schöpfung*, pg. 66.
218 Delitzsch, *Genesis*, pg. 91.

solidão como "não é bom". Somente depois da criação da mulher Deus diz: *E eis que era muito bom* (Gn 1.31). Deus dá fim à condição não boa, à solidão do homem[b], quando decide criar um auxílio para ele. A palavra *ᶜezär* refere-se a "apoio" e "ajuda" no sentido mais amplo[c]. A palavra hebraica "auxílio" pode ser derivada de uma raiz que significa "ser forte". A ajuda está na força da ação conjunta.[219] A forma masculina escolhida para a palavra *ᶜezär* ainda não se refere à mulher, a auxiliadora do homem, mas significa simplesmente um apoio para cumprir a tarefa. O ser humano só consegue cumprir sua vocação em comunhão. Ele precisa de alguém que o apoie, que o faça avançar e fique ao seu lado. Este alguém auxiliador precisa ser um interlocutor, uma contraparte do ser humano. A palavra "auxílio" é complementada por *kᵉnägeddo*, "uma contraparte correspondente ao ser humano". O ser humano precisa de um complemento que seja relativamente diferente e, ao mesmo tempo, idêntico na natureza.[220]

b Ec 4.9-12
c Is 30.5; Sl 121.1

19 **Havendo, pois, o Senhor Deus formado da terra todos os animais do campo e todas as aves dos céus.** Para formar os animais, Deus toma o mesmo material usado na criação do homem, isto é, a terra. Por sua natureza, animal e ser humano são iguais, pois ambos foram formados da terra. Ao omitir como os animais receberam o fôlego da vida, o relato não comete um erro acidental.[221] Não há dúvida de que os animais são seres vivos com fôlego de vida[d]. Mas somente do ser humano se diz que Deus *lhe soprou nas narinas o fôlego de vida, e o homem passou a ser alma vivente* (Gn 2.7). Ser humano e animal diferem no principal. O ser humano tem um relacionamento mais direto com Deus. Por isso, é preciso discernir claramente o animal do ser humano. Aqui o relato da criação dos animais só menciona os bichos do campo e as aves do céu. Os peixes são omitidos. Isso pode ser justificado pelo argumento de que agora o relato não trata mais da criação dos animais como um todo, mas daqueles que devem ajudar o ser humano.[222] O próprio Deus levou os animais até o ser humano: **trouxe-os ao homem, para ver como este lhes chamaria; e o nome que o homem desse a todos os seres viventes, esse seria o nome deles.** Deus deixa a nomeação dos animais a cargo do ser humano. Com isso ele lhe transfere o poder sobre os animais. O ser humano não deve apenas usar ou explorar os animais, mas antes recebê-los e aceitá-los como parte do seu ambiente de vida. O ser humano determinará o lugar dos animais entre as demais criaturas. Com esse ato de "organização apropriadora"[223], o ser humano dá nome aos animais que ainda não tinham nenhuma designação. É vontade expressa de Deus que os animais mantenham o nome que o ser humano lhes der. A posição e a função que o ser humano escolhe para cada animal são definitivas. "Durante a nomeação, o ser humano descobre, determina e organiza seu mundo; os nomes dos animais classificam-nos nesse mundo".[224] A incumbência de determinar a posição hierárquica de cada

d Gn 1.30; 7.22

---

219 Bergmann, col. 256-259.
220 Delitzsch, *Genesis*, pg. 92.
221 Contra Henry, pg. 17.
222 Westermann, *Genesis* I/1, pg. 310.
223 von Rad, *Mose*, pg. 67.
224 Westermann, *Genesis* I/1, pg. 311.

ser vivo coloca o próprio ser humano na posição mais alta de toda a natureza viva.[225]

Deu nome o homem a todos os animais domésticos, às aves dos céus e a todos os animais selváticos. **20** Sem hesitar, o ser humano define os nomes dos animais. Ele sabe seus nomes porque eles não são desconhecidos; ele os conhece bem de perto. O ser humano percebe os animais como algo que tem lugar junto dele. Os animais são seus ajudadores no cultivo e na proteção do jardim. O significado final da nomeação pode ser compreendido a partir do fato de que o ser humano não conhece o nome de Deus. Nem Moisés conseguiu dar nome ao Deus que o encontra[e]. Deus é e permanece estranho ao ser humano, tão misterioso e incompreensível que o ser humano nunca será capaz de lhe dar nome. Somente Deus pode revelar seu nome e seus atos ao ser humano. Mas os animais podiam ser nomeados pelo ser humano, tornando-se seus parceiros e companheiros, **para o homem, todavia, não se achava uma auxiliadora que lhe fosse idônea**. Ver e nomear todos os animais despertou no ser humano o anseio por um ser que o completasse e lhe correspondesse. Entre os animais que Deus lhe trouxera o ser humano não encontrou nenhum que fosse como ele. Os animais podem ajudar o ser humano a cultivar e proteger a terra, mas não há correspondência mútua entre eles. O animal não consegue responder ao ser humano na língua deste. Falta a compreensão final, especialmente a correspondência pessoal definitiva, pois o animal continua sendo sempre uma criatura impessoal. Não consegue estabelecer relacionamento intelectual com o ser humano. A dádiva dos animais trazia ajuda para o ser humano, mas não acabava com sua real solidão.

e Êx 3.13

O animal foi criado da terra, assim como o ser humano. Mas somente sobre o ser humano é dito que Deus lhe soprou nas narinas o fôlego da vida. O ser humano está mais próximo de Deus do que o animal.

O animal pode ajudar o ser humano na vocação deste. Mas não pode relacionar-se com o ser humano como um ser pessoal. A parceria será sempre desigual.

O ser humano pode incluir o animal em sua vida como um apoio à sua existência. Mas o animal nunca poderá ser para o ser humano uma ajuda que vá além do meramente funcional.

O ser humano não encontra uma companhia correspondente no animal. Está sozinho no mundo animal, sozinho em seu anseio por um ser que lhe seja totalmente correspondente.

O ser humano não se orienta "para baixo", em direção ao animal, mas sempre "para cima", direcionado para Deus. Sua humanidade não é definida pelo fato de estar "acima" dos animais, mas pelo fato de ocupar uma posição singular "abaixo" de Deus.[226]

No fim das contas, o ser humano continuava não sabendo nada sobre ele mesmo, que tinha saído sozinho da terra. Ele continuava sozinho, solitário, à espera da outra pessoa, na expectativa por uma ajuda que correspondesse à sua própria natureza. Ao olhar para o ser humano solitário, Deus emite sua avaliação negativa: **Não é bom que o homem esteja só.** "O Adão solitário ainda não é 'o' ser humano, pois ele ainda atinge a

---

225 Ehrlich, vol I, pg. 11.
226 Krusche, pg. 244.

plenitude do ser humano criado".²²⁷ Falta-lhe ainda uma companhia que ele mesmo reconheça como tal. Apresentar primeiro os animais e tentar encontrar uma ajuda para o ser humano no meio deles também pode ser interpretado como uma medida de Deus para aguçar ao máximo no ser humano o anseio por sua auxiliadora.²²⁸

21 Então, o Senhor Deus fez cair pesado sono sobre o homem, e este adormeceu; tomou uma das suas costelas e fechou o lugar com carne.

22 E a costela que o Senhor Deus tomara ao homem, transformou-a numa mulher e lha trouxe. O ser humano precisa adormecer profundamente antes de Deus agir. Este sono profundo do ser humano assemelha-se à morte, deixando-o absolutamente inconsciente. O texto também pode ser traduzido como "e ele faleceu".²²⁹ Deus não tolera nenhuma testemunha durante a sua obra criadora. Esta criação foge a qualquer olhar humano e, desta forma, à compreensão final da parte do ser humano. Ninguém sabe como, exatamente, Deus "construiu" a mulher a partir da costela do homem. A palavra "construir", *banah*, aparece somente mais uma única vez no Antigo Testamento no sentido de atividade relacionada à criação.ᶠ Adão não sabe os detalhes do que aconteceu. "Mas sabe que Deus o usou, que tirou uma parte de seu corpo enquanto ele dormia para formar esta outra criatura".²³⁰ Assim sendo, todas as tentativas de explicar a criação da mulher a partir da costela não passam de elucubrações humanas. Vários comentários enxergam isso como uma explicação para o fato de que apenas a metade superior do tronco humano é cercada por costelas, associando a referência à parte inferior com o conceito especial da comunhão sexual entre homem e mulher.²³¹ Outros pensam ter havido uma 13ª costela acima da primeira ou abaixo da última, que, em raros casos de anomalia anatômica, ocorre até hoje.²³² Nenhuma dessas tentativas de explicação traz grandes resultados, pois o relato da criação não procura explicar algo ao ser humano, mas explica o ser humano em si.²³³

f Am 9.6

Depois de a criação do mundo relatar que Deus criou dois seres humanos de valor e posição iguais e sexos diferentes, agora o relato da criação do ser humano destaca a natureza correspondente das duas pessoas devido ao ato criador especial a partir do corpo do homem. Homem e mulher não se unem depois. As duas pessoas são uma unidade desde o início, "eles vêm um do outro".²³⁴ Quando o homem viu sua mulher, que Deus tinha criado para ele, imediatamente soube: esta é a auxiliadora tão esperada. No hebraico, auxiliadora do homem pode ser traduzida como "aquela que completa o homem, ou a parte que faltava ao homem".²³⁵

23 Por isso Adão dá um grito de alegria ao ver a mulher: Esta, afinal, é osso dos meus ossos e carne da minha carne; chamar-se-á varoa, porquanto do varão foi tomada.

---

227 Thielicke, *Ethik*, vol. III, 1779.
228 Cassuto, *From Adam to Noah*, pg. 128.
229 Delitzsch, *Genesis*, pg. 93.
230 Bonhoeffer, *Schöpfung*, pg. 72.
231 von Rad, *Mose*, pg. 67s.
232 Delitzsch, *Genesis*, pg. 94.
233 Westermann, *Genesis* I/1, pg. 314.
234 Thielicke, *Ethik*, vol. III, 1782.
235 Ehrlich, vol. I, pg. 10.

O próprio Deus leva a mulher ao homem, como um pai que conduz a noiva ao altar. Adão reage com a maior alegria. Ele recebe a nova criatura, a mulher que Deus lhe traz, com gritos ritmados de alegria – quase poderíamos chamar isso de uma canção de amor. Com essas "boas vindas jubilosas" (J. G. Herder), o homem expressa: agora encontrou a ajuda que lhe corresponde, uma auxiliadora, um apoio, um "reflexo de si mesmo, no qual ele se reconhece".[236] Essa exclamação poética tem uma palavra-chave: "Essa!". Três vezes o homem aponta para a mulher, com toda a força do seu primeiro amor. A expressão relativa a parentesco, "osso dos meus ossos e carne da minha carne"[g], usada também em outros lugares da Bíblia, destaca mais uma vez a constituição correspondente de homem e mulher. Sem que ninguém precise encarregá-lo disso, o homem espontaneamente dá à sua mulher o nome de "varoa". Ainda que no hebraico a correspondência linguística de homem, *'isch*, e mulher, *'ischah*, não seja absolutamente certa, esses nomes levam à plenificação da criação do ser humano na existência das pessoas do homem e da mulher. O homem tem agora uma auxiliadora para "carregar os limites que lhe foram impostos".[237]

g Gn 29.14;
Jz 9.2;
2Sm 5.1;
19.13s

O homem estava sozinho. Tinha atingido completa humanidade ao ser abordado por Deus, por meio do mandamento de Deus. Mas dessa forma ele também reconheceu sua existência como criatura, isto é, seus limites. Na pessoa da mulher, o homem recebe agora uma auxiliadora correspondente a ele. Deus deu a mulher ao ser humano para que ela o auxilie, o apoie e o acompanhe, mesmo quando se trata de viver em obediência e liberdade dentro dos limites dados por Deus.

A "auxiliadora que lhe é idônea" não é somente a mulher como ser sexual, mas também a "comunhão pessoal entre homem e mulher em sentido abrangente, que inclui a comunhão física e intelectual entre ambos, a ajuda mútua no trabalho, a confiança mútua, a alegria conjunta e o descanso de um no outro".[238]

Por isso, deixa o homem pai e mãe e se une à sua mulher, tornando-se os dois uma só carne.[h] O primeiro casal da humanidade não tinha como imaginar o que seria deixar pai e mãe. Essa palavra também não é uma continuação da fala dessas primeiras pessoas, mas, como mostra a alternância do diálogo, uma palavra final, resumida e orientadora de Deus sobre o casamento. A instituição do casamento dentro do contexto do relato da criação do mundo estava sob a bênção especial de Deus sobre o ser humano[i]. Agora, quando tudo gira em torno da criação do ser humano e do mundo à sua volta, os elementos práticos do casamento são descritos com maiores detalhes. Um casamento abençoado por Deus realiza-se quando um homem deixa pai e mãe, quando se liga à sua mulher e os dois são uma só carne. No sistema familiar patriarcal do antigo Israel, em que a exigência de deixar os pais só valia para a mulher, o abandono de pai e mãe por parte do homem soa como uma provocação.[239] Mas um casamento só é possível quando ambos, homem e mulher, saem da sua antiga família para se tornarem totalmente livres um para

24

h Mt 19.5;
Mc 10.7;
Ef 5.31

i Gn 1,27s

---

236 Delitzsch, *Genesis*, pg. 92.
237 Bonhoeffer, *Schöpfung*, pg. 73.
238 Westermann, *Genesis* I/1, pg. 317.
239 von Rad, *Mose*, pg. 68.

o outro. É tarefa dos pais liberar os filhos para o casamento. O mandamento de honrar pai e mãe também é um mandamento para os pais, pois estes são responsáveis "para que se prolonguem os dias na terra que o Senhor Deus dá", para que os filhos consigam se desenvolver para viver em liberdade em um casamento pleno.[240]

O homem se unirá à sua mulher. A palavra "unir", *dabaq*, significa "aderir, colar, aconchegar-se a, segurar-se em algo e ficar ao lado de". O substantivo ligado a esse verbo também pode ser traduzido por "soldagem"[k]. A palavra hebraica corresponde ao grego *kollao*, "colado".[241] Ser colado a outra pessoa acontece sempre que duas pessoas se tornam uma só carne. Mesmo quando um homem encontra uma prostituta e se torna uma carne com ela, ele está "colado" a essa mulher (1Co 6.16). Assim como só é possível "prender-se" a um Deus[l], da mesma forma o homem só pode "colar-se" a uma mulher. Assim, a tradução literal de "o homem se unirá à sua mulher" exclui qualquer tipo de relacionamento sexual extraconjugal.[242]

k Is 41.7

l Dt 4.4

O casamento inclui o "ser uma só carne". Chama a atenção que a comunhão física não seja necessariamente associada à finalidade de reprodução, de gerar filhos. A união sexual tem valor e significado em si mesma. A relação conjugal continua tendo espaço no casamento mesmo que o casal – seja por qual motivo for – não puder ter filhos. Paulo cita três razões para interromper o relacionamento sexual entre o casal: as duas partes precisam estar de acordo, a interrupção deve ser por tempo limitado e só pode acontecer por um motivo espiritual, a fim de que estejam absolutamente livres para Deus[m].

m 1Co 7.1-7

O impulso original que atrai homem e mulher é mais forte do que a ligação com os pais. Já foram uma só carne. Precisam unir-se novamente. O homem se une à sua mulher; por causa de seu amor por ela, ele assume uma comunhão de vida definitiva com ela. Os dois tornam-se uma só carne e, ao conceberem um filho, podem ver esta união da carne na criança. A palavra sobre o casamento proferida no contexto da criação do ser humano aponta para o futuro. É palavra duradoura de Deus sobre o casamento. "O casamento é um relacionamento que supera até mesmo o filial, um relacionamento da mais íntima comunhão pessoal física e intelectual – conforme indica a expressão tornar-se uma só carne – e que, ao mesmo tempo, designa a monogamia como a forma de relacionamento natural e desejada por Deus".[243]

25 **Ora, um e outro, o homem e sua mulher, estavam nus e não se envergonhavam.** A vergonha não existia na comunhão entre as pessoas no jardim do Éden, pois a vergonha é uma reação à exposição e ao ser desmascarado.[244] As duas pessoas no jardim do Éden, que viviam em obediência total diante de Deus, não sabiam nada a respeito do poder da dúvida e da ruptura. Viam-se mutuamente como dádiva de Deus, tinham sido criados um para o outro e existiam um para o outro. "A vergonha é ocultar a mim mesmo diante do outro por causa do mal

---

240 Bräumer, pg. 52 e 53.
241 Jenni, col. 431 e 432.
242 Bräumer, pg. 75.
243 Delitzsch, *Genesis*, pg. 95.
244 Westermann, *Genesis* I/1, pg. 231.

que há em mim e nele... Na união da obediência perfeita, o ser humano fica nu diante do outro, completamente exposto, revelado em corpo e alma, e não se envergonha disso. A vergonha só surge no mundo da indecisão".[245]

5. O pecado do ser humano, 3.1-7

1 Mas a serpente, mais sagaz que todos os animais selváticos que o Senhor Deus tinha feito, disse à mulher: É assim que Deus disse: Não comereis de toda árvore do jardim?
2 Respondeu-lhe a mulher: Do fruto das árvores do jardim podemos comer,
3 mas do fruto da árvore que está no meio do jardim, disse Deus: Dele não comereis, nem tocareis nele, para que não morrais.
4 Então, a serpente disse à mulher: É certo que não morrereis.
5 Porque Deus sabe que no dia em que dele comerdes se vos abrirão os olhos e, como Deus, sereis conhecedores do bem e do mal.
6 Vendo a mulher que a árvore era boa para se comer, agradável aos olhos e árvore desejável para dar entendimento, tomou-lhe do fruto e comeu e deu também ao marido, e ele comeu.
7 Abriram-se, então, os olhos de ambos; e, percebendo que estavam nus, coseram folhas de figueira e fizeram cintas para si.

Inspirados pela explicação neotestamentária sobre a história da queda do ser humano[a], durante séculos houve comentaristas e pastores que encontraram em Gênesis 3 respostas sobre a vida e a morte, o pecado e a graça. Hoje é considerado "científico" e "moderno" promover um "esvaziamento" do texto para encontrar nele apenas explicações de cunho histórico sobre a origem, para justificar por que a serpente se arrasta sobre a barriga, porque há inimizade entre ela e a humanidade, porque a mulher enfrenta a gravidez e o parto com dores, porque crescem espinhos e cardos na terra, porque o ser humano precisa trabalhar duro e as pessoas devem usar roupas. Estes assim chamados comentaristas modernos encarregam autores como Karl Marx, Sigmund Freud e Martin Heidegger de falar sobre as possibilidades fundamentais da vida humana. Mas, na verdade, as respostas satisfatórias às grandes questões da humanidade, as perguntas sobre conhecimento, morte, sexualidade e nascimento, sofrimento, trabalho, fome, roupas e preocupações em relação à morte, não estão nestes autores ou em seus alunos, mas no relato bíblico, que começa com uma pergunta piedosa.[246]

a Rm 5 e 7

Mas a serpente, mais sagaz que todos os animais selváticos que o Senhor Deus tinha feito, disse à mulher: É assim que Deus disse: Não comereis de toda árvore do jardim? A história da exegese traz muitas interpretações contraditórias sobre a serpente. Uns veem nela uma personificação de Satanás, outros – especialmente na exegese judaica – uma

1

---

245 Bonhoeffer, *Schöpfung*, pg. 77 e 78.
246 Vischer, GPM 1959/60, pg. 113; Bonhoeffer, *Schöpfung*, pg. 78 e 79.

figura meramente simbólica;[247] outros ainda creem que se trata de um ser mitológico, um ser de vida e de morte, ou um animal mágico de vida e sabedoria; por fim, outros acreditam que ela é somente uma criatura, como todos os outros animais.[248]

No texto em si, a serpente não leva o nome de "antiga serpente", Raabe ou Leviatã[b], mas o nome de um gênero de animal criado por Deus. Além disso, ela é expressamente chamada de criatura de Deus. Deus criou este animal, a serpente. Por isso não podemos imediatamente equiparar a serpente com o diabo, o inimigo de Deus, que causou toda a tragédia. Se somente o diabo agisse aqui, o ser humano estaria desculpado por princípio, pois dessa forma ele seria apenas uma pobre vítima nas mãos de um inimigo mais forte que se levantara contra Deus. Por isso, o texto enfatiza: a serpente é uma criatura de Deus. Mas duas coisas mencionadas aqui diferenciam a serpente do restante da criação: sua grande sagacidade[c] e sua capacidade de falar. Não há motivo para imaginar que todos os animais no jardim do Éden fossem capazes de falar. A fala articulada, isto é, a linguagem no pleno sentido da palavra, é uma das peculiaridades que o ser humano recebeu quando Deus lhe soprou o fôlego da vida.

Quando a Bíblia relata sobre um animal que fala, há por trás disso uma misteriosa e enigmática causalidade.[249] A fala da jumenta de Balaão foi, sem dúvida, determinada por Deus[d]. Mas Deus não pode estar por trás da fala da serpente. Deus não tenta o ser humano[e]. Dessa forma, aquele que faz a serpente falar só pode ser o maligno, Satanás, o diabo[f]. Por isso, a serpente é descrita como um ser do qual se deve desconfiar. Há duas declarações contraditórias sobre ela. Ela é criatura de Deus e ferramenta do diabo. E essa contraditoriedade da serpente também não é resolvida. A origem do mal, a origem da culpa e do pecado continuam sendo um mistério inexplicável. "Somente assim é possível conservar o propósito duplo: atribuir a culpa totalmente ao ser humano e ao mesmo tempo expressar a impossibilidade de compreender, explicar e desculpar a culpa".[250] Como qualquer declaração sobre a natureza falsa e dúbia da serpente não passaria de uma simplificação grosseira, ela não pode importar ao comentarista. Tanto mais importante é ocupar-se com o que a serpente diz.[251]

A serpente começa a conversa fazendo uma pergunta em que é forçoso reconhecer um interesse pelo destino do ser humano. A ambiguidade da sua palavra está nas entrelinhas. Ela introduz sua pergunta com duas palavras em hebraico, *'aph ki*. O propósito é suscitar dúvida, e por isso sua tradução mais aproximada seria: "Será mesmo que..?" Lutero começa a pergunta com: "Sim, mas será ...?", e comenta sua tradução: "Não consigo reproduzir bem o hebraico, nem em alemão nem em latim, pois a palavra *'aph ki* soa como se alguém torcesse o nariz, rindo e zombando de mim".[252]

Chama a atenção o fato de a serpente chamar Deus somente de "Elohim": Javé, o nome de Deus que se refere à sua função como Salvador

b Is 51.9;
Sl 74.13;
89.10

c Jó 5.12;
15.5;
Mt 10.16

d Nm 22
e Tg 1.13s
f Jo 8.44;
2Co 11.3,14;
Rm 16.20;
Ap 12.9;
20.2

---

247 Cassuto, *From Adam to Noah*, pg. 142.
248 Sobre a história das formas, cf. Westermann I/1, pg. 322-324.
249 Delitzsch, *Genesis*, pg. 98.
250 Bonhoeffer, *Schöpfung*, pg. 80.
251 von Rad, *Mose*, pg. 70.
252 Lutero, *Predigten*, pg. 87.

e Redentor, só tem lugar no relacionamento do ser humano com Deus.[253] O objetivo da serpente com sua pergunta é claro: ela questiona o mandamento de Deus.

Respondeu-lhe a mulher: Do fruto das árvores do jardim podemos comer, mas do fruto da árvore que está no meio do jardim, disse Deus: Dele não comereis, nem tocareis nele, para que não morrais. 2 3 Alterando levemente o mandamento de Deus por meio de uma pequena mudança na formulação da frase, a serpente dá oportunidade para que a mulher, à qual ela se dirige, a corrija.

A serpente manteve as palavras da ordem divina, mas distorceu seu conteúdo ao mudar a negação de lugar. A Palavra de Deus: "*Não* de todas as árvores podereis comer" foi ardilosamente reformulada para "De todas as árvores *não* podereis comer". A quantidade de palavras continuava a mesma, mas o reposicionamento da palavrinha *não* transformou a verdade em mentira. A mulher corrigiu a serpente, defende Deus e explica que todos os frutos foram liberados para alimentação, exceto os daquela única árvore no meio do jardim. A mulher até endurece a ordem de Deus ao dizer que não poderiam nem mesmo tocar no fruto. Deus não tinha chegado a esse ponto. A mulher exagera o mandamento de Deus. Ela o interpreta e transforma a ordem em uma proibição que lhe amarra as mãos.[254] O fato de a mulher resistir à pergunta da serpente e se colocar do lado de Deus mostra que ela não era a parte mais fraca dos dois humanos. A serpente fala com ela porque tinha sido colocada por Deus como auxiliadora do homem. Por isso, ela também responde em nome dele, dizendo "*nós* podemos" e "*nós* não podemos".

Se voltarmos a analisar a pergunta inicial da serpente como um todo, veremos que ela insinua ter compreendido melhor a Palavra de Deus. Pergunta se o ser humano não teria ouvido errado e se Deus, na verdade, não teria dito algo diferente. Ela finge saber mais sobre Deus e faz-se de representante dele. "Ela fez, de fato, uma pergunta piedosa. Só que esta primeira pergunta piedosa trouxe consigo também o mal".[255]

Desde então não cessam de surgir perguntas piedosas do mesmo tipo: Será que Deus disse mesmo que não devemos roubar, não devemos adulterar, que não devemos dar falso testemunho...? Será que Deus disse mesmo que ele é amor; que ele quer perdoar os pecados; que não precisamos das obras? Será que Deus disse mesmo que não estamos mais sozinhos e que um dia todo o sofrimento e todo o lamento terão fim? Será que Deus disse mesmo? – Essa pergunta piedosa incentiva, motiva e provoca o pecado.

Iniciou-se entre a mulher e a serpente uma "conversa teológica", a primeira de todas. Aparentando profundo conhecimento a respeito dos mistérios de Deus, a serpente apresentou sua pergunta piedosa e incentivou a mulher a falar "sobre" Deus. Em vez de simplesmente ouvir e obedecer à Palavra de Deus, a mulher foi alçada à posição de juiz sobre ela. Com isso, a serpente alcançou seu primeiro objetivo. Conseguiu que o debate sobre a Palavra de Deus substituísse o clamor e a adoração a

---

253 Westermann, *Genesis* I/1, pg. 326.
254 von Rad, *Mose*, pg. 71.
255 Bonhoeffer, *Schöpfung*, pg. 86.

Deus por parte do ser humano. A defesa bem-intencionada do mandamento alterou o mandamento por meio de uma pequena intensificação acrescentada pela mulher, e transformou a ordem em proibição. Estava dada a condição para continuar o debate a respeito de Deus.

4/5 **Então, a serpente disse à mulher: É certo que não morrereis. Porque Deus sabe que no dia em que dele comerdes se vos abrirão os olhos e, como Deus, sereis conhecedores do bem e do mal.** Partindo agora para uma afirmação ousada, a serpente transforma Deus em mentiroso. Ela afirma que Deus teria mentido, que sua palavra é uma mentira. "Trata-se de rebeldia máxima quando a mentira pode alegar que a verdade seja uma mentira. Este é o abismo da mentira, o fato de ela subsistir por apresentar a si mesma como verdade, e condenar a verdade como mentira".[256] Na continuação da conversa, a serpente justifica a sua mentira descarada. Deus, argumenta ela, estabelecera esse mandamento por inveja e ciúme. Deus quer privar vocês de algo. Comam da árvore, e vocês verão: vocês vão ser como Deus! "Deus teme que surja alguém igual a ele, por isso proibiu que vocês comessem da árvore do conhecimento".[257] A argumentação da serpente acena com nada menos do que a possibilidade de se tornar igual a Deus. Agora é a verdade de Deus contra a verdade da serpente. A verdade de Deus está baseada em um mandamento que delimita e protege o ser humano. A verdade da serpente está ligada a uma promessa, a promessa da ausência de limites. A serpente mostra ao ser humano como é possível ampliar sua existência. Assim que comer do fruto proibido, ele poderá enxergar de uma forma que antes não era possível. Reconhecerá o bem e o mal. O conhecimento do bem e do mal não é um conhecimento parcial, mas o "conhecimento que abrange e determina toda a condição humana".[258] A serpente iguala o conhecimento do bem e do mal com a promessa: vocês serão iguais a Deus. Com isso, ela leva sua mentira ao ponto máximo.

Por enquanto, Adão e Eva ainda não sabem nada a respeito do mal. A única interpretação que conseguem dar ao ser igual a Deus é que isso seja uma "nova e mais profunda condição de criatura". No entanto, eles sabiam que "essa forma nova e mais profunda da condição de criatura precisa ser comprada mediante transgressão do mandamento".[259] Neste ponto, a mulher, com quem a serpente conversava, e o marido "ao seu lado"[g], percebem que isso os arrancará da sua conexão com o Criador. As duas pessoas tinham que escolher entre o Criador e um ídolo, pois somente um ídolo pode querer separá-los de seu Senhor e Criador. Neste ponto, Eva e o homem ao seu lado poderiam ter entoado um "louvor pela incomparável e incompreensível graça do Criador", a partir da "profundidade da sua condição de criaturas e da liberdade para Deus".[260] Adão e Eva ainda não conheciam a diferença entre o bem e o mal. Para eles, existia somente a bondade de Deus. Seu conhecimento era a certeza de que ele, nosso Deus, quer nos proteger. Mas ainda assim a dúvida em relação à bondade de Deus foi expressa. "É a dúvida que transforma o bem em mal" (Goethe).

g Gn 3.6

---

256 Ibid, pg. 87.
257 Calvin, *Genesis*, pg. 46.
258 Westermann, *Genesis* I/1, pg. 337.
259 Bonhoeffer, *Schöpfung*, pg. 89 e 90.
260 Ibid, pg. 90.

Vendo a mulher que a árvore era boa para se comer, agradável aos 6
olhos e árvore desejável para dar entendimento, tomou-lhe do fruto
e comeu e deu também ao marido, e ele comeu. A conversa terminou.
As duas pessoas não conversam entre si, e a serpente também sumiu.
Parece até que a mulher está completamente sozinha. Antes de tomar
uma decisão, ela fica olhando para a árvore, refletindo. O relato inclui
essa imagem da mulher sozinha debaixo da árvore para deixar claro, de
uma vez por todas: qualquer que seja a decisão tomada, ela age de forma
autônoma. Não há ninguém exercendo qualquer tipo de pressão sobre
ela e, por isso, ela é totalmente responsável pelo seu ato. Ao lutar pela
decisão correta, aparece toda a gama de emoções humanas. Os sentidos
da visão e do paladar concordam entre si e despertam o desejo.[261] Os
instintos mais básicos dizem-lhe: "Esses frutos são bons para comer", o
sensível estímulo estético aparece na expressão "agradável aos olhos", e
a maior e mais forte atração é revelada na constatação: "desejável para
dar entendimento".[262] Esse relato registra, para todos os tempos, a cobiça
que Deus mais tarde combate com seu mandamento[h]. O Novo Testamen-   h Êx 20.17
to cita três etapas da cobiça: "concupiscência da carne", "concupiscência
dos olhos" e "soberba da vida"[i]. O desejo não é despertado apenas pela   i 1Jo 2.16
atração do proibido, mas também pela misteriosa promessa de "ter entendimento". O termo *haskijl* significa "tornar entendido, sensato"[k], mas   k Sl 32.8;
também "ter sucesso e êxito"[l]. A sensatez é uma fonte de vida[m]. Aquilo   Pv 16.22;
que exerce um poder de atração tão forte e enigmático sobre a mulher é   21.11
a possibilidade de obter capacitação máxima para sua vida, uma habilidade inimaginada de viver, a oportunidade de aspirar a coisas maiores,   l Dn 8.25
de melhorar a vida, de quebrar o que restringe, um sucesso de amplitude   m Pv 16.22
inconcebível.[263]

Nesta situação a mulher toma sua decisão. Ela ultrapassa o limite traçado por Deus. Vai até o meio do jardim – já sem considerar qualquer
limitação – pega do fruto e o come. O texto diz que o homem estava
ao lado dela. Ele observou tudo com atenção e em silêncio, e quando a
mulher agora lhe estende a mão com o fruto, ele também pega e come.
O texto não relata qualquer luta íntima no caso do homem. Ele concorda muito mais rapidamente do que a mulher com o ato. Uma vez que a
decisão em favor da transgressão tinha sido tomada, a segunda violação
tornou-se muito mais fácil, na verdade, quase natural.[264] Também não
há palavra alguma de que a mulher tenha seduzido o homem. Ele simplesmente participa. Por isso, também o homem precisa assumir total e
completa responsabilidade. Cada um por si, Eva e Adão decidem contra
o mandamento de Deus. Eles afastam-se de Deus sem que haja qualquer
desculpa possível para nenhum deles. Cada um carrega sua culpa individualmente. O relato da criação do mundo diz: "Deus criou o ser humano,
um homem e uma mulher", e agora o texto diz: "E o ser humano virou as
costas para Deus, uma mulher e um homem".[265]

---

261 Westermann, *Genesis* I/1, pg. 339.
262 von Rad, *Mose*, pg. 72.
263 Westermann, *Genesis* I/1, pg. 329, 337, 339, 340.
264 O provérbio alemão "uma vez é o mesmo que nada" é uma mentira do Maligno. De acordo com o relato bíblico, "uma vez" é a ocasião decisiva.
265 Bonhoeffer, *Schöpfung*, pg. 95.

7   Abriram-se, então, os olhos de ambos; e, percebendo que estavam nus, coseram folhas de figueira e fizeram cintas para si. Logo depois da queda, vem a grande desilusão: não se tornaram divinos. Não havia neles nenhum traço igual a Deus. Agora a palavra da serpente revelava-se uma mentira. Mas todo o restante da sua previsão aconteceu. Seus olhos se abriram, e o novo conhecimento fez com que vissem uma deficiência em si mesmos: "Perceberam que estavam nus...", e conseguiram remediar o problema costurando cintas para si. Quando os olhos dos seres humanos, que ansiavam por ver mistérios sobrenaturais, se abriram, eles viram sua própria nudez. "A nudez agora está fora da comunhão com Deus, deixou de ser humilde para mostrar a humilhante carência e fealdade do ser humano; as marcas do que aconteceu são agora sinal da dependência e, ao mesmo tempo, da ânsia espreitante por violentar o próximo; por isso, é preciso escondê-las por vergonha e hipocrisia".[266] A novidade que os olhos abertos dos seres humanos viam era sua nudez. Sentiram-se desmascarados. Sua inocência e naturalidade estavam perdidas para sempre. A ruptura do relacionamento com Deus atinge todas as camadas do físico humano. Por isso, a história da queda trata também, "de forma muito enfática, do problema da sexualidade".[267] Agora o ser humano percebe que existe uma sexualidade que não respeita limites. Por isso, as pessoas costuram roupas para si, a fim de esconder-se um do outro. A primeira consequência do pecado foi a vergonha, a segunda, o medo de Deus.[268]

6. O juízo: maldição, castigo e graça, 3.8-21

8   Quando ouviram a voz do Senhor Deus, que andava no jardim pela viração do dia, esconderam-se da presença do Senhor Deus, o homem e sua mulher, por entre as árvores do jardim.

9   E chamou o Senhor Deus ao homem e lhe perguntou: Onde estás?

10 Ele respondeu: Ouvi a tua voz no jardim, e, porque estava nu, tive medo, e me escondi.

11 Perguntou-lhe Deus: Quem te fez saber que estavas nu? Comeste da árvore de que te ordenei que não comesses?

12 Então, disse o homem: A mulher que me deste por esposa, ela me deu da árvore, e eu comi.

13 Disse o Senhor Deus à mulher: Que é isso que fizeste? Respondeu a mulher: A serpente me enganou, e eu comi.

14 Então, o Senhor Deus disse à serpente: Visto que isso fizeste, maldita és entre todos os animais domésticos e o és entre todos os animais selváticos; rastejarás sobre o teu ventre e comerás pó todos os dias da tua vida.

15 Porei inimizade entre ti e a mulher, entre a tua descendência e o seu descendente. Este te ferirá a cabeça, e tu lhe ferirás o calcanhar.

---

266   Gollwitzer, pg. 81.
267   von Rad, *Mose*, pg. 73.
268   Delitzsch, *Genesis*, pg. 103.

16 E à mulher disse: Multiplicarei sobremodo os sofrimentos da tua gravidez; em meio de dores darás à luz filhos; o teu desejo será para o teu marido, e ele te governará.
17 E a Adão disse: Visto que atendeste a voz de tua mulher e comeste da árvore que eu te ordenara não comesses, maldita é a terra por tua causa; em fadigas obterás dela o sustento durante os dias de tua vida.
18 Ela produzirá também cardos e abrolhos, e tu comerás a erva do campo.
19 No suor do rosto comerás o teu pão, até que tornes à terra, pois dela foste formado; porque tu és pó e ao pó tornarás.
20 E deu o homem o nome de Eva a sua mulher, por ser a mãe de todos os seres humanos.
21 Fez o Senhor Deus vestimenta de peles para Adão e sua mulher e os vestiu.

O juízo inevitável de Deus que vem a seguir compõe-se de três elementos: maldição, castigo e graça. É preciso atentar bem para a diferença entre maldição e castigo. A maldição recai sobre a serpente e sobre a terra. Homem e mulher não são amaldiçoados. Eles recebem castigos. Somente o ser humano, uma pessoa que pode chegar diante de Deus, é uma "pessoa de direito", castigada por meio de um "processo de direito".[269] E um castigado tem a chance de receber graça.

8 Quando ouviram a voz do Senhor Deus, que andava no jardim pela viração do dia, esconderam-se da presença do Senhor Deus, o homem e sua mulher, por entre as árvores do jardim. 9 E chamou o Senhor Deus ao homem e lhe perguntou: Onde estás? 10 Ele respondeu: Ouvi a tua voz no jardim, e, porque estava nu, tive medo, e me escondi. O ser humano que despencou da unidade para a separação não pode mais se apresentar diante do Criador. O ser humano ainda não tinha sido expulso do jardim onde poderia encontrar Deus. Ainda havia a condição original da proximidade entre Deus e o ser humano. Por isso, o relato conta que eles ouviram o som dos passos de Deus (cf. NVI). Deus anda com passos majestosos[a]. No momento em que o ser humano os escuta, percebe que a cobertura que os protege um do outro de nada adianta perante Deus. Diante de Deus, o ser humano continua exposto, a despeito das folhas de figueira que usa. Ele tem medo, foge de Deus e se esconde. Ainda que seja impossível esconder-se completamente de Deus, o ser humano tenta fazer isso.[270] Agora o ser humano percebe com clareza mais um sinal da ruína do relacionamento com o Criador: a consciência. A consciência só passou a existir no momento em que o ser humano se separou de Deus. "E esta é a função da consciência: impelir o ser humano a fugir de Deus e, com isso, mesmo não querendo, dar razão a ele; por outro lado, faz o ser humano sentir-se seguro em seu esconderijo durante essa fuga... A consciência empurra o ser humano para longe de Deus, em direção ao esconderijo seguro".[271] Mas Deus vai atrás

a Lv 26.12; Dt 23.14; 2Sm 7.6

---

269 Westermann, *Genesis* I/1, pg. 351.
270 Delitzsch, *Genesis*, pg. 104.
271 Bonhoeffer, *Schöpfung*, pg. 103.

do ser humano escondido. Mesmo depois da queda ele se preocupa com o ser humano. "Deus, seu Criador, agora é Deus, o Redentor, que busca o que está perdido".²⁷² Deus chama o ser humano, e seu chamado dirige-se somente ao homem. O homem, que observou tudo em silêncio e também em silêncio concordou com o pecado, agora é chamado à responsabilidade. Agora o ser humano e, com ele toda a humanidade, aprendem de uma vez por todas o que é responsabilidade; o ser humano precisa responder a Deus sobre aquilo que faz.²⁷³ Adão precisa confessar o que aconteceu. No primeiro momento, ele só consegue expressar o que percebe a respeito de si mesmo. Ele se sente exposto e tem medo. Percebe que a vergonha diante de Deus é diferente da vergonha entre as pessoas, e por isso se esconde junto com Eva. Com sua próxima pergunta, o próprio Deus capacita Adão a conscientizar-se do que aconteceu e a responsabilizar-se por isso.

**11 Perguntou-lhe Deus: Quem te fez saber que estavas nu? Comeste da
12 árvore de que te ordenei que não comesses? Então, disse o homem: A
13 mulher que me deste por esposa, ela me deu da árvore, e eu comi. Disse
o Senhor Deus à mulher: Que é isso que fizeste? Respondeu a mulher: A
serpente me enganou, e eu comi.** Deus aborda diretamente a transgressão do limite e permite assim que o homem assuma responsabilidade, confessando seu ato. A resposta do ser humano inclui, sem que isso seja dito expressamente, o reconhecimento de que "sim, eu comi". Mas a resposta em si é só defesa e desculpa. É vergonhoso, mas típico para o ser humano, que a primeira conversa que a Bíblia descreve entre Deus e o homem seja do começo ao fim um discurso de defesa deste. O ser humano faz uso de sua liberdade perante Deus defendendo-se. Mas essa defesa contém uma dupla acusação: ele acusa sua mulher, atribuindo-lhe a culpa, e em última análise acusa o próprio Deus, ao destacar que "esta é a auxiliadora que me deste". E o mesmo acontece novamente quando Deus chama a mulher à responsabilidade. Ela aponta para a serpente, dizendo assim: "Tu, Deus, forjaste uma criatura que conseguiu me enganar". A palavra *haschij'* significa "enganar alguém, iludir, seduzir", isto é, fingir a alguém que este ou aquele mal não pode atingi-loᵇ. A serpente não é interrogada, e neste ponto também nada se diz sobre a origem do mal. Mas as palavras do homem e da mulher mostram que aprenderam com a serpente a arte de corrigir as obras de Deus, perguntando: "Deus, tem certeza de que foi uma boa ideia criar esse tipo de auxiliadora, de criatura?"

Nem o homem nem a mulher assumiram seu ato, cometido de forma independente e sob sua total responsabilidade. Preferiram recorrer à sua consciência, ao seu conhecimento sobre o bem e o mal, formulando suas queixas ao Criador a partir desse conhecimento. Dessa forma, Adão e Eva se enrolaram em novas culpas. "A queda acelerou-se de forma desmedida".²⁷⁴

O ser humano tinha ultrapassado os limites dados por Deus. Tornara-se culpado diante de Deus. A história da ruptura do relacionamento entre o ser humano e seu Criador, a história da "queda no pecado", demonstra os traços permanentes do pecado.

b 2Cr 32.15;
Jr 37.9;
2Co 11.3;
1Tm 2.14

---

272 Delitzsch, *Genesis*, pg. 103.
273 Westermann, *Genesis* I/1, pg. 347.
274 Bonhoeffer, *Schöpfung*, pg. 105.

O pecado começa com uma meia verdade. As palavras que citam a ordem de Deus podem até estar certas em sua quantidade, mas um tom de voz tendencioso ou o reposicionamento de uma palavrinha que seja transformam a verdade divina em uma meia verdade e, consequentemente, em mentira.

A transgressão do mandamento de Deus sempre está pré-programada quando uma pessoa amplia uma ordem de Deus. O mandamento é uma proteção para o ser humano. Quando este então acrescenta palavras próprias, para se garantir, ele cria sua própria proteção. Assim, o relacionamento de confiança com Deus fica prejudicado.

O pecado, o separar-se de Deus, acontece sempre que o ser humano transfere para a criatura o mandato que Deus lhe entregou. Quando o ser humano para de dominar a criatura, passando a dar ouvidos a ela e a acreditar nela, aquele que estava destinado a dominar transforma-se em dominado.[275]

A transgressão do mandamento de Deus começa quando se desiste da confiança. Quando o ser humano quer usar sua própria "inteligência" para garantir sua posição, quando o ambiente definido por Deus não o satisfaz mais e ele quer ampliá-lo, então ele se coloca no lugar de Deus e "quer ser como Deus".

O pecado é negar a dependência ilimitada de Deus. Quando o ser humano pensa pertencer a si mesmo, contesta o direito de posse de Deus. *Päscha'*, "contestação de posse", é a palavra para pecado mais dura que há no Antigo Testamento[c]. c Êx 22.8

A transgressão do mandamento de Deus é, em última análise, uma negação do próprio Deus. O ser humano age como se Deus não existisse. A serpente oferece a Eva um determinado tipo de conhecimento, a saber, o entendimento de que é possível viver sem Deus.[276]

O pecado não só separa o ser humano de Deus, mas também causa a separação entre as pessoas. Não há solidariedade no pecado, o pecado causa solidão, porque o culpado procura a culpa no outro.

Então, o Senhor Deus disse à serpente: Visto que isso fizeste, maldita 14 és entre todos os animais domésticos e o és entre todos os animais selváticos; rastejarás sobre o teu ventre e comerás pó todos os dias da tua vida. Porei inimizade entre ti e a mulher, entre a tua descendência e o 15 seu descendente. Este te ferirá a cabeça, e tu lhe ferirás o calcanhar. No Antigo Testamento há só mais uma palavra em que Deus diz "maldito és", a saber, quando fala com Caim[d]. Nas outras maldições, não há indicação d Gn 4.11 expressa de que o próprio Deus as tenha pronunciado[e]. O significado mais e Dt 28.16-19; específico da bênção é: "Saia de perto de todos os bichos e animais", ou Js 9.23 seja, a serpente é separada do restante dos animais, é exilada. A maldição tem caráter excomunicatório. O exílio da serpente é demonstrado no fato de que, diferentemente dos demais lagartos, répteis e outros animais vertebrados, precisa arrastar-se no pó da terra. A palavra hebraica para "serpente" é aparentada com o verbo "silvar".[277] Esta forma de locomoção f Mq 7.17; implica "lamber o pó"[f]. Não que o pó seja propriamente seu alimento, mas Sl 72.9;
Is 27.1;
49.23;
65.25

---

275 Cf. Cox, pg. 14.
276 Thielicke, *Welt*, pg. 122.
277 Delitzsch, Genesis, pg. 97.

a serpente está sempre lambendo a terra em consequência da forma como passou a mover-se, arrastando-se pelo chão.[278]

Outra consequência da maldição é a inimizade ferrenha entre a serpente e o ser humano. Esta inimizade é caracterizada por duas palavras hebraicas raras que significam "inimizade de morte". Essa é a única ocorrência da palavra "esmagar" ou "pisar com os pés" no Antigo Testamento e, conforme mostra a comparação linguístico-histórica com o acádio, tem o significado geral de "vencer".[279] O verbo usado para "ferir o calcanhar" (ou "picar", em algumas traduções) também só aparece mais uma única vez no Antigo Testamento[g], desconsiderando aqui uma outra passagem incerta. É a mordida da serpente que leva à morte[h]. A inimizade de morte entre a serpente e a mulher, entre os descendentes da mulher e os descendentes da serpente, culmina em uma luta de aniquilação. Quando a serpente recebe a pisada fatal, tenta se defender e fere mortalmente o esmagador.[280]

g Jó 9.17
h Gn 49.17

A maldição sobre a serpente novamente a mostra em toda a sua falsidade e dubiedade. Trata-se da serpente como criatura, que, ao ser pisada pelo ser humano que quer matá-la, o ataca por trás, picando seu calcanhar. Mas, ao mesmo tempo, trata-se de Satanás, o Maligno, que de forma inexplicável se aproveita da criatura serpente e continua "tentando atingir o ser humano, fazendo-lhe emboscadas e combatendo-o constantemente em lutas fatais".[281] Por isso, o veredito sobre a serpente vale simultaneamente também para Satanás.[282] É preciso atentar especialmente para o fato de que a batalha decisiva acontecerá entre o descendente da mulher e o da serpente.

A palavra hebraica para semente (descendente) pode ser entendida tanto de forma individual quanto coletiva[i]. Eva entendeu-a de forma individual. Estava convicta de que seu filho Caim já seria aquele que venceria a serpente.[283] O judaísmo aguarda a vitória sobre a serpente mortal nos dias do Messias: "Há uma cura para a picada no calcanhar no fim dos tempos, nos dias do Messias" (targum[284] palestino sobre Gênesis 3.15). O Novo Testamento não deixa dúvidas de que Jesus Cristo é quem destrói as obras do diabo e triunfará sobre o reino do Maligno[k]. A expressão "o descendente da mulher" refere-se inequivocamente a Jesus Cristo, o Filho de Deus, isto é: quem derrota a serpente é nascido da mulher, não gerado pelo homem. Primeiro Jesus será mortalmente atingido no calcanhar pela serpente, Satanás. Ele morre no Gólgota. Jesus Cristo, o filho de Maria[l], é o descendente da mulher.

i Gn 4.25; 21.12s; Gl 3.16

k 1Jo 3.8; Cl 2.15; Hb 2.14; Rm 16.20

l Gl 4.4

A maldição de Deus sobre a serpente e sua dubiedade não deixa de olhar para o milagre da encarnação, para a morte de Jesus e para sua vitória final. A primeira promessa a respeito de Jesus, o Redentor da humanidade, é ao mesmo tempo uma profecia da sua morte. O Redentor morre durante o ato da salvação.

---

278 A expressão "comer pó" é uma imagem constante no Antigo Testamento; cf. Cassuto, *From Adam to Noah*, pg. 160.
279 Westermann, *Genesis I/1*, pg. 354.
280 Delitzsch, *Weissagungen*, pg. 26.
281 von Rad, *Mose*, pg. 74.
282 Delitzsch, *Genesis*, pg. 107.
283 Veja comentário sobre Gênesis 4.1.
284 Um Targum é qualquer uma das traduções em aramaico, mais ou menos literal de partes do Antigo Testamento, usada nas sinagogas da Palestina e da Babilônia. (N. de Revisão)

E à mulher disse: Multiplicarei sobremodo os sofrimentos da tua **16**
gravidez; em meio de dores darás à luz filhos; o teu desejo será para
o teu marido, e ele te governará. O animal foi amaldiçoado. O fim da
maldição é o milagre da bênção de Deus, completado em Jesus Cristo.
Com o ser humano, Deus lida de forma diferente, impondo-lhe castigos.
Mas a pronúncia do veredito sobre o ser humano, com a enumeração
de cada um dos castigos, mostra que Deus não tem prazer na morte   m Ez 18.23;
do infiel[m]. Os castigos de Deus incluem sempre a oferta de continuar   Sl 78.37s
vivendo. A mulher sentirá dor, mas experimentará também a bênção
da maternidade. Ela precisa se submeter, mas homem e mulher podem
continuar vivendo juntos.

As dores e a bênção da maternidade:
O castigo não é a maternidade em si, mas as dificuldades da gestação e os perigos do parto, que pode ameaçar tanto a vida dela quanto a da criança. O medo e as dores da mulher transformam-se em metáfora correspondente no Antigo Testamento[n]. Ainda assim, a mulher terá a felicidade que somente uma mãe experimenta depois de dar à luz e que a faz esquecer qualquer dor: *A mulher, quando está para dar à luz, tem tristeza, porque a sua hora é chegada; mas, depois de nascido o menino, já não se lembra da aflição, pelo prazer que tem de ter nascido ao mundo um homem* (Jo 16.21).   n Sl 48.6; Is 13.8; 42.14; Jr 4.31; 6.24; Os 13.13

A submissão e a convivência:
A declaração de Deus que institui o "domínio" do homem não é um mandamento da criação, mas um castigo de Deus, a reação de Deus à destruição da paz da criação. A submissão da mulher não é o propósito original de Deus para a criação, é anormal, é um castigo de Deus. Justamente no aspecto em que a mulher deveria realizar-se como a real correspondência do homem, tendo honra e alegria, ordena-se agora rendição e submissão. O domínio do homem resulta do desejo da mulher. A palavra que se refere ao anseio da mulher pelo seu marido também significa "instinto", "emoção" e "paixão que impele em direção a".[285] A sexualidade perdeu sua forma original. A comunhão sexual, que antes era o tornar-se uma só carne, agora é vitória e derrota, dependência e despotismo. "Isto não é mandamento da criação, mas perturbação da criação".[286] Ainda assim, eles – o homem e a mulher – podem continuar juntos. Como antes, o homem deixará pai e mãe e se unirá à sua mulher e ambos se tornarão uma só carne[o].   o Gn 2.24; Mt 19.5

E a Adão disse: Visto que atendeste a voz de tua mulher e comeste **17**
da árvore que eu te ordenara não comesses, maldita é a terra por tua
causa; em fadigas obterás dela o sustento durante os dias de tua vida.
Ela produzirá também cardos e abrolhos, e tu comerás a erva do campo. **18**
No suor do rosto comerás o teu pão, até que tornes à terra, pois dela **19**
foste formado; porque tu és pó e ao pó tornarás. A sentença dirigida
ao homem é mais detalhada, e, antes de pronunciá-la, Deus mais uma
vez lembra ao homem a sua transgressão. Por muito pouco, a maldição
desvia-se do homem e atinge a terra. Também o castigo direcionado ao
homem contém, ao mesmo tempo, uma prova da misericórdia de Deus.

---

285 Delitzsch, *Genesis*, pg. 109.
286 Thielicke, *Ethik*, vol. III, 1793.

O trabalho diário será marcado pela fadiga, mas ele não o perde. A terra é maldita por sua causa, mas seu trabalho não será totalmente vão. Ele terá preocupações, mas pode continuar a cuidar e prevenir-se. Ele morrerá, mas algumas questões ainda ficam em aberto sobre este assunto.

A fadiga e o trabalho:
O trabalho diário do homem agora será marcado pela fadiga. Diariamente ele terá que lidar com cardos e abrolhos, e a cada dia experimentará novas dificuldades e decepções. Sua rotina diária será determinada por insucessos e fracassos. Ele sofre com a inutilidade, a inatividade e as sobrecargas. Muitos aspectos imponderáveis e imprevisíveis ameaçam seu trabalho. Mas ele mantém a incumbência recebida no jardim. Pode continuar a cultivar. Ele ainda consegue e pode trabalhar. O suor do rosto é o preço que o ser humano precisa pagar para poder comer seu pão.[287]

A terra maldita e o alimento:
A terra, atingida pela maldição de Deus, não produz somente cardos e abrolhos, mas também frutos do cultivo. O mato não toma conta do solo[p]. O fruto cresce em meio às ervas daninhas[q]. O ser humano pode continuar se alimentando da erva do campo, seu trabalho não será em vão.

A preocupação e a possibilidade de cuidar e prevenir-se:
Se no Éden o ser humano vivia dos frutos das árvores, agora ele precisa empregar todas as suas forças para produzir pão a partir das ervas do campo, do cereal[r]. Semear, colher e processar o grão produz suor. Seu rosto fica marcado. A melhor tradução para a palavra rosto aqui seria "aparência arquejante e ofegante".[288] A preocupação ameaça consumir o ser humano, mas a oportunidade de produzir pão lhe conserva a possibilidade de cuidar dos seus. Ele também pode tomar precauções e impedir que sua família morra de fome.

Morrer e morte:
A última parte do veredito de Deus remete o ser humano à sua origem, ao pó da terra, e anuncia-lhe que retornará ao pó[s]. O ser humano não consegue ouvir essa palavra sobre seu falecimento sem se lembrar da ameaça de morte feita por Deus[t]. A ameaça do "certamente morrerás" não tinha se cumprido literalmente, e aparentemente por enquanto a palavra da serpente "é certo que não morrereis" parecia se cumprir[u]. Mas agora Deus fala da realidade da morte. O ser humano retornará ao pó da terra. Se levarmos em conta que a palavra hebraica "no dia em que" não precisa necessariamente significar "no mesmo dia em que o mandamento for transgredido", mas pode ser traduzido de forma bem genérica como "quando você comer dela"[289], veremos que Deus não ignorou simplesmente sua ameaça de morte. Ao emitir agora a sentença, Deus faz a ameaça de morte vigorar. A vida do ser humano é "como o lento, mas certo, amadurecimento da semente da morte", que ele carrega em si desde o dia em que fugiu da soberania de Deus.[290] "O Adão decaído vive em direção à sua morte e, em vista disso, cada dia de vida é um dia

p Êx 22.5;
  Jz 8.7;
  Is 33.12;
  Jr 4.3;
  12.13;
  Ez 28.24;
  Sl 118.12

q Mt 13.24-30

r Jó 28.5;
  Sl 104.14

s Jó 4.19;
  10.9;
  34.15;
  Sl 90.3;
  104.29;
  146.3s;
  Ec 3.20;
  12.7;
  Sir 40.11

t Gn 2.17
u Gn 3.4

---
287 Ehrlich, vol. I, pg. 16.
288 Delitzsch, *Genesis*, pg. 110.
289 Westermann, *Genesis* I/1, pg. 305.
290 Delitzsch, *Genesis*, pg. 111.

ganho".[291] E ainda assim sua morte é descrita simplesmente como falecer. "A morte física não é o 'maior mal', não é simplesmente idêntica à morte eterna, a 'outra morte' (Ap 20), ainda que ela já seja sinal e também o 'salário do pecado'" (Rm 6.23; Tg 1.15).[292]

A mulher recebe dois castigos, o homem, quatro. Mas nenhuma dessas seis palavras fica sem esperança. Deus não desiste, mas permite que, por enquanto, o ser humano continue vivendo. Ele responde à desobediência e à infidelidade com fidelidade e oferta de graça.

Depois da pronúncia do castigo de Deus, Adão responde, e sua resposta faz soar um pouco de esperança.

20 E deu o homem o nome de Eva a sua mulher, por ser a mãe de todos os seres humanos. O nome *Hawa* é explicado pelo próprio Adão: Eva é a mãe de todos os viventes. Assim Adão constata que a bênção da reprodução sexual não foi eliminada pelo afastamento de Deus. A força para conceber e transmitir vida não está perdida. Eva carrega a vida, e um de seus descendentes tem a promessa de vencer o Maligno.[293]

21 Fez o Senhor Deus vestimenta de peles para Adão e sua mulher e os vestiu. Também Deus agora passa a ver o ser humano como aquilo que ele se tornou, e o aceita mesmo decaído. Ele não os obriga a expor sua nudez, mas veste-os. "As ações de Deus acompanham o ser humano."[294] Pela primeira vez Deus age agora como sustentador do ser humano. O cuidado de Deus, sua defesa e proteção em favor do ser humano começam antes da expulsão do jardim. Os seres humanos tinham se escondido com folhas, mas Deus lhes faz roupas de pele. No entanto, roupas de pele pressupõem a morte de animais. Os primeiros animais foram mortos no jardim do Éden. Precisam entregar sua vida porque Deus tinha determinado que as pessoas recebessem roupas de pele. Deus sustenta o ser humano dando-lhe roupas. No naturismo e nudismo as pessoas recusam essa oferta de Deus. Ao exporem sua nudez, expressam que não querem o cuidado e o sustento de Deus em suas vidas.

7. A nova ação de Deus, 3.22-24

22 Então, disse o Senhor Deus: Eis que o homem se tornou como um de nós, conhecedor do bem e do mal; assim, que não estenda a mão, e tome também da árvore da vida, e coma, e viva eternamente.

23 O Senhor Deus, por isso, o lançou fora do jardim do Éden, a fim de lavrar a terra de que fora tomado.

24 E, expulso o homem, colocou querubins ao oriente do jardim do Éden e o refulgir de uma espada que se revolvia, para guardar o caminho da árvore da vida.

---

291 Bonhoeffer, *Schöpfung*, pg. 110.
292 Gollwitzer, pg. 83.
293 Delitzsch, *Genesis*, pg. 111. O rabino Acha deriva o nome hebraico de Eva, *hawa*, do árabe *hiwya*, serpente, e diz: "A serpente foi sua serpente, e você se tornou a serpente de Adão"; cf. Ehrlich, vol. I, pg. 16. Essa interpretação manteve-se até a exegese judaica recente; cf. Cassuto, *From Adam to Noah*, pg. 170. Ela não corresponde ao sentido do texto, mas carrega uma incriminação adicional da mulher e o respectivo menosprezo.
294 Bonhoeffer, *Schöpfung*, pg. 113.

Adão tinha entendido os castigos de Deus como palavras de juízo e graça. Ele poderia continuar vivendo com sua mulher. Deus não tinha desistido deles, mas lhes anunciou que queria começar uma nova história com eles.

22 Então, disse o Senhor Deus: Eis que o homem se tornou como um de nós, conhecedor do bem e do mal; assim, que não estenda a mão, e 23 tome também da árvore da vida, e coma, e viva eternamente. O Senhor Deus, por isso, o lançou fora do jardim do Éden, a fim de lavrar a terra de que fora tomado. A Palavra de Deus, de *que o homem se tornou como um de nós, conhecedor do bem e do mal*, confirma a promessa da serpente. Homem e mulher tinham perdido o relacionamento de dependência de Deus por causa das suas atitudes arbitrárias. Tinham se recusado a obedecer a Deus e fizeram-se independentes. O princípio da vida humana não era mais a obediência, mas o conhecimento e a vontade autônomos. O ser humano tinha parado de se entender como criatura. Ele tinha se tornado como Deus, isto é, senhor de si mesmo. O ser humano ficou inteligente, mas por isso ele também sabe que sua vida levará à morte, que ele terá que morrer. É nesta situação que a árvore da vida ganha significado decisivo. Como o ser humano é como Deus, ou seja, tem a liberdade e a possibilidade de ser seu próprio Deus, sua maior tentação passa a ser estender a mão para a eternidade. O ser humano humilhado pelo castigo de Deus "anseia interminavelmente pela imortalidade".[295] O ser humano, que não tinha recebido instruções a respeito da árvore da vida no meio do jardim, reconhece o significado dela por conta própria. Mas Deus acaba de uma vez por todas com o acesso a essa árvore. Esse ato de Deus parece brutal e arbitrário. Mas, na verdade, trata-se de um ato de proteção da parte de Deus. Para o ser humano, a maior tortura seria tornar-se imortal no estado em que ficara depois de afastar-se de Deus. O ser humano não suportaria uma vida eterna sob a condenação de Deus. "Por isso a sede de vida por parte de Adão é tão perversa."[296]

A expulsão do jardim do Éden é um ato de graça de Deus. Ele dá ao ser humano o mundo fora do jardim. É nele e para ele que o ser humano deve viver agora. Ele precisa ser terminantemente impedido de comer do fruto da árvore da vida, por isso o acesso à árvore precisa ser protegido.

24 E, expulso o homem, colocou querubins ao oriente do jardim do Éden e o refulgir de uma espada que se revolvia, para guardar o caminho da árvore da vida. Agora os frutos da árvore da vida estão fora do alcance do ser humano, pois estão vigiados por querubins e pela espada flamejante.

No Antigo Testamento, os querubins têm quatro tarefas. São os vigias diante do jardim do Éden[a]. Como carregadores de Javé em suas grandes aparições, podem ser aproveitados junto com o vento e as nuvens[b]. Com asas abertas, os querubins vigiam a Arca da Aliança[c] e também estão reproduzidos nas paredes do templo[d]. Além disso, os querubins carregavam o trono de Javé[e]. Sua figura é descrita de várias formas: na Arca da Aliança são seres alados parecidos com homens; o profeta Ezequiel os descreve como figuras com partes de homem, leão, touro e águia, enquanto o Novo Testamento os descreve como seres celestiais com rostos de homem, touro,

a Ez 28.14,16
b Sl 18.11
c Êx 25.18;
  1Sm 4.4;
  2Sm 6.2;
  2Cr 3.10ss
d 1Rs 6.29
e Ez 9.3;
  10.1-22;
  Sl 80.1

---

295 von Rad, *Mose*, pg. 79.
296 Bonhoeffer, *Schöpfung*, pg. 117.

leão e águia[f]. No caso do querubim diante do jardim do Éden, nada se diz sobre sua aparência. São mensageiros do Reino de Deus e enviados por ele. Sua tarefa pode ser depreendida do nome querubim, que vem de *karab*, "intermediar".[297]

[f] Ap 4.7

Os querubins tinham que intermediar entre Deus e os seres humanos. A intermediação da qual o querubim diante do jardim do Éden tinha sido encarregado estava na definição exata do novo limite entre Deus e os seres humanos. Os querubins vigiavam o limite, protegendo o ser humano de uma transgressão adicional, com consequências imprevisíveis. Ao lado desses intermediadores, que deveriam proteger os seres humanos da tragédia máxima, Deus colocou também a "espada refulgente que se revolvia". Não está escrito que os querubins estivessem segurando essa espada, que também pode ser traduzida por "raio". É perfeitamente possível que cada um dos querubins tivesse na mão uma dessas "lanças-raio"[g], mas também é possível que a espada refulgente de Deus atuasse como força executora independente de Deus ao lado dos querubins[h]. Seja como for, a "refulgente espada que se revolvia" expressa que mesmo a menor tentativa do ser humano de se aproximar da árvore da vida significaria sua aniquilação definitiva. Com isso, terminara para o ser humano o tempo em que podia encontrar seu Deus face a face, no jardim do Éden. O ser humano fora expulso para o mundo. Mas Deus não o abandonara definitivamente.

[g] Nm 22.23
[h] Is 34.5; Jr 46.10; Sf 2.12; Na 3.3

❖

EXCURSO I: O velho e o novo Adão.
Atalho para a morte e porta para a vida

1) Cristo, o antítipo de Adão

Depois da experiência diante de Damasco, até a atitude do fariseu Saulo de Tarso mudou em relação às Sagradas Escrituras de seu povo. Estas Escrituras, que até então tinham sido seu único compromisso, são chamadas pela primeira vez de "Antigo Testamento"[a]. Agora, estas Escrituras não são mais lei para ele, mas "testemunho da história de salvação que culmina em Cristo".[298] O judeu não entendia o caráter passageiro do sentido de "Antigo Testamento". O verdadeiro significado só se revela àquele que se volta "ao Senhor", isto é, a Cristo e ao seu Espírito[b]. Para os cristãos, Jesus deu início à nova aliança. Para eles, o Antigo Testamento tem caráter tipológico: *Estas coisas lhes sobrevieram como exemplos (typikos!) e foram escritas para advertência nossa, de nós outros sobre quem os fins dos séculos têm chegado* (1Co 10.11; cf. Rm 4.23s). Desde Paulo, os cristãos entendem o Antigo Testamento de forma "tipológica", isto é, interpretam-no a partir do cumprimento da salvação em Jesus Cristo, para a qual aponta o testemunho do Antigo Testamento.

[a] 2Co 3.14
[b] 2Co 3.16

O termo *typos*, introduzido por Paulo, significa literalmente "forma oca", referindo-se a uma "impressão" causada por uma pancada ou por pressão. Esta "forma oca" pode originar um molde ou figura, como uma

---

297 Westermann, *Genesis* I/1, pg. 373.
298 Goppelt, pg. 153.

moeda (no processo de cunhagem) ou uma estátua (na fundição).²⁹⁹ Decorre que o significado tipológico é: um *typos*, uma "forma oca", é usado para produzir um *antitypos*, uma cópia.

A interpretação tem dois pré-requisitos indispensáveis:

1. O *"typos"* precisa ser um fato histórico – uma pessoa, uma ação, um acontecimento ou uma instituição, alguém que realmente tenha vivido nesse mundo ou algo que tenha acontecido aqui. A historicidade do relato é a base da tipologia.
2. O *"antitypos"* é maior e mais perfeito que o *"typos"*, o exemplo. Entre tipo e antítipo há um incremento.³⁰⁰

Quando Paulo diz que Adão é o *"typos"* de um Adão futuro (Rm 5.14), assim chamando Cristo de "antitypos" de Adão (Rm 5.12-21), isso significa duas coisas:

1. Adão, o primeiro ser humano, realmente viveu. A história de Deus com a humanidade começou com ele. O fato de Adão ser um *typos* significa: há algum conteúdo profético oculto nele. "O próprio Adão é a promessa do Cristo".³⁰¹
2. Cristo é o antítipo de Adão. Ou seja: a verdadeira imagem de Cristo pode ser reconhecida na correspondência tipológica intensificada. Em termos figurados, isso significa: ação e efeito de Adão e de Cristo estão um para o outro como negativo e positivo, como a forma e a estátua fundida.³⁰² A graça que veio por intermédio de Cristo tem poder muito maior do que a transgressão que age desde Adão^c. O fato de Cristo ser o antítipo de Adão significa: "Assim como a forma determina o formato da figura, o poder de Adão sobre a humanidade produziu o envio de Cristo e da sua obra, tanto sua morte quanto sua ressurreição".³⁰³

c Rm 5.15,17

2) Homem e Filho do Homem

A declaração de que "Cristo é o antítipo de Adão, um segundo Adão, ao mesmo tempo novo" não é um jogo mental da teologia paulina, mas o resumo do conceito que o próprio Jesus tinha de si, conforme relatado pelos Evangelhos.

Jesus descreve a si mesmo como o "Filho do Homem". O termo "Filho do Homem" aparece mais de oitenta vezes nos Evangelhos. O grego profano não conhecia o título de "Filho do Homem". Trata-se da tradução literal da expressão aramaica *bar 'änascha*, usada no dia a dia para "o ser humano" ou "um ser humano". O termo "Filho do Homem" tornou-se título messiânico pela visão de Daniel, registrada e interpretada nos livros apocalípticos judeus, no Primeiro Livro de Enoque, nos Oráculos Sibilinos e no 4º Livro de Esdras. Daniel vê quatro grandes animais saindo do mar, simbolizando quatro reinos (Dn 7.1-8). Depois da morte do quarto animal, especialmente terrível (v.11), surge "um como o Filho do

---

299 Ibid, pg. 5, nota 3.
300 Goppelt, pg. 18s.
301 Schlatter, pg. 184,189.
302 Goppelt, pg. 155.
303 Schlatter, pg. 189.

Homem" nas nuvens, a quem é dado domínio, glória e reino. O reino do "Filho do Homem" é um reino eterno, que nunca será destruído (Dn 7.13s).

Em vista do Novo Testamento, é especialmente digno de nota na interpretação judaica do texto sobre o Filho do Homem que já o Primeiro Livro de Enoque, escrito no século 1 antes de Cristo, transfira os atributos do Servo do Deus, de Isaías 49-53, ao "Filho do Homem". Também a literatura rabínica mais tarde equipara o "Filho do Homem" de Dn 7.13 ao Messias.[304]

O título de "Filho do Homem" não é explicado em lugar algum dos Evangelhos, pois todos pressupõem que ele seja conhecido. O termo, que na linguagem do dia a dia é traduzido simplesmente por "o ser humano", é, desde a visão de Daniel, um *terminus gloriae*, um título honorífico para glória, majestade e honra.

Na boca de Jesus, "Filho do Homem" significa o mesmo que Messias; não o Messias esperado, p.ex., pelos essênios, um herói guerreiro que libertaria o povo do jugo do império romano, mas o Messias esperado pelos pequenos grupos palestinos, aquele que seria "a luz das nações" (Primeiro Livro de Enoque 48.4) e que traria cura para o mundo inteiro (cf. Mt 10.23).[305]

Jesus é mais que Adão. Como "Filho do Homem", Jesus não é apenas representante da humanidade, mas o Redentor sofredor e o Consumador que voltará. Ele é o Messias! O "Filho do Homem" Jesus é o antítipo do homem Adão. Essa ligação clara entre Adão e Jesus é estabelecida por Lucas, que registra a genealogia de Jesus para além de Abraão, chegando até Adão[d]. Mas, a fim de imediatamente demonstrar a singularidade de Jesus, Lucas salta da genealogia de Jesus diretamente para o relato da sua tentação por Satanás[e]. Entre a genealogia de Jesus e a história da tentação estão as palavras *Adão, filho de Deus*. Ele era ser humano de Deus[f]. Mas este primeiro ser humano se afastara de Deus[g]. Começa a história do pecado. Mas Jesus manteve o relacionamento íntegro, saudável e direto com Deus. Ao manter o que Adão deveria ser, ele se mostra como o ser humano de Deus por excelência. Assim a redenção começa com Jesus[h]. "Para que, por sua morte [a morte do Autor da salvação (Hb 2.10)], livrasse todos os que estavam sujeitos à escravidão do pecado e da morte" (cf. Hb 2.14ss).[306]

d Lc 3.23-38
e Lc 4.1-13
f Lc 3.38
g Gn 3
h Rm 5.18; Hb 2.17s; 1.15

3) A IMAGEM DE DEUS E A IMAGEM DE JESUS CRISTO

A imagem e semelhança de Deus dada a Adão pode ser resumida em três declarações:

1. O ser humano pertence a Deus. Deus quer o ser humano em sua presença singular.
2. Por meio da dádiva da imagem e da semelhança, o ser humano tornou-se interlocutor de Deus. O ser humano pode ouvir Deus e falar com ele.

---

304 Sobre as passagens comprobatórias do Apocalipse judaico, cf. Jeremias, pg. 255-259. O material rabínico está reunido em Strack/Billerbeck, I, pg. 486 e 956s.
305 Jeremias, pg. 259-263.
306 Goppelt, pg. 117.

3. Deus transformou o homem em seu parceiro de aliança. Assegura sua fidelidade ao ser humano e espera que ele também seja fiel.

No Antigo Testamento não há passagem alguma que justifique a suposição de que a semelhança descrita tenha se perdido em algum momento.[i] É verdade que o ser humano não manteve a fidelidade que se esperava dele. Mas Deus permaneceu fiel. Ele não interrompeu a história com os seres humanos.

Por isso, as passagens neotestamentárias que falam de Cristo como a imagem de Deus[k] são "uma continuação necessária"[307] da afirmação da imagem e semelhança de Deus em Adão. Também a imagem de Jesus, segundo a qual são formados todos aqueles que foram escolhidos por Deus, é superior e diferente da imagem e semelhança de Deus no primeiro ser humano. Adão recebeu a dádiva de "como ser humano criado carregar em si a imagem do Deus não criado".[308] Adão desprezou esta graça e escolheu suas próprias ações. Ele queria outro tipo de semelhança com Deus. Ele queria ser igual a Deus do seu próprio jeito. Deus não lhe tirou a dádiva da imagem e semelhança. Mas Adão não fez jus à dádiva de Deus de viver como filho deste, na sua presença, falando com ele e sendo fiel a ele. Por isso, Deus escolheu outro caminho. Apesar da infidelidade do ser humano, Deus não desistiu dele. Quando os novos mandamentos dados por Deus só fizeram aumentar o pecado[l], este pecado aumentado até sua medida máxima produziu a graça ainda mais poderosa de Deus[m]. Deus tornou-se ser humano. O próprio Deus assumiu imagem e semelhança de ser humano. Jesus Cristo, Filho de Deus, imagem divina ao lado do Pai, abriu mão da sua divindade e veio, em forma de servo, para morar entre os seres humanos[n]. Essa nova imagem de Deus, a imagem de Jesus Cristo, tem duas formas de manifestação. É a imagem do sofrimento e a da glória. A imagem e semelhança de Deus na terra agora é tanto a imagem de Jesus Cristo na cruz quanto a do Senhor ressurreto, transfigurado e retornante. Para os discípulos de Jesus agora há uma nova imagem e semelhança de Deus. Trata-se da vida pela imagem de Jesus Cristo. Esta, segundo a qual o discípulo é moldado, é uma imagem na semelhança da morte de Cristo[o].

Também a vida do cristão é uma vida crucificada[p]. O sofrimento faz parte da imagem de Jesus. Aquele que tem a mesma imagem de Jesus vê seu sofrimento, qualquer que seja, em uma profunda ligação com o sofrimento de Jesus. Jesus concede aos seus discípulos a honra de sofrer com ele[q]. "Por meio da vergonha pública, no sofrimento e na morte em nome de Cristo, este adquire imagem visível na igreja".[309] Quem partilhar da comunhão no sofrimento de Jesus e estiver disposto a viver em sofrimento e cruz segundo a imagem da dor de Cristo também se tornará igual ao Ressurreto e Transfigurado. *Devemos trazer também a imagem do celestial* (1Co 15.49). *Seremos semelhantes a ele, porque haveremos de vê-lo como ele é* (1Jo 3.2). "Cristo não descansa de seu trabalho em nós até que tenha nos levado à imagem de Cristo! Deveremos nos tornar iguais à figura completa do Encarnado, Crucificado e Transfigurado".[310]

---

307 Koch, GPM, pg. 200.
308 Bonhoeffer, *Nachfolge*, pg. 275.
309 Ibid, pg. 280.
310 Ibid, pg. 279.

i Gn 5.1; 9.6; Sl 8

k 2Co 4.4; Cl 1.15

l Rm 7.7ss

m Rm 5.20

n Fp 2.5ss

o Fp 3.10; Rm 6.4s

p Gl 2.19

q 2Tm 2.3; Cl 1.24

4) A PORTA PARA A MORTE E A PORTA PARA A VIDA

Adão, o primeiro ser humano, carregava a humanidade inteira dentro de si, individualmente. Quando ele se afastou de Deus, a humanidade inteira se afastou. *Porque... pela desobediência de um só homem, muitos se tornaram pecadores* (Rm 5.19). Jesus, o "segundo", mas também "último" Adão[r], é o novo ser humano. Também ele carrega toda a humanidade em seu corpo, a saber, a nova. A humanidade nova foi criada por intermédio de Jesus Cristo. Adão tornou-se atalho para a morte. Em nome de todas as pessoas, ele abriu a porta para a entrada da morte. Jesus, o Filho do homem: "Um ser humano, o Filho de Deus Jesus Cristo, é a porta para a vida".[311] Adão, criatura de Deus, destruiu a criação. Sua ação é incompreensível e indesculpável. Mas é definitiva e incancelável também a partir da perspectiva humana. O mais trágico é que essa ação do ser humano, criado por Deus como homem e mulher, tornou-se uma ação da humanidade da qual ninguém mais pode escapar. Esta ação "é a rebelião, é a atitude em que a criatura abandona a posição que estava ao seu alcance somente; é a criatura alçando-se a criador, a destruição da criação, o afastamento, a queda para fora do sustento oferecido pela criação, a queda para dentro de um abismo sem fim, o abandono, um afastamento contínuo e cada vez mais profundo".[312] Desde esse momento, cada ser humano individualmente tem uma relação com Adão. Todos morrerão em Adão[s].

[r] 1Co 15.45, 47

[s] 1Co 15.22

A ligação de Adão com todas as pessoas depois dele, à qual Paulo se refere repetidamente, é descrita da seguinte forma em um livro apocalíptico escrito por judeus palestinos nos anos 96 a 98, em um dos assim chamados pseudoepígrafos:

"Ah, Adão, o que tu fizeste!
Quando pecaste,
tua queda não caiu somente sobre ti,
mas também sobre nós, teus descendentes"
(4 Esdras 7.118).

Seguindo a tipologia paulina de Adão e Cristo e toda a exegese judaica tardia de Gênesis 3, Agostinho declarou que o pecado como histórico-genético. Com a queda, o ser humano desceu a um nível de existência inferior, é degradado. A partir daqui falta apenas um pequeno passo para a clássica doutrina do pecado hereditário, o dogma da pecaminosidade ontológica do ser humano. De acordo com esse dogma, a "existência humana inferior" é transferida como "herança", sendo que a essência do pecado hereditário é buscado na sexualidade. Um dogma desse tipo desconhece tanto o Antigo quanto o Novo Testamento. O ser humano não é pecador porque a sexualidade lhe trouxe como herança também uma forma de existência inferior, mas porque ele é pecador de forma muito mais ampla e abrangente. Cada ser humano é pecador conforme Adão, por estar ligado a Adão em sua humanidade. O pecado proveniente de Adão possui universalidade e totalidade. "Adão é o sinal e o título da minha vida".[313]

---

311 Pakozely, pg. 103.
312 Bonhoeffer, *Schöpfung*, pg. 96 e 97.
313 Gollwitzer, pg. 80.

Como cada ser humano só pode ser visto nessa comunhão pessoal íntima com Adão, é melhor falar de "pecado pessoal", em vez de "pecado hereditário".³¹⁴ "Quando o espírito individual se levanta contra Deus no pecado, alcançando assim a maior individualidade intelectual possível – por causa da qualidade absolutamente pessoal e não provocado da ação antidivina –, ele comete, assim, o ato que, ao mesmo tempo, é ato da humanidade... em sua pessoa".³¹⁵ Por causa da existência dessa comunhão pessoal com o primeiro Adão, todas as pessoas são pecadoras, indivíduos sem Deus e inimigos^t. Mas, por meio de Cristo, o "segundo", "novo" e "último" Adão, as pessoas entram na comunhão com Cristo, deixando de ser pecadoras para serem santas^u. São "santificadas" em Cristo (1Co 1.2), feitas "santas e irrepreensíveis" (Ef 1.4), "inculpáveis e irrepreensíveis" (Cl 1.22). No entanto, essa santidade concedida ao ser humano por meio de Jesus Cristo, o antítipo de Adão, não é uma santidade ontológica, assim como não era ontológico o pecado transmitido por Adão. Santos são somente Deus^v e Jesus, o Filho do homem, o "Santo de Deus"^{w}. As pessoas não são nem se tornam santas em si mesmas, mas são santificadas por amor de Cristo. A santidade do ser humano é algo estranho à humanidade. É santidade de Deus, justificação de Deus. Deus não imputa o pecado ao ser humano, mas vê na pessoa aquele que foi justificado pela morte de Jesus na cruz. Assim sendo, o ser humano não é santo, mas alguém santificado em Jesus Cristo. Não são santos no mesmo sentido que Deus, mas santificados, isto é, santos por amor de Cristo. Como santos por amor de Cristo, estamos em uma comunhão pessoal com Jesus Cristo. Devemos agora viver nessa comunhão. Devemos assumir aquilo em que Cristo nos transformou. A santidade do ser humano por amor de Cristo não é uma condição a ser "transmitida como herança" para outras gerações, mas cada indivíduo precisa assumir esse entendimento de forma pessoal^x e agir de acordo com essa sua decisão de morrer para o pecado e viver em Jesus Cristo^y. Para o ser humano justificado e santificado por Cristo, começa uma nova vida de santidade, na qual o ser humano, conscientemente, quer ser aquilo em que Cristo, o novo Adão, o transformou. Essa nova vida é totalmente determinada pela vida a partir e em favor de Cristo.

t Rm 5.8,19; Gl 2.15,17
u 1Co 14.33; Rm 1.7
v Lv 19.2; 21.8; Ap 3.7; 4.8; 15.4
w Mc 1.24; Lc 4.34
x Rm 6.3; 1Co 3.16; 6.19
y Rm 6.11

a. A nova vida começa com vestir "roupas novas"

Enquanto, no jardim do Éden, Deus veste as pessoas, o Novo Testamento diz: *revesti-vos do Senhor Jesus Cristo* (Rm 13.14; Ef 4.24; Cl 3.10). Essa imagem radical, que vai muito além de qualquer capacidade de entendimento, expressa: o ser humano não é coberto com folhas nem com peles, mas sua roupa é Jesus, o Filho de Deus. O ser humano está diante de Deus como alguém envolto e revestido da justiça e da santidade de seu Filho. "A Bíblia literalmente contém uma teologia da vestimenta".³¹⁶ O ser humano aceito pela graça é vestido, assim como o filho pródigo foi vestido pelo seu pai (Lc 15.22). Os hóspedes do banquete nupcial usam roupas de festa da câmara real (Mt 22.11). Os salvos usam roupas brancas (Ap 3.18). Eles *lavaram suas vestiduras e as alvejaram no sangue do Cordeiro* (Ap 7.14).

---

314 Weber, *Dogmatik*, pg. 670 ff.
315 Bonhoeffer, *Sanctorum Communio*, pg. 75s.
316 Trillhaas, pg. 63.

b. A nova vida fundamenta um novo relacionamento entre homem e mulher

Quando a criação foi destruída, igualdade de importância e de valor deram lugar a despotismo e submissão. O castigo de Deus ordenou que o homem "governasse" sobre a mulher (Gn 3.16). Desde Jesus, o antítipo de Adão, a mulher voltou a assumir uma posição diferente, pois assim como o homem tem poder sobre ela, ela também tem poder sobre ele (1Co 7.3-5). Nenhum dos dois pertence a si mesmo, pois um pertence ao outro. Sua igualdade de posição está fundamentada no fato de que ambos pertencem a Cristo. Ele comprou a ambos "por preço" (1Co 6.20). Por isso, a palavra de que *o marido é o cabeça da mulher* (Ef 5.23) não pode ser interpretada no mesmo sentido da destruição da criação, mas recebe seu sentido da instrução que vem imediatamente antes dela: *sujeitando-vos uns aos outros no temor de Cristo* (Ef 5.21). Portanto, não se trata de um domínio unilateral do homem, mas de uma relação bilateral, de serviço mútuo. Homem e mulher têm uma coisa em comum: estão ambos sob o único Senhor que deve ser temido, Jesus Cristo. Quando a palavra logo a seguir diz que o marido é o cabeça da mulher, isso é complementado por: *como também Cristo é o cabeça da igreja* (Ef 5.23). Não se trata, portanto, de um chefe ou líder, mas de um relacionamento comparável ao que há entre Cristo e a igreja. O ponto de comparação não pode ser o significado salvífico que Cristo tem para a igreja, mas a submissão exemplar do homem no discipulado de Jesus, que, por sua vez, também leva a mulher à obediência. Assim como no Antigo Testamento o pai da família detinha funções sacerdotais, agora o marido neotestamentário conduz os seus no caminho como seguidores de Jesus. Aqui a mulher, que junto com o marido está debaixo do temor de Cristo, deve obedecer ao homem. O homem, por sua vez, responde às reações da mulher com amor sustentador (Ef 5.25ss). O relacionamento da criação destruído pelo pecado é restabelecido, pois tanto o homem quanto a mulher estão igualmente sujeitos a Cristo. Ambos foram igualmente agraciados. "A posição do homem como *cabeça* não representa um privilégio dominador, mas é apenas uma prerrogativa dentro de um relacionamento interpessoal marcado pelo amor e pela disposição ao serviço".[317]

c. Ameaça pela culpa

O ser humano justificado e santificado por Jesus Cristo não fica para sempre livre do pecado. O próprio Jesus cita uma série de pensamentos maus que repetidamente irrompem no coração humano e tentam reavivar o pecado do primeiro Adão na pessoa, como *a prostituição, os furtos, os homicídios, os adultérios, a avareza, as malícias, o dolo, a lascívia, a inveja, a blasfêmia, a soberba, a loucura* (Mc 7.21s). A Palavra de Deus é pano de fundo e motivação para os muitos catálogos de pecados das cartas neotestamentárias[a]. Em quase todas as listas de pecados, a prostituição é citada em primeiro lugar como um pecado incompatível com a vida nova do cristão. Muitas vezes, segue-se o pecado da cobiça, depois os pecados contra o amor fraternal e, finalmente, o pecado da luxúria. A prostituição é, em primeiro lugar, pecado contra Deus, o Criador (1Co 10.8), mas para o cristão é, de forma especial,

a 1Co 5.10s; 6.9ss; Ef 4.19; 5.3,5; Cl 3.5,8; Gl 5.19ss; 1Ts 4.4ss

---
317 Thielicke, *Ethik*, vol. III, 1813.

também pecado contra o corpo de Cristo, pois o corpo do cristão pertence somente a Cristo e é membro de Cristo. A comunhão física com a prostituta elimina a comunhão espiritual com Cristo[b]. Juntas, a avareza e a prostituição representam a insaciabilidade do desejo. Como a fonte do desejo ainda jorra inveja, homicídios e cobiça, é impossível que aquele que se prostitui e é avarento conheça o amor fraternal. O desrespeito ao próprio corpo e ao corpo do irmão é seguido por uma luxúria ímpia que se esbalda em glutonaria e bebedice. "Para a igreja, este mundo de pecados é passado. Ela separou-se daqueles que vivem nesses pecados, e precisa separar-se deles constantemente".[318] Os pecados citados reavivam o pecado de Adão. São obras produzidas por mãos humanas, "obras da carne". Aqueles que pertencem a Cristo *crucificaram a carne, com as suas paixões e concupiscências* (Gl 5.24). Eles ainda vivem na "carne", mas como toda a sua vida é fé no Filho de Deus, que começou a viver neles (Gl 2.20), os justificados e santificados começam a manifestar o *fruto do Espírito* (Gl 5.22ss; Ef 5.9). Assim como uma árvore produz frutos de forma inconsciente, os "santificados" produzem o fruto do Espírito como uma dádiva gerada pelo Espírito. O justificado "conhece apenas a força daquele, em quem ele vive. Nisto não há glória, mas união cada vez mais íntima com a origem, com Cristo. Os santos não têm consciência do fruto da santificação que produzem".[319]

O ser humano justificado em Cristo ainda é ameaçado pelo poder do pecado e da morte que vêm de Adão, mas a sua relação com Cristo lhe possibilita uma nova vida em uma nova ordem. "Revestir-se de Cristo" equivale a "estar em Cristo" (Gl 3.27s). Mas quem "está em Cristo" é uma "nova criatura", um ser novo (2Co 5.17; Gl 6.15). Para ele, não existe um antigo "estado original" restabelecido, mas começou uma nova vida, que vai muito além da morte terrena e dura eternamente. Assim, vale para o novo ser humano: *O viver é Cristo, e o morrer é lucro* (Fp 1.21).

❖

III. CAIM E ABEL, 4.1-26

INTRODUÇÃO: Dois irmãos diferentes, 4.1s

1 **Coabitou o homem com Eva, sua mulher. Esta concebeu e deu à luz a Caim; então, disse: Adquiri um varão com o auxílio do Senhor.**

2 **Depois, deu à luz a Abel, seu irmão. Abel foi pastor de ovelhas, e Caim, lavrador.**

O afastamento de Deus é seguido pelo rompimento entre os irmãos; o pecado entre ser humano e Deus transforma-se em pecado entre dois seres humanos. Um homicídio acontece entre os dois irmãos muito desiguais, Caim e Abel. O assassinato é "pecado social".[320]

Mas, para Deus, a vida humana permanece sendo santa e intocável; para Deus, o assassinato é um pecado para o qual não há desculpas.

---

318 Bonhoeffer, *Nachfolge*, pg. 259.
319 Ibid, pg. 260.
320 Iwand, pg. 410.

Deus chama o assassino à responsabilidade. A história dos dois irmãos tão diferentes também deixa claro que nenhuma culpa permanece oculta aos olhos de Deus.[321]

Coabitou o homem com Eva, sua mulher. Esta concebeu e deu à luz a Caim. 1 O homem conheceu sua mulher. A expressão conhecer, *jada^e*, abrange a percepção, o sentimento e o conhecimento daquilo que separa e une homem e mulher.[322] No Antigo Testamento, "conhecer" também é o termo técnico para "relacionamento sexual"[a], excluindo, no entanto, o primeiro ato sexual[b]. O Antigo Testamento chama a primeira união sexual entre duas pessoas de "entrar a"[323], *bo' el*.[324] Como *jada^e* abrange a dedicação do ser humano completo, por parte dos dois que se tornam uma só carne, o termo *jada^e* só é usado para o ser humano, nunca para animais.

a Gn 19.5,8; 24.16; 38.26

b Gn 38.26; 1Sm 1.19

"Aquilo que para o animal é um processo natural e puramente sensorial, para o ser humano é um ato livre, decente, responsável e, caso ele não tenha se rebaixado à condição animal, sustentado pelo amor, que se eleva ao sobrenatural e a partir dele é santificado".[325]

O fato de a primeira menção à comunhão sexual do primeiro casal só ser feita depois de sua expulsão do paraíso não indica que eles não tenham tido relações sexuais no paraíso – o que é reforçado pelo fato de *jada^e* não descrever o primeiro contato sexual entre duas pessoas. Quem afirma ou defende isso está influenciado pela doutrina do pecado que surgiu na igreja primitiva, que atribuía caráter "pecaminoso" a qualquer relacionamento sexual. A tradução exata do texto original não é: "E Adão conheceu sua esposa" – ou seja, não há aqui uma conjugação do tipo imperfeito consecutivo, a única que justificaria a suposição de que o "conhecer" só teria acontecido depois da expulsão do paraíso. Assim, tem razão a exegese judaica que, reportando-se à tradução literal "Adão tinha conhecido Eva", afirma que o ser humano tinha comunhão sexual muito tempo "antes de pecar e ser expulso do jardim".[326] Esta interpretação corresponde à bênção de Deus no quinto dia da criação: *Sede fecundos e multiplicai-vos* (Gn 1.28).

O texto nada diz sobre a gestação de Eva, sobre as dores que ela teria sentido no parto, já que estava fora do paraíso. Mas enfatiza de forma surpreendente o papel da mulher. Eva engravida, dá à luz um filho e dá nome à criança.[327]

No Antigo Testamento, o nome Caim aparece como nome próprio, como designação da tribo dos queneus e como nome de lugar[c]. Nas escrituras posteriores do Antigo Testamento, Caim torna-se tipo do mal, do "injusto"[d], e no Novo Testamento é tratado como "assassino do inocente"[e].

A raiz do nome Caim em árabe significa "modelar, formar, constituir". Caim é aquele que cria e dá formas, ele é o que trabalha com as

c Gn 4.22; 5.9-14; Nm 24.22; Jz 4.11; Js 15.57; 1Sm 15.6

d Sabedoria 10.3

e Mt 23.35; 1Jo 3.12; Jd 11

---

321 Cassuto, *From Adam to Noah*, pg. 184.
322 Procksch, pg. 45.
323 As versões bíblicas em português usam, em geral, "coabitar" ou "conhecer". O sentido do texto no original em alemão, no entanto, é diferente: "entrar a", no sentido de "entrar na casa de alguém" ou "na sua intimidade". (N.T.)
324 Ehrlich, vol. I, pg. 17,18,30.
325 Delitzsch, *Genesis*, pg. 116.
326 Raschi, pg. 12.
327 Westermann, *Genesis* I/1, pg. 393.

mãos. Somente em seu segundo significado Caim é o "ferreiro" ou "o que trabalha com metal" (cf. 2Sm 21.16). Originalmente, Caim significa apenas "o ser humano criado", a criatura que é "ser humano criador"![328]

Adão e Eva não estão mais sozinhos no mundo. A dupla de homem e mulher torna-se trio de homem, mulher e criança. Assim como Adão se rejubila ao ver Eva (Gn 2.23), assim Eva louva imediatamente depois do nascimento de seu filho. Ela explica com suas próprias palavras o presente recebido por intermédio deste primeiro filho: **Adquiri um varão com o auxílio do Senhor.**[329]

Essas "boas-vindas jubilosas" dirigidas ao seu primogênito estão entre as frases misteriosas do Antigo Testamento, das quais é impossível determinar com segurança o real significado. São obscuras a explicação de "criar", *kanah*, a escolha do termo "varão" para um recém-nascido, e, acima de tudo, a declaração de que tivesse produzido Javé, o Redentor.

A palavra "criar" mantém seu sentido literal apenas entre os exegetas judeus. Eles atribuem a Eva a frase: "Quando ele criou a mim e ao meu marido, criou-nos sozinho, mas agora nós participamos disso".[330] Agora as pessoas passaram a ser parceiras de Deus na obra da criação.[331]

f Êx 2.6

No Antigo Testamento, o termo *'isch*, "homem" nunca é usado para uma criança. Mesmo aos três meses, Moisés é chamado de "menino"[f]. Por isso, supunha-se que o brado de Eva, "criei um homem", queria dizer "reconquistei meu marido".[332] Nenhum exegeta moderno acompanhou essa interpretação. Von Rad contenta-se em constatar: "É impossível esclarecer esta passagem",[333] enquanto Westermann pensa que Eva está feliz porque seu filho recém-nascido um dia será um homem.[334]

A expressão "criei Javé (o Redentor)" deixa os exegetas desorientados. É impossível determinar com segurança o significado definitivo desta frase. A maioria dos comentaristas decide incluir a partícula *et*, o sinal do acusativo, como preposição de significado "com". Em nenhum outro trecho do Antigo Testamento *et* aparece em conjunto com o nome de Deus no sentido de "com ajuda de".[335] Como não podemos interferir aleatoriamente no texto, alterando as palavras a nosso bel prazer[336], também se elimina a sugestão de Westermanns, que em vez de *et* lê *k^e*, traduzindo: *"Novamente dei Senhor a vida a um homem"*.[337] Ainda que não seja possível explicar definitivamente um texto, o melhor é manter a redação original e completa. ***Eva diz: "Criei um varão, Javé".*** Se devolvermos esta palavra à situação original, vemos que foi dita nas seguintes circunstâncias:

---

328 Cassuto, *From Adam to Noah*, pg. 197 e 198.
329 Tradução literal do alemão (versão do comentarista): "Criei um varão, Javé". O comentário a seguir baseia-se na versão do comentarista, que considera a redação dada no português como uma "opção" de interpretação, mas sem certeza sobre seu significado real. (N.T.)
330 Raschi, pg. 12.
331 Meir-Zlotowitz, pg. 142; cf. Cassuto, *From Adam to Noah*, pg. 202.
332 Ehrlich, vol. I, pg. 18.
333 von Rad, *Mose*, pg. 84.
334 Westermann, *Genesis* I/1, pg. 396.
335 Ibid, pg. 396.
336 Cf. sobre esta discussão König, pg. 278-280.
337 Westermann, *Genesis* I/1, pg. 397.

1. As pessoas tinham sido expulsas do paraíso. Mas o local da antiga comunhão com Deus ainda existia, assim como a árvore no meio do jardim. A esperança da reconquista do paraíso ainda não tinha sido aniquilada.[338]
2. Eva, a "mãe de todos os seres humanos", ainda se lembra da promessa de Deus em sua palavra à serpente: *Porei inimizade entre ti e a mulher, entre a tua descendência e o seu descendente. Este te ferirá a cabeça, e tu lhe ferirás o calcanhar* (Gn 3.15). Em seu primogênito, Eva vê a semente que pisará a cabeça da serpente, e cumprimenta-o como o Redentor, como Javé.[339]
3. Eva dá a Caim o nome divino, Javé. Sempre que Deus é chamado de Javé, isso enfatiza sua ação redentora. A expectativa de Eva vê em Caim aquele que vencerá o sedutor: "Eva pensou que ele seria algo maior, a saber, o homem que pisaria a cabeça da serpente. Por isso, ela também não o chama simplesmente de homem, mas de homem do Senhor, aquele a quem o Senhor se referira ao dizer: teu descendente pisará a cabeça da serpente... Eva age corretamente por agarrar-se e colar-se à promessa divina e à fé na salvação que virá pelo seu descendente".[340]

A "mãe de todos os seres humanos", isto é, a mãe da humanidade destinada a continuar vivendo apesar da morte do indivíduo, viu o cumprimento da promessa de Deus por salvação já no milagre do primeiro nascimento. Mas o cumprimento do espanto e da alegria pelo nascimento de Caim ainda demoraria muito tempo. Caim, seu primogênito, tornou-se assassino de seu irmão. Jesus, nascido da virgem Maria, era o Redentor esperado desde o princípio.

Depois, deu à luz a Abel, seu irmão. Abel foi pastor de ovelhas, e Caim, lavrador. Como não se cita outra relação sexual nem outra gestação, levantou-se a suposição de que Caim e Abel tenham sido gêmeos. Além de Martinho Lutero, também João Calvino acredita que Caim e Abel sejam irmãos gêmeos, pelo fato de o texto ter uma referência "conhecer" e duas a "dar à luz".[341] A exegese judaica não toma uma posição definitiva em favor dessa interpretação, mas para os estudiosos judeus é certo que, seja como for, Caim nasceu com uma irmã gêmea e Abel, com duas irmãs.[342] A suposição de que Eva tenha dado à luz várias crianças de cada vez apoia-se na interpretação literal da formulação "e ela continuou dando à luz".[343] Além disso, o crescimento da humanidade pode ser mais facilmente explicado pelo fato de Eva ter dado à luz gêmeos, trigêmeos ou até mesmo quíntuplos.[344]

Em comparação com o nascimento de Caim, o nascimento de Abel foi muito diferente, e foi acompanhado de expectativas muito diferentes. Não há boas-vindas, nem explicação para o nome. O Antigo Testamento não tem mais nenhuma outra ocorrência do nome Abel. Somente o livro

---

338 Delitzsch, *Genesis*, pg. 116.
339 Cf. Bic, pg. 239.
340 Lutero, *Moses*, pg. 89s.
341 Ibid, pg. 91; Calvin, pg. 67.
342 Raschi, pg. 12.
343 Meir-Zlotowitz, pg. 143.
344 bin Gorion, M. J., vol. I, pg. 135ss.

g Sabedoria 10.3; Mt 23.35; Hb 11.4; 12.24; 1Jo 3.12	da Sabedoria e o Novo Testamento voltam a citá-lo[g]. A palavra hebraica que dá origem ao nome Abel significa "sopro, nulidade". Este nome respira resignação e esperança frustrada. Enquanto o nome Caim lembra Eva a respeito da promessa do matador de serpente, o nome "sopro" ou "coisa passageira" lhe lembra a expulsão do paraíso e a impossibilidade de algum dia comer o fruto da árvore da vida.[345] Mas, ao mesmo tempo, o nome Abel inclui o pressentimento profético a respeito da brevidade e
h Jó 7.16; Sl 39.6; 144.4	da nulidade da vida humana.[346] A vida é como um sopro[h], o ser humano é frágil, o tempo da sua vida, limitado. – O ser humano é pó.
	Estes dois irmãos, diferentes desde o nascimento, que carregam expectativas diferentes de sua mãe, dividiram entre si os trabalhos mais necessários para o sustento da humanidade. Abel tornou-se pastor de ovelhas e Caim, agricultor. As duas profissões eram parte dos deveres de Adão, os mais antigos da humanidade. O domínio sobre os animais e o trabalho no campo não podem competir um com o outro. São profissões
i Gn 1.26, 28f; 2.5; 3.23	igualmente importantes, dadas por Deus[i]. O rompimento da fraternidade e o caminho até o assassinato não começam com a divisão das profissões, mas com a separação no culto. Caim e Abel serviam a Deus sobre altares diferentes.

1. O fratricídio, 4.3-8

3 Aconteceu que no fim de uns tempos trouxe Caim do fruto da terra uma oferta ao Senhor.

4 Abel, por sua vez, trouxe das primícias do seu rebanho e da gordura deste. Agradou-se o Senhor de Abel e de sua oferta;

5 ao passo que de Caim e de sua oferta não se agradou. Irou-se, pois, sobremaneira, Caim, e descaiu-lhe o semblante.

6 Então, lhe disse o Senhor: Por que andas irado, e por que descaiu o teu semblante?

7 Se procederes bem, não é certo que serás aceito? Se, todavia, procederes mal, eis que o pecado jaz à porta; o seu desejo será contra ti, mas a ti cumpre dominá-lo.

8 Disse Caim a Abel, seu irmão: Vamos ao campo. Estando eles no campo, sucedeu que se levantou Caim contra Abel, seu irmão, e o matou.

Logo depois do início da agricultura e da criação de ovelhas, surgiu a necessidade de agradecer a Deus pela sua bênção. O texto não diz que as ofertas de Caim e Abel tenham sido as primeiras. O relato fala deles sob um aspecto muito específico. Os dois irmãos não conseguiam mais louvar a Deus juntos. Cada um traz sua oferta separadamente do outro: este é um "sinal inquietante".[347] A inquietação que transparece na existência de vários altares transforma-se em uma temerosa e torturante dúvida quando o relato diz que Deus aceitou a oferta de um e desprezou a do outro. Esta atitude de Deus, de agradar-se de uma pessoa, mas reter

---

345 König, pg. 280s.
346 Keil, vol. I, pg. 82.
347 von Rad, *Mose*, pg. 84.

sua bondade de outra, não pode ser atribuída a um capricho ou a uma arbitrariedade, pois Deus não é tirano.[348] É preciso procurar por pistas do próprio texto que permitam explicar a forma como Deus age.

Aconteceu que no fim de uns tempos trouxe Caim do fruto da terra uma oferta ao Senhor. Abel, por sua vez, trouxe das primícias do seu rebanho e da gordura deste. Agradou-se o Senhor de Abel e de sua oferta; ao passo que de Caim e de sua oferta não se agradou. Ambos, Caim e Abel, trazem como oferta parte dos frutos de seu trabalho. O texto não diz como eles apresentaram suas ofertas, nem mesmo se construíram um altar, se acenderam fogo ou mesmo se esperavam que caísse fogo do céu. Os sacrifícios, em si, são simplesmente chamados de "ofertas" (ou "dádivas").[349] Sobre Caim, o texto diz, com brevidade máxima, que ele trouxe do fruto da terra; no caso de Abel, relata-se que ele trouxe das primícias de seu rebanho e da gordura deste para dar de presente a Deus. Essa escolha diferente de ofertas motiva a exegese judaica a dizer: Caim trouxe a Deus o primeiro fruto que lhe caiu na mão.[350] Queria cumprir seu dever religioso e trouxe frutos simples.[351] Já Abel decidiu dar a Deus o melhor das suas posses. Assim, Caim chega e tem em suas mãos a primeira coisa que encontrou. Já Abel escolheu o que tinha de melhor.[352] Não só as ofertas, mas principalmente as atitudes por trás delas eram diferentes.

3
4
5

A reação de Deus não é arbitrária, não pode ser explicada com uma simples referência à livre graça e à ação soberana de Deus.[a] Deus reage às pessoas. Ele não vê somente o exterior, os presentes que lhe foram trazidos, mas também a postura interior por trás das ofertas. Por isso, o texto diz que Deus viu "Abel e sua oferta" e também "Caim e sua oferta". Deus julga "a relação entre a pessoa e a sua oferta".[353] Assim, Deus aceitou a oferta de Abel como uma expressão de "gratidão sincera".[354] E por isso o Novo Testamento diz: *Pela fé, Abel ofereceu a Deus mais excelente sacrifício do que Caim* (Hb 11.4). Tanto o olhar de graça quanto o não olhar de Deus se manifestam no sucesso ou fracasso posterior. No caso de Abel, a oferta apresentada acarreta bênção, a fertilidade da manada; no caso de Caim, não houve bênção.[355]

a Êx 33.19; Rm 9.16

Irou-se, pois, sobremaneira, Caim, e descaiu-lhe o semblante. Então, lhe disse o Senhor: Por que andas irado, e por que descaiu o teu semblante? Se procederes bem, não é certo que serás accito? Se, todavia, procederes mal, eis que o pecado jaz à porta; o seu desejo será contra ti, mas a ti cumpre dominá-lo. Caim reage de duas formas ao desfavor de Deus e ao favorecimento de seu irmão mais novo e sua oferta: é tomado de uma inveja ardente e dominado pela ira.

5/6
7

Caim inveja Abel por causa de Deus e de sua bênção.[356] *Irou-se, pois, sobremaneira Caim*[357], ou, literalmente: "seu nariz ardeu", ele sentiu um

---

348 Iwand, pg. 412.
349 König, pg. 281.
350 Cassuto, *From Adam to Noah*, pg. 205.
351 Raschi, pg. 12.
352 Cf. Bic, pg. 241.
353 König, pg. 282.
354 Delitzsch, *Genesis*, pg. 119.
355 Ehrlich, vol. I, pg. 20; Cassuto, *From Adam to Noah*, pg. 207.
356 Vischer, GPM 1957/58, pg. 3.
357 Dillmann, pg. 93.

b Gn 30.2;
39.19;
44.18; Is
5.25; Os
8.5; Sl
106.40;
124.3

c Jr 3.12
d Jó 29.24

forte calor[b]. A inveja é uma das raízes das inquietações sociais e da concorrência sem escrúpulos entre pessoas e nações. Sempre que uma pessoa como Caim não consegue suportar que outra tenha mais que ela, a inveja toma conta dela como um fogo consumidor. A inveja envenena e destrói a convivência, ela seduz o ser humano a tornar-se inimigo do outro, a desfazer e derrotar o outro.[358] A atitude da inveja envenena o ambiente, e não falta mais muito para que a guerra fria se transforme em luta aberta.

Além da inveja, também a ira domina Caim. A raiva apaixonada que ferve dentro dele se demonstra no olhar baixo, o gesto típico do rancor remoído.[359] De cabeça baixa, isto é, irado[c], mas também remoendo sua decepção[d], Caim segue seu caminho. Caim ainda não sucumbiu ao pecado. Ele escuta a voz de Deus, que pergunta, adverte e explica: *Se procederes bem, não é certo que serás aceito? Se, todavia, procederes mal, eis que o pecado jaz à porta*. Esta Palavra de Deus, que esclarece e tenta conquistar Caim, é chamada por Cassuto de uma das passagens mais difíceis e obscuras da Bíblia.[360] Alguns comentaristas, como Gunkel e Jacob, até deixam uma parte do texto sem tradução, outros pensam que a solução do problema desses dois versos não é essencial à compreensão geral do texto.[361] Três comentaristas das mais variadas orientações não desistem, mas analisam e questionam cada palavra, primeiro de forma independente do contexto. Entre eles está Arnold Ehrlich, cuja obra *Randglossen zur Hebräischen Bibel* (Anotações sobre a Bíblia hebraica) dá ênfase especial sobre a explicação linguística e técnica de palavras individuais. Em segundo lugar podemos citar o padre jesuíta Gustav Closen. Também ele parte do princípio de que o texto hebraico de consoantes é confiável, e procura iluminar os cantos escuros dos bastidores por meio de observações extraídas do mundo oriental. O terceiro, um judeu, chama-se Umberto Cassuto. A despeito das grandes diferenças de um para outro, os resultados obtidos por esses três pesquisadores trazem explicações possíveis para a fala de Deus dirigida a Caim.

Ehrlich não acredita que "levantar"[362] se refira a levantar a cabeça diante de Deus, mas que signifique suportar a humilhação sofrida. O "jazer" é traduzido mediante referência a Êxodo 23.5 (*Se vires prostrado debaixo de sua carga o jumento daquele que te aborrece, não o abandonarás, mas ajudá-lo-ás a erguê-lo*) como uma descrição daquele que é inferior e que sofre com o peso de uma carga, como se fosse um animal. Caim não deve ser dominado pelo pecado, mas pelo seu irmão, Abel. Dessa forma, o sentido do texto seria: "Não é verdade que, se você suportar a humilhação sofrida, tudo estará certo? Se não, na primeira oportunidade você sucumbirá ao pecado, pois ele é seu subordinado e você domina sobre ele".[363]

Closen chega a uma conclusão totalmente diferente. Para ele, "levantar" representa libertação ou salvação. Ele faz de "jazer" um substantivo que, por sua vez, é, conforme Closen argumenta a partir da língua acádia, o "demônio à porta". Sua explicação resulta no seguinte: Deus vê na enorme amargura de Caim o perigo maior de uma catástrofe anunciada. A fim

---

358 Cf. Bräumer, pg. 103s.
359 Delitzsch, *Genesis*, pg. 119.
360 Cassuto, *From Adam to Noah*, pg. 208.
361 Westermann. *Genesis* I/1, pg. 406.
362 No texto da RA, equivale ao trecho traduzido como "ser aceito". (N.T.)
363 Ehrlich, vol. I, pg. 20 e 21.

de evitá-la, ele explica a Caim: "Não é assim que, se você fizer o que é bom, será aceito por Deus? Mas quando você não fizer o que é bom, o pecado, um demônio, está à porta, seu desejo recai sobre você, e você o dominará".³⁶⁴ De acordo com essa interpretação, o pecado é descrito como um demônio à espreita, cujo anseio natural é obter controle sobre o ser humano. Manter esse demônio à distância está ao alcance do ser humano. Quando o ser humano faz o que é bom, o demônio não pode mais espreitar à porta.

Umberto Cassuto chega a uma conclusão semelhante, com declarações específicas mais próximas do pensamento hebraico. Cassuto interpreta o "levantar" como "erguer o olhar sem vergonha nem timidez"ᵉ. É o contrário de abaixar a cabeça. Para ele, o pecado é como um leão. Ele traduz "jazer" como "espreitar", o pecado quer manter o domínio, encolhendo-se ao chão como um leão, bem na frente da porta pela qual costuma passar aquele que deseja viver. Assim, o teor do texto seria: "Não é verdade, Caim, que você não tem nenhum motivo para deixar a cabeça abaixada? Faça o bem, e você ficará firme, bem apoiado e ereto sobre seus pés. Mas se você se recusar a fazer o bem e se decidir pelo pecado, este vai se transformar em um leão à espreita. Ele quer derrotá-lo, de forma que tudo em você será pecado. Mas você não está indefeso diante do pecado; ainda que só o deseje, poderá resistir a ele e vencê-lo. Você está livre de sua influência. Você é senhor sobre o pecado".³⁶⁵ Esta interpretação combina tanto com a advertência: *resisti ao diabo, e ele fugirá de vós* (Tg 4.7) quanto com a palavra da carta do apóstolo Pedro: *O diabo, vosso adversário, anda em derredor, como leão que ruge* (=faminto) *procurando alguém para devorar; resisti-lhe firmes na fé* (1Pe 5.8s).

e Jó 11.15

Disse Caim a Abel, seu irmão: Vamos ao campo. Estando eles no campo, sucedeu que se levantou Caim contra Abel, seu irmão, e o matou. Chama a atenção e impressiona o fato de que Caim fica devendo uma resposta a Deus³⁶⁶ e, em vez disso, volta-se para o irmão, cujo favorecimento fê-lo sentir-se humilhado. Caim fala com Abel. Ele mesmo procura confrontação com seu irmão. Não espera por uma oportunidade para pecar, mas a cria pessoalmente. Caim acelera o pecado.³⁶⁷ O ser humano não pode apenas resistir ao pecado, mas também pode dar espaço ao pecado em sua vida, preparando-lhe o caminho.

8

Caim fala com seu irmão e, aparentemente, parte do que ele diz a Abel se perdeu. Por isso algumas tradições antigas trazem a frase "Vamos ao campo!"

Esse acréscimo não é necessário para comentaristas acostumados ao pensamento veterotestamentário, pois este tem outros exemplos em que a fala de alguém não é citada, mas pode ser facilmente depreendida dos acontecimentos subsequentesᶠ. Seja como for, é certo que a conversa não teve final positivo. Nem toda conversa leva a um bom termo. Há conversas sem resultado, até mesmo diálogos que reforçam e agravam o conflito.

f 2Cr 1.2; 32.24

Eles se encontram no campo – longe dos pais – em um lugar onde ninguém mais pudesse vê-los ou ouvi-losᵍ. Para Abel não havia qualquer

g Dt 21.1; Jó 7.12

---
364 Closen, pg. 243-251.
365 Cassuto, *From Adam to Noah*, pg. 208-212.
366 Cf. Procksch, pg. 48.
367 Ehlich, vol. I, pg. 21.

chance de gritar ou pedir ajuda, e para Caim, nenhum perigo de que alguém o observasse. Na solidão do campo, a inveja e a ira de Caim se transformam em ódio diabólico e brutalidade animal.

O ódio torna o mundo pequeno demais para duas pessoas. Quem odeia, deseja que o outro não viva mais no mesmo mundo que ele. O ódio sempre exige uma decisão: ou/ou. O ódio faz com que Deus seja esquecido. O ódio transforma o ser humano em animal e gera o assassinato.[368]

Caim arroga para si o direito do Criador sobre a vida e a morte, e em seu ódio transforma-se no primeiro assassino. Ele, que poderia ter resistido ao pecado, rejeita a oferta de Deus e é dominado pelo pecado.

Abel, o inocente assassinado, torna-se o primeiro mártir do mundo. Abel transforma-se em representante da igreja odiada pelo mundo e perseguida até a morte.[369] Abel – e não Caim, como Eva pensava a princípio – torna-se um tipo de Jesus. Jesus, o Redentor, nascido de uma mulher, é morto por seus irmãos que, dessa forma, trazem sobre si *o sangue justo derramado sobre a terra, desde o sangue do justo Abel* (Mt 23.35).

Aparentemente, Caim enterrou Abel logo depois de matá-lo, pois, de acordo com a continuação da história, ele não está mais visível. Parece até que nada aconteceu.

2. As consequências do assassinato, 4.9-16

9 Disse o Senhor a Caim: Onde está Abel, teu irmão? Ele respondeu: Não sei; acaso, sou eu tutor de meu irmão?

10 E disse Deus: Que fizeste? A voz do sangue de teu irmão clama da terra a mim.

11 És agora, pois, maldito por sobre a terra, cuja boca se abriu para receber de tuas mãos o sangue de teu irmão.

12 Quando lavrares o solo, não te dará ele a sua força; serás fugitivo e errante pela terra.

13 Então, disse Caim ao Senhor: É tamanho o meu castigo, que já não posso suportá-lo.

14 Eis que hoje me lanças da face da terra, e da tua presença hei de esconder-me; serei fugitivo e errante pela terra; quem comigo se encontrar me matará.

15 O Senhor, porém, lhe disse: Assim, qualquer que matar a Caim será vingado sete vezes. E pôs o Senhor um sinal em Caim para que o não ferisse de morte quem quer que o encontrasse.

16 Retirou-se Caim da presença do Senhor e habitou na terra de Node, ao oriente do Éden.

O fratricídio não foi uma simples repetição ou continuação do pecado de Adão e Eva: temos aqui um tipo completamente diferente de pecado. A transgressão de Adão e Eva contra a Palavra de Deus envolveu uma culpa que se referia ao Deus Criador. Era o rompimento fundamental

---

368 Delitzsch, *Genesis*, pg. 121.
369 Ibid, pg. 121.

com Deus, o maior de todos os pecados. Este pecado fundamental trouxe consequências para o relacionamento comunitário. O rompimento com Deus acarretou o "pecado social".[370] Martinho Lutero resume isso da seguinte forma, referindo-se a Caim: "Caim peca em primeiro lugar pela arrogância e descrença, ao elevar-se acima de sua primogenitura e pensar que Deus se agradaria dele por seu próprio merecimento. Esta soberba e orgulho da própria justiça são substituídos por inveja e ódio ao irmão, quando ele percebe indícios de que Abel seria favorecido em detrimento dele mesmo. Inveja e ódio são seguidos por fingimento e mentira, ao falar amigavelmente com o irmão que ele deseja morto, a fim de fazê-lo sentir-se seguro. E depois do fingimento vem o assassinato. Depois, Caim ainda tenta desculpar o pecado. O último grau, que virá logo em seguida, é o desespero, a terrível queda do céu para o inferno".[371]

Disse o Senhor a Caim: Onde está Abel, teu irmão? Assim como no 9 primeiro pecado, Deus aparece imediatamente depois da morte de Abel. Talvez Caim estivesse fugindo.[372] Onde quer que estivesse, Deus lhe interrompe o caminho. A pergunta de Deus não é igual à feita a Adão: "Onde você está?", mas "Onde está Abel, teu irmão?" A responsabilidade que Deus exige de Caim é a responsabilização pelo irmão.[373] A pergunta em si é, como mostra o texto a seguir, uma pergunta retórica, isto é, Deus sabe exatamente o que aconteceu com Abel. Na verdade, ele não pergunta propriamente pelo assassinado, mas tem um objetivo muito específico com sua questão. Ele quer que Caim confesse sua culpa.[374] Mas Caim não reconhece o pecado, antes responde: **Não sei; acaso, sou eu tutor de meu irmão?**

A primeira reação de Caim foi mentir descaradamente. A intenção da mentira era ocultar ou disfarçar o que acontecera. "Quando há algum assassinato, normalmente a mentira também aparece".[375] E Caim não tem medo de disfarçar a mentira com uma piada sarcástica: "Por acaso eu deveria pastorear o pastor?"[376] Caim não apenas se atreve a mentir para Deus, mas ousa até mesmo zombar dele. Friamente, ele vira as costas para Deus, expressando assim que, diferentemente de Adão e Eva, não está disposto a se submeter a um interrogatório. Por isso, o próprio Deus revela sua culpa e desmascara Caim com as palavras: **E disse Deus: Que** 10 **fizeste? A voz do sangue de teu irmão clama da terra a mim.**

O Antigo Testamento às vezes concede voz a coisas inanimadas, como, por exemplo, folhas levadas pelo vento[a]. Ainda mais esta capacidade pode ser atribuída ao sangue, a sede da vida (Lv 17.11; Dt 12.23). O sangue derramado é uma voz audível para Deus.[377] Como neste trecho a palavra "sangue" aparece no plural, o texto refere-se às gotas de sangue derramadas pela violência, absorvidas pela terra depois da morte. O "sangue que clama" (2 Macabeus 8.3) ou a "alma que clama" (Enoque 9.10) é motivo

a Lv 26.36; Ez 1.24; 3.13

---

370 Westermann, *Genesis* I/1, pg. 432 e 433.
371 Lutero, *Moses*, pg. 106.
372 Cassuto, *From Adam to Noah*, pg. 217.
373 von Rad, *Mose*, pg. 86.
374 Leibowitz, pg. 46-52.
375 Westermann, *Genesis* I/1, pg. 414.
376 Ibid, pg. 413.
377 Keil, vol. I, pg. 87.

para que Deus exija o sangue daquele que destruiu a vida[b]. O assassinato é uma culpa que clama aos céus, isto é, "sangue derramado não aceita ser enterrado".[378] O homicídio é um ato que não pode ser escondido. A vida enterrada clama, e a "gritaria"[c] entoada pelo sangue derramado dirige-se a Deus, o Senhor da vida. A palavra mais importante na frase é o "a mim". Há alguém a quem o sangue do morto pode clamar, e este é o Criador de toda a vida. Ele pergunta ao assassino: "O que foi que você fez?!" Com esta pergunta dirigida a Caim, Deus exclui qualquer possibilidade de que um assassinato fique oculto, que seja um "crime perfeito". Ninguém que elimine outra pessoa "escapará", em algum momento será questionado e desmascarado por Deus.[379]

11 Depois de desmascarar Caim, Deus o amaldiçoa: **És agora, pois, maldito por sobre a terra, cuja boca se abriu para receber de tuas mãos o**
12 **sangue de teu irmão. Quando lavrares o solo, não te dará ele a sua força; serás fugitivo e errante pela terra.**

É a terceira vez na pré-História que se menciona uma maldição. Quando Adão e Eva se tornaram culpados e se separaram de Deus, a serpente e a terra foram amaldiçoadas[d]. Mas agora a maldição atinge o ser humano. Adão não foi amaldiçoado, mas Caim, sim. Com Caim começa a possibilidade extraordinária de viver sob maldição.[380] O próprio Deus amaldiçoa Caim. Em nenhum outro lugar do Antigo Testamento o próprio Deus volta a amaldiçoar uma pessoa. A maldição de Deus sobre o ser humano é a coisa mais terrível que pode existir, pois traz condenação ao ser humano. A maldição tem efeito separador e isolador. O amaldiçoado é excluído da comunhão com Deus e fica fora de qualquer comunhão humana. No caso de Caim, a maldição de Deus expulsa um primogênito, que como tal possuía um favor especial de Deus[e]. Mais tarde na história dos patriarcas, há outros primogênitos rejeitados: Ismael, Esaú, Rubem e Manassés. Ainda assim, a rejeição ao primogênito Caim é diferente, por ser uma maldição do próprio Deus.

Ser amaldiçoado para longe da terra cultivada representa o rompimento completo de qualquer conexão. Caim precisa se afastar da parte cultivada da terra. Ele deve ir para uma região onde a terra não produz nada.[381] A justificação apresentada por Deus é que a terra frutífera acabara de absorver o sangue de Abel. A imagem da terra que abre sua boca é frequente no Antigo Testamento[f]. As palavras "fugitivo e errante" descrevem como será a vida amaldiçoada de Caim. O termo traduzido por "fugitivo" significa "mover-se de um lado para outro". Mas também pode significar "fugir"[g] ou "espantar"[h]. Caim é um homem banido, um exilado.[382] Seu exílio é descrito ainda com "errante", que em hebraico significa "tremer, estremecer, ser agitado, cambalear"[i]. Caim passa a viver como escorraçado e perseguido. Esse tipo de vida pode ser muito bem descrito pelo texto de Salmo 109.9,10: *Fiquem órfãos os seus filhos, e viúva, a sua esposa. Andem errantes os seus filhos e mendiguem; e sejam expulsos das ruínas de suas casas.*

---

378 von Rad, *Mose*, pg. 86.
379 Westermann, *Genesis I/1*, pg. 415.
380 Ibid, pg. 417.
381 König, pg. 288-289.
382 Cassuto, *From Adam to Noah*, pg. 221 e 222.

Caim sabia que a maldição de Deus não o transformaria de agricultor em nômade, mas que o mataria.[383] Por isso, em seu desespero final ele grita para Deus: **Então, disse Caim ao Senhor: É tamanho o meu castigo, que já não posso suportá-lo. Eis que hoje me lanças da face da terra, e da tua presença hei de esconder-me; serei fugitivo e errante pela terra; quem comigo se encontrar me matará.** 13 14

Depois de Deus desmascarar Caim por causa do assassinato cometido e de amaldiçoá-lo, este rompe em um lamento que inclui uma confissão de sua culpa. As traduções "meu pecado é grande demais" e "meu castigo é grande demais" são interpretações unilaterais. A palavra hebraica *'awon* abrange tanto o pecado quanto o castigo. É um grito de lamento com base na culpa cometida e nas consequências que começam a aparecer, neste sentido: "O castigo que preciso sofrer é desesperador. Como eu poderia me esconder de ti, Deus, que estás presente e atuas por toda parte? Estás presente mesmo fora da parte cultivada da terra, e lá me encontrarás como o vingador, e, quando acontecer de alguém me encontrar, essa pessoa me matará!"[384]

Caim vive em pânico diante de Deus e das pessoas. Não fica claro a quais pessoas ele se referia. É mera suposição achar que Caim temesse os assim chamados "pré-adâmicos", isto é, povos que não descendiam de Adão.[385] Mas é possível que Caim temesse por sua vida em vista do futuro crescimento da família de seu pai ou que, em seu pânico, já visse agora um mundo cheio de vingadores.[386] Outra explicação parte do princípio de que, ao criar Adão e Eva, o primeiro casal que determinou a sorte da humanidade, Deus tenha criado a humanidade em si. Adão não é apenas nome próprio, mas nome de gênero, podendo ser traduzido por "humanidade". Eva é a "mãe de todos os seres humanos". Por isso, Caim se sente ameaçado por toda a humanidade que vivia naquela época.[387]

Assim como o grito do assassinado não cai no vazio, também o clamor do assassino é ouvido. Por mais afastada que esteja de Deus e por mais profunda que seja sua culpa, a criatura continua ao alcance do ouvido do Criador. Deus também ouve o amaldiçoado Caim, e atende aos seus lamentos: **O Senhor, porém, lhe disse: Assim, qualquer que matar a Caim será vingado sete vezes. E pôs o Senhor um sinal em Caim para que o não ferisse de morte quem quer que o encontrasse. Retirou-se Caim da presença do Senhor e habitou na terra de Node, ao oriente do Éden.** Ainda que Caim não retorne – em nenhum momento o texto diz que ele tenha se arrependido[388] –, Deus o protege. Deus transforma a maldição sem esperança em castigo, isto é, em uma situação em que ainda há uma chance. Deus não deseja a morte do ímpio[k], nem a morte do assassino. Por isso, Deus confirma a Caim que, caso ele seja assassinado, ele mesmo, Deus, vingará essa morte com o maior cuidado[l]. O numeral que quase todos os tradutores interpretam como "sete vezes"[m] é, pela sua forma, um dual, isto é, representa sete unidades e sete dezenas, tendo, portanto, o valor de 15 16

k Ez 18.23; Sl 78.38

l Gn 4.24

m Sl 79.12; 12.6

---

383 Westermann, *Genesis* I/1, pg. 418.
384 König, pg. 289.
385 Dillmann, pg. 97.
386 Delitzsch, *Genesis*, pg. 123.
387 Cf. Westermann, *Genesis* I/1, pg. 423; Cassuto, *From Adam to Noah*, pg. 225.
388 Procksch, pg. 49; cf. Bič, pg. 241.

setenta e sete.[389] Se traduzirmos para o hebraico a palavra de Jesus sobre quantas vezes um discípulo deve perdoar, a frase ficaria assim: "Você não deve perdoar sete vezes, mas setenta e sete vezes" (Mt 18.22 – de acordo com Menge). Alguns manuscritos gregos entendem esta quantidade desmedidamente aumentada por Lameque em sua canção de vingança como setenta vezes sete.[390]

Caim recebe um sinal, ou, em uma tradução literal desta passagem, Deus fez um sinal em Caim.[391] Este sinal era algo individual, isto é, Deus o concedeu apenas a Caim, o assassino. O texto não diz que tipo de sinal seria. Não fica claro se era um sinal de proteção, de autenticação ou de garantia. Também não é dito que este sinal seria um raio ou um trovão[n], que descesse dos céus a cada vez que alguém ameaçasse a vida de Caim. Da mesma forma, não se justifica supor que fosse um estigma no rosto, o sinal de um assassino ou um sinal de Deus. A grande variedade de ideias apresentadas por comentaristas pode ser demonstrada na explicação rabínica de que Deus teria dado um cachorro a Caim, para que este o protegesse! O exegeta deve, assim como o texto, eximir-se de tecer comentários sobre o sinal. Não é possível tratar de algo sobre o que a Escritura silencia.[392]

O assassino está protegido por Deus, mas ainda assim vive afastado de Deus. Caim afastou-se da face de Deus e foi morar na terra de Node.

Node não é um nome geográfico. Node significa "terra da vida inconstante". A palavra hebraica *nad*, que dá origem a Node, significa "vagabundo, andarilho". Assim como o termo Node, também a indicação "ao oriente do Éden" não é uma indicação geográfica, mas uma referência à vida "lá fora",[393] à vida distante de Deus. Caim está sob a proteção de Deus, mas vive longe de Deus. "Ele vive uma vida no fio da navalha, entre poder viver e ter que morrer".[394]

O ser humano criado por Deus caiu em culpa e pecado. A eliminação do irmão adicionou o pecado social à separação genérica de Deus. Mas Deus continuou fiel à humanidade. A tensão fatídica entre poder viver e ter que morrer, entre ser chamado e ser condenado, só será eliminada pela vinda de Jesus. Jesus, nascido de Maria, a virgem, é o Prometido que pisará a cabeça da serpente. O sinal obscuro e inexplicável de Caim é substituído pelo sinal neotestamentário da salvação e da proteção, a cruz de Cristo. Sob esta cruz não há mais vida fugitiva e errante, uma vida "lá fora", "afastada de Deus", pois o sangue [de Jesus] *fala coisas superiores ao que fala o próprio Abel* (Hb 12.24).

n Jz 6.37ss; 13.19s; 1Sm 12.18

3. Os descendentes de Caim, 4.17-22

17 E coabitou Caim com sua mulher; ela concebeu e deu à luz a Enoque. Caim edificou uma cidade e lhe chamou Enoque, o nome de seu filho.

---

389 Ehrlich, vol. I, pg. 24.
390 Veja o comentário sobre Gênesis 4.24.
391 Delitzsch, *Genesis*, pg. 124.
392 Cf. Cassuto, *From Adam to Noah*, pg. 228.
393 Westermann, *Genesis* I/1, pg. 428.
394 K. Barth; citado por Iwand, pg. 413.

18 A Enoque nasceu-lhe Irade; Irade gerou a Meujael, Meujael, a Metusael, e Metusael, a Lameque.
19 Lameque tomou para si duas esposas: o nome de uma era Ada, a outra se chamava Zilá.
20 Ada deu à luz a Jabal; este foi o pai dos que habitam em tendas e possuem gado.
21 O nome de seu irmão era Jubal; este foi o pai de todos os que tocam harpa e flauta.
22 Zilá, por sua vez, deu à luz a Tubalcaim, artífice de todo instrumento cortante, de bronze e de ferro; a irmã de Tubalcaim foi Naamá.

Depois da separação fundamental de Adão e Eva de Deus e do pecado social – o assassinato de Abel por Caim –, as primeiras eras da história da humanidade são relatadas com ajuda das genealogias. A era de Adão a Lameque, passando por Caim, abrange sete gerações. Ela desemboca no trio Jabal, Jubal e Tubalcaim. O número sete representa totalidade e descreve as gerações da pré-História.[395] Diferentemente da descrição das gerações pré-históricas, a genealogia de Adão a Noé é registrada como a descendência de Sete, o terceiro filho de Adão e Eva. A genealogia de Adão a Noé via Sete abrange dez gerações e desemboca em um décimo primeiro elo, o trio Sem, Cam e Jafé.[396] As genealogias da pré-História não são um esqueleto nu, mas também testemunham do progresso do ser humano nas áreas da cultura e da arte. Diferentemente do que acontecia nas outras nações do Antigo Testamento, aqui a cultura e a arte não são criadas por deuses, mas pelas pessoas.[397]

1. Adão conheceu Eva, sua mulher, e o primogênito era Caim.[398]
2. **E coabitou Caim com sua mulher; ela concebeu e deu à luz a Enoque. Caim edificou uma cidade e lhe chamou Enoque, o nome de seu filho.** Não é preciso pressupor a existência de povos pré-adâmicos para explicar de onde Caim conseguiu uma esposa.[399] Caim casou-se com uma de suas irmãs[a]. No entorno de Israel era comum casar-se com a irmã. No Egito, sabe-se que Osíris tomou sua irmã por esposa, e na Pérsia relata-se que Cambises tinha duas de suas irmãs em seu harém.[400] O casamento com meias-irmãs também aparece na história tardia de Israel[b]. O termo "incesto"[c] referia-se originalmente ao relacionamento entre pais e filhos, e "este significado foi se ampliando na medida em que se multiplicavam as possibilidades de uniões conjugais".[401] A exegese judaica, que tinha maior tendência a se escandalizar com o assim chamado "incesto", tinha certeza absoluta: Caim casou-se com uma de suas irmãs.[402] O Livro dos Jubileus traz dados ainda mais concretos, ao relatar: "Caim tomou por esposa Awan, sua irmã" (Jubileus 4.9).

a Gn 5.4

b Gn 20.12; 2Sm 13.11

c Lv 18

---
395 Westermann, *Genesis* I/1, pg. 439.
396 Procksch, pg. 53.
397 Cassuto, *From Adam to Noah*, pg. 230.
398 Cf. o comentário sobre Gênesis 4.1.
399 Cf. o comentário sobre Gênesis 4.14.
400 König, pg. 293.
401 Delitzsch, *Genesis*, pg. 125.
402 Cassuto, *From Adam to Noah*, pg. 229.

3. **Enoque**, o primeiro filho de Caim, construiu uma cidade. A tradução literal claramente relaciona o "edificou uma cidade" com Enoque. Enoque, o filho de Caim, deu fim à vida errante de seu pai.[403] Depois que a família de Caim aumentou com o nascimento de um filho, Enoque construiu uma moradia cercada para a tribo que surgia, um complexo de casas, uma cidade.[404] Assim como nomeou seu filho, Caim também deu nome à cidade. Filho e cidade chamavam-se Enoque. O nome hebraico Enoque significa literalmente "inauguração". Enoque, o primeiro filho de Caim, trouxe à humanidade o progresso cultural da construção de uma cidade. Caim, o agricultor, voltou à cultura sedentária por meio de seu filho.

4. **Irade**, o filho de Enoque, tem um nome muito difícil de interpretar. Dependendo da derivação aramaica ou árabe, o nome pode significar tanto "fuga" quanto "poder", "força" ou "cidade".[405] Talvez as duas coisas tenham influenciado a escolha do nome. A fuga de Caim é encerrada pela construção de uma cidade. Caim, seus filhos e seus netos estão protegidos pela "vigia" da cidade, como em uma fortaleza. Moram em um lugar seguro.

5. **Meujael**, o quinto na sequência de gerações da pré-História, carrega em seu nome uma referência clara a Deus. "El" é Deus, o Poderoso.[406] Meujael pode ser traduzido como "Deus cria a vida".[407] O que quer que aconteça com as gerações da pré-História, elas permanecem sob a promessa inquebrável de Deus: "Tu deves viver". Também a cidade e o progresso cultural inicial estão sob essa grande promessa de vida da parte de Deus.

6. **Metusael** significa "homem de Deus".[408] O nome Metusael expressa que entre os descendentes de Caim havia gerações que buscavam a vontade de Deus de forma consciente e objetiva.

7. **Lameque tomou para si duas esposas: o nome de uma era Ada, a outra se chamava Zilá.** O nome Lameque não tem significado em hebraico. Derivado do sumério *lumga*, ele é o senhor que protege o cântico e a música.[409] Se procurarmos um nome correspondente no árabe, encontramos *yalmakun*, que significa "homem jovem e forte".[410]

Sem qualquer julgamento de mérito e avaliação, constata-se simplesmente que ele se casou com duas mulheres. A menção simples e sem comentários da poligamia é possível pela descrição dos relacionamentos precedentes entre homem e mulher. Originalmente ambos, homem e mulher, tinham o mesmo valor e a mesma posição. Isso fica expresso na monogamia desejada e instituída por Deus. Mas, com a destruição da paz da criação, o casamento monogâmico passou a correr riscos. O homem tornou-se senhor da mulher. Ele tinha poder e domínio sobre ela.[411] Tornar-se uma só carne não era mais a união inseparável e exclusiva entre um homem e uma mulher, mas passou

---

403 Westermann, *Genesis* I/1, pg. 443.
404 Delitzsch, *Genesis*, pg. 126.
405 Cassuto, *From Adam to Noah*, pg. 231.
406 Cf. o comentário sobre Gênesis 1.1.
407 Odelain/Seguineau, pg. 237.
408 Westermann, *Genesis* I/1, pg. 446.
409 Ibid, pg. 446.
410 Cassuto, *From Adam to Noah*, pg. 233.
411 Cf. o comentário sobre Gênesis 2.24 e 3.16.

a ser determinado por vitórias e derrotas, por dependência e despotismo. Em decorrência dessa mudança no relacionamento entre os sexos, não é de admirar que um homem pudesse ter várias mulheres. Mas a poligamia não passou a ser regra geral depois de Lameque.[412] Noé só tinha uma mulher, e também no caso de Isaque não temos conhecimento de que ele tivesse uma concubina. Nos casos de Abraão e Jacó, a bigamia surgiu como consequência de circunstâncias muito específicas[d]. No Antigo Testamento a poligamia nunca foi contestada, somente Jesus a proibiu. Ao conversar com os estudiosos de sua época, Jesus refere-se, em Mateus 19, a um homem e uma mulher, dirigindo assim os olhares de volta à vontade original de Deus.[413]

d Gn 16.2; 29.23ss

Os nomes das duas esposas de Lameque, Ada e Zilá, também não possuem tradução absolutamente certa. Ada pode significar "adorno", o que seria um elogio à beleza e à figura da mulher. Se decidirmos derivar Zilá de *zilzul*, "címbalo", em vez de *zel*, "sombra", então o nome seria um elogio ao belo som da voz feminina.[414] Ada e Zilá corresponderiam, assim, à singularidade da mulher conforme descrita no Cântico dos Cânticos: *Mostra-me o rosto, faze-me ouvir a tua voz, porque a tua voz é doce, e o teu rosto, amável* (Ct 2.14).

20 21 22 Ada deu à luz a Jabal; este foi o pai dos que habitam em tendas e possuem gado. O nome de seu irmão era Jubal; este foi o pai de todos os que tocam harpa e flauta. Zilá, por sua vez, deu à luz a Tubalcaim, artífice de todo instrumento cortante, de bronze e de ferro; a irmã de Tubalcaim foi Naamá. Os filhos que Lameque teve com suas duas mulheres não dividem a genealogia, mas continuam a divisão das tarefas dadas a Adão, conforme iniciada por Caim e Abel: o domínio sobre os animais e o cultivo da terra. Os filhos de Lameque assumiram as tarefas dos nômades. O filho de Zilá criou condições adicionais para o cultivo da terra e para a vida na cidade.

Jabal deriva do verbo hebraico "conduzir", "liderar". Jabal segue as pegadas de Abel, que não pôde deixar descendente. Ele deu início à vida pastoril nômade. Conduzia o gado pelas estepes desertas.

Jubal, seu irmão, também fazia parte do grupo dos pastores. Já o nome Jubal, que lembra a palavra hebraica *jobel*, "chifre, trompete",[415] indica que ele começou a arte de tocar instrumentos. Harpa e flauta são os instrumentos musicais dos pastores. Originalmente, os dois instrumentos andavam juntos, e são mais uma vez mencionados em conjunto no livro do Jó[e]. Com a instituição do culto e a elaboração de formas especiais para adorar a Deus, a harpa se torna um instrumento do culto, enquanto o Antigo Testamento nunca cita a flauta no contexto do culto.[416] Originalmente, a música profana e a música sagrada andavam juntas. Depois da volta de Jesus no fim dos tempos, os dois braços da música, que agora se afastaram tanto um do outro, deverão se tornar novamente uma unidade. Não podemos nem devemos antecipar arbitrariamente esse tempo final, mas mesmo hoje já existem princípios e possibilidades de ouvir música profana em ambiente sagrado para o louvor de Deus.

e Jó 21.12; 30.31

Tubalcaim era filho de Zilá. Devido às diversas nuances implícitas nos nomes Jabal, Jubal e Tubal, e a semelhança com palavras etimologicamente

---

412 König, pg. 293s.
413 Cf. o comentário sobre Gênesis 1.27 e 2.24.
414 Cassuto, *From Adam to Noah*, pg. 234.
415 Odelain/Seguineau, pg. 197.
416 Westermann, *Genesis* I/1, pg. 450.

aparentadas, os três nomes podem estar baseados em *jabul*, "produto".⁴¹⁷ Enquanto Jabal estava destinado ao pastoreio do gado e Jubal era o inventor da música instrumental, Tubal é, em virtude de seu segundo nome, Caim, "ser humano criativo", o "artífice".⁴¹⁸ A explicação que se segue faz de Tubalcaim o pai da tecnologia. Com ele acontece um passo decisivo no progresso da história cultural da humanidade. A metalurgia é necessária para a agricultura e para a proteção da cidade. A história de Israel é impensável sem a metalurgiaᶠ.

f 1Sm 13.20;
1Rs 9.26-28;
10.22

Como a genealogia de Adão via Caim se divide em três braços devido aos filhos de Lameque, não é à toa que ao fim ainda seja citada uma filha de Lameque, Naamá. A genealogia não dá nenhuma informação a mais sobre ela além do seu nome. Naamá pode ser traduzido como "graciosa", "bela", "encantadora". Alguns comentaristas usam esta tradução para justificar que Naamá teria sido a "ancestral das prostitutas".⁴¹⁹ Etimologicamente, a palavra *naam*, que dá origem a Naamá, não significa nada além de "cantar" e "brincar". Naamá é a mulher que compõe e apresenta canções.⁴²⁰ Na exegese judaica, Naamá ocupa uma posição de honra. Deus se agradava de tudo o que ela fazia. É uma mulher justa, torna-se esposa de Noé e dá à luz filhos justos. Seu lugar no início da história da humanidade deve-se ao fato de ter sido mãe de três grandes filhos, Sem, Cam e Jafé.⁴²¹ Com Naamá, a primeira genealogia da pré-História, com suas sete gerações, alcança até a época de Noé.

❖

EXCURSO II: A ORIGEM AJUDA O SER HUMANO A COMPREENDER: SOBRE O SENTIDO DAS GENEALOGIAS

As genealogias são um componente importante da Escritura Sagrada. Elas começam na história dos patriarcas, seguem com reis, sacerdotes e tribos sacerdotais, depois aparecem em Crônicas e finalmente formam a genealogia de Jesus no início do Novo Testamento. Na pré-História, em Gênesis 1–11, as genealogias são especialmente ricas. Elas formam o esqueleto da história universal da humanidade, que vem antes da história da salvação iniciada com Abraão. Mas as genealogias não têm apenas uma função inferior, secundária, mas, como já dizia Johann Gottfried Herder, são uma representação histórica independentemente da existência pré-histórica.⁴²²

O sentido das genealogias fica claro quando as analisamos e consultamos com base em cinco aspectos. As genealogias podem ter aspectos intelectuais, existenciais, teológicos, culturais e escatológicos. Somente quando o comentarista aplica estas cinco áreas ao estudo das genealogias, consegue detectar ali a mensagem de Deus destinada a todas as gerações.

1) A SEQUÊNCIA DAS GERAÇÕES

As genealogias satisfazem uma necessidade intelectual. Elas informam sobre a ascendência e comprovam parentescos. Demonstram a

---
417 Cassuto, *From Adam to Noah*, pg. 235.
418 Ver comentário sobre Gênesis 4.1.
419 Odelain/Seguineau, pg. 253.
420 Cassuto, *From Adam to Noah*, pg. 238.
421 Meir-Zlotowitz, pg. 161.
422 Westermann, *Genesis* I/1, pg. 9.

continuidade na sequência de gerações. Mas as genealogias não servem apenas para preencher lacunas, tentando fazer uma ponte sobre períodos de tempo cuja história seja desconhecida. Também dividem as eras do mundo e da humanidade em períodos concretos.[423] Quem estuda as genealogias com interesse intelectual encontra informações sobre a sequência das gerações e também sobre a forma como a Bíblia entende o tempo. Diferentemente do pensamento cíclico mítico das antigas religiões orientais, a Bíblia possui um pensamento temporal linear muito desenvolvido. O tempo começa com a criação de Deus, depois se estende para um alvo distante e, ao longo desse caminho, cada uma das gerações e suas histórias com Deus formam pequenas unidades completas.

2) A origem do ser humano

As genealogias não explicam apenas a origem do ser humano a partir de seus pais e antepassados, mas também permitem analisar a existência humana. O ser humano, que deseja chão firme para sua existência, busca linhas que levem ao seu presente. As genealogias explicam o presente do ser humano a partir do seu passado. Elas têm um ponto em comum com outras formas de apresentar a História: seu objetivo é o presente.[424] Este deve ser ensinado e superado com ajuda das genealogias. O ser humano é o resultado de muitas correntes e forças em sua própria pré-história. É um engano fatal pensar que o ser humano é livre e independente dos fatos registrados no passado da sua genealogia. O ser humano só consegue superar o presente quando aceita as linhas indicadas pela sua genealogia existencial e se movimenta nestes trilhos traçados para sua existência. A assim chamada genealogia existencial do ser humano pode ser representada no seguinte gráfico:

I. Os pais: o aspecto intelectual

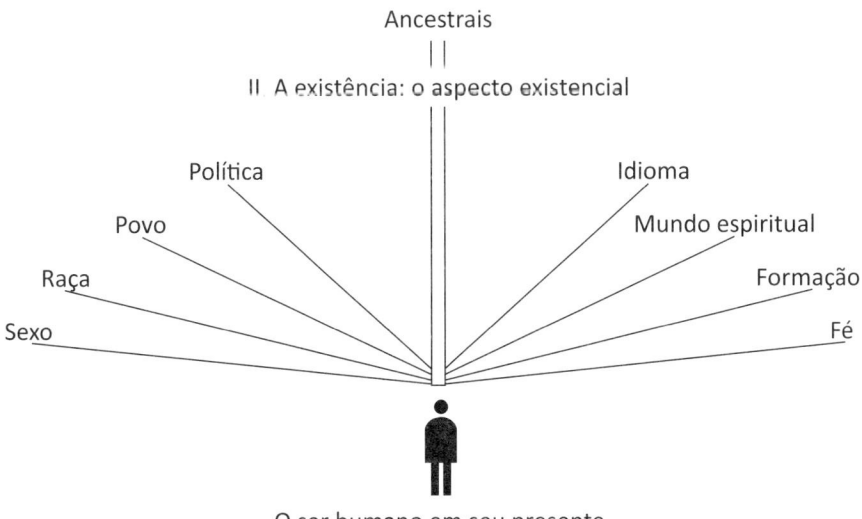

Ancestrais

II A existência: o aspecto existencial

Política

Povo

Raça

Sexo

Idioma

Mundo espiritual

Formação

Fé

O ser humano em seu presente

---

423 von Rad, *Mose*, pg. 54.
424 Westermann, *Genesis* I/1, pg. 10.

A existência do ser humano está marcada pelo sexo, pela raça, pelo povo, pelo sistema político no qual nasceu e também pelo mundo do idioma, do espírito, da formação e da fé. Além do aspecto intelectual, as genealogias também informam sobre as linhas existenciais que levaram à vida do ser humano.

3) A força da bênção

As genealogias são testemunhas eloquentes da teologia da bênção. Por sua forma, elas são o cumprimento da Palavra do Criador: *Sede fecundos, multiplicai-vos* (Gn 1.28). A sequência das gerações nada mais é do que a ação da bênção em seu sentido fundamental de força da fecundidade: "A bênção age no crescimento silencioso e contínuo, no desenvolvimento, florescimento e frutificação... Essa força atua sempre que uma criança nasce, cresce, se transforma em um adulto e, por sua vez, gera uma criança".[425] A enumeração objetiva de nascimento, duração da vida, filhos e morte não é uma fórmula morta, mas um exemplo renovado da bênção de Deus sobre o ser humano. Na pré-História, a corrente de bênçãos que parte de Deus ainda não se concretiza dentro de determinados acontecimentos. Somente ao chamar Abraão, Deus associa sua bênção à história da salvação. As genealogias da pré-História ainda testemunham da força criadora direta de Deus. Ao associar as linhas de todas as tribos, gerações e povos a um único pai, Adão, fica claro: não há um único ser humano que não venha de Deus. Todas as pessoas, cada indivíduo, não importa de qual parte da humanidade ele seja membro, é criação de Deus. A vida do indivíduo só depende da força da bênção que emana do Criador.

4) O surgimento de cultura, arte e tecnologia

Especialmente as genealogias da pré-História repetidamente quebram o modelo frio e objetivo da enumeração. São tudo, menos listas "destinadas a fechar as lacunas entre o começo da humanidade e o tempo histórico".[426] Em geral, podemos observar os seguintes seis tipos de ampliação nas genealogias:[427]

1. ***Interpretação e explicação de nomes***
   A interpretação do nome pode ser um louvor a Deus ou uma referência a alguma conquista especial obtida naquela época.
2. ***Ampliação na forma de descrições profissionais***
   Há referências sobre a invenção de algum bem cultural ou ao desenvolvimento de novas habilidades humanas.
3. ***Relato breve sobre a disseminação do ser humano***
   Especialmente as genealogias com vários braços demonstram o cumprimento da bênção: *Enchei a terra* (Gn 1.28).
4. ***Observações geográfico-políticas***
   A descrição pré-histórica começa a fazer a transição para a história mundial. O reino mesopotâmico, as capitais e as regiões dos cananeus começam a ser notados (cf. Gn 10.10-12,19,30).

---
425 Ibid, pg. 24.
426 Schedl, vol. I, pg. 326.
427 Westermann, *Genesis* I/1, pg. 14-16 e 20.

5. *Provérbios das (ou sobre as) pessoas que aparecem nas genealogias*
   No caso de Ninrode, trata-se de um provérbio (Gn 10.9b), no caso de Lameque, é uma canção de vanglória (Gn 4.23s); são descrições de indivíduos da pré-História.
6. *Testemunhos especiais sobre o culto*
   Enos começou a invocar o nome de Javé (Gn 4.26), e o "andar com Deus" de Enoque fez com que ele fosse arrebatado (Gn 5.24).

5) As genealogias da História universal e sua continuação

As genealogias ensinam a entender a origem do ser humano. Elas explicam o presente e ajudam o ser humano a lidar com ele. As genealogias da pré-História têm ainda mais um sentido especial. Elas apontam para além da salvação, até o Apocalipse. Os trechos apocalípticos da Bíblia vão além da história da salvação. Ao descrever os tempos do fim, eles ampliam e elevam a história da salvação. Excetuando as visões apocalípticas de Daniel e alguns trechos isolados no Antigo Testamento, o fim do mundo é descrito pelo último livro da Bíblia, o Apocalipse de João, a saber, a partir do seu capítulo 4. Assim como no caso da pré-História no começo da Bíblia, aqui tudo passa a girar novamente em torno do mundo inteiro e da humanidade como um todo. A história da salvação, destacada da História universal, novamente desemboca em ações divinas que abrangem o Universo inteiro.

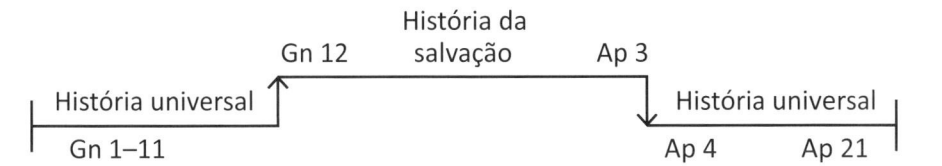

```
                        História da
              Gn 12     salvação      Ap 3
 História universal ↑                   ↓ História universal
 |─────────────────|                   |─────────────────|
      Gn 1–11                            Ap 4      Ap 21
```

A última continuação e a conclusão da pré-História estão na história final. A correspondência entre pré-História e história do fim afeta até mesmo a forma da descrição e a linguagem. Por isso, não é de admirar que a linguagem apocalíptica, com seu horizonte cósmico, sua simbologia numérica, o idioma secreto e o ensino dos anjos,[428] também esteja presente na pré-História. Aqui está a chave para a interpretação apropriada da indicação dos números das idades e dos dados de concepção dos primeiros pais da humanidade. Os números que aparecem na pré-História e na História do fim não são grandezas numéricas. Os comentaristas que encontram uma explicação para as idades avançadas, como a maior força vital dos primeiros pais, ainda assim não conseguem explicar a geração tardia de filhos. Noé, por exemplo, que viveu 950 anos, só se tornou pai aos 500 anos. Alegar que fosse tão piedoso a ponto de ser celibatário não convence, pois Enoque, cuja vida com Deus recebe destaque especial, foi pai aos 65 anos.[429] Justamente a vida breve de Enoque impede qualquer tipo de especulação com números. Ainda assim, Cassuto faz uma

---
428 Cf. Kaiser, pg. 249.
429 Cf. Delitzsch, *Genesis*, pg. 139.

tentativa, usando o "sistema sexagesimal", praticado no reino sumério-babilônico,[430] e Gerhard von Rad pensa poder organizar os números a partir da perspectiva teológica. Diz von Rad que, quanto mais as pessoas se afastam de seu ponto de partida na criação, mais curta se torna sua vida: Adão – Noé (1000-700), Noé – Abraão (600-200), patriarcas (200-100), presente (80-70). O arrebatamento de Enoque aos 365 anos mostra que, mesmo esse esquema, não corresponde aos propósitos declarados na pré-História. Justamente os 365 anos de Enoque apontam para um apocalíptico símbolo familiar misterioso. O número não indica nada além de uma totalidade. Este número, emprestado do ano, com seus 365 dias, expressa um período de tempo completo, fechado e integral. O tempo de Enoque podia ser descrito por meio de uma imagem de brevidade porque seu tempo não terminou com a morte.[431] Os períodos longos, que, em parte, se aproximam do milênio, testemunham do passado distante. Os primórdios estão em uma pré-História de dimensões inimagináveis. O ser humano não consegue ver o início. O mesmo vale para o tempo do fim. Os números apocalípticos indicam épocas completas, fechadas e integrais; mas o ponto final permanece incompreensível e incalculável. O mistério que nenhum comentarista poderá extrair dos números da pré-História e da História final é o caráter inconcebível do começo do tempo e do espaço e a imprevisibilidade do fim.

Outro aspecto escatológico das genealogias está no fato de que a história da salvação começa com a genealogia de Jesus, registrada (segundo Lucas) de volta até Adão. Jesus está na linha da bênção de Deus, o Criador. A referência à pré-História diz: a salvação que começa com o nascimento de Jesus vale para toda a humanidade em toda a sua história.[432] Jesus veio ao mundo e morreu no Gólgota para que todas as pessoas sejam salvas e cheguem ao conhecimento da verdade (1Tm 2.4).

❖

4. O cântico de Lameque, 4.23s

23 E disse Lameque às suas esposas: Ada e Zilá, ouvi-me; vós, mulheres de Lameque, escutai o que passo a dizer-vos: Matei um homem porque ele me feriu; e um rapaz porque me pisou.

24 Sete vezes se tomará vingança de Caim, de Lameque, porém, setenta vezes sete.

Um texto escrito é naturalmente limitado ao mencionar as primeiras ocorrências musicais, mas o caso da poesia é diferente. O começo da arte poética é testemunhado por meio de um cântico que contém praticamente

---
430 Cassuto, *From Adam to Noah*, pg. 249-260.
431 Westermann, *Genesis* I/1, pg. 484 e 485.
432 Ibid, pg. 490.

todos os elementos que posteriormente foram identificados na poesia: o ritmo, a sequência organizada de sílabas fortes e fracas, a consonância (a sonoridade semelhante em parcelas de versos correspondentes), o paralelismo de raciocínio, a construção em estrofes e a linguagem especial.[433]

E disse Lameque às suas esposas: **23**
Ada e Zilá, ouvi-me;
vós, mulheres de Lameque,
escutai o que passo a dizer-vos!

O início com "e" mais o imperfeito mostra que a declaração a seguir deve ser entendida como consequência do que veio antes. Graças à metalurgia incipiente, Lameque tinha conseguido uma arma. Triunfante e exibido, ele se coloca diante de suas mulheres e começa um cântico que, em caso de confronto, tinha a intenção de assustar seus inimigos. O fato de não chamá-las de "minhas mulheres", mas de "mulheres de Lameque", está ligado à linguagem poética.[434] A canção da arma ou da espada que Lameque entoa é um cântico brutal de vingança:

Matei um homem porque ele me feriu; e um rapaz porque me pisou. Sete vezes se tomará vingança de Caim, de Lameque, porém, setenta **24**
vezes sete.

O crime de Caim tornara o assassinato um recurso à disposição do ser humano. Lameque avança ainda mais nesse caminho. Ele se vangloria de ser capaz de aumentar as possibilidades de matar e destruir vidas humanas.[435] Lameque não se contenta com o princípio de retribuir "igual por igual"a,[436] mas sua consciência de poder e seu orgulho o levam a anunciar vingança desmedida para o menor dos ferimentos.

a Êx 21.23-25

Um homem precisa morrer por infligir um ferimento, que também pode ser um ataque à honra. Uma pisada, ou seja, um ferimento não fatal custa a vida de um jovem, que ainda está no ponto máximo de sua força. Ao matar um jovem, Lameque pretende empreender uma vingança ainda mais intensa do que ao matar um homem.[437] Lameque pensa que a arma em sua mão lhe permitirá assegurar sua existência de forma ilimitada. Ao anunciar uma vingança brutal e desmedida, Lameque toma para si a execução da vingança, que Deus tinha reservado para si.[438]

Deus tinha proibido a vingança contra Caim, colocando-o sob sua proteção pessoal. Deus tinha guardado para si o direito exclusivo de executar qualquer tipo de vingançab. Ele anuncia vingança àquele que vinga a si mesmo: "Quem se vinga sofrerá a vingança do Senhor" (Eclesiástico 28.1[439]). Lameque não apenas tinha agido como Caim, arrogando para si o poder de dispor sobre uma vida criada por Deus, mas se tornou como *estes cujo poder é o seu deus* (Hc 1.11). Ele tinha *o punho por seu deus* (Jó 12.6). Com uma observação zombeteira, Lameque coloca a vingança planejada por ele acima da vingança de Deus. Deus tinha assegurado que Caim seria vingado setenta e sete vezes (de acordo com o simbolismo do

b Dt 32.35; Rm 12.19

---
433 Delitzsch, *Genesis*, pg. 131.
434 König, pg. 295.
435 Westermann, *Genesis* I/1, pg. 455.
436 Procksch, pg. 56.
437 Westermann, *Genesis* I/1, pg. 454.
438 von Rad, *Mose*, pg. 91.
439 Livro apócrifo Eclesiástico ou Sirácida. (N.T.)

número)⁴⁴⁰, mas Lameque se gaba de poder vingar a si mesmo setenta vezes sete vezes. Ao fazer pouco da vingança de Deus, Lameque ultrapassa até mesmo o número da perfeição.

Alguns manuscritos gregos traduzem a palavra de Jesus "não te digo que até sete vezes, mas até setenta e sete vezes" como *não sete vezes, mas até setenta vezes sete* (Mt 18.22). De acordo com eles, o número que Lameque ampliou de forma desmedida representa a disposição ilimitada ao perdão que Jesus espera dos seus.⁴⁴¹

c Lv 26.18, 21,24

A vingança sétupla é abrangente, permanente e cruel[c]. Assim como a vingança executada setenta vezes sete vezes é inimaginável, também o perdão dos cristãos entre si não deve ter limites. A vingança de Deus, que na verdade valia para as pessoas que tinham trazido a ira de Deus sobre si, atingiu a Jesus (Is 53!). Como Jesus suportou essa ira em favor de todos, ele pode fazer frente a qualquer desejo de vingança humano, dando-nos o seguinte mandamento: o teu perdão não deve ter nenhum limite.

5. O nascimento de Sete e Enos, 4.25s

25 Tornou Adão a coabitar com sua mulher; e ela deu à luz um filho, a quem pôs o nome de Sete; porque, disse ela, Deus me concedeu outro descendente em lugar de Abel, que Caim matou.

26 A Sete nasceu-lhe também um filho, ao qual pôs o nome de Enos; daí se começou a invocar o nome do Senhor.

Com Sete, o terceiro filho de Adão e Eva, começa a nova linha da humanidade. Sete é o pai de todos os que são citados nas genealogias que se seguem. Não há mais nenhuma referência a Caim e seus filhos.⁴⁴²

25 **Tornou Adão a coabitar com sua mulher; e ela deu à luz um filho, a quem pôs o nome de Sete; porque, disse ela, Deus me concedeu outro descendente em lugar de Abel, que Caim matou.** A palavra *schath*, que dá origem a Sete, não significa "substituir", mas simplesmente "dar", "conceder".⁴⁴³ Sete não é o substituto de Abel, mas é a dádiva de um novo descendente. Sete significa "nova fundação, inauguração de nova vida".⁴⁴⁴

a Is 64.7; Am 6.10

O cumprimento de Eva a Sete não transparece orgulho nem entusiasmo. A esperança antigamente atribuída a Caim não é transferida para Sete.⁴⁴⁵ As palavras de Eva soam modestas e humildes. Desta vez, ela também não chama Deus pelo seu nome de Redentor, Javé, mas de Deus Elohim. Para ela, Deus não era mais o Redentor próximo e misericordioso, mas o Criador, o Transcendente, cujo nome de misericórdia ela não ousava mais invocar. Parece que Deus teria se afastado um pouco das pessoas[a].

26 **A Sete nasceu-lhe também um filho, ao qual pôs o nome de Enos; daí se começou a invocar o nome do Senhor.** Enos, o filho de Sete, recebe de

---

440 Veja o comentário sobre Gênesis 4.15.
441 A respeito da resposta de Jesus à pergunta dos discípulos sobre quantas vezes deveriam perdoar, veja o comentário sobre Gênesis 4.15.
442 Cassuto, *From Adam to Noah*, pg. 244.
443 Odelain/Seguineau, pg. 331.
444 Cassuto, *From Adam to Noah*, pg. 425.
445 Veja o comentário sobre Gênesis 4.1.

seu pai um nome cujo sentido é quase igual a Adão. Enos significa "ser humano" e, assim como Adão, pode ser usado de forma coletiva. O nome Enos aparece 42 vezes no Antigo Testamento. Em 32 ocasiões, Enos refere-se ao ser humano em sua mortalidade, finitude e limitação, ou então como o ser humano em oposição a Deus.[446] Em outros trechos, Enos é usado também como nome próprio[b]. Tanto Adão quanto Enos podem ser traduzidos por "ser humano" ou "humanidade". A diferença entre eles é a seguinte: Adão, aquele que foi criado por Deus, é "ser humano criatura", e, com isso, pai de toda a humanidade. Enos, que deve sua vida a um ser humano gerado, seu pai, Sete, é o assim chamado "ser humano histórico".[447] Com Enos, a humanidade passou a se desenvolver pelos caminhos pretendidos por Deus. A força da bênção da fecundidade é transmitida de geração a geração pela reprodução.

b Gn 5.6s, 9-11; 1Cr 1.1; Lc 3.38

O ponto decisivo no começo da genealogia encabeçada por Sete e Enos é a reconquista da possibilidade de invocar Javé. Depois da decepção com Caim, Eva não se atrevia mais a dizer o nome redentor de Deus, Javé. Caim não podia invocar Javé, pois estava no exílio, isto é, ele tentava constantemente esconder-se da face de Deus. Mas com Enos o ser humano recomeçou a chamar Deus pelo seu nome de Redentor.

A expressão *'as huchal*, "daí se começou", também pode ser traduzida como "naquela época o ser humano recomeçou". No hebraico clássico não há diferença gramatical entre um começo inédito e um recomeço. Assim como a palavra *banah* significa "construir" e também "reconstruir", é possível traduzir *hechel* com "começar" e com "recomeçar".[448] A menção à invocação do nome de Deus na época de Enos não é uma informação sobre o início do culto a Deus ou de uma religião original, mas um testemunho de que, depois do assassinato de Abel por Caim, a geração de Enos viu novamente a possibilidade de dirigir-se a Javé como Redentor. Invocar o nome não é um ato de culto. Até mesmo Deus clama o nome de Javé[c], e isso é relatado com as mesmas palavras usadas no caso de Enos, *kara' b'schem jahwe*. A expressão *kara' b'schem jahwe* aparece dezessete vezes no Antigo Testamento, e significa "invocar o nome de Deus", sendo que sempre se pressupõe um relacionamento íntimo entre o invocador e o invocado.[449] A invocação do nome de Deus existiu muito tempo antes de qualquer ato litúrgico ou culto. A invocação do nome dá início ao lamento e ao louvor. A simples invocação do nome já pode implicar júbilo, súplica, entrega e confiança.[450] A invocação do nome é o primeiro componente de cada culto, presente sempre que o culto começa com as palavras "em nome do Pai, do Filho e do Espírito Santo".

c Êx 33.19; 34.5s

Além de "invocar", *kara'* também pode ser traduzido por "pregar, anunciar". Quem seguir Martinho Lutero e Franz Delitzsch[451], optando por esta segunda tradução, reconhece a ligação misteriosa entre a adoração e a pregação. A adoração é testemunho, e a pregação só é possível por causa da adoração.

---

446 Westermann, *Genesis* I/1, pg. 460.
447 Ibid, pg. 462 f.
448 Cassuto, *From Adam to Noah*, pg. 248.
449 Labuschagne, col. 673.
450 Westermann, *Genesis* I/1, pg. 462.
451 Lutero, *Moses*, pg. 125; Delitzsch, *Genesis*, pg. 134.

A nova linha da humanidade começou com Sete e Enos. Por isso, faz sentido que tanto Sete quanto Enos apareçam na genealogia de Jesus.ᵈ

d Lc 3.38

IV. DE ADÃO A NOÉ, 5.1 – 6.8

A história universal do mundo e da humanidade está sob um veredito duplo de Deus. A criação do mundo é encerrada com a constatação: *Viu Deus tudo quanto fizera, e eis que era muito bom* (Gn 1.31). Mas antes de destruir o mundo por meio do dilúvio, o texto diz: *Viu Deus a terra, e eis que estava corrompida; porque todo ser vivente havia corrompido o seu caminho na terra* (Gn 6.12).

Os motivos para essa mudança no veredito divino podem ser encontrados no relato dos acontecimentos nas gerações de Adão até Noé. A história a respeito dos filhos de Deus e das filhas dos homens tem um papel decisivo nisso. A história do pecado dos filhos de Deus é o motivo final para que Deus decidisse destruir o mundo. O trecho de Gênesis 6.1-4 é um componente necessário e orgânico da pré-História. Ele é tudo, menos um capítulo perdido, totalmente fora do contexto.[452] De acordo com a exegese judaica, este texto não pode ser chamado de corpo estranho nem de texto disperso,[453] e descrevê-lo dessa forma "é apenas uma comprovação de que a correlação ainda não foi compreendida".[454]

INTRODUÇÃO: O livro das gerações, 5.1a

1a Este é o livro da genealogia de Adão.

a Gn 5.1;6.9; 10.1; 11.10,27; 25.12,19; 36.1,9; 37.2; Nm 3.1

Nos cinco livros do Pentateuco, a grande obra histórica no começo da Bíblia, há onze trechos iniciados com as palavras "Este é o livro das gerações", *tolᵉdoth* ᵃ. Como também a criação dos céus e da terra pode ser descrita como história de "gerações" ou como "genealogia",[455] o livro das gerações é mais do que uma genealogia em forma de lista. Ele tem um significado maior do que uma simples genealogia. É uma "história da formação", que informa a respeito da origem do ser humano e ilumina a existência humana em todas as suas áreas.[456]

Assim como a genealogia de Adão a Lameque, passando por Caim, desemboca em três elos (Jabal, Jubal e Tubalcaim), assim também a genealogia de Adão a Noé termina com um trio (Sem, Cam e Jafé).

1. As dez gerações de Adão até Noé, 5.1b-32

1b No dia em que Deus criou o homem, à semelhança de Deus o fez;

2 homem e mulher os criou, e os abençoou, e lhes chamou pelo nome de Adão, no dia em que foram criados.

3 Viveu Adão cento e trinta anos, e gerou um filho à sua semelhança, conforme a sua imagem, e lhe chamou Sete.

---

452 Cf. Closen, pg. 13-18.
453 Cf. Cassuto, *From Adam to Noah*, pg. 249-307.
454 Jacob, pg. 172.
455 Veja o comentário sobre Gênesis 2.4.
456 Veja Excurso II: A origem ajuda o ser humano a compreender.

4 Depois que gerou a Sete, viveu Adão oitocentos anos; e teve filhos e filhas.
5 Os dias todos da vida de Adão foram novecentos e trinta anos; e morreu.
6 Sete viveu cento e cinco anos e gerou a Enos.
7 Depois que gerou a Enos, viveu Sete oitocentos e sete anos; e teve filhos e filhas.
8 Todos os dias de Sete foram novecentos e doze anos; e morreu.
9 Enos viveu noventa anos e gerou a Cainã.
10 Depois que gerou a Cainã, viveu Enos oitocentos e quinze anos; e teve filhos e filhas.
11 Todos os dias de Enos foram novecentos e cinco anos; e morreu.
12 Cainã viveu setenta anos e gerou a Maalalel.
13 Depois que gerou a Maalalel, viveu Cainã oitocentos e quarenta anos; e teve filhos e filhas.
14 Todos os dias de Cainã foram novecentos e dez anos; e morreu.
15 Maalalel viveu sessenta e cinco anos e gerou a Jarede.
16 Depois que gerou a Jarede, viveu Maalalel oitocentos e trinta anos; e teve filhos e filhas.
17 Todos os dias de Maalalel foram oitocentos e noventa e cinco anos; e morreu.
18 Jarede viveu cento e sessenta e dois anos e gerou a Enoque.
19 Depois que gerou a Enoque, viveu Jarede oitocentos anos; e teve filhos e filhas.
20 Todos os dias de Jarede foram novecentos e sessenta e dois anos; e morreu.
21 Enoque viveu sessenta e cinco anos e gerou a Metusalém.
22 Andou Enoque com Deus; e, depois que gerou a Metusalém, viveu trezentos anos; e teve filhos e filhas.
23 Todos os dias de Enoque foram trezentos e sessenta e cinco anos.
24 Andou Enoque com Deus e já não era, porque Deus o tomou para si.
25 Metusalém viveu cento e oitenta e sete anos e gerou a Lameque.
26 Depois que gerou a Lameque, viveu Metusalém setecentos e oitenta e dois anos; e teve filhos e filhas.
27 Todos os dias de Metusalém foram novecentos e sessenta e nove anos; e morreu.
28 Lameque viveu cento e oitenta e dois anos e gerou um filho;
29 pôs-lhe o nome de Noé, dizendo: Este nos consolará dos nossos trabalhos e das fadigas de nossas mãos, nesta terra que o Senhor amaldiçoou.
30 Depois que gerou a Noé, viveu Lameque quinhentos e noventa e cinco anos; e teve filhos e filhas.

31 Todos os dias de Lameque foram setecentos e setenta e sete anos; e morreu.

32 Era Noé da idade de quinhentos anos e gerou a Sem, Cam e Jafé.

A série de acontecimentos na sequência das gerações é demonstrada pelos eventos de nascimento, geração de filhos, tempo total de vida, menção a outras gerações e morte. Apesar das idades avançadas, nenhum dos pais originais alcançou os mil anos, isto é, a unidade de tempo que, para Deus, o Onipotente, é o mesmo que um dia[a].

a Sl 90.4; 2Pe 3.8

Como observadores, compreendemos o sentido dessa genealogia com dez gerações quando analisamos seus aspectos intelectuais, existenciais, teológicos, culturais e escatológicos.[457]

a. Adão

Deus criou o ser humano como homem e como mulher. O principal objetivo dessa primeira geração, acima de todas as outras incumbências que Deus lhe dera, era passar a imagem e semelhança de Deus adiante de geração em geração.

Chama a atenção a descrição feita a respeito de Sete: o fato de que era à semelhança de Adão, isto é, o filho de Adão carrega a imagem e semelhança de seu pai. A profundidade dessa declaração só é compreendida por quem consegue entender o raciocínio e o imaginário da época em que essa formulação foi registrada. Se voltarmos à época de Moisés, encontramos uma quantidade significativa de textos egípcios em que a expressão "ser retrato do pai" é sinônimo para a descrição "à imagem do Deus criador". Por exemplo, diz-se o seguinte sobre Hatchepsut: "A filha de Re, retrato perfeito de Amom"; sobre Ramsés II (1300-1234 a. C.), os conselheiros que o rodeavam disseram: "Tu és na terra a imagem viva de teu pai Atum, de Heliópolis".[458]

Por meio de geração e nascimento, o ser humano não transfere ao seu descendente apenas suas características pessoais, mas também a imagem e semelhança de Deus recebida originalmente. Sete é a imagem do pai e, como criatura, imagem e semelhança de Deus.

b. Sete[459]

c. Enos[460]

d. Cainã

O nome Cainã aparece somente aqui e na repetição da genealogia em 1 Crônicas 1.2. O significado é incerto. É possível que o nome "Cainã" seja aparentado com "Caim".[461]

---

457 Veja Excurso II: *A origem ajuda o ser humano a compreender*; sobre uma explicação das idades, veja esp. V: As genealogias da História universal e sua continuação.
458 Textos e avaliações em Closen, pg. 164-166; sobre a imagem e semelhança cf. Excurso I: *O velho e o novo Adão*, esp. III: A imagem de Deus e a imagem de Jesus Cristo.
459 Veja o comentário sobre Gênesis 4.25.
460 Veja o comentário sobre Gênesis 4.26.
461 Westermann, *Genesis* I/1, pg. 483.

e. Maalalel

Maalalel significa "louvor a Deus". Ele aparece mais uma vez como nome próprio no livro de Neemias (Ne 11.4). É possível que "Hilel" seja uma abreviação de Maalalel.[462]

f. Jarede

Jarede pode significar "aquele que desce", de acordo com o verbo hebraico *jarad*, ou então "servo". A tradução "servo, criado" estaria baseada na raiz acádia *ardu*.[463]

g. Enoque

Enoque vem do verbo hebraico para "inaugurar",[464] e é um nome comum no Antigo Testamento. O filho de Caim chamava-se Enoque (Gn 4.17s). Entre os cinco filhos de Midiã – netos de Abraão com sua concubina Quetura – havia um Enoque (Gn 25.4; 1Cr 1.33). A tribo dos "enoquitas" descende de um dos primeiros quatro filhos de Rubem (Gn 46.9; Êx 6.14; 1Cr 5.3). Sobre Enoque, o sexto na sequência dos pais originais na linha de Adão/Sete, há uma informação especial. Diz-se a respeito dele: **Andou 24 Enoque com Deus e já não era, porque Deus o tomou para si.**

Enoque e Noé (Gn 6.9) são os únicos homens da Bíblia a respeito dos quais se diz que andaram com Deus. Sobre Abraão, diz-se que andava na presença de Deus (Gn 17.1), e quando o povo de Israel levava uma vida que agradava a Deus, o texto diz que andava no caminho do Senhor (Dt 13.5). Somente Enoque e Noé tinham uma ligação direta, ininterrupta com Deus. Eles tinham contato diário, íntimo com Deus, o que marcou sua vida e a tornou agradável a Deus. A reação de Deus veio. Noé foi protegido e salvo da catástrofe do dilúvio, Enoque não precisou morrer: Deus o tomou para si. A palavra "tomar, pegar, agarrar, pegar para si" raramente tem Deus como sujeito. Mas quando isso acontece e Deus é descrito como interferindo no mundo com mão invisível, tomando uma pessoa para si, a palavra significa o mesmo que "escolher" ou "chamar".[465]

Deus "tomou", isto é, ele "escolheu" e "chamou" Abraão[b], o povo do Egito[c], Davi[d], Amós[e], Zorobabel[f] e os levitas[g]. Mas os escolhidos são primeiramente chamados a viver uma vida agradável a Deus neste mundo. O caso de Enoque – e mais tarde Elias – é diferente. Aqui a mão de Deus toma dois homens e os tira do mundo. No caso de Enoque, o texto diz: *e já não era*, e sobre Elias é relatado: *E (Eliseu) nunca mais o viu* (2Rs 2.12).

Deus, que ordenara a morte e o retorno ao pó sobre o ser humano que tinha caído em pecado, quebrou essa lei à qual a humanidade tinha sido submetida. Ele tirou Enoque e Elias do mundo de pecado e mal sem fazê-los passar pela morte, colocando-os diretamente em uma existência que se assemelhava à vida no paraíso.[466] Poupou Enoque e Elias da morte que todas as outras pessoas precisam sofrer. Dois trechos de Salmos descrevem o que o arrebatamento significou para Enoque e Elias, usando o termo técnico para arrebatamento, "tirar". O Salmo 49.15 diz: *Mas Deus*

b Gn 24.7
c Dt 4.20; Os 11.3
d 2Sm 7.8; 1Cr 17.7; Sl 78.70
e Am 7.15
f Ag 2.23
g Nm 8.14-16, 18; 18.6

---

462 Odelain/Seguineau, pg. 229 e 138.
463 Westermann, *Genesis* I/1, pg. 484.
464 Veja o comentário sobre Gênesis 4.17.
465 Schmid, col. 879.
466 Delitzsch, *Genesis*, pg. 143.

remirá a minha alma do poder da morte, pois ele me tomará (arrebatará) *para si*[457], e no Salmo 73.23s lemos o louvor: *Tu me seguras pela minha mão direita. [...] e depois me recebes na glória.*[467] O arrebatamento, isto é, o livramento da morte, é salvação das garras do submundo.[468] Os arrebatamentos do Antigo Testamento não devem ser equiparados à ascensão de Jesus ou ao arrebatamento daqueles que pertencem a Jesus. Jesus foi o primeiro, aquele que abriu o céu para o ser humano. Somente ele abriu o céu e criou "lugar" para o ser humano (Jo 14.2s). Em comparação com a ascensão de Jesus, os arrebatamentos do Antigo Testamento são "ações proféticas"[469], isto é, o fim da morte[h] vem por intermédio de Jesus Cristo. Ele é aquele que, de acordo com a profecia original, pisa a cabeça da serpente e tem poder sobre a morte[i].

h Is 25.8; 1Co 15.24

i Hb 2.14

Haverá ainda mais um arrebatamento, a saber, quando Jesus voltar ao som da trombeta. [...] *depois, nós, os vivos, os que ficarmos, seremos arrebatados juntamente com eles* [os mortos em Cristo]*, entre nuvens, para o encontro do Senhor nos ares, e, assim, estaremos para sempre com o Senhor* (1Ts 4.17)[k].

k cf. 1Co 15.51s

No Antigo Testamento, o arrebatamento é proteção contra a morte e resgate do poder do inferno. Os que foram arrebatados no Antigo Testamento vivem uma vida paradisíaca, como as pessoas antes da queda. Somente o arrebatamento daqueles que pertencem a Jesus dá acesso ao céu. Somente quem for arrebatado na volta de Jesus estará completamente reunido com Deus, seu Criador e Senhor.

Enoque era o representante da sétima geração entre Adão e Noé. Isso é significativo na exegese judaica, pois sete é o número da plenitude e da perfeição.[470]

Os apócrifos do Antigo Testamento dizem que Enoque "agradou a Deus, e foi transportado ao paraíso, para exortar (*no fim do mundo*) as nações à penitência" (Eclesiástico 44.16). Seu andar com Deus atuou como um testemunho vivo. No enfoque apocalíptico judaico, Enoque é considerado autor de um escrito amplamente divulgado no século 2 a.C., no qual Enoque atuava como pregador do arrependimento entre seus contemporâneos. No Primeiro Livro de Enoque, que leva seu nome, estão as palavras citadas por Judas em sua carta: *Eis que veio o Senhor entre suas santas miríades, para exercer juízo contra todos e para fazer convictos todos os ímpios, acerca de todas as obras ímpias que impiamente praticaram e acerca de todas as palavras insolentes que ímpios pecadores proferiram contra ele* (Jd 14s).

No Novo Testamento, Enoque continua sendo o homem cuja forma de viver lhe angariou comunhão direta e íntima com Deus. Ele *obteve testemunho de haver agradado a Deus* (Hb 11.5), de forma que é natural supor que – assim como aconteceu mais tarde com Noé – Deus tenha lhe contado a respeito de seus planos e propósitos. O testemunho neotestamentário sobre Enoque nas cartas de Judas e aos Hebreus permite supor que a literatura apócrifa e apocalíptica tenha mantido traços de uma antiga história perdida de Enoque.[471]

---

467 Sobre a tradução: cf. Menge sobre esta passagem.
468 Cassuto, *From Adam to Noah*, pg. 286.
469 Delitzsch, *Weissagungen*, pg. 29 f.
470 Cassuto, *From Adam to Noah*, pg. 282.
471 Cf. von Rad, *Mose*, pg. 57.

h. Metusalém

O nome do oitavo pai pode ser traduzido como "homem com lança".[472] A duração de sua vida é descrita com o maior número. Para a exegese rabínica, isso é razão para celebrá-lo como o justo da pré-História.[473] Alguns exegetas até mesmo alegam que ele aprendera durante 243 anos com Adão, e que o dilúvio só pôde destruir a terra depois de terem passado sete dias de luto após a morte de Metusalém.[474] Não há qualquer base nos escritos do Antigo e do Novo Testamento para estas suposições.

i. Lameque

Também na genealogia de Sete há um patriarca chamado Lameque.[475] Lameque, o queneu, tornou-se conhecido por seu brutal cântico de vitória, o assim chamado cântico do triunfo, de vanglória ou da espada.[476] Já Lameque, o setita, usa palavras bonitas e poéticas para expressar a esperança de que seu filho seja o homem que colocará fim ao tempo em que a maldição do pecado dominava.[477] Lameque demonstra sua esperança por um novo tempo ao interpretar o nome de seu filho Noé.

j. Noé

A tradução mais aproximada para o nome Noé, cujo significado original é impossível de esclarecer, é "respirar (de alívio)" ou "descanso". Lameque dá sua explicação na forma de um jogo de palavras. Jogos de palavras com o nome Noé aparecem em vários pontos dos próximos capítulos. Esses trocadilhos aproveitam termos cujo teor ou som em hebraico possa ser ligado ao nome Noé. Trata-se das palavras hebraicas "graça" (Gn 6.8), "repouso" (Gn 8.4), "pousar" (Gn 8.9), assim como "suavidade" (Gn 8.21).[478] No trocadilho de Lameque, Noé é aquele que traz consolo: **Este nos consolará dos nossos trabalhos e das fadigas de nossas mãos, nesta terra que o Senhor amaldiçoou.**

O consolo que Noé trará é a derrota da maldição que Deus colocou sobre a terra. Alguns exegetas supõem que esse consolo seria o ritmo de trabalho e descanso que só se tornou possível com a plantação de vinhas, inventada por Noé. "Noé, que começou o plantio de vinhas e assim forçou a terra amaldiçoada por Deus a produzir o líquido refrescante e animador, inventara assim um meio para que o ser humano pudesse se refrescar e alegrar depois do encerramento do trabalho".[479] Um argumento contrário a essa interpretação é o fato de que a maldição de Deus não pode ser eliminada ou derrotada pela iniciativa humana. Além disso, o relato sobre a primeira vez em que Noé desfrutou do vinho não pode ser considerado exatamente uma passagem consoladora.[480] O consolo que

---

472 Odelain/Seguineau, pg. 242.
473 Cassuto, *From Adam to Noah*, pg. 287.
474 Meir-Zlotowitz, pg. 174-175.
475 Sobre a interpretação do nome, veja o comentário sobre Gênesis 4.18.
476 Veja o comentário sobre Gênesis 4.23,24.
477 Delitzsch, *Genesis*, pg. 144.
478 Cassuto, *From Adam to Noah*, pg. 289.
479 Ehrlich, vol. I, pg. 28. O vinho como consolador também é defendido por Böhmer, Budde, Gunkel e Westermann; cf. Westermann, *Genesis* I/1, pg. 487s.
480 Veja o comentário sobre Gênesis 9.20ss.

Noé trará é o início de um novo relacionamento com Deus.[481] Noé faz uma aliança com Deus.[482] A fé de Noé, o justo[l], o transforma em salvo[m]. Como salvo, ele representa a esperança do mundo[n].

A bênção da aliança entre Deus e Noé estende-se até o fim dos tempos. O consolo transmitido por Noé é a garantia da benignidade, da paciência e da longanimidade de Deus[o]. Noé é o primeiro consolador[p] e, como tal, uma referência viva ao consolador esperado na pessoa do Messias.[483]

A sequência genealógica em dez partes de Adão até Noé termina com o relato do nascimento dos três filhos de Noé: Sem, Cam e Jafé. Salvos do dilúvio, os três filhos de Noé tornam-se os antepassados da humanidade pós-diluviana.

Sem é a transliteração grega da palavra hebraica *Schem*, "nome". Sem é o pai dos semitas.[484]

Cam – não há explicação para seu nome – é o pai dos habitantes da Etiópia e Núbia, do Egito, da Arábia e de Canaã.[474]

Jafé – seu nome significa: "que ele (Javé) dê amplo espaço" – é o pai dos moradores da Ásia Menor, das ilhas do Mediterrâneo e do litoral palestino.[474]

l Ez 14.14,20; Sabedoria 10.4
m Hb 11.7; 1Pe 3.20; 2Pe 2.5; Mt 24.37s; Lc 17.26s
n Sabedoria 14.6; Eclesiástico 44.17s
o At 17.30; 14.17; Rm 3.26
p Is 49.13; 52.9; Jo 14.16

2. Os filhos de Deus e as filhas dos homens, 6.1-4

1 Como se foram multiplicando os homens na terra, e lhes nasceram filhas,

2 vendo os filhos de Deus que as filhas dos homens eram formosas, tomaram para si mulheres, as que, entre todas, mais lhes agradaram.

3 Então, disse o Senhor: O meu Espírito não agirá para sempre no homem, pois este é carnal; e os seus dias serão cento e vinte anos.

4 Ora, naquele tempo havia gigantes na terra; e também depois, quando os filhos de Deus possuíram as filhas dos homens, as quais lhes deram filhos; estes foram valentes, varões de renome, na antiguidade.

O esforço para encontrar uma interpretação para esse texto, conhecido pela expressão "casamento dos anjos", abrange um período de tempo de dois mil anos. Desde o início, há duas interpretações extremas e opostas.

a. A interpretação dos anjos

O livro de Enoque, um dos apócrifos judeus, escrito por volta de 150 a.C., já interpretava os filhos de Deus como anjos. Esse livro relata como anjos maus ensinaram muitas práticas ocultas e pecaminosas às mulheres. As crianças nascidas da ligação entre os demônios e as mulheres são os gigantes sobre os quais fala a pré-História. Também o livro de Tobias fala sobre um demônio que, por amor a uma moça, mata o noivo que entra na câmara nupcial. Outros detalhes sobre os chamados pecados dos anjos maus são relatados então no Livro dos Jubileus.

---

481 Veja o comentário sobre Gênesis 9.8ss.
482 Veja o comentário sobre Gênesis 9.1-17.
483 Delitzsch, *Weissagungen*, pg. 30 e 31.
484 Veja o comentário sobre Gênesis 10.

A questão de como foi possível que surgissem essas imagens judaicas sobre os "pecados dos anjos" tem duas explicações possíveis. Por um lado, é concebível que a seita dos essênios tenha usado essa interpretação para justificar o celibato defendido por eles. Se Deus não perdoa o casamento nem aos anjos, quanto menos ao ser humano. Mas também é imaginável que os saduceus, em sua ânsia de negar a eternidade, tenham recorrido a todo meio disponível para materializar o conceito de anjos ou para torná-lo o mais absurdo possível.[485]

Jesus, que precisou lidar tanto com os essênios quanto com os saduceus, opôs-se terminantemente à ideia de casamento dos anjos. No reino dos céus não há casamento nem dar-se em casamento, as pessoas serão como anjos, que *nem casam, nem se dão em casamento* (Mt 22.30).

Apesar dessa resposta clara de Jesus às tentativas de interpretação de sua época, a teoria do casamento dos anjos manteve-se durante os séculos. No fim do século 19, Friedrich Schwally escreveu: "Para as filhas dos homens, seria um dever agradar aos nascidos de Deus. Também da parte dos filhos de Deus não há culpa, eles podiam buscar esposas para si onde quisessem".[486]

A interpretação de Franz Delitzsch tem algo de sedutor e fascinante, ao considerar que o relato de Gênesis 6.1-4 seja o relato da "ocultação limítrofe entre o mundo espiritual e humano como uma parte da danação geral e profunda".[487] Essa interpretação parte do princípio de que há anjos degradados à condição de seres humanos. Como comprovação, ele cita Salmo 82.2,6s: [...] *tomareis partido pela causa dos ímpios?* [...] *sois deuses, sois todos filhos do Altíssimo. Todavia, como homens, morrereis*. Os ímpios são deuses de uma esfera distante da justiça e da salvação. São deuses com poderes demoníacos, que questionam a existência do mundo. Eles destroem a comunhão humana e, à força, explodem os limites que Deus deu às pessoas. A ligação íntima entre pessoas e poderes demoníacos colocou os fenômenos ocultos, o emprego de forças sobrenaturais e esotéricas à disposição do ser humano.

Essa modificação da interpretação dos anjos pode apontar para numerosos paralelos na história religiosa, que contam como a ligação entre o terreno e o sobrenatural trouxe forças e fenômenos inexplicáveis ao mundo. Assim, o relato de Gênesis 6.1-4 seria uma explicação do início do demonismo no mundo, explicando o fenômeno da possessão.

O ponto de partida indiscutível dessa modificação da interpretação dos anjos é que nem o Antigo nem o Novo Testamento negam a existência de demônios. Mas, ao mesmo tempo, é preciso dizer que em lugar algum das Escrituras há uma doutrina clara sobre demônios. Sempre que os textos do Antigo e do Novo Testamento falam de demônios, eles se distanciam claramente de qualquer tipo de fé em demônios.

O argumento mais fraco da interpretação dos anjos é que, qualquer que seja a versão apresentada, é a referência a assim chamados paralelos extrabíblicos e analogias de outras religiões. Diante de uma análise mais aprofundada, a representação da comunhão íntima entre deuses e seres

---

485 Cf. Closen, pg. 1-5.
486 Citado por Closen, pg. 6.
487 Delitzsch, *Genesis*, pg. 149.

humanos em textos de outras religiões do entorno do Antigo Testamento demonstra ter semelhanças meramente casuais em algumas partes da narração. Paralelos só existem quando for possível comprovar dois processos realmente iguais, e só podemos falar de analogia quando houver uma coincidência total de aspectos. Por isso, o estudo de paralelos religioso-históricos sempre precisa questionar se não existem interpretações mais evidentes, que resultem exclusivamente do conteúdo espiritual e linguístico das próprias Escrituras. O comentarista que se dispõe a isso conclui, ao estudar Gênesis 6.1-4: a representação da ligação íntima entre os filhos de Deus e as filhas dos homens "não pode ser comparada"[488] com textos do entorno.

b. A interpretação dos casamentos mistos

O primeiro exegeta a recusar qualquer tipo de associação de pensamento mitológico com o trecho de Gênesis 6.1-4 foi Júlio Africano (séc. 2). Para ele, os filhos de Deus são os descendentes de Sete, isto é, seres humanos da linha de Sete. Até agora, eles tinham vivido separadamente da geração da maldição. Mas seus casamentos mistos com os queneus pagãos levaram à condenação generalizada.[489] Na Igreja Primitiva, a interpretação dos casamentos mistos era defendida por Agostinho, e, na Reforma, por Martinho Lutero e por João Calvino.[490] Assim como a interpretação dos anjos, ela foi retomada[491] no século 19 e até hoje tem seus seguidores, fazendo referência especial à proibição de casamentos mistos[a] existente nas mais diversas denominações.[492]

a Êx 34.16; Gn 27.46; 28.1s

O pano de fundo para a interpretação dos casamentos mistos é o mundo das seitas gnósticas. Essas seitas já existiam nos primeiros tempos da gnose, no início do cristianismo: os cainitas e os setitas. Os cainitas veneravam Caim e Judas Iscariotes. Para os gnósticos setitas, no entanto, Sete não era somente filho de Adão, mas também o mediador da salvação do mundo superior.[493] Essas duas seitas rivais criaram a base para a interpretação dos casamentos mistos devido ao seu imaginário com linhas extremas de maldição e bênção.

A proibição de casamentos mistos nas seitas gnósticas tinha um precursor veterotestamentário para servir de referência. Esdras e Neemias combateram ferrenhamente qualquer tipo de casamento misto entre judeus e gentios.[494] Mas nem mesmo a vertente mais radical do judaísmo conseguiu acabar totalmente com eles. Sem qualquer explicação, encontramos mulheres gentias na genealogia de Jesus. Entre as mulheres na genealogia de Jesus estão as cananeias Tamar e Raabe[b], a moabita Rute[c] e Bate-Seba, esposa de um hitita, isto é, esposa de um homem que pertencia a um povo não israelita da região siro-palestina[d].

b Gn 38.6-30; Rt 4.12; 1Cr 2.4; Js 2.1-21; 6.22-25; Mt 1.3,5

c Rt 1.4,22; 2.2,6,21; 4.5,10; Mt 1.5

Não há, no Antigo Testamento, indicação de que a proibição de Esdras e Neemias aos casamentos mistos já existisse na época da história

d 2Sm 11.2-7; Mt 1.6

---

488 Closen, pg. 108.
489 Ibid, pg. 133-155.
490 Lutero, *Moses*, pg. 140 e 141; Calvino, pg. 90 e 91.
491 Keil, vol. I, pg. 103.
492 Sobre a discussão, cf. o excurso sobre os "filhos de Deus" em Westermann, *Genesis* I/1, pg. 501-503.
493 Tröger (ed.), pg. 90-94.
494 Closen, pg. 141.

universal. A especulação gnóstica tem ainda menos motivos para se basear no Antigo Testamento. A luta entre linha de bênção e linha de maldição, entre Sete e Caim, é mera imaginação da gnose. A interpretação dos casamentos mistos não resiste à exegese de Gênesis 6.1-4.

c. A interpretação humana geral

Se os casamentos de anjos e os casamentos mistos não se aplicam, resta supor que os filhos de Deus não sejam nem seres celestiais, nem um grupo específico dentro da humanidade. Todos os homens daquela época são chamados de filhos de Deus. A expressão filhos de Deus refere-se a pessoas – não somente descendentes de Sete, mas qualquer homem.[495] A viabilidade dessa interpretação, que parece ser a única que resta, precisa ser comprovada pela exegese detalhada. Ela também precisa ser capaz de responder às seguintes perguntas: por que o texto contrapõe "filhos de Deus" e "filhas dos homens", se ambos os grupos são de pessoas? O que significam os cento e vinte anos de vida? E como surgiram os gigantes na terra?

Como se foram multiplicando os homens na terra, e lhes nasceram filhas, vendo os filhos de Deus que as filhas dos homens eram formosas, tomaram para si mulheres, as que, entre todas, mais lhes agradaram. 1 2

A humanidade tinha se multiplicado. Aqui a palavra "adão" é usada como em Gênesis 5.2, como referência a homem e mulher. A bênção da criação se cumpriu, e a terra – neste ponto o texto fala em "superfície da terra" – ficou cheia de pessoas. A humanidade tinha alcançado um número enorme em toda a terra.[496]

Chama a atenção que aqui os descendentes sejam chamados não de filhos, mas de filhas. Um comentário do século 17 traz a mais curiosa das explicações sobre este trecho. Ferdinandius Borbensis argumenta: a paixão desenfreada tinha enfraquecido de tal forma a força reprodutiva das pessoas que elas não conseguiam mais produzir descendentes masculinos.[497]

Mas a razão pela qual o texto menciona apenas as descendentes femininas é para enfatizar os acontecimentos que se seguem. Os homens só são chamados de "filhos de Deus" depois da menção às mulheres da humanidade. A simples descrição das pessoas por nomes diferentes, as "filhas dos homens" e os "filhos de Deus", já permite supor a ameaça que rondava a humanidade. A capacidade das pessoas de produzir coisas negativas ameaça a bênção da criação, arriscando uma interrupção do relacionamento entre as pessoas e Deus.[498]

A expressão "filhos de Deus" pode ser explicada primeiramente a partir do contexto da própria pré-História. O filho não carrega somente a imagem e semelhança do pai, mas também de Deus, que o criou como pessoa. Sete, o filho de Adão, carrega a imagem de seu genitor, a imagem de Adão, mas ao mesmo tempo, como ser humano cuja criação se deve a Deus, carrega em si também a imagem e semelhança de Deus. Ele não

---

495 Ibid, pg.157.
496 Jacob, pg. 169.
497 F. Borbensis; citado por Closen, pg. 24.
498 Westermann, *Genesis* I/1, pg. 500.

é somente filho de Adão, mas também filho de Deus.[499] O ser humano, que o Criador fez apenas um pouco *menor do que Deus* (Sl 8.5), pode ser chamado de "filho de Deus". Como a imagem e semelhança de Deus é o único motivo pelo qual as pessoas podem ser chamadas de "filhos de Deus", sem dúvida também as mulheres são "filhas de Deus". Filhos e filhas, homem e mulher, como diz Agostinho, têm dois nomes, um nome da graça (*nomen gratiae*), que é "filho de Deus", e um nome natural (*nomen naturae*), que é "filho do homem".[500] As pessoas podem ser chamadas por nomes diferentes, como vemos em Gênesis 6. É perfeitamente possível chamar as mulheres tanto de "filhas de Deus" quanto "filhas dos homens", e os homens podem ser chamados tanto de "filhos de Deus" quanto de "filhos dos homens".

A contraposição de "filhos de Deus" e "filhas dos homens" não traz absolutamente nenhuma implicação de que as mulheres não devam ser consideradas filhas de Deus. A única razão pela qual os acontecimentos descritos em Gênesis 6.1-4 mencionam o ser humano separado por sexo, usando tanto seu nome da graça quanto o nome natural, é a dramaticidade que envolve esses eventos, que, em última análise, giram em torno do relacionamento do ser humano com Deus.

Sobre os homens, o texto diz que viram – cobiçaram – tomaram! O ponto de partida para a "tomada" arbitrária das mulheres é o olhar. O olhar facilmente se transforma em desejo, ganância e desejo de posse. A palavra curiosidade originalmente significa "olhar desejoso para algo novo e desconhecido". O olho, um sofisticado órgão humano, permite que vejamos as maravilhas e mistérios da criação; mas, ao mesmo tempo, também pode se tornar porta de entrada para a cobiça. Os olhos absorvem a doce luz (Ec 11.7). Mas também são insaciáveis, assim como o submundo e o inferno (Pv 27.20). Querem ter e ver sempre mais, eles "voam" em direção à riqueza e *verão coisas estranhas* (Pv 23.5,23).[501]

Essa combinação misteriosa de ver, cobiçar e tomar, que desde Gênesis 6 acompanha o ser humano, é o motivo pelo qual Jesus diz: *Qualquer que olhar para uma mulher com intenção impura, no coração, já adulterou com ela* (Mt 5.28).

O texto diz que as mulheres eram "boas" e que foram tomadas. Quando o termo *tob*, "bom", aparece sem qualquer especificação, ele não pode ser traduzido como "belo". Por isso, os exegetas judeus entendem isso como "mulheres altas e fortes", traduzindo o texto como "fisicamente boas", "de constituição forte".[502]

Em relação a uma mulher, o Antigo Testamento usa a palavra "boa" para Rute. *Ela te é melhor do que sete filhos* (Rt 4.15), isto é, para Noemi, Rute é tudo o que ela, como sogra, pode esperar de útil, honroso e feliz.

Em si, a expressão "tomaram para si mulheres" não traz o aspecto da violência. A brutalidade da escolha arbitrária de mulheres só se revela na formulação "tomaram todas quantas cobiçaram", que também pode

---

499 Veja o comentário sobre Gênesis 1.26 e Gênesis 5.1; cf. também o excurso I: O velho e o novo Adão, III. A imagem de Deus e a imagem de Jesus Cristo.
500 Agostinho: "*Spiritu Dei fuerant facti angeli Dei et filii Dei; sed declinando ad inferiora homines dicuntur nomine naturae non gratiae*" *De civ. Dei* 15.23; citado por Closen, pg. 181.
501 Bräumer, pg. 106-108.
502 Jacob, pg. 172 e 178.

ser traduzida como: *tomaram para si mulheres, as que, entre todas, mais lhes agradaram* (cf. RA).

Os "filhos de Deus", os homens daquela época, eram impulsionados por uma paixão descontrolada. Eles viam as mulheres como objetos sexuais e pegavam tantas mulheres quanto seu impulso sexual exigia. A mulher era totalmente dominada, sendo reduzida a mero brinquedo sexual. Começara a época da poligamia desmedida.[503] Mas Deus determinou um novo limite para os acontecimentos na terra.

Então, disse o Senhor: O meu Espírito não agirá para sempre no homem, pois este é carnal; e os seus dias serão cento e vinte anos. 3 Deus retira seu Espírito. Ele prende o ser humano à sua existência carnal e determina um novo limite para o tempo de vida do ser humano.

Ao tirar seu Espírito do ser humano, Deus está condenando o ser humano à morte. Ao falar de seu Espírito, Deus refere-se à força divina em contraposição à carne, a "fraqueza humana".[504] Deus, que soprou o fôlego da vida no ser humano formado a partir do pó, agora retira esse fôlego de vida do homem. Enquanto o Espírito de Deus estiver no ser humano, este não morre. A retirada do Espírito é a causa da morte do ser humano.[505] A morte futura da humanidade é anunciada com palavras duras: "Nunca mais" o Espírito. A tradução "não para sempre" está errada, pois a negação imediatamente ao lado do predicado sempre significa "nunca" ou "nunca mais".[506]

A carne é algo que o ser humano tem em comum com os animais. A palavra carne, *basar*, aparece 273 vezes no Antigo Testamento, sendo que 104 ocorrências se referem a animais. Em nenhuma ocasião *basar*, "carne", é atribuída a Deus.[507] A carne não é novidade na natureza humana. Assim como a nudez, ela acompanha o ser humano desde o começo. Mas, assim como o ser humano só descobriu e se envergonhou de sua nudez após o pecado (Gn 3.7), ele também só reconhece que é carne depois que Deus lhe tira seu Espírito.[508]

A terceira reação de Deus ao comportamento dos filhos de Deus com as filhas dos homens é a limitação da vida humana em 120 anos. O prazo de vida de 120 anos instituído por Deus pode ser interpretado de forma individual ou coletiva. Os defensores da interpretação individual entendem que a expressão "seus dias" se refere à duração da vida de cada pessoa. Dessa forma, 120 anos seria o tempo máximo de vida permitido ao ser humano. Moisés, por exemplo, alcançou essa idade (Dt 34.7), enquanto José morreu aos 110 anos (Gn 50.26); Abraão, no entanto, alcançou 175 anos (Gn 25.7).

Os defensores da interpretação coletiva, entre os quais estão Jerônimo e Agostinho, entendem que os 120 anos instituídos por Deus seria um tempo de graça para a humanidade. Deus concede um adiamento de 120 anos na execução da pena imposta à humanidade enrolada em pecados indizíveis. A interpretação coletiva concorda com o texto de Gênesis 6. A

---

503   Closen, pg. 30-180.
504   Wolff, pg. 39.
505   Procksch, pg. 57s.
506   Jacob, pg. 173.
507   Wolff, pg. 33.
508   Closen, pg. 64.

humanidade inteira tornou-se culpada. Deus a condenou à morte. Todos deveriam morrer. Noé, que será a grande exceção, ainda não é mencionado aqui. Como a sentença de morte atinge todas as pessoas, esse prazo de 120 anos não pode estar se referindo ao limite máximo de uma vida posterior, mas a um tempo de graça.[509]

Também os 120 como unidade de tempo nesta época de graça dada por Deus não é um período que possa ser contado em anos. Jerônimo e Agostinho, que fazem a contagem dessa forma, precisam fazer complicadas ginásticas matemáticas, pois estimam o tempo entre o fim do capítulo 5 e o início do dilúvio em 100 anos. A determinação dos 120 anos é um número redondo. Um número que pode ser dividido por 6 e por 12, um número que inclui a medida humana. Na pré-História e na história final, os números compostos por 6 e 12 são números da humanidade. Citemos aqui os 24 anciãos e os 144 mil redimidos (Ap 4.4; 7.4). Mas o número de uma vida humana completa e total também é importante na história da salvação. As doze tribos da Antiga Aliança são substituídas por doze discípulos na Nova Aliança (Gn 49.28; Mt 10.1).[510]

A Escritura Sagrada tem a possibilidade de expressar épocas da humanidade, em especial os acontecimentos da história da humanidade, por meio de números. Quando a humanidade chegou ao seu afastamento máximo de Deus, este não desistiu imediatamente. Ele concedeu às pessoas ainda um período completo na terra. Esse tempo de graça chegou ao fim quando o dilúvio inundou a terra.

4   Ora, naquele tempo havia gigantes na terra; e também depois, quando os filhos de Deus possuíram as filhas dos homens, as quais lhes deram filhos; estes foram valentes, varões de renome, na antiguidade. Sem ligação gramatical direta, o texto fala de gigantes sobre a terra.[511] A relação estabelecida pelo comentarista entre os gigantes e o casamento dos filhos de Deus com as filhas dos homens depende da tradução de uma palavrinha minúscula, a saber, o pronome relativo que aparece no versículo 4. Nesse caso, a tradução não determina apenas a interpretação de um só verso, mas é decisiva para o entendimento dos gigantes no Antigo Testamento como um todo. Se o pronome relativo for traduzido com "porque", isto é, causal, o verso significa: havia gigantes na terra *porque* os filhos de Deus coabitavam com as filhas dos homens. Mas se o pronome for traduzido de forma puramente relativa, ele passa a indicar um momento cronológico: havia gigantes vivendo na terra nos dias em que os filhos de Deus coabitavam com as filhas dos homens, isto é, eles viviam na terra na mesma época em que os filhos de Deus coabitavam com as filhas dos homens.

Como as duas traduções são gramaticalmente corretas, a decisão em favor de uma ou outra possibilidade é puramente teológica. Se os gigantes forem os descendentes das relações íntimas descritas em Gênesis 6, a decisão é em favor da interpretação dos anjos. Seres sobrenaturais,

---

509   Ibid, pg. 185-192.
510   Sobre a intenção dos números compostos por 6 e 12 no pensamento e na linguagem da antiga Mesopotâmia, cf. Closen, pg. 193s.
511   No hebraico, a ligação direta com o texto anterior seria expressa por meio do assim chamado *consecutivum waw* e um verbo em conjugação imperfeita no começo da frase. Mas o texto traz um perfeito, depois do substantivo "os gigantes", que inicia a nova frase.

mitológicos, deuses, anjos ou demônios produzem, com as mulheres humanas, uma geração de semideuses ou gigantes. Dessa forma, a ideia de gigantes no Antigo Testamento corresponderia às lendas e mitos dos povos em redor.

Mas se o texto em Gênesis 6.4 simplesmente constatar que, na época dos casamentos entre os "filhos de Deus" e as "filhas dos homens", havia gigantes vivendo sobre a terra, então os gigantes do Antigo Testamento não correspondem aos semideuses do entorno pagão. Neste caso, a declaração e a mensagem do Antigo Testamento seriam "incomparáveis", únicas também no caso dos gigantes. Somente a exegese das passagens do Antigo Testamento que citem gigantes pode determinar se o AT possui uma interpretação própria a respeito deles.

Uma ajuda decisiva não vem das lendas do entorno pagão, mas de uma descrição clássica e neutra dos gigantes na literatura judaica. Ainda que Israel fosse cercado de todos os lados por povos que conheciam um sem número de figuras gigantes mitológicas, a literatura judaica rejeitava este mundo lendário estranho, limitando-se a descrever os gigantes de forma não mitológica e neutra. Os gigantes são "homens famosos e altos da pré-História, que realizaram grandes conquistas em guerras e batalhas".[512] Essa descrição tardia dos gigantes no judaísmo concorda totalmente com os gigantes mencionados no Antigo Testamento. Quando os espias enviados por Josué retornaram, eles relataram: *Também vimos ali gigantes (os filhos de Anaque são descendentes de gigantes* [n^{e}filim]*), e éramos, aos nossos próprios olhos, como gafanhotos e assim também o éramos aos seus olhos* (Nm 13.33). De acordo com este relato, os gigantes são um "povo grande, numeroso e de alta estatura". Assim como os gigantes da época pré-diluviana, eles são chamados de *n^{e}filim*, isto é, mesmo depois de toda a humanidade, com exceção de Noé, ter sido destruída pelo dilúvio, a terra voltou a ter gigantes, *n^{e}filim*. Eles habitaram a Palestina antes da chegada do povo de Israel, vivendo nas montanhas dos amorreus (Dt 1.19; Js 14.12). Foram derrotados por Josué, e um pequeno grupo sobrevivente ficou vivendo em Gate e Asdode (Js 11.21s). Hebrom é atribuído a um certo Arba, *o maior homem entre os anaquins* (Js 14.15). Em Hebrom, os espias encontram três filhos de Anaque, a saber, Aimã, Sesai e Talmai (Nm 13.22).

É característico que os anaquitas sejam preferivelmente mencionados em conjunto com grandes cidades fortificadas (Js 14.12). Suas cidades eram *grandes e amuralhadas até o céu*, de forma que ninguém resistia a elas (Dt 9.1s; 1.28). Mas qualquer que seja a descrição feita dos gigantes, os anaquitas, não há neles qualquer traço mitológico. Em lugar algum eles aparecem como os semideuses dos povos pagãos, mas são, assim como os descreve o livro de Baruque, um povo de heróis de grande estatura e adversários terríveis em uma guerra. Devido à sua superioridade numérica, sua força, suas armas e suas cidades fortificadas, não é à toa que o povo nômade de Israel se sentia como "um bando de gafanhotos" diante desses gigantes. Uma comparação moderna pode ser feita com o jovem Estado de Israel, cercado pela Liga Árabe, amplamente superior em termos de números e armamento.

---

512 Baruque 3.26; citado por Closen, pg. 196.

Os gigantes mencionados no Antigo Testamento não têm nada em comum com os gigantes e semideuses das religiões pagãs; na verdade, os gigantes do Antigo Testamento são homens famosos e altos, que, assim como o gigante Golias[e], são capazes de grandes conquistas nas guerras e batalhas. Mas nem Golias nem os anaquitas de Canaã eram invencíveis. Eram seres humanos, e não super-homens lendários ou míticos.

e 1Sm 17; 18.6; 19.5; 21.10; 22.10

Ainda resta responder à questão de por que motivo a menção aos gigantes é feita imediatamente depois do relato sobre o relacionamento arbitrário e desmedidamente íntimo entre os filhos de Deus e as filhas dos homens. Para quem considera com seriedade o texto em sua atual posição, a resposta é óbvia. Deus destruirá a terra. As pessoas, dominadas por suas paixões sexuais, se afastaram tanto de Deus que este destinou todas as pessoas e o mundo inteiro à morte. A fim de entender a grandeza de Deus e a radicalidade da condenação divina, o historiador olha mais uma vez para a força e o tamanho das pessoas que viviam naquela época. Eram homens altos, famosos em toda parte, valentes, e todos iriam morrer.

Essa forma de relatar a história aparece mais uma vez em outra condenação anunciada. Quando Jonas anunciou a destruição de Nínive, isso é precedido por uma descrição do tamanho extraordinário da cidade. Era tão grande, que uma pessoa levava três dias para cruzá-la[f]. A menção ao tamanho de Nínive ou dos gigantes em Gênesis 6 "destaca a tragédia da humanidade decaída e condenada à morte".[513]

f Jn 1.2; 3.2-4

Podemos resumir assim o resultado da análise:

a. Os filhos de Deus e as filhas dos homens são pessoas criadas à imagem e semelhança de Deus. O ser humano pode ser chamado tanto pelo seu nome de graça (filho de Deus) quanto pelo seu nome natural (filho do homem).

b. Depois de emitir nova condenação à morte, Deus ainda dá um tempo de graça à humanidade. Ainda lhe restam 120 anos, isto é, uma época humana completa para viver na terra.

c. Antes de Deus determinar o início do juízo, a glória humana, agora condenada à destruição, é mais uma vez demonstrada pelo exemplo dos gigantes.

3. Castigo para os rejeitados e graça para Noé, 6.5-8

5 Viu o Senhor que a maldade do homem se havia multiplicado na terra e que era continuamente mau todo desígnio do seu coração;

6 então, se arrependeu o Senhor de ter feito o homem na terra, e isso lhe pesou no coração.

7 Disse o Senhor: Farei desaparecer da face da terra o homem que criei, o homem e o animal, os répteis e as aves dos céus; porque me arrependo de os haver feito.

8 Porém Noé achou graça diante do Senhor.

---

513 Closen, pg. 212.

Em um tremendo prólogo ao dilúvio, a história dos casamentos arbitrários dos filhos de Deus e das filhas dos homens desenvolveu o tema "ser humano, pecado e Deus". A culpa da humanidade é óbvia, a condenação à morte da parte de Deus foi emitida, o prazo do adiamento do juízo termina e começa a execução.

Viu o Senhor que a maldade do homem se havia multiplicado na terra e que era continuamente mau todo desígnio do seu coração; então, se arrependeu o Senhor de ter feito o homem na terra, e isso lhe pesou no coração. 5 6 O relato sobre o grande juízo de Deus começa com a constatação: *Viu o Senhor*. Por um lado, esse olhar de Deus pressupõe o que acabara de ser relatado, e, por outro lado, isso significa que o Senhor está firmemente determinado a intervir pessoalmente. É com essa constatação que começa também o juízo sobre Babel, depois da descrição a respeito da ousadia das pessoas: *Então, desceu o Senhor para ver* (Gn 11.5). Algo semelhante aconteceu no caso de Sodoma: o Senhor desceu para ver se o clamor corresponde aos fatos (Gn 18.21).

Depois de olhar, Deus confirma mais uma vez a maldade dos seres humanos. O veredito sobre eles é o mais rigoroso possível. Todos os desígnios do seu coração eram continuamente maus. No imaginário do Antigo Testamento, o coração não é somente a sede dos sentimentos, mas também do entendimento e da vontade. "Coração" significa o mesmo que "sentimento, desejo, razão e decisão da vontade".[514] Não há mais nada no ser humano que não tenha sido pervertido, nenhum período na vida humana que ele não tenha preenchido com maldades.

No fim da criação, Deus disse a respeito de toda a sua obra de criação: *era muito bom* (Gn 1.31). Ele não disse, olhando especificamente para o ser humano: você, ser humano, é bom. Também não disse: ele, meu ser humano, é bom, pois Deus tinha permitido ao ser humano que escolhesse entre o bem e o mal.[515] O ser humano agora tinha feito sua escolha, e agora Deus precisava concluir: o ser humano inteiro é mau.

Em contraposição à constatação a respeito do coração humano, segue-se agora uma palavra sobre o que acontece no coração de Deus. Sempre que a Bíblia fala do coração de Deus, isso se refere ao relacionamento de Deus com o ser humano.[516] A Deus só resta desgosto, tristeza e decepção em relação ao ser humano.[517] Isso é expresso pela frase: Deus se arrependeu de ter criado o ser humano. O arrependimento de Deus, mencionado em várias partes do Antigo Testamento[a], forma certa tensão em conjunto com a declaração: *Também a Glória de Israel [...] não é homem, para que se arrependa* (1Sm 15.29).

Justamente a tensão entre essas duas declarações do Antigo Testamento – a de que Deus pode se arrepender e a de que ele não é um ser humano para que se arrependa – mostra que Deus não estava tomado por uma fria e distante indiferença ao decidir pela destruição das pessoas. Ele é o Deus vivo! Ele sente dor. Não consegue ignorar, indiferente, o que o ser humano, criado e amado por ele, fez consigo mesmo.[518] Ao

a Êx 32.14;
Jr 18.7s;
26.3,13;
Jl 2.13;
Jn 3.10.

---

514 Wolff, pg. 46.
515 Cassuto, *From Adam to Noah*, pg. 302.
516 Wolff, pg. 60.
517 von Rad, *Mose*, pg. 96.
518 Delitzsch, *Genesis*, pg. 153.

mesmo tempo, o arrependimento descreve uma luta no coração de Deus, e é uma indicação para o motivo que permitiu o agraciamento de Noé.[519]

7 Disse o Senhor: Farei desaparecer da face da terra o homem que criei, o homem e o animal, os répteis e as aves dos céus; porque me 8 arrependo de os haver feito. Porém Noé achou graça diante do Senhor.
As duras palavras "farei desaparecer", "aniquilarei", referem-se mais uma vez à destruição do mundo com todas as criaturas. Exterminar e extirpar equivale a apagar qualquer lembrança[b]. Absolutamente tudo deve acabar. Por isso, a constatação de que Noé achou graça diante do Senhor é ainda mais direta e espantosa. Até agora, não conhecemos nada além do nome de Noé. A menção direta a Noé mostra que sua proteção e salvação não estavam baseadas em sua piedade. O motivo para a salvação é conhecido somente por Deus. Apesar de sua decisão, Deus não se transforma em um impiedoso exterminador.[520] Ele permanece sendo o Deus da graça. A graça é uma demonstração do amor de Deus, que nenhum ser humano, nem mesmo Noé, pode receber por mérito. A graça, isto é, um movimento que emana de e se fundamenta unicamente em Deus, é o motivo para que o mundo continue existindo.

b Êx 17.14;
32.32s;
Dt 9.14;
Jz 21.17;
2Rs 14.27;
Sl 9.6;
109.13

O mundo não foi conservado graças à cultura e à civilização desenvolvidas pelos filhos de Caim (Gn 4.17, 20-22). O mundo também não existe porque as pessoas aprenderam a se reproduzir e multiplicar (Gn 5; 6.1). E de maneira alguma o mundo sobrevive porque há nele gigantes, homens de renome, vulto e grande influência (Gn 6.4). O mundo permanece porque Deus concede sua graça a um único homem.

A exegese judaica explica o mistério da graça estabelecendo a correlação entre a explicação do nome "Noé" e a decisão de Deus sobre a destruição. Ao ver Noé, seu pai, Lameque, diz: *Este nos consolará dos nossos trabalhos e das fadigas de nossas mãos* (Gn 5.29). Sobre a decisão de Deus em favor da destruição, o texto diz: [...] *então, se arrependeu o Senhor de ter feito o homem na terra, e isso lhe pesou no coração* (Gn 6.6). Para os exegetas judeus, estes dois trechos andam juntos, pois tanto em Gênesis 5.29 quanto em Gênesis 6.6 há três palavras com a mesma raiz hebraica. "Consolar" e "arrepender-se" têm a mesma raiz, assim como "trabalhar"/"fazer" e "fadigas"/"pesar".[521]

Deus, que dá o sinal para a execução da pena de morte, faz com que a sentença ecoe mais uma vez a promessa dada anteriormente.

Graça é a característica permanente de Deus. Mesmo quando Deus pune e destrói, ele não se esquece de suas promessas.

Graça também atua mesmo quando tudo parece perdido e sem saída. Seja como for, Deus cumpre a promessa dada.

Graça pode tornar-se invisível aos olhos humanos nos tempos de juízo. Mas ela existe apesar de tudo. Deus confirma suas promessas.

V. O DILÚVIO, 6.9 – 9.29

O relato sobre o dilúvio está estruturado em forma de círculo. Partindo da decisão de Deus de aniquilar a humanidade, ele termina com a decisão

---

519 von Rad, *Mose*, pg. 96.
520 Westermann, *Genesis* I/1, pg. 553.
521 Cassuto, *From Adam to Noah*, pg. 303.

de Deus de não mais destruir essa humanidade, mas de protegê-la.[522] O relato, em si, não é uma teia bem elaborada a partir de várias fontes, mas, como demonstrará a exegese detalhada, um conjunto harmonioso. Os fatos específicos, descritos de formas diferentes, não se contradizem. As diversas informações sobre detalhes abordam sempre aspectos novos.[523]

A própria história do dilúvio é amplamente disseminada. Ela pode ser encontrada em todos os continentes, nas mais variadas culturas. Faz parte dos "bens culturais fundamentais da humanidade".[524] Até agora, foram coletados, em todo o mundo, 250 relatos diferentes sobre uma catástrofe humana causada por um dilúvio. A versão mais próxima do relato bíblico é a babilônica, a assim chamada Epopeia de Gilgamesh. Versões sumérias e assírias também são baseadas nele. A Epopeia de Gilgamesh completa é composta por 12 tábuas, sendo que, de parte delas, restam apenas fragmentos. Os textos vêm da biblioteca de Assurbanipal (668-626 a.C.), em Nínive. Com algumas poucas exceções, eles foram escritos no idioma assírio. As tábuas contêm várias observações indicando que estas são cópias de originais mais antigos. Dois desses originais foram encontrados, e datam da primeira dinastia babilônica (2232-1933 a.C.).[525]

Uma comparação entre o relato bíblico sobre o dilúvio e a versão da Epopeia de Gilgamesh demonstra 19 traços de parentesco e 16 diferenças, em parte bastante significativas.[526] As características específicas do texto bíblico incluem a aliança com Deus, a justificação para a destruição da humanidade e a salvação de Noé. O ser humano salvo não é um herói diluviano, que passa a ser honrado como Deus, mas Noé permanece sendo homem.

A existência dos numerosos relatos sobre o dilúvio não prova que essas versões sejam interdependentes. A base dessas histórias é apenas um conhecimento comum. É a consciência do perigo que a humanidade corre. "O Criador pode voltar atrás em sua criação".[527]

Na Bíblia, dois outros relatos de destruição seguem-se ao primeiro testemunho sobre a atuação destruidora de Deus por meio do dilúvio. Deus entrega seu próprio povo, pervertido e decaído, à destruição. Assim como a salvação de Noé, a salvação do remanescente de Israel é uma obra da graça de Deus. No fim dos tempos, o juízo universal atingirá novamente todos os povos. A destruição apocalíptica será sucedida pela criação da nova terra e do novo céu (Is 65.17; Ap 21.1). Também aqueles que forem salvos no tempo final serão agraciados por Deus.

O relato bíblico sobre o dilúvio é único e original tanto na forma como sua história continua quanto na forma como descreve os eventos originários. Ele não fala somente de um dilúvio que se transformou em catástrofe para a humanidade, mas, ao mesmo tempo, trata da bênção e do amor paterno de Deus, da graça e da justiça de Deus, do mandamento divino e da obediência humana e das condições e formas de vida sobre a terra renovada.

---

522 Westermann, *Genesis* I/1, pg. 528.
523 Cassuto, *From Noah to Abraham*, pg. 38.
524 Westermann, *Genesis* I/1, pg. 531.
525 Gressmann, (ed.), textos e imagens, pg. 39-40; cf. também Gressmann (ed.), textos, pg. 6, 7, 197-200; Beyerlin (ed.), pg. 35, 113-122; Bernhardt, vol. I, pg. 139, 167, 256, 319 e 346.
526 Cassuto, *From Noah to Abraham*, pg. 38.
527 Westermann, *Genesis* I/1, pg. 639.

INTRODUÇÃO: Noé andava com Deus, 6.9s

9 Eis a história de Noé. Noé era homem justo e íntegro entre os seus contemporâneos; Noé andava com Deus.
10 Gerou três filhos: Sem, Cam e Jafé.

A história do dilúvio é, ao mesmo tempo, a história de Deus com Noé. Seguindo a estrutura circular, o relato começa e termina com uma observação sobre Noé (Gn 9.28,29).

9 **Eis a história de Noé. Noé era homem justo e íntegro entre os seus contemporâneos; Noé andava com Deus.** O nome Noé aparece três vezes no verso 9. Ou seja, o leitor deve dedicar toda a sua atenção a Noé, o 10º elo da genealogia do capítulo 5. A graça de Deus permitiu que Noé sobrevivesse ao dilúvio (Gn 6.8). Mas esta graça possui um aspecto correlato, uma correspondência na vida de Noé. Noé era diferente de seus contemporâneos. As características marcantes de seu comportamento são descritas com as palavras "justo" e "íntegro". O termo "justo", extraído do linguajar jurídico, caracteriza um homem que obedece à legislação vigente. Noé seguia as regras de sua comunidade. Ao lado do termo social "justo", usado no contexto legal, vem uma palavra frequentemente usada no contexto do culto, "íntegro".[528] O termo cultual relativo ao animal sem defeito escolhido para o sacrifício[a] também pode se referir ao estado imaculado do ser humano[b]. O comportamento de Noé não era simplesmente piedade, mas, assim como no caso de Enoque,[c] um "relacionamento de confiança" com Deus.[529] Noé não era somente um servo, mas um confidente de Deus".[530]

Noé ocupa uma posição de destaque em todo Antigo e Novo Testamento. Somente ele e Enoque dividem a distinção de ter um relacionamento íntimo com Deus. De acordo com o profeta Ezequiel, Noé, Jó e Daniel são os únicos cujas vidas foram salvas *pela sua [própria] justiça* (Ez 14.14). Pedro escreve que Noé, como justo, exortava à justiça. Noé é *pregador da justiça* (2Pe 2.5). A história do dilúvio em si não conta que Noé tenha pregado o arrependimento aos seus contemporâneos. Isso aparece somente em escritos posteriores.[531] Mas Pedro não consegue imaginar um justo que não exorte à justiça. A Carta aos Hebreus chama Noé de *herdeiro da justiça que vem da fé* (Hb 11.7). A fé de Noé estava no fato de seguir uma palavra divina, apesar de ainda não conseguir enxergar nada daquilo que ela anunciava. A história especial de Deus com Noé mostra que a justiça de Deus não é um destino cego, mas, na condição de juízo do Senhor, é parte de sua "ação misericordiosa".[532]

10 **Gerou três filhos: Sem, Cam e Jafé.** Noé é o elo final nº 10 da genealogia setita pré-diluviana, mas ao mesmo tempo também o elo inicial de uma nova genealogia humana de três ramos. Noé é o Adão da humani-

a Lv 9.2,3; 22.19,21; 23.12,18; Ez 15.5; 28.15; 43.22, 23,25; 45.18,23; 46.4, 6,13
b Dt 18.13
c Gn 5.22

---

528 Procksch, pg. 469.
529 Gunkel, pg. 141. Sobre a formulação "andar com Deus", veja o comentário sobre Gn 5.22.
530 Delitzsch, *Genesis*, pg. 168.
531 Josefo Ant. 1.74; Sibilinos 1.128s e 150-198 e Jubileus 7.20-39; citado e analisado por Schelkle, pg. 208, nota 1.
532 Weber, *Bibelkunde*, pg. 49.

dade pós-diluviana.⁵³³ A nova expansão da humanidade começa com os três filhos de Noé: Sem, Cam e Jafé.⁵³⁴

1. A irrupção do juízo, 6.11 – 7.24

Depois da introdução, o Antigo Testamento desenvolve a história do dilúvio em três capítulos cuidadosamente elaborados: juízo (6.11-7.24), salvação (8.1-19) e a vida sobre a terra renovada (8.20-9.27). A irrupção do juízo é descrita em seis etapas.

a. A terra corrompida, 6.11s

11 A terra estava corrompida à vista de Deus e cheia de violência.
12 Viu Deus a terra, e eis que estava corrompida; porque todo ser vivente havia corrompido o seu caminho na terra.

Diferentemente da Epopeia de Gilgamesh e outros relatos diluvianos extrabíblicos, o Antigo Testamento indica a razão para a destruição: a completa perversão do mundo.

A terra estava corrompida à vista de Deus e cheia de violência. A **11** completa e total perversão do mundo é expressa de forma verbal e nominal. O verbo é "corromper", o substantivo é "violência". O significado de "corrompida" é explicado em Jeremias 18.3-4. Jeremias conta uma parábola em que um vaso se estraga nas mãos do oleiro. Em hebraico, o verbo "estragar-se" é o mesmo usado para "corromper"! A terra estava estragada. Assim como o oleiro amassa o barro do vaso estragado para começar a moldar um novo vaso, assim Deus destruirá a terra e criará uma nova.⁵³⁵

a Êx 23.1; Dt 19.16; Sl 35.11
b Sl 25.19
c Is 53.9
d Jó 16.17; 1Cr 12.17
e Ez 18.12
f Ez 28.16
g Ml 2.15s
h Sl 140.2, 4,12
i Pv 3.31s; 16.29

No Antigo Testamento, o substantivo "violência" possui, em primeiro lugar, um significado genérico. Ele aparece em relação ao falso testemunhoᵃ e ao ódio sem motivoᵇ. É absolutamente inocente aquele que, como o Servo do Senhor, não comete violênciaᶜ. Entre os seres humanos, isso só é dito a respeito de Jóᵈ.

Mas o termo "violência" também pode ser usado para o culto a ídolosᵉ, para negociações fraudulentasᶠ, divórcioᵍ, assassinatoʰ e seduçãoⁱ. A corrupção humana era tão maciça, contagiosa e contaminadora que afetava todo o ambiente de vida da humanidade.⁵³⁶ O ser humano se afastara de Deus em sua "violenta independência",⁵³⁷ de forma que o mundo transbordava o mal.

Viu Deus a terra, e eis que estava corrompida; porque todo ser vi- 12 vente havia corrompido o seu caminho na terra. O olhar de Deus descreve um veredito final. A terra estava definitivamente corrompida. As palavras "estava corrompida" aparecem em contraste com a constatação de Deus de que tudo *era muito bom* (Gn 1.31). Tudo o que havia na terra

---
533 Delitzsch, *Genesis*, pg. 168.
534 Veja o comentário sobre Gênesis 10.1-32.
535 Cassuto, *From Noah to Abraham*, pg. 53s.
536 Westermann, *Genesis* I/1, pg. 558.
537 von Rad, *Mose*, pg. 104.

estava em oposição absoluta ao original bom que Deus tinha criado.[538] A expressão "todo ser vivente" descreve apenas a humanidade, a mesma forma como é usada pelos profetas. O mundo animal, das criaturas sem vontade própria, não participa diretamente do mal. Mas os animais também eram afetados, pois a corrupção humana afetava todo o seu ambiente de vida.[539]

b. A incumbência da construção da arca, 6.13-22

13 Então, disse Deus a Noé: Resolvi dar cabo de toda carne, porque a terra está cheia da violência dos homens; eis que os farei perecer juntamente com a terra.

14 Faze uma arca de tábuas de cipreste; nela farás compartimentos e a calafetarás com betume por dentro e por fora.

15 Deste modo a farás: de trezentos côvados será o comprimento; de cinquenta, a largura; e a altura, de trinta.

16 Farás ao seu redor uma abertura de um côvado de altura; a porta da arca colocarás lateralmente; farás pavimentos na arca: um em baixo, um segundo e um terceiro.

17 Porque estou para derramar águas em dilúvio sobre a terra para consumir toda carne em que há fôlego de vida debaixo dos céus; tudo o que há na terra perecerá.

18 Contigo, porém, estabelecerei a minha aliança; entrarás na arca, tu e teus filhos, e tua mulher, e as mulheres de teus filhos.

19 De tudo o que vive, de toda carne, dois de cada espécie, macho e fêmea, farás entrar na arca, para os conservares vivos contigo.

20 Das aves segundo as suas espécies, do gado segundo as suas espécies, de todo réptil da terra segundo as suas espécies, dois de cada espécie virão a ti, para os conservares em vida.

21 Leva contigo de tudo o que se come, ajunta-o contigo; ser-te-á para alimento, a ti e a eles.

22 Assim fez Noé, consoante a tudo o que Deus lhe ordenara.

Deus informou Noé a respeito de sua decisão de destruir o mundo. O segundo anúncio do dilúvio não é uma repetição desnecessária. Gênesis 6.7 fala sobre a decisão fundamental de Deus, enquanto 6.13 conta como Deus comunica essa decisão a Noé, junto com a incumbência relacionada de construir a arca.

13 **Então, disse Deus a Noé: Resolvi dar cabo de toda carne, porque a terra está cheia da violência dos homens; eis que os farei perecer juntamente com a terra.** Deus estava decidido a destruir todo o mundo daquela época. A catástrofe do dilúvio não seria parcial, mas total. Em sua segunda carta, Pedro escreve: Deus não poupou o mundo antigo (2Pe 2.5). Assim como em outros trechos do Novo Testamento, também para Pedro

---

538 Delitzsch, *Genesis*, pg. 169.
539 Cf. a análise sobre "todo o ser vivente", de A. R. Hulst; citada e selecionada por Westermann, *Genesis* I/1, pg. 560.

o termo mundo,ª *kosmos*, se refere à humanidade inteira. A suposição de que o dilúvio tenha sido parcial, e que os 250 relatos diluvianos encontrados em todas as regiões do mundo se refiram a inundações diferentes, resultam de reflexões posteriores. O Antigo e o Novo Testamento falam de uma destruição total do mundo antigo.[540] O termo alemão "Sint-Flut" conserva o conhecimento a respeito de uma catástrofe humana universal. No alemão antigo, a partícula *"Sin"* só aparece em palavras compostas, significando "sempre", "em toda parte" e "completo". Lutero ainda usava a escrita arcaica *"Sindflut"*. Já a expressão "Sündflut"[541] é uma reinterpretação etimológica popular.[542] Deus anuncia a Noé a destruição total do mundo. Chegou a hora de toda a carne morrer. A palavra sobre o fim é um termo escatológico de profundo significadoᵇ. Deus tem a liberdade e o poder de afundar o mundo inteiro no juízo.

a Mt 18.7; 1Co 4.13

b Am 8.2; Hc 2.3; Lm 4.18; Ez 21.30,34

14 Faze uma arca de tábuas de cipreste; nela farás compartimentos e a calafetarás com betume por dentro e por fora. 15 Deste modo a farás: de trezentos côvados será o comprimento; de cinquenta, a largura; e a altura, de trinta. 16 Farás ao seu redor uma abertura de um côvado de altura; a porta da arca colocarás lateralmente; farás pavimentos na arca: um em baixo, um segundo e um terceiro. Noé deve construir uma gigantesca caixa retangular com telhado e compartimentos. As indicações para a construção não são suficientes para que consigamos replicá-la, mas demonstram apenas a função que a arca terá. A incumbência é composta por sete instruções:

1) Uma caixa de tábuas de cipreste

O material indicado é tábua de cipreste. Não há nenhuma outra referência a esta árvore no Antigo Testamento, de forma que não é possível determinar com precisão de que tipo de madeira se tratava. É possível que fosse um tipo de conífera com resina, talvez uma espécie de cipreste. Os fenícios, e também Alexandre Magno, usavam cipreste na construção de navios, devido à leveza desta madeira e à sua resistência contra apodrecimento. Os egípcios faziam os sarcófagos com madeira de cipreste.[543]

2) Uma caixa com compartimentos

A arca deve ser subdividida em uma série de compartimentos, pequenas cabines, câmaras ou nichos.

3) Uma caixa calafetada com betume por dentro e por fora

As ranhuras e as emendas devem ser calafetadas com betume ou asfalto. Nos navios mais antigos encontrados no Egito, as ranhuras tinham sido preenchidas com asfalto.[544]

---

540 Schelkle, pg. 207.
541 O som de "i" e "ü" em alemão é muito semelhante, e, às vezes, um pode substituir o outro. Aqui surge um jogo de palavras: com "ü", forma-se uma referência à palavra *"Sünde"* (pecado), de forma que a palavra passa a ser interpretada como um "dilúvio de pecados" (em sentido literal) ou "dilúvio decorrente dos pecados" (em sentido derivado). (N. de Tradução)
542 Delitzsch, *Genesis*, pg. 155, nota 1.
543 Ibid, pg. 170.
544 Gunkel, pg. 142.

4) Uma caixa com trezentos côvados de comprimento, cinquenta côvados de largura e trinta côvados de altura

Tomando como base o côvado egípcio, a arca tinha 150 m de comprimento, 22 m de largura e 12 m de altura. As dimensões da arca são significativamente menores que as dos navios babilônicos. Estes navios tinham quase um quilômetro de comprimento. A arca de Noé é seis vezes mais comprida e mais de duas vezes mais larga do que o Templo de Salomão.[545] São as medidas ampliadas de um ser humano deitado.[546]

5) O telhado

Neste trecho, o texto é praticamente impossível de traduzir. Por isso, as indicações diferem. Algumas traduções mencionam uma janela ou uma claraboia, outras falam de telhado. A arca teria que ser protegida com um telhado contra as chuvas torrenciais esperadas. O telhado é um côvado mais alto que a caixa, de forma que as janelas e aberturas por baixo dele ficassem protegidas contra a chuva.[547]

6) Uma porta lateral

A arca não é um navio, mas um castelo flutuante. Entra-se nela por uma porta, que fica fechada durante o dilúvio e no fim será novamente aberta.

7) Os três pavimentos

A construção em três pavimentos permitia a existência de uma grande quantidade de compartimentos.

Diferentemente do que acontece em outros relatos de dilúvios da época do Antigo Testamento, a arca não é um navio. A palavra hebraica para "arca" é *tebah*, "caixinha", e em latim foi traduzido como *arca*, palavra assumida também no português.

A palavra hebraica *tebah* foi emprestada do egípcio. Ela aparece apenas mais uma vez no Antigo Testamento, a saber, em Êxodo 2.3,5, designando a caixinha dentro da qual Moisés foi encontrado no Nilo. Noé e sua família foram salvos dentro de uma arca. Assim Deus protegeu a humanidade do desaparecimento total. Moisés foi encontrado em uma arca. Deus o tinha escolhido para salvar seu povo. A arca é o local de salvação do macrocosmo e do microcosmo.[548]

A humanidade e o povo escolhido por Deus foram protegidos com ajuda de uma arca. Além da arca, a Escritura relata apenas mais uma construção feita de acordo com instruções precisas da parte de Deus: o Tabernáculo, que serviu de modelo ao templo[c].

A arca de Noé navegou no dilúvio, a arca de Moisés viajou sobre o Nilo. O Tabernáculo foi carregado na travessia do Jordão. O Tabernáculo é o local do encontro de Deus com seu povo, o lugar onde Deus manifestou sua glória e onde ele encontra seu povo para salvá-lo. A arca é para salvar a humanidade, o Tabernáculo, para proteger o povo de Deus.[549]

c 1Rs 6.1-38; 7.13-51

---

545 Westermann, *Genesis* I/1, pg. 565.
546 Delitzsch, *Genesis*, pg. 170.
547 Westermann, *Genesis* I/1, pg. 566.
548 Lange, pg. 145.
549 Westermann, *Genesis* I/1, pg. 566.

Depois de dar as instruções para a construção da arca, Deus avisa Noé que tem intenção de salvá-lo junto com sua família.

Porque estou para derramar águas em dilúvio sobre a terra para consumir toda carne em que há fôlego de vida debaixo dos céus; tudo o que há na terra perecerá. Contigo, porém, estabelecerei a minha aliança; entrarás na arca, tu e teus filhos, e tua mulher, e as mulheres de teus filhos. **17 18** Deus destruirá o mundo por meio de um dilúvio. A palavra hebraica para dilúvio, *mabul*, significa "oceano celeste". A única outra ocorrência desta palavra está em Salmo 29.10. Lá o texto diz: *O Senhor preside aos dilúvios*. O oceano celeste acima da terra será esvaziado por baixo, como se escorresse por uma grade (2Rs 7.2,19). Quando o oceano celeste que despenca se encontra com o mar original[550] debaixo da terra, o mundo inteiro entra em colapso.[551] A catástrofe é total, universal. A destruição atinge todas as criaturas vivas. Somente Noé e sua família devem entrar na arca. Naquela época, uma família era formada não apenas pelos pais e seus filhos, mas pelos pais e pelos filhos casados. A família só está completa quando a vida que emana dos pais pode ser transmitida por meio dos filhos casados. Naquela época, uma família era formada por duas gerações. Só entrarão na arca os membros imediatos da família.[552] A salvação, em si, é descrita como uma aliança, que garante a continuidade da humanidade. Ela inclui a bênção da fecundidade (Gn 1.28; 9.1).[553] A aliança está no fato de que Deus salva Noé do juízo e, ao mesmo tempo, espera obediência em relação às suas ordens. A formulação da promessa e o contexto da aliança contêm todas as principais características de uma aliança de Deus:

1. Deus estabelece uma aliança, *kum berit*, baseada na concessão graciosa de Deus.
2. Deus espera obediência daquele com quem ele estabelece sua aliança.
3. Deus salva e protege aqueles que firmaram a aliança com ele. Noé e sua família são protegidos do dilúvio.[554]

Pedro estabeleceu uma relação entre a água do batismo e a água do dilúvio. Para ele, o batismo foi figurado no evento do dilúvio. Com isso Pedro assume a interpretação tipológica que Paulo usou para os eventos veterotestamentários. O tipo é a forma oca, usada para moldar o antítipo, a cópia.[555]

Pedro escreve: *...nos dias de Noé, enquanto se preparava a arca, na qual poucos, a saber, oito pessoas, foram salvos, através da água, a qual, figurando o batismo* (antitypos), *agora também vos salva* (1Pe 3.20s). Além da água do juízo do dilúvio, e além da água do batismo, Deus estabelece sua aliança. Deus salva do juízo e espera obediência daquele com que estabelece sua aliança.

---

550 No livro de Jó encontramos a ideia de que Deus colocou sentinelas em torno do mar original e dos monstros marinhos (Jó 7.12). Quando o mar original é libertado de sua prisão, o caos volta a irromper no mundo; cf. o comentário sobre Gênesis 1.2.
551 von Rad, *Mose*, pg. 105.
552 Westermann, *Genesis* I/1, pg. 568 4- 569.
553 Cassuto, *From Noah to Abraham*, pg. 68.
554 Delitzsch, *Genesis*, pg. 172 f.
555 Cf. Excurso I: O velho e o novo Adão.

19 De tudo o que vive, de toda carne, dois de cada espécie, macho e
20 fêmea, farás entrar na arca, para os conservares vivos contigo. Das aves segundo as suas espécies, do gado segundo as suas espécies, de todo réptil da terra segundo as suas espécies, dois de cada espécie virão a
21 ti, para os conservares em vida. Leva contigo de tudo o que se come,
22 ajunta-o contigo; ser-te-á para alimento, a ti e a eles. Assim fez Noé, consoante a tudo o que Deus lhe ordenara. A aliança entre Deus e Noé também beneficia a criação. O mundo animal é destruído junto com a humanidade corrompida! Mas suas espécies são conservadas, já que um casal de cada é salvo junto com o ser humano agraciado por Deus. "O Criador dos animais protege sua criação a despeito da sua decisão em favor da destruição".[556] A questão de como Noé conseguiu cumprir a ordem de Deus, de "fazer entrar" na arca um casal de cada espécie de animal, é respondida da seguinte forma pela exegese judaica: ao pressentirem a catástrofe que se aproximava, os animais vieram por conta própria. Assim como mais tarde a pomba voltou, e o texto diz que Noé a trouxe para dentro da arca (Gn 8.9), antes do dilúvio os animais foram impelidos à arca.[557]

Além dos animais, Noé também deve levar alimento para homens e animais para dentro da arca. Esse alimento só pode ter sido alimento vegetal.[558] A ciência não conhece uma fauna que seja alimentada exclusivamente por plantas. Mas o tempo original tem sua correspondência no tempo final. Na época messiânica, o leão comerá palha, assim como o boi[d]. O período original e a vida na arca só podem ser imaginados nos mesmos moldes do que um dia será o reino messiânico.[559] Na pré--História, houve um tempo de paz entre os animais até o momento em que o dilúvio terminou, e esta paz só será restabelecida no tempo final. Somente depois do dilúvio o ser humano é autorizado a matar animais para alimentar-se deles.[560]

d Is 11.7;
65.25;
Os 2.18;
Ez 34.25

c. A convocação para entrar na arca, 7.1-5

1 Disse o Senhor a Noé: Entra na arca, tu e toda a tua casa, porque reconheço que tens sido justo diante de mim no meio desta geração.

2 De todo animal limpo levarás contigo sete pares: o macho e sua fêmea; mas dos animais imundos, um par: o macho e sua fêmea.

3 Também das aves dos céus, sete pares: macho e fêmea; para se conservar a semente sobre a face da terra.

4 Porque, daqui a sete dias, farei chover sobre a terra durante quarenta dias e quarenta noites; e da superfície da terra exterminarei todos os seres que fiz.

5 E tudo fez Noé, segundo o Senhor lhe ordenara.

Para Noé, a construção da arca foi um teste de fé e obediência. Diferentemente do que acontece no relato babilônico sobre o dilúvio, a Bíblia

---
556 Westermann, *Genesis* I/1, pg. 569.
557 Cassuto, *From Noah to Abraham*, pg. 69s.
558 Veja o comentário sobre Gênesis 1.29,30.
559 Cassuto, *From Adam to Noah*, pg. 58 e 59.
560 Veja o comentário sobre Gênesis 9.3.

não fala sobre o processo de construção da arca. Aqui, basta a constatação: *Assim fez Noé, consoante a tudo o que Deus lhe ordenara* (Gn 6.22; cf. 7.5).

Disse o Senhor a Noé: Entra na arca, tu e toda a tua casa, porque 1 reconheço que tens sido justo diante de mim no meio desta geração. Depois de Noé ter encontrado graça diante de Deus (Gn 6.8) e testado sua fé, Deus o proclama como justo. No alemão não existe palavra que corresponda ao termo "justo" usado no Antigo Testamento. De acordo com o pensamento veterotestamentário, justiça é um termo relacional: justo é aquele que tem um relacionamento correto com Deus.[561] Noé era justo diante de Deus. A instrução para entrar na arca não vale somente para ele, mas para toda a sua casa. A salvação da família inteira de Noé não se justifica por todos serem justos ou pelo fato de que a justiça de Noé santificava toda a sua casa, mas Noé foi salvo com toda sua família, pois somente assim a humanidade poderia continuar se reproduzindo depois do dilúvio.[562]

De todo animal limpo levarás contigo sete pares: o macho e sua fê- 2 mea; mas dos animais imundos, um par: o macho e sua fêmea. Tam- 3 bém das aves dos céus, sete pares: macho e fêmea; para se conservar a semente sobre a face da terra. Muitos comentaristas têm certeza de que o relato do dilúvio foi compilado a partir de várias fontes por causa das indicações divergentes: em Gn 6.19s, a ordem é para levar um par de cada espécie de animal para a arca; em Gn 7.2s, a instrução é de levar sete espécimes de cada animal puro, e também sete de cada tipo de ave, seja pura ou imunda. A conclusão de que as divergências sejam oriundas de fontes diversas é falha. Por um lado, não se trata de uma simples repetição, e por outro lado não há contradição. Sempre que a Bíblia repete informações usando outras palavras, a intenção é apresentar algum aspecto novo e mais específico.

A decisão fundamental de Deus é: tome **um** par de cada espécie de animal, para garantir a sua sobrevivência. Pressentindo a catástrofe, os animais aproximam-se voluntariamente da arca, e Noé permite sua entrada.[563] Agora o texto diz que Noé ainda deve escolher exemplares adicionais dos animais puros e de todas as aves. Em hebraico, esse processo é descrito por meio da palavra *lakach*, "tomar".[564] *Lakach* é um termo técnico para (entre outras coisas) "pegar e preparar os animais para o sacrifício"[a]. A resposta para a questão de por que levar exemplares adicionais dos animais puros na arca está no relato sobre os holocaustos ofertados por Noé (Gn 8.20). A diferenciação entre puro e impuro é mais antiga que a lei levítica. Havia um conhecimento fundamental sobre puro e impuro, disseminado também entre os povos pagãos. Os babilônios e os assírios, por exemplo, escolhiam espécies específicas de animais para os seus sacrifícios. No conceito deles, porcos ou cachorros só serviam para ofertas aos demônios.[565]

a Gn 15.9s; Êx 10.26

Ao escolher as aves, Noé não precisa discernir entre puros e impuros. Ele deve levar sete de cada espécie de ave para dentro da arca. O motivo

---

561 von Rad, *Mose*, pg. 98.
562 Cf. o comentário sobre Gênesis 6.18.
563 Veja o comentário sobre Gênesis 6.19,20.
564 Sobre *lakach*, veja o comentário sobre Gênesis 5.24.
565 Cassuto, *From Noah to Abraham*, pg. 75.

para isso fica claro ao longo do relato. Perto do fim do dilúvio, Noé envia pássaros para determinar o nível da água sobre a terra. Em uma ocasião, mandou um corvo, que era uma ave imunda[b], em outra ocasião, uma pomba, que era ave pura.

b Lv 11.13-19

Como os sacrifícios e os voos de exploração exigiam vários animais e aves, era preciso levar mais do que um casal de cada espécie para a arca, a fim de que fosse possível conservar cada uma depois. O texto em hebraico não é claro se Noé deveria tomar sete pares de animais puros e das aves, ou se seriam sete espécimes, isto é, três casais e mais um extra.[566]

4 **Porque, daqui a sete dias, farei chover sobre a terra durante quarenta dias e quarenta noites; e da superfície da terra exterminarei todos os seres que fiz. E tudo fez Noé, segundo o Senhor lhe ordenara.** Deus reservou uma semana para a entrada na arca. Estes sete dias remetem à semana da criação. Durante seis dias, Noé deveria ocupar-se do transporte e da acomodação de todos na arca. No sétimo dia, esta incumbência deveria estar terminada.[567] Depois do término do sétimo dia, viria um período de chuvas de quarenta dias e quarenta noites. Aqui é Deus quem age. A destruição não é obra do dilúvio, mas de Deus, que acaba com o mundo que ele mesmo criara. Ele manda chuva, que dura um período anormalmente longo.[568] Mais tarde, o número 40 terá um papel decisivo na história. O povo de Israel peregrinou durante quarenta anos pelo deserto. De acordo com a tradição rabínica, uma criança leva quarenta dias para se formar no útero materno, e um Midrash conta que os israelitas começaram a transgredir a lei quarenta dias depois de receber a Torá.[569] Os quarenta dias de chuva deveriam destruir tudo o que existia. Depois de quarenta dias, não havia mais vida sobre a face da terra. A rara palavra traduzida como "todos os seres"[c] fala da destruição de toda a existência. A menção aos quarenta dias e às quarenta noites tinha por objetivo descrever a aniquilação de tudo o que existia.

c Gn 7.23; Dt 11.6

d. A entrada na arca, 7.6-9

6 **Tinha Noé seiscentos anos de idade, quando as águas do dilúvio inundaram a terra.**

7 **Por causa das águas do dilúvio, entrou Noé na arca, ele com seus filhos, sua mulher e as mulheres de seus filhos.**

8 **Dos animais limpos, e dos animais imundos, e das aves, e de todo réptil sobre a terra,**

9 **entraram para Noé, na arca, de dois em dois, macho e fêmea, como Deus lhe ordenara.**

À primeira vista, o relato sobre a entrada na arca é uma simples repetição do que já sabemos. Mas a novidade deste trecho é o fato de que, pela primeira vez na pré-História, um evento é datado.

---

566 Delitzsch, *Genesis*, pg. 174.
567 Cassuto, *From Noah to Abraham*, pg. 76.
568 Westermann, *Genesis* I/1, pg. 576s.
569 Meir-Zlotowitz, pg. 245.

Tinha Noé seiscentos anos de idade, quando as águas do dilúvio 6
inundaram a terra. As obras da criação foram datadas por dia. No capítulo 5, a indicação das idades serve à datação do nascimento dos filhos. O primeiro evento da pré-História descrito com uma data é o começo do dilúvio. Ele é determinado com a ajuda de um momento na vida de Noé[570]: ele tinha seiscentos anos. Assim como todos os outros números da pré-História e da história final, 600 não é uma grandeza numérica.[571] Os números compostos por 6 correspondem a épocas humanas completas. O conhecimento a respeito do mistério dos números também aparece nos relatos babilônicos sobre o dilúvio. Neles, a idade de Ziusudra antes do dilúvio é de 36000 anos, isto é 600 x 60 anos.[572]

No contexto pré-histórico, a indicação de que Noé tinha seiscentos anos expressa que o dilúvio começou quando uma primeira época humana chegara ao fim. Nesse contexto, é interessante considerar a idade total de Noé, registrada na pré-História. Noé tinha seiscentos anos quando o dilúvio começou. O dilúvio em si durou um ano. Depois disso, Noé ainda viveu mais trezentos e cinquenta anos. Ele viveu novecentos e cinquenta anos ao todo.[573]

Chama a atenção que o tempo passado na arca não seja calculado no tempo de vida de Noé. De acordo com a tradição rabínica, o ano de sofrimento na vida de Noé não é contado porque neste período Noé vivia como se já estivesse morto.[574] Os trezentos e cinquenta anos são a metade de setecentos. Números compostos com 7 representam épocas divinas. O tempo de vida de Noé depois do dilúvio foi um tempo de graça sob a proteção e a bênção de Deus.

Por causa das águas do dilúvio, entrou Noé na arca, ele com seus 7
filhos, sua mulher e as mulheres de seus filhos. Dos animais limpos, e 8
dos animais imundos, e das aves, e de todo réptil sobre a terra, entra- 9
ram para Noé, na arca, de dois em dois, macho e fêmea, como Deus lhe ordenara. Noé e sua família entraram na arca imediatamente antes do começo da chuva diluviana. Os animais já tinham entrado na arca nos seis dias anteriores a este.

e. O começo do dilúvio, 7.10-16

10 E aconteceu que, depois de sete dias, vieram sobre a terra as águas do dilúvio.

11 No ano seiscentos da vida de Noé, aos dezessete dias do segundo mês, nesse dia romperam-se todas as fontes do grande abismo, e as comportas dos céus se abriram,

12 e houve copiosa chuva sobre a terra durante quarenta dias e quarenta noites.

13 Nesse mesmo dia entraram na arca Noé, seus filhos Sem, Cam e Jafé, sua mulher e as mulheres de seus filhos;

---

570 Westermann, *Genesis* I/1, pg. 579.
571 Sobre a interpretação de números na pré-História e na história final, cf. Excurso II: A origem ajuda o ser humano a compreender, item V.
572 Cassuto, *From Noah to Abraham*, pg. 81.
573 Cf. Gênesis 9.28,29.
574 Meir-Zlotowitz, pg. 246.

14 eles, e todos os animais segundo as suas espécies, todo gado segundo as suas espécies, todos os répteis que rastejam sobre a terra segundo as suas espécies, todas as aves segundo as suas espécies, todos os pássaros e tudo o que tem asa.

15 De toda carne, em que havia fôlego de vida, entraram de dois em dois para Noé na arca;

16 eram macho e fêmea os que entraram de toda carne, como Deus lhe havia ordenado; e o Senhor fechou a porta após ele.

16 Antes do início definitivo do dilúvio, vem uma descrição muito cuidadosa da entrada na arca. Três vezes é dito: entraram (v.13,15,16). O ponto alto e o encerramento da entrada é a constatação: **eram macho e fêmea os que entraram de toda carne, como Deus lhe havia ordenado; e o Senhor fechou a porta após ele.**

Quem atribuir os diferentes nomes de Deus à existência de diversas fontes, deixa de perceber o caráter especial do texto. Elohim, Senhor da natureza e fonte da vida, dá a Noé a ordem para conservar o mundo animal. Noé teve que levar casais para dentro da arca. Javé, o Deus pessoal, fecha a arca.[575] Javé, que tem um relacionamento direto com sua criatura, providencia pessoalmente a proteção para aqueles a quem ele salva. O fechamento da arca por fora não significa que, antes disso, Noé já não a tivesse trancado por dentro. Ao contrário: podemos supor que, ainda que não haja menção expressa a isso, Noé tenha sido o primeiro a trancar a porta. Mas o comportamento responsável do ser humano não torna o cuidado de Deus desnecessário. Deus cuida daquilo que Noé não conseguia enxergar lá de dentro. Ele se certifica de que a porta seja completamente vedada por fora.[576] Ao mesmo tempo, o fato de Deus fechar a porta pessoalmente também representa a exclusão definitiva da geração destinada à destruição.[577] Mesmo que Noé ainda quisesse tentar abrir a porta para a entrada de mais alguém, isso teria sido impossível.

11 A data do início do dilúvio é marcada com precisão. Ele aconteceu **no ano seiscentos da vida de Noé, aos dezessete dias do segundo mês.**

O fim do dilúvio é descrito por meio de duas referências. *Sucedeu que, no primeiro dia do primeiro mês, do ano seiscentos e um, as águas se secaram de sobre a terra. [...] E, aos vinte e sete dias do segundo mês, a terra estava seca.* (Gn 8.13s). No total, o dilúvio durou um ano e onze dias. Diferentemente dos egípcios, dos persas e dos astrônomos das escolas caldeias, os hebreus calculavam em anos lunares. Um ano lunar tinha 354 dias. Um ano lunar e onze dias corresponde a um ano solar de 365 dias. Portanto, o dilúvio durou exatamente um ano solar.[578]

De acordo com o cálculo do ano econômico na época do Antigo Testamento, o ano começa com o mês *tishrei* (setembro a outubro) [ou *etanim, cf.* 1Re 8.2]; já no cálculo teocrático, ele começa com o mês de *nisã* (março a abril). O assim chamado ano teocrático ou bíblico reporta-se a Moisés[a]. De acordo com Moisés, o primeiro mês do ano é aquele que se segue à saída

a Êx 13.4; 23.15

---

575 Sobre os diferentes usos do nome de Deus, cf. Introdução, IV. 1.
576 Cassuto, *From Noah to Abraham*, pg. 92.
577 Lange, pg. 152.
578 Cassuto, *From Noah to Abraham*, pg. 43-45 e 83.

do Egito. O ano econômico, que se orienta pela semeadura e pela colheita, é mais antigo, e nunca foi esquecido em Israel. A Festa dos Tabernáculos ou do fim da colheita sempre era comemorado no começo do ano[b].

b Êx 23.16; 34.22

Na pré-História, os anos indicados são sempre econômicos ou naturais. O dilúvio começou na época das chuvas de outono, a época normal de chuvas. O primeiro sinal de seu fim aparece no dia do ano novo, no primeiro dia da terra renovada.[579] *Sucedeu que, no primeiro dia do primeiro mês [...] as águas se secaram de sobre a terra* (Gn 8.13). Desde então, para os judeus, o dia 1º de *tishrei* é "Rosh Hashaná", o dia do Ano Novo. Até hoje, ele é comemorado como o Dia da Trombeta ou o Dia do Julgamento.[580] A festa de ano novo lembra o julgamento de Deus e o início da nova vida no dia depois do dilúvio. A datação precisa do início do dilúvio dá a dimensão da catástrofe. As águas desabam dos céus, e as águas do abismo invadem a terra.

Nesse dia romperam-se todas as fontes do grande abismo, e as comportas dos céus se abriram. Deus fundara a terra por cima do abismo. Agora a superfície da terra foi rasgada e as massas de água transbordam pelas fendas. O dilúvio original toma conta da terra novamente.[581] As águas do mar, que Deus coletara como em um odre (tradução literal do Salmo 33.7), agora causam a destruição, pois Deus faz o odre se romper. A imagem do odre que arrebenta (Jó 32.19) ilustra bem o rompimento das fontes subterrâneas[c]. Juntos, o abismo original e o oceano celestial[582] causam o dilúvio.

c Êx 20.4; Dt 4.18; 5.8; Am 7.4; Sl 24.2; Sl 136.6; Jó 38.16; Pv 8.28

f. A dimensão do dilúvio, 7.17-24

17 Durou o dilúvio quarenta dias sobre a terra; cresceram as águas e levantaram a arca de sobre a terra.

18 Predominaram as águas e cresceram sobremodo na terra; a arca, porém, vogava sobre as águas.

19 Prevaleceram as águas excessivamente sobre a terra e cobriram todos os altos montes que havia debaixo do céu.

20 Quinze côvados acima deles prevaleceram as águas; e os montes foram cobertos.

21 Pereceu toda carne que se movia sobre a terra, tanto de ave como de animais domésticos e animais selváticos, e de todos os enxames de criaturas que povoam a terra, e todo homem.

22 Tudo o que tinha fôlego de vida em suas narinas, tudo o que havia em terra seca, morreu.

23 Assim, foram exterminados todos os seres que havia sobre a face da terra; o homem e o animal, os répteis e as aves dos céus foram extintos da terra; ficou somente Noé e os que com ele estavam na arca.

24 E as águas durante cento e cinquenta dias predominaram sobre a terra.

---

579 Westermann, *Genesis* I/1, pg. 604.
580 Philo-Lexikon: Rosch ha-Schana, col. 626 e 627.
581 Veja o comentário sobre Gênesis 1.2.
582 Veja o comentário sobre Gênesis 6.17.

20-24   A descrição do dilúvio em si é muito breve. Não há detalhes específicos nem relatos de destinos individuais das pessoas que se afogavam, mas apenas um único processo. Sobre as águas, o texto diz que cresceram, predominaram, cresceram sobremodo, prevaleceram sobre os montes (7.17-20). A enumeração não é uma simples repetição, mas um aumento crescente. Durante quarenta dias, as chuvas despencaram, e durante cento e cinquenta dias o nível da água manteve-se constante sobre a terra devido à irrupção das águas subterrâneas.[583] Os montes não foram somente cobertos pela água, mas esta ultrapassou os picos em quinze côvados. Esta medida demonstra que a arca, cuja altura total era de trinta côvados, ainda poderia passar incólume sobre as montanhas, mesmo que seu calado fosse de quinze côvados.[584]

O dilúvio foi uma catástrofe mundial abrangente. Todos os animais que viviam sobre a terra e toda a humanidade morreram. A descrição da catástrofe humana é discreta, pois sua intenção não é despertar pavor, mas reverência.[585] Ainda assim, é uma história repleta de uma dor amarga. **Ficou somente Noé e os que com ele estavam na arca.** Assim como aconteceu depois, nos grandes juízos de Deus, também no dilúvio sobrou apenas uma pequena parte[d]. Como um pequeno ponto, a arca flutuou sobre as pavorosas águas da destruição. Nos compartimentos da arca, Deus protegeu a semente da futura vida sobre a terra.[586] A descrição do dilúvio é uma cena terrível de juízo, com uma minúscula chama de esperança.

23

d Am 3.12

2. Os sinais e a palavra de salvação, 8.1-19

Deus nunca se esqueceu de Noé, de sua família e dos animais na arca. Ainda assim, o relato da salvação começa com as palavras: *Lembrou-se Deus de Noé* (Gn 8.1). A lembrança de Deus não é um simples processo de recuperar alguma informação, mas é a introdução da salvação[e]. Quando Ló pediu a Deus que lhe permitisse procurar refúgio em alguma aldeia próxima depois que Sodoma e Gomorra foram destruídas, ele diz a Deus: *Eis que o teu servo achou mercê diante de ti* (Gn 19.19). A mudança na vida de Raquel é anunciada com as palavras *Lembrou-se Deus de Raquel, ouviu-a* (Gn 30.22). A lembrança de Deus é sua misericórdia e também o começo da salvação.[587]

e Gn 19.29;
50,20;
Êx 2.24;
Lv 26.42;
Sl 25.6s;
105.8;
106.4;
132.1;
Lc 23.42

1   Lembrou-se Deus de Noé e de todos os animais selváticos e de todos os animais domésticos que com ele estavam na arca; Deus fez soprar um vento sobre a terra, e baixaram as águas.

2   Fecharam-se as fontes do abismo e também as comportas dos céus, e a copiosa chuva dos céus se deteve.

3   As águas iam-se escoando continuamente de sobre a terra e minguaram ao cabo de cento e cinquenta dias.

4   No dia dezessete do sétimo mês, a arca repousou sobre as montanhas de Ararate.

---

583 Delitzsch, *Genesis*, pg. 178.
584 Cassuto, *From Noah to Abraham*, pg. 94.
585 Westermann, *Genesis I/1*, pg. 589.
586 Cassuto, *From Noah to Abraham*, pg. 97.
587 Westermann, *Genesis I/1*, pg. 592 e 593.

5 E as águas foram minguando até ao décimo mês, em cujo primeiro dia apareceram os cimos dos montes.
6 Ao cabo de quarenta dias, abriu Noé a janela que fizera na arca
7 e soltou um corvo, o qual, tendo saído, ia e voltava, até que se secaram as águas de sobre a terra.
8 Depois, soltou uma pomba para ver se as águas teriam já minguado da superfície da terra;
9 mas a pomba, não achando onde pousar o pé, tornou a ele para a arca; porque as águas cobriam ainda a terra. Noé, estendendo a mão, tomou-a e a recolheu consigo na arca.
10 Esperou ainda outros sete dias e de novo soltou a pomba fora da arca.
11 À tarde, ela voltou a ele; trazia no bico uma folha nova de oliveira; assim entendeu Noé que as águas tinham minguado de sobre a terra.
12 Então, esperou ainda mais sete dias e soltou a pomba; ela, porém, já não tornou a ele.
13 Sucedeu que, no primeiro dia do primeiro mês, do ano seiscentos e um, as águas se secaram de sobre a terra. Então, Noé removeu a cobertura da arca e olhou, e eis que o solo estava enxuto.
14 E, aos vinte e sete dias do segundo mês, a terra estava seca.
15 Então, disse Deus a Noé:
16 Sai da arca, e, contigo, tua mulher, e teus filhos, e as mulheres de teus filhos.
17 Os animais que estão contigo, de toda carne, tanto aves como gado, e todo réptil que rasteja sobre a terra, faze sair a todos, para que povoem a terra, sejam fecundos e nela se multipliquem.
18 Saiu, pois, Noé, com seus filhos, sua mulher e as mulheres de seus filhos.
19 E também saíram da arca todos os animais, todos os répteis, todas as aves e tudo o que se move sobre a terra, segundo as suas famílias.

Em sua esperança e espera, aqueles que estavam encerrados na arca perceberam, inicialmente, sete sinais de salvação:

1) O início do vento:

Deus fez soprar um vento sobre a terra, e baixaram as águas. Um **1** simples vento, ainda que aqui se tratasse do siroco, um vento escaldante e muito seco, não consegue secar a terra inteira em um período de cinco meses.[588] A palavra hebraica para "vento", *ruach*, é muito mais profunda. Ela designa o Espírito de Deus, que pairava sobre o caos antes da criação do mundo (Gn 1.2). O vento é o Espírito de Deus, a origem e a fonte da vida.[589] Para Noé, o vento que sopra é o primeiro sinal da nova vida que se forma sobre a terra. O Espírito de Deus, por quem o mundo fora criado, está trabalhando novamente.

---
588 Procksch, pg. 473.
589 Veja o comentário sobre Gênesis 1.2; cf. Cassuto, *From Noah to Abraham*, pg. 101.

2) A redução das massas de água:

**2 Baixaram as águas. Fecharam-se as fontes do abismo e também as
3 comportas dos céus... As águas iam-se escoando continuamente de sobre a terra e minguaram...** A terra ainda estava coberta pelas massas de água, mas sua força começava a desaparecer. Parou não somente a chuva, mas também o afloramento da água subterrânea. O segundo sinal de salvação era o escoamento das águas violentas e turbulentas e o brilho do sol. No entanto, o relato do dilúvio não menciona o sol nem sua força. Esta menção não aparece porque o Antigo Testamento – ao contrário das demais religiões no entorno – não atribuía qualquer poder divino ao sol. Mas a descrição da redução das águas pressupõe a ajuda do sol. Sobre as águas, o texto diz que elas se recolheram. No hebraico, aparece duas vezes o termo *schub*, isto é, as águas evaporaram, voltaram para o oceano celestial, penetraram na terra e, assim, voltaram ao abismo.[590] O segundo sinal da salvação era o brilho do sol, ainda que isso não seja expressamente mencionado.

3) O pouso da arca:

O terceiro sinal da salvação é uma indicação de que Deus permitirá que os sobreviventes voltem a morar na terra. A importância do fato de que a arca alcançou o solo se mostra no jogo de palavras feito com o
4 verbo "repousar":[591] **No dia dezessete do sétimo mês, a arca repousou sobre as montanhas de Ararate.** A palavra "repousar" forma a raiz do nome **Noé**.[592]

a 2Rs 19.37;
Is 37.38;
Jr 51.27;
Tobias 1.21

A arca repousou sobre uma montanha. O nome da montanha não é informado. Em todo o Antigo Testamento, Ararate[a] não designa uma montanha, mas uma terra. Esta informação vaga, que menciona apenas o nome da terra onde está a montanha, não permite tirar conclusões em relação a nenhuma montanha específica. Ararate é uma "paisagem armênia entre o rio Arax e os lagos Van e Urmia".[593]

A Armênia era o centro do continente conhecido no Antigo Testamento. A humanidade deveria se desenvolver novamente partir deste centro mundial daquela época. A posição centralizada da terra de Ararate também motiva alguns exegetas a colocar o jardim do Éden, cuja localização não é indicada no Antigo Testamento[594], na Armênia. Se seguirmos essa suposição, os povos que descendem dos filhos de Noé originaram-se a partir do mesmo lugar que Deus entregou aos primeiros seres humanos que criou.[595] De acordo com esta tese, a Armênia é a terra natal de Adão e de todas as gerações pós-diluvianas.

4) Os picos das montanhas se tornam visíveis:

Noé vê o quarto sinal da salvação nos primeiros trechos de terra que
5 não estão mais cobertos pelas águas do dilúvio: **E as águas foram minguando até ao décimo mês, em cujo primeiro dia apareceram os cimos**

---

590 Cassuto, *From Noah to Abraham*, pg. 102.
591 von Rad, *Mose*, pg. 106.
592 Veja o comentário sobre Gênesis 5.28s, esp. a explicação sobre o nome "Noé".
593 Gunkel, pg. 145.
594 Veja o comentário sobre Gênesis 2.8.
595 Lange, pg. 154 e 155.

dos montes. A visão da terra seca também lembra o relato da criação do mundo. No terceiro dia da criação, Deus disse: *Ajuntem-se as águas debaixo dos céus num só lugar, e apareça a porção seca* (Gn 1.9). Junto com os sinais da salvação, cresce a esperança de uma nova vida no mundo. Os sinais divinos não são blocos isolados, mas estão associados, pelo seu conteúdo, a ações passadas de Deus.

5) O corvo não retorna mais
Algum tempo depois de começar a ver trechos de terra seca, Noé recorre à ajuda de aves para determinar o momento apropriado para deixar a arca. ... **abriu Noé a janela que fizera na arca e soltou um corvo, o qual, tendo saído, ia e voltava, até que se secaram as águas de sobre a terra.** Noé recorreu à ajuda dos animais, de acordo com a natureza de cada um.[596] Apesar de somente Deus ser Salvador, o ser humano pode e deve usar todas as oportunidades que se lhe apresentarem para sua caminhada com Deus. Ao escolher um corvo como primeiro enviado, Noé não fez uma seleção aleatória, pois corvos não têm relacionamentos diretos com o ser humano. São considerados animais selvagens[b]. Ainda que sejam contados entre os animais impuros[c], Deus não se esquece deles, e cuida também deles[d]. No mundo árabe, o corvo era considerado um profeta do tempo. A previsão do tempo era feita a partir da interpretação do voo e dos gritos do corvo.[597] Para os egípcios, os corvos estão entre os comedores de carniça. Em descrições de cenas de vitória, é possível encontrar referências que comprovam que os corpos dos mortos eram simplesmente abandonados, a fim de serem devorados por chacais e corvos.[598] Em sua sabedoria, Noé solta primeiro um corvo, pois este poderia se alimentar dos cadáveres do dilúvio. No Antigo Testamento, o corvo tem mais um significado: Deus podia usar os corvos no seu serviço. Um corvo levou pão e carne para Elias (1Re 17.6). De forma consciente e refletida, Noé escolheu um corvo para ser o primeiro a voar no novo mundo. O fato de ele não retornar era um bom sinal.[599]

6/7

b Pv 30.17
c Lv 11.15; Dt 14.14
d Sl 147.9; Jó 38.41; Lc 12.24

6) A pomba e a folha nova de oliveira:
A experiência seguinte de Noé com as aves não deu resultado em sua primeira fase. O animal foi obrigado a voltar. Na segunda tentativa, a pomba novamente voltou. Mas desta vez ela trouxe um sinal adicional de salvação, uma folha nova de oliveira: **Depois, soltou uma pomba para ver se as águas teriam já minguado da superfície da terra; mas a pomba, não achando onde pousar o pé, tornou a ele para a arca; porque as águas cobriam ainda a terra. Noé, estendendo a mão, tomou-a e a recolheu consigo na arca. Esperou ainda outros sete dias e de novo soltou a pomba fora da arca. À tarde, ela voltou a ele; trazia no bico uma folha nova de oliveira; assim entendeu Noé que as águas tinham minguado de sobre a terra.** Também a pomba foi escolhida de forma consciente para a experiência. Ao contrário do corvo, a pomba é um animal puro. Para o ser humano, ela é símbolo de beleza, inocência e

8
9

10
11

---
596   Veja o comentário sobre Gênesis 1.26-28; 2.19s.
597   Lange, pg. 155.
598   Keel, pg. 93.
599   Delitzsch, pg. 181.

e Ct 2.14;
5.2; 6.9
f Is 60.8;
Os 11.11;
Sl 55.6;
56.1
g Gn 1.26-28; 2.19s

amizade^e. No Antigo Testamento, ela é mencionada como a ave capaz de percorrer longas distâncias^f. As pombas fazem ninhos em fendas de rocha (Ct 2.14), mas vivem nos vales (Ez 7.16: Lutero fala em abismos). Nas duas primeiras expedições, a pomba não encontrou "onde pousar o pé". Por isso, voltou para onde sabia que estaria segura. Como animal, sabia-se submissa ao ser humano^g e voltou para ser protegida por ele.[600]

A descrição do retorno da pomba explicita o movimento de Noé. Ele estendeu a mão, pegou a pomba e levou-a novamente para dentro da arca. Esta ação demonstra o amor de Noé pela criatura.

O retorno da pomba depois do segundo voo não decepciona. No bico dela, Noé encontra mais um sinal de salvação. A folha de oliveira trazida pela pomba era nova, isto é, não era uma folha que tivesse resistido ao dilúvio. A terra tinha ressuscitado de seu "túmulo de águas".[601] A criatura muda traz uma mensagem, como se tivesse compreendido a importância que isso teria para Noé.[602] Por isso, desde então, a pomba com a folha e o ramo de oliveira é um emblema de paz e salvação; na literatura rabínica, a pomba é uma figura muito usada pelo povo de Israel.[603] Depois do sexto sinal de salvação, Noé tinha as informações necessárias.

7) A ausência da pomba:

O terceiro voo da pomba confirma e garante o resultado anterior. Ele se torna o sétimo sinal de salvação: **ela, porém, já não tornou a ele.** A pomba tinha encontrado novamente um lugar na terra para "pousar o pé". Ela aprecia a liberdade e começa a fazer seu ninho na terra renovada.

Quando a pomba não voltou mais, Noé abriu o telhado da arca. Olhou para fora **e eis que o solo estava enxuto.** "O olhar de Noé volta a contemplar a terra que ele conhecia, a nova vida abriu-se para ele".[604] O momento decisivo está diante de seus olhos, mas é introduzido por uma palavra de Deus: **Então, disse Deus a Noé: Sai da arca, e, contigo, tua mulher, e teus filhos, e as mulheres de teus filhos. Os animais que estão contigo, de toda carne, tanto aves como gado, e todo réptil que rasteja sobre a terra, faze sair a todos, para que povoem a terra, sejam fecundos e nela se multipliquem. Saiu, pois, Noé, com seus filhos, sua mulher e as mulheres de seus filhos. E também saíram da arca todos os animais, todos os répteis, todas as aves e tudo o que se move sobre a terra, segundo as suas famílias.** Noé reconheceu o momento da virada com ajuda dos sete sinais de salvação; mas ele não podia deixar a arca por decisão própria. "Portanto, não foi a vitalidade e a independência humana que possibilitaram a conquista da nova terra, libertada do caos; o próprio Deus liberou o acesso para a nova terra".[605] Noé não permitiu que sua própria sabedoria ou o sucesso de suas experiências o levassem a agir como se Deus não existisse. Ele conseguira as informações de que precisava, mas, ainda assim, esperou pela autorização de Deus para sair da arca.

---

600 Westermann, *Genesis* I/1, pg. 601.
601 Delitzsch, *Genesis*, pg. 182.
602 Westermann, *Genesis* I/1, pg. 602.
603 Cassuto, *From Noah to Abraham*, pg. 108.
604 Westermann, *Genesis* I/1, pg. 602; sobre a indicação de tempo e duração do dilúvio, veja o comentário sobre Gênesis 7.11.
605 von Rad, *Mose*, pg. 106.

A palavra de Deus a Noé mais uma vez valia para todos os que estavam na arca com ele. Deus menciona cada um dos grupos de criaturas salvas.

Antes que todos saíssem da arca, Deus renovou sua bênção sobre a criação, a bênção da fecundidade.[606] Era como no início dos tempos, mas os remanescentes viveriam em outro mundo. Com a saída da arca, começava a vida na terra depois do dilúvio.

3. A vida na terra renovada, 8.20 – 9.27

As criaturas que tinham sobrevivido ao dilúvio estavam novamente sob a bênção da fecundidade, mas não tinham mais relação direta com a glória inicial do mundo criado. "O juízo mundial pelo dilúvio é como uma cortina de ferro entre esta época e a glória inicial da criação".[607] Mas Deus não abandona suas criaturas à própria sorte. Ele acompanha o ser humano e lhe dá regras claras para a vida na terra renovada.

8.20 Levantou Noé um altar ao Senhor e, tomando de animais limpos e de aves limpas, ofereceu holocaustos sobre o altar.

21 E o Senhor aspirou o suave cheiro e disse consigo mesmo: Não tornarei a amaldiçoar a terra por causa do homem, porque é mau o desígnio íntimo do homem desde a sua mocidade; nem tornarei a ferir todo vivente, como fiz.

22 Enquanto durar a terra, não deixará de haver sementeira e ceifa, frio e calor, verão e inverno, dia e noite.

9.1 Abençoou Deus a Noé e a seus filhos e lhes disse: Sede fecundos, multiplicai-vos e enchei a terra.

2 Pavor e medo de vós virão sobre todos os animais da terra e sobre todas as aves dos céus; tudo o que se move sobre a terra e todos os peixes do mar nas vossas mãos serão entregues.

3 Tudo o que se move e vive ser-vos-á para alimento; como vos dei a erva verde, tudo vos dou agora.

4 Carne, porém, com sua vida, isto é, com seu sangue, não comereis.

5 Certamente, requererei o vosso sangue, o sangue da vossa vida; de todo animal o requererei, como também da mão do homem, sim, da mão do próximo de cada um requererei a vida do homem.

6 Se alguém derramar o sangue do homem, pelo homem se derramará o seu; porque Deus fez o homem segundo a sua imagem.

7 Mas sede fecundos e multiplicai-vos; povoai a terra e multiplicai-vos nela.

8 Disse também Deus a Noé e a seus filhos:

9 Eis que estabeleço a minha aliança convosco, e com a vossa descendência,

10 e com todos os seres viventes que estão convosco: tanto as aves, os animais domésticos e os animais selváticos que saíram da arca como todos os animais da terra.

---

606 Veja o comentário sobre Gênesis 1.22.
607 von Rad, *Mose*, pg. 107.

11 Estabeleço a minha aliança convosco: não será mais destruída toda carne por águas de dilúvio, nem mais haverá dilúvio para destruir a terra.

12 Disse Deus: Este é o sinal da minha aliança que faço entre mim e vós e entre todos os seres viventes que estão convosco, para perpétuas gerações:

13 porei nas nuvens o meu arco; será por sinal da aliança entre mim e a terra.

14 Sucederá que, quando eu trouxer nuvens sobre a terra, e nelas aparecer o arco,

15 então, me lembrarei da minha aliança, firmada entre mim e vós e todos os seres viventes de toda carne; e as águas não mais se tornarão em dilúvio para destruir toda carne.

16 O arco estará nas nuvens; vê-lo-ei e me lembrarei da aliança eterna entre Deus e todos os seres viventes de toda carne que há sobre a terra.

17 Disse Deus a Noé: Este é o sinal da aliança estabelecida entre mim e toda carne sobre a terra.

18 Os filhos de Noé, que saíram da arca, foram Sem, Cam e Jafé; Cam é o pai de Canaã.

19 São eles os três filhos de Noé; e deles se povoou toda a terra.

20 Sendo Noé lavrador, passou a plantar uma vinha.

21 Bebendo do vinho, embriagou-se e se pôs nu dentro de sua tenda.

22 Cam, pai de Canaã, vendo a nudez do pai, fê-lo saber, fora, a seus dois irmãos.

23 Então, Sem e Jafé tomaram uma capa, puseram-na sobre os próprios ombros de ambos e, andando de costas, rostos desviados, cobriram a nudez do pai, sem que a vissem.

24 Despertando Noé do seu vinho, soube o que lhe fizera o filho mais moço

25 e disse: Maldito seja Canaã; seja servo dos servos a seus irmãos.

26 E ajuntou: Bendito seja o SENHOR, Deus de Sem; e Canaã lhe seja servo.

27 Engrandeça Deus a Jafé, e habite ele nas tendas de Sem; e Canaã lhe seja servo.

Noé não se esqueceu do Salvador depois de ter sido salvo. Sua primeira ação foi celebrar um culto.

a. O culto a Deus, 8.20-21a

20
21a Levantou Noé um altar ao Senhor e, tomando de animais limpos e de aves limpas, ofereceu holocaustos sobre o altar. E o Senhor aspirou o suave cheiro.

A primeira ação de Noé é direcionada para Deus: ele constrói um altar. Depois de criar um lugar para o culto, Noé ofereceu um holocausto. Não era uma oferta de reconciliação nem um pedido, mas uma oferta de gratidão. Passado o perigo de morte e tendo saído da arca, Noé agradeceu ao seu Deus pelo presente da nova vida na terra. O holocausto foi preparado com o que Noé tinha de mais valioso e precioso. Ele pegou exemplares de todos os gêneros de animais limpos. A fim de mostrar que não queria reter nada para si, queimou completamente as ofertas sobre o altar.[608] Deus aceitou graciosamente a oferta apresentada por Noé. A expressão "aspirou o suave cheiro" é uma metáfora hebraica que significa: Deus aceita a oferta de forma graciosa. Ele aceita as motivações interiores que tinham levado Noé a apresentar o holocausto. Para Deus era um cheiro suave, isto é, um cheiro de Noé, pois o nome Noé significa suavidade, repouso.[609] Este jogo de palavras entre "suave cheiro" e "cheiro de Noé" significa: Deus viu o coração de Noé e volta-se para ele.[610]

O culto de Noé a Deus, a primeira coisa que aconteceu na terra renovada, abrange os sete motivos originais e fundamentais de qualquer culto verdadeiro:

1. O culto é uma *reação* do salvo.
2. A resposta à salvação de Deus é a *gratidão*.
3. O culto vem *antes* de qualquer trabalho e *antes* de qualquer preocupação com o futuro.
4. No culto, o ser humano dá a Deus o que tem de mais *valioso e precioso*.
5. No culto, o ser humano não quer reter nada para si, o culto a Deus é uma *oferta completa*.
6. No culto, importa o *coração* do ser humano. "Deus vê o coração."
7. O culto é um lugar em que o ser humano *descansa*.

O Salmo 50, o salmo do "culto verdadeiro", diz: *Acaso, como eu carne de touros? Ou bebo sangue de cabritos? Oferece a Deus sacrifício de ações de graças e cumpre os teus votos para com o Altíssimo; invoca-me no dia da angústia; eu te livrarei, e tu me glorificarás* (Sl 50.13-15). Deus não gosta do "cheiro" de cultos dos quais não participamos completamente, que não contenham "juízo e justiça" (Am 5.21-27).

b. A paciência de Deus, 8.21b-22

Não tornarei a amaldiçoar a terra por causa do homem, porque é mau o desígnio íntimo do homem desde a sua mocidade; nem tornarei a ferir todo vivente, como fiz. Enquanto durar a terra, não deixará de haver sementeira e ceifa, frio e calor, verão e inverno, dia e noite. 21b 22

Ao prometer que não destruiria mais o mundo, Deus inicia a nova era da paciência. O tempo da maldição de cumprimento imediato acabou. Deus não rege mais o mundo apenas por meio de punições, mas pela paciência. Ao término do dilúvio, Deus determina que a maldade do ser humano não seria mais imediatamente punida com uma sequência fixa de acontecimentos. Até então, valia sempre a sequência: pecado – revelação

---

608 Westermann, *Genesis* I/1, pg. 607s.
609 Sobre a explicação do nome Noé, veja o comentário sobre Gênesis 5.28,29.
610 Cassuto, *From Noah to Abraham*, pg. 117-119.

– punição ou perdão. Passaria a haver agora outra possibilidade, "a tolerância, a paciência com o ser humano como ele é, com sua inclinação para o mal".[611]

Jesus refere-se a essa postura ao dizer: ... *porque ele* [Deus] *faz nascer o seu sol sobre maus e bons e vir chuvas sobre justos e injustos* (Mt 5.45). Paulo chama esta época de era da paciência, da longanimidade de Deus, na qual pecados permanecem impunes (Rm 3.25).

A nova era da paciência começa com a promessa de Deus de proteger o mundo existente. – Enquanto o mundo existir, não será mais destruído. Esta palavra sobre a conservação da terra não significa que ela existirá para sempre. A eternidade é atributo exclusivo do Criador! Assim como o mundo tem um início (Gn 1.1), um dia ele também terá um fim.[612]

A terra é conservada apesar da tendência do ser humano para o mal. Desobediente, o ser humano criado por Deus voltou-se contra seu Criador, e Deus amaldiçoou a terra, *'adamah*, por causa do ser humano, *'adam* (Gn 3.17). O ser humano matou seu irmão, e então Deus amaldiçoou o assassino (Gn 4.11).[613] A maldade do ser humano sobre a terra era grande, e *era* **continuamente** *mau* **todo** *desígnio do seu coração* (Gn 6.5). Por isso Deus determinou a catástrofe humana. Somente Noé tinha "encontrado graça aos olhos de Javé".[614] Mas agora Deus decide conservar o mundo, apesar de a tendência humana para o mal não ter mudado. Antes do dilúvio, o texto relata: *cada* pensamento do coração era mau, o dia inteiro (6.5), e depois do dilúvio Deus constata: é mau o desígnio íntimo do homem desde a sua mocidade (8.21). Apesar da formulação mais suave, uma coisa fica clara: a inclinação para o mal é tão intrínseca ao ser humano que o acompanha desde a sua infância. A catástrofe humana, o juízo de Deus pelo dilúvio, não mudou isso.[615] Ainda assim, Deus está decidido a permitir que o ser humano, *'adam*, fique com a sua terra, *'adamah*.

O mundo que começa depois do dilúvio é o mundo protegido por Deus. Chega ao fim a pré-História, e agora começa a longa linha da história da humanidade. Essa nova época terminará somente com o fim do mundo. Essa época é marcada pela manutenção permanente das condições de vida. É preciso considerar que o conceito de tempo no Antigo Testamento não é unilateralmente linear, mas que a linha de tempo que se dirige para o alvo é determinada pela alternância de eras individuais.[616] A concepção de tempo no Antigo Testamento é periódico-linear. O tempo é composto de uma série de períodos individuais, independentes e completos em si mesmos. Estes períodos são semeadura e colheita, verão e inverno, frio e calor, dia e noite. As duas primeiras unidades descrevem a totalidade do ano, as outras duas, a totalidade do dia. O decorrer do ano é determinado por semeadura e colheita, verão e inverno. Esta alternância possibilita a alimentação do ser humano. O decorrer do dia no Oriente abrange o frio da noite e o calor do dia. A vida precisa dessa alternância de dia e noite.[617]

---

611 Westermann, *Genesis* I/1, pg. 612.
612 Cassuto, *From Noah to Abraham*, pg. 121.
613 Veja o comentário sobre Gênesis 4.11: A maldição de Deus sobre o ser humano.
614 Veja o comentário sobre Gênesis 6. 5-8.
615 Westermann, *Genesis* I/1, pg. 611.
616 Wolff, pg. 83-90.
617 Westermann, *Genesis* I/1, pg. 614.

Deus promete não mudar mais essa ordem da criação no mundo pós-diluviano. Ele, que manda no sol (Jó 9.7), transforma a existência do dia e da noite em uma certeza tão absoluta que só pode ser comparada com a inviolabilidade da sua aliança (Jr 33.17-26). Mesmo que fome ou escuridão assaltem a terra[a], o ser humano pode ter certeza de que, enquanto houver mundo, elas serão temporárias e locais.[618]

a Gn 45.6; Êx 10.21-23

c. O novo mandato sobre os animais, 9.1-3

1 Abençoou Deus a Noé e a seus filhos e lhes disse: **Sede fecundos, multiplicai-vos e enchei a terra.** 2 **Pavor e medo de vós virão sobre todos os animais da terra e sobre todas as aves dos céus; tudo o que se move sobre a terra e todos os peixes do mar nas vossas mãos serão entregues.** 3 **Tudo o que se move e vive ser-vos-á para alimento; como vos dei a erva verde, tudo vos dou agora.**

Também no novo mundo, a bênção de Deus está na vida transmitida de geração a geração, espalhando-se por toda a terra. O domínio do ser humano sobre os animais[619] é ampliado. Deus permite que o ser humano mate animais para se alimentar, ele os entrega para o abate. A submissão dos animais ao domínio humano muda a relação entre homem e animal. A autorização para que animais sirvam de alimentação ao ser humano desperta medo e pavor no mundo animal. Em outro contexto, a expressão "pavor e medo de vós" é relacionada a uma promessa de Deus. [...] *o Senhor, vosso Deus, porá sobre toda terra que pisardes o vosso terror e o vosso temor, como já vos tem dito* (Dt 11.25)[a]. A autorização para abater está incluída na bênção concedida por Deus.[620]

a Dt 1.21; 31.8

d. A reverência à vida e a pena de morte, 9.4-7

4 **Carne, porém, com sua vida, isto é, com seu sangue, não comereis.** 5 **Certamente, requererei o vosso sangue, o sangue da vossa vida; de todo animal o requererei, como também da mão do homem, sim, da mão do próximo de cada um requererei a vida do homem.** 6 **Se alguém derramar o sangue do homem, pelo homem se derramará o seu; porque Deus fez o homem segundo a sua imagem.** 7 **Mas sede fecundos e multiplicai-vos; povoai a terra e multiplicai-vos nela.**

A permissão para matar tem dois limites: ela não abrange a carne de animais ainda vivos e nunca pode incluir o assassinato do ser humano.

A primeira restrição é: *Carne, porém, com sua vida, isto é, com seu sangue, não comereis*, ou seja, comer carne animal só é permitido caso ele não esteja mais vivo. Antes de comer o animal, a vida precisa ser primeiro "derramada". Como no Antigo Testamento o sangue carrega a vida[a], isto significa: a vida que pulsa no sangue precisa sair do animal. Não se trata do sangue em si, mas do significado funcional que lhe é associado. A ingestão de sangue só é proibida enquanto este sangue for portador da vida de um animal.[621] O animal estará morto quando o sangue tiver sido

a Lv 3.17; 7.25-27; 17.11-14; Dt 12.16, 23s; 15.23

---
618 Cassuto, *From Noah to Abraham*, pg. 123 e 124.
619 Veja o comentário sobre Gênesis 1.28.
620 Westermann, *Genesis* I/1, pg. 620.
621 Discussão sobre ingestão de sangue cf. Westermann, *Genesis* I/1, pg. 622s.

completamente drenado do corpo. Por causa deste conceito, o judaísmo elaborou regras especiais para o abate de animais, a assim chamada "shechita".⁶²² Um açougueiro autorizado, o "shochet", abate o animal com um corte transversal que atravessa a traqueia e o esôfago, além das artérias carótidas e das veias jugulares. Desta forma, o animal é exanguinado.⁶²³

A proibição de ingerir a carne de um animal ainda vivo, não abatido (ou não exanguinado, no sentido veterotestamentário) deve proteger o ser humano contra a brutalidade e a crueldade.⁶²⁴ A ingestão de sangue leva à sede por sangue^b.

b Nm 23.24; Dt 32.42; Jr 46.10

Deus limita a permissão para matar exclusivamente os animais. A vida humana permanece sendo intocável. O assassinato é absolutamente proibido, pois Deus criou o ser humano à sua imagem e semelhança. A palavra hebraica escolhida nesse contexto é *säläm*. Mesmo depois da catástrofe mundial, o ser humano continua sendo representante do Criador na terra por sua semelhança com Deus. Assim como uma estátua ou uma efígie indicam o domínio de um governante, assim a vida humana é um testemunho vivo da existência de Deus.⁶²⁵ A imagem e semelhança de Deus, que foram colocadas originalmente no ser humano, nunca se perderam.⁶²⁶

Quando um animal ou uma pessoa mata um ser humano criado à imagem e semelhança de Deus, este ato representa uma afronta ao próprio Deus. Deus sempre pedirá contas do crime contra o ser humano. Tanto aqui como em outras passagens semelhantes, a palavra hebraica para "exigir", *darasch*, significa "pedir contas por algo, vingar"^c.

c 2Cr 24.22; Sl 9.13; Ez 33.6

Como o ser humano inclui o animal em sua convivência, mantendo animais domésticos, estes são responsabilizados por seus atos.⁶²⁷ Caso um animal, como um boi, mate um ser humano, o tribunal pode condená-lo à morte (Êx 21.28-32).

Na comunidade humana, existe a possibilidade extraordinária de que as pessoas matem umas às outras. Com este ato, o assassino rouba uma propriedade de Deus, e Deus demanda dele a sua imagem e semelhança. Por isso, quando uma pessoa mata outra, ela precisa ser castigada com a pena de morte.

A pena de morte para um assassino é uma exigência, um direito soberano de Deus, de demandar a vida do assassino de um ser humano. *Da mão do próximo de cada um requererei a vida do homem (v.5)*. Esta referência à pena de morte não é uma ordem genérica para que o ser humano se vingue, nem é uma procuração geral para matar criminosos. A pena de morte é um direito emprestado. Somente Deus pode demandar compensação por uma vida roubada. Somente ele tem direito sobre a vida e a morte.

Mas Deus entrega ao ser humano a execução da pena de morte, *se alguém derramar o sangue do homem, pelo homem se derramará o seu* (v.6). A execução da pena de morte continua sendo sempre um direito emprestado por Deus. A vida pertence a Deus (Ez 18.4), e o que é propriedade

---

622 Hertz (ed.), pg. 32.
623 Philo-Lexikon: "Schechita"", col. 655.
624 Delitzsch, *Genesis*, pg. 188.
625 Veja o comentário sobre Gênesis 1.26-28.
626 Veja o comentário sobre Gênesis 5.1-3.
627 Westermann, *Genesis* I/1, – sobre a questão dos animais domésticos – pg. 624.

de Javé não pode ser simplesmente dominado pelo ser humano, isto é, o assassinato não pode ser compensado pelo pagamento de um resgate (Nm 35.31).[628]

A pena de morte é uma procuração dada por Deus. Mas ela só pode ser executada por uma comunidade que respeita o direito exclusivo de Deus sobre a vida e a morte. Quando uma comunidade pratica a pena de morte por razões nacionais, raciais, filosóficas ou ideológicas, essa ação não é um direito emprestado por Deus; neste caso, não é pena de morte, mas assassinato.[629]

A pena de morte é uma possibilidade instituída por Deus no mundo pós-diluviano. Deus transfere seu direito soberano ao ser humano. Este é executor da pena de morte ordenada por Deus. No passado, poucas nações viam a pena de morte como um direito que tinham recebido de Deus. Em numerosos casos, abusou-se do direito sobre a vida e a morte que Deus emprestou ao ser humano. Este é o motivo pelo qual muitas autoridades contemporâneas abrem mão da pena de morte.

A palavra sobre o assassinato e a pena de morte termina com a nova ordem para multiplicar e dominar a terra. Não se trata de uma repetição desnecessária, mas de uma justificação renovada para a inviolabilidade da vida humana e para a proibição absoluta de matar o ser humano.

Permanece uma tensão entre a proibição de matar pessoas e a possibilidade de executar a pena de morte. A exegese judaica procura resolvê-la com a teoria de que o ato do homicídio elimina a imagem e semelhança de Deus do assassino. Não sendo mais imagem e semelhança de Deus, ele pode ser executado.[630]

A tradição judaica ampliou as proibições de comer carne de animais vivos e de matar o ser humano para as assim chamadas sete leis de Noé. Os judeus consideram as leis de Noé regras éticas fundamentais que estão acima da lei judaica e são comuns a todos os seres humanos.

As leis de Noé contêm as seguintes proibições: 1. Idolatria; 2. Imoralidade (incesto); 3. Assassinato; 4. Ingestão de carne de animais vivos; 5. Blasfêmia e 6. Roubo. 7. A humanidade inteira deve reconhecer a autoridade de tribunais. Em geral, a sétima lei é colocada à frente das seis proibições.[631] Como lei de Noé, a proibição de comer carne de animais vivos afeta o islamismo e a igreja primitiva[d]. As chamadas "proibições apostólicas" impedem a ingestão de sangue e da carne de animais sufocados. A carne de animais não abatidos da forma prescrita, que não foram exanguinados, não pode ser ingerida.[632]

[d] At 15.20,29; 21.25

e. A aliança e seu sinal, 9.8-17

8 Disse também Deus a Noé e a seus filhos:
9 Eis que estabeleço a minha aliança convosco, e com a vossa descendência,

---

628 von Rad, *Mose*, pg. 110.
629 Hertz (ed.), pg. 33.
630 Cassuto, *From Noah to Abraham*, pg. 127.
631 Hertz (ed.), pg. 33.
632 Delitzsch, *Genesis*, pg. 188.

10   e com todos os seres viventes que estão convosco: tanto as aves, os animais domésticos e os animais selváticos que saíram da arca como todos os animais da terra.

11   Estabeleço a minha aliança convosco: não será mais destruída toda carne por águas de dilúvio, nem mais haverá dilúvio para destruir a terra.

12   Disse Deus: Este é o sinal da minha aliança que faço entre mim e vós e entre todos os seres viventes que estão convosco, para perpétuas gerações:

13   porei nas nuvens o meu arco; será por sinal da aliança entre mim e a terra.

14   Sucederá que, quando eu trouxer nuvens sobre a terra, e nelas aparecer o arco,

15   então, me lembrarei da minha aliança, firmada entre mim e vós e todos os seres viventes de toda carne; e as águas não mais se tornarão em dilúvio para destruir toda carne.

16   O arco estará nas nuvens; vê-lo-ei e me lembrarei da aliança eterna entre Deus e todos os seres viventes de toda carne que há sobre a terra.

17   Disse Deus a Noé: Este é o sinal da aliança estabelecida entre mim e toda carne sobre a terra.

Quando Deus encarregou Noé de construir a arca, ele prometeu a Moisés que faria uma aliança com ele (Gn 6.18).

1. Deus estabelece a aliança porque Noé encontrou graça.

2. Deus espera obediência daqueles com quem estabelece sua aliança.

3. Deus salvará e protegerá aqueles que vivem na aliança com ele.[633]

Depois do término da catástrofe, Deus cumpre sua promessa. Ele estabelece a aliança com Noé e, além da sua Palavra, lhe dá também um sinal. Dessa forma, Deus "apresenta sua promessa também no âmbito do que pode ser visto".[634] O arco-íris, o sinal exclusivo da aliança com Noé, é a chave para entender o estabelecimento da aliança de Deus na pré-História. O sinal é mais que um símbolo, ele é "penhor da graça divina".[635] O arco-íris, sinal da aliança com Noé, não vale apenas para um povo, mas para toda a humanidade. Ele surge quando o sol anuncia que o pior da chuva passou e o céu é novamente iluminado pelos seus raios. A formulação "porei nas nuvens o meu arco" não significa que esta teria sido a primeira ocorrência de arco-íris na história, mas apenas que Deus dá um novo significado para ele.[636] A exegese judaica menciona um "novo papel" que teria sido atribuído ao arco-íris. As palavras "porei meu arco" significam que o arco-íris, que existia desde o início da criação, tinha um novo significado: ele é o penhor da aliança de paz entre Deus e a humanidade.[637] Como penhor da aliança de paz, o arco-íris é o sinal da proteção, da fidelidade e da conclusão.

---

633   Veja o comentário sobre Gênesis 6.18.
634   von Rad, *Mose*, pg. 110.
635   Weber, *Bibelkunde*, pg. 52.
636   König, pg. 387.
637   Nachmanides; citado por Hertz (ed.), pg. 33.

1) O sinal da proteção
O arco-íris representa a promessa de Deus de não mais destruir o mundo, mas de protegê-lo. O mundo deve ser lugar de salvação para as pessoas. O primeiro sentido do sinal é extraído da palavra "arco" (hebraico: *käschät*). *Käschät* não é um arco desenhado com compasso, mas o arco usado para atirar flechas. A ideia do arco de guerra na mão de Javé corresponde à imagem das setas, que podem ser chamadas de raios de Deus[a]. Jeremias diz o seguinte sobre Deus: *Entesou o seu arco, qual inimigo [...] e me pôs como alvo à flecha* (Lm 2.4; 3.12).

[a] Hc 3.9-11; Sl 7.12s

O sinal da aliança, o arco-íris no céu, não é uma arma empunhada por um guerreiro, mas um arco que foi colocado de lado, simbolizando a paz.[638] Por meio do arco-íris, Deus mostra ao mundo que seu arco destruidor foi deixado de lado. O ser humano deve viver em um novo relacionamento de graça e na estabilidade das ordens naturais.[639]

2) O sinal da fidelidade
O arco-íris é sinal de que Deus cumpre sua promessa. Ele nunca mais permitirá que a chuva assuma as proporções do dilúvio.[640] Em sua fidelidade, Deus arcará com o compromisso que ele mesmo assumiu. A palavra fidelidade implica segurança e firmeza. O termo indo-germânico *deru*, que dá origem à raiz da palavra alemã "Treue" (fidelidade), significa árvore. Ser fiel significa, portanto: "permanecer firme como o cerne da madeira".[641]
Deus sempre se lembrará de sua promessa. Sempre que fenômenos naturais, como chuva, nuvens, tempestades e raios, amedrontarem o ser humano, este pode e deve dizer a si mesmo: Deus está se lembrando de mim. O arco-íris é o sinal de que Deus não esquece sua promessa de nunca mais destruir a terra pelo dilúvio. "Fidelidade é o que sobrevive à corrente do tempo."[642]

3) O sinal da conclusão
No Antigo Testamento, o arco-íris só é mencionado ainda pelo profeta Ezequiel, na descrição da grande visão da glória de Deus: *Como o aspecto do arco que aparece na nuvem em dia de chuva, assim era o resplendor em redor* (Ez 1.28). O livro de Eclesiástico ou Sirácida fala do "esplendor do arco-íris" (Sir 43.11). As três cores principais do arco-íris, azul, vermelho e verde, são interpretadas da seguinte forma na História da Arte: azul é o dilúvio, vermelho é o fogo que no futuro queimará a terra e verde é a nova terra.[643] O arco-íris é, ao mesmo tempo, sinal do fim dos tempos. Algum dia, um enorme arco-íris se mostrará simultaneamente a todas as pessoas. É o arco-íris que circunda o trono do Cristo vindouro (Ap 4.3). Também o anjo que anuncia o fim está cercado por um arco-íris (Ap 10.1). Ele diz: [...] *cumprir-se-á, então, o mistério de Deus, segundo ele anunciou aos seus servos, os profetas* (Ap 10.7). Também a história do dilúvio participará da resolução da tensão que a pré-História encontrará na história do

---

638 Gunkel, pg. 150s.
639 von Rad, *Mose*, pg. 111.
640 Gunkel, pg. 151.
641 Kluge, pg. 789.
642 Guardini, *Tugenden*, pg. 85.
643 Heinz-Mohr, pg. 245.

fim. *Pois,* assim escreve Mateus, *assim como foi nos dias de Noé, também será a vinda do Filho do Homem* (Mt 24.37; cf. v.38-44). Algum dia chegará o tempo em que não haverá uma terra renovada, como depois do dilúvio, mas *um novo céu e uma nova terra* (Is 65.17), porém, antes disso, a terra e o céu antigos terão que "passar" (Ap 21.1,4).

Com seu triplo significado, o arco-íris – sinal da aliança de Deus com o mundo renovado depois do dilúvio – é um sinal de consolo. Apesar das catástrofes que diariamente atingem pessoas e animais em todas as partes do mundo, tanto o ser humano quanto o animal estão debaixo da bênção e da promessa de Deus. Nenhuma catástrofe e nenhuma destruição em massa poderão anular essa bênção. Mas, desde o dilúvio, qualquer pessoa que veja ou seja atingida por algum desses desastres diários terá que se perguntar se neles não estaria atuando a justiça e a ira justificada de Deus.[644] "Mas a aliança de Deus e seu sinal são consolo e ajuda para crer e obedecer. Pois a cada vez que o arco-íris se mostra, ele prega a toda terra a ira pela qual Deus destruiu o mundo inteiro pelo dilúvio, consolando-nos, para que, de agora em diante, tenhamos confiança de que Deus nos ama e tem misericórdia de nós, desistindo de recorrer novamente a uma punição tão cruel. Por isso, ele ensina ao mesmo tempo também o temor a Deus e a fé, que é a maior das virtudes" (M. Lutero).[645]

f. O cultivo da terra, 9.18-21

18 Os filhos de Noé, que saíram da arca, foram Sem, Cam e Jafé; Cam é o pai de Canaã.
19 São eles os três filhos de Noé; e deles se povoou toda a terra.
20 Sendo Noé lavrador, passou a plantar uma vinha.
21 Bebendo do vinho, embriagou-se e se pôs nu dentro de sua tenda.

Depois do dilúvio, Noé retomou o cultivo de antes. Culturalmente, o início do cultivo da videira está interligado com a raiz da genealogia pós-diluviana. Nesse contexto, a genealogia não é apenas uma relação breve da multiplicação da humanidade, mas também possui um aspecto existencial e cultural. Menciona-se Canaã, filho de Cam, já que o conteúdo dos versículos seguintes tem consequências para o povo cananeu. Além disso, o texto relata uma nova conquista, o cultivo da vinha.[646] Noé foi o primeiro a cultivar videiras. Ele tinha aprendido o cultivo da terra com seus antepassados, e agora passou a desenvolver o cultivo da vinha. A parreira é originária da região oriental do Ponto e da Armênia. A partir dali, espalhou-se, ao longo da história, para os outros povos.[647]

As vinhas e seu produto são um progresso em relação ao cultivo convencional da terra. Além do esforço necessário à vida, o parreiral gera também um produto destinado à alegria e ao descanso.[648] Com a produção de vinho, o fruto do cultivo não se limita apenas à alimentação para

---

644 Westermann, *Genesis* I/1, pg. 606, 642.
645 Lutero, *Moses*, pg. 191.
646 Veja o excurso II: A origem ajuda o ser humano a compreender; esp. IV: O surgimento de cultura, arte e tecnologia.
647 Dillmann, pg. 159; cf. também Delitzsch, *Genesis*, pg. 193.
648 Cf. a explicação do nome Noé no comentário sobre Gênesis 5.28s.

a vida, mas dá origem a uma bebida festiva.⁶⁴⁹ No Antigo Testamento, a videira é considerada a mais nobre das plantas. *O vinho [...] alegra o coração do homem* (Sl 104.15). Para os israelitas, era um deleite possuir uma vinha e saborear de seu fruto. O vinho era um símbolo de festa, de comemoração, que apontava para além da rotina diáriaª.

A vinha e seu fruto tornaram-se símbolos da vida plena no tempo messiânico. *Mas assentar-se-á cada um debaixo da sua videira e debaixo da sua figueira, e não haverá quem os espante* (Mq 4.4). Já no Antigo Testamento, a videira é um símbolo para Israel: *Trouxeste uma videira do Egito* (Sl 80.8).⁶⁵⁰

Mas o efeito do vinho não é apenas enobrecedor, mas também perigoso. Ele pode anestesiar as pessoas, enfraquecer sentidos e forças e roubar-lhe a dignidade. *O vinho é escarnecedor* (Pv 20.1). *A sensualidade, o vinho e o mosto tiram o entendimento* (Os 4.11). O vinho pode embebedar a pessoa. Pessoas embriagadas cambaleiamᵇ e não controlam mais duas decisões: *... embebedar-te-ás e te desnudarás* (Lm 4.21). *Ai daquele que dá de beber ao seu companheiro, misturando à bebida o seu furor, e que o embebeda para lhe contemplar as vergonhas!* (Hc 2.15) Já Noé, o primeiro vinhateiro, sentirá na pele o efeito humilhante do vinho descrito mais tarde por Jeremias e por Habacuque. Noé embebedou-se e deitou-se nu em sua tenda. No Antigo Testamento, a nudez implica indignidade e desonraᶜ, a pessoa nua perdeu sua dignidade humana e social.⁶⁵¹

Paulo combate o efeito devastador do consumo excessivo de vinho. A Timóteo, ele recomenda: *Usa um pouco de vinho, por causa do teu estômago,* mas adverte os efésios: *Não vos embriagueis com vinho* (1Tm 5.23; Ef 5.18). Já na época do Antigo e do Novo Testamento havia grupos como os recabitas e os essênios, além de indivíduos, que não bebiam vinhoᵈ.

a Gn 49.11s;
1Rs 5.5;
2Rs 18.32;
Os 2.17;
Am 9.13;
Jo 2.3,9s;
4.46

b Is 28.1,7

c Êx 20.26;
Lv 20.17;
2Sm 6.20;
10.4s

d Lv 10.9;
Nm 6.3;
Jz 13.4;
1Sm 1.14;
Jr 35.5s;
8.13;
Lc 1.15; 7.33

g. Bênção e maldição, 9.22-27.

22 Cam, pai de Canaã, vendo a nudez do pai, fê-lo saber, fora, a seus dois irmãos.

23 Então, Sem e Jafé tomaram uma capa, puseram-na sobre os próprios ombros de ambos e, andando de costas, rostos desviados, cobriram a nudez do pai, sem que a vissem.

24 Despertando Noé do seu vinho, soube o que lhe fizera o filho mais moço

25 e disse: Maldito seja Canaã; seja servo dos servos a seus irmãos.

26 E ajuntou: Bendito seja o Senhor, Deus de Sem; e Canaã lhe seja servo.

27 Engrandeça Deus a Jafé, e habite ele nas tendas de Sem; e Canaã lhe seja servo.

Cam e seu filho Canaã são amaldiçoados por Noé. O pecado era de Cam, mas a maldição atingiu especialmente seu filho Canaã, que representa o povo cananeu. A desonra que Noé sofreu da parte de seu filho Cam dá ocasião a muitas especulações. Com base na constatação: *Despertando Noé do seu vinho, soube o que lhe fizera o filho mais moço,* alguns

---
649 Westermann, *Genesis* I/1, pg. 652.
650 Cf. também a parábola de Isaías sobre a videira infrutífera, Isaías 5.1-7.
651 J. A. Baily; citado por Westermann, *Genesis* I/1, pg. 653; cf. também o comentário sobre Gênesis 2.25; 3.7,21.

exegetas supõem que Cam tenha feito algo "pior" do que somente olhar, e que o escritor teria suprimido isso de seu relato.⁶⁵² Assim, alguns acreditam que Cam tenha despido completamente a seu pai, outros, que tenha abusado sexualmente dele. Alguns até pensam que o filho teria abusado da mãe enquanto o pai estava adormecido em sua bebedeira. Não há indício concreto para nenhuma dessas especulações. O texto bíblico diz apenas que Cam vê o pai deitado nu em sua tenda, não o cobre, deixando-o deitado como está, e sai para contar tudo a seus irmãos. O pecado de Cam está no fato de não ajudar seu pai. Ele considera o pai indigno e desonrado, e por isso fala sobre o pai com seus irmãos.⁶⁵³

O pecado de Cam não era a homossexualidade ou o incesto; no entanto, o abandono de uma pessoa nua e a consequente desonra e indignidade também podem ser considerados abuso sexual. Assim começa o desvio e a perversão sexual na terra renovada.⁶⁵⁴

Em contraste gritante com a desonra que Cam infligiu ao pai está o comportamento reverente dos dois irmãos mais velhos, Sem e Jafé. Seu procedimento é descrito com quatro ações: tomaram uma capa, andaram de costas, cobriram o pai com os rostos desviados e não viram sua nudez.

Quando Noé acordou e ficou novamente sóbrio, percebeu o que seu filho mais novo tinha feito. O texto não conta como Noé "soube" da desonra cometida por Cam – o texto hebraico traz aqui a palavra *jadac*. O texto também não traz nenhuma justificativa para o fato de Noé imediatamente amaldiçoar o neto Canaã, filho de Cam. A maldição atinge a geração que descende de Cam, pois a atuação direta da bênção na sequência das gerações fora interrompida por Cam.

Cam não tinha respeitado o pai, mas o desonrara. Dessa forma, ele interrompeu a continuidade da bênção na família de Noé, a célula-mãe da humanidade sobre a terra renovada. A desonra do pai tornou impossível que a bênção continuasse diretamente pela linha de Cam. O próprio Cam trouxe a maldição para sua família, e as palavras de Noé sobre os descendentes de seu filho mais novo confirmam isso.

O crescimento cultural e a manutenção de valores foram interrompidos por Cam no ponto crítico e perigoso, na passagem de uma geração para outra.⁶⁵⁵ Para Noé, restou apenas a possibilidade de abençoar os descendentes de Sem e de Jafé. Inicialmente, Sem e Jafé são indivíduos, assim como Cam e Canaã, isto é, são os filhos e netos de Noé. Cam e Canaã são rebaixados a servos dos próprios irmãos. Eles passarão a ser senhores de Cam e de sua família. A menção imediata de Canaã na maldição mostra que os três filhos de Noé devem ser considerados patriarcas da humanidade. Mas a maldição não tem efeito mágico e automático sobre todas as gerações descendentes do amaldiçoado. Por isso, a cultura camita do Egito não pode ser analisada somente sob o aspecto da maldição. Durante épocas inteiras, a alta cultura egípcia esteve a serviço de Deus, para proteger o povo eleito de Israel da fome e da destruição. Raabe, a cananeia, torna-se membro da linha da bênção[a], e Jesus não recusa ajuda à mulher cananeia[b] que lhe pedira socorro.

a Js 2.1,3; 6.17,23,25; Mt 1.5; Hb 11.31; Tg 2.25
b Mt 15.21-28

---

652 von Rad, *Mose*, pg. 113.
653 Westermann, *Genesis* I/1, pg. 653.
654 Weber, *Bibelkunde*, pg. 53.
655 Westermann, *Genesis* I/1, pg. 655.

O efeito da maldição como punição[c] não continua automaticamente.[656] Deus pode interromper a linha da maldição. Concluir que a escravidão dos negros, o tráfico de escravos e a política do *apartheid* pode ser derivada da maldição e da servidão imposta a Cam e Canaã é um erro fatal. É impossível sancionar o estabelecimento de uma raça de dominadores com base nas palavras de Noé a Sem e Jafé. Deus não tinha desistido definitivamente dos camitas. A história de Deus com eles é viva! Ela encontra um ponto de virada decisivo quando Deus dirige seu amor a todos os povos, por meio de Jesus. A maldição pronunciada por Noé é consequência do pecado. Cam tinha desonrado o pai, o pai amaldiçoa o filho que o envergonhou. A desonra do pai causa uma vida desonrada que afeta também os descendentes de Cam.

c Dt 24.16;
2Rs 14.6;
Ez 18

Os outros dois filhos colocam-se em posição de proteger o pai. Seu comportamento é normal. Também o pai faz o que é natural, ao abençoar Sem.[657] A bênção para Sem é *beracha Jahwe*. *Beracha*, a palavra hebraica para "bênção", também significa "agradecimento" e "louvor"[d]. Noé louva Javé, que manda a bênção sobre Sem, e na verdade é a bênção em si mesmo.

d Gn 24.27;
Êx 18.10

Na palavra de bênção sobre Jafé, o nome de Deus usado não é Javé, mas Elohim. Javé, o Deus pessoal, o Deus de salvação, será guia e orientador de Sem. Elohim, o Criador e Senhor soberano, dará a Jafé um "lugar amplo". Os descendentes de Jafé poderão se espalhar em amplas regiões.[658]

Mesmo sem que as linhas de descendência de Sem e Jafé sejam expressamente mencionadas, o comentarista tem diante de si nomes concretos. A partir dos semitas, Deus escolherá para si o povo de Israel, destinado à salvação, e os jafetitas deram origem aos povos indo-europeus, chamados por alguns de arianos (os nobres de nascimento), especialmente os gregos, que montaram suas tendas também fora de suas fronteiras, nas regiões de Sem. O fim da animosidade entre as raças e nações semitas e jafetitas só se tornará realidade no fim dos tempos, quando desaparecer todo e qualquer tipo de inimizade.[659]

A salvação de Noé e de sua família é o começo da história da bênção. A maldição não reinará mais no mundo, mas a bênção ocupará seu lugar. O mundo na terra renovada é um mundo protegido. Mas a aliança de Deus não põe fim ao pecado do ser humano. O ser humano pode afastar-se da bênção de Deus. Ele cai, então, sob a maldição, pois não há território neutro entre a bênção e a maldição.[660] A ação de Deus é dupla: ele age pontualmente na salvação e continuamente na bênção. A bênção de Deus é constante: nela, Deus está com as pessoas e permanece ao lado delas. Quando os pais abençoam os filhos, eles os colocam debaixo da bênção contínua de Deus. A maldição atinge aqueles que se afastam da bênção. Assim como a bênção, a maldição é um poder de ação contínua. Mas maldição e bênção não são grandezas mágicas. Aquele que está sob

---

656 Delitzsch, *Genesis*, pg. 195.
657 Westermann, *Genesis* I/1, pg. 558s e 561.
658 Delitzsch, *Genesis*, pg. 195. Sobre a explicação do nome Jafé, "que ele dê amplo espaço", veja o comentário sobre Gênesis 5.32.
659 Hertz (ed.), pg. 35.
660 Cf. Steinwand, pg. 26.

a maldição pode ser salvo, e o abençoado pode perder sua bênção. Dessa forma, também a história dos descendentes de Sem e Jafé não é uma história de bênção em toda e qualquer circunstância e momento. Também semitas e jafetitas podem perder a bênção e cair sob a maldição.

A maldição proferida por Noé atinge o "filho mais moço" (v.24) e seus descendentes, as palavras de bênção dirigem-se a Sem e a Jafé. Cam é expressamente chamado de "filho mais moço". A conhecida sequência Sem, Cam e Jafé nada diz sobre a idade dos filhos. No começo de Êxodo, os filhos de Jacó também não são listados por ordem de nascimento; os filhos de Lia e Raquel são mencionados antes dos filhos das suas servas. Depois da morte de Abraão, o texto diz: *Sepultaram-no Isaque e Ismael, seus filhos* (Gn 25.9). Isaque, o mais novo, é mencionado primeiro. Dessa forma, a lista costumeira de "Sem, Cam e Jafé" não faz de Sem o mais velho, nem de Jafé o mais novo. Na verdade, Cam é o mais novo (Gn 9.24) e Jafé é o mais velho. A primogenitura de Jafé pode ser derivada da genealogia dos povos (Gn 10.21).[661] Os demais irmãos são mencionados de acordo com sua posição em relação ao primogênito, conforme era comum na Antiguidade.[662] Jafé era o mais velho, Sem era o filho do meio e Cam, o filho mais novo de Noé.

FINAL: A morte de Noé, 9.28s

28 Noé, passado o dilúvio, viveu ainda trezentos e cinquenta anos.
29 Todos os dias de Noé foram novecentos e cinquenta anos; e morreu.

A história do dilúvio termina com o comunicado da morte de Noé. O "livro das gerações", que menciona as dez gerações de Adão até Noé, termina com a menção ao nascimento de Sem, Cam e Jafé (Gn 5.1-32). Somente agora a morte de Noé é registrada, com indicação de seu tempo de vida.[663]

Assim como a morte de Tera (Gn 11.32) vem antes da história de Abraão, a morte de Abraão (Gn 25.7) antes da história da multiplicação de Ismael e de Isaque, e a morte de Isaque (Gn 35.28s), antes da ramificação das tribos que partiram de Esaú e Jacó, também o registro da morte de Noé vem antes do grande capítulo novo da pré-História: a disseminação das nações na terra renovada (Gn 10).

A constatação de que Noé "morreu" sublinha mais uma vez: o dilúvio não é um mito[664] cujo herói foi alçado à classe dos deuses. Noé era um ser humano como todos os outros. Ele *achou graça diante do Senhor* (Gn 6.8). Com graça e paciência, Deus salvou Noé e sua família da destruição completa, e, com eles, toda a humanidade. A história do dilúvio é um relato do juízo e da misericórdia do Deus vivo.

---

661 As traduções bíblicas em português de Gênesis 10.21 trazem: *A Sem, que foi pai de todos os filhos de Héber e irmão mais velho de Jafé*, porém alguns tradutores entendem o original como sendo Sem "irmão de Jafé, o mais velho" (cf. King James). Segundo esse entendimento do original, Jafé era o filho mais velho de Noé. (N. de Revisão)
662 Cassuto, *From Noah to Abraham*, pg. 165; veja também o comentário sobre Gênesis 10.21.
663 Sobre o tempo de vida de Noé, cf. Gênesis 7.6.
664 Por outro lado, cf. também Gerland, esp. pg. 5.

VI. A GENEALOGIA DAS NAÇÕES, 10.1-32

Depois do dilúvio, a humanidade inteira descendeu dos três filhos de Noé. O termo "genealogia das nações" impôs-se como título para o relato da nova disseminação da humanidade.[665] O autor de Crônicas repete a genealogia das nações de forma parecida (1Cr 1.4-23).[666]

Dentro da pré-História, a genealogia é tudo, menos o início da etnografia. Da mesma forma como os relatos da criação e do dilúvio não pretendem ser tratados paleontológicos, geológicos ou geográficos, também Gn 10 não é um tratado especializado em etnologia. Na verdade, a genealogia das nações tem três grandes objetivos:

1) *O próprio Deus Criador impulsiona a multiplicação das nações por toda a terra.*

O número da plenitude divina, 70, não é expressamente mencionado na genealogia das nações. Mas, considerando que Ninrode não é retratado como uma nação, mas como um indivíduo de destaque, a contagem dos povos resulta no número perfeito 70. Como o número em si é símbolo da plenitude determinada por Deus, não é necessário mencionar pelo nome todas as nações do mundo. Pode-se, por exemplo, fazer menção coletiva a todo o grupo de habitantes das costas como pertencente à totalidade das nações. Os setenta nomes representam todas as nações que em algum momento histórico povoam a terra.[667]

2) *Não há – e nunca haverá – uma nação no mundo que não tenha alguma relação com o povo de Israel.*

As nações são apresentadas como um macrocosmo imenso, dentro do qual Israel é um minúsculo microcosmo.[668] Como o objetivo da genealogia das nações é apontar sempre para o pequeno povo judeu dentro da confusão das nações, podemos deixar sem explicação aqueles nomes cuja interpretação se perdeu ao longo do tempo. Explicar os nomes com base na semelhança sonora com nomes que aparecem em textos do entorno do Antigo Testamento pode levar a especulações curiosas e até mesmo irresponsáveis. Por isso, é preciso limitar as declarações sobre os nomes das nações citadas em Gênesis 10 àqueles que possam ser explicados a partir da língua hebraica e de passagens paralelas no Antigo Testamento.

3) *Assim como a humanidade pré-diluviana, também a humanidade do pós-dilúvio descende de um único casal de seres humanos.*

Isso significa nada mais nada menos que todas as nações são povos irmãos.[669] Essa visão da unidade das nações na pré-História é, ao mesmo tempo, uma profecia e um elo com a história do fim. Haverá novamente um tempo em que as espadas das nações se transformarão em relhas de arado, e nenhuma nação levantará sua espada contra outra[a].   a Is 2.4; Mq 4.3

---

665   von Rad, *Mose*, pg. 115; Westermann, *Genesis* I/1, pg. 662.
666   Em seu comentário, Cassuto aponta oito diferenças entre Gênesis 10 e 1 Crônicas 1; Cassuto, *From Noah to Abraham*, pg. 173.
667   Ibid, pg. 175-180.
668   Ibid, pg. 180.
669   Ibid, pg. 181.

Os seguidores da teoria das fontes rasgam a genealogia das nações, dividem-na em vários pedaços e tentam agrupar os fragmentos em duas genealogias diferentes.[670] Os seis argumentos apresentados por Gunkel para justificar a necessidade dessa subdivisão foram todos refutados por Cassuto.[671] A genealogia das nações é uma unidade monumental. Os diversos materiais, que, em parte, permitem reconhecer elementos de sabedoria e, em parte, formas e componentes da poesia antiga, aglutinaram-se em um grande todo. Extrair elementos individuais posteriormente para associá-los a determinadas tradições é um empreendimento destinado ao fracasso. É como pegar a água do Mar Morto e tentar descobrir se ela veio do Jordão, do Jarmuque ou do Jaboque.[672]

1 São estas as gerações dos filhos de Noé, Sem, Cam e Jafé; e nasceram-lhes filhos depois do dilúvio.

2 Os filhos de Jafé são: Gomer, Magogue, Madai, Javã, Tubal, Meseque e Tiras.

3 Os filhos de Gomer são: Asquenaz, Rifate e Togarma.

4 Os de Javã são: Elisá, Társis, Quitim e Dodanim.

5 Estes repartiram entre si as ilhas das nações nas suas terras, cada qual segundo a sua língua, segundo as suas famílias, em suas nações.

6 Os filhos de Cam: Cuxe, Mizraim, Pute e Canaã.

7 Os filhos de Cuxe: Sebá, Havilá, Sabtá, Raamá e Sabtecá; e os filhos de Raamá: Sabá e Dedã.

8 Cuxe gerou a Ninrode, o qual começou a ser poderoso na terra.

9 Foi valente caçador diante do Senhor; daí dizer-se: Como Ninrode, poderoso caçador diante do Senhor.

10 O princípio do seu reino foi Babel, Ereque, Acade e Calné, na terra de Sinar.

11 Daquela terra saiu ele para a Assíria e edificou Nínive, Reobote-Ir e Calá.

12 E, entre Nínive e Calá, a grande cidade de Resém.

13 Mizraim gerou a Ludim, a Anamim, a Leabim, a Naftuim,

14 a Patrusim, a Casluim (donde saíram os filisteus) e a Caftorim.

15 Canaã gerou a Sidom, seu primogênito, e a Hete,

16 e aos jebuseus, aos amorreus, aos girgaseus,

17 aos heveus, aos arqueus, aos sineus,

18 aos arvadeus, aos zemareus e aos hamateus; e depois se espalharam as famílias dos cananeus.

19 E o limite dos cananeus foi desde Sidom, indo para Gerar, até Gaza, indo para Sodoma, Gomorra, Admá e Zeboim, até Lasa.

20 São estes os filhos de Cam, segundo as suas famílias, segundo as suas línguas, em suas terras, em suas nações.

---

670 Cf. von Rad, *Mose*, pg. 115-122; Westermann, *Genesis* I/1, pg. 667.
671 Cassuto, *From Noah to Abraham*, pg. 183 e 184.
672 Ibid, pg. 185.

21 A Sem, que foi pai de todos os filhos de Héber e irmão mais velho de Jafé, também lhe nasceram filhos.
22 Os filhos de Sem são: Elão, Assur, Arfaxade, Lude e Arã.
23 Os filhos de Arã: Uz, Hul, Geter e Más.
24 Arfaxade gerou a Salá; Salá gerou a Héber.
25 A Héber nasceram dois filhos: um teve por nome Pelegue, porquanto em seus dias se repartiu a terra; e o nome de seu irmão foi Joctã.
26 Joctã gerou a Almodá, a Selefe, a Hazar-Mavé, a Jerá,
27 a Hadorão, a Uzal, a Dicla,
28 a Obal, a Abimael, a Sabá,
29 a Ofir, a Havilá e a Jobabe; todos estes foram filhos de Joctã.
30 E habitaram desde Messa, indo para Sefar, montanha do Oriente.
31 São estes os filhos de Sem, segundo as suas famílias, segundo as suas línguas, em suas terras, em suas nações.
32 São estas as famílias dos filhos de Noé, segundo as suas gerações, nas suas nações; e destes foram disseminadas as nações na terra, depois do dilúvio.

INTRODUÇÃO: Os filhos de Noé, 10.1

São estas as gerações dos filhos de Noé, Sem, Cam e Jafé; e nasceram-lhes filhos depois do dilúvio. 1

O verso introdutório da genealogia das nações liga-se diretamente ao relato anterior.[673] O termo *tol^e doth*, "genealogia", deve ser entendido no seu sentido mais amplo. Não se trata de uma sequência de gerações de pai para filho, mas do relato de como as nações se espalharam pela terra. De forma correspondente, termos como "pai", "filho" e "gerar" devem ser usados em sentido figurado, princípio também aplicável no restante do Antigo Testamento. É por isso que Sobal, por exemplo, pode ser chamado de pai de Quiriate-Jearim (1Cr 2.50) ou Salma, pai de Belém (1Cr 2.51). Os nomes listados na genealogia das nações não são sempre nomes de filhos, mas podem perfeitamente ser nomes de cidades, tribos ou povos.[674]

A introdução da genealogia das nações faz nova referência à catástrofe do dilúvio. O trecho sobre o dilúvio menciona apenas as mulheres de Sem, Cam e Jafé. O motivo é dado agora: os filhos dos três casais só nasceram depois do dilúvio.[675]

O filho mais velho era Jafé, o segundo era Sem e o mais novo, Cam.[676] Mas a genealogia das nações não os menciona pela ordem de nascimento,

---

[673] A forma gramatical é um Vav consecutivo com imperfeito. (O Vav consecutivo é uma construção gramatical em hebraico clássico. Trata-se de prefixar uma forma verbal com a letra *Vav*, a fim de mudar a seu tempo. – [N. de Revisão])
[674] Cassuto, *From Noah to Abraham*, pg. 181.
[675] Ibid, pg. 189.
[676] Em Gênesis 9.24, Cam é chamado de filho mais novo de Noé; sobre a sequência do nascimento dos filhos, cf. o comentário sobre Gênesis 9.22-27.

da mesma forma como a formulação corriqueira Sem, Cam e Jafé não o faz.[677] A genealogia das nações registra primeiro os descendentes do filho mais velho, depois do mais novo e termina com a história dos povos que descendem de Sem. Isso não significa que as linhas secundárias e de maldição precisem ser primeiramente removidas.[678] O objetivo dessa genealogia é, antes de mais nada, apresentar "toda a realidade complexa em que Israel se encontrava como criação de Deus".[679] Sem aparece no final do registro porque ele assume posição central no momento em que pré-História desemboca na era da salvação.[680] "Sem qualquer ilusão ou mitologia, Israel via-se em meio às nações. As experiências de Israel com Javé acontecerão exclusivamente no âmbito da História".[681] Como a genealogia das nações abdica novamente de qualquer tipo de misticismo, também não podemos inserir aspectos mitológicos no texto por meio da interpretação isolada de nomes obscuros.

1. Jafé e seus descendentes, 10.2-5

Ainda que nem todos os 14 povos descendentes de Jafé possam ser identificados com segurança, é possível supor que a terra em que viviam fosse ao norte de Israel. O número 14 claramente deve ser visto como um número simbólico. A escolha de 2x7 povos pretende definir a totalidade dos descendentes de Jafé. Mas totalidade não significa a enumeração minuciosa de todos os nomes. Os nomes de muitos povos menores entre os descendentes de Jafé são resumidos na declaração: *Estes repartiram entre si as ilhas das nações nas suas terras* (v.5). As ramificações não mencionadas pelo nome incluem os moradores das ilhas do Mediterrâneo e, talvez, também outros povos a oeste e a norte do Mediterrâneo.[682] São mencionados os seguintes 14 povos.[683]

a Ez 38.6

2 Gômer[a]

Gômer, cuja tradução mais provável é "cumprimento", talvez seja o povo cimério, na Ásia Menor.

b Ez 38.2;
39.6;
Ap 20.8s

Magogue[b]

Magogue, a "terra de Gogue", é considerada a região em que domina Gogue (talvez a Lídia, na Ásia Menor), e é símbolo dos povos gentios que se aliam contra o povo de Deus.

c Is 13.17;
21.2;
Jr 51.11,28;
25.25;
2Rs 17.6;
Dn 5.28;
6.8-16;
8.20; At 2.9

Madai[c]

Tradução hebraica para Meder, uma tribo iraniana no nordeste da Babilônia. Madai também significa Média.

---

677 Sobre a enumeração de Sem, Cam e Jafé, veja Gênesis 5.32; 6.10; 9.18 e 10.1; cf. Gênesis 11.10-26, o comentário sobre a genealogia de Sem.
678 Delitzsch, *Genesis*, pg. 200.
679 von Rad, *Mose*, pg. 120.
680 Cassuto, *From Noah to Abraham*, pg. 198 e 217.
681 von Rad, *Mose*, pg. 121.
682 Cassuto, *From Noah to Abraham*, pg. 196.
683 Sobre a tradução e interpretação cuidadosa de nomes individuais, cf. Odelain/Seguineau sobre cada passagem, e Cassuto, *From Noah to Abraham*, sobre cada passagem. Westermann apresenta uma interpretação detalhada levando em conta textos contemporâneos àquela época: Westermann, *Genesis* I/1, pg. 662-704.

Javã[d]
A tradução grega de Javã é Hellas ou Hellenoi. Javã é o povo grego iônico da Ásia Menor e do continente grego.

Tubal
Supõe-se que seja um povo da Ásia Menor, mencionado em conjunto com Meseque.

Meseque[e]
Meseque e Tubal podem ser dois povos junto ao Mar Negro.

Tiras
É incerta a interpretação de que seria antepassado dos etruscos.

Asquenaz[f]
Jeremias conclama Asquenaz (os citas, um povo no litoral norte do Mar Negro?) e outros povos para se levantarem conjuntamente contra a Babilônia.

Rifate
Povo não identificável.

Togarma[g]
Chamado de aliado de Gogue. Possivelmente seja um país no norte da Alta Mesopotâmia.

Elisá[h]
Conhecido como o povo que fabrica a púrpura. Provavelmente são os moradores de Chipre.

Társis[i]
Ou a "filha de Társis", uma terra "no fim do mundo", famosa por suas riquezas e por seu comércio. A tradução grega do Antigo Testamento (LXX) entende que seja Cartago, outros exegetas pensam na costa sudoeste da Espanha.

Quitim[k]
Possivelmente a designação de "povos navegadores".

Dodanim
Só é possível explicar este nome se mudarmos uma consoante, passando a ler "itodanim" em vez de Dodanim. Quem se baseia em 1 Crônicas 1.7 para intervir dessa maneira no texto entende que se trata de rodanitas, os habitantes de Rodos.

Na Bíblia, encontramos nomes de povos e nações especialmente em textos sobre a história do fim do mundo e da humanidade. É digno de nota que principalmente Ezequiel esteja tão familiarizado com os nomes conhecidos na pré-História. Ele até mesmo relata detalhes que a própria pré-História não conta, e conhece nomes que não são mencionados na genealogia das nações.[684]

---

684   Cassuto, *From Noah to Abraham*, pg. 194.

2. Cam e seus descendentes, 10.6-20

Na sequência dos descendentes de Cam, um indivíduo se destaca na lista de povos: Ninrode, "filho" de Cuxe.

8   Cuxe gerou a Ninrode, o qual começou a ser poderoso na terra.
9   Foi valente caçador diante do Senhor; daí dizer-se: Como Ninrode, poderoso caçador diante do Senhor.
10 O princípio do seu reino foi Babel, Ereque, Acade e Calné, na terra de Sinar.
11 Daquela terra saiu ele para a Assíria e edificou Nínive, Reobote-Ir e Calá.
12 E, entre Nínive e Calá, a grande cidade de Resém.

Ninrode não descende de deuses e também não tem nada a ver com o deus babilônico Niurta, o deus da caça e da guerra. Ninrode é um homem sem origem mítica. O texto diz explicitamente: Cuxe gerou a Ninrode. O nome que caracteriza Ninrode é Gibor, que significa "forte, capaz, herói", e também "poderoso, dominador, governante, senhor".[685]

Mesmo que Ninrode não seja expressamente chamado de "gigante da pré-História", não há dúvida de que ele fazia parte do grupo dos gigantes, que continuaram existindo depois do dilúvio, como provam os enaquitas e também Golias. Ninrode estava entre os "homens de grande estatura da pré-História, que realizavam grandes feitos".[686] Os grandes feitos de Ninrode não iam contra a vontade de Deus. Pelo contrário: Ninrode goza de uma reputação especial diante de Deus.[687] A descrição "poderoso caçador diante do Senhor" demonstra com que olhos Javé via Ninrode.[688] O veredito positivo sobre Ninrode torna-se proverbial, de forma que uma pessoa cujo esforço a torne agradável ao Senhor pode ser assim descrita: "Ela é como Ninrode, poderoso caçador diante do Senhor".

Os "feitos poderosos" que justificam a grandeza de Ninrode e o tornam famoso são a caça e a fundação de cidades.

Naquela época, a caça não era esporte, nem paixão. Era algo necessário à sobrevivência da comunidade. A caça também estava entre as tarefas específicas do rei no que se referia à defesa da comunidade e destruição de animais que a ameaçavam. Os feitos poderosos de Ninrode transformaram-no em rei e dominador sobre reinos enormes.[689] Seu domínio abrangia toda a Babilônia, que o Antigo Testamento também costumava chamar de Sinar. Além disso, Ninrode também governou sobre a terra dos assírios, que o profeta Miqueias chama de "terra de Ninrode" (Mq 5.6).

Ninrode protegeu seus dois reinos fundando, construindo e fortificando oito grandes cidades. Na Babilônia, ele construiu Babel, Ereque, Acade e Calné. Em todo o Oriente Próximo, Babel[a] é considerada como a primeira cidade do mundo. Ereque é a Uruk babilônica, atualmente Warka (junto ao Eufrates), e Acade fica no norte da Babilônia. Mais tarde, Babel fica conhecida como a cidade de Hamurabi (por volta de 2000 a.C.); Ereque, a cidade de Gilgamesh, já é mencionada no séc. 4 a.C.; e Acade é

a   Gn 11.9;
    Is 13.1

---

685   Kühlewein, col. 398-402.
686   Veja o comentário sobre Gênesis 6.4.
687   Cassuto, *From Noah to Abraham*, pg. 201.
688   Reindl, pg. 31.
689   Westermann, *Genesis* I/1, pg. 689.

escolhida como capital por Sargão I (por volta de 2.500 a.C.). Já a cidade chamada Calné continua desconhecida até hoje.

Ninrode fortificou a região assíria que leva seu nome ("terra de Ninrode") construindo as cidades de Nínive, Reobote-Ir, Calá e Resém. Destas quatro grandes cidades, duas são desconhecidas. Resém ficava entre Nínive e Calá; Reobote-Ir, em hebraico, significa simplesmente "praças da cidade". Nínive, na margem esquerda do rio Tigre, recebeu o apelido de "grande cidade"[b], e a cidade de Calá, que teve papel importante sob Salmanasar I (por volta de 1.300 a.C.), hoje é chamada de Nimrud, em homenagem a Ninrode, seu fundador.[690]

b Jn 1.2; 3.2s; 4.11; Judite 1.1

Ninrode era um dos homens famosos da Antiguidade, que realizavam feitos poderosos e eram chamados de gigantes.[691] Ele é um elo necessário na genealogia das nações, pois estabelece a ligação entre os descendentes de Noé e a construção da torre de Babel, na terra de Sinar (Gn 11.2). Entre os descendentes de Cam, Ninrode é um indivíduo, e não representante de uma entre 30 nações.[692] Sobre Ninrode, o poderoso, também se diz que com ele a geração dos gigantes renasceu sobre a terra.

Os descendentes de Cam são resumidos em 30 nomes:

Cuxe

6

A interpretação de trechos do Antigo Testamento permite associar Cuxe com duas regiões geográficas distintas. Alguns exegetas entendem que seria uma região no sudoeste da península arábica[c], enquanto outros consideram que seria a Núbia ou a Etiópia, ao sul do Egito[d]. A população tem pele negra[e].

c 1Cr 1.9s; 2Cr 21.16; Jó 28.19; Js 43.4; 45.14

d Ez 29.10; 30.4s,9

Mizraim

Nome hebraico para Egito. A forma dual usada para o nome pode ser interpretada como referência ao Alto Egito e ao Baixo Egito.

e Is 18.2; Jr 13.23

Pute

Identificar Pute com o norte da África, a Arábia ou a Líbia não passa de mera suposição.

Canaã

Significa aqui a totalidade dos povos que moram nesta região.

Sebá[f]

7

A tradução grega é *Saba*. Sebá é um país e povo ao sul do Egito.

f Sl 72.10; Is 43.3; 45.14

Havilá[g]

Terra cercada pelo rio Pisom. "De Havilá a Sur" descreve as fronteiras da região habitada pelos nômades ismaelitas ou pelos amalequitas.

g Gn 2.11; 25.18; 1Sm 15.7

Sabtá

A interpretação deste nome perdeu-se. Talvez se trate de uma tribo do sul da Arábia, assim como Raamá.

Raamá[h]

h Ez 27.22

Povo do sul da península arábica, que tem relações comerciais com Tiro.

---

690 Ibid, pg. 690-692.
691 Cf. Closen, pg. 197.
692 Cassuto, *From Noah to Abraham*, pg. 145 e 146.

Sabtecá
Assim como Sabá, a interpretação deste nome se perdeu. Alguns exegetas pensam que se trata de uma tribo no sul da Arábia.

Sabá
Cf. Sabtecá.

Dedã[i]
Povo que viaja em caravanas, que tinha relações comerciais, p.ex., com Tiro. O nome Dedã também aparece em outros trechos do Antigo Testamento[k].

13 Ludim[l]
Presume-se que seja uma tribo na costa africana do Mar Vermelho.

Anamim
Os anamitas são um povo não identificável do Egito.

Leabim
Também os leabitas foram associados ao Egito. Alguns exegetas presumem que sejam os líbios.

Naftuim
Alguns exegetas supõem que os naftuítas sejam os moradores do delta do Nilo.

14 Patrusim[m]
Patros é um nome para o Alto Egito, derivado do egípcio *Po-to-resi*, um dos lugares do exílio dos israelitas.

Casluim
Trata-se de um povo que não pode mais ser identificado com segurança, que possivelmente vivia entre a costa do Egito e Canaã.

Caftorim[n]
Os caftoritas possivelmente são moradores de Creta, que depois ocuparam a costa palestina. A genealogia das nações ensina que os casluítas deram origem aos filisteus. Como os filisteus têm mais afinidade com os caftoritas, a referência aos filisteus foi mudada de lugar, de forma que o texto passasse a dizer que os filisteus descendiam dos caftoritas. Y. M. Grintz, um aluno de Umberto Cassuto, realizou um trabalho detalhado que demonstra que os antepassados dos filisteus originalmente viviam em duas regiões distintas; uns viviam no Neguebe, e outros na costa palestina. Esta suposição também explica os diferentes sistemas políticos ensinados pelos filisteus. Mas, acima de tudo, essa explicação torna desnecessário intervir no texto hebraico.[693]

15 Sidom[o]
Também chamada de "virgem ou filha de Sidom", é a primeira cidade cananeia conhecida. Esta importante cidade fenícia é a "fortaleza junto ao mar".

---

693 Os trabalhos de Grintz só foram publicados em hebraico. Foram discutidos e avaliados em Cassuto, *From Noah to Abraham*, pg. 208 e 286.

Hete[p]
Filho de Canaã, não é antepassado do antigo reino dos hititas, mas da tribo dos hititas que morava na Siro-Palestina, da qual Abraão comprou a caverna de Macpela e da qual Esaú tomou suas esposas.

Jebuseus[q]
A tribo dos jebuseus morava em Jerusalém e nas suas redondezas.

Amorreus[r]
São mencionados 22 vezes na lista das nações que moravam em Canaã na época da conquista da terra. Canaã também é chamada de terra ou montanhas dos amorreus[s].

Girgaseus[t]
Provavelmente uma tribo originária da Ásia Menor.

Heveus[u]
Os heveus são a população pré-israelita do território a oeste do Jordão. Eles dominavam principalmente Siquém e Gibeão.

Arqueus
Possivelmente uma tribo da costa fenícia.

Sineus
Também no caso dos sineus não passa de suposição considerá-los, assim como os arqueus, uma tribo na costa da Fenícia.

Arvadeus[v]
Moradores da cidade costeira de Arvade, conhecida por sua frota de navios. Tiro recrutava remadores e soldados em Arvade.

Zemareus
Conhecidos pelos egípcios e assírios como uma tribo da costa cananeia.

Hamateus
É possível que sejam os moradores de Hamate, sendo que no Antigo Testamento há várias cidades com este nome. É mais provável que os hamateus sejam os moradores de Lebo-Hamate, junto à fronteira setentrional da Terra Prometida[w].

Cananeus
O clã dos cananeus é mencionado aqui como uma tribo individual, a saber, um dos 12 povos que habitavam a terra de Canaã antes da chegada dos israelitas[x]. É praticamente impossível localizar geograficamente as indicações das cidades, que aparentemente comprovam uma disseminação pacífica dos cananeus, de forma que não podem ser usadas para estabelecer fronteiras nacionais.[694]

p Gn 23.3-20; 25.10; 27.46; 49.32

16

q Js 15.8,63; 18.16,28; 2Sm 5.6,8; Zc 9.7; Jz 19.10s

r Nm 14.39-45; Dt 1.41-44; Jz 3.5; 1Sm 7.14; 2Sm 21.2; 1Rs 9.20

17

s Nm 21.13, 31; Dt 1.7, 19s; Js 24.8; Jz 10.8,11; Am 2.10

t Gn 15.21; Dt 7.1; Js 3.10; 24.11; Ne 9.8; Gn 34.2

u Js 9.7; 11.19

18

v Ez 27.8,11

w Nm 13.21; 34.8; Js 13.5; Jz 3.3; Ez 47.16,20; 48.1; Zc 9.2

x Gn 15.20; Êx 3.8,17; 23.23; 33.2; 34.11; Dt 20.17; Js 9.1; 11.3; 12.8; Jz 3.5; Ne 9.8

---

694 Westermann, *Genesis* I/1, pg. 698 e 699.

3. Sem e seus descendentes, 10.21-31

Antes de detalhar os descendentes de Sem, a genealogia das nações constata: Sem é pai de todos os hebreus.[695] O nome Héber representa a totalidade dos povos semitas, o que inclui também Israel, o povo escolhido por Deus. Abraão é um "hebreu"[a], e Javé é o "Deus dos hebreus"[b]. Os israelitas são chamados de hebreus, diferenciando-os assim de egípcios[c], dos filisteus[d] e de estrangeiros em geral[e]. A significativa confissão de Jonas, durante sua fuga, expressa: *Sou hebreu e temo ao Senhor* (Jn 1.9). A apresentação de Sem como antepassado dos hebreus está ligado à seguinte referência: Sem, o irmão de Jafé, o mais velho. A tradução "Sem, irmão mais velho de Jafé" não corresponde exatamente ao texto original, e por outro lado desconsidera o fato de que a menção a Jafé é uma descrição para Sem. O costume de chamar uma pessoa de acordo com seu irmão primogênito está presente aqui e também em outros trechos do Antigo Testamento[f].[696] A descendência de Sem é registrada por uma sequência de 26 nomes. De Elão a Pelegue são 12 nomes. As tribos e nações árabes, que começam com Joctã, somam 14, isto é, duas vezes 7.[697]

22   Elão[g]

Os elamitas são conhecidos por sua destreza com o arco e a flecha. Eles servem ao exército assírio, e Assurbanipal transferiu parte deles para Samaria. Sua terra de origem fica a leste da Baixa Mesopotâmia.

Assur

Assur é mencionado 94 vezes no Antigo Testamento. Os assírios são conhecidos por sua crueldade durante as invasões e pelas deportações[h]. Este é o motivo para as graves ameaças que os profetas dirigem contra os assírios[i].

Arfaxade

Diferente do v.24, aqui o nome aparece como coletivo para todos os povos descendentes de Arfaxade.

Lude

Os luditas que descendem de Sem e os luditas descendentes de Mizraim são dois povos diferentes. No presente caso, trata-se possivelmente de um clã que morava na cabeceira do rio Tigre.

Arã

É o patriarca dos arameus[k]. Seu lugar de origem é a Baixa Mesopotâmia. Seu idioma é o aramaico[l]. Desde a conquista da terra, este povo está em luta com Israel[m].

23   Uz

Não é o mesmo Uz que aparece em outros trechos do Antigo Testamento.

---

695   Veja "Canaã" em Gênesis 10.6.
696   Cassuto, *From Noah to Abraham*, pg. 218; veja também o comentário sobre Gênesis 10.1 e 9.24.
697   Cassuto, *From Noah to Abraham*, pg. 224.

a Gn 14.13
b Êx 3.18; 5.3; 7.16; 9.1
c Gn 39.14,17; 40.15; 41.12; 43.32; Êx 1.15-19; 26.13
d 1Sm 4.6-9; 13.3,19; 14.11,21; 29.3
e Êx 21.2; Dt 15.12; Jr 34.9,14
f Gn 22.21; 28.9; Êx 6.23; 15.20
g Ed 4.9; Is 11.11; 22.6; Jr 25.25; 49.34-39; Ez 32.24; Dn 8.2; At 2.9
h 2Rs 15.29; 17.23; 19.11,17-19; 2Cr 30.6; Ne 9.32; Is 37.11,18-20; Jr 50.17; Am 5.27
i Is 10.5-13; 14.25; 30.27-33; 31.4-9; Mq 5.5s; Sf 2.13
k Gn 22.20-24; Gn 11.10-24; Am 9.7; 1.5
l 2Rs 18.26; Ed 4.7; Is 36.11; Dn 2.4
m 2Sm 10.15-19; 1Cr 19.16-19; 2Rs 24.2; Jr 35.11

Hul
Não identificável.

Geter
Assim como Hul e Uz, Geter não é um povoado arameu comprovável. As informações sobre Uz, Hul e Geter e a história destas tribos perderam-se.

Más
Também a história e a região em que vivia a tribo arameia de Más não podem mais ser identificadas.

Salá 24
Assim como Héber e Pelegue, Salá também aparece como indivíduo na genealogia de Gênesis 11.10-17.[698] É por isso que Arfaxade é mencionado aqui como pai e também são usados os termos "gerar" e "nascer". Como tribo, Salá deixou de ser identificável.

Héber
Aqui Héber é um indivíduo, o antepassado de uma tribo muito específica.

Pelegue 25
O entendimento de Pelegue como nome de uma pessoa é apoiado pela observação que o acompanha: *porquanto em seus dias se repartiu a terra*. Neste contexto, terra pode ser interpretada também como "população mundial", "humanidade".[699] No presente contexto, não é possível dar mais detalhes sobre o que seria essa "divisão da terra". Com base na interpretação do simbolismo numérico, é possível sustentar a suposição de que, a partir deste ponto, os povos arameus passaram a desempenhar um papel especial entre os semitas.[700]

Joctã é chamado de pai de todas as tribos e povos que se seguem. Quase todos os nomes dos filhos de Joctã podem ser explicados a partir de diferentes dialetos árabes. Eles viveram principalmente no sul da península arábica, sendo que a maioria das tribos é de nômades.

Almodá 26
Significa "o amigo" em árabe.

Selefe
Nome de uma tribo iemenita. Es Sulaf é o nome de uma região no Iêmen.

Hazar-Mavé
Significa "átrio da morte". Hazar-Mavé corresponde atualmente ao que hoje é Hadramaute, no sul da península arábica.

---

698 Cf. a dupla menção a Canaã entre os descendentes de Cam.
699 Westermann, *Genesis* I/1, pg. 702.
700 Cassuto, *From Noah to Abraham*, pg. 220, 221 e 224.

Jerá
Nome de um deus lunar árabe, e também pode ser traduzido simplesmente como "mês".

27 Hadorão
Grito de louvor árabe: "O Deus Hadade é grande!"

Uzal
De acordo com a tradição judaica e árabe tardia, Uzal era o nome original de *san^ca* (Sana), a capital do Iêmen.

Dicla
"Tamareira", em árabe e aramaico.

28 Obal
Possivelmente corresponde a *^cabil*, designação regional usada para diversas localidades no Iêmen.

Abimael
Pode ser traduzido como a exclamação: "Meu pai é verdadeiramente bom!"

Sebá
O nome pode referir-se a povos no norte e no sul da península arábica. Os nomes Sabá e Sebá não são variações do mesmo nome.

29 Ofir[n]

n 1Rs 10.11;
1Cr 29.4;
2Cr 9.10; Jó
22.24; 28.16;
Sl 45.9;
Is 13.12;
Jr 10.9

Terra do sul da península arábica conhecida por seu ouro e suas pedras preciosas.

Havilá[o]

o Gn 2.11

Uma tribo que, assim como o descendente de Cuxe (Gn 10.29) leva o nome do rio que cercava o Paraíso. Assim como em Ofir, em Havilá há ouro e pedras preciosas.

Jobabe
Tradução incerta. Talvez Jobabe corresponda ao nome tribal Yuhabib, do sul da pensínsula arábica.

Chama a atenção que Joctã e seus 13 filhos só sejam mencionados na repetição da genealogia das nações em 1 Crônicas 1. A única exceção são as terras de Ofir e Havilá, porque nelas há ouro e pedras preciosas. A localização geográfica de tribos individuais da linha de Joctã é tão incerta quanto a descrição geral da região em que viviam e viajavam. Messa possivelmente seria o ponto mais ocidental da península arábica, e Sefar, o ponto mais oriental.[701] A menção às montanhas do Oriente lembra a decisão de Abraão de permitir que os filhos que ele tivera com Quetura fossem para a "terra oriental" (Gn 25.6).

---

701   Ibid, pg. 223.

RESUMO: A palavra sobre as gerações do dilúvio, 10.32

São estas as famílias dos filhos de Noé, segundo as suas gerações, 32 nas suas nações; e destes foram disseminadas as nações na terra, depois do dilúvio.

O versículo final da genealogia das nações corresponde à introdução: "Estes são os filhos de Noé: Sem, Cam e Jafé". A formulação do encerramento abrange os resumos apresentados na genealogia das nações. No entanto, ao voltar o olhar mais uma vez para povos e tribos individuais que descenderam de Jafé, Cam e Sem (Gn 10.5,20,31), são mencionados também os idiomas característicos de cada clã e nação. Além da terra que alimenta o povo e do clã que se encarrega da continuidade da vida comunitária, o idioma correspondente é mais um elemento essencial à vida em comunidade, sem o qual ela nem sequer seria possível.[702] A expressão "cada qual segundo a sua língua" mostra que aquele idioma comum aos irmãos Sem, Cam e Jafé rapidamente se ramificou em uma série de outros idiomas.[703]

O grande alvo da genealogia das nações é a constatação: "Todos os povos são da mesma família, com a mesma dignidade e o mesmo destino, entre si irmãos e parentes".[704] A qualidade humana, isto é, aquilo que é especificamente humano, nunca está apenas em um só povo, mas sempre em todos os povos. Um povo não pode dizer que outra nação não é humana. Termos depreciativos como "bárbaros, selvagens, gentios e estrangeiros", e todo o tipo de racismo e antissemitismo, são inapropriados para quem entende a mensagem da genealogia das nações.[705]

A história da humanidade e sua ramificação em povos e nações é uma consequência da bênção que Deus concedeu à sua criatura, o ser humano.

No seu famoso discurso no Areópago, em Atenas, Paulo faz referência à genealogia das nações ao dizer: *de um só fez toda a raça humana para habitar sobre toda a face da terra, havendo fixado os tempos previamente estabelecidos e os limites da sua habitação* (At 17.26).

VII. A DISPERSÃO DA HUMANIDADE, 11.1-32

O último capítulo da pré-História mostra mais uma vez com clareza a correspondência entre a pré-História e o tempo do fim. No fim dos tempos haverá uma "língua transformada das nações".[706] Esta nova língua é chamada pelo profeta Sofonias de "língua pura", que possibilitará que todos os povos louvem a Deus de forma unida:

> Então, darei **lábios puros aos povos**, para que **todos** invoquem o nome do Senhor e o sirvam **de comum acordo**. Dalém dos rios da Etiópia, os meus adoradores, que constituem a **filha da minha dispersão**, me trarão sacrifícios. [...] e **tu nunca mais te ensoberbecerás** no meu santo monte (Sf 3.9-11).

No fim dos tempos, a condição que domina desde a pré-História terá passado. Os povos dispersos e inimigos entre si recebem uma "língua pura". Assim podem louvar *juntos*. A falta de compreensão que surgiu

---

702 Westermann, *Genesis* I/1, pg. 679 e 680.
703 Veja o comentário sobre Gênesis 11.1.
704 Dillmann, pg. 164.
705 Cf. Westermann, *Genesis* I/1, pg. 704-706.
706 Westermann, *Genesis* I/1, pg. 740.

na pré-História (Gn 11.1-9) não existirá mais. A confusão de línguas, e com ela o fim da compreensão mútua, deu início a mal-entendidos, inimizade e guerra.⁷⁰⁷ O tempo da "língua pura" é o tempo de reunir os dispersos. Nela, todos os povos serão uma só unidade: não pelo fato de estarem contra Deus, mas porque seu objetivo comum é adorar a Deus. Orgulho e teimosia serão quebrados. O único objetivo dos povos será cumprir a vontade de Deus.⁷⁰⁸

O encerramento da pré-História está no relato de como os povos e as nações se espalharam por toda terra. Deus "estilhaça" a humanidade.⁷⁰⁹ O aspecto singular do relato do evento pré-histórico em Gênesis 11, caracterizado pela menção à Babel histórica, na terra de Sinar, não deve desviar nossa atenção do fato de que o relato da dispersão trata, sim, de um evento da história universal.

Em quase todos os continentes há relatos sobre como a humanidade foi dispersa. Mas apenas um texto sumério traz um relato de confusão de línguas ligado à dispersão dos povos. Como o épico sumério Enmerka, surgido aproximadamente 2.000 anos a.C., só foi descoberto e publicado em 1943 e 1968 (a segunda parte)⁷¹⁰, este texto é ignorado por exegetas mais antigos.⁷¹¹

A pesquisa mostra que a maioria dos exegetas tem dificuldade de encarar o relato da construção da cidade e da construção da torre como uma coisa só. Herman Gunkel tenta fazer uma separação radical, e elabora uma análise da cidade e da torre.⁷¹² Já Cassuto afirma que nenhum autor hebraico inteligente teria concebido os textos da forma como Gunkel os compõe.⁷¹³ A interpretação detalhada mostrará que não há motivo para subdividir o texto ou associar observações isoladas a fontes diversas.

INTRODUÇÃO: A humanidade unida pelo idioma, 11.1

1 Ora, em toda a terra havia apenas uma linguagem e uma só maneira de falar.

1 A constatação de que *em toda a terra havia apenas uma linguagem* parece contradizer a dispersão das nações conforme descrita na genealogia das nações.⁷¹⁴

Ali diz-se dos descendentes de Jafé, de Cam e de Sem: *São estes os filhos [...] segundo as suas famílias, segundo as suas línguas, em suas terras, em suas nações* (Gn 10.5,20,31). Como são mencionados ao todo 70 povos, é possível que houvesse também 70 línguas. Mas a contradição é apenas aparente. Também a genealogia das nações parte do princípio de que toda a humanidade descende dos três filhos de Noé. No entanto, irmãos usam *a mesma língua*. O registro da ramificação, incluindo a referência às

---

707 Hertz (ed.), pg. 197.
708 Cassuto, *From Noah to Abraham*, pg. 230 e 231.
709 von Rad, *Mose*, pg. 127.
710 Westermann, *Genesis I/1*, pg. 717s.
711 Também Cassuto parte do princípio de que não há paralelos na Mesopotâmia para Gênesis 11; Cassuto, *From Noah to Abraham*, pg. 226s.
712 Gunkel, pg. 94-97.
713 Cassuto, *From Noah to Abraham*, pg. 236.
714 von Rad, *Mose*, pg. 123.

línguas específicas, deixa em aberto a origem dessas diferentes línguas, dirigindo assim a atenção do leitor para o relato do capítulo seguinte. A genealogia das nações e o relato da dispersão dos povos e da confusão de línguas não são contraditórios, mas complementares; um é necessário para compreender o outro. Ao mesmo tempo, os dois relatos, caracterizados pelo uso de diferentes termos hebraicos para "língua", pretendem expressar aspectos específicos. Na genealogia das nações, a palavra hebraica para língua é *laschon*, enquanto o relato da dispersão usa *sapha*. Os dois termos não podem ser simplesmente usados como sinônimos em hebraico. *Sapha* é a "língua falada", e no hebraico bíblico é usado apenas no singular. A comparação entre as duas palavras mostra: *laschon* caracteriza uma língua em sua relação com outra, apontando para as diferenças entre os diversos idiomas. *Sapha* aponta para a singularidade de uma língua. *Sapha* também é o termo técnico para a única língua universal da pré-História e para a "língua pura" do tempo do fim (Sf 3.9).[715]

A expressão "uma única língua e um tipo de palavra" é um paralelismo. Duas expressões diferentes, a primeira destacando o órgão da fala e a segunda, a palavra falada, dizem a mesma coisa. A duplicação serve de reforço.[716] No começo, a humanidade usava uma só língua. O relato do evento que levou à dispersão da humanidade é um "relato em retrospecto".[717] Ele explica como a dispersão dos povos levou ao surgimento de 70 línguas.

Outra tentativa de explicar a questão está em um tratado da tradição talmúdica de Jerusalém. Afirma-se ali que, originalmente, as pessoas de todos os povos teriam dominado 70 línguas diferentes. Quando Deus destruiu a cidade e a torre, eles perderam esse conhecimento comum.[718] Essa teoria combina com o grande valor que os estudiosos judeus dão aos números. Os 70 povos e línguas correspondem aos 70 anciãos que Moisés separa no Sinai. De acordo com a tradição judaica, o anúncio dos mandamentos no Sinai teria sido feito em 70 línguas, e 70 tradutores trabalharam na produção da versão grega do Antigo Testamento, a Septuaginta (LXX).

Apesar do fascinante jogo de números, que os exegetas cristãos ainda complementam com os 70 discípulos que Jesus envia (Lc 10.1,17), essa explicação não passa de uma tentativa de harmonização posterior e desnecessária entre o que se relata na genealogia das nações e no evento na terra de Sinar.

A ideia de que na pré-História havia uma única língua, comum a todos, seduziu exegetas judeus e cristãos a empreender tentativa biblicamente inapropriada de reconstruir essa língua original. A sinagoga, os pais da Igreja, exegetas cristãos do último século – inclusive Delitzsch, mas também linguistas mais velhos, como Hävernick, von Gerlach e Baumgarten, supunham que a língua original estivesse escondida no hebraico.[719] Ainda que o idioma hebraico não possa nem mesmo ser chamado de língua semita mais antiga, muitos veem nela a língua do

---

715 Cassuto, *From Noah to Abraham*, pg. 142-145.
716 Westermann, *Genesis* I/1, pg. 723.
717 Möller, pg. 99.
718 Meir-Zlotowitz, pg. 333.
719 Strack, pg. 37.

Paraíso e da pré-História, que se perpetuou pela descendência de Héber (Gn 10.21). Um dos principais argumentos é o de que as formas verbais semitas estão entre o monossilabismo dos chineses e o polissilabismo dos indo-germânicos.[720] A reconstrução de uma língua original é um empreendimento tão absurdo quanto a tentativa de tentar criar e ensinar a "língua pura" do tempo final já durante a existência desse mundo. A língua única permanece totalmente oculta às pessoas que vivem a História mundial – afinal, está reservada à pré-História e ao tempo do fim.

1. Os planos dos seres humanos, 11.2-4

2 Sucedeu que, partindo eles do Oriente, deram com uma planície na terra de Sinar; e habitaram ali.

3 E disseram uns aos outros: Vinde, façamos tijolos e queimemo-los bem. Os tijolos serviram-lhes de pedra, e o betume, de argamassa.

4 Disseram: Vinde, edifiquemos para nós uma cidade e uma torre cujo tope chegue até aos céus e tornemos célebre o nosso nome, para que não sejamos espalhados por toda a terra.

Os povos se movimentam, eles migram. Ainda assim, o texto não serve para descrever a transição da existência nômade para o sedentarismo. Mesmo antes do dilúvio já havia cidades. Caim construía cidades (Gn 4.17). Também a tradição mesopotâmica relata a existência de cidades antes do dilúvio.[721] O texto bíblico não registra com precisão o ponto de partida da migração dos povos. O termo hebraico *mikädäm* pode ser traduzido como "em direção ao Oriente" como "vindo do Oriente". A referência "em direção ao Oriente" descreve a migração a partir da Palestina, isto é, do atual Israel em direção ao Oriente. No entanto, a forma linguística da expressão e construções semelhantes no Egito tornam mais provável a tradução "vindo do Oriente". O caminho dos povos vem da escuridão da pré-História em direção aos primórdios da História.[722] A planície da terra de Sinar descreve o vale frutífero, ricamente irrigado e paradisíaco da Mesopotâmia.[723] A simples indicação do local em que acontece o evento a seguir ainda não é motivo para supor aqui o fim da pré-História e o começo da História. A menção a países e cidades cuja localização possa ser identificada na História posterior faz parte da forma como a pré-História relata seus eventos.[724]

No vale largo de Sinar, uma planície com paredes baixas, os povos decidem realizar algo que ultrapassaria tudo o que já tinha sido feito até então. Querem construir uma cidade com uma enorme torre, e assim empreendem os preparativos necessários. Deixam de lado os materiais de construção convencionais, a pedra e a argamassa, ligados a determinados locais de extração: passam a queimar tijolos e usam betume como

---

720 Lange, pg. 183.
721 Cassuto, *From Noah to Abraham*, pg. 240.
722 Westermann, *Genesis* I/1, pg. 724.
723 Delitzsch, *Genesis*, pg. 230.
724 Cf. o comentário sobre Gênesis 10, esp. 10.10; mas também sobre Gênesis 8.4.

aglutinante.[725] Terminados os preparativos, eles começam a executar seu grandioso plano. Constroem uma cidade fortificada com uma imensa torre de vigia. A construção da cidade e da torre não são empreendimentos independentes. Uma cidade precisava de muros fortes[a] e de uma torre para garantir a fortificação[b]. Cidade e torre são uma coisa só. A torre não fica isolada no deserto, longe da cidade. No pensamento bíblico, cidade e torre estão juntos.[726] Uma cidade sem torre não oferece segurança, e não é uma construção que merecesse ser lembrada pela posteridade. Na Mesopotâmia, há registro de 33 torres em 27 cidades diferentes.[727]

a 2Cr 14.6; Is 2.15
b Jz 8.9;9.46s

O objetivo declarado dos povos pré-históricos era construir algo que lhes trouxesse fama e os protegesse contra a dispersão. Eles queriam ficar juntos. Por isso, criaram um grande ponto de encontro, um lugar de reunião, cujo alvo era simbolizar a unidade, com uma torre que a tornasse visível para todos.[728] "A cidade com a imensa torre deve ser o centro da fama de todos, que os protegeria da dissolução de sua unidade".[729]

Por ser um acontecimento da pré-História, é impossível identificar essa grandiosa construção com alguma cidade e torre históricas. A enorme torre do tempo da Babilônia, Etemenanki, no distrito religioso de Esagila, ou a torre de Ezida, em Borsipa (Birs Nimrud), podem, no máximo, servir para termos uma ideia desse empreendimento monumental da pré-História. Desde Hamurabi (aproximadamente 2.100 a.C.), a Babilônia requeria para si a posição de dominador mundial. Somente fontes posteriores falam da torre, no contexto da sua reconstrução depois de uma destruição, e de sua restauração em decorrência de desgastes. A torre ainda existia na época dos persas, e Ciro não destruiu a torre, mas adorava Marduque. As fontes dizem que ele mesmo pegou a mão de Marduque, cuja câmara nupcial estava no andar superior da torre. A torre foi destruída no governo de Xerxes (478 a.C.), e Alexandre o Grande (331 a.C.) só encontrou ruínas. A descrição da torre por Heródoto e fragmentos de texto em escrita cuneiforme permitem elaborar uma imagem precisa da torre do templo. A torre era um templo construído em terraços, com sete segmentos empilhados. Sua altura total era de 91,5 m. A tradução do nome Etemenanki é interessante: "templo dos fundamentos do céu e da terra".[730] Outros templos no território babilônico eram chamados de "templo que alcança para dentro do céu".[731]

O templo mesopotâmico permite que o leitor da Bíblia tenha uma ideia das dimensões gigantesca do templo primitivo. Mas continua havendo uma diferença impossível de ser ignorada. Os templos babilônicos eram dedicados aos deuses. Seu objetivo era estabelecer uma ligação entre o céu e a terra. Mas o templo planejado pelos povos e nações na pré-História tinha por objetivo torná-los independentes do Deus do céu. "As pessoas evacuaram o céu".[732] Agiam como se Deus não existisse e

---

725 Westermann, *Genesis* I/1, pg. 725-727.
726 Cassuto, *From Noah to Abraham*, pg. 237.
727 Westermann, *Genesis* I/1, pg. 721.
728 Cassuto, *From Noah to Abraham*, pg. 243.
729 Delitzsch, *Genesis*, pg. 231.
730 Schedl, Vol. I, pg. 400-406.
731 Westermann, *Genesis* I/1, pg. 728s.
732 Thielicke, *Welt*, pg. 228.

encheram o céu conquistado com sua própria fama. "O elo que até agora unia a família da humanidade era o reconhecimento e o culto ao Único Deus... essa união não era suficiente para os seres humanos, e eles tentaram substituí-la por outro elo exterior, de sua própria criação e, assim, antidivino".[733] As pessoas queriam engrandecer seu próprio nome e, assim, rejeitaram Deus, o único a quem compete engrandecer o nome do ser humano.[734] Queriam fazer um monumento a si mesmos, ganhando assim fama para si[c].

c Is 63.12;
  Jr 32.20;
  Ne 9.10

A construção da cidade também serve para garantir que seus nomes entrem para a história: várias cidades receberam o nome de reis, para que eles continuassem na memória das pessoas, como Cidade de Davi, Pi-Ramsés, Cidade de Sargão, Alexandria, Constantinopla e muitas outras. De acordo com o livro de Eclesiástico, crianças e cidades perpetuam os nomes (Sir 40.19). Explica-se, assim, porque algumas pessoas que não têm filhos levantam monumentos para conservar seu nome (2Sm 18.18). Seguiam assim o costume de faraós e reis, que esculpiam seus nomes em esculturas. Um justo que tivesse ficado sem filhos podia providenciar para que, depois da sua morte, uma tábua com seu nome fosse colocada no templo (Is 56.5). Assim não seria esquecido pela posteridade.

Na pré-História, a cidade e a torre deveriam impedir que os povos se dispersassem, além de garantir a imortalidade de seu grande nome. "É este o objetivo do mundo desde o começo dos tempos: não pensar no céu e procurar imortalidade aqui na terra, onde tudo é passageiro... O orgulho facilmente leva à injustiça diante de Deus, de forma que tentamos invadir o céu, qual exército de gigantes" (J. Calvino).[735]

A motivação dos povos para a construção da cidade e da torre era a "rebelião contra Deus" (P. J. Calderon).[736]

2. A resposta de Deus, 11.5-9

5 Então, desceu o Senhor para ver a cidade e a torre, que os filhos dos homens edificavam;

6 e o Senhor disse: Eis que o povo é um, e todos têm a mesma linguagem. Isto é apenas o começo; agora não haverá restrição para tudo que intentam fazer.

7 Vinde, desçamos e confundamos ali a sua linguagem, para que um não entenda a linguagem de outro.

8 Destarte, o Senhor os dispersou dali pela superfície da terra; e cessaram de edificar a cidade.

9 Chamou-se-lhe, por isso, o nome de Babel, porque ali confundiu o Senhor a linguagem de toda a terra e dali o Senhor os dispersou por toda a superfície dela.

De todas as criaturas de Deus, o ser humano é a que corre mais perigos. Ele consegue romper seus limites. Pode rebelar-se contra Deus, seu

---

733 Delitzsch, *Genesis*, pg. 231.
734 Veja o comentário sobre 12.2.
735 Calvino, pg. 128.
736 Citado por Westermann, *Genesis* I/1, pg. 729.

Criador. A rebelião do ser humano é o seu desejo de "ser como Deus é" (Gn 3.5). Ele quer alcançar o céu com suas obras. A rebelião contra Deus é um risco inerente ao ser humano. Tanto antes do dilúvio quanto na terra renovada, e também na época histórica, o ser humano é sempre tentado a igualar-se ao Soberano. O profeta Isaías resume assim essa tendência humana para a rebelião:

a 2Cr 14.6; Is 2.15
b Jz 8.9;9.46s

Tu dizias no teu coração:
Eu subirei ao céu;
acima das estrelas de Deus
exaltarei o meu trono...
Subirei acima das mais altas nuvens
e serei semelhante ao Altíssimo (Is 14.13s).

Na pré-História, as pessoas tentaram concretizar literalmente seu plano de subir até o céu. Mas a resposta de Deus não tardou. Deus desce, aponta para onde leva o anseio humano por autonomia absoluta e coloca o ser humano em seu devido lugar como criatura.

Deus desce

Então, desceu o Senhor para ver a cidade e a torre, que os filhos dos homens edificavam; 5
e o Senhor disse: 6
... Vinde, desçamos... 7

A descida de Deus é o movimento contrário ao propósito de construir algo que possa alcançar o céu. Do ponto de vista do Criador, a "torrezinha" do ser humano é patética, e *ri-se aquele que habita nos céus* (Sl 2.4)[a].

a Sl 59.8

O relato de como Deus desce tem traços de sarcasmo[737], ironia mordaz[738] e zombaria merecida[739]. Deus, aquele que tudo vê e tudo sabe, o Onipresente, precisa realmente descer para conseguir reconhecer o que as pessoas estão alegando ser uma produção divina. A ideia da "descida" do Onipresente não significa que o Deus vivo seja um entre os muitos deuses cósmicos[740]. A descida de Deus é uma descrição figurada da intervenção direta de Deus. Rabbi Eliezer aponta para o fato de que as escrituras do Antigo Testamento fazem dez referências a uma descida de Deus, sempre em momentos decisivos: no Paraíso, na confusão das línguas, em Sodoma, junto à sarça ardente, no monte Sinai, duas vezes na fenda da rocha, duas vezes na Tenda do Encontro e uma vez no fim dos tempos. Ainda de acordo com Rabbi Eliezer, somente a ocorrência no Paraíso propositadamente não usa a palavra "descer".[741]

Deus desce, e sua intervenção direta interrompe o desenrolar dos eventos naturais e históricos.

---

737 Cassuto, *From Noah to Abraham*, pg. 242.
738 von Rad, *Mose*, pg. 124.
739 H. D. Preuß; citado por Westermann, *Genesis* I/1, pg. 732.
740 Gunkel, pg. 95: "Essa crença, a de que a divindade mora no céu, pode ser encontrada também – em parte ou como resquício – nas religiões astrológicas (ou também nas religiões meteorológicas) dos povos em redor, e certamente existia há mais tempo em Canaã do que em Israel. Seria muito estranho se o antigo Israel não a conhecesse"".
741 Midrasch, Pirke de – R. Eliezer, c. 14; citado por Delitzsch, *Genesis*, pg. 231, nota 1.

A "descida" de Deus antes da dispersão das línguas é mencionada duas vezes. Da primeira vez, refere-se à sua ação, da segunda vez, ao raciocínio que levou àquela ação.[742]

No tempo do fim, a nova Jerusalém "descerá" do céu para a terra (Ap 21.2).

Antes da descida de Deus na época da dispersão o relato bíblico ainda fala sobre os pensamentos de Deus.

Deus aponta para as consequências da autonomia absoluta do ser humano

6   Eis que o povo é um, e todos têm a mesma linguagem. Isto é apenas o começo; agora não haverá restrição para tudo que intentam fazer.

Em sua autonomia ilimitada, o ser humano anseia tornar-se igual a Deus. Deus intervém diretamente, pois o ser humano está tentando ocupar seu lugar. No livro de Jó, quando Deus coloca Jó em seu lugar, este reconhece: *Bem sei que tudo podes, e nenhum dos teus planos pode ser frustrado* (Jó 42.2). As ações dos povos na terra de Sinar começam com a inversão desse reconhecimento. Aparentemente, a partir daí o ser humano seria capaz de executar qualquer que fosse o seu intento. Ao construir a cidade fortificada com a torre que alcançaria o céu, as pessoas teriam mostrado seus objetivos. Mas Deus intervém para impedir "as ações futuras que se esperaria do ser humano".[743]

A dádiva da língua única, pré-requisito para a comunicação desimpedida entre as pessoas, possibilita obras que ultrapassam os limites da humanidade. "Uma humanidade que só conhece o compromisso consigo mesma fica com as mãos livres para qualquer tipo de ato desmedido".[744] A construção parcial da monumental cidade e torre mostra do que o ser humano é capaz quando se une em torno de um objetivo. Essa união "foi dominada pelo pecado, e por isso precisa ser destruída".[745] Deus decidiu acabar com a unidade da língua, para evitar que as pessoas continuassem a andar pelo caminho da rebelião e da impiedade.[746]

Deus estabelece novamente os limites do ser humano

7   ... confundamos ali a sua linguagem, para que um não entenda a linguagem de outro.

8   Destarte, o Senhor os dispersou dali pela superfície da terra; e cessaram de edificar a cidade.

9   Chamou-se-lhe, por isso, o nome de Babel, porque ali confundiu o Senhor a linguagem de toda a terra e dali o Senhor os dispersou por toda a superfície dela.

---

742 Provas sobre a possibilidade linguística desta interpretação podem ser encontradas em Cassuto. Ele se reporta a Gênesis 34.22 e a Êxedo 2.10. Em hebraico, a formulação "e ele disse" pode significar "ele pensou consigo mesmo"; Cassuto, *From Noah to Abraham*, pg. 246s. Sobre a formulação "Desçamos", veja o comentário sobre Gênesis 1.26.
743 Westermann, *Genesis* I/1, pg. 733.
744 von Rad, *Mose*, pg. 124.
745 Delitzsch, *Genesis*, pg. 232.
746 Cassuto, *From Noah to Abraham*, pg. 247.

A confusão de línguas causada por Deus não aconteceu de repente, de forma que cada indivíduo na terra de Sinar de repente falasse outro idioma. A confusão acontece muito mais porque um não ouvia mais o que o outro, seu companheiro de trabalho, dizia. A tradução literal do verso 7b é: "... para que um não ouça mais o outro"! A incapacidade de escutar faz com que as pessoas deixem de se entender.[747] A antiga palavra germânica para "verstehen" (entender, em alemão), *firstan*, originalmente significava "estar bem próximo diante de alguém". Entender uma pessoa significa estar tão perto dela que todas as vibrações de seu corpo e de sua alma passam para o ouvinte. Quem *ouve* percebe "tudo", conhece o outro. Consegue compreender seus planos e intenções. Quando um falha, o outro pode assumir seu lugar e seu trabalho. Pode substituí-lo e representá-lo.[748] Essa comunhão e ajuda mútua se romperam quando Deus interveio. "Não conseguiam mais ouvir", isto é: tiveram que interromper a obra que tinham começado em conjunto. Sua construção chegara ao fim. O fim do ouvir também foi o fim do conversar e, assim, o início da separação. "Falar significa fazer as pazes e cultivar a paz. Isso pode ser visto já no fato de que a ruptura do relacionamento pacífico também leva a interromper o diálogo entre as partes".[749] Depois da quebra da comunhão e da paz, chega-se rapidamente à separação completa. Deus espalhou as nações ao colocar fim na capacidade de ouvir o outro. A confusão de línguas, o fim da língua única, começou com o fim da compreensão mútua. Quando Deus tirou a língua única das pessoas, que era o elo da sua união, "a família humana foi quebrada em muitos grupos inimigos, que em decorrência da sua separação interior passaram a separar-se também exteriormente".[750]

Restaram aos dispersos apenas as possibilidades de desenvolvimento isolado já mencionadas na genealogia das nações. Cada grupinho desenvolveu-se *segundo as suas famílias, segundo as suas línguas, em suas terras, em suas nações* (Gn 10.5,20,31). A nova forma de existência que Deus determinou para a humanidade foi a dispersão. Mas este último juízo de Deus na pré-História não era um "juízo divino sem misericórdia"[751]; o castigo de Deus é, ao mesmo tempo, um ato de proteção. A dispersão guardou as pessoas das consequências máximas de sua rebelião contra Deus. A única resposta de Deus para o descabimento de uma torre terminada só poderia ser a destruição total. Com a dispersão, Deus deu ao ser humano uma nova forma de existência que permitisse sua sobrevivência. Deus impediu que o ser humano se colocasse no lugar de Deus, protegendo-o do último passo da rebelião. "Considera-se que a existência da humanidade na forma de numerosos povos espalhados por toda a terra, com suas respectivas abundantes formas de desenvolvimento, uma forma apropriada e humana de protegê-la".[752] A dispersão da humanidade

---

747 Ibid, pg. 247.
748 A expressão "ele entende do assunto", de origem jurídica, significa: ele representa este assunto. O domínio intelectual de um assunto legal leva à compreensão correta de suas correlações; cf. Kluge pg. 818.
749 Rosenstock-Huessy, Vol. I, pg. 282.
750 Delitzsch, *Genesis*, pg. 232.
751 von Rad, *Mose*, pg. 128.
752 Westermann, *Genesis* I/1, pg. 740.

não era somente um castigo, mas também um "benefício", "uma barreira para o egoísmo humano", uma "barreira salutar [colocada por Deus] contra a evolução da sua ousadia pecaminosa".[753]

Esse evento pré-histórico é associado à capital da Baixa Mesopotâmia, conhecida na História pelo seu nome grego, Babilônia. A genealogia das nações cita a cidade por seu nome hebraico, a saber, como uma das capitais do império fundado por Ninrode.[754] O Antigo Testamento cita a Babilônia várias vezes como um lugar em que as pessoas queriam criar uma união político-religiosa sem Deus[a].

Não é possível estabelecer uma explicação etimológica definitiva para este nome. Supõe-se que a etimologia da escrita cuneiforme, *Bab-il* = portão de Deus já fosse conhecida quando foi acrescentado o significado hebraico, com ajuda do verbo *balal*, "misturar", "confundir". As duas interpretações provêm da etimologia popular. Talvez originalmente o nome Babel não fosse semítico.[755] Em conjunto, no entanto, as duas etimologias populares testificam sobre as consequências da ousadia humana na pré-História. O portão ou portal de Deus, *bab-il*, transformou-se no local de separação e confusão *balal*.

Devido ao significado trágico que a cidade da Babilônia adquiriu para o povo de Israel[b], a Babel da pré-História tornou-se símbolo de todos os impérios que tentam se levantar contra Deus e seu povo.

"A grande Babilônia" [c] é a "senhora de reinos"[d], "a grande meretriz"[e], cuja imoralidade e magia seduziu as nações. Babilônia, o copo na mão de Javé, que embriagava as nações[f], é o martelo com que Deus despedaça toda a terra[g], é local do exílio dos membros da igreja[h]. A Babilônia, aliada de Satanás, do dragão e do Anticristo, da besta[i], será destruída, afundada no mar[k], queimada no fogo eterno[l].

O nome Babel tem um caráter exortativo e "memorial" em todas as eras históricas.[756] Reagindo aos planos dos seres humanos de colocar-se no lugar de Deus, este espalhou a humanidade por toda terra. A vida na dispersão era a nova forma de existência que Deus determinou para as pessoas. Ele cortou o elo que as unia – a língua – e assim estabeleceu novos limites para a vida humana. O processo de confusão das línguas é lembrando no pedido de socorro em Salmo 55.9: *Destrói, Senhor, e confunde os seus conselhos, porque vejo violência e contenda na cidade.*

A confusão de línguas começou com o fim da capacidade de ouvir. Mesmo que todos ainda dominassem a mesma língua no momento da intervenção divina, eles não conseguiram mais se entender. Este acontecimento da pré-História está em contraste com o Pentecoste em Jerusalém. Mesmo que os povos falassem línguas diferentes, *cada um [...] ouvia falar na sua própria língua* o que os discípulos de Jesus falavam sobre os grandes feitos de Deus (At 2.5-8). Em Jerusalém aconteceu o milagre da compreensão renovada.

Mas a diversidade e quantidade de línguas foram mantidas. A missão cristã repetidamente esbarra nos limites e barreiras impostos pelas línguas. Esses limites linguísticos só serão removidos no tempo final.

a Is 13.19; 14.4; Jr 51.41,43; Dn 4.27
b 2Rs 24.16; 25.28; 1Cr 9.1; 2Cr 36.17-21; Mq 4.10; At 7.43; Ed 5.14; 6.5; Jr 20.5; 27.16-22
c Dn 4.30; Ap 14.8; 17.5,18; 18.2,10,16,19,21
d Is 47.5-10
e Ap 17.1,5; 19.2
f Jr 51.7
g Is 14.6; Jr 50.23; 51.20-23
h 1Pe 5.13; 1.1
i At 12.9; 11.7
k Ap 18.21
l Ap 18.9s, 18; 19.3

---
753 Dillmann, pg. 203.
754 Veja o comentário sobre Gênesis 10.10.
755 Gunkel, pg. 95.
756 Delitzsch, *Genesis*, pg. 232.

Depois da volta de Jesus, haverá uma língua transformada, única e "pura" (Sf 3.9).

3. Os semitas na dispersão, 11.10-30

10 São estas as gerações de Sem. Ora, ele era da idade de cem anos quando gerou a Arfaxade, dois anos depois do dilúvio;

11 e, depois que gerou a Arfaxade, viveu Sem quinhentos anos; e gerou filhos e filhas.

12 Viveu Arfaxade trinta e cinco anos e gerou a Salá;

13 e, depois que gerou a Salá, viveu Arfaxade quatrocentos e três anos; e gerou filhos e filhas.

14 Viveu Salá trinta anos e gerou a Héber;

15 e, depois que gerou a Héber, viveu Salá quatrocentos e três anos; e gerou filhos e filhas.

16 Viveu Héber trinta e quatro anos e gerou a Pelegue;

17 e, depois que gerou a Pelegue, viveu Héber quatrocentos e trinta anos; e gerou filhos e filhas.

18 Viveu Pelegue trinta anos e gerou a Reú;

19 e, depois que gerou a Reú, viveu Pelegue duzentos e nove anos; e gerou filhos e filhas.

20 Viveu Reú trinta e dois anos e gerou a Serugue;

21 e, depois que gerou a Serugue, viveu Reú duzentos e sete anos; e gerou filhos e filhas.

22 Viveu Serugue trinta anos e gerou a Naor;

23 e, depois que gerou a Naor, viveu Serugue duzentos anos; e gerou filhos e filhas.

24 Viveu Naor vinte e nove anos e gerou a Tera;

25 e, depois que gerou a Tera, viveu Naor cento e dezenove anos; e gerou filhos e filhas.

26 Viveu Tera setenta anos e gerou a Abrão, a Naor e a Hara.

27 São estas as gerações de Tera. Tera gerou a Abrão, a Naor e a Harã; e Harã gerou a Ló.

28 Morreu Harã na terra de seu nascimento, em Ur dos caldeus, estando Tera, seu pai, ainda vivo.

29 Abrão e Naor tomaram para si mulheres; a de Abrão chamava-se Sarai, a de Naor, Milca, filha de Harã, que foi pai de Milca e de Iscá.

30 Sarai era estéril, não tinha filhos.

A genealogia de Sem vai de Sem até Abrão. Assim como a genealogia de Adão ate Noé (Gn 5.1-32), esta também tem dez gerações. A menção aos três filhos de Tera, Abrão, Naor e Harã, igualando assim o trio formado pelos filhos de Noé, deu ocasião para supor que Tera fosse o último membro da genealogia de Sem. A Septuaginta completou o elo que faltava com Cainã, como o quarto descendente de Sem. A inclusão de Cainã – mencionado também como quarto elo depois de Adão (Gn 5.9) – completou as dez gerações da genealogia de Sem até Tera. Mas o alvo da genealogia não é Tera, e sim Abrão.[757]

Assim como Noé protagonizou um novo início, Abrão deu início a uma era totalmente nova na história de Deus com o mundo. Por ter sido mencionado na Septuaginta, Cainã foi incluído na genealogia de Jesus (Lc 3.36). Mas ele está ausente no resumo de Crônicas (1Cr 1.24-27), de forma que Abrão é a décima geração na genealogia de Sem.[758]

c Is 63.12;
Jr 32.20;
Ne 9.10

A forma da genealogia de Sem até Abrão tem muitas semelhanças com a genealogia de Adão até Noé. A linha das gerações é sempre representada pelo filho mais velho e é registrada por meio de números. Estão indicadas a idade por ocasião da geração do filho mais velho e também o tempo de vida do pai. Também há registro sobre a geração de outros filhos e filhas. Também há diferenças: a genealogia dos semitas até Tera, por exemplo, não indica a duração total da vida do pai. Mas mais importante que as pequenas diferenças é o significado fundamental da árvore genealógica. Ela dá início a algo especial e novo. Não se trata da continuação da história da humanidade, mas de como esta chegou até Abrão. A história da humanidade continua na história dos patriarcas, "a história de Abraão brota a partir de um ramo da história da humanidade".[759]

Ao interpretar os números na genealogia de Sem, é preciso considerar que ela representa o último período da pré-História. Os números da pré-História não são grandezas numéricas, assim como também acontece na história do fim.[760] Se calcularmos os números de acordo com seu valor real, a conjunção do capítulo 11 com o capítulo 5 resultaria na dificuldade de que Noé ainda estaria vivo na época de Abrão, e Sem, na época de Jacó. A fim de compensar essa impossibilidade, a Septuaginta e o texto samaritano alteraram os números.[761]

Ao comparar a genealogia de Sem com outras da pré-História, vemos que a primeira apresenta idades na época da geração de filhos e tempos de vida muito menores. O motivo para isso não é "a decadência contínua da qualidade de vida original do ser humano criado"[762], mas a diferença entre as duas genealogias. Os longos períodos, que chegavam perto dos milhares, testemunhavam do passado longínquo. Os primórdios estavam em uma época de dimensões incompreensíveis. Mas a genealogia de Sem leva à formação de um povo histórico, e, dessa forma, à transição para a História.[763] Por isso, também não é necessário explicar os "dois anos depois do dilúvio" (v.10) por meio de cálculos complicados. A genealogia das nações cita 26 nomes como descendentes de Sem, pai de todos os povos semitas. De Elão a Pelegue são 12 nomes. E os povos árabes, iniciados em Joctã, são 14.[764] Por princípio, a genealogia das nações não

---

757 Cassuto, *From Noah to Abraham*, pg. 250.
758 Delitzsch, *Genesis*, pg. 236f.
759 Westermann, *Genesis* I/1, pg. 743.
760 Veja o Excurso II: A origem ensina o ser humano a compreender, esp. item V.
761 Cf. as tabelas resumidas em Delitzsch, *Genesis*, pg. 230; Westermann, *Genesis* I/1, pg. 742.
762 von Rad, *Mose*, pg. 130.
763 Westermann, *Genesis* I/1, pg. 745.
764 Veja o comentário sobre Gênesis 10.21-31.

se preocupa com a sequência das gerações de pai para filho, mas com o registro de como as nações se espalharam pela terra. Os nomes que aparecem na genealogia das nações via de regra são nomes de clãs ou povos. O objetivo da genealogia das nações é apresentar "toda a realidade complexa em que Israel se encontrava como criação de Deus".[765]

As nações descendentes de Sem são mencionadas por último na genealogia das nações, isto é, em posição de destaque, a fim de sublinhar a importância do povo de Israel. Há duas particularidades no trecho sobre os "semitas": por um lado, a explicação fundamental de que Sem é o "pai dos hebreus", e, por outro lado, o fato de que os descendentes de Sem não são somente povos individuais, mas, em alguns casos, também pessoas específicas.[766]

Em Gênesis 11 não temos uma genealogia das nações, mas uma árvore genealógica que vai de Sem até Abrão. Cinco nomes desta genealogia no sentido mais estrito já são conhecidos:

a. Sem[767]   10

b. Arfaxade[768]   11

c. Salá[769]   12

d. Héber[770]   14

e. Pelegue[771]   16

f. Reú   18

Provavelmente uma abreviação de Reuel[a], de forma que significa "amigo".[772] No Antigo Testamento, Reú também é mencionado em Crônicas (1Cr 1.25), além de ter sido incluído na genealogia de Jesus na forma grega Ragaú (Lc 3.35).

a Gn 36.4, 10,13, 17; Êx 2.18; Nm 10.29

g. Scrugue   20

O nome do sétimo membro da genealogia de Sem é aparentado com Sarugi (da língua acádia), um lugar perto de Harã. Possivelmente este local seja Sarugue, mais tarde um importante centro cristão, que existe até hoje com o nome de Serudsch. Serudsch fica entre Harã e o Eufrates.[773] Na história oriental, é muito comum que uma cidade receba o nome de uma tribo ou de uma pessoa específica.[774] Serugue[b] também aparece na genealogia de Jesus (Lc 3.35).

b 1Cr 1.26

---

765 von Rad, *Mose*, pg. 120.
766 Cassuto, *From Noah to Abraham*, pg. 217 e 220.
767 Veja o comentário sobre Gênesis 5.32 e 10.21-31.
768 Veja o comentário sobre Gênesis 10.22 e 24.
769 Veja o comentário sobre Gênesis 10.24.
770 Veja o comentário sobre Gênesis 10.24.
771 Veja o comentário sobre Gênesis 10.25.
772 Odelain/Seguineau, pg. 293.
773 Westermann, *Genesis* I/1, pg. 747.
774 Cassuto, *From Noah to Abraham*, pg. 252.

22 h. Naor

Significa "roncador".⁷⁷⁵ Tanto o avô quanto o irmão de Abrão chamavam-se Naor.⁷⁷⁶ Nos textos de Mari, Naor aparece frequentemente como um nome geográfico, designando um lugar não muito longe de Harã.⁷⁷⁷ Os lugares denominados de acordo com os patriarcas Pelegue, Serugue e Naor estão todos no norte da Mesopotâmia, na região de Harã. Isso comprova que, além de Ur, na Caldeia, também Harã era um lar para o clã de Tera.⁷⁷⁸ Também Naorᶜ é antepassado de Jesus (Lc 3.34).

c 1Cr 1.26

24 i. Tera

Também Tera, pai de Abrão, deu nome a uma cidade. É possível que esta fosse a cidade aramaica de Til-scha-turahi, ao norte de Harã, conquistada por Salmanasar I em 854 a.C.⁷⁷⁹ A terra natal de Tera é identificada como Ur dos caldeus e também como Harã (Gn 11.28,32). As duas cidades eram centros religiosos da adoração à lua. Por isso, tentou-se estabelecer um parentesco entre o nome Tera e a palavra hebraica *jare-ach*, "lua".⁷⁸⁰ É possível que isso tenha dado origem ao registro de que Tera morava além do Eufrates e adorava a muitos deuses (Js 24.2). Teraᵈ também aparece na genealogia de Jesus (Lc 3.34).

d 1Cr 1.17,26;
Gn 10.23-26;
At 7.4

26-30 j. Abrão e seus irmãos Naor e Harã

O nome Abrão é um assim chamado "nome definido", isto é, é composto por um substantivo e um verbo. Há sete possibilidades de traduzir a pequena frase contida no nome Abrão.⁷⁸¹ Se o substantivo for considerado uma designação de Deus, a segunda parte forma uma declaração sobre a ação ou o caráter de Deus. Assim, Abrão seria: "Deus, o Pai, é exaltado".⁷⁸² Abrão, que mais tarde é chamado de amigo de Deusᵉ e servo de Deusᶠ, pai do povo de Israelᵍ e pai dos cristãosʰ, era primeiramente filho de pai terreno. Por descendência paterna, ele fazia parte do mundo das criaturas que descendem do Criador (Gn 10). Por isso, deve-se dar preferência à tradução "ele é exaltado por seu relacionamento com o pai", isto é, ele descende de uma família nobre.⁷⁸³

e 2Cr 20.7;
Is 41.8;
Tg 2.23

f Êx 32.13;
Dt 9.27;
2 Macabeus 1.2;
Sl 105.6,42

g Js 24.3;
Eclesiástico 44.20;
Is 51.2;
63.16;
Lc 3.8;
16.24,30;
Jo 8.39,
53,56;
At 7.2

h Rm 4.1

Quando Deus estabelece sua aliança com Abrão, este recebe um novo nome. O novo nome está relacionado principalmente à função de seu portador no novo período da vida – como acontece com um rei que recebe um novo nome quando é coroado. Com uma simples extensão, o

---

775 Odelain/Seguineau, pg. 255.
776 Veja o comentário sobre Gênesis 11.26.
777 Westermann, *Genesis* I/1, pg. 748.
778 Cassuto, *From Noah to Abraham*, pg. 252; veja também o comentário sobre Gênesis 11.28,31,32.
779 Westermann, *Genesis* I/1, pg. 748.
780 Cassuto, *From Noah to Abraham*, pg. 266.
781 Ibid, pg. 267; dependendo da forma verbal determinada, Abrão pode significar:
   1. O pai exaltado
   2. O pai do exaltado
   3. O pai é exaltado
   4. Meu pai é exaltado
   5. O pai foi exaltado
   6. Meu pai foi um exaltado
   7. Ele é exaltado por causa do seu pai
782 Westermann, *Genesis* I/2, pg. 88.
783 Cassuto, *From Noah to Abraham*, pg. 267.

nome é transformado de Abrão em Abraão. Mas a função é completamente nova. Antes de receber um novo nome, Abrão é um homem dos primórdios de Israel. Mas quando a aliança é estabelecida e confirmada pela circuncisão, Abrão se torna pai de Israel.[784] Por isso o Antigo Testamento faz distinção clara entre Abrão e Abraão. Abrão aparece 61 vezes, das quais apenas duas vezes depois do estabelecimento da aliança (Gn 17)[i]. Nas duas vezes, trata-se de uma citação de Gênesis 11. Depois de receber o novo nome de Deus[785], Abrão é consistentemente chamado de Abraão (258 vezes).

i 1Cr 1.27; Ne 9.7

Como o Antigo Testamento não diz nada sobre isso, Abrão é, sem que isso seja expressamente dito, o primogênito de Tera.[786] Seus irmãos eram Naor e Harã.

Naor, o irmão de Abrão, recebe o nome do avô.[787] Naor tornou-se o patriarca das tribos aramaicas[k]. Assim como mais tarde Jacó e Ismael, também ele teve doze filhos, entre eles Betuel, pai de Labão e Rebeca.[788]

26

k Gn 22.20-24;

Como já se depreende de sua escrita hebraica, o nome pessoal Harã não é igual ao nome da cidade Harã, no norte da Mesopotâmia. O irmão de Abrão era *Haran*, enquanto a cidade se chamava *Charran*.[789] A interpretação do nome Harã como uma derivação da palavra hebraica *har*, montanha[790], é apenas uma suposição.

Depois de mencionar os três filhos de Tera, o texto relata detalhes da vida de Harã, Naor e Abrão. **Harã gerou a Ló. Morreu Harã na terra de seu nascimento, em Ur dos caldeus, estando Tera, seu pai, ainda vivo. Abrão e Naor tomaram para si mulheres; a de Abrão chamava-se Sarai, a de Naor, Milca, filha de Harã, que foi pai de Milca e de Iscá. Sarai era estéril, não tinha filhos.**

27/28

29
30

A morte de Harã em Ur dos caldeus[791] é mencionada porque é incomum que um pai sobreviva ao seu filho. Tera teve de enfrentar a morte de seu filho.[792]

O filho de Harã era **Ló**. Depois da morte de seu pai, ele se tornou representante da família. As três linhas que partem de Tera são: Abrão, Naor e Ló. O nome Ló é intraduzível. Uma ligação com Lotã, o horeu (Gn 36.20; 1Cr 1.38), e com Lude, um descendente de Sem (Gn 10.22), é mera suposição.[793] Ló, sobrinho de Abrão, segue-o quando este sai de Harã em direção a Canaã. Ló estabelece sua residência na planície do Jordão, ao lado de Sodoma, sendo o único a ser salvo na destruição desta cidade[l] e tornando-se assim um tipo para o juízo final[m].

l Gn 11.27,31; 12.5; 13.1-14; 19.1-29

As filhas de Harã eram Milca e Iscá. Iscá não é mais mencionada no Antigo Testamento, Milca torna-se esposa de Naor.

Milca concebeu oito dos doze filhos de Naor (Gn 22.20-23). Um deles era Betuel, pai de Rebeca (Gn 24.15,24,47). O significado do nome Milca

m Sabedoria 10.6s; 19.17; Eclesiástico 16.8; Pe 2.7s; Lc 17.28-32

---

784 Westermann, *Genesis* I/2, pg. 314.
785 Veja o comentário sobre Gênesis 17.5.
786 Cassuto, *From Noah to Abraham*, pg. 267.
787 Veja o comentário sobre Gênesis 11.23.
788 Veja o comentário sobre Gênesis 22.20-24 e Gênesis 24.15,24,47.
789 Delitzsch, *Genesis*, pg. 242 e 245s.
790 Cassuto, *From Noah to Abraham*, pg. 268.
791 Sobre Ur da Caldeia, veja o comentário sobre Gênesis 11.31.
792 Westermann, *Genesis* I/2, pg. 157.
793 Cassuto, *From Noah to Abraham*, pg. 271.

é um título. Se derivado do hebraico, significa "rainha". Se derivado do babilônico, significa princesa, *malkâtu*. *Malkâtu* era o título de Ishtar, a filha do deus da lua.[794]

O texto não diz quem era o pai de **Sarai**, esposa de Abrão. A interpretação de que Sarai fosse Iscá é uma suposição da exegese judaica posterior.[795] Depois de dizer a Abimeleque que Sarai era sua irmã, Abraão declara que ela era *filha de meu pai e não de minha mãe* (Gn 20.12). É perfeitamente possível supor que Abrão tenha casado com sua meia-irmã.[796]

Assim como Milca, o nome Sarai também é um título. Derivado do hebraico, ele significa "princesa" ou "senhora". Se derivado de origem babilônica, ele significa "rainha", *sharratu*. *Sharratu*, "rainha", é o nome e o título da esposa do deus da lua Sin.[797]

Sarai e Milca são nomes saídos do culto lunar da Mesopotâmia. Sin era o deus do clã de Tera (cf. Js 24.2).

Aos noventa anos, Sarai recebe o nome Sara, junto com a promessa de um filho com numerosos descendentes.[798] Mas primeiro há uma constatação: Sarai era estéril, não tinha filhos. A menção dupla à esterilidade de Sarai serve para enfatizar a afirmação de que ela não podia ter filhos.[799] Essa triste condição de Sarai ameaçava interromper a sequência da genealogia. Torna-se ponto de partida de muitos relatos[n].

n Gn 15.1-6; 16.1-8; 17.15-22; 18.6-15

FINAL: A caminho de Canaã, 11.31s

31 Tomou Tera a Abrão, seu filho, e a Ló, filho de Harã, filho de seu filho, e a Sarai, sua nora, mulher de seu filho Abrão, e saiu com eles de Ur dos caldeus, para ir à terra de Canaã; foram até Harã, onde ficaram.

32 E, havendo Tera vivido duzentos e cinco anos ao todo, morreu em Harã.

A pré-História introduz a história dos patriarcas por meio de duas indicações geográficas: Ur dos caldeus e Harã.

31   **Ur dos caldeus** ficava no sul da Mesopotâmia, perto da foz do Eufrates. Já no 3º milênio antes de Cristo, especialmente na época da 3ª dinastia, Ur era um grande centro cultural. Com o fim da 3ª dinastia, Ur foi destruída por volta de 1.000 a.C., mas a cidade manteve sua importância como centro religioso e metrópole comercial. No período neobabilônico, Ur experimentou um reflorescimento.[800] Ur é a cidade natal de Abrão. A expressão hebraica *moledeth* (Gn 11.28) significa "cidade do nascimento".[801] Como local do nascimento de Abrão, Ur dos caldeus é o ponto de partida de sua caminhada. Deus ordenou que Abrão saísse de Ur dos

---

794 Westermann, *Genesis* I/2, pg. 158.
795 Cassuto, *From Noah to Abraham*, pg. 276 e 277.
796 Veja o comentário sobre Gênesis 12.10-20 e Gênesis 20.1-17.
797 Westermann, *Genesis* I/2, pg. 158.
798 Veja o comentário sobre Gênesis 17.15-22.
799 Westermann, *Genesis* I/2, pg. 159.
800 Westermann, *Genesis* I/2, pg. 160.
801 Cassuto, *From Noah to Abraham*, pg. 274.

caldeus (Gn 15.7; Ne 9.7). Abrão, "arameu prestes a perecer" (Dt 26.5)[802], vivia originalmente em um centro cultural de grande fama. Ele é de origem nobre, famoso por causa da posição de seu pai.[803]

Harã fica no norte da Mesopotâmia e é o centro da região de onde saiu o clã de Tera.[804] Harã é a terra natal dos antepassados de Abrão, uma cidade antiga e conhecida na margem esquerda do Balikh, um afluente do Eufrates. Esta cidade é frequentemente citada nos textos de Mari.[805] Não é possível determinar com certeza o significado desse nome. Uma derivação de *Harannu* (acádio) resulta no significado "rua".[806] Em decorrência da migração do clã de Tera, Harã se torna a cidade de Abrão[a], mais tarde também de Jacó[b]. Ela foi conquistada pelos assírios[c] e tinha relações comerciais com Tiro[d]. A localização da cidade é a mesma da atual cidade de Harã, na Turquia.

Tera saiu de Ur dos caldeus e foi com toda a sua família para Harã. O destino inicial era Canaã. A pré-História não registra nenhuma razão para a saída de Tera e de sua família. Tera saiu de Ur, "sem ter sido chamado por Deus e sem ter recebido alguma promessa".[807]

O motivo pelo qual Tera não foi diretamente para Canaã, mas primeiro se mudou para o norte da Mesopotâmia, é, ao mesmo tempo, geográfico e familiar. Tera não escolheu o caminho que atravessava as estepes e o deserto, mas o caminho que passava pelas férteis terras irrigadas do Eufrates. Esse caminho passava pela terra natal de seus antepassados, que ficava a meio caminho do trajeto para Canaã. Tera pôde ficar em Harã.[808] Mas então ele morreu na terra de seus pais, antes de poder continuar.

32 Mas a história dos patriarcas diz sobre Abrão: *Levou Abrão consigo a Sarai, sua mulher, e a Ló, filho de seu irmão, e todos os bens que haviam adquirido, e as pessoas que lhes acresceram em Harã. Partiram para a terra de Canaã; e lá chegaram* (Gn 12.5).

a Gn 12.4s; At 7.2,4
b Gn 27.43; 28.10; 29.4
c 2Rs 19.12; Is 37.12
d Ez 27.23

---

802 Traduzido conforme Westermann, *Genesis* I/2, pg. 62.
803 Veja a explicação sobre o nome Abrão; Gênesis 11.26.
804 Cf. a interpretação dos nomes Pelegue, Serugue, Naor: Gênesis 10.25; 11.21s.
805 Westermann, *Genesis* I/2, pg. 161.
806 Odelain/Séguineau, pg. 128.
807 Westermann, *Genesis* I/2, pg. 154.
808 Cassuto, *From Noah to Abraham*, pg. 281.

Parte 2 – Capítulos 12 a 24
Prefácio do autor

O Antigo Testamento nunca foi fácil de ler. Também o presente comentário não pode nem deseja transformá-lo em literatura leve. O objetivo do comentário sobre os patriarcas é dirimir dificuldades, para que os textos se tornem novamente diretos. Não é nossa intenção empurrar o leitor em determinada direção, nem imobilizá-lo. Cada um deve ter a possibilidade de tirar suas próprias conclusões a partir do texto. O tradutor e comentarista "transforma-se em microfone para a voz desconhecida, que ele torna audível atravessando o tempo ou o espaço" (F. Rosenzweig).

Os aspectos difíceis e, em parte, escandalosos dos textos são conservados. O leitor precisará de tempo para absorvê-los e coragem para enfrentar o questionamento que eles apresentam. Se quiser empreender uma análise compreensiva, o leitor precisará, em primeiro lugar, aceitar o que o texto diz. "Quem se ocupa com o Antigo Testamento precisa agarrá-lo com firmeza, não se satisfazendo com impressões sentimentais genéricas" (G. von Rad).

Nenhuma palavra do texto bíblico é supérflua, nenhum termo, nenhum nome, nenhuma indicação de lugar. A explicação detalhada sobre os nomes dos lugares pretende convidar o leitor a movimentar-se como um nativo pela terra onde Deus se revelou. O conhecimento a respeito do lugar ajuda na compreensão dos acontecimentos. O mesmo vale para a História. "Quanto mais contextualizarmos as matérias em seu mundo antigo e distante, mais claras e atuais elas se tornam para nós" (G. von Rad).

O presente comentário foi escrito durante as férias e durante o dia de repouso semanal. Agradeço à minha esposa, Rosemarie, por sua ajuda, seu conselho e sua compreensão.

Nós dedicamos este comentário aos nossos filhos Erika e Carsten.

Ao mesmo tempo, também rogamos a Deus que abençoe o dia de seu noivado.

Os anos de aprendizado e estudo não terminam com as provas finais. No fim das contas, o que vale é: "Se você tiver estudado muito a Torá, não deixei que isso lhe suba à cabeça, pois para isso você foi criado" (rabino Yochanan ben Zakai).

Minha gratidão também vai para os membros do grupo de trabalho do Antigo Testamento em Lobetal. Apresentei os primeiros esboços deste comentário a esse grupo de amigos e colaboradores. Deus abençoe a todos os que lerem com paciência os textos bíblicos e permitirem que os comentários os levem a refletir, crer e proclamar.

Keswil, abril de 1987

Hansjörg Bräumer

QUESTÕES INTRODUTÓRIAS

A. INTRODUÇÃO

A história dos patriarcas (Gn 12-50) é uma grandeza própria entre a história da humanidade e a história da nação de Israel (que começa no Êxodo).

Os patriarcas não participam do cultivo da terra. Eles eram pastores nômades. As histórias sobre eles dão um vislumbre da tensão que cercava as primeiras células de comunidade humana. A história de Abraão (Gn 12-25) é marcada pelo relacionamento do pai (ou dos pais) com seus descendentes. O relato sobre Jacó e Esaú (Gn 25-36) gira em torno do relacionamento entre irmãos. A história de José (Gn 37-50) mostra os problemas de uma comunidade composta por vários membros.[809]

Ao mesmo tempo, a história dos patriarcas esclarece o mundo religioso em que viviam os antepassados de Israel. O único Deus, o Deus do céu e da terra, revelou-se a Abraão. Ele chamou Abraão para fora de seu ambiente pagão. Abraão seguiu o chamado de Deus e passou a adorá-lo. O Deus que se revelou a Abraão mais tarde é chamado pelo povo de Israel de "o Deus de Abraão".[810] Depois de seu chamado, a fé e o culto celebrado por Abraão não apresentam "nenhum traço de uma influência politeísta de seu entorno".[811]

Em toda a história dos patriarcas, a oração é um componente fixo e natural do relacionamento com Deus. O clamor a Deus em louvor, lamento ou súplica nasce a partir de determinadas situações de vida. Abraão e Rebeca se lamentam (Gn 15.2s; 25.22); Jacó suplica por salvação (Gn 32.11). O pedido pela mão de Rebeca é totalmente permeado pela oração (Gn 24), e o louvor a Deus é perpetuado, entre outras coisas, pelos nomes escolhidos: "Deus ouve" (Gn 16.15) ou "Deus proverá" (Gn 22.14).

O relacionamento com Deus, do qual o povo de Israel mais tarde se gloria, é a aliança que Deus estabeleceu com os três patriarcas: Abraão, Isaque e Jacó.

Os Evangelhos pegam o gancho do significado soteriológico de Abraão (Mt 8.11; Mc 12.26; Lc 16.22; 19.9). No Novo Testamento, Jesus está acima de Abraão (Jo 8.52-59). Pedro assume o lugar de Abraão como portador da revelação, tornando-se a rocha neotestamentária (Is 51.1s; Mt 16.18)![812] Os herdeiros da promessa abraâmica são os cristãos de descendência judaica e gentia (Rm 4.1,12; 9.7s; Gl 3.7,9,29; 4.22ss; Hb 2.16; 6.13ss; Tg 2.21). A Antiga Aliança transformou-se em uma aliança nova, isto é, ampliada. Na Antiga Aliança, é típica a expressão "Abraão, Isaque e Jacó" (Êx 2.24; 3.6; 6.8; Dt 1.8; 6.10; 9.27; Jr 33.26). Para os fariseus, a fórmula Abraão, Isaque e Jacó é "um símbolo do judaísmo fiel, do verdadeiro Israel".[813]

---

809 Westermann, *Genesis* I/2, pg. VI e 1ss.
810 Cf. Metzger, pg. 24.
811 Westermann, *Genesis* I/2, pg. 700.
812 Jeremias, *Abraham*, pg. 8 e 9.
813 Odeberg, *Jakob*, pg. 191.

Na época do Novo Testamento, os judeus que desejam enfatizar sua fé recorrem aos três patriarcas: Abraão, Isaque e Jacó. O judaísmo tardio chama estes três patriarcas de "servos fiéis" de Deus (2 Macabeus 1.2).

Os cristãos enxergam uma sombra de sua própria vida projetada na vida dos três patriarcas: "Devem recordar-se como nosso pai Abraão foi tentado, e, depois que foi provado por meio de muitas tribulações, chegou a ser o amigo de Deus. Assim Isaque, assim Jacó, assim Moisés e todos os que agradaram a Deus, passaram por muitas tribulações, permanecendo fiéis" (Judite 8.22s).

Até a época do Novo Testamento, todos os pais de Israel podiam ser chamados de patriarcas. Segundo a tradução grega do Antigo Testamento, a Septuaginta, o livro de Crônicas usa o termo "patriarca" de forma genérica para chefes de família (1Cr 24.31; 2Cr 19.8; 26.12). Os "patriarcas" são os "maiores entre os pais" ou os "pais mais elevados" (em hebraico: *rosh aboth*). No Novo Testamento, o termo "pais" ou "patriarcas" é usado apenas para personagens de destaque do Antigo Testamento. Estêvão chama dos filhos de Jacó de "os doze patriarcas" (At 7.8s), e Pedro fala do "patriarca Davi" em seu discurso por ocasião do Pentecostes (At 2.29). Paulo também faz menção aos "patriarcas" (Rm 9.5; 11.28). A Carta aos Hebreus chama Abraão de "o patriarca" (Hb 7.4).

Ao longo da História, o título "patriarca" acabou ficando restrito apenas a Abraão, Isaque e Jacó (mas não José). O motivo para isso está no fato de que o Novo Testamento costuma mencionar Abraão, Isaque e Jacó em conjunto (Mt 22.32; Mc 12.26; Lc 20.37; At 3.13). Assim como os demais patriarcas de Israel, Abraão, Isaque e Jacó são "indivíduos reais".[814] Eles viveram no 2º milênio antes de Cristo[815] no istmo sírio-palestino.

I. A HISTORICIDADE DOS PATRIARCAS

Atualmente, apenas alguns poucos pesquisadores ainda duvidam da realidade histórica dos patriarcas: "Antigamente a historicidade dos patriarcas era questionada; eles eram interpretados como divindades astrológicas, antigos deuses cananeus, fundadores míticos de santuários cananeus, figuras de contos de fadas ou de lendas populares. Hoje há ampla concordância de que os patriarcas realmente foram figuras históricas, indivíduos reais, ainda que seja absolutamente impossível escrever sua biografia".[816]

A estrutura dos nomes dos patriarcas "exibe correlações inconfundíveis com nomes de pessoas comuns em determinada camada populacional surgida por volta do século 18 a.C., e que podem ser historicamente comprovados tanto na Mesopotâmia quanto na Síria e Palestina".[817] Os textos de Mari são especialmente importantes no que diz respeito aos nomes pessoais. Durante escavações em Mari (Tell Hariri), junto ao Eufrates do Meio, arqueólogos franceses descobriram cerca de 20.000 pequenas tábuas em escrita cuneiforme, os assim chamados "textos de Mari". Elas foram encontradas no palácio real e datam de 1800 a 1750 a.C.[818]

---

814 Auerbach, pg. 60.
815 Fuchs, JL, vol. II, col. 499.
816 Kilian, pg. 11.
817 Noth, *Hat die Bibel doch recht?* vol. I, pg. 27.
818 Keel/Küchler/Uehlinger, vol. 1, pg. 390.

Muitos dos nomes pessoais conhecidos a partir dos textos de Mari não são acádios nem sumérios, mas semitas. Para diferenciá-los de nomes pessoais semitas acádios, eles foram chamados de "semitas do oeste". O nome Jacó mostrou ser um "típico nome mesopotâmico semita do oeste", assim como também Isaque. O nome Abraão faz parte de um "tipo de nome pessoal semita amplamente disseminado".[819]

Naturalmente há pesquisadores, como Thomson e Seters, que contestam o significado das descobertas arqueológicas para a historicidade dos patriarcas. Seus argumentos são fracos. As descobertas arqueológicas comprovaram a viabilidade da vida e do nomadismo dos patriarcas na época anterior ao sedentarismo alcançado pelas tribos em Canaã.[820]

Os patriarcas são figuras históricas, que podem ser chamadas pelo nome e de cuja vida se conhece fatos concretos. Eles eram pastores nômades, "os primeiros prenúncios do futuro Israel".[821]

Já antes da assim chamada "revolução arqueológica", pesquisas relacionadas à história da religião concluíram: os patriarcas não eram "antigos deuses", nem "tribos desaparecidas", mas pessoas de verdade, que realmente viveram.[822] Abraão, Isaque, Jacó, José, Ismael e tantas outras figuras da história dos patriarcas "devem ser entendidos como pessoas reais".[823] São personagens históricos. As descobertas arqueológicas comprovaram essa conclusão. No entanto, nem a "arqueologia muda" – materiais, construções e instalações das épocas bíblicas – e tampouco a "arqueologia falante" – os poucos textos, principalmente os nomes das pessoas – são suficientes para estabelecer a história dos patriarcas. As descobertas em território palestino não têm comparação com as enormes construções junto ao Nilo, ao Eufrates e ao Tigre. Também "não se encontrou em lugar algum da Palestina um registro escrito original tão amplo quanto os grandes papiros e inscrições do Egito e os arquivos em barro da Mesopotâmia".[824] Mas o que é singular para a história de Israel e seu passado antes da caminhada pelo deserto e da conquista de Canaã é o testemunho do Antigo Testamento. "A existência desse testemunho é um fato histórico, que pertence à história de Israel; ignorar esse fato realmente singular seria inapropriado".[825] O Antigo Testamento é uma coletânea de documentos que abrange cerca de um milênio, sendo que partes específicas destes textos se baseiam em manuscritos muito mais antigos. Mas o objetivo da coletânea dos textos do Antigo Testamento não era transmitir um retrato histórico sem lacunas; na verdade, o Antigo Testamento quer relatar os atos de Javé. Eles dão testemunho de que "o Deus de Israel se revelou em todos os tempos como o único Deus vivo, presente e poderoso".[826] Por isso, o Antigo Testamento é, e continua sendo, "um tesouro de notícias históricas transmitidas".[827]

---

819 Noth, *Mari und Israel*, vol. II, pg. 225.
820 Westermann, *Genesis* I/2, pg. 52ss, 73s e 87ss.
821 Noth, *Geschichte*, pg. 117.
822 Kittel, *Wissenschaft*, pg. 168.
823 Kittel, *Geschichte*, vol. I, pg. 278.
824 Herrmann, *Geschichte*, pg. 48.
825 Noth, *Geschichte*, pg. 52.
826 Herrmann, *Geschichte*, pg. 54.
827 Noth, *Geschichte*, pg. 52.

Sem os relatos bíblicos, sabemos muito pouco sobre a época dos patriarcas. Se não houvesse a Bíblia, não saberíamos nada a respeito de Israel, a não ser o nome do povo. Ele foi registrado na coluna de Merenptah (1210 a.C.). O nome de Jeroboão aparece em um selo, sem qualquer indicação da época em que ele viveu; em fontes assírias, é possível encontrar os nomes dos reis Onri, Acabe e Jeú. Somente no século 8 a.C. as fontes extrabíblicas começam a trazer mais informações.

Nos últimos séculos, as fontes históricas bíblicas foram minadas pelo desmanche crítico analítico. A fragmentação dos relatos bíblicos em várias fontes transformou-se em uma "ciência secreta complicada, acessível apenas a iniciados". A subdivisão do texto com ajuda de marcações como J, E, P, D, R, JE, H, S, etc., "foi tão longe que agora o olhar só se limita a vagar de um tijolinho para outro".[828]

O presente comentário dispensa a fragmentação do livro de Gênesis em várias fontes. Assim como todo o Antigo Testamento, também a história dos patriarcas é "singular e surpreendente", uma "literatura histórica" autônoma.[829] Quando comparado ao restante da literatura do antigo Oriente, a singularidade de todo o Antigo Testamento se mostra também no fato de que ele não é a literatura gerada por uma potência mundial, mas pelo menor de todos os povos. E o Antigo Testamento não fala somente da camada dominante deste pequeno povo, mas, principalmente, dos pobres dentro do povo escolhido por Deus.[830]

II. A TERRA DOS PATRIARCAS E SEUS MORADORES

A terra em que os patriarcas Abraão, Isaque e Jacó viveram como nômades era o assim chamado "istmo sírio-palestino".[831] A Bíblia menciona uma série de nações em uma extensão de mais de 5.000 km na direção leste-oeste: de Susã, no atual Irã[a], até Társis, na Espanha[b]. Na direção norte-sul, a distância entre os países citados, do Sudão (Cuxe[c]) e Sabá[d], no Iêmen, até Ararate[e], na Armênia, é de cerca de 3.000 km. Em comparação com esse território, o istmo sírio-palestino é uma terra minúscula. Jerônimo, pai da igreja que viveu durante o Império Romano, escreve o seguinte ao nobre gaulês Dárdaro, no ano 414: "Quase me envergonho de mencionar a largura da Terra da Promessa, pois não quero suscitar a zombaria dos gentios. De Jafa até a nossa localidade de Belém são 46 milhas (aprox. 70 km, cerca de 55 km em linha reta). Depois disso vem um enorme deserto...".[832]

No entanto, uma olhada para este lado do globo terrestre mostra a posição centralizada do istmo sírio-palestino.[833]

a Ed 4.9;
  Ne 1.1;
  Dn 8.2
b Rm 15.24
c Gn 2.13;
  10.6;
  2Rs 19.9;
  Jó 28.19;
  Sl 7.1;
  Is 11.11;
  20.3; 43.3;
  Jr 46.9;
  Ez 29.10;
  30.4;
  Na 3.9;
  Sf 3.10
d Gn 10.7,28;
  25.3;
  1Rs 10.1;
  Jó 1.15;
  6.19;
  Is 60.6;
  Jr 6.20;
  Ez 27.22;
  Jl 3.8
e Gn 8.4;
  2Rs 19.37;
  Jr 51.27

---

828 Auerbach, pg. 34. Para uma avaliação mais recente da divisão das fontes cf. Maier, G., *Kritisches zur Pentateuchkritik*, pg. 286-290. Nem a história dos patriarcas nem a pré-História dão motivo ou indicação para a necessidade da divisão das fontes; cf. Bräumer, 1ª parte, pg. 18-22.
829 Meyer, E.; citado por Auerbach, pg. 34.
830 Cf. Keel/Küchler/Uehlinger, vol. 1, pg. 201.
831 Cf. Herrmann, *Geschichte*, pg. 66.
832 Jerônimo para Dárdaro; citado por Keel/Küchler/Uehlinger, vol. 1, pg. 182.
833 Cf. Keel/Küchler/Uehlinger, vol. 1, pg. 183s.

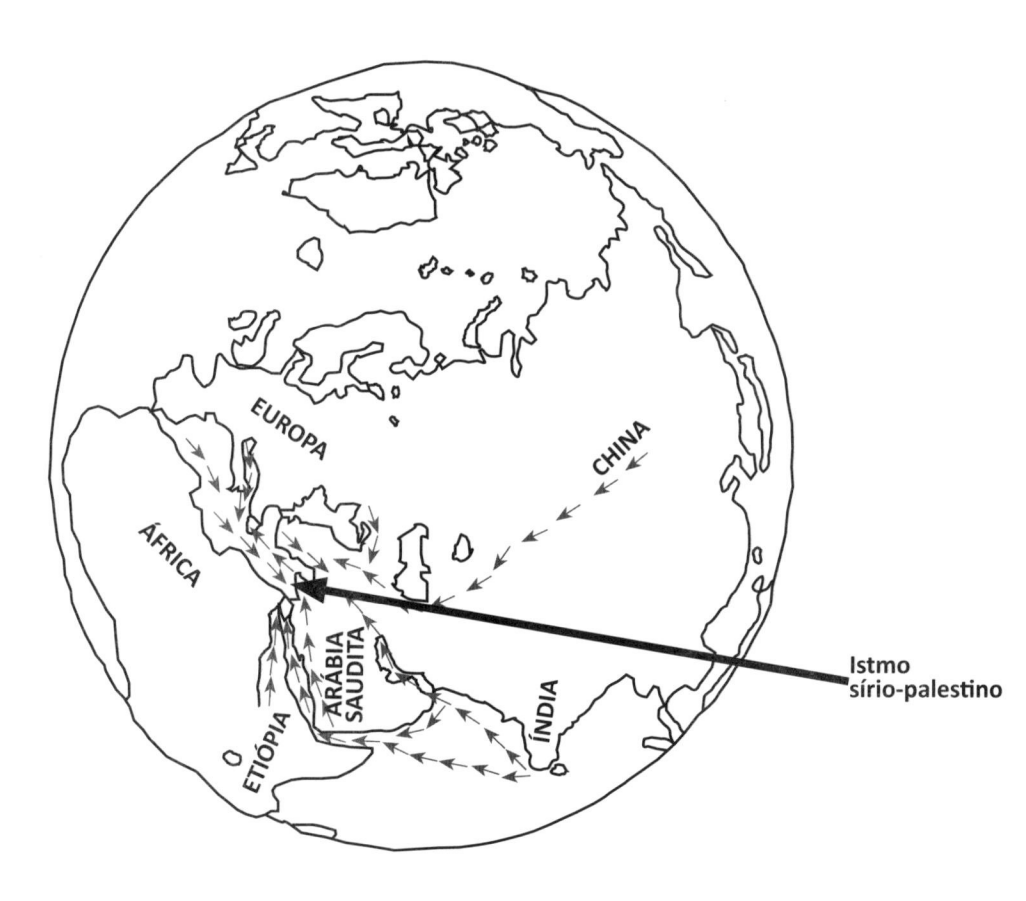

Reproduzido mediante autorização a partir de Othmar Keel/Max Küchler/Christoph Uehlinger: *Orte und Landschaften der Bibel*, volume 1, Göttingen: Vandenhoeck & Ruprecht 1984, *pg. 183*

 A pequena terra da Bíblia é o ponto de encontro de três continentes: Europa, África e Ásia. O istmo sírio-palestino não fica em algum canto isolado do mundo, mas é o ponto central entre dois mares e encruzilhada de grandes rotas comerciais. As setas indicam caminhos percorridos por inúmeras caravanas, provenientes do interior da China, da Arábia, da África e da Europa.
 Os primeiros traços do povoamento da Palestina datam dos primórdios da Idade da Pedra.
 O *homo galilaeus*, encontrado em uma caverna nas proximidades do lago de Genezaré, é considerado uma mistura do *neanderthal* e do *homo sapiens*, tendo vivido na região por volta de 50.000 a.C.
 Nas cavernas de Wadi el-mughara, no monte Carmelo, foram encontrados traços do povoamento mais antigo, com numerosas descobertas, como ossos e equipamentos para cozinhar, uma empunhadura de foice feita de osso, objetos esculpidos e enfeites.[834] Restos de povoamentos do

---

834 Kenyon, pg. 40-42.

período paleolítico e do neolítico (bifaces, lanças, pontas de seta, facas, serras e foices) foram descobertos em muitos lugares que, mais tarde, se tornaram pontos de culto religioso, p.ex., Gezér, Megido, Ta'anach, Bete--Seã, Jerusalém, Betel, Modi'in Illit e Bete-Semes.[835]

No período neolítico, Jericó já era uma cidade fortificada. Mesmo que a conhecida torre de Jericó só possa ser datada por volta de 7.000 a.C., ela é 4.000 anos mais velha do que as pirâmides do faraó Djoser, em Sacará, e 5.000 anos mais velha do que as pirâmides de Gizé.[836]

Mas os acontecimentos históricos na região palestina só se tornam detectáveis no 3º milênio a.C., isto é, no começo da Idade do Bronze. Nesta época, a Palestina estava dividida em pequenas cidades-estado, e apenas parte dos nomes dos lugares é semita.[837]

Nos milênios seguintes, mudaram não somente as fronteiras, mas também o nome do país.

1. Nomes egípcios

As fontes egípcias citam sete nomes para o istmo sírio-palestino e seus moradores.[838]

a) *Asiáticos* (*setshet*): nome dado aos vizinhos ao norte do Egito no período pré-dinástico (por volta de 3.000 a.C.).

b) *Guerreiros, Selvagens* (*mentshu*): os trabalhadores baratos que vinham do norte, por volta de 2.400 a.C. Foram aproveitados na extração de turquesa e cobre.

c) *Moradores da areia* (*heriusha*): população sedentária do litoral palestino (povoado desde 2.300 a.C.). Em contraste com essa população sedentária, os nômades eram chamados de "andarilhos da areia" ou "corredores da areia".

Sob Ramsés III, os assim chamados povos do mar tentaram invadir o Egito, entre outros, os filisteus. Por volta de 1.200 a.C., Ramsés III deu a estes o litoral entre o delta do Nilo e a Síria, formando uma espécie de zona de amortecimento "Palestina". Em textos egípcios posteriores, os filisteus também são chamados de "moradores da areia". Durante a conquista da terra, as tribos israelitas inicialmente não conseguiram ganhar os territórios filisteus. Somente Davi conseguiu se livrar do domínio filisteu, por volta de 1.000 a.C.

d) *Pastores* (*aamu*) é o termo genérico para as tribos seminômades, sem definição clara da abrangência territorial. Este termo só é usado para a população da região sírio-palestina sob Senuseret II (1897-1878 a.C.). Os pastores (*aamu*), obrigados a sobreviver com poucos recursos naturais, eram vistos pelos mimados egípcios da corte como uma constante ameaça. Os pastores tinham ocupado o delta do Nilo no assim chamado Primeiro Período Intermediário (2134-2040 a.C.). Durante o Império Médio (2040-1785 a.C.), construiu-se a assim chamada Muralha do Soberano, para evitar que os pastores

---
835 Lichtenstein, JL, vol. IV/1, col. 669.
836 Kenyon, pg. 475.
837 Alt, *Kanaan*, col. 1109.
838 Keel/Küchler/Uehlinger, vol. 1, pg. 207-223.

(os aamu) continuassem a invadir o Egito. Depois da construção do muro, conta um texto egípcio, os aamu "voltarão a pedir água para seus rebanhos" da forma como faziam antigamente.[839]

e) *Terra dos "andarilhos da areia" (jaa)* ou também "terra dos estrangeiros" *(retshenu)* é o nome dado ao istmo sírio-palestino na história de Sinué. A história de Sinué acontece na época de Senuseret I (1971-1926 a.C.). É possível que ela só tenha sido escrita por volta de 1780 a.C. Sinué tinha acompanhado Senuseret em uma campanha militar pela Líbia. Quando irromperam conflitos em torno da sucessão do trono, ele fugiu para o istmo sírio-palestino e descreveu essa terra da seguinte forma: "É uma terra bela, chamada Jaa (= "andarilhos da área"). Ali há figos, uvas e mais vinho do que água. Seu mel é abundante, e numerosos seus óleos, e todos (os tipos) de frutas (pendiam) das árvores. Nesta terra há cevada e trigo e inúmeros rebanhos de toda espécie".[840] Naquela época, o istmo sírio-palestino era dividido em uma região ao norte e outra ao sul. A fronteira geográfica entre as duas regiões era a planície de Jezreel.

f) *Terra ardente e sedenta (Dschahi):* outro nome para a "terra dos estrangeiros" ao norte, usada desde o Império Novo (1540-1070 a.C.).

g) Desde a Idade do Bronze Média (2000-1550 a.C.), *os horeus (churu/chor)* pertencem à camada dominante nas cidades-estado da região sírio-palestina.[841]

No Antigo Testamento, os horeus são a população original de Seir, a leste de Araba (deserto) (Gn 14.6). Foram expulsos de lá pelos edomitas (Dt 2.12,22). Já na segunda metade do terceiro milênio, os horeus fundaram os primeiros principados perto da nascente do rio Tigre. Na cultura suméria-acádia, os horeus desempenharam um papel importante como mediadores. Nas cartas de Amarna (por volta de 1350 a.C.), o príncipe de Jerusalém tem o nome horeu de "servo de Hebat". Hebat era uma deusa dos horeus.

2. A terra ocidental (*Amurru*) e os amorreus

Enquanto os egípcios tinham muitos nomes para o istmo sírio-palestino, na Mesopotâmia dominava o termo "Amurru", que significa terra ocidental. Nos textos acádios, o nome Amurru começa a aparecer a partir da metade do terceiro milênio. Ele se refere à região sírio-palestina e aos seus grupos nômades. Estes ameaçavam o reino da Acádia a partir das bordas do deserto sírio-árabe. A partir de 2000 a.C., eles se tornaram dominantes nas cidades-estado acádio-sumérias, e fundaram o Primeiro Império Babilônico por volta de 1850 a.C. Sob Hamurabi (1792-1750 a.C.), o Império Babilônico estendia-se do Golfo Pérsico até o deserto da Síria. Em conjunto com moradores do litoral sírio-palestino, os amurru (ou amorreus) fundaram a cultura da cidade-estado na Palestina.[842] No Antigo Testamento, os amorreus formam parte da população

---

839 a.a.O., pg. 214.
840 "Das Leben des Sinuhe und seine Abenteuer in Palestina"', in: Greßmann (ed.), *Altorientalische Texte*, pg. 57.
841 Noth, *Aufsätze zur biblischen Landes- und Altertumskunde*, vol. I, pg. 29.
842 Keel/Küchler/Uehlinger, vol. 1, pg. 636s.

pré-israelita.⁸⁴³ Durante a conquista da terra, os amorreus viviam nas montanhas, os cananeus junto ao mar e nas planícies (Nm 13.29; Js 5.1; 10.6). "Em lugar algum fica claro que os amorreus sejam um grupo etnicamente definido e passível de ser associado a alguma região determinada".⁸⁴⁴ O termo amorreu é meramente geográfico. Ele descreve um povo proveniente da terra dos "amurru", o país ao norte do istmo sírio-palestino.

Sempre que o Antigo Testamento menciona os amorreus, a lembrança que os israelitas têm deles é que eram muito altos. O rei de Basã era considerado um gigante (Dt 3.11), e Amós descreve um amorreu *cuja altura era como a dos cedros, e que era forte como os carvalhos* (Am 2.9).

3. Autodenominações da população do istmo sírio-palestino

É preciso discernir entre dois grupos de nomes para o istmo sírio-palestino: por um lado, temos os nomes que os grandes impérios davam à pequena terra na intersecção de dois mares e três continentes; por outro, há os nomes que surgiram na própria pequena nação: as autodenominações Canaã, terra dos hebreus, Israel e Palestina.

a) A terra de Canaã

A comprovação mais antiga para o nome "cananeus" está em uma carta de Mari (1800-1750 a.C.). Os "assaltantes cananeus" mencionados ali provavelmente sejam mercenários assírios rebeldes. O termo geográfico "Canaã" aparece pela primeira vez na estátua do príncipe de Alalakh (1480 a.C.) e depois nas listas das pilhagens de Amenófis II (1427-1401 a.C.). Aqui os cananeus provavelmente eram integrantes de uma classe social elevada. Nas cartas de Amarna (por volta de 1350 a.C.), Canaã é uma província egípcia. Ela é administrada por um procurador sediado em Gaza e intitulado "diretor das terras estrangeiras".

O significado do termo "Canaã" é desconhecido. As diferentes ortografias usadas no entorno indicam que Canaã provavelmente fosse uma autodenominação dos próprios cananeus.⁸⁴⁵ Em textos posteriores do Antigo Testamento, cananeu significa comerciante^f.

Antes da conquista da terra pelos israelitas, os textos do Antigo Testamento chamam todos os grupos populacionais da Palestina de "cananeus". De acordo com as genealogias da pré-História, Cam é tanto pai de Canaã quanto do Egito.^{g}

O Antigo Testamento apresenta os povos cananeus em listas de doze^h, sete^i, seis^k, cinco^l, quatro^m, três^n e dois^o, dependendo de seus diferentes elementos.

Na época dos patriarcas, o relacionamento entre os povos cananeus e os antepassados de Israel era "pacífico, até mesmo muito amistoso".⁸⁴⁶ Os cananeus organizavam-se em cidades-estado, normalmente não muito extensas. Sua cultura era enriquecida por elementos egípcios, hititas, horeus e mesopotâmicos.

f Jó 41.6; Pv 31.24; Is 23.8; Ez 17.4; Zc 14.21

g Gn 9.18s; 10.6; 1Cr 1.8

h Gn 10.15-18; 1Cr 1.13-16

i Dt 7.1; Js 3.10; 24.11; At 13.19

k Gn 15.20s; Êx 3.8,17; 23.23; 33.2; 34.11; Dt 20.17; Js 9.1; 11.3; 12.8; Jz 3.5; Ne 9.8

l Êx 13.5; 1Rs 9.20; 2Cr 8.7

m Nm 13.29

n Êx 23.28; 2Sm 24.6,7; Ez 16.3

o Gn 13.7; 34.30; Dt 1.7; Js 7.7-9; Jz 3.3; Ez 16.45

---

843 Os amorreus são citados 22 vezes na lista dos 7 povos de Canaã, veja abaixo: 3 (1): "A terra de Canaã", nota h)-o).
844 Noth, *Amoriter*, col. 328.
845 Keel/Küchler/Uehlinger, vol. 1, pg. 240s.
846 Selms, A. v.; citado por Westermann, *Genesis* I/2, pg. 66.

Na segunda metade da Idade do Bronze Média (2000-1550 a.C.), as cidades-estado cananeias eram tão fortes, que os grupos cananeus assumiram o domínio do Baixo Egito, e durante algum tempo até mesmo do Alto Egito. É concebível que elementos populacionais cananeus sejam a base dos assim chamados hicsos.[847] O nome egípcio "hicso" significa "dominador das terras estrangeiras", sem dar qualquer indicação sobre sua origem. O termo hicso é usado no Egito desde a 12ª dinastia (1991-1785 a.C.) para designar "chefes asiáticos". Não há qualquer informação sobre uma conquista violenta do Egito.[848]

A entrada dos hicsos no Egito possivelmente aconteceu de forma dissimulada. Por volta de 2000 a.C. já havia "escravos asiáticos" no Egito.[849] Uma última onda migratória permitiu a tomada do poder no Egito em 1785-1540 a.C. Este período é chamado de Segundo Período Intermediário, o período das dinastias dos hicsos. Os nomes dos hicsos são em parte egípcios, em parte semitas e em parte compostos com nomes de deuses cananeus. Os principais governantes são Scheschi, Yakobher, Chian e Apopi.[850]

Os hicsos assumiram amplo controle da cultura egípcia. Eles mantinham laços estreitos com a Palestina. Sua capital era Aváris, perto de Tanis, na parte leste do delta. Durante a época dos hicsos, surgiram algumas inovações no Egito e na Palestina: a cimitarra, um novo tipo de sustentação para trincheiras e, principalmente, cavalos e carros, o que geraram uma nova casta de "aristocratas cavaleiros".[851] A guerra de libertação começou por volta 1550 a.C., e a capital dos hicsos, Aváris, foi tomada. Depois de três anos de sítio, caiu também o último bastião dos hicsos na Palestina, e Canaã passou para o controle dos egípcios.

Na época de Amenófis IV (= Aquenáton; 1353-1336 a.C.), Canaã era província egípcia, como fica claro pelas cartas de Amarna. O domínio egípcio só foi quebrado por volta de 1200 a.C. Nessa época, o istmo sírio-palestino foi invadido por povos do mar pelo oeste, e por arameus, amonitas e as tribos de Israel pelo leste.

Os povos do mar rapidamente se adaptaram à cultura cananeia. Nas tribos de Israel, o conflito foi severo: alguns elementos cananeus foram absorvidos, outros, rejeitados. Era uma luta constante entre as influências do entorno e os sagrados mandamentos dados pelo Deus das tribos de Israel, começando por "Eu sou o Senhor, teu Deus". Israel adotou a escrita e a linguagem de Canaã (Is 19.18). Alguns conceitos e práticas religiosos, como as estátuas sagradas de bezerros e touros, foram inicialmente adotados, mas depois exterminados. O reinado cananeu foi rejeitado no primeiro momento, mas depois aceito. Os sacrifícios infantis e as divindades femininas nunca foram oficialmente aceitos.[852]

b) A terra dos hebreus

Os hebreus provavelmente são um grupo dos assim chamados habiru. Habiru é a autodenominação popular de um grupo étnico que viveu do

---

847 Keel/Küchler/Uehlinger, vol. 1, pg. 659 e 662.
848 Hirmer/Otto, vol. I, pg. 202.
849 Posener; citado por Brunner, *Hyksos*, col. 498.
850 Keel/Küchler/Uehlinger, vol. 1, pg. 659.
851 Brunner, *Hyksos*, col. 499.
852 Keel/Küchler/Uehlinger, vol. 1, pg. 662 e 663.

fim do terceiro milênio até o fim do segundo milênio antes de Cristo. Eles povoavam a região que vai do sul da Mesopotâmia até o Egito. Dependendo de qual grande império produziu o respectivo relato, eles são chamados de habiru, chapiru, chabiru ou apiru. Em textos cuneiformes, o nome "habiru" aparece na Babilônia desde o terceiro milênio, e desde o segundo milênio na Ásia Menor, na Síria e na Palestina. De acordo com as fontes, os "habiru" eram hordas sedentas por guerra.[853] Os "habiru" não são um grupo étnico fechado, pois não possuem nomes característicos. Eles aparecem como guerreiros, como trabalhadores ou como escravos. O único ponto em comum é que são estrangeiros. As migrações dos "habiru" e sua transição para o sedentarismo concentraram-se principalmente nas terras semitas, de forma que sua cultura também é preponderantemente semita. Sua presença na região sírio-palestina é comprovada principalmente pelas cartas de Amarna (por volta de 1350 a.C.). Na época de Aquenáton (1353-1336 a.C.), povos estrangeiros – os "habiru" – haviam invadido Canaã. As cartas falam de bandos nômades de "habiru" que conquistaram Siquém e as montanhas de Efraim.[854] Do ponto de vista filológico, não há dúvidas sobre a identidade dos dois nomes "habiru" e "hebreus".[855] A designação "habiru", "hebreus" caracteriza o "estrangeiro": Abraão é um "hebreu" (Gn 14.13). José e Moisés são "hebreus" (Gn 39.14,17; Êx 1.15ss). Mais tarde, os israelitas foram chamados de "hebreus" em comparação com os filisteus[p]. Nas leis, os israelitas são chamados de "hebreus" para diferenciá-los de todos aqueles que viviam sem a lei de Deus[q]. Javé é chamado de "Deus dos hebreus"[r], de forma que a frase "sou hebreu" passa a equivaler a um credo.[s]

p 1Sm 4.6-9;
13.3,19;
14.11,21;
29.3

q Êx 21.2;
Dt 15.12;
Jr 34.9,14

r Êx 3.18;
5.3; 7.16;
9.1

s Jn 1.9;
2Co 11.22;
Fp 3.5

c) A terra de Israel

A comprovação extrabíblica mais antiga do nome Israel é o nome pessoal que aparece em uma lista ugarita de guerreiros em carruagens (por volta de 1225 a.C.), além de aparecer como designação para um povo na assim chamada coluna israelita de Merenptah (1210 a.C.). Aqui o nome Israel designa um grupo de tribos que vivia no istmo sírio-palestino. A terceira menção a Israel fora dos textos do Antigo Testamento está na coluna do rei moabita Mesa (por volta de 850 a.C.).[856]

No período histórico mais antigo atualmente ao nosso alcance, Israel não é nome de um país nem de uma tribo, mas de uma aliança sagrada composta por várias tribos. Israel designa a "comunhão religiosa daqueles que adoram o único Deus verdadeiro".[857]

Esse significado abrangente do nome Israel foi restringido na época da divisão dos reinos. Sob Roboão, sucessor de Salomão, as tribos israelitas do norte separaram-se em 932 a.C. das tribos Judá e Simeão, que ficavam no sul. As tribos do norte formaram o reino de Israel, e as tribos do sul, o reino de Judá.

---

853 Alt, *Hebräer*, col. 105.
854 Lichtenstein, JL, IV/1, col. 672.
855 Kenyon, pg. 177s; Auerbach, pg. 50; Lichtenstein, JL, IV/1, col. 672. Sobre os "hebreus" que descendem de Sem via Héber, veja o comentário sobre Gênesis 10.21, Bräumer, 1ª parte, pg. 172.
856 Keel/Küchler/Uehlinger, vol. 1, pg. 253.
857 Kuhn, vol. III, pg. 360.

A queda do reino do norte e o cativeiro assírio em 772 a.C. representaram uma ruptura no significado e no uso do nome Israel: "O nome Israel passa a ser usado pelo reino do sul, remanescente, tornando-se novamente designação do povo inteiro. Israel é uma autodenominação espiritual, hierarquicamente superior às designações políticas, como a Casa de Judá[t] e mais tarde a província (LÜ: "paisagem") de Judá[u].[858]

t 1Rs 12.21,23; 2Rs 19.30; Is 22.21
u Ed 2.1; Ne 7.6; 11.3
v Is 5.7; 8.18; Mq 2.12; 3.1,8s; 5.1s

Imediatamente depois da queda do reino do norte, os profetas passaram a chamar o reino do sul de Israel[v]. Israel não é designação política, mas o nome do povo de Deus. Israel é autodenominação do povo escolhido. Já a denominação "judeus", derivada de "Judá", é o nome usado pelo mundo não judeu para referir-se aos israelitas. "Israel" é "autodenominação religiosa". Desde cedo, o nome "judeu" na boca de não judeus adquiriu uma conotação depreciativa e zombeteira.[859]

No Antigo Testamento, o nome Israel aparece 2.514 vezes. Israel é sempre primordialmente a comunidade religiosa do povo. Mas também pode referir-se à terra nas quais as tribos caminham e moram. A área habitada pelas tribos antes da escravidão no Egito provavelmente estava nas regiões montanhosas no centro da Palestina.[860] Pelo fato de Israel ser sempre em primeiro lugar a autodenominação religiosa de todo o povo de Deus, esse nome não é adequado para designar o istmo sírio-palestino na época dos patriarcas.

d) Palestina

De acordo com as fontes atualmente disponíveis, a história inicial do nome Palestina começa no Egito. O nome em si deriva dos filisteus.[861] Por volta de 1200 a.C., Ramsés III tinha dado a terra entre o delta e a Síria aos filisteus. O país dos filisteus tornou-se, mais tarde, a Palestina. Não é possível determinar com exatidão a partir de quando o nome Palestina começou a se impor. Heródoto (450 a.C.) chama os moradores do istmo sírio-palestino de palestinos.

Os autores judeus não aceitam o nome Palestina. Filo de Alexandria (13 a.C. - 45/50 d.C.) escreve sobre a antiga Canaã, que, na sua época, era chamada de "Síria palestina".

Depois que Adriano (135 d.C.) reprimiu a revolta judaica, Palestina passa a ser o nome oficial da antiga província da Judeia. Jerusalém passa a chamar-se Aelia Capitolina, e o país, Síria Palestina. Com este nome, os judeus deveriam perder até o último resquício de alguma posição especial.[862]

"Palestina" é um termo político. Até 1948 d.C. Israel designava todo o povo eleito de Deus. Depois da fundação do Estado de Israel, o nome também passou a ser altamente político. É por isso que, atualmente, se dá tanto destaque à designação "Terra Santa", pois é a que carrega o

---

858 von Rad, *Israel*, vol. III, pg. 358.
859 Cf. Kuhn, vol. III, pg. 368.
860 Keel/Küchler/Uehlinger, vol. 1, pg. 255.
861 Sobre os filisteus, veja acima, 1. Nomes egípcios (3) Moradores da areia. Sobre o surgimento do nome Síria Palestina, cf. Noth, sobre a história do nome Palestina, in: *Aufsätze zur biblischen Landes- und Altertumskunde*, vol. I, pg. 300.
862 Keel/Küchler/Uehlinger, vol. 1, pg. 277-280.

menor índice de explosividade política. Os escritos judeus só começam a falar da Terra Santa a partir do século 2 a.C. O livro de Sabedoria de Salomão designa como Terra Santa toda a área que Javé destinou a Israel (Sabedoria 12.3).

O presente comentário dá preferência à expressão istmo sírio-palestino. A intenção é definir – meramente do ponto de vista geográfico – a área em que todos os povos da região moravam. A terra prometida a Abraão e seus descendentes fica no istmo sírio-palestino. É ali que se desenrola a história de Deus, de Moriá até o Gólgota. É ali que um dia também será decidido o destino deste mundo.

III. A TERRA ENTRE AS GRANDES POTÊNCIAS

O istmo sírio-palestino é a área entre as grandes potências Mesopotâmia e Egito. No período de 1600 a 1200 a.C., houve também uma terceira potência, o império hitita.[863]

1. Mesopotâmia

No terceiro milênio a.C., o conquistador sumério Lugalzagesi (por volta de 2650 a.C.) estendeu seus domínios até o mar Mediterrâneo. Desde 2500 a.C. havia relações comerciais entre a Mesopotâmia e a região palestina. O rei Gudea, de Lagash, comprava cedros no Líbano.[864]

Sargão I (2334-2279 a.C.) – que pertencia aos imigrantes de fala semita – conquistou primeiro o sul da Mesopotâmia e estabeleceu o chamado reino da Acádia, que ia do Golfo Pérsico até o mar Mediterrâneo.[865] Na Palestina, a escrita e a língua babilônicas se impuseram como língua culta, assim como as tábuas de barro para escrita e as medidas e pesos da Babilônia.[866]

Hamurabi (1792-1750 a.C.) fundou seu reino no período do Primeiro Império Babilônico (1850-1594 a.C.). O Código de Hamurabi passou a ter grande influência também no istmo sírio-palestino. De forma geral, a cultura babilônica impôs-se na língua, na religião, no sistema numérico e no sistema de pesos naquela região. A luta de Abraão com os "reis" Anrafel, Arioque, Quedorlaomer e Tidal aconteceu na época de Hamurabi.[867]

2. Egito

Em praticamente todas as épocas de sua história, o Egito buscou dominar o istmo sírio-palestino. Talvez até mesmo o derrotado que o faraó Narmer (por volta de 3000 a.C.) agarrou pela cabeça já fosse morador dessa região.[868] As primeiras conquistas registradas por escrito aconteceram no Império Antigo (2640-2155 a.C.). O faraó Pepi I tinha sido tirado de uma posição inferior e recebera cargos importantes. Ele recebeu

---

863 Keel/Küchler/Uehlinger, vol. 1, pg. 657.
864 Auerbach, pg. 46.
865 Schippmann, pg. 145.
866 Lichtenstein, JL, IV/1, col. 671.
867 Auerbach, pg. 46; veja o comentário sobre Gênesis 14.
868 Cf. o quadro de vitórias de Narmer; cf. Lambelet, pg. 244-247.

a tarefa de rechaçar os beduínos que invadiam o país pelo nordeste. Em cinco campanhas, Pepi I arrasou a terra síria-palestina. O conflito foi encerrado pela marinha egípcia, que atracou junto ao "Nariz da Gazela" (possivelmente uma saliência do Carmelo).[869]

Um funcionário da época de Pepi conta em seu epitáfio que ele realizou onze viagens para Biblos. Desde a 4ª dinastia havia comércio entre o Egito e a região sírio-palestina. O faraó Seneferu (2575-2551 a.C.) importava cedros do Líbano, que vinham de navio.

Da época do Império Médio (2040-1785 a.C.), ficou conhecida a campanha empreendida por Senuseret III (1878-1841 a.C.). Uma coluna edificada em Abidos, diante de Sebek-Chu, fala da derrota de Siquém e de Betel.[870]

Depois do Segundo Período Intermediário (1785-1540 a.C.), quando os hicsos dominaram o Egito (a partir de 1750-1550 a.C.), vem um período de 300 anos de domínio do Egito sobre a área síria-palestina. Ele começa com as campanhas de Tutmés I (1494-1482 a.C.) e atinge seu auge sob Tutmés III (1479-1425 a.C.). Da época do governo de Tutmés III são conhecidas 17 campanhas na Ásia. Tutmés III mandou eternizar suas campanhas no templo do deus imperial Amon, em Karnak, no assim chamado "Salão dos Anais". A primeira campanha, com a conquista de Megido, é descrita de forma detalhada.[871] Ao todo, são mencionadas 119 cidades que Tutmés conquistou na região síria-palestina.

Na época dos sucessores de Tutmés III, a autoridade dos egípcios sobre o istmo sírio-palestino diminuiu. Ainda assim, os moradores daquela região eram súditos do faraó, como mostram as cartas de Amarna.[872]

As cartas de Amarna foram encontradas em Tell el-Amarna – no palácio de Aquenáton (1353-1336 a.C.). As inscrições em acádio nas tábuas de barro formam um retrato vivo das confusões vigentes na área sírio-palestina. Entre os remetentes das cartas também está o dominador de Jerusalém. Naquela época, a cidade chamava-se Urusalim. Alguns príncipes acusavam-se mutuamente de infidelidade para com o Egito, outros pediam ajuda contra rebeldes e invasores. Uma das cartas diz: "Que faraó mande tropas para conservar o domínio sobre o território real, mas se as tropas não vierem, as terras serão tomadas pelos apiru".[873]

Sob Seti I (1293-1279 a.C.) e Ramsés II (1279-1213 a.C.), o domínio egípcio na região sírio-palestina fortaleceu-se novamente. Seti I recompôs o controle sobre esta região depois da época de Amarna. As inscrições em duas colunas, encontradas em Bete-Seã, celebram-no como o conquistador da fortaleza da Síria e o aniquilador dos "apiru nas montanhas do Jordão".[874]

---

869 Lichtenstein, JL, IV/1, col. 670.
870 Auerbach, pg. 48.
871 Hirmer/Otto, vol. I, pg. 231.
872 Auerbach, pg. 49.
873 Brunner, *Amarna*, col. 304.
874 Kenyon, pg. 211; Greßmann (ed.), *Altorientalische Texte*, pg. 945.

Durante dois milênios, o istmo sírio-palestino era a "entrada do Egito". A escrita usada continuava a ser a babilônica, mas a cultura egípcia impunha-se mais e mais.

Durante séculos havia uma guarnição egípcia lotada em Bete-Seã. Os faraós Tutmés III, Amenófis III, Seti I e Ramsés II edificaram prédios aqui.[875]

3. O reino dos hititas

Perto do fim do terceiro milênio a.C., uma tribo indo-germânica invadiu o nordeste da Anatólia (= a atual Ásia Menor), provavelmente pelo Cáucaso. Por volta de 1600 a.C., esses imigrantes, já misturados com a população original do lugar, estabeleceram um reino, cuja capital era Hattusa. O chamado Império Antigo dos hititas durou até cerca de 1500 a.C. Os hititas possuíam armas de ferro e usavam carros de combate puxados por cavalos. Com a conquista da Síria, começou, então, o chamado Império Hitita (1420-1200 a.C.).[876]

Depois da queda de Hattusa, os estados vassalos dos hititas se desfizeram. No norte da Síria, restaram as cidades-estado hititas Carquemis, Alepo e Hamate (= Novo Império Hitita). Com a inclusão dos últimos estados hititas no sistema de províncias da Assíria, passou a ser usado o nome hatti (hititas) para toda a área do Eufrates até a fronteira egípcia. A designação "hititas" deixou de ter conotação étnica.[877]

"No que diz respeito à história dos patriarcas, é impossível tirar alguma conclusão sobre a relação entre o termo "hititas", que aparece nela, com o antigo reino hitita e as novas cidades-estado na Síria".[878]

Os hititas mencionados na história dos patriarcas são um pequeno grupo étnico na região sírio-palestina. O povo hitita está entre os sete povos da terra de Canaã (Dt 7.1; Js 3.10; 24.11). Possivelmente moravam na região de Hebrom. Os moradores de Hebrom são chamados de hititas (ou heteus) (Gn 49.29ss), mas também de amorreus (Gn 14.13) ou cananeus (Jz 1.10). Abraão comprou a caverna de Macpela dos filhos de Hete, para ali enterrar Sara (Gn 23.3-20; 25.10; 49.32). Esaú escolheu esposas hititas na região de Berseba (Gn 26.34; 27.46; 36.2), que também são chamadas de cananeias (Gn 28.1ss; 36.2).

IV. A ÉPOCA DOS PATRIARCAS

O ponto de orientação para datar a época da vida dos patriarcas são duas grandes ondas migratórias: a protoarameia (séc. 19/18 a.C.) e a arameia (séc 14/13 a.C.). A decisão por uma ou outra onda migratória, dentro da qual se situa também a caminhada de Abraão de Harã até Canaã, leva a diferentes datações para a época da vida dos patriarcas.

A "datação posterior" parte do princípio de que a permanência de algumas tribos israelitas no Egito não durou mais de 400 anos, mas apenas algumas décadas. A entrada em Canaã seria, então, uma vida nômade "em busca de melhores pastagens", coincidindo com "a primeira fase da tomada da terra das tribos israelitas".[879]

---
875 Auerbach, pg. 51.
876 Keel/Küchler/Uehlinger, vol. 1, pg. 657.
877 Auerbach, pg. 51 e 52.
878 Westermann, *Genesis* I/2, pg. 67.
879 Kilian, pg. 12.

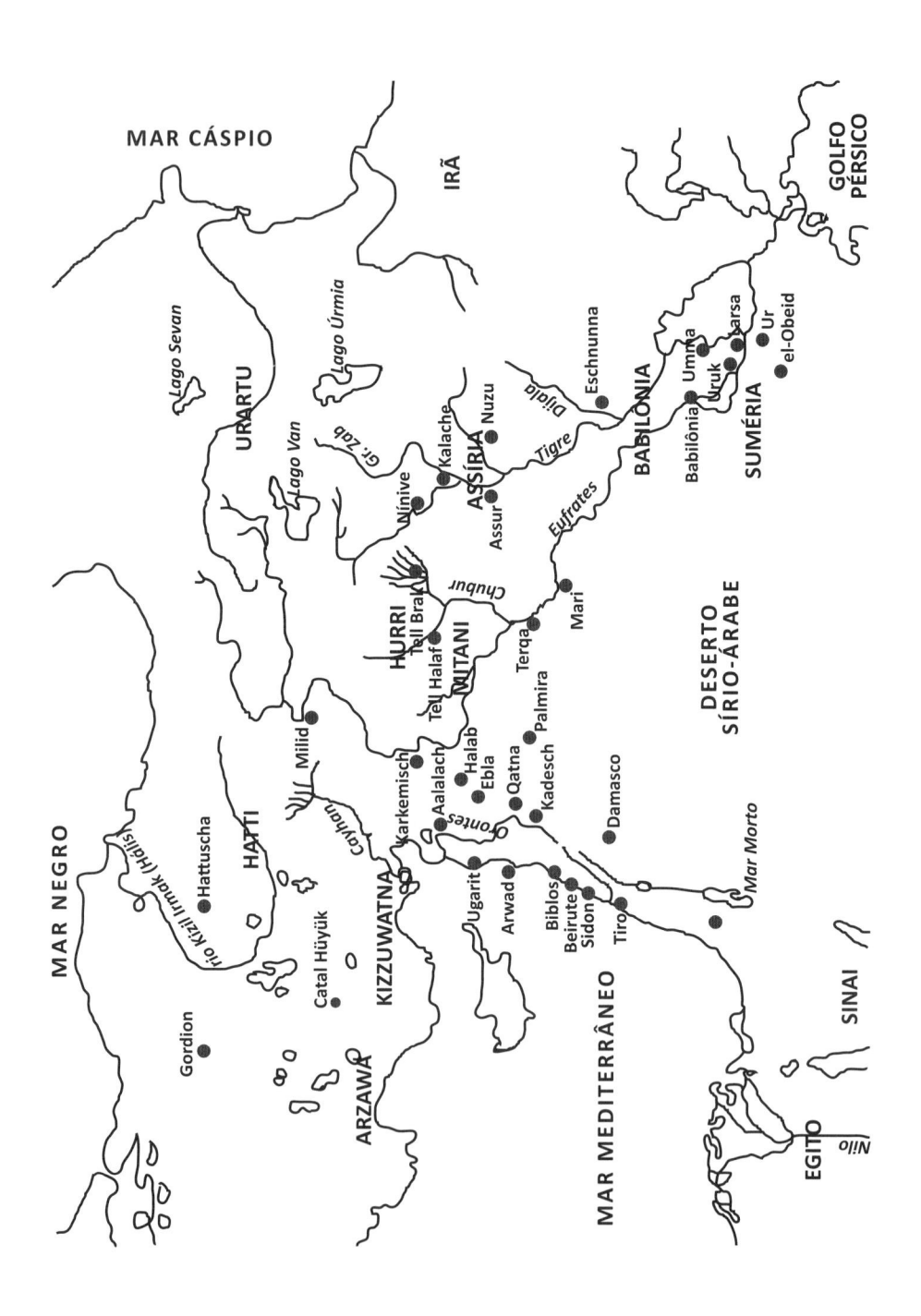

Horst Kiengel: *Geschichte und Kultur Altsyriens*. Leipzig: Koehler & Amelang (VOB) 1979. Reprodução autorizada.

A "datação anterior", que situa a saída de Abraão de Harã em direção a Canaã na época da migração protoarameia, desloca a vida do patriarca para a Idade do Bronze Média (aprox. 2000-1550 a.C.).[880]

Situar a época dos patriarcas na Idade do Bronze Média é favorecida pelas indicações cronológicas da Bíblia e também pelo fato de que permite uma associação conclusiva e harmoniosa entre a época de vida dos patriarcas e a história dos grandes impérios na Mesopotâmia e no Egito.

Os textos bíblicos dizem que os israelitas ficaram 400 anos no Egito (Gn 15.13), e também há um registro indicando que a permanência total dos filhos de Israel no Egito foi de 430 anos (Êx 12.40). Os dois registros do Antigo Testamento falam de um período de vários séculos. É concebível que a duração da vida de Israel no Egito tenha sido calculada pelo sistema babilônico. Na Babilônia, um período de tempo de 60 anos é chamado de "šuš". Um período infinitamente longo equivalia a $6 \times 60 = 360$ anos. Se a intenção fosse indicar um período de tempo ainda mais longo, em geral acrescentava-se um número composto por 7. 430 anos equivalem a $360 + 70$ anos. Ou seja: o tempo da escravidão foi extremamente longo.[881]

De acordo com o conceito babilônico e palestino a respeito de números e tempo, a escravidão durou cerca de 400 anos. Antes disso, os patriarcas tinham vivido como nômades no istmo sírio-palestino durante cerca de 200 anos.[882] Portanto, o período dos patriarcas e da formação do povo de Israel abrangeu seiscentos anos.

Comparando isso com a história da Mesopotâmia e do Antigo Egito, resultam as seguintes indicações cronológicas:

2000: *Os antepassados de Abraão vivem em Ur da Caldeia.*

A era da 3ª dinastia de Ur (2100-2000 a.C.) era caracterizada por um estado de governo rígido e centralizado. O governante Ur-Nammu era conhecido por suas construções. Ele construiu vários zigurates em Ur, Eridu e Uruk (templos em vários níveis). Depois da morte de Ur-Nammu, o reino se esfacelou. Começou então um período de "cidades-estado".[883]

Algumas cidades-estado revezaram-se na tentativa de impor sua liderança: Isin, Larsa, Eshnunna, Assur, Mari e Babilônia.

1859: *Tera muda-se com seu clã de Ur para Harã.*

1800: *Abraão e Ló mudam-se para Canaã.*

Abraão deixa a região da Mesopotâmia antes de Hamurabi (1792-1750 a.C.) estabelecer seu império. O império de Hamurabi, com sede na Babilônia, ia do Golfo Pérsico até o deserto sírio.

---

880 A datação anterior é discutida e fundamentada em profundidade por de Vaux, pg. 36. Também Bardtke defende a datação anterior; Bardtke, pg. 161.
881 Sobre a contagem de tempo dos babilônios e antigos palestinos, cf. Cassuto, *Exodus*, pg. 86.
882 Os 200 anos resultam do tempo de vida dos patriarcas conforme registrados em Gênesis; cf. König, *Genesis*, pg. 451.
883 Schippmann, pg. 16.

1800 - 1600: Abraão, Isaque e Jacó vivem como nômades ou seminômades na região sírio-palestina.

Por volta de 1800, Abraão muda-se de Siquém para o Egito, passando por Betel e o Neguebe, e de volta para Betel. Hebrom torna-se o lar de Abraão.

1600: José é vendido para o Egito e lá se torna grão-vizir de um faraó. A ascensão de José coincide com a época dos hicsos (a partir de 1750-1550 a.C.). Os hicsos chegaram ao Egito vindo do norte pelo istmo sírio-palestino. A maioria dos nomes mencionados nos escarabeus hicsos é semita[884]. O parentesco semita dos hicsos[885] possibilitou a ascensão de José. José destinou a terra de Gósen aos clãs dos doze filhos de Jacó.

1350: O faraó Amenófis IV (= Aquenáton, 1353-1336 a.C.) incentivou o monoteísmo, por meio da adoração ao rei sol Aton. Ele morava em Aquematon (Tell el-Amarna, no Médio Egito). Durante seu governo, os descendentes de Jacó tinham grande liberdade. O procurador que Aquenáton instituiu na Síria e Palestina era de origem semita, como fica claro pelo seu nome Jahaman.[886]

1300 - 1200: O período da escravidão.

Os quase cem anos da 19ª dinastia (1295-1188 a.C.) foi uma época de muitas construções. Principalmente Seti I (1293-1279 a.C.) e Ramsés II (1279-1213 a.C.) eternizaram-se por meio de edifícios monumentais. O túmulo do faraó Seti I no Vale dos Reis, em Tebas, tem 100 metros de comprimento. O templo em Abidos, com seus salões de colunas e pilares foi construído por Seti I.

Em um registro escrito dedicado à consagração do templo de seu pai, Seti I, em Abidos, o faraó Ramsés II fala sobre seus planos de reconstruir vários templos e terminar vários outros que seu pai tinha começado.[887]

Assim, o templo do deus imperial Amon, em Karnak, cujo começo remonta à 11ª dinastia, e o templo de Amon, Mut e Khonsu em Luxor exibem partes construídas por Seti I e Ramsés II. O templo mortuário de Ramsés II é o assim chamado Ramesseum, em Tebas. Ramsés II ficou famoso pela construção do templo em Abu Simbel, escavado na rocha, e pelas numerosas e colossais estátuas, das quais a mais conhecida, no templo de Ptah, em Mênfis, tem mais de 13 metros de altura.[888] A escravidão dos israelitas mencionada em Êxodo incluía o trabalho no campo e também o preparo de tijolos e telhas de barro, usados na construção das cidades-celeiro de Pitom e Ramessés (Êx 1.11,14). Pitom significa

---

[884] Kenyon, pg. 177.
[885] Junto com os hicsos, "o Egito, antes tão fechado, foi inundado por uma corrente de influências semitas", e isso em todas as áreas, até mesmo no idioma e na escrita; cf. Auerbach, pg. 49.
[886] Na história egípcia, é comum que funcionários semitas alcançassem altas posições na corte do faraó; cf. Auerbach, pg. 66.
[887] Beyerlin (ed.), pg. 55.
[888] Hirmer/Otto, vol. II, pg. 409-442.

"a casa do deus Aton" (ou Atum), a atual Tell er-Retaba, no delta do Nilo. Ramessés é a atual Tanis, a cidade que Ramsés II tinha escolhido como sua capital. Tanto Pitom quanto Tanis foram reconstruídas sob Ramsés II.[889] No 34º ano de seu reinado, Ramsés II casou-se com a hitita Nefertari, filha de Hatusil III. A posição dessa hitita era mais destacada do que a das demais "grandes esposas reais" no Egito. Nefertari detinha posição igual a Ramsés II![890] Nefertari adotou o bebê Moisés, que uma das filhas de faraó tinha encontrado no Nilo, na corte do faraó, para que fosse educado ali. Moisés cresceu como meio-irmão de Merenptah.

1203: Saída do Egito.

O ano de 1203 a.C. é o ano da morte do faraó Merenptah (1213-1203 a.C.). De acordo com as fontes egípcias, as circunstâncias da morte de Merenptah são desconhecidas. Egiptólogos supõem que ele tenha sido assassinado ou destronado.[891]

De acordo com o relato bíblico, a misteriosa morte de Merenptah ocorreu quando ele afundou no Mar Vemelho.[892]

---

889 Cassuto, *Exodus*, pg. 11.
890 Hirmer/Otto, vol. II, pg. 367.
891 a.a.O., pg. 443.
892 Cf. o quadro cronológico, pg. 41-44. Os números dos anos correspondem às indicações de Keel/Küchler/Uehlinger, vol. 1, pg. 466-511.

QUADRO CRONOLÓGICO

Períodos	Mesopotâmia	Palestina	Egito
Idade da Pedra 2.000.000 – 4500 a.C.	50.000 a.C. Primeiros traços de caçadores e coletadores em Zagros. 9.000 a.C. Cultivo; domesticação de animais; comércio; primeiras indicações de sedentarismo!	50.000 a. C. *homo galilaeus* Local da descoberta: caverna próxima ao lago de Genezaré Cavernas em Wadi el-Mughara, no Carmelo. Traços de povoamentos do período paleolítico e neolítico em Gezér, Megido, Ta'anach, BeteSeã, Jerusalém, Betel, Quiriate-Sefer e Beit Shemesh.	
Idade do Cobre 4500 – 3150 a.C. (Calcolítico)	3300 – 2900 a.C. Pré-história Primeira alta cultura na Suméria; um dos centros é Uruk.	7000 a.C. Jericó Primeiros indícios de vida sedentária. A grande torre de Jericó.	2950 – 2640 a.C. Época Tinita 1ª/2ª dinastia Quadro de vitórias do faraó Narmer. O derrotado que o faraó agarra pela cabeça talvez seja um semita.
Idade do Bronze 3150 – 1200 a.C.	3000 a.C. Desenvolvimento da escrita e invasão dos povos de fala semita.		
Idade do Bronze Inicial (BI) 3150 – 2200 a.C.	2900 – 2340 a.C. Época pré-dinástica = época das cidades-estado Uruk (Gilgamesh). Ur Lagash Umma	2650 a.C. O conquistador sumério Lugal-Zage-Si estende seu domínio até o mar Mediterrâneo.	2640 – 2155 a.C. Império Antigo

Períodos	Mesopotâmia	Palestina	Egito
Idade do Bronze Inicial (BI) 3150 – 2200 a.C.	2350 a.C. Mais antiga reforma social conhecida.	2575-2551 a.C. Faraó Seneferu (4ª dinastia) enviou navios, para buscar cedros no Líbano. ~ 2400 a.C. Primeira menção às cidades Tel Hazor, Megido, Laquis, Gaza e Jerusalém (Urusalim), Tábuas de barro dos arquivos de Ebla. Primeira conquista pelo Egito.	2575 – 2465 a.C. 4ª dinastia Seneferu (2575- 2551 a.C.) Quéops, Khaf-Re, Menkauré, Pirâmides de Gizé 2465 – 2155 a.C. 5ª/6ª dinastia Pepi I (2300 – 2268 a.C.) Cinco campanhas contra beduínos asiáticos em território palestino.
Idade do Bronze Média (BM) BM I 2200 – 2000 a.C.	2340 – 2198 a.C. Período acádio. Sargão da Acádia, um imigrante de fala semita, une toda a Mesopotâmia em um único império. 2200 a.C. Queda do impédio devido à derrota para um povo das montanhas de Zagros. 2160 – 2000 a.C. Período de Gudea, de Lagash, e do Ur-nammu de Ur (= 3ª dinastia de Ur, 2100 – 2000 a.C.).	Sargão I invade a Palestina e chega até Chipre. O babilônico torna-se o idioma culto. 2144 2124 a.C. O rei Gudea, de Lagash, compra cedros do Líbano. Domínio egípcio sobre a maior parte da Palestina. Registro nominal de Siquém e Betel	2134 – 2040 a.C. 1º Período Intermediário. 2040 – 1785 a.C. Império Médio. Senuseret III (1878 – 1841 a.C.) Campanha na Ásia – o epitáfio de Sebek-Chu em Abidos menciona os nomes Siquém e Betel.

Períodos	Mesopotâmia	Palestina	Egito
Idade do Bronze Média (BM) BM II 2000 – 1550 a.C.	~ 2000 a.C. Fim do império de Ur pela ascensão das cidades-estado! Antepassados de Abraão em Ur!		
	2017 – 1783 a.C. Época de Isin e Larsa. Época das cidades-estado. Ida de Tera para Harã. As seguintes cidades-estado tentaram impor seu domínio nos séculos seguintes: Isin, Larsa, Eshnunna, Assur, Mari, Babilônia. Ida de Abraão para Canaã.	1800 a.C. Abraão chega em Canaã. Siquém – Betel – Ai –Neguebe. Ida para o Egito e retorno para Canaã.	Abraão no Egito
	1850 – 1594 a.C. Primeiro Império Babilônico. A Babilônia se impõe por meio de Hamurabi (1792 – 1750 a.C.). Sob Hamurabi, a Mesopotâmia volta a ser um único império, do Golfo Pérsico ao deserto sírio.	Abraão luta contra os reis da região de Hamurabi. Amorreus. Influência da cultura de Hamurabi. Código de Hamurabi/língua/religião/números/pesos. 200 anos de existência dos patriarcas em Canaã.	1785 – 1540 a.C. Segundo Período Intermediário Dinastias hicsos (a partir de 1750 – 1550 a.C.). hicsos = "dominadores dos estrangeiros".
	1750 – 1500 a.C. Novos povos surgem na região mesopotâmica (mitanni, chuvritas) e destroem tudo o que sumérios e semitas produziram ao longo de um século.	1600 a.C. José é vendido para o Egito. Jacó e seus filhos no Egito.	Ascensão de José! 1600-1200 a.C. Os "filhos de Jacó" no Egito, formação do povo de Israel.

Períodos	Mesopotâmia	Palestina	Egito
Idade do Bronze Final (BF) 1550 – 1200 a.C.	1600 – 1150 a.C. 1ª dinastia da Babilônia Cassitas 1594 a.C. Hititas conquistam a Babilônia, retraem-se; cassitas retomam o domínio.	300 anos de domínio do Egito sobre a Palestina. Tutmés III conquista Megido e outras 118 cidades na região palestina.	1540-1070 a.C. Novo Império Campanha de Tutmés I (1494 – 1482 a.C.) e principalmente as 17 campanhas de Tutmés III (1479-1425 a.C.). Amenófis IV (= Aquenáton) (1353 – 1336 a.C.). Tell el-Amarna, 1350 ~ 1350 cartas de Amarna.
	2000 – 1100 a.C. Ascensão da Assíria ao lado da Babilônia. 1350 a.C. A Assíria assume o domínio. 1234 a.C. Tukulti-Ninurta I, o assírio, conquista a Babilônia. 2000 – 1200 a.C. Império hitita com a capital Hattusa (por volta de 1600).	Os habiru	Os habiru = hebreus Abdi-Heba rei de Jerusalém Tutancâmon (1334/33 – 1327 a.C.) 1295 – 1070 a.C. 19ª/20ª dinastia A tolerância desaparece quando os antigos deuses são reintroduzidos. Colunas de Seti I (1293 – 1279 a.C.) e Ramsés II (1279 – 1213 a.C.)
Idade do Ferro 1200 – 586 a.C.	Império hitita destruído pelos filisteus. Os filisteus invadem a área palestina, junto com os povos marítimos. Estes chegaram dos Bálcãs ou do mar Egeu, por via marítima, via Creta (= Caftor) ou então por terra, via Ásia Menor, aniquilando o império hitita.	a partir de 1200 a.C. Domínio dos filisteus ao longo da costa sírio-palestina. As cidades-estado Gaza, Ascalom, Asdode, Ecrom e Gade Jerusalém ficaram nas mãos da população cananeia original. 1203 a.C. Saída sob liderança de Moisés – 40 anos no Sinai. 1160 a.C. Josué invade a Palestina.	Escravos hebreus constroem Pitom e Ramessés, a residência de Ramsés. Merenptah (1213 – 1203 a.C.) Campanha na palestina, conquista do domínio, coluna de Merenptah. O nome Israel aparece pela primeira vez! Morte desconhecida de Merenptah! Assassinato (Hirmer) – Mar Vermelho (Êx).

B. ABRAÃO E ISAQUE (COMENTÁRIO)

A terra natal de Abraão era Ur, no sul da Mesopotâmia. Ele saiu de lá levando seu clã inteiro.[893] Harã tornou-se o novo lar do clã de Tera, pai de Abraão. Ainda antes de Hamurabi estabelecer seu reino (1792–1750 a.C.), Abraão sai do norte da Mesopotâmia em direção ao istmo sírio-palestino. Este pequeno espaço de terra entre vários grandes impérios mostrou-se a terra que Deus prometera a Abraão. Aqui Abraão tornou-se pai de todo Israel.[894]

I. DEUS FALA COM ABRÃO: 12.1-3

1 Ora, disse o Senhor a Abrão: Sai da tua terra, da tua parentela e da casa de teu pai e vai para a terra que te mostrarei;

2 de ti farei uma grande nação, e te abençoarei, e te engrandecerei o nome. Sê tu uma bênção!

3 Abençoarei os que te abençoarem e amaldiçoarei os que te amaldiçoarem; em ti serão benditas todas as famílias da terra.

Assim como no começo da criação, também a história de Deus com Abrão começa com a palavra divina. Não há novo começo, não há coisa nova no mundo se Deus não falar.

Deus não apareceu a Abrão. Abrão só ouviu as palavras de Deus. Ele, o décimo elo na genealogia de Sem, ouviu – assim como também Adão e Noé antes dele – as palavras de Deus. Abrão obedeceu a estas palavras e se tornou um personagem importante.

1 **Ora, disse o Senhor a Abrão: Sai da tua terra, da tua parentela e da casa de teu pai e vai para a terra que te mostrarei.** A palavra de Deus começa com uma convocação pessoal, dirigida especialmente a Abrão: **Sai da tua terra,** (hebraico: *lech l^echa*). Martin Buber traduz esse trecho como: "Vá andando sozinho".[895]

"Vá sozinho" ou "sai-te" serve como reforço da ordem.[896] Depois de Moisés se despedir de seu sogro, a Bíblia diz que Jetro "se foi para a sua terra" (Êx 18.27). Josué despediu as tribos que morariam a leste do Jordão com as palavras "ide-vos", isto é, vão sem medo pelo caminho de vocês (Js 22.4). Davi se recusou a matar Saul, e disse aos seus homens: "Vamo-nos", isto é, por um caminho incomum, mas apontado por Deus (1Sm 26.11).[897]

Em outra ocasião, Deus novamente aborda Abrão dessa maneira: "Vai-te" (Gn 22.2). Também aqui Deus pede que Abrão ande por um caminho solitário. Abrão deve sacrificar Isaque. Os servos podem acompanhá-lo durante uma parte do caminho. Mas Abrão leva a carga sozinho. Ele não conta a ninguém que Deus lhe pediu que sacrificasse Isaque. Anda sozinho por esse caminho de obediência e temor a Deus.[898]

---

893 Cf. comentário sobre Gênesis 11.31s, Bräumer, 1ª parte, pg. 190 e 191.
894 Sobre a genealogia a seguir cf. Philo-Lexikon, col. 5 e 6.
895 Buber, Fünf Bücher der Weisung, pg. 36.
896 König, Genesis, pg. 454. König aponta para o dativo hebraico do interesse e do alvo.
897 Outras passagens que contêm essa formulação tipicamente hebraica "ir-se" estão em Ct 2.10s,13; 4.6; Jr 5.5. Semelhante é a formulação "afastando-se, foi sentar-se" (Gn 21.16), usada com sentido parecido.
898 Cf. Cassuto, From Noah to Abraham, pg. 310.

Gênesis 12.1-3

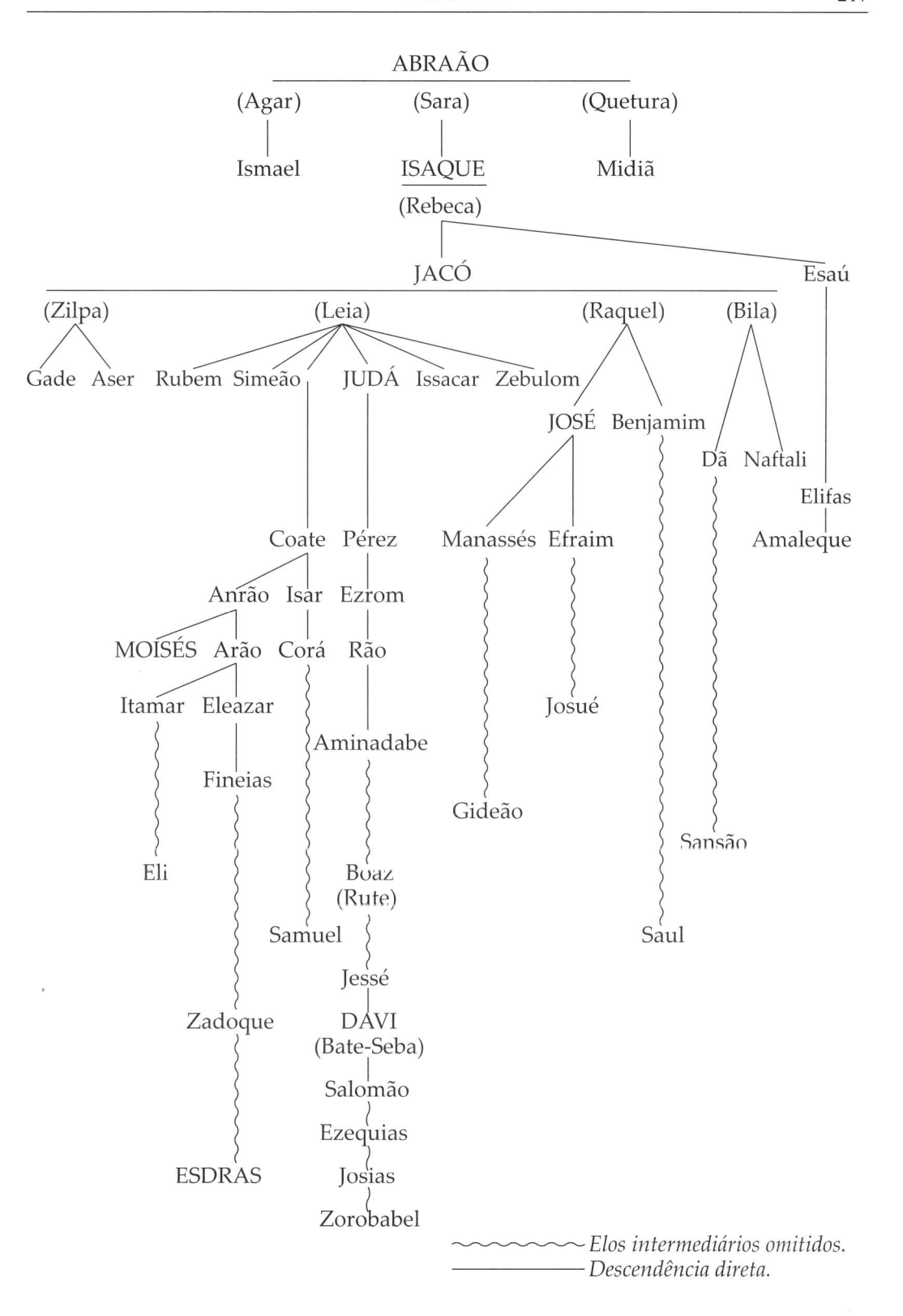

```
                              ABRAÃO
              (Agar)          (Sara)          (Quetura)
              Ismael          ISAQUE          Midiã
                             (Rebeca)
                               JACÓ                              Esaú
   (Zilpa)          (Leia)              (Raquel)    (Bila)
Gade  Aser   Rubem Simeão JUDÁ Issacar Zebulom
                                       JOSÉ  Benjamim
                                                    Dã  Naftali
                                                            Elifas
              Coate  Pérez    Manassés Efraim              Amaleque
           Anrão Isar Ezrom
        MOISÉS Arão Corá  Rão
        Itamar Eleazar                    Josué
                 Fineias
                            Aminadabe
           Eli
                                Gideão
                                                      Sansão
                              Boaz
                             (Rute)
                    Samuel
                              Jessé                Saul
                              DAVI
                           (Bate-Seba)
               Zadoque        Salomão
                              Ezequias
               ESDRAS         Josias
                              Zorobabel
```

〜〜〜 *Elos intermediários omitidos.*
——— *Descendência direta.*

Com as palavras "Sai-te", Deus dirige-se diretamente a Abrão. Espera que ele tome uma decisão solitária. Sem aconselhar-se nem conversar com ninguém, Abrão deve sair de Harã. O caminho que ele deve tomar está reservado somente para ele.

A palavra de Deus tirou Abrão de Harã, cidade que tinha se tornado seu lar, afastando-o de seus parentes e da casa de seu pai. Abrão precisou separar-se de seu clã, cortando os laços de sangue que os uniam.[899] Ele separou-se de sua família.

Chama a atenção que o texto não fala da cidade natal de Abrão.[900] Tera já tinha saído com sua família de Ur dos caldeus, onde Abrão nascera (Gn 11.27-32). O alvo era Canaã, mas só chegaram até Harã, no norte da Mesopotâmia.

A mudança de Tera de uma cidade para outra dentro da Mesopotâmia não comprova que sua família fosse de nômades.[901] Na verdade, a permanência em Harã indica que Tera não era um "arameu errante". Somente Jacó é chamado de "arameu errante" no Antigo Testamento (Dt 26.5). Mas a história dos "arameus errantes" começa com Abrão. Ele obedeceu à palavra de Deus. Começou a viagem sem saber qual seria seu destino.

A ordem de deixar tudo para trás era uma provação e ao mesmo tempo um desafio para Abrão.[902] A viagem que ele deve empreender é uma obra de fé, que "obedece à ordem e orientação de Deus, negando a si mesmo e a toda criatura".[903] Deus associa o chamado para a saída com promessas tremendas para o futuro: **De ti farei uma grande nação, e te abençoarei, e te engrandecerei o nome. Sê tu uma bênção! Abençoarei os que te abençoarem e amaldiçoarei os que te amaldiçoarem; em ti serão benditas todas as famílias da terra.**

As promessas de Deus para Abrão compõem-se de sete palavras de bênção.[904] Cada palavra de bênção contém uma promessa especial de Deus, isto é, uma profecia.

a Gn 13.16; 15.5; 17.5s; 18.18; 22.17; 26.4,24; 28.14; 35.11

1. Farei de ti uma grande nação[a]

Essa promessa devia soar inacreditável para um homem idoso sem filhos. Para Abrão é um desafio que exige grande medida de fé. A nação que descenderá de Abrão é Israel como um todo. Deus não promete que Abrão terá um povo no sentido de uma parentela (hebraico: ^{e}*am*); Deus promete transformar Abrão em um povo de grandeza política (hebraico: *goij*).[905]

---

899 Ibid, pg. 311. No hebraico clássico, *moledeth* não é a "terra natal", mas a "parentela".
900 Gunkel, pg. 163.
901 Westermann pensa diferente (Genesis I/2, pg. 170s e 177). Com base na existência nômade de Tera e seu clã, ele conclui que a orientação de Deus para Abrão era uma oferta de salvação para alguma situação específica de perigo. Abrão não teve alternativa senão aceitar essa oferta. "O fato de Abraão fazer o que Deus lhe pediu é normal e natural; o não ir é que teria sido arriscado e perigoso para ele".
902 Cassuto, *From Noah to Abraham*, pg. 312.
903 Delitzsch, pg. 250.
904 Também Isaque e Jacó receberão uma bênção com sete partes; veja o comentário sobre Gênesis 26.3s e 27.28s.
905 Westermann, Genesis I/2, pg. 173.

2. Abençoar-te-ei

Bênção é a garantia de proteção e cuidado, a promessa de graça e o presente da paz! A bênção sacerdotal que Deus instruiu durante a época na qual Israel estava no deserto era:

*O Senhor te abençoe e te guarde;
o Senhor faça resplandecer o rosto sobre ti
e tenha misericórdia de ti;
o Senhor sobre ti levante o rosto
e te dê a paz* (Nm 6.24-26).

3. Engrandecerei teu nome

No Antigo Testamento, o nome equivale à pessoa ou personalidade.[906] Deus quer fazer de Abrão uma personalidade inigualável[b]. Abrão se tornará pai de um grande povo. Deus engrandece seu nome. Na Babilônia, as pessoas procuravam honra para si por meio de memoriais. Deus dá a Abrão aquilo que as pessoas "tentavam conseguir por conta própria".[907] Os construtores da grande torre de Babel falharam. Mas o grande nome de Abrão entrou para a História, com sete títulos de honra: "Abraão é pai de numerosas nações" (Gn 17.5), "confidente de Deus e organizador do Reino de Deus" (Gn 18.17-19), "profeta" (Gn 20.7), "príncipe de Deus" (Gn 23.6), "servo de Deus" (Sl 105.6) e "amigo de Deus" (2Cr 20.7)[c].

b Is 51.1,2

c Tg 2.23

O Alcorão chama Abraão de "amado de Alá". O nome árabe para Hebrom, a cidade de Abraão, é Al-Chalîl, "a cidade do amado".[908]

4. Tu serás uma bênção[d]

A expressão "Sê tu uma bênção!" também pode ser traduzida como "Tu serás uma bênção". Abrão será um exemplo de como as pessoas podem ser uma bênção.[909] Seu "nome deverá ser usado como palavra de bênção".[910] Bênção (hebraico: *beracha*) também significa um voto de bênção: *...assim vos salvarei, e sereis bênção*[e] (Zc 8.13).

d Gn 26.4,5;
Sl 21.6;
Is 19.24

e Gn 48.20;
Nm 5.21;
Jr 42.10

Abrão "será uma bênção"; seu nome se transforma em voto de bênção. Pessoas dentro e fora de Israel se abençoarão com as palavras "Que Deus me abençoe como fez com Abraão".[911] *A memória do justo é abençoada, mas o nome dos perversos cai em podridão* (Pv 10.7).

5. Abençoarei os que te abençoarem[f]

Deus promete que todos os que desejarem bênção para Abrão receberão a bênção de Deus, isto é, o "comportamento de outros em relação a Abrão determinará o comportamento de Deus em relação a estes outros".[912] A bênção prometida por Deus não termina com a morte de Abrão. Ela

f Gn 30.27;
39.5

---

906 Cassuto, From Noah to Abraham, pg. 313.
907 von Rad, Mose, pg. 133.
908 Alcorão, 4.125; em relação a Hebrom, veja o comentário sobre Gênesis 23.1-20.
909 Cf. Cassuto, From Noah to Abraham, pg. 314.
910 Gunkel, pg. 164.
911 König, Genesis, pg. 456s.
912 Westermann, Genesis I/2, pg. 174.

continua valendo depois da morte dele. A força abençoadora vale para todos aqueles para quem Abrão é pai, isto é, modelo de fé.

6. Amaldiçoarei os que te amaldiçoarem

Quem se opuser a Abrão está se voltando contra a promessa que Deus deu a Abrão. Quem rir de Abrão, quem o desprezar, será alcançado pela maldição de Deus. Na sexta promessa de Deus para Abrão, encontramos as duas palavras que o Antigo Testamento usa para amaldiçoar. A primeira (hebraico: *qalal*) significa injuriar, insultar ou caluniar alguém[g]. A segunda (hebraico: *'arar*) significa entregar alguém à ira de Deus e excluir esta pessoa da comunidade[h]. O Novo Testamento conhece uma exclusão da comunhão da igreja que começa com a fórmula: "Que seja amaldiçoado" (*anathema*).[913] *Se alguém não ama o Senhor, seja anátema* (1Co 16.22). Quem não ama Jesus está exposto à ira de Deus. Ele é publicamente excluído da igreja e entregue ao juízo de Deus[i].

Quem caluniar ou insultar Abrão ficará sujeito ao juízo da ira de Deus. Sua comunhão com Deus estará rompida.

Na bênção, os abençoadores são mencionados no plural; no caso do amaldiçoador, usa-se apenas o singular. "Os amaldiçoadores são indivíduos isolados que se afastam da bênção prometida como herança à humanidade".[914] Na promessa para Abrão, a força da bênção tem muito mais peso do que a palavra do juízo. A ideia do juízo está praticamente encoberta pelas palavras de bênção.[915]

g Gn 16.4s; 1Sm 2.30; Jz 9.27

h Gn 3.14,17; 4.11; 5.29; 9.25; 27.29

i Rm 9.3; 1Co 12.3; Gl 1.8; 3.13; Ap 22.3

7. Em ti serão benditas todas as famílias da terra[k]

A bênção pessoal de Abrão é, ao mesmo tempo, uma bênção para outros. "Abrão se torna uma fonte de bênção, que jorra a bênção da qual ele mesmo está repleto".[916] Há mais uma ocasião – na conversa entre Abrão e os três homens, a respeito da destruição de Sodoma – em que se diz, sobre Abrão: [...] *nele serão benditas todas as nações da terra* (hebraico: *goijm* = povos gentios) (Gn 18.18).

Paulo enxerga essa promessa de que *em ti serão benditas todas as famílias da terra* como base para a tese de que *Deus justificaria* [...] *os gentios* (Gl 3.8), e conclui que *os da fé são abençoados com o crente Abraão* (Gl 3.9). Para Paulo, a bênção é a "ação do Deus que justifica".[917] A bênção de Deus se mostra no ato de salvação em Jesus Cristo.

É da promessa de bênção para Abrão que os exegetas judaicos derivam sua reivindicação de que apenas a fé judaica teria validade. Ser judeu – e para isso os exegetas judeus contemporâneos se reportam a ideias de Leo Tolstoi – é uma existência santa. Os judeus trouxeram um fogo eterno do céu, cujo brilho enche o mundo inteiro. O judaísmo é a origem de toda fé, a fonte e o rio dos quais o restante da humanidade

k Eclesiástico 44.25; At 3.25; Gl 3.8

---

913 Behm, pg. 356s.
914 Delitzsch, pg. 250.
915 von Rad, Mose, pg. 133.
916 Delitzsch, pg. 250.
917 Schlier, pg. 131.

extrai sua fé. Todas as nações que tratarem bem os judeus receberão coisas boas. Mas quem injuriar os judeus, será torturado e oprimido.[918]

Em face do ódio aos judeus, dos *pogroms* em praticamente todos os países e séculos cristãos e dos campos de concentração do assim chamado "Terceiro Reich", nenhum cristão poderá ignorar a voz dos exegetas judeus. Mas o exegeta judeu também não pode ignorar que o caminho de Deus com Abrão não termina em uma aliança exclusiva. A promessa de Deus não desemboca em "uma limitação universal da salvação prometida a Abrão".[919] Em Abrão, todas as famílias da terra serão benditas.

Aos olhos das testemunhas do Novo Testamento, que olham para trás, a validade universal da promessa de bênção a Abrão é especialmente importante. Ao pregar o arrependimento no templo, depois de curar o paralítico, Pedro se dirige aos judeus chamando-os de "descendentes de Abraão", aos quais a promessa vale "primeiro" (At 3.25s). Paulo chama o Messias de "descendente de Abraão" (Gl 3.16). A promessa dada a Abraão cumpriu-se em Cristo. Aqueles que creem em Jesus são "filhos de Abraão" (Gl 3.7). Quatrocentos e trinta anos antes de dar a lei ao povo, Deus fez essa promessa a Abrão. Por isso, Paulo considera as promessas como "presente" (Gl 3.18), um testemunho de que "Deus justificaria pela fé os gentios" (Gl 3.8). *De modo que os da fé são abençoados com o crente Abraão* (Gl 3.9). Abrão ficou sabendo com antecedência que todos os gentios seriam abençoados por intermédio dele. Em Harã, Deus colocou sua bênção sobre Abrão. Por meio da bênção recebida por Abrão, "aquele que vivia pela fé a partir da promessa de Deus torna-se, por sua vez, uma bênção para os povos que o acompanharem nessa fé".[920]

A palavra está no começo da fé, assim como também está no começo da criação. A história de Abrão começa com as palavras: *Ora, disse o Senhor!* Martinho Lutero vê nisso um testemunho para a ação misericordiosa de Deus. Lutero diz que, antes de ser chamado por Deus, Abrão era "pagão e idólatra", alguém que merecia a morte e a condenação eterna.[921] Nisso ele se reporta a Josué 24.2: *Antigamente, vossos pais, Tera, pai de Abraão e de Naor, habitaram dalém do Eufrates e serviram a outros deuses.*

Também João Calvino baseia sua exegese nessa palavra de Josué a respeito da idolatria na Mesopotâmia, escrevendo o seguinte sobre o chamado de Abrão: Deus chamou Abrão, que "estava afundado na lama da idolatria", por sua "livre e graciosa misericórdia".[922] A história de Deus começou com o chamado, dirigido a um indivíduo. Deus diz sobre Abrão que *era ele único, quando eu o chamei, o abençoei e o multipliquei* (Is 51.2).

Deus chama Abrão para fora de sua existência atual, em direção ao desconhecido. Ele o convoca para sua obra. Antes de enviar Abrão, ele lhe dá uma bênção séptupla. Abrão fica impressionado com a promessa de Deus e põe-se a caminho sem contestá-lo. O elemento fundamental do chamado de Abrão é a promessa que despertou sua confiança. "Por

---

918 Hertz (ed.), pg. 45.
919 von Rad, Mose, pg. 129.
920 Schlier, pg. 130.
921 Lutero, Ersten Moses, vol. I, pg. 225.
922 Calvino, pg. 133.

natureza, promessa e fé andam juntas, de tal forma que se tornam inseparáveis".[923]

O chamado acontece sempre que uma promessa dada por Deus a uma pessoa gera fé. Pela fé, o ser humano se dispõe a servir a Deus. "O chamado de Abrão é o exemplo que vale para todos os cristãos. Não que todos nós seremos chamados para sair de nossa terra natal, mas é necessário obedecer à Palavra de Deus e permitir que Deus nos oriente em nossa vida, não a entregando à nossa própria vontade ou à opinião de outras pessoas. O exemplo de Abrão nos mostra como o ser humano deve negar a si mesmo para viver e morrer unicamente para Deus".[924]

II. ABRÃO OBEDECE A DEUS: 12.4-9

4 Partiu, pois, Abrão, como lho ordenara o Senhor, e Ló foi com ele. Tinha Abrão setenta e cinco anos quando saiu de Harã.

5 Levou Abrão consigo a Sarai, sua mulher, e a Ló, filho de seu irmão, e todos os bens que haviam adquirido, e as pessoas que lhes acresceram em Harã. Partiram para a terra de Canaã; e lá chegaram.

6 Atravessou Abrão a terra até Siquém, até ao carvalho de Moré. Nesse tempo os cananeus habitavam essa terra.

7 Apareceu o Senhor a Abrão e lhe disse: Darei à tua descendência esta terra. Ali edificou Abrão um altar ao Senhor, que lhe aparecera.

8 Passando dali para o monte ao oriente de Betel, armou a sua tenda, ficando Betel ao ocidente e Ai ao oriente; ali edificou um altar ao Senhor e invocou o nome do Senhor.

9 Depois, seguiu Abrão dali, indo sempre para o Neguebe.

Depois de ouvir a promessa séptupla, Abrão não disse nenhuma palavra. Ele não questionou nada. Não tinha nenhuma objeção a fazer. Não quis saber mais detalhes. Ele obedeceu sem protestar. Abrão simplesmente executou aquilo que Deus lhe ordenara. "Abrão obedeceu sem dizer nada, uma maravilhosa caminhada de obediência incondicional em relação a uma promessa de cujo alcance real ele nem mesmo suspeitava".[925]

4 Partiu, pois, Abrão, como lho ordenara o Senhor, e Ló foi com ele. Tinha Abrão setenta e cinco anos quando saiu de Harã. Imediatamente depois de ouvir a primeira palavra acontece aquilo que mais tarde é dito sobre Abrão: *Ele creu no Senhor, e isso lhe foi imputado para justiça* (Gn 15.6)[a]. A decisão de Abrão de empreender a caminhada é um "ato de fé na promessa e de obediência fiel a Deus".[926] No começo da fé está a obediência.

a Rm 4.3

A história de Abrão é "o livro da fé",[927] pois é um livro da obediência. Fé e obediência formam uma unidade. Não há fé sem obediência, nem obediência a Deus sem fé. A fé de Abrão é a "fé como o chamado ao ímpio,

---
923 Lutero, Ersten Moses, vol. I, pg. 233.
924 Calvino, pg. 136.
925 Procksch, pg. 97.
926 Dillmann, pg. 224.
927 Frey, pg. 10.

a fé como ousadia da obediência, fé que não vê, fé que agarra a misericórdia de Deus, fé que é 'recompensada', fé que arrasta outros consigo".[928]

Abrão foi chamado em Harã, na Mesopotâmia. Tera tinha saído de Ur dos caldeus com Abrão, seu filho, e Ló, seu neto. Neste caso não há nenhuma referência a um chamado de Deus ou a uma promessa.[929] Ainda assim, o alvo final de Tera era a terra de Canaã (Gn 11.31).

A saída de Ur "não acontecera sem orientação divina".[930] Ela já era o começo da história de Deus com Abrão. Por isso o Antigo Testamento diz: "Deus tirou Abrão de Ur dos caldeus" (Gn 15.7; Ne 9.7).

Também o Novo Testamento considera que a história de Deus com Abrão começou em Ur dos caldeus. Em sua grande apologia, Estêvão diz: *O Deus da glória apareceu a Abraão, nosso pai, quando estava na Mesopotâmia, antes de habitar em Harã, e lhe disse: Sai da tua terra e da tua parentela e vem para a terra que eu te mostrarei* (At 7.2s).[931] "Habitar" significa o mesmo que "fixar-se definitivamente". Tera nunca chegou a Canaã, na metade do caminho ele criou raízes. O caso de Abrão foi diferente. Ao ordenar: *Sai* (Gn 12.1), Deus impediu que Abrão se fixasse definitivamente em Harã.

Quando Abrão partiu, Ló foi com ele (Gn 12.4). O chamado de Deus era: "Abrão, vá você" (Gn 12.1). Ló decidiu por conta própria acompanhar Abrão nessa jornada solitária. Abrão saiu porque Deus ordenara que ele fizesse isso. Mas Ló acompanhou Abrão. A história de Ló está intimamente ligada à de Abrão. Seu percurso e seu final trágico só podem ser explicados pelo fato de que Ló não tinha recebido pessoalmente uma promessa. Ló foi por causa de Abrão. Mais tarde, Ló e Abraão se separaram. Ló foi morar em Sodoma. Deus salvou Ló por amor a Abrão. Ainda assim, Ló nunca conseguiu estabelecer uma história própria com Deus. Ele se tornou uma marionete nas mãos das filhas.[932] Mas no começo, acompanhou Abrão por um longo trecho nesta caminhada solitária.

O texto informa a idade de Abrão quanto este saiu de Harã. É costume oriental indicar a idade de uma pessoa nos pontos de virada da vida.[933] A vida de Abrão é dividida em três segmentos:

75 anos: Abrão morou na casa de seu pai, Tera.
25 anos: Abrão viveu sozinho com Sara, sem descendente direto.
75 anos: período entre o nascimento de Isaque e a morte de Abrão.

Deus não tinha indicado o destino específico para sua caminhada. Mas Abrão sabia que o plano original de seu pai, Tera, era ir para Canaã. Com isso em mente, ele faz os preparativos necessários para partir rumo a Canaã.

Levou Abrão consigo a Sarai, sua mulher, e a Ló, filho de seu irmão, 5 e todos os bens que haviam adquirido, e as pessoas que lhes acresceram em Harã. Partiram para a terra de Canaã; e lá chegaram. Na comitiva de Abrão estava sua esposa e seu sobrinho Ló. A nova menção a Ló (cf.

---

928 Weber, Bibelkunde, pg. 56.
929 Veja o comentário sobre Gênesis 11.31s, Bräumer, 1ª parte, pg. 190 e 191.
930 Strack, pg. 49.
931 Josefo diz sobre a saída de Abrão: "Abraão, chamado por Deus, saiu da terra dos caldeus"; Jos. Ant. I 7.1; citado por Strack/Billerbeck, vol. II, pg. 666. Para Josefo, a terra dos caldeus e a Mesopotâmia são a mesma coisa.
932 Veja o comentário sobre Gênesis 13.1-14; 19.1-29.
933 Cassuto, From Noah to Abraham, pg. 318.

v.4) não é uma mera repetição. A referência "filho de seu irmão" indicava que Ló era órfão (Gn 11.27s). Depois da morte de seu pai, o órfão Ló e sua família passaram a ser parte do clã de Abrão, seu tio.[934] Esse é um dos motivos pelos quais Ló acompanhou Abrão quando este saiu de Harã.

Os bens de Abrão e Ló incluíam, por um lado, suas propriedades materiais e, por outro, as pessoas que "lhes acresceram". A propriedade é formada pelos "objetos mortos" e pelas "pessoas vivas".[935]

Para Abrão, os escravos não são "objetos", mas pessoas, seres humanos com uma alma viva[b].

b Lv 22.11; Ez 27.13

O destino para o qual Abrão olhava era o antigo destino de seu pai, Tera: Canaã (Gn 11.31). Abrão pisou o solo de Canaã sem ter certeza de que Canaã era a terra que lhe estava prometida.[936]

A rota de viagem de Abrão é desconhecida. Mais tarde, cita-se como servo o damasceno Eliezer (Gn 15.2), o que talvez seja uma indicação de que Abrão saiu de Harã e passou por Alepo, Emesa e Damasco. Mas também é possível que Abrão, com seus rebanhos, tenha escolhido caminhar de oásis para oásis. O oásis mais conhecido pelo qual Abrão teria passado neste caso é o de Palmira. Depois de chegar a Canaã, Abrão presumivelmente foi até as nascentes do Jordão, passando pelas colinas de Golã, e depois desceu o Jordão até a altura de Siquém. Somente aqui ele teve certeza: esta é a terra da qual Deus estava falando quando o chamou.

6 Atravessou Abrão a terra até Siquém, até ao carvalho de Moré. Nes-
7 se tempo os cananeus habitavam essa terra. Apareceu o Senhor a Abrão e lhe disse: Darei à tua descendência esta terra. Ali edificou Abrão um altar ao Senhor, que lhe aparecera. A palavra característica para a nova vida de Abrão é "caminhar", ou "atravessar a terra" (hebraico: *ᵉabar*).

O caminho que Abrão tomara ao sair de Harã era o de um pastor nômade. Ele saiu, foi para Canaã e atravessou (hebraico: *ᵉabar*) a terra. Desde que tomara sua decisão, ele fazia parte da camada social dos nômades, que não possuíam terra. Atravessou terras de outras pessoas. Tornou-se hebreu (Gn 14.13). Além de Abrão, mais tarde também Moisés, José e as tribos de Israel são chamados de hebreus[c]. Do ponto de vista linguístico, é perfeitamente possível que o nome "hebreu" tenha surgido a partir de um jogo de palavras com as consoantes do verbo "atravessar" (hebraico: *ᵉabar*). Os hebreus são os andarilhos sem terra.[937]

c Gn 39.14,17; Êx 1.15ss; 1Sm 4.6-9; 13.3,19; 14.11,21; 29.3

d 1Sm 9.3,20; Jr 50.6

A existência dos nômades era insegura, por vários motivos. Jacó, pai das doze tribos de Israel, é chamado de "arameu errante" (Dt 26.5). No Antigo Testamento, a palavra "errar" é aplicada a animais perdidos[d]. Em uma tradução literal, "arameu errante" significa "arameu prestes a perecer".[938] Os "andarilhos", isto é, "hebreus" ou "arameus prestes a perecer" são estrangeiros sem lar nem direitos, clãs sem futuro.

e Gn 33.18-20; 35.4; 37.12-14; Js 24.1-28; Jz 8 e 9; 1Rs 12.1-25

Siquém[e] é a primeira estação citada na caminhada de Abrão. A antiga cidade de Siquém ficava a sudeste da atual cidade de Nablos, a saber, no lugar de Tell Balata, entre os montes Ebal e Gerizim[f].

f Dt 11.29; 27.4,12s; Js 8.30-33; Jz 9.7,36; 2 Macabeus 5.23; Jo 4.20s

---

934 Sobre a formulação "filho de seu irmão" no pensamento hebraico, cf. Cassuto, From Noah to Abraham, pg. 319s.
935 Delitzsch, pg. 251.
936 Gunkel, pg. 167s.
937 Cassuto, From Noah to Abraham, pg. 323; cf. introdução, II. 3. (2) A terra dos hebreus.
938 Hirsch, Deuteronomium, pg. 456.

Siquém (hebraico: *schekem*) significa "ombro, pescoço".[939] O local era a ligação entre o norte e o sul (o Líbano e o Neguebe) e entre o leste e o oeste (Jordão e mar Mediterrâneo). O povoamento mais antigo de Siquém remonta ao 4º milênio a.C. A cidade conheceu seu auge no século 17 a.C.

Siquém é citada no Egito do Império Médio, sob Senuseret III (1878-1841 a.C.). Do reinado de Senuseret III conservou-se um relato a respeito de uma campanha pela Ásia. Sebek-Chu, um subalterno do faraó Senuseret III, mandou construir um memorial em Abidos, no Alto Egito (a coluna de Sebek-Chu). Neste memorial constam os dados mais importantes de sua vida. Entre eles, a campanha na Síria. O texto na coluna diz: "Sua Majestade foi para o norte, a fim de derrotar os beduínos asiáticos. Sua Majestade chegou a uma região chamada Sekmen. Sua Majestade voltou para a residência feliz depois de Sekmen cair".[940]

Sekmen é a antiga Siquém. O texto egípcio menciona mais um nome, para o qual não há uma explicação clara. Greßmann traduz simplesmente como "região". Cassuto e Albright o traduzem por "*Lus*". A palavra hebraica *Lus* ("amável") é o antigo nome de Betel. De acordo com isso, não somente o nome da cidade de Siquém, mas também da cidade de Betel foram registrados por escrito por volta de 1850 a.C.[941]

O restante da história de Siquém é deduzido de textos do Antigo Testamento. Em Siquém, Jacó comprou um campo dos filhos de Hamor, pai de Siquém (Gn 33.18s). José foi enterrado neste campo em Siquém (Js 24.32). Jacó edificou um altar em Siquém (Gn 33.20), como Abrão já tinha feito. Na época dos filhos de Jacó, Siquém era dominada por um filho do heveu Hamor, também chamado Siquém (Gn 34.2; cf. Jz 9.28). Este príncipe de Siquém violentou Diná, filha de Jacó. Usando de uma artimanha, os filhos de Jacó mataram o príncipe de Siquém e seus homens. A cidade foi tomada de forma violenta (Gn 34; 48.22; 49.5; Sl 60.6; 108.7). Durante a conquista da terra, a região de Siquém foi entregue aos filhos de José, Efraim e Manassés (Js 17.7; 1Cr 7.28). Siquém tornou-se uma cidade de refúgio (Js 20.7; 21.21; 1Cr 6.67). A cidade que antigamente adorava ao deus cananeu Baalberith tornou-se guardiã temporária da Arca da Aliança (Js 8.33). Sob Josué, Siquém era o grande local de reunião das tribos, onde Josué entregou a lei ao povo e estabeleceu uma aliança com ele (Js 24.1-28). Em Siquém, Abimeleque, um dos filhos de Gideão com uma moça da cidade, proclamou-se rei (Jz 8.31; 9.1-6). Instigados por Jotão, os siquemitas se rebelaram contra Abimelque, que mandou destruir a cidade (Jz 9.7-49,57).

Sob Salomão, Siquém se tornou a segunda capital do reino. Em Siquém, Roboão determinou o rompimento político entre Judá e Israel (1Rs 12.1; 2Cr 10.1). Na mesma cidade, os israelitas proclamaram Jeroboão como rei (1Rs 12.20). Siquém tornou-se a primeira capital do reino do Norte (1Rs 12.25).

Depois do exílio babilônico (538 a.C.), Siquém tornou-se o centro dos samaritanos, o "povo insensato" (Eclesiástico 50.28). Os samaritanos são uma população mista composta de descendentes de Efraim e Manassés

---

939 Odelain/Seguineau, pg. 332s.
940 Greßmann (ed.), Altorientalische Texte und Bilder, vol. I, pg. 235.
941 Cassuto, From Noah to Abraham, pg. 325 e 330.

e de diversos povos que tinham se assentado no antigo reino do Norte durante a época dos assírios (2Rs 17.24; Ed 4.4,9s). Judeus que fossem expulsos por se casarem com não judeus podiam fugir para Siquém, capital dos samaritanos (Jr 41.5). Sob o domínio romano, a cidade próxima à antiga Siquém (= Tell Balata) foi chamada de Flavia Neapolis, que deu origem ao atual nome, Nablus.

A frase "atravessou Abrão a terra até Siquém" significa que ele montou suas tendas nas proximidades de Siquém. O termo traduzido por "lugar" (cf. RC) (hebraico: *makom*) pode ser um lugar de culto^g ou um lugar fora do povoamento.⁹⁴² Sendo nômade, Abrão não entrou na antiga cidade dos cananeus, mas montou suas tendas nas proximidades da cidade, assim como fez mais tarde também entre Betel e Ai (Gn 12.8). Para isso, escolheu um lugar próximo a um carvalhal (cf. Dt 11.30), onde estava o carvalho de Moré, uma árvore sagrada conhecida daquela época^h. "Videntes" se sentavam debaixo destas "árvores sagradas". Eles chamavam a si mesmos de "homens de Deus" e proferiam oráculos.⁹⁴³ O carvalho dos oráculos de Siquém, aqui citado, é um terebinto, a *Pistacia terebinthus L.*, que pode atingir até 15 m de altura e viver vários séculos.⁹⁴⁴ Oráculos de árvores sagradas ou lugares de culto às árvores existiam em todos os povos. Os videntes ouviam a voz da árvore no sussurrar de seus galhos e interpretavam seu sentido.⁹⁴⁵ É possível que também a profetisa Débora se sentasse debaixo de uma árvore de oráculo, a chamada "palmeira de Débora, entre Ramá e Betel" (Jz 4.5).

Essas árvores sagradas eram locais de culto dos cananeus, sobre os quais Isaías diz: *Porque vos envergonhareis dos carvalhos que cobiçastes e sereis confundidos por causa dos jardins que escolhestes* (Is 1.29).

Abrão montou suas tendas nas proximidades desse antigo local sagrado dos cananeus. Ele tinha partido em uma viagem ao desconhecido. A terra para onde ele foi estava habitada. Abrão não conseguia imaginar que aquela seria a terra prometida. Mas, no meio de toda incerteza, pela primeira vez viu uma manifestação de Deusⁱ. O texto não diz como Deus se manifestou, qual era a forma desta "autovisualização de Deus".⁹⁴⁶ Só ficou registrada a palavra de Deus que Abrão ouviu durante essa manifestação: **Darei à tua descendência esta terra** (v.7). Abrão já esperava há muito tempo por uma resposta de Deus. Ele esperava que Deus lhe dissesse: "Esta é a terra que escolhi para ti e para teus descendentes". Mas a região de Siquém era firmemente controlada pelos cananeus. E justamente ali Abrão ouviu a mensagem libertadora de Deus. O caminho para o desconhecido tinha terminado: Canaã é a terra da profecia! Abrão estava na "Terra Prometida". Em Siquém, Deus falou pela primeira vez de "descendentes físicos de Abrão". Em Harã isso não tinha ficado claro. Lá Deus só prometera que de Abrão viria um povo que ultrapassaria todas as fronteiras (hebraico: *goij*). Mas agora Deus promete descendentes físicos a Abrão (hebraico: *sära*).⁹⁴⁷

g Gn 22.3s;
28.11,19;
2Rs 5.11;
Jr 7.12

h Gn 35.4;
Js 24.26;
Jz 9.26,37

i Gn 17.1;
18.1;
26.2,24

---

942 Westermann, Genesis I/2, pg. 178.
943 Gunkel, pg. 166.
944 Cf. Cassuto, From Noah to Abraham, pg. 325.
945 Gunkel, pg. 166.
946 Delitzsch, pg. 252.
947 Procksch, pg. 98.

Depois dessa promessa de Deus, Abrão construiu um altar no meio da região habitada por cananeus, perto do lugar sagrado dos gentios, o carvalho sagrado. Este primeiro altar na terra prometida era "no primeiro momento, um testemunho mudo, pacífico, de significado imensurável".[948] O altar construído por Abrão era um memorial. Caim e Abel trouxeram suas ofertas sobre um altar (Gn 4.3; Gn 8.20). Abrão estava decidido a sacrificar Isaque sobre um altar (Gn 22.9s). Mas o altar também tinha a função de memorial, para lembrar uma manifestação de Javé.[949] O texto não menciona que Abrão teria oferecido um sacrifício sobre o altar, nem em Siquém nem em Betel. Para Abrão, os altares em Siquém e em Betel não eram "lugares de sacrifício", mas "lugares de memória".[950] "Esta é a contradição maravilhosa: com o altar, Abrão pôs a mão em uma terra que estava firme em mãos alheias... A construção do altar pretendia ser um memorial para registrar aquele momento".[951]

Passando dali para o monte ao oriente de Betel, armou a sua tenda, 8 ficando Betel ao ocidente e Ai ao oriente; ali edificou um altar ao Senhor e invocou o nome do Senhor. A população cananeia que morava em Siquém e a grande família com os muitos rebanhos que Abrão possuíam eram motivo para uma nova caminhada. Agora Abrão escolheu a região de Betel para descansar. Ele montou suas tendas no espaço aberto entre Betel e Ai.

Betel[k] é a cidade cananeia de Luz. Jacó chamou esta cidade de Betel.[952] Já na antiga Luz havia um lugar sagrado onde Deus era adorado pelo nome "Bet-El" (Jr 48.13). Escavações arqueológicas localizaram restos da cidade de Luz, do século 21 a.C.; a posterior Betel é mencionada junto com Siquém na coluna de Sebek-Chu (por volta de 1850 a.C.), em Abidos.[953]

k Gn 28.19; 35.6; 48.3; Js 16.2; 18.13; Jz 1.23

O Antigo Testamento menciona os seguintes fatos da história de Betel: depois de Abrão, também Jacó descansou em Betel, e aqui sonhou com a "escada de Jacó" (Gn 28.10-22). Junto com Ai, Betel foi uma das primeiras cidades conquistadas por Josué (Js 7.2; 8.9-17). Betel é uma cidade de Benjamim (Js 18.22). Ela foi tomada por Efraim (Js 16.1s; 1Cr 7.28). Na época dos juízes, Betel era uma cidade onde os israelitas consultavam Deus (Jz 20.18,26; 21.2; 1Sm 10.3) ou buscavam os juízes (Jz 4.5; 1Sm 7.16).

No século 9 a.C., Betel tornou-se sede de uma escola de profetas formada em torno de Elias e Eliseu (2Rs 2.1-3; cf. 1Rs 13).

Depois da divisão dos reinos, Betel se tornou um santuário de peregrinações para o reino do Norte, com uma estátua de touro em cima de um pedestal, no qual esperava-se que Javé se manifestasse. Amós combateu ferrenhamente esse culto, o "pecado de Jeroboão" (1Rs 12.28-32; Am 3.14; 4.4; 5.5s)[l]. Amós foi expulso de Betel pelo sacerdote Amazias (Am 7.10-13). De acordo com Oseias, Bet-El, a "casa de Deus", transformou-se em casa da maldade, "Bete-Áven" (Os 5.8; 10.5,15).

l 2Rs 10.29; 23.4,15-20

---

948 von Rad, Mose, pg. 135.
949 "monument in remembrance of the Lord's appearance", Cassuto, From Noah to Abraham, pg. 329.
950 Procksch, pg. 98.
951 Jacob; citado por Westermann, Genesis I/2, pg. 181.
952 A designação geográfica aqui é "antecipatória", cf. Delitzsch, pg. 379; veja também o comentário sobre Gênesis 28.10-22.
953 Veja o comentário sobre Gênesis 12.6, Siquém.

Depois da queda da Babilônia, um dos sacerdotes que tinham sido levados cativos foi levado de volta para Betel, para ensinar a lei aos povos que tinham sido trazidos da Babilônia (2Rs 17.28). Durante seu programa de reforma, Josias (621 a.C.) mandou destruir os altares em Betel (2Rs 23.15-20). Quando Ciro encerrou o "exílio babilônico", permitindo que os israelitas voltassem, ex-moradores de Betel também voltaram do exílio. A cidade foi novamente habitada por benjaminitas (Ed 2.28; Ne 7.32; 11.31). Na época dos macabeus, Betel é uma das cidades de Judá fortificada por Báquides (1 Macabeus 9.50). Betel fica nas proximidades da atual vila árabe de Beitin, 17 km a norte de Jerusalém, e cerca de 3 km a nordeste de Ramallah.

No hebraico, *Ai* sempre aparece com artigo, sendo traduzido como "o Tell", isto é, "o monte de ruínas", "o lugar dos destroços". Não se sabe como Ai se transformou em ruína, em Tell. As escavações demonstraram que já no 3º milênio a.C. Ai era uma cidade importante, com um templo magnífico. Supõe-se que a cidade tenha sido destruída no século 22 a.C., de forma que na época de Abrão ela fosse um monte de ruínas, um Tell.[954] Também não se sabe quando Ai foi reconstruída. Ai é mencionada várias vezes no Antigo Testamento, em conjunto com Betel[m]. Josué foi derrotado diante de Ai (Js 7.2-5), mas então preparou uma armadilha, conquistou a cidade, executou a punição e mandou enforcar os reis (Js 8.1-29; 9.3; 10.1s; 12.1,9). Ai voltou a ser um monte de ruínas. Fica nas proximidades da atual cidade de Diwan.

m Gn 13.3;
Es 2.28;
Ne 7.32

Também na segunda estação de sua caminhada entre Betel e Ai, Abrão edificou um altar, outro "memorial", tornando conhecido ali o nome de Javé.[955] A expressão "invocar o nome de Javé" (hebraico: *kara b^eschem Jahwe*) pode ser traduzida tanto por "clamar o nome de Deus", isto é, "orar", quanto "proclamar o nome de Deus", isto é, tornar seu nome conhecido, pregar seu nome. Quando Moisés pediu a Deus que este lhe permitisse ver sua glória, a resposta foi: *Farei passar toda a minha bondade diante de ti e te proclamarei o nome do Senhor* (hebraico: *kara b^eschem Jahwe*), *terei misericórdia de quem eu tiver misericórdia* (Êx 33.19).

A tradução "tornou conhecido o nome de Javé" seria preferível por várias razões: não havia motivo para uma oração de gratidão ou intercessão especial em Betel. A oração diária de Abrão não precisava ser especialmente mencionada. Abrão testemunhava do Deus vivo. A pregação sobre Deus fez com que os cananeus chamassem Abrão de "príncipe de Deus" (Gn 23.6).

O memorial em Siquém era um sinal de que Deus se revelara a Abrão. O memorial entre Betel e Ai devia lembrar o fato de que Abrão proclamou o nome de Javé aos cananeus.[956]

João Calvino conclui: "Abrão era incansável em seu esforço de servir a Deus. Onde quer que ele chegasse, testemunhava de sua fé também de forma visível".[957] Martinho Lutero aponta, em seu comentário, para o fato de que clamar e proclamar o nome de Deus nada mais é do que exercer o ministério sacerdotal. Para Lutero, isso significava ensinar, advertir, fortalecer e orar.[958]

---

954 Sobre os resultados as escavações de Judith Marquet-Krause e S. Yeivin nos anos 1933-1935 cf. Cassuto, From Noah to Abraham, pg. 331.
955 Procksch, pg. 98.
956 Cassuto, From Noah to Abraham, pg. 332.
957 Calvino, pg. 138.
958 Lutero, Ersten Moses, vol. I, pg. 241.

Gênesis 12.4-9

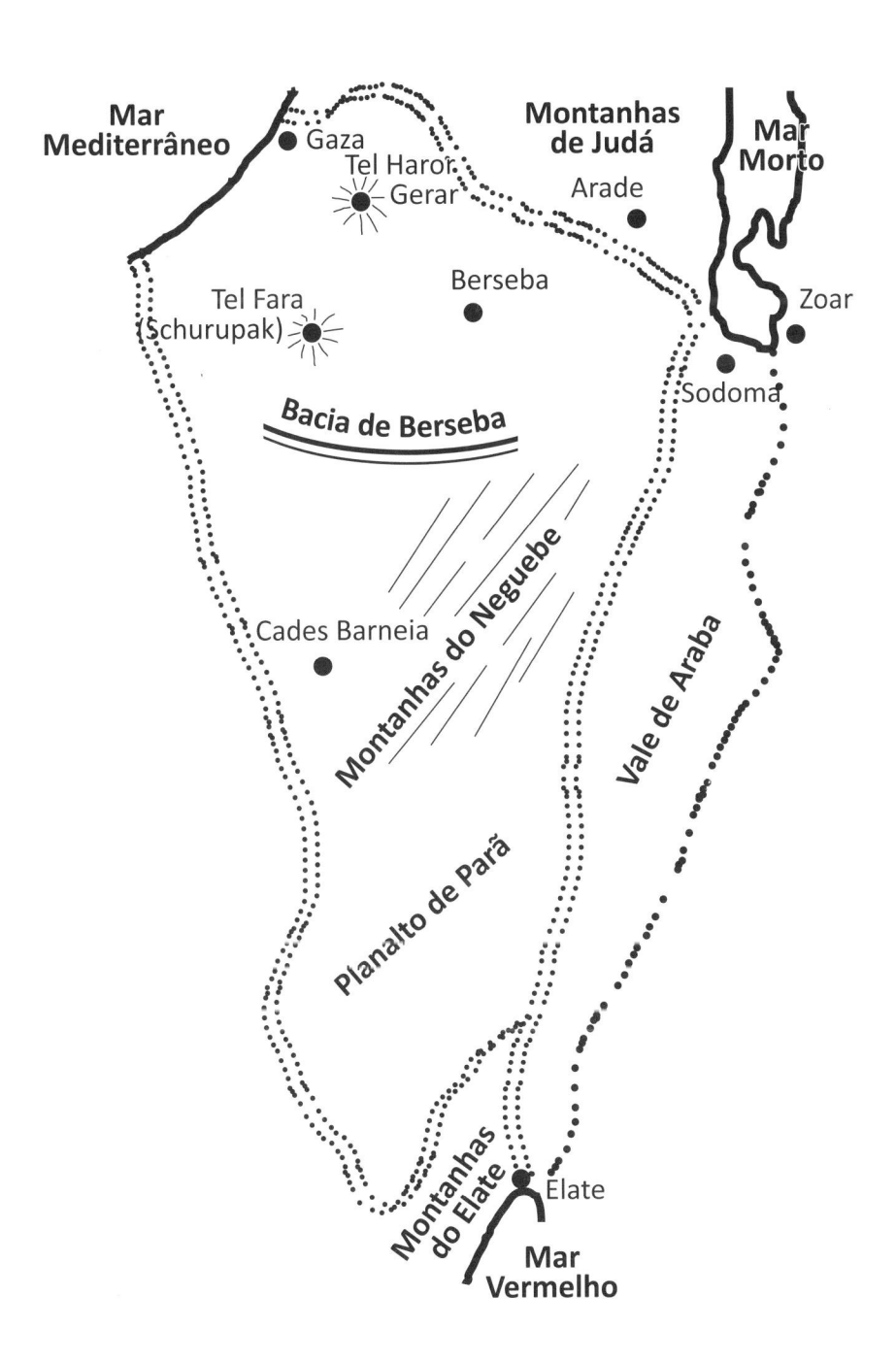

De acordo com a estrutura familiar das comunidades na época dos patriarcas, faz sentido que os próprios patriarcas realizassem o culto a Deus.[959]

9 Depois, seguiu Abrão dali, indo sempre para o Neguebe. Depois da grande promessa em Siquém e da proclamação do nome de Javé entre Betel e Ai, Abrão vai para o sul. O termo hebraico *negeb* provavelmente deriva do verbo aramaico "secar", e significa "terra seca". Hoje, entende-se por Neguebe o triângulo cuja base vai da ponta sul do Mar Morto até Gaza, e cuja ponta está no sul, junto a Elate, no Mar Vermelho. Esse território pode ser dividido em três regiões de tamanho semelhante: a bacia de Berseba, as montanhas do Neguebe e o planalto de Parã. As regiões fronteiriças são a costa do mar Mediterrâneo, o vale de Araba e as montanhas de Elate.[960]

No Antigo Testamento, Neguebe não é uma região que possa ser claramente definida, mas é usado como termo genérico para a terra seca ao sul[n]. É a região onde os nômades andam de um ponto de descanso a outro, o país daqueles "que peregrinam com os rebanhos" (Jr 31.24)[o].

Depois da saída do Egito, os espias de Moisés exploraram o Neguebe (Nm 13.17,22). A tribo de Simeão tinha algumas cidades no Neguebe (Js 19.2-7; 1Cr 4.28-32), que mais tarde foram tomadas por Judá (Js 15.21-32; Ne 11.26-29). Cada uma das regiões do Neguebe era denominada de acordo com seus moradores. Por isso, o Antigo Testamento fala do Neguebe de Judá (1Sm 27.10; 30.14; 2Sm 24.7; 2Cr 28.18), o Neguebe de Arade (Jz 1.16), o Neguebe de Calebe (1Sm 30.14), o Neguebe dos queneus e dos jerameelitas (1Sm 27.10) e o Neguebe dos queretitas (1Sm 30.14).

Supõe-se que no século 10 a.C. Salomão tenha instalado três centros de defesa e administração para controlar e proteger a terra do sul: Cades, Berseba e Arade. Entre as particularidades do Neguebe estão as minas egípcias e midianitas na atual Timna, cerca de 25 km a norte de Elate.[961] O Neguebe, moradia temporária de Abrão, não é um deserto, mas um território parcialmente cultivável. No Neguebe há riachos (Sl 126.4) e até mesmo um bosque (Ez 20.46s). O Neguebe tem muitas tempestades (Is 21.1) e abriga vários tipos de animais selvagens (Is 30.6).

III. ABRÃO NO EGITO: 12.10 – 13.4

12.10 Havia fome naquela terra; desceu, pois, Abrão ao Egito, para aí ficar, porquanto era grande a fome na terra.

11 Quando se aproximava do Egito, quase ao entrar, disse a Sarai, sua mulher: Ora, bem sei que és mulher de formosa aparência;

12 os egípcios, quando te virem, vão dizer: É a mulher dele e me matarão, deixando-te com vida.

13 Dize, pois, que és minha irmã, para que me considerem por amor de ti e, por tua causa, me conservem a vida.

14 Tendo Abrão entrado no Egito, viram os egípcios que a mulher era sobremaneira formosa.

n Dt 1.7; Js 10.40; 11.16; 12.8; 15.21-60; Jz 1.9; 2Cr 28.18; Jr 17.26; 32.44; 33.13; Ob 19s; Zc 7.7

o Gn 13.1,3; 20.1; 24.62

---
959 Westermann, Genesis I/2, pg. 182s.
960 Cf. Keel/Küchler, vol. 2, pg. 138-149.
961 a.a.O., pg. 292-295; sobre Cades, cf. o comentário sobre Gênesis 14; sobre Berseba, Gênesis 21.22-34.

15 Viram-na os príncipes de Faraó e gabaram-na junto dele; e a mulher foi levada para a casa de Faraó.

16 Este, por causa dela, tratou bem a Abrão, o qual veio a ter ovelhas, bois, jumentos, escravos e escravas, jumentas e camelos.

17 Porém o Senhor puniu Faraó e a sua casa com grandes pragas, por causa de Sarai, mulher de Abrão.

18 Chamou, pois, Faraó a Abrão e lhe disse: Que é isso que me fizeste? Por que não me disseste que era ela tua mulher?

19 E me disseste ser tua irmã? Por isso, a tomei para ser minha mulher. Agora, pois, eis a tua mulher, toma-a e vai-te.

20 E Faraó deu ordens aos seus homens a respeito dele; e acompanharam-no, a ele, a sua mulher e a tudo que possuía.

13.1 Saiu, pois, Abrão do Egito para o Neguebe, ele e sua mulher e tudo o que tinha, e Ló com ele.

2 Era Abrão muito rico; possuía gado, prata e ouro.

3 Fez as suas jornadas do Neguebe até Betel, até ao lugar onde primeiro estivera a sua tenda, entre Betel e Ai,

4 até ao lugar do altar, que outrora tinha feito; e aí Abrão invocou o nome do Senhor.

Abrão tinha recebido a promessa séptupla de Deus. Ele não tinha questionado a veracidade dessas promessas. Desde que Deus tinha se revelado em Siquém, Abrão sabia qual era a terra que Javé tinha escolhido para ele e para seus descendentes. Ele percorreu a terra prometida de norte a sul. Mas durante um período de fome, Abrão abandonou a terra da promessa e foi até o Egito.

1. O caminho para o Egito: 12.10-13

Havia fome naquela terra; desceu, pois, Abrão ao Egito, para aí ficar, porquanto era grande a fome na terra. 10 A fome é uma das "experiências fundamentais do sofrimento humano, que existe desde os primeiros relatos da história da humanidade até a atualidade".[962] O Antigo Testamento frequentemente fala de secas e fome[a]. Durante as secas, os beduínos da região asiática buscavam socorro no Egito, o "celeiro" da Antiguidade[b]. Há registros muito antigos (cerca de 1900 a.C.) da viagem de um xeique beduíno chamado Abisha.[963] Beduínos que não sabiam o que fazer para sobreviver à fome pediam para entrar no Egito.

Quando Abrão temeu que Deus lhe tirasse novamente tudo o que tinha lhe dado, também partiu com sua caravana para "descer" das estepes e montanhas palestinas em direção à terra fértil junto ao Nilo. Lá ele queria sobreviver com sua família, na condição de estrangeiro. Abrão estava acostumado à vida de estrangeiro. Não foi difícil para ele tornar-se dependente do Egito, na condição de pedinte.

a Gn 26.1; 43.1; 47.4; Rt 1.1; 2Sm 21.1; 2Rs 4.38; 8.1

b Gn 13.10; 42.2; Nm 11.5; 20.5; Is 23.3; Jr 42.14

---

962 Westermann, Genesis I/2, pg. 189.
963 Greßmann, Altorientalische Texte und Bilder, vol.II, pg. 123s.

c Gn 16.2;
18.27,31;
19.2,8,18s;
22.3ss;
27.2

d Gn 6.1-4;
2Sm 11.3s

Durante o caminho do Neguebe para o Egito, aconteceu uma das muitas conversas relatadas no Antigo Testamento[c]. Abrão tinha consciência de que precisaria pedir por alimentos, por não ter nenhum direito a eles. Além disso, teve medo de ficar à mercê do superpoderoso faraó, sem qualquer proteção. Por isso, restou a ele, um homem sem importância, apenas a "arma da astúcia".[964] Os poderosos podiam simplesmente tomar para si as mulheres bonitas que desejassem[d]. Mas se uma dessas mulheres fosse casada, o governante que quisesse tê-la precisaria primeiro matar o marido. "Mesmo se a mulher casada pertencesse apenas a um estrangeiro, era impossível tomá-la sem derramar sangue".[965] Abrão descobre uma forma astuta de conservar a mulher: no Egito, Sarai se identifica como irmã de Abrão. Dessa forma, ele não corre o risco de ser morto. Na época da viagem para o Egito, Sarai tinha sessenta e cinco anos (cf. Gn 12.4; 17.17). Como ela chegou aos cento e vinte e sete anos (Gn 23.1), aqui ainda estava na metade de sua vida. Além disso, ela ainda tinha o corpo de uma mulher que nunca tinha dado à luz. Por fim, como uma asiática semita, ela tinha a pele mais clara que as egípcias.[966] Portanto, o temor de Abrão era perfeitamente justificado, como também fica claro no decorrer da história. Em favor da artimanha pode-se argumentar que, no fundo, não se tratava de uma mentira descarada. Era simplesmente uma meia-verdade ardilosamente escolhida. Sarai era meia-irmã de Abrão (Gn 20.12).[967]

Os comentaristas divergem muito na avaliação da artimanha usada por Abrão.

Frey opina que Abrão perdeu a fé. Seguindo o "jeito de ser realista dos judeus", ele reflete sobre todos os perigos e oportunidades, decidindo, por fim, "expor sua esposa de forma infame, sob uma justificativa ainda mais infame", expondo assim o "vaso da promessa". O argumento "para que eu viva" é seguido por um segundo pensamento: "para que me vá bem". Frey chama isso de "tipicamente judeu". Para Frey, as ações de Abrão são determinadas por uma "moral judaica inferior" (!).[968] A exegese de Frey revela uma postura antissemita e pouco informada sobre o judaísmo. Isso vale para todos os comentaristas que se refiram a uma "moral baixa" no Antigo Testamento a partir deste ou de outros contextos.

O outro extremo é defendido por Speiser. Ele explica esta passagem exclusivamente com base na lei sobre o casamento entre irmãos. Para ele, a artimanha de Abrão não é engano nem mentira, mas simplesmente "uma explicação sobre o verdadeiro status legal de sua esposa".[969] A interpretação de Speiser procura, a qualquer custo, justificar a atitude de Abrão.

13 Mas a artimanha de Abrão era uma meia mentira. A justificativa dada por Abrão é: **para que me considerem** *por amor de ti* **e,** *por tua causa*, **me conservem a vida.** Sendo Sarai esposa de Abrão, o faraó só poderia colocá-la em seu harém se antes tivesse matado o marido – Abrão. Mas se Sarai se identificasse como meia-irmã de Abrão, haveria oportunidade

---

964 Westermann, Genesis I/2, pg. 191; König, pg. 463.
965 Procksch, pg. 101.
966 Delitzsch, pg. 254.
967 O fato de Sarai ser meia-irmã de Abrão já pode ser deduzido do fato de que não se diz quem era o pai dela; veja o comentário sobre Gênesis 11.29; Bräumer, 1ª parte, pg. 189.
968 Frey, pg. 18s.
969 Citado por Westermann, Genesis I/2, pg. 191.

para entabular longas negociações. Os egípcios tentariam separar Sarai de seu irmão por vias pacíficas. Estas negociações poderiam ser adiadas e prolongadas até que a fome passasse e fosse possível retornar para Canaã. No raciocínio de Abrão, a verdade completa representaria uma luta sem chance de vitória. Por isso, ele pensou que a meia-verdade seria uma chance justificada para ele e, com isso, também para Sarai. Abrão e Sarai poderão sobreviver graças às palavras de Sarai. "Por amor de ti" e "por tua causa" significam: "por causa das tuas palavras".[970] Mas, ainda que Abrão não temesse apenas por sua própria vida, mas também pela da esposa, tendo em vista o bem de ambos, ele não estava livre de culpa.

Abrão torna-se duplamente culpado. A primeira culpa é a falta de fé, a segunda, a da meia-verdade.[971]

1) A *fé pequena* de Abrão já começou em Canaã. Abrão tinha medo de morrer de fome na terra prometida. É verdade que ele não queria abandonar a terra prometida para sempre, indo morar no Egito, mas pensava ser necessário passar algum tempo no Egito a fim de sobreviver. Ao chegar às fronteiras no Egito, não acreditou que Deus pudesse proteger um estrangeiro indefeso no Egito. Abrão pensou que era necessário usar seus caminhos tortos para ajudar Deus.

2) O *uso de inverdades* era algo a que Abrão estava acostumado, em decorrência do convívio com os beduínos que sempre encontrava em suas andanças. Os beduínos têm orgulho de se salvar de perigos de morte por meio de mentiras. Abrão procurou um caminho intermediário. Ele não mentiu, mas também não disse a verdade! Foi obrigado a ver que em nenhuma área a fé corre mais riscos do que na área moral. A grande tentação dos cristãos é a meia-verdade no campo ético. Abrão fracassou. Abrão não é herói da fé nem santo. A história de Abrão não é uma hagiografia, escrita sobre fundo dourado. Ele se torna culpado. A vitória sobre o medo da morte e a confiança de que Deus encontrará um caminho, o que quer que aconteça em torno, não são dons naturais que Deus dá ao ser humano. Os medos do homem natural sempre o levam a aceitar compromissos. O cristão coloca sua confiança exclusivamente em Deus. Ele conta com a ação possível de Deus mesmo que humanamente não haja mais nenhuma saída.

2. O perigo: 12.14-16

No começo, tudo correu conforme Abrão temia. Os egípcios ficaram fascinados com a beleza de Sarai. Naquela época, nem Sarai nem as egípcias usavam véu. O véu só se tornou costumeiro no período persa (525-332 a.C.).[972] Os príncipes do faraó aparecem em busca de novas mulheres para o harém, e Sarai chama a atenção deles. Eles exaltam a beleza de Sarai diante do faraó. Mas, a partir deste momento, tudo muda. O faraó manda buscar Sarai sem fazer qualquer negociação com o suposto irmão e coloca-a no harém. Abrão não recebe a oportunidade esperada. Suas

---

970 Cassuto, From Noah to Abraham, pg. 350s.
971 "lack of faith" and "partial falsehood", Cassuto, From Noah to Abraham, pg. 351s.
972 Delitzsch, pg. 255.

palavras não eram suficientes para se opor à ordem do faraó. Abrão perdeu a esposa. A esperança de ter filhos com Sarai acaba. Não sem ironia, o texto conta que os príncipes aparecem pela segunda vez. Eles vêm trazer presentes para pacificar Abrão. Fizeram isso "por causa" de Sarai... mas que conotação trágica isso passa a ter agora!

Abrão tinha pedido a Sarai que usasse uma meia-verdade, pois esperava que isso o ajudasse a sobreviver. Além disso, ele queria salvar a vida de Sarai.[973] Mas, depois de tudo o que acontecera, ele não podia fazer mais nada por Sarai. Ele estava salvo, tinha até recebido pagamento, mas Sarai estava perdida!

"As poucas informações que o texto dá sobre o faraó (o nome significa 'a casa grande') e sua corte é historicamente correto e já era conhecido naquela época mesmo fora das fronteiras do Egito".[974] A enumeração dos presentes segue um esquema. A sequência é a seguinte: primeiro os animais de rebanho (ovelhas, bois, jumentos), depois o pessoal necessário para administrar estes bens (escravos e escravas) e, por fim, os animais de montaria (jumentas e camelos). Diferentemente do que diziam pesquisas mais antigas, hoje se sabe que desde tempos remotos já se domesticava camelos no Egito.[975] Não há cavalos nessa lista de presentes porque os cavalos só aparecem no Egito na época dos hicsos (a partir de 1750-1550 a.C.).[976]

3. A salvação: 12.17-20

Até este momento, o nome de Javé não apareceu no relato sobre a viagem de Abrão para o Egito. Abrão tinha se esquecido de Javé. Ele agira como se Deus não existisse. Mas Deus não esquecera Abrão. Ainda que Abrão fosse culpado, Javé intervém para salvar Sarai. Por causa de Sarai, Deus envia grandes pragas contra o faraó e sua casa. Javé mostrou-se mais poderoso do que o faraó, que era reverenciado como deus no Egito.[977]

e Êx 7-11

As pragas[e] enviadas contra o faraó não são descritas. O texto só diz que a casa do faraó também foi atingida. Os príncipes tinham visto Sarai, tinham falado dela ao faraó e a levaram para o harém. Como coparticipantes do sequestro de Sarai, eles também foram obrigados a suportar o castigo. O texto não diz como o faraó associou as pragas com a presença de Sarai em seu harém. A única explicação é que Deus tenha interferido no momento em que faraó planejava mandar trazer Sarai à sua presença.

Não houve contato mais próximo entre o faraó e Sarai.[978] Ao conversar com Abrão, o faraó até diz: **E me disseste ser tua irmã? Por isso, a tomei para ser minha mulher** (hebraico: *lakach*, v.19). A palavra hebraica para tomar, que também pode significar desposar, é usada aqui da mesma forma como na frase **a mulher foi levada para a casa de Faraó** (hebraico: *lakach*, v.15). Também sobre Abimeleque se diz que ... *mandou buscá-la...*

---

973 Veja o comentário sobre Gênesis 12.13; 20.2.
974 Westermann, Genesis I/2, pg. 192.
975 Cassuto, From Noah to Abraham, pg. 355.
976 Delitzsch, pg. 255.
977 Cassuto, From Noah to Abraham, pg. 356.
978 Procksch, pg. 102.

(hebraico: *lakach*), mas mais tarde o texto conta que *Abimeleque ainda não a havia possuído* (Gn 20.2,4).[979]

Não há como saber se o faraó interrogou Sarai ou se ele mesmo entendeu as pragas como uma advertência de Deus para não tomar Sarai. O texto parte do princípio de que, de repente, o faraó sabia o que tinha acontecido, manda chamar Abrão e o confronta.

A conversa entre o faraó e Abrão mostra que algum tipo de acordo tinha sido celebrado entre os príncipes e Abrão quando este assegurou que Sarai era sua irmã. Nas leis da antiga Síria, há um parágrafo que ajuda a entender melhor o conteúdo da conversa entre o faraó e Abrão: "Se a esposa de um homem mandar vir a si (tomar) outro homem que não seja seu pai, nem seu irmão e nem filho, este homem jurará sobre isto e dará dois talentos em chumbo ao marido desta mulher".[980] O faraó jura sua inocência e acusa Abrão. Abrão não diz nenhuma palavra. O silêncio constrangido de Abrão é reconhecimento da culpa, "envergonhado e arrependido, ele condena a si mesmo".[981] O faraó é seco: **Toma-a e vai-te** (v.19). O faraó tem razão, torna-se grosseiro e expulsa ambos.[982] Para garantir que Abrão e sua família deixarão o Egito, ele ordena que a caravana seja escoltada até a fronteira. "Ele toma providências para que nada mais aconteça que pudesse prejudicar um ou outro lado".[983] Abrão deixa o Egito como um homem envergonhado por Deus e humilhado pelas pessoas. Ele é dispensado por um faraó rude e furioso, e o faraó faz de tudo para "se certificar de que este estrangeiro desagradável saia de seu país".[984]

4. A volta para Canaã: 13.1-4

Ló volta a ser citado entre aqueles que retornam do Egito. Não tinha sido necessário mencionar Ló na ida para o Egito, já que ele não participara diretamente dos eventos que se desenrolaram lá. Mas agora, na volta para Canaã, Ló terá um papel decisivo.

Pela primeira vez, há uma referência à riqueza de Abrão. Não há dúvidas de que seus rebanhos e a quantidade de seus escravos tinham crescido por causa dos presentes do faraó. Mas a prata e o ouro não faziam parte da indenização paga pelo faraó (Gn 12.16).

Por volta de 2000 a.C., a prata era o metal nobre mais importante no ambiente mesopotâmico. Por isso, ela é citada antes do ouro na lista das riquezas de Abrão. Abrão tinha trazido a prata da sua terra natal, e ganhou o ouro em Canaã. Nos dois casos, trata-se de matéria-prima. Somente nos séculos 6 e 7 a.C. o ouro passou a ser usado como moeda.[985] Somente Dario I conseguiu, em 516 a.C., fixar a relação de valor ouro:prata em 1:13 $1/_3$.[986]

O texto diz que a riqueza de Abrão "era muito pesada" (hebraico: *kabed*). Não é coincidência que se use aqui a mesma palavra que no capítulo

---
979 Cassuto, From Noah to Abraham, pg. 360; cf. o comentário sobre Gênesis 20.1-18.
980 Greßmann (ed.), Altorientalische Texte, pg. 414.
981 Delitzsch, pg. 256.
982 Gunkel, pg. 172.
983 Westermann, Genesis I/2, pg. 194.
984 Ehrlich, pg. 49.
985 Procksch, pg. 103.
986 Wilsdorf, Gold, pg. 197.

anterior descrevia a fome: "a fome pesava sobre a terra". É possível que estas palavras indiquem que o conflito com Ló foi gerado a partir da riqueza de Abrão. Mas o evento que desencadeou a separação entre Abrão e Ló foi a briga dos servos. Os numerosos escravos e escravas, que naquela época significavam riqueza[987], levaram à separação.

Depois de voltar para a terra prometida, Abrão seguiu com sua família do Neguebe para Betel. As indicações geográficas precisas e a referência ao altar entre Betel e Ai não são meras repetições. Abrão invocou novamente o nome de Javé. Depois de uma grande provação e culpa, ele testemunha a respeito de sua decisão de, a partir de agora, seguir fielmente seu chamado. Ele queria obedecer a Deus sem fazer concessões.[988]

IV. A SEPARAÇÃO ENTRE ABRÃO E LÓ: 13.5-18

5 Ló, que ia com Abrão, também tinha rebanhos, gado e tendas.
6 E a terra não podia sustentá-los, para que habitassem juntos, porque eram muitos os seus bens; de sorte que não podiam habitar um na companhia do outro.
7 Houve contenda entre os pastores do gado de Abrão e os pastores do gado de Ló. Nesse tempo os cananeus e os ferezeus habitavam essa terra.
8 Disse Abrão a Ló: Não haja contenda entre mim e ti e entre os meus pastores e os teus pastores, porque somos parentes chegados.
9 Acaso, não está diante de ti toda a terra? Peço-te que te apartes de mim; se fores para a esquerda, irei para a direita; se fores para a direita, irei para a esquerda.
10 Levantou Ló os olhos e viu toda a campina do Jordão, que era toda bem regada (antes de haver o Senhor destruído Sodoma e Gomorra), como o jardim do Senhor, como a terra do Egito, como quem vai para Zoar.
11 Então, Ló escolheu para si toda a campina do Jordão e partiu para o Oriente; separaram-se um do outro.
12 Habitou Abrão na terra de Canaã; e Ló, nas cidades da campina e ia armando as suas tendas até Sodoma.
13 Ora, os homens de Sodoma eram maus e grandes pecadores contra o Senhor.
14 Disse o Senhor a Abrão, depois que Ló se separou dele: Ergue os olhos e olha desde onde estás para o norte, para o sul, para o oriente e para o ocidente;
15 porque toda essa terra que vês, eu ta darei, a ti e à tua descendência, para sempre.
16 Farei a tua descendência como o pó da terra; de maneira que, se alguém puder contar o pó da terra, então se contará também a tua descendência.

---
987 Calvino, pg. 143.
988 Cassuto, From Noah to Abraham, pg. 365.

17 Levanta-te, percorre essa terra no seu comprimento e na sua largura; porque eu ta darei.

18 E Abrão, mudando as suas tendas, foi habitar nos carvalhais de Manre, que estão junto a Hebrom; e levantou ali um altar ao Senhor.

Para Abrão, a separação de Ló foi uma nova provação e tentação. Abrão tinha a promessa de que seria pai de um grande povo (Gn 12.2). Mas agora ele, que não tinha filhos, viu-se confrontado com a necessidade de separar-se de Ló. Ló era como um filho para Abrão. Nessa tentação, Abrão confiou mais na promessa de Deus do que em seus próprios pensamentos e medos. Nesse breve trecho sobre a separação entre Abrão e Ló, a palavra "terra" (hebraico: *äräz*) aparece sete vezes.[989] Mas uma pergunta continua sem resposta: quem herdará a terra prometida?

1. A briga: 13.5-7

A briga que causou a separação entre Abrão e Ló teve três causas:[990]

1) *O espaço era pequeno demais para os dois clãs, que tinham enriquecido.* Ló não tinha tantos bens quanto Abrão, que era muito mais rico (cf. Gn 13.1s), mas também ele tinha "tendas". A tenda é a "unidade habitacional dos nômades, incluindo seus moradores".[991] A bênção da riqueza e das famílias em crescimento não deixa de provocar conflitos.[992]

2) *Abrão e Ló tinham que dividir a terra com os cananeus e os ferezeus.* Nesse contexto, "cananeus" é um termo que abrange a população mista de Canaã.[993] Entre eles havia também os ferezeus[a]. Não é possível definir este grupo com maior precisão. Este povo também não é citado entre as tribos que aparecem na genealogia das nações (Gn 10.15-18). É possível que os ferezeus fossem "remanescentes oprimidos da população pré-cananeia".[994] Os rebanhos dos nômades ocupavam muita área nos campos de cultivo da população local. Além disso, dependiam de algumas poucas fontes de água.[995]

a Êx 34.11; Js 17.15; Jz 1.4

3) *Briga declarada havia surgido entre os pastores de Abrão e os pastores de Ló.* Como a briga dos pastores gira em torno de espaço para viver e alimentos, ele acaba sendo tão violento e trágico quanto a guerra entre povos sedentários. Pequenos grupos nômades não podiam guerrear, por isso, para eles a briga ocupa o lugar da guerra.[996] É uma luta por pastagens e poços.[997]

---

989 Cassuto, From Noah to Abraham, pg. 366-368. Depois de escrever a introdução e traduzir o primeiro trecho do capítulo "A separação", Umberto Cassuto faleceu. Não conseguiu terminar o comentário sobre Gênesis que começara.
990 Lutero, Ersten Moses, vol.I, pg. 259.
991 Westermann, Genesis I/2, pg. 205.
992 Veja o comentário sobre Gênesis 13.1-4.
993 Cf. Introdução, II 3. (1) A terra de Canaã.
994 Dillmann, pg. 192.
995 von Rad, Mose, pg. 143.
996 Westermann, Genesis I/2, pg. 205.
997 Dillmann, pg. 230.

A briga (hebraico: *rib*) é o litígio, o processo judicial.[998] Na época do Novo Testamento, o processo judicial era sinal do fracasso moral. Paulo não somente convoca os membros da igreja cristã à "moderação nas brigas e processos", mas estabelece também um "princípio fundamental sobre a paz entre os membros da igreja":[999] *O só existir entre vós demandas já é completa derrota para vós outros* (1Co 6.7).

Mas também na igreja primitiva havia as mais diferentes brigas entre os cristãos. Tiago constata, em sua carta: *... viveis a lutar e a fazer guerras* (Tg 4.2). A acusação envolve tanto brigas de fato, incluindo derramamento de sangue, até as lutas e guerras intelectuais e insensíveis.[1000] De acordo com Paulo, a conduta litigiosa é irreconciliável com o discipulado de Jesus Cristo: *...é necessário que o servo do Senhor não viva a contender* (2Tm 2.24). Ele não deve se envolver com *contendas e debates sobre a lei* (Tt 3.9). Um bispo deve ser *inimigo de contendas* (1Tm 3.3). Sempre que houver brigas entre cristãos, há ambição e "prazer" envolvidos (cf. Tg 4.1). A ambição por poder e o desejo por sucesso podem estar bem ocultos e disfarçados sob um verniz "cristão".[1001]

2. A pacificação e a separação: 13.8-13

Abrão considera indigna a briga "entre homens aparentados".[1002] Ele se apresenta a Ló dizendo "somos irmãos", ou literalmente, "homens irmanados", isto é, homens aparentados entre si.[1003] A proposta de conciliação de Abrão inclui a separação. Na questão em análise, Abrão considera que a separação é a solução mais responsável. Para Abrão, não existe apenas a possibilidade de *viverem unidos os irmãos* (Sl 133.1), mas há também uma segunda opção, a da separação pacífica. A fim de evitar a qualquer custo uma guerra entre parentes, ele permite que Ló escolha a direção para a qual deseja ir. Esta oferta de Abrão é um sinal de generosidade, pacifismo e responsabilidade. Abrão sabe de sua responsabilidade pelos seus. Ele não considera a possibilidade de resolver o conflito na base da violência.[1004]

Também no Novo Testamento há um exemplo de separação como solução para um conflito. Barnabé e Paulo entraram em choque. Barnabé insistia em levar João Marcos novamente em uma viagem missionária. Paulo não achava que isso seria certo. Não queria ser acompanhado por um homem que o tinha abandonado em outra ocasião. Surgiu "desavença" entre eles, literalmente "amargura".[1005] Paulo e Barnabé se separaram. Barnabé levou Marcos consigo, enquanto Paulo escolheu Silas (At 15.37-40). Só havia uma solução para a desavença amarga entre Paulo e Barnabé: a separação. Toda separação deixa cicatrizes. Para Paulo, a consequência de sua ruptura com Barnabé foi o relacionamento perturbado com a igreja de Antioquia. Seus opositores aproveitaram

---

998 Quell/Schrenk, pg. 179 e 183.
999 Maurer, pg. 640.
1000 Cf. Bauernfeind, pg. 533.
1001 Schlatter, Jakobus, pg. 241.
1002 von Rad, Mose, pg. 143.
1003 Keil, Genesis, pg. 170.
1004 Cf. Westermann, Genesis I/2, pg. 206.
1005 Seesemann, pg. 855.

a oportunidade para questionar o apostolado de Paulo. Paulo foi forçado a se defender.[1006]

Na proposta apresentada a Ló, Abrão lançou mão de toda a terra[b]. Deus tinha lhe prometido a terra.[1007] A reação de Ló foi: **Levantou... os olhos**, isto é, ele olhou para longe. Este olhar para longe não é nada mais do que uma reflexão cuidadosa e equilibrada.[1008] Do seu posto em Bet-El, Ló estava fascinado pela planície do Jordão, a região ao sul do Mar Morto. Os nômades não conheciam a cidade de Zoar.

b Gn 12.7

10

Traduzido, **Zoar**[c] significa "pequeno", "inferior". Zoar ficava ao pé das montanhas de Moabe. O mapa de Madaba apresenta Zoar como um local fortificado em meio a um oásis de palmeiras.[1009] Este oásis distante e, acima de tudo, a planície do Jordão e a área ricamente irrigada em torno de Jericó, seduziram Ló. Despertaram nele o desejo de possuir aquela região. Para Ló, a terra escolhida é comparável ao jardim do Éden e seu rio paradisíaco, ou então com o Egito, onde os transbordamentos do rio Nilo tornavam a terra muito fértil. Ló escolheu a região do Jordão. Esta região é uma área "aproximadamente circular no vale do baixo Jordão".[1010]

c Gn 19.20,30;
Dt 34.3;
Is 15.5;
Jr 48.4,34

Assim que tinha tomado sua decisão, Ló mudou-se com seu clã para a terra selecionada. Em contraste com a beleza da região, o texto descreve Sodoma[1011], para onde Ló se mudou, como um lugar com moradores "muito maus". Eles **eram maus e grandes pecadores contra o Senhor**. Em Sodoma havia pecadores maus.[1012]

13

3. A nova fala de Deus: 13.14-18

Deus revelou-se oito vezes a Abrão[d]. A revelação depois da separação de Ló, na região de Betel, é a terceira – uma das quatro – sem manifestação visível.[1013] No momento em que Abrão abriu mão, Deus falou diretamente com ele. No Antigo Testamento não há uma palavra específica para "prometer". O termo neotestamentário "prometer" (do grego: *epanggelizesthai*) não tem correspondente no Antigo Testamento.[1014] Quando Deus fala (hebraico: *dabar*), o que ele diz se torna fato e história.

d Gn 12.1;
12.7; 13.14;
15.1; 17.1;
18.1;
21.12; 22.1

Ló tinha deixado Abrão. Abrão estava sozinho, mas Javé se aproximou dele. Mais uma vez, Javé confirma que Abrão será dono da terra (cf. Gn 12.7) e também que terá incontáveis descendentes (cf. Gn 12.2). A novidade na presente promessa são as pequenas palavras "para sempre" ou "para toda eternidade".[1015] A declaração solene "para toda eternidade" aparece cerca de quarenta vezes no Antigo Testamento, "acompanhada de expressões características, que apontam para a genealogia".[1016]

1006 Cf. Grundmann, Christos, pg. 545, A 373.
1007 Procksch, pg. 104.
1008 von Rad, Mose, pg. 144.
1009 Keel/Küchler, vol.2, pg. 254.
1010 Kilian; citado por Westermann, Genesis I/2, pg. 208.
1011 Sobre Sodoma, veja o comentário sobre Gênesis 18.17-19.29.
1012 Dillmann, pg. 231.
1013 Delitzsch, pg. 259.
1014 Schniewind/Friedrich, epagello, pg. 575.
1015 Dillmann, pg. 231.
1016 Jenni; citado por Westermann, Genesis I/2, pg. 210.

Exegetas judeus traduzem a expressão "para sempre" com "para toda eternidade". Encontram nela a justificativa para o seu direito de posse intocável e inviolável à Terra Santa. "A terra prometida pertence aos descendentes de Abrão para toda a eternidade. Isso também vale para as épocas em que a terra não estiver nas mãos dos descendentes de Abrão. Afinal, Abrão recebeu a terra em uma época em que muitos povos tentavam fazer valer seu direito à posse da terra, em uma época em que ele nem poderia tomar posse da terra no sentido pleno da palavra".[1017]

Para o judeu piedoso que segue essa interpretação, nunca poderá haver uma coexistência pacífica entre judeus e árabes na Terra Santa. A inexistência de solução para o conflito entre judeus e árabes está baseada em duas premissas absolutamente inconciliáveis. Uma premissa é a compreensão que rege o ouvir ou ver de uma palavra ou fato, algo que o ser humano carrega dentro de si e que atravessa o caminho do ouvir, pensar, julgar e agir.[1018]

A premissa dos judeus é a *existência*. Israel só poderá sobreviver com a promessa da terra. A premissa dos árabes é a *justiça*. O árabe que perde a terra que pertencia a seus antepassados é injustiçado.

Também para o Estado de Israel, criado em 1948, não houve e não haverá "conquista de terra" sem destruição e derramamento de sangue! O conflito entre judeus e árabes é insolúvel. Um observador que não for judeu nem árabe precisa ser extremamente cuidadoso ao propor soluções para o conflito.

Perto de Betel, Deus mandou que Abrão, o pai do povo de Israel, olhasse para toda a extensão de sua futura terra. O olhar de Abrão está em um "contraste silencioso, mas consciente, com o olhar cobiçoso de Ló".[1019] Abrão deve olhar para os quatro pontos cardeais. A nordeste de Betel há um mirante, "que abrange a planície da costa e do mar Mediterrâneo e do outro lado até a planície do Jordão, do Hermom ao mar Morto e grande parte das montanhas a leste do Jordão".[1020] Ló tinha escolhido a terra de acordo com o que lhe agradara; mas Deus diz a Abrão: "Eu a darei a ti". Abrão ganhou Canaã mais uma vez.[1021] Desta vez, ele deveria atravessar a terra na sua largura e no seu comprimento, tomando posse dela dessa maneira. Atravessar pessoalmente uma terra na sua largura e no seu comprimento era uma das formas de tomar posse dela[e].

e Js 24.3

Por ordem de Deus, Josué e seus guerreiros andaram em torno de Jericó durante seis dias, antes que a cidade fosse tomada (Js 6.3-5). De acordo com as leis do Talmude, uma pessoa toma posse de um terreno ao dar uma volta em torno dele.[1022] No Império Romano, caminhar em torno de um terreno (latim: *ambitus*) era um costume legal praticado no momento em que o dono tomava posse dele.[1023]

Abrão partiu e andou de um lado para o outro. Armou suas tendas em diversos lugares, até encontrar morada mais duradoura junto ao carvalhal

---

1017 Hirsch, citado por Hertz (ed.), pg. 49.
1018 Sobre a definição de "premissa", Iwand, Briefe, pg. 217.
1019 Westermann, Genesis I/2, pg. 210.
1020 Noth, M.; citado por Westermann, Genesis I/2, pg. 210.
1021 Delitzsch, pg. 259.
1022 Ehrlich, pg. 53.
1023 Westermann, Genesis I/2, pg. 211.

de Manre, diante da atual Hebrom. Lá levantou um altar para o Senhor, o terceiro[f] desde a sua entrada em Canaã.[1024] Ao ficar em Manre, Abrão opta por um "estilo de vida seminômade".[1025]

[f] Gn 12.7s

Manre[g] possivelmente deva ser traduzido a partir da raiz *mr'*, "engordar" ou "cevar", resultando em "lugar que é gordo". Provavelmente, os atrativos do lugar eram um poço e uma árvore, ou bosque. Manre era um antigo lugar de culto. Escavações trouxeram à tona traços de povoamentos da Idade do Bronze, cacos da época israelita, um enorme retângulo murado (têmeno, 40 x 60 m) feito de paralelepípedos herodianos e um lago artificial árabe.[1026] A antiga Manre fica à beira da atual estrada principal que liga Hebrom a Jerusalém. Em hebraico, o lugar chama-se *bet-ha-baruk*, "casa do abençoado", em árabe é *ramet-el-chalil* "pico do amigo". Na Bíblia, Manre só é citado em Gênesis. Abrão está em Manre quando sai para salvar seu sobrinho Ló (Gn 14.13). Três mensageiros de Deus visitam Abrão em Manre (Gn 18.1). O sepulcro de Macpela, comprado por Abrão, fica defronte a Manre (Gn 23.17,19; 25.9; 49.30; 50.13). Jacó visita seu pai, Isaque, em Manre (Gn 35.27).

[g] Gn 13.18; 14.13; 18.1; 23.17,19; 25.9; 35.27; 49.30; 50.13

O Livro dos Jubileus, escrito na segunda metade do século 2 a.C., complementa os textos do Antigo Testamento. O Livro dos Jubileus menciona que o juramento de Deus (Gn 15.9s) aconteceu em Manre. Depois de morar algum tempo em Berseba, Manre se torna moradia de Isaque. Depois de voltar da Mesopotâmia, Jacó queria construir um santuário murado (têmeno) em Betel, mas Deus não permitiu e mandou-o para Manre. Isaque passou-lhe Manre como herança. Depois da morte de Isaque, Jacó morou em Manre. Esaú sitiou Manre, mas Jacó conseguiu livrar-se dele.[1027]

Depois de escrever seu Apocalipse entre 100 e 131 a.C., Baruque escreveu em Manre as suas cartas de advertência dirigidas às tribos que estavam no cativeiro assírio e babilônico. Baruque tinha se refugiado em Manre depois da destruição de Zoar.

Não há nenhum testemunho que confirme os relatos do livro dos Jubileus e do Apocalipse de Baruque. Mas escavações mostraram que Manre já era um santuário central na época dos reis (séc. 9-8 a.C.). P. Mader descobriu restos de uma via sacra em 1926/27. Ela levava a um portão flanqueado por duas torres, que dava acesso ao setor sagrado.

O historiador Flávio Josefo (*37/38 d.C., † por volta de 100 d.C.) chama o carvalho de Manre de pré-diluviano. Para ele, é uma árvore que Deus colocou em Manre quando criou o mundo.

Herodes, o Grande (* aprox. 72 a.C., † 4 a.C.) começou a construir um retângulo murado (têmeno) em torno da árvore, do poço e do altar. No ano 130 d.C., o imperador Adriano reconstruiu o têmeno destruído pelos romanos na época da revolta judaica (66-70 d.C.), ampliando-o para torná-lo um santuário para o deus do comércio e dos mensageiros, Mercúrio/Hermes. Depois da segunda revolta judaica (132-135 d.C.), que custou a vida de 580.000 judeus, Adriano levou homens, mulheres e crianças

---

1024 Cf. Delitzsch, pg. 260.
1025 Westermann, Genesis I/2, pg. 235.
1026 von Rad, Mose, pg. 145.
1027 Sobre os textos do Livro dos Jubileus e a história posterior de Manre, cf. Keel/Küchler, vol.2, pg. 698-709.

sobreviventes para Manre, para vendê-los como escravos! A pavorosa lembrança desta época levou os judeus dos séculos 2 e 3 d.C. a excluirem qualquer lembrança de Manre de suas mentes e escritos.

Depois da visita de Eutropia, sogra de Constantino, a Manre, Constantino mandou construir uma basílica em Manre. Esta basílica, construída no ano 330, foi destruída durante a invasão persa no ano 614.

Sozomeno, historiador da igreja que viveu no século 5, descreve a importância de Manre para judeus, gentios e cristãos: "Este lugar, hoje chamado de terebinto, fica 15 estádios ao norte de Hebrom. A história relata que, neste lugar, o Filho de Deus apareceu a Abraão junto com dois anjos, anunciando-lhe o nascimento de seu filho. No verão, os moradores do lugar e palestinos, fenícios e árabes de toda a região realizam aqui uma famosa feira. Muitos vêm para cá também para fazer outros negócios, alguns para vender, outros para comprar. A festa é celebrada por numerosos visitantes: pelos judeus, porque honram a Abraão como antepassado de seu povo; pelos gentios, porque aqui se reuniram anjos; pelos cristãos, porque naquela época aquele que muito tempo depois nasceria de uma virgem para a salvação da humanidade se revelou a um homem piedoso. Cada um honra este lugar de acordo com seu culto e sua religião. Este lugar está a céu aberto".[1028]

Manre, o lugar onde Isaque foi prometido, é a "Nazaré do Antigo Testamento".[1029] Em Manre, a Palavra de Deus é acompanhada pela manifestação de Deus (Gn 18); em Betel, Abrão recebeu simplesmente a Palavra de Deus. "Portanto, a história de Abrão, a melhor de todas, é que ela está cheia da Palavra de Deus, para que tudo o que aconteceu com ele seja adornado e enfeitado, e que Deus em tudo se manifesta pela sua palavra, prometendo, ordenando, consolando e advertindo, para que todos vejam que Abraão é o amigo especial, de confiança, de Deus".[1030]

V. A LUTA PELA ROTA COMERCIAL: 14.1-24

Cinco dos reis de cidades cananeias que moravam na região do mar Morto tentaram se libertar do domínio exercido pelos grandes reis babilônicos. Quatro destes grandes reis formaram uma coalizão. Seu objetivo era garantir o acesso às rotas que ligavam o norte da Síria ao Egito e ao sul da península arábica, passando por Elate.[1031]

A luta por esta rota explica o traçado aparentemente estranho da marcha dos reis do oriente. No primeiro momento, seus exércitos passaram pelos rebeldes até a extremidade sul, e de lá desviaram-se para Cades. Somente depois de lutar em Cades, cerca de 100 km ao sul do mar Morto, eles começaram a subir em direção ao mar Morto, onde os reis cananeus esperavam há tempos por eles.

A proteção da ligação norte-sul, essencial para o comércio, fez da terra prometida o palco de um trecho da História mundial.[1032] A prisão de Ló faz Abrão surgir em cena. Abrão é envolvido nesse acontecimento da

---

1028 Citado por von Rad, Mose, pg. 145s.
1029 Keel/Küchler, vol.2, pg. 698.
1030 Lutero, Ersten Moses, vol.I, pg. 264.
1031 de Liagre Bohl, col. 332s.
1032 von Rad, Mose, pg. 147.

política mundial. Ele forma uma coalizão com os príncipes da região de Hebrom, persegue os reis babilônicos e derrota "o contingente do exército, que talvez nem fosse tão grande assim, roubando-lhe os despojos".[1033]

Até hoje, muitos dos detalhes do relato sobre a luta em torno dessa rota comercial, especialmente os relacionados aos reis babilônicos, não encontram explicação por parte dos exegetas. O capítulo 14 trata de "uma das matérias mais difíceis e controversas da história dos patriarcas, até mesmo de toda a história do Antigo Testamento".[1034]

Em vista do significado histórico de Gênesis 14, boa parte dos exegetas, basicamente reportando-se ao comentário de Hermann Gunkel, pensa ser necessário discernir entre o que é "historicamente possível" e o que é "impossível". Gunkel considera históricos o ambiente do acontecimento, o nome dos quatro reis, o domínio dos reis elamitas e babilônicos, que chegava até a Palestina, e talvez também a figura de Melquisedeque.

Gunkel considera absolutamente impossível a "guerra armada de Abraão" e a premissa de que a região em torno do mar Morto teria sido uma região fértil e povoada: "Portanto, o relato contém aspectos perfeitamente autênticos e outros absolutamente impossíveis".[1035]

Ao analisar o texto cuidadosamente a partir da pergunta: "O que o texto não diz?", isto é, "o que os exegetas deduziram ou imaginaram?", chega-se ao seguinte resultado: "Até agora não ficou provado que o texto relate qualquer coisa que seja impossível".[1036]

É perfeitamente concebível que tenha havido terra cultivada ao sul do mar Morto. "Até hoje, a parte sul do mar Morto ainda é pouco profunda".[1037]

O texto não fala de uma batalha entre povos ou de uma luta aberta de Abrão contra todo o exército dos reis. Abrão não é exaltado como senhor da guerra aqui.

Também a observação de que em vez de nomes de pessoas são citados nomes de lugares não é motivo para considerar o relato como não histórico. Não faz diferença se Abrão se aliou com Manre ou com o príncipe de Manre.[1038]

O capítulo 14 de Gênesis fala da campanha militar dos quatro reis do Oriente, da punição aos rebeldes, da libertação empreendida por Abrão e do encontro no Vale dos Reis.

1. A campanha dos quatro reis do Oriente: 14.1-7

1 Sucedeu naquele tempo que Anrafel, rei de Sinar, Arioque, rei de Elasar, Quedorlaomer, rei de Elão, e Tidal, rei de Goim,

2 fizeram guerra contra Bera, rei de Sodoma, contra Birsa, rei de Gomorra, contra Sinabe, rei de Admá, contra Semeber, rei de Zeboim, e contra o rei de Bela (esta é Zoar).

1033 de Liagre Bohl, col. 333.
1034 von Rad, Mose, pg. 147. – Exegetas que seguem a teoria das fontes têm ainda mais dificuldade para associar Gênesis 14 com alguma dessas fontes; cf. Westermann, Genesis I/2, pg. 221
1035 Gunkel, pg. 288; cf. Westermann: "Apesar de aparentemente haver um documento histórico servindo de base, o relato é não histórico"; Genesis I/2, pg. 226.
1036 Dillmann, pg. 234.
1037 Dalmann; citado por von Rad, Mose, pg. 148.
1038 Dillmann, pg. 235.

3   Todos estes se ajuntaram no vale de Sidim (que é o mar Salgado).
4   Doze anos serviram a Quedorlaomer, porém no décimo terceiro se rebelaram.
5   Ao décimo quarto ano, veio Quedorlaomer e os reis que estavam com ele e feriram aos refains em Asterote-Carnaim, e aos zuzins em Hã, e aos emins em Savé-Quiriataim,
6   e aos horeus no seu monte Seir, até El-Parã, que está junto ao deserto.
7   De volta passaram em En-Mispate (que é Cades) e feriram toda a terra dos amalequitas e dos amorreus, que habitavam em Hazazom-Tamar.

Nenhuma das tentativas de associar os quatro reis do Oriente a governantes historicamente conhecidos é convincente. A interpretação de Anrafel como Hamurabi é impossível simplesmente por motivos filológicos. Também não é possível estabelecer uma ligação conclusiva entre os quatro reinos e os domínios que existiam na Mesopotâmia.[1039] Ainda assim, é concebível que tenha havido uma coalizão entre quatro reis do Oriente. Muito provavelmente, isso aconteceu ainda antes da época do governo de Hamurabi.[1040]

E não somente o nome dos quatro reis do Oriente, mas também os cinco reis do vale de Sidim permanecem ocultos. Do rei de Zoar[1041] não se menciona nem mesmo o nome.

Vale de Sidim aparece somente aqui no Antigo Testamento. A interpretação dessa referência geográfica é muito variada. Uma derivação do acádio *shiddu* resulta na explicação "campo plano", isto é, o litoral junto ao mar Morto. Mas o nome também pode representar toda a região do mar Morto. As particularidades da região forçosamente levam a interpretá-la como "vale dos demônios". Neste caso, o nome original seria *Shi*dim, e não Sidim.[1042]

A região em torno do monte de Sodoma lembra um "vale dos demônios" ou "vale dos espíritos dos mortos". As montanhas de Sodoma (hebraico: *har sedom*; árabe: *dshebel usdum*) estendem-se no sentido norte-sul, a 10 km da extremidade sudoeste do mar Morto. Nesta cordilheira, que em alguns trechos tem até 2 km de largura, há pontas rochosas menos solúveis do que a camada de sal, que se destacam na paisagem como se fossem pequenas torres e estátuas. As montanhas de Sodoma são permeadas de cavernas e túneis estreitos. Em determinadas horas do dia, a incidência da luz solar cria uma atmosfera fantasmagórica nas paredes azuladas.[1043] Assim surgiu o nome "vale dos demônios".

Atualmente, a extremidade sul do mar Morto tem apenas de 2 a 6 metros de profundidade, enquanto nos demais pontos ele alcança profundidades de até 400 m. Estrabão (63 a.C. a 26 d.C.) parte do princípio de que havia 13 cidades na margem sul do mar Morto, que foram posteriormente

---

1039 Sobre as possibilidades de interpretação Sinar = Babilônia; Elão = região a leste da Babilônia; reino de Goim —reino dos hurritas, cf. Westermann, Genesis I/2, pg. 228s. Sobre Elasar, Westermann constata que qualquer associação com algum reino conhecido é totalmente incerta.
1040 Veja o quadro cronológico nas pg. 41-44.
1041 Sobre Zoar, cf. o comentário sobre Gênesis 13.8-13.
1042 Cf. Westermann, Genesis I/2, pg. 230.
1043 Keel/Küchler, vol.2, pg. 248.

inundadas. O livro da Sabedoria de Salomão (Sabedoria 10.6) e Josefo (de Bello Judaico 4,484) falam de 5 cidades destruídas.

Qualquer que tenha sido o número de cidades no vale de Sidim, junto à margem do mar Morto, estas cidades eram aliadas.[1044]

Depois de doze anos servindo aos reis do Oriente, os reis das cidades ao sul do mar Morto se rebelaram. Os reis do Oriente responderam a esta rebelião com uma campanha militar. Mas primeiramente levaram seus exércitos para além do vale de Sidim, a fim de manter o controle sobre Arabá e Cades, garantindo assim o acesso à rota comercial para o sul da península arábica e para o Egito.

Arabá é o corredor que leva do mar Morto ao mar Vermelho. É um grande fosso em forma de um vale retilíneo de 175 km de comprimento. No lado ocidental, este vale monumental é limitado pelas montanhas do Neguebe; no lado oriental, por paredões verticais de até 1000 m de altura formados por cristalinos escuros e arenito núbio marrom-avermelhado. Acima e por trás dessa parede oriental com poucos vãos há ninhos rochosos, que várias tribos e povos usaram para construir suas fortalezas.

O nome Arabá (hebraico: *'arabah*) significa terra árida. No Antigo Testamento, "Arabá" é usado como descrição, referindo-se a uma "região sem água" (Jr 50.12), planície desértica (Zc 14.10), ao vale árido do baixo Jordão (2Sm 2.29; 2Rs 25.4s) ou ao deserto de Moabe (Js 13.32). Depois de quarenta anos de caminhada no deserto, o povo de Israel passou pela Arabá, a baixada entre o mar Vermelho e o mar Morto. *Passamos, pois, flanqueando assim nossos irmãos, os filhos de Esaú, que habitavam em Seir, como o caminho da Arabá* (Dt 2.8). A Arabá não era somente uma rota norte-sul necessária ao comércio, mas também interessava aos reinos vizinhos e à população local pelas ricas jazidas de cobre.[1045]

Ao passar pela e através da Arabá, os quatro reis do Oriente encontraram os rafains em Asterote-Carnaim, os zuzins em Hã, os emins em Savé-Quiriataim e os horeus no monte Seir. Rafains, zuzins e emins são nomes de povos originários da região oriental do Jordão[a]. Os **rafains** são "gigantes", um povo tão alto e numeroso como os anaquins (Dt 2.21), e eles moravam em Basã[b]. Em Amom, a alta população original era chamada de zanzumins[c] ou **zuzins**, e em Moabe eles eram chamados de **emins**[d].[1046]

Os **horeus**, os primeiros a serem citados entre os povos do sul, são descendentes dos hurritas. Estes vinham originalmente das montanhas da parte superior do Tigre. Por volta de 2500 a.C., eles começaram a invadir a Mesopotâmia. Também foram até a Síria, a Ásia Menor e a Palestina. Na época em que as cartas de Amarna foram escritas (séc. 13/14 a.C.), ainda havia descendentes de hurritas na Palestina. Naquela época, um dos príncipes de Jerusalém tinha o nome hurrita "servo de Hepate". Hepate era uma deusa hurrita.[1047]

a Gn 15.19s; Js 17.15; 2Sm 21.16-22; 1Cr 20.4-8

b Dt 3.13

c Dt 2.20

d Dt 2.10-12

1044 A aliança entre cinco cidades é concebível: Zoar-Sodoma-Gomorra-Admá-Zeboim. Os nomes destas cidades podem ser traduzidos da seguinte forma:
Zoar: veja o comentário sobre Gênesis 13.10,
Sodoma: a "fortaleza", a "cidade",
Gomorra: a "encoberta",
Admá: a "terra vermelha",
Zeboim: a "gazela"; cf. Keel/Küchler, vol.2, pg. 254.
1045 ibid., pg. 257-261.
1046 Odelain-Seguineau, pg. 290.
1047 Keel/Küchler/Uehlinger, vol.1, pg. 659.

e Gn 36.20-30; Dt 2.12,22; 1Cr 1.38-42	Os horeus^e eram os antigos moradores das montanhas de Seir^f (= áspero, bruto), entre o mar Morto e El-Parã.¹⁰⁴⁸

El-Parã, literalmente "grande árvore de Parã", corresponde a Elate, como se deduz da sílaba inicial da palavra El^g.¹⁰⁴⁹ Elate é conhecida do relato sobre como Salomão comprou ouro (1Rs 9.26-28; 2Cr 8.17s) em Ofir, no sul da península arábica. O ponto de partida dessas viagens era Eziom-Geber, que está junto a Elate, na costa do mar Vermelho, na terra de Edom. A antiga Elate ou El-Parã não foi encontrada por escavações. Provavelmente está na região da atual Aqaba.¹⁰⁵⁰

f Gn 36.8s; Dt 1.2; 2.1,5; Js 24.4; 1Cr 4.42; 2Cr 20.10, 22s

7 Depois que os reis do Oriente passaram pela Arabá e quebraram toda e qualquer resistência, **de volta passaram em En-Mispate (que é Cades) e feriram toda a terra dos amalequitas e dos amorreus, que habitavam em Hazazom-Tamar.**

g Dt 2.8; 1Rs 9.26

O oásis de **En-Mispate Cades** estende-se por cerca de 15 km na base noroeste das montanhas ao sul do Neguebe. O primeiro nome, En-Mispate, "fonte do juízo", só aparece aqui. Cades era uma fonte onde se debatia litígios e se buscava decisões legais (cf. Êx 15.25). A fim de diferenciar este Cades meridional do Quedes na Galileia (Js 20.7), o lugar ao sul foi chamado de "Cades-Barnea". A importância do oásis se deve à sua função como principal ponto de descanso na grande estrada da Palestina para o Egito.¹⁰⁵¹

No início até meados da Idade do Bronze, havia pequenos povoados em Cades-Barnea. Os patriarcas descansaram brevemente em Cades^h. Durante a época da formação do povo de Israel, Cades era um lugar decisivo^i. O povo chegou a Cades vindo do monte de Moisés, depois de passar pelo deserto. De Cades, onde Israel ficou por muito tempo, foram enviados mensageiros para espiar a terra prometida. Os quarenta anos de caminhada pelo deserto antes da conquista definitiva da terra começaram em Cades (Dt 1 e 2).

h Gn 16.14; 20.1

i Dt 1.2,19-46; 2.14; 9.23; Jz 11.16s

Cades foi o lugar onde o povo se tornou culpado. Recusava-se a invadir Canaã a partir do sul (Dt 9.22ss). A falta de fé de Moisés e Arão se revelou em Cades (Nm 20.22ss; Dt 32.50ss). Miriã morreu em Cades (Nm 20.1). Na época dos reis do Oriente, o oásis de Cades estava nas mãos dos amalequitas e amorreus.

Os amalequitas eram uma tribo nômade da parte norte da península do Sinai. Mais tarde, eles se misturaram aos descendentes de Esaú, o que é indicado pelo nome Amaleque dado a um dos filhos de Esaú (Gn 36.12). Na época de Moisés, havia uma inimizade eterna entre Israel e os amalequitas^k. Davi combateu os amalequitas e derrotou-os definitivamente (2Sm 8.12).¹⁰⁵²

k Êx 17.8-16; Dt 25.17-19; Jz 3.13; 6.3,33; 7.12; 10.12; Sl 83.7

Os amorreus são parte da população pré-israelita de Canaã. Eles ficaram na lembrança do povo de Israel como sendo gigantes, e Amós ainda os descreve como altos como cedros e fortes como carvalhos.¹⁰⁵³

1048 Odelain-Seguineau, pg. 327.
1049 Westermann, Genesis I/2, pg. 232.
1050 Keel/Küchler, vol.2, pg. 281.
1051 ibid., pg. 178.
1052 Keel/Küchler/Uehlinger, vol. 1, pg. 635s.
1053 Cf. introdução, II. 2. A terra ocidental (Amurru) e os amorreus.

Hazazom-Tamar é citado como habitação dos amorreus. Neste contexto, habitação provavelmente significa ponto de saída para a vida seminômade dos amorreus. Como seminômades, o oásis de Cades era especialmente importante para eles. Em 2 Crônicas 20.2, Hazazom-Tamar (tradução: "pedreira com palmeiras") é chamada de En-Gedi.

Depois que os reis do Oriente tinham cruzado e reconquistado a Arabá e a região do oásis de Cades, eles começaram a punir os rebeldes no vale de Sidim.

2. A punição dos rebeldes: 14.8-12

8 Então, saíram os reis de Sodoma, de Gomorra, de Admá, de Zeboim e de Bela (esta é Zoar) e se ordenaram e levantaram batalha contra eles no vale de Sidim,

9 contra Quedorlaomer, rei de Elão, contra Tidal, rei de Goim, contra Anrafel, rei de Sinar, contra Arioque, rei de Elasar: quatro reis contra cinco.

10 Ora, o vale de Sidim estava cheio de poços de betume; os reis de Sodoma e de Gomorra fugiram; alguns caíram neles, e os restantes fugiram para um monte.

11 Tomaram, pois, todos os bens de Sodoma e de Gomorra e todo o seu mantimento e se foram.

12 Apossaram-se também de Ló, filho do irmão de Abrão, que morava em Sodoma, e dos seus bens e partiram.

A luta entre os quatro reis do Oriente e os cinco reis não é relatada. A inferioridade dos reis menores é presumida. Todos os cinco são expulsos. O texto cita duas rotas de fuga. Os reis de Sodoma e Gomorra fogem na direção dos poços de betume, os outros, na direção das montanhas. **Ora, o vale de Sidim estava cheio de poços de betume** é uma observação precisa do ponto de vista geológico.[1054] Betume é petróleo oxidado, que existe em grande quantidade no fundo do mar Morto. Os terremotos de 1834, 1837 e 1927 provocaram a liberação de grandes massas de betume no mar Morto. Na forma de minérios negros, o betume veio à tona, endureceu e ficou boiando sobre a água como se fossem pequenas ilhas.[1055] A menção aos poços de betume (Gn 14.10) é mais uma indicação de que o vale de Sidim ficava junto à borda sul do mar Morto. Uma rápida consulta à história do mar Morto mostra que a luta entre os quatro reis do Oriente e a aliança das cinco cidades pode ter acontecido no vale de Sidim.

A forma atual do *mar Morto* tem cerca de 12.000 anos de idade. O "quarto meridional pouco profundo é bem mais recente, e talvez tenha se formado há poucos milhares de anos".[1056]

Este mar, que hoje tem aproximadamente 85 km de comprimento e 17,5 km de largura (em En-Gedi), é dividido em duas partes por uma península em forma de sapato (hebraico: *ha-laschon*). A bacia setentrional

---
1054 Westermann, Genesis I/2 pg. 233.
1055 Keel/Küchler, vol.2, pg. 238.
1056 ibid., pg. 237.

atinge profundidades de 400 m, enquanto a bacia meridional tem apenas de 2 a 6 metros de profundidade. Na margem sul, o mar Morto se transforma em pântanos salgados, sem que haja ali uma linha de transição clara. Na época de Abrão e Ló, a parte sul daquilo que hoje é o mar Morto ainda fazia parte do vale de Sidim. Neste vale cheio de inúmeros pequenos povoados havia amplas áreas com poços de betume. O betume, conhecido no Antigo Testamento por *chemar*, *kopher* e *zephat*, era usado na construção naval (Gn 6.14; Êx 2.3) e como argamassa na Mesopotâmia (Gn 11.3). Isaías usa o betume em chamas como imagem para o juízo: *Os ribeiros de Edom se transformarão em piche, e o seu pó, em enxofre; a sua terra se tornará em piche ardente* (Is 34.9).

No período helenista, os poços de betume no fundo do mar Morto e o comércio de betume fizeram com que o mar Morto fosse chamado de "mar de betume".

Os nomes no Antigo Testamento são "mar da Arabá" (*jam ha-'arabah*)[l], "mar salgado" (*jam ha-melach*)[m] ou então "mar do oriente, mar da frente, primeiro mar"[n].

O nome "mar Morto", possivelmente já usado por Pompeu Trogo (séc. 1 a.C.), é adotado e explicado pelo médico Cláudio Galeno (ano 180). O mar é morto porque nenhuma vida – nem animal, nem vegetal – consegue subsistir nas suas águas. Os cruzados chamaram o mar Morto de "mar do diabo", porque ele se "estendia pela paisagem cheio de curvas e escuro como a lareira no inferno".[1057]

O texto diz que os reis de Sodoma e Gomorra caíram nos poços de betume ao fugirem dos reis do Oriente. Desde Ibn Esra (1092-1167), os exegetas duvidam que os reis de Sodoma e Gomorra tenham morrido ao cair nos poços. Ibn Esra traduzia: "Eles entraram neles".[1058] Benno Jacob considera que a frase "alguns caíram neles" seja uma observação bem-humorada.[1059] Arnold B. Ehrlich aponta para o fato de que o verbo "cair" (hebraico: *naphal*) também pode ser usado por alguém que se joga de propósito para dentro de algum lugar. "O autor diz que os reis de Sodoma e Gomorra não fugiram para as montanhas, junto com seus aliados, mas que se esconderam nos poços de betume ao baterem em retirada".[1060]

Depois da fuga dos cinco reis, os reis do Oriente saquearam as cinco cidades rebeldes e deportaram a população. Ló, que morava em Sodoma, estava entre os cativos.

l Dt 3.17; 4.49; Js 3.16; 2Rs 14.25

m Nm 34.3,12; Js 12.3; 15.2,5; 18.19

n Ez 47.18; Jl 2.20; Zc 14.8

3. A libertação de Ló: 14.13-16

13 Porém veio um, que escapara, e o contou a Abrão, o hebreu; este habitava junto dos carvalhais de Manre, o amorreu, irmão de Escol e de Aner, os quais eram aliados de Abrão.

14 Ouvindo Abrão que seu sobrinho estava preso, fez sair trezentos e dezoito homens dos mais capazes, nascidos em sua casa, e os perseguiu até Dã.

1057 ibid., pg. 238-241.
1058 Citado por Ehrlich, pg. 55.
1059 Citado por von Rad, Mose, pg. 149.
1060 Ehrlich, pg. 55; cf. Calvino, pg. 148. Calvino considerava possível que os dois reis tivessem buscado "refúgio" nos poços de betume.

15 E, repartidos contra eles de noite, ele e os seus homens, feriu-os e os perseguiu até Hobá, que fica à esquerda de Damasco.
16 Trouxe de novo todos os bens, e também a Ló, seu sobrinho, os bens dele, e ainda as mulheres, e o povo.

Alguém que escapou (literalmente: o escapante) foi procurar Abrão em Manre, para lhe contar que Ló tinha sido levado cativo. O artigo enfatiza o singular.[1061] Apenas um escapara. Ele levou a terrível notícia até Abrão. Abrão era um estranho em Manre! Ele se aliou aos chefes do lugar. Manre, Escol e Aner são nomes de lugares, que na época de Abrão eram habitados por amorreus.[1062] O vale junto a Hebrom, Escol, significa "vale das uvas"°. O nome Aner designa uma área povoada próxima a Manre, e esta é a única referência ao lugar na Bíblia.

° Nm 13.23s; 32.9; Dt 1.23-25

Os três aliados de Abrão são citados mais uma vez no versículo 24. Eles devem receber parte do saque. Isso pressupõe que acompanharam Abrão na sua campanha para libertar Ló.

O próprio Abrão conseguiu reunir 318 homens capacitados para a guerra entre os que tinham nascido em sua casa.[1063] Se Abrão conseguia tirar 318 homens capazes para a guerra do grupo de escravos nascidos na sua casa, ele deve ter tido um grupo de escravos de pelo menos 1000 homens.[1064]

Junto com seus aliados, Abrão perseguiu os reis do Oriente até o norte da Palestina, até Dã. Antes de ser ocupada pelos danitas durante a conquista da terra, esta região chamava-se Lesém (Js 19.47; Jz 18.29). É possível que o texto original citasse a terra de Lesém, e que algum copista mais tarde tenha acrescentado o nome Dã na beirada, à guisa de explicação. Em cópias posteriores, o comentário à parte acabou sendo incorporado ao texto original.[1065] Chegando em Lesém (Dã), atacaram **repartidos contra eles de noite**, isto é, Abrão e seus aliados assaltaram o exército divididos em grupos.[1066] O exército dos reis do Oriente, em fuga e surpreendido à noite, foi perseguido por Abrão e seus aliados até Hobá, ao norte de Damasco. Abrão conduziu de volta para casa a população das cinco cidades, deportada pelos reis do Oriente, incluindo Ló e sua família.

4. O encontro no vale do Rei: 14.17-24

17 Após voltar Abrão de ferir a Quedorlaomer e aos reis que estavam com ele, saiu-lhe ao encontro o rei de Sodoma no vale de Savé, que é o vale do Rei.
18 Melquisedeque, rei de Salém, trouxe pão e vinho; era sacerdote do Deus Altíssimo;

1061 König, Genesis, pg. 473.
1062 Cf. introdução II. 2. A terra ocidental (Amurru) e os amorreus.
1063 O texto hebraico tem um verbo que literalmente significa "esvaziar". Por isso, Delitzsch explica esta passagem da seguinte forma: ele tirou seus aliados como quem saca uma espada da bainha, ou uma lança de sua proteção (Delitzsch, pg. 267s). A tradução samaritana do Pentateuco (Codex Samaritanus) supõe que se trata de um erro ortográfico, em que duas letras foram trocadas no hebraico, e prefere o termo "fez sair"; cf. Westermann, Genesis I/2, pg. 236. É possível que também a leitura mais complicada, "tirar a espada da bainha" não signifique nada além de "fazer sair".
1064 Zimmerli; conforme Westermann, Genesis I/2, pg. 236.
1065 Delitzsch, pg. 268; cf. Hertz (ed.), pg. 52.
1066 Westermann, Genesis I/2, pg. 237.

19 abençoou ele a Abrão e disse: Bendito seja Abrão pelo Deus Altíssimo, que possui os céus e a terra;

20 e bendito seja o Deus Altíssimo, que entregou os teus adversários nas tuas mãos. E de tudo lhe deu Abrão o dízimo.

21 Então, disse o rei de Sodoma a Abrão: Dá-me as pessoas, e os bens ficarão contigo.

22 Mas Abrão lhe respondeu: Levanto a mão ao Senhor, o Deus Altíssimo, o que possui os céus e a terra,

23 e juro que nada tomarei de tudo o que te pertence, nem um fio, nem uma correia de sandália, para que não digas: Eu enriqueci a Abrão;

24 nada quero para mim, senão o que os rapazes comeram e a parte que toca aos homens Aner, Escol e Manre, que foram comigo; estes que tomem o seu quinhão.

Na planície de Savé, o vale do Rei, Abrão encontrou-se com Melquisedeque, o rei de Salém. O rei de Sodoma foi testemunha deste encontro.

a) Sobre a história dos nomes: "vale do Rei" e "Salém"

17 Savé ou o vale do Rei é o vale do Cedrom. Savé significa "vale", "planície".[1067] Na época de Absalão, o vale do Cedrom ainda era chamado de "vale do Rei". Absalão construiu um monumento para si no vale do Rei, a dois estádios de distância de Jerusalém (2Sm 18.18). De acordo com Josefo, tratava-se de uma coluna de mármore, que só foi substituída pelo atual monumento de Absalão na época do segundo templo.[1068]

O vale do Cedrom era um dos três vales que cercavam a cidade-estado Jerusalém. A antiga Jerusalém era uma "península rochosa" cercada em três lados por gargantas profundas e encostas íngremes.[1069] A oeste da antiga cidade estava o vale do Tiropeão (Josefo: "vale do queijeiro"; hoje: "vale da cidade") e a leste, o vale do Cedrom^p. Na extremidade sul da cidade, os vales do Tiropeão e do Cedrom se uniam. A ponta da península rochosa está junto ao vale do Hinom^q. O nome vale do Rei decorre do encontro entre Melquisedeque, rei da cidade de Jerusalém, e o rei de Sodoma com Abrão e os demais príncipes da região de Hebrom.[1070]

p 2Sm 15.23; Jo 18.1

q Js 15.8; 18.16

18 Salém, a cidade de Melquisedeque, é Jerusalém. O antigo nome cananeu de Jerusalém era "Urusalim". A parte inicial do nome, *uru*, significa "cidade", "fundação"; "Salim" era nome de um deus. Portanto, Jerusalém é a "fundação ou cidade do deus Salim".[1071] Como o nome "Salim" também podia ser traduzido como "salvação", os cananeus já chamavam Jerusalém de "cidade da salvação", sem desconfiar de que forma este nome seria confirmado na história deste lugar. Nos Salmos, a abreviação "Salém", conhecida a partir do relato do encontro entre Melquiseque e Abrão, é substituída por "Sião" (Sl 76.3).

1067 Westermann, Genesis I/2, pg. 238.
1068 Delitzsch, pg. 269.
1069 Kroll, pg. 140.
1070 Keil, Genesis, pg. 135.
1071 Fohrer, pg. 296s.

O hebraico tem um adjetivo de som semelhante ao cananeu *salim*, a saber, *salam*, que significa: "inteiro, intacto, pacífico". Por isso, a tradução grega verteu *salem* como paz (grego: *eirene*). Surgiu assim a designação de Jerusalém como a "cidade da paz". A forma helenizada de Jerusalém, "Hierosolyma", remete o povo de fala grega a *hieros*, "santo". Jerusalém é a "cidade santa" (*hagia polis*).[1072]

Jerusalém fica a cerca de 50 km do mar Mediterrâneo e a aprox. 20 km do mar Morto. A única fonte na vizinhança imediata de Jerusalém é a fonte de Giom[r] (fonte de Maria). Por meio de um sistema de túneis e canais, os moradores de Jerusalém conseguiram usar a água dessa fonte durante mais de 3000 anos. A fonte mais próxima depois desta está 650 m ao sul de Giom, a assim chamada fonte de En-Rogel[s] (poço de Jó ou Neemias).[1073]

r 1Rs 1.33,38,45; 2Rs 20.20; 2Cr 32.30; 33.14

s Js 15.7; 2Sm 17.17

Jerusalém é uma das povoações mais antigas da Palestina.

A antiga Ebla foi descoberta em escavações em Tell Mardikh, entre Aleppo e Hama, no norte da Síria. Ebla era a capital de um reino que se estendia do Líbano e da Palestina até o sul do Sinai. Os achados em Tell Mardikh incluem cerca de 15.000 tabuletas de barro do início da Idade do Bronze, os chamados Arquivos de Ebla. Em uma dessas tabuletas, há menção às cidades de Tel Hazor, Megido, Laquis, Gaza e *Urusalim*.

Durante escavações nas colinas no sudeste de Jerusalém, os arqueólogos encontraram restos de um povoado do 3º milênio a.C.[1074]

Fontes egípcias relatam que no séc. 19 a.C. a cidade-estado Jerusalém se rebelou contra o domínio egípcio. Naquela época, Jerusalém era governada por dois príncipes. O domínio dos faraós do chamado Império Médio (2040-1785 a.C.) estendia-se do delta do Nilo, no Egito, até a 2ª catarata, até a Líbia, no oeste, e por todo o istmo sírio-palestino ao norte. Naquela época, havia o costume de desterrar da seguinte forma os rebeldes dos países subjugados: em um ato simbólico, quebrava-se um vaso de barro com a inscrição do nome do rebelde. Um caco de barro encontrado em Tebas permitiu reconstruir o seguinte texto: "O governante de Jerusalém chamado Equam e todos os seus homens de confiança, e o governante de Jerusalém chamado Ssam e todos os seus homens de confiança, todos os moradores de Jerusalém..., que quiserem se rebelar, fazer intrigas, lutar, planejar rebeliões neste país: eles devem morrer!"[1075]

Jerusalém já tinha uma história milenar quando Abrão caminhou pelo istmo sírio-palestino. Abrão acampou nas proximidades de Siquem e Betel, em Manre e na região de Berseba. Não há notícias de que alguma vez ele tenha entrado na cidade-estado independente de Jerusalém. Quando Abrão voltou de sua campanha contra os reis do Oriente, o rei de Salém, Melquisedeque, foi ao seu encontro.

1072 Kroll, pg. 135; Schedl, vol.III, pg. 199.
1073 Maas, Jerusalem, col. 593/94.
1074 Kroll, pg. 135.
1075 ibid., pg. 133s.

b) Melquisedeque, rei de Salém

t Sl 110.4;
Hb 5.6,10;
6.20; 7.1,
11,17

Melquisedeque[t] é um antigo nome cananeu, que significa: "meu rei é justiça".[1076] Na época da conquista da terra, havia em Jerusalém um rei chamado "Adoni-Zedeque", "meu senhor é justiça" (Js 10.1). O termo *sedek*, que compõe o nome destes dois reis, pode ser uma descrição do deus a quem servem os reis de Jerusalém. O deus dos reis de Jerusalém era o Deus da Salvação[1077], El Eliom, o Deus dos céus e da terra.[1078]

Era diferente na época de Aquenáton (1353-1336 a.C.). Naquela época, o rei de Jerusalém era Abdi-Chepa. O nome hurrita Abdi-Chepa significa "servo de Hepate". Hepate era uma deusa hurrita. Decorre que nos séculos 14-13 a.C. havia culto a deuses pagãos em Jerusalém. Mas as cartas de Abdi-Chepa, encontradas em Tell el-Amarna, permitem reconhecer o antigo estilo da corte de Jerusalém. Seu conteúdo lembra o grande rei de Salém, Melquisedeque. Abdi-Chepa escreveu a respeito de si mesmo: "Nem meu pai nem minha mãe me colocaram neste lugar; a poderosa mão do rei introduziu-me na casa de meu pai".[1079]

O autor da carta aos Hebreus devia conhecer a história de Melquisedeque, segundo a qual nem seu pai nem sua mãe lhe passaram o trono. Ele escreve sobre Melquisedeque: [...] (*...sem pai, sem mãe, sem genealogia; que não teve princípio de dias, nem fim de existência, entretanto, feito semelhante ao Filho de Deus), permanece sacerdote perpetuamente* (Hb 7.3). Órfãos e crianças abandonadas não têm pai nem mãe, assim como aquele cuja genealogia é desconhecida.[1080] Para o autor da carta aos Hebreus, o relato sobre Melquisedeque, o rei-sacerdote da pré-História, é uma "referência messiânica".[1081] A figura histórica de Melquisedeque é, ao mesmo tempo, um tipo do Messias, isto é, Melquisedeque, o rei de Salém na época de Abrão, aponta para além de si mesmo. Suas ações e palavras são um prenúncio, um começo, que só se cumprirá em Jesus Cristo.[1082]

Para o autor de Hebreus, Jesus é o sumo sacerdote "segundo a ordem de Melquisedeque" (Hb 5.5s; cf. Sl 110.4). Isto significa que ele não é um sumo sacerdote segundo a ordem de Aarão. Quando Abrão encontrou Melquisedeque, Levi ainda não tinha nascido. Ao contrário do sacerdócio de Aarão, historicamente limitado, o sacerdócio segundo a ordem de Melquisedeque, o sumo sacerdócio de Cristo, é eterno.[1083] "Melquisedeque significa: fim do culto e da lei dos judeus; ele é, ao mesmo tempo, pessoa, indicação e ordem, história do começo e do fim, plano divino da salvação e cumprimento humano".[1084]

Os exegetas judeus vão por outro caminho. De acordo com eles, Melquisedeque perde seu sacerdócio, que é transferido para Abrão. Para o rabinato, Melquisedeque é um elo na corrente das tradições Noé – Sem = Melquisedeque – Abrão – Aarão. Somente depois do ano 250 o judaísmo

---

1076 Michel, Melchisedek, pg. 573, obs. 1.
1077 Cf. Westermann, Genesis I/2, pg. 240.
1078 Cf. abaixo: Melquisedeque, um sacerdote de El Elion.
1079 Citado por Michel, Melchisedek, pg. 573, obs. 1.
1080 Michel, Hebräer, pg. 261.
1081 ibid., pg. 263.
1082 Sobre a interpretação tipológica do Antigo Testamento, cf. Excurso I, Parte 1, pg. 85.
1083 Goppelt, pg. 193-199.
1084 Michel, Melchisedek, pg. 575.

passa a dar-lhe também uma interpretação messiânica.[1085] Nos textos judaicos tardios, Melquisedeque é uma imagem do Messias, o arcanjo Miguel, o profeta Elias ou o sumo sacerdote dos tempos do fim.[1086]

A interpretação dos anjos também foi adotada pelos patriarcas da Igreja (Ambrósio, Orígenes, Jerônimo).

Outros exegetas da Igreja Primitiva viam Melquisedeque como a encarnação do Espírito Santo ou mesmo uma primeira encarnação do Filho de Deus.

Para Josefo (37/38 - ca. 100 d.C.), Melquisedeque não era nada além de um príncipe cananeu. Josefo supunha que Melquisedeque tivesse fundado Jerusalém, e que depois tenha feito um pacto com Abrão.[1087]

c) O encontro entre Melquisedeque e Abrão

Melquisedeque saiu da cidade, foi ao encontro de Abrão e levou-lhe pão e vinho.

Comida e bebida são sinal de amizade e hospitalidade. Na época do Antigo Testamento, um fugitivo era recebido com água e pão (Is 21.14). O guerreiro vitorioso recebia vinho, em vez de água.[1088] "Pão e vinho, assim se faz ao que se cansou na batalha; mostra-se a ele, assim, que não há nada no coração contra ele".[1089]

Melquisedeque era **sacerdote do Deus Altíssimo** [El Eliom]. El é o nome que babilônios, assírios, fenícios e outros povos usavam para invocar Deus.[1090] Os hebreus sempre se referem a Deus como El ou Elohim ao se referirem a ele como o Deus de todo o Universo, Deus dos povos e do mundo físico.[1091] El Eliom significa "o Deus exaltado".[1092] A tradução "Deus Altíssimo" pode gerar mal-entendidos, no sentido de que o "Deus exaltado" não é "altíssimo" por ser comparado com outros deuses, mas por ser "absolutamente único".[1093] Ele é o "único, o supremo"[1094], para o qual não há limites.[1095]

18b

Melquisedeque é um monoteísta no meio dos cananeus idólatras, um representante da fé original no único e verdadeiro Deus, comparável a Enoque e Noé. Enoque e Noé viviam um relacionamento direto com Deus – andavam com Deus (Gn 5.22,24; Gn 6.9). Melquisedeque ainda vive este relacionamento original com Deus, a chamada "religião original, que se manteve em Jerusalém apesar de todo o paganismo".[1096] É possível que Jetro, o "sacerdote de Midiã" (Êx 3.1), fosse a última testemunha da religião da pré-História. Quando Jetro ficou sabendo que Israel tinha sido liberto da escravidão no Egito, ele exclamou: "Bendito seja Javé!" (Êx 18.10)

1085 Strack/Billerbeck, IV/1, pg. 452-465, esp. 458.
1086 Michel, Hebräer, pg. 2575.
1087 ibid., pg. 258.
1088 Procksch, pg. 511.
1089 Raschi, pg. 35.
1090 Dillmann, pg. 243.
1091 Veja o comentário sobre Gênesis 1.1, Bräumer, 1ª parte, pg. 33.
1092 Procksch, pg. 511.
1093 Delitzsch, pg. 270.
1094 Lange, pg. 215.
1095 Hirsch, Psalms, vol.II, pg. 57.
1096 Procksch, pg. 461 e 511.

Os antepassados de Abrão na Mesopotâmia tinham caído em idolatria. Deus chamou Abrão para fora desta antiga vida. Melquisedeque tinha se mantido "um verdadeiro adorador do Deus Altíssimo".[1097] No encontro no vale do Rei, Abrão reconheceu a fé de Melquisedeque no Deus único. Ao jurar diante do rei de Sodoma, Abrão faz referência a El Eliom, "Deus exaltado", e também a Javé. Apesar da idolatria praticada pelos seus antepassados, o nome de Deus Javé não era desconhecido a Abrão. "Javé", o nome da salvação de Deus, nunca tinha sido esquecido! Na época de Enos, *se começou a invocar o nome do Senhor* (Gn 4.26).[1098] Este conhecimento que vinha desde os primórdios dos tempos permitiu que

22 Abrão dissesse: **Levanto a mão ao Senhor.** Mais tarde, os patriarcas chamaram Deus por nomes como El Shaddai (Gn 17.1), El Olam (Gn 21.33), El Elohe Israel (Gn 33.20) e El Betel (Gn 35.7).[1099] "Melquisedeque, de quem não sabemos a origem nem o destino, é servo do Deus Altíssimo em meio a um entorno gentio, e, de acordo com o costume dos antigos fenícios, reunia em si o cargo de rei e de sacerdote, sendo por isso expressamente chamado de sacerdote".[1100] Melquisedeque leva pão e vinho em suas mãos para Abrão, o esgotado libertador da terra, "mas são mãos de sacerdote que trazem o pão e o vinho, e a bênção não pode ser separada da comida e da bebida".[1101]

19
20a Melquisedeque abençoa Abrão com as palavras: **Bendito seja Abrão pelo Deus Altíssimo, que possui os céus e a terra; e bendito seja o Deus Altíssimo, que entregou os teus adversários nas tuas mãos.**

As palavras de bênção de Melquisedeque são uma assim chamada "beraká dupla", isto é, a palavra "bendito" (hebraico: *barak*) aparece duas vezes, uma vez no sentido de "abençoado" e uma vez no sentido de "louvado".[1102] Bênção é o movimento que parte de Deus. O louvor sobe do ser humano para Deus. A bênção de Melquisedeque contém dois componentes básicos do culto a Deus: a bênção e o louvor a Deus. Originalmente, abençoar significa "dotar de poder".[1103] Melquisedeque invoca o poder de Deus, Criador dos céus e da terra, sobre Abrão, e ao mesmo tempo ele louva a onipotência de Deus com "palavras poderosas de gratidão, adoração e honra".[1104]

20b Melquisedeque recebe o dízimo de Abrão. Reconhecendo Melquisedeque como o sacerdote do verdadeiro Deus, **de tudo lhe deu Abrão o dízimo.**

O dízimo é uma contribuição regular dada a um rei ou sacerdote. O nome indica que se trata de um "décimo" do lucro, do produto da colheita e da criação de gado e, na transição da economia natural para a economia monetária, também do lucro financeiro. O dízimo aparece no mundo inteiro: entre gregos, romanos, babilônios e iranianos. Também os fenícios e os cartagineses conheciam o dízimo, e os patriarcas conheciam o

---

1097 Calvino, pg. 150.
1098 Cf. Introdução IV. 1., Bräumer, 1ª parte, pg. 21; além disso, o comentário sobre Gênesis 4.26, ibid., pg. 112-114; veja também o comentário sobre Gênesis 17.1.
1099 Sobre a explicação dos nomes de Deus, veja as respectivas passagens.
1100 Delitzsch, pg. 271.
1101 Westermann, Genesis I/2, pg. 242.
1102 Delitzsch, pg. 270.
1103 Westermann, Genesis I/2, pg. 242.
1104 Delitzsch, pg. 270.

costume de dar o dízimo antes mesmo dos cananeus.[1105] O ato de Abrão de entregar o dízimo a Melquisedeque, o rei sacerdote de Jerusalém, é um prenúncio das contribuições regulares posteriores que os israelitas davam ao templo de Jerusalém[u]. Como Abrão não considera o produto do saque recolhido dos reis do Oriente como sua propriedade, também não tem como dar o dízimo disso.[1106] O "dízimo de tudo" refere-se ao "dízimo de todas as propriedades de sua casa".[1107] Em Manre, Abrão entrega seu dízimo a Jerusalém, assim como Jacó mais tarde entrega seu dízimo em Betel (Gn 28.22).

u Nm 18.21ss; Dt 14.22ss; 26.12ss

Tanto em Israel quanto em outros povos, o significado do sistema decimal está no costume antigo de contar usando os dedos das duas mãos. No Antigo Testamento, o número dez é o "número preferido para um todo completo".[1108] Deus resume sua vontade em dez mandamentos (Êx 20.1-17; Dt 5.6-21). Aos poucos, as dez pragas revelam o poder de Deus (Êx 7-11). Dez patriarcas viveram na época anterior ao dilúvio (Gn 5). O número dez também tem seu papel nas medidas da arca, do tabernáculo e do templo (Gn 6.15; Êx 26.27; 1Rs 6.2s).

O dízimo é a contribuição sagrada a Deus. Jacó jura ser fiel no dízimo dado a Deus (Gn 28.22). A justificativa para dar o dízimo a Deus é: *para que aprendas a temer o Senhor, teu Deus, todos os dias* (Dt 14.23). O judaísmo palestino tinha o chamado "dízimo dos pobres", usado principalmente para ajudar viúvas e órfãos, e mais tarde também sacerdotes e levitas empobrecidos.[1109] O mandamento do dízimo não foi expressamente renovado do Novo Testamento, mas não deixa de ser um bom costume bíblico.

d) Abrão e o rei de Sodoma

No vale do Rei, o rei de Sodoma foi ao encontro de Abrão, que voltava vitorioso para casa. Ele se tornou testemunha do que aconteceu entre Melquisedeque e Abrão. Ele queria levar os moradores do vale de Sidim, que os reis do Oriente tinham deportado e Abrão conseguira libertar, de volta para sua cidade. Ao mesmo tempo, estava decidido a entregar todos os despojos a Abrão. Como vencedor, Abrão tinha direito a eles. Mas ele se recusou a aceitar estes despojos, fazendo um juramento solene. Abrão não queria absolutamente nada para si. Justificou essa recusa com as palavras *Nada tomarei de tudo o que te pertence,...* **para que não digas: Eu enriqueci a Abrão.** Os despojos que Abrão tirou dos reis do Oriente eram originalmente propriedade do rei de Sodoma. Mas este não era inimigo de Abrão. Para evitar qualquer tipo de ligação com o rei de Sodoma, Abrão abre mão dos despojos.[1110] Abrão não queria dever nada ao rei de Sodoma. Com o "orgulho de um homem livre",[1111] Abrão declara: "Eu não vou participar da divisão dos despojos. Mas meus aliados não devem ser punidos por essa decisão[1112]; eles devem receber a parte que lhes cabe".

23

1105 Eißfeldt, RGG VI, col. 1877 e 1878.
1106 Procksch, pg. 511.
1107 Calvino, pg. 152 e Lutero, Ersten Moses, vol.I, pg. 281s.
1108 Hauck, pg. 35.
1109 Bammel, pg. 899 e 890.
1110 Westermann, Genesis I/2, pg. 239.
1111 Procksch, pg. 510.
1112 Hertz (ed.), pg. 53.

v Et 9.10,15s

w Dt 32.40;
Dn 12.7

Esta atitude de Abrão é indicativa para todos os seus descendentes. Os descendentes de Abrão não estendem a mão para os bens de seus inimigos^v.

Abrão reforça sua fala com um juramento solene. Esta é a primeira ocorrência de um juramento realizado por Deus. Abrão levantou as mãos^w para Deus e chamou-o por testemunha. O juramento "tornou-se uma necessidade desde que o pecado destruiu o relacionamento de confiança mútua absoluta e incondicional entre as pessoas e entre a pessoa e Deus".[1113] Ao jurar, o ser humano diz: é verdade aquilo que afirmo, tão verdadeiro que posso pedir que Deus seja testemunha disso. "Quem jura, inclui Deus em suas próprias palavras".[1114] O ser humano liga sua própria honestidade à verdade de Deus. Em seu juramento, ele solicita que Deus vigie o cumprimento da promessa feita. O final do juramento deveria incluir uma palavra em que aquele que jura expressa uma maldição sobre si mesmo, a se cumprir caso a promessa não seja cumprida.[1115] Abrão esquivou-se disso. Mas no texto hebraico ela é insinuada por uma pequena palavra (hebraico: *im*). Normalmente, a maldição começa com as palavras "Se não (hebraico: *im*)..., que me aconteça isso e aquilo".[1116]

VI. SINAIS, FÉ E JURAMENTO: 15.1-21

Por meio de um sinal, Deus confirmou a Abrão a promessa a respeito da sua descendência numerosa. Em um juramento, ele garante a Abrão que a promessa sobre a posse da terra se cumprirá.[1117] O testemunho da fé de Abrão está entre as duas promessas, a da descendência e a da terra.[1118] É uma palavra de "grande densidade teológica".[1119]

Ainda que o texto diga: *Naquele mesmo dia, fez o Senhor aliança com Abrão* (hebraico: *kamt berit*, v.18),[1120] o capítulo 15 não fala sobre a aliança que Deus estabeleceu com Abrão. "Aliança" (hebraico: *berit*) tem dois significados no hebraico. Por um lado, é o pacto, um acordo mútuo entre duas partes ou entre Deus e um ser humano ou povo[1121], e por outro lado também é uma "promessa solene", um "compromisso", o "comprometimento de si mesmo".[1122] No capítulo 15, Deus não é parceiro de um pacto, mas a única parte a assumir um compromisso. Ele se compromete a cumprir a promessa feita a Abrão. Fundamenta sua promessa por meio de um sinal e de um juramento.

1. O sinal de Deus: 15.1-5

1 Depois destes acontecimentos, veio a palavra do Senhor a Abrão, numa visão, e disse: Não temas, Abrão, eu sou o teu escudo, e teu galardão será sobremodo grande.

1113 Delitzsch, pg. 271.
1114 Guardini, pg. 87.
1115 Gunkel, pg. 288.
1116 Sobre o juramento, cf. o comentário sobre o capítulo 15.
1117 Westermann, Genesis I/2, pg. 255.
1118 Westermann, Arten der Erzählungen, pg. 59.
1119 von Rad, Mose, pg. 155.
1120 Veja o comentário sobre Gênesis 15.18.
1121 Veja o comentário sobre Gênesis 22.
1122 Westermann, Genesis I/2, pg. 127.

2 Respondeu Abrão: Senhor Deus, que me haverás de dar, se continuo sem filhos e o herdeiro da minha casa é o damasceno Eliézer?
3 Disse mais Abrão: A mim não me concedeste descendência, e um servo nascido na minha casa será o meu herdeiro.
4 A isto respondeu logo o Senhor, dizendo: Não será esse o teu herdeiro; mas aquele que será gerado de ti será o teu herdeiro.
5 Então, conduziu-o até fora e disse: Olha para os céus e conta as estrelas, se é que o podes. E lhe disse: Será assim a tua posteridade.

Abrão era rico (Gn 13.2,6). Era um guerreiro bem-sucedido (Gn 14). Mas a promessa da descendência numerosa ainda não tinha se cumprido (Gn 12.2; 13.15s). Nesta situação, Deus foi ao encontro de Abrão em uma visão. Antes, ele tinha falado diretamente com Abrão, ou então por meio de um mensageiro. Mas agora Deus permite que Abrão tenha um vislumbre dos seus planos, por meio de uma palavra[a], associando isso a uma visão. A visão referia-se aos 400 anos que os descendentes de Abrão viveriam como estrangeiros no Egito (Gn 15.13-16). A revelação de Deus por meio de uma visão não estava ligada a algum horário do dia.[1123] Uma visão é "o olhar para longe".[1124]

Deus permite que Abrão veja "com olhos espirituais aquilo que permanece oculto às outras pessoas".[1125] A descendência de Abrão enfrentará um período de grande sofrimento. Viverão em terra estranha sob condições ainda mais pesadas do que as que Abrão enfrentou.[1126]

A palavra de Deus dirigida a Abrão começa com um encorajamento: **Não temas!**[b] Uma revelação de Deus em palavra e visão era "altamente atemorizante" para aquele que a experimentava.[1127] Abrão não deve dar espaço ao medo profundamente arraigado no ser humano que se manifesta diante de uma revelação divina[c]. Ele não precisa temer o que vem pela frente. Ele também não precisa "recear que Deus talvez não o considere mais digno da antiga escolha de sua descendência como aquela que libertaria a humanidade da perdição".[1128] Acima de tudo o que acontecerá está a palavra de consolo: **Eu sou o teu escudo, e teu galardão será so bremodo grande.** O escudo é a imagem do consolo[d]. O escudo era o equipamento de defesa portátil do guerreiro antes da invenção da pólvora. O guerreiro protege o corpo com um escudo de madeira, trançado, couro ou metal. O escudo é carregado com o braço esquerdo. "Deus é escudo" significa: Deus não permite que as setas, que às vezes chovem de forma ameaçadora sobre o ser humano, o matem ou destruam totalmente.[1129]

Galardão, recompensa[e], não é uma contrapartida divina para algum serviço que Abrão tenha prestado. O galardão é uma "dádiva livre de Deus".[1130] Não é Abrão que menciona o galardão, mas Deus.[1131]

a 1Sm 15.10; 2Sm 7.4; 24.11; 1Rs 12.22; 16.1; 17.2, 8; 18.31; 21.17

1

b Êx 14.13; 20.20; Dt 1.21,29; Js 8.1; 1Sm 4.20; 1Rs 17.13; Is 7.4; Jr 1.8; Mt 1.20; Lc 1.13,30; 2.10; Ap 1.17; 2.10

c Gn 21.17; 26.24; 46.3

d Dt 33.29; Sl 3.3; 28.7; 33.20

e Is 40.10; 62.11; Jr 31.16

1123 Delitzsch, pg. 273.
1124 Hirsch, Genesis, pg. 253.
1125 Ibid., pg. 253.
1126 Veja o comentário sobre Gênesis 15.13.
1127 von Rad, Mose, pg. 154.
1128 Hirsch, Genesis, pg. 254.
1129 Hirsch, Psalms, vol. I, pg. 18.
1130 von Rad, Mose, pg. 154.
1131 Hirsch, Genesis, pg. 255.

Abrão não se satisfaz mais com uma promessa genérica. Ele quer, agora, receber informações mais precisas sobre os descendentes que lhe foram prometidos. Ao dirigir-se a Deus com a oração **Senhor Deus**, Abrão dá início uma queixa dupla. Cada uma delas começa com as palavras *E Abrão falou* (v.2-3). "Não é uma acusação, mas uma queixa",[1132] um lamento: **2 Senhor Deus, que me haverás de dar, se continuo sem filhos e o herdeiro da minha casa é o damasceno Eliézer?** Por não ter filhos, a dor de Abrão é tão grande que não há mais nada que possa alegrá-lo: o que Deus poderia lhe dar? Resignado, Abrão constata: *continuo sem filhos...*, isto é, morrerei[f] sem filhos. Para Abrão, filhos equivalem a futuro. Uma vida que se interrompe em um pai sem filhos é uma vida incompleta. "O problema de não ter filhos não é a falta de herdeiros, mas falta de futuro".[1133]

f Gn 25.32; 2Cr 21.20; Sl 39.13

Com uma formulação "simplesmente intraduzível",[1134] Abrão aponta para um servo de sua casa: "Eliézer, que nasceu na minha casa, um filho de Meseque, que é Damasco" (tentativa de tradução literal). É de supor que Abrão tenha feito um acordo com Eliézer, na forma de um contrato, como mencionam outros textos do século 15 a.C. Em caso de ausência de filhos, podia-se adotar um escravo. Este se comprometia a providenciar um enterro digno para o testador. Meseque e Damasco provavelmente eram indicações referentes ao lugar ou região onde Eliézer tinha nascido na casa de Abrão. A menção a uma região próxima a Damasco dificilmente pretende apontar para a origem arameia de Abrão.[1135] Provavelmente, Abrão lamenta, em sua queixa, que, nas mãos de Eliézer, todas as suas propriedades voltarão para uma terra que não lhe tinha sido prometida por Deus.[1136]

3 A segunda parte da queixa é mais simples e compreensível. **Disse mais Abrão: A mim não me concedeste descendência, e um servo nascido na minha casa será o meu herdeiro.** A resposta de Deus à queixa dupla de Abrão também é dupla. Primeiramente, Deus rejeita as objeções de Abrão, garantindo-lhe que veria o nascimento de um filho biológico. **4** Em segundo lugar, Deus reforça a promessa por meio de um sinal: **Não será esse o teu herdeiro; mas aquele que será gerado de ti será o teu 5 herdeiro. Então, conduziu-o até fora e disse: Olha para os céus e conta as estrelas, se é que o podes. E lhe disse: Será assim a tua posteridade.**

Na história da criação, as estrelas do céu são "marcos" usados para determinar datas festivas e também para contar dias e anos (Gn 1.14). Para Abrão, a abundância de estrelas no céu deveria servir de indicação para a inumerabilidade de seus descendentes. Deus rompe o horizonte limitado do ser humano quando o convoca a olhar para a amplidão do céu que resulta de sua ação criadora[g]. Para Abrão, o céu estrelado é um sinal de Deus, um marco e memorial que lhe relembrará a promessa de Deus sempre que o contemplar.

g Is 49.26

[1132] Procksch, pg. 108.
[1133] Westermann, Genesis I/2, pg. 261.
[1134] von Rad, Mose, pg. 154.
[1135] Procksch, pg. 294.
[1136] Cf. Dillmann, pg. 247.

O sinal do céu estrelado "confirma" e "excede"[1137] a promessa do filho. Ao pedir que Abrão conte as estrelas, Deus vai além da promessa de um filho, e promete a multiplicação. Mesmo em épocas posteriores, o céu estrelado[h] continua sendo uma "orgulhosa imagem da inumerabilidade do povo de Israel".[1138]

[h] Dt 1.10; 10.22; 28.62

2. A fé de Abrão: 15.6

6 Ele [Abrão] creu no Senhor, e isso lhe foi imputado para justiça.

Deus deu um "lembrete" a Abrão quando este não quis mais se satisfazer com a simples palavra da promessa. Depois disso, a resignação de Abrão foi superada. Ele tinha um memorial: as estrelas no céu. Abrão creu. A fé de Abrão "não é narrada, apenas afirmada".[1139] No fim das contas, a natureza da fé é indescritível.

A raiz do verbo hebraico para crer, 'aman, é interpretada de diversas formas. A tradução convencional é: "estar firme, confiável, seguro".[1140] Mas esta tradução só tem "valor aproximado, e não alcança a essência do real significado de crer".[1141] No jeito de ser hebraico, para o qual 'aman significa o mesmo "crer", no assim chamado hif'il pressupõe-se quase sempre, com pouquíssimas exceções, um relacionamento pessoal. A fé é um relacionamento de troca entre Deus e o ser humano; "a saber, um relacionamento de troca cuja iniciativa não parte do ser humano – mesmo que a fé seja um ato humano, algo pelo qual o ser humano possa ser responsabilizado (veja a exigência de ter fé!)".[1142]

O autor da fé sempre é Deus. A fé do ser humano é resposta. O ser humano diz "Amém" a Deus, com todas as consequências que isso trouxer para seus pensamentos, sentimentos e vida. No Antigo Testamento, a fé é "um relacionamento com Deus que abrange todo o ser humano, com a totalidade de suas condições exteriores e vida interior".[1143]

A fé de Abrão é resposta à promessa de Deus. Abrão entrega a Deus o controle sobre sua vida. Ele se entrega totalmente a Deus, como uma "matéria prima maleável".[1144] Ele deixa tudo com Deus. Promete a Deus que se deixará guiar somente por ele.

Abrão confia na "pessoa de quem promete".[1145] Sua fé é a "entrega confiante e crente a Deus".[1146]

A fé de Abrão "dá espaço à ação de Deus", ele "se compromete com Javé", é um "ato de confiar e aceitar os planos de Deus na história".[1147] A força da fé está na "certeza em torno de Deus".[1148] Quem crê encontra cer-

---

1137 Westermann, Genesis I/2, pg. 262.
1138 Gunkel, pg. 180.
1139 von Rad, Mose, pg. 156.
1140 Wildberger, THAT, vol. I, col. 180.
1141 Weiser, pg. 184.
1142 Ibid., pg. 186s.
1143 Ibid., pg. 188.
1144 Cf. Hirsch, Genesis, pg. 260.
1145 Delitzsch, pg. 275.
1146 Dillmann, pg. 248.
1147 von Rad, Mose, pg. 156.
1148 Procksch, pg. 296.

teza. Está refugiado em Deus. Mas Deus não é somente o Autor, mas também o Consumador da fé (cf. Hb 12.2). Deus declara Abrão como justo[i].

i Rm 4.3;
Gl 3.6;
Tg 2.23

A justiça, assim como a fé, é um "termo relacional".[1149] Declarar como justo significa: acalmar, satisfazer, prover, "ou seja, providenciar aquilo que está faltando para o outro, aquilo que serve para o bem do outro".[1150]

Justiça não é um bem que o ser humano possa ganhar com seu esforço, não é uma norma absoluta acima do ser humano, mas um predicado associado a alguém que está em comunhão com Deus! "Justo é quem assume a comunhão".[1151]

Imputar (hebraico: *chashab*) significa reconhecer! Mais tarde, era tarefa dos sacerdotes determinar a validade ou não de um holocausto[k]. Abrão foi declarado justo por causa de sua fé. A justiça da fé foi o início, a justiça da vida é consequência da justiça pela fé. "A justiça da fé gera a justiça de vida, que, devido à fonte da qual se origina, é imputado por Deus como justiça, da mesma forma como a própria fé".[1152]

k Lv 7.18;
17.4;
Nm 18.27

Somente depois de Abrão ter se tornado justo em decorrência de sua fé, Deus lhe deu mandamentos e leis para cumprir. O mandamento da circuncisão, p.ex., era um mandamento para quem crê (cf. Gn 17). Abrão não se tornou justo por observar as leis, mas por um ato de graça da parte de Deus (Rm 4.1-4). "Temos, portanto, um testemunho claro e certo da Escritura de que a justiça é imputada à fé, isto é, Abrão é considerado e declarado justo por Deus por ter crido em Deus. A Bíblia não diz isso sobre as obras".[1153]

O ato de fé de Abrão não é um serviço que Deus recompensa com a imputação da justiça. Paulo opõe-se enfaticamente a este tipo de interpretação.[1154] Abrão não tem motivo para se orgulhar diante de Deus (Rm 4.2). A imputação da fé como justiça é algo que decorre da graça, não do compromisso.[1155] A "imputação" da justiça da parte de Deus é a "justificação" pela graça.[1156]

3. O juramento de Deus: 15.7-21

7 Disse-lhe mais: Eu sou o Senhor que te tirei de Ur dos caldeus, para dar-te por herança esta terra.

8 Perguntou-lhe Abrão: Senhor Deus, como saberei que hei de possuí-la?

9 Respondeu-lhe: Toma-me uma novilha, uma cabra e um cordeiro, cada qual de três anos, uma rola e um pombinho.

10 Ele, tomando todos estes animais, partiu-os pelo meio e lhes pôs em ordem as metades, umas defronte das outras; e não partiu as aves.

11 Aves de rapina desciam sobre os cadáveres, porém Abrão as enxotava.

1149 von Rad, Mose, pg. 156.
1150 Hirsch, Genesis, pg. 261.
1151 Köhler, L.; citado por von Rad, Mose, pg. 156, obs. 1.
1152 Delitzsch, pg. 276.
1153 Lutero, Ersten Moses, vol. I, pg. 298.
1154 Sobre a interpretação judaica a respeito da justiça como merecimento, cf. Michel, Römer, pg. 115; cf. também Ehrlich, pg. 59.
1155 Schlier, pg. 128.
1156 Calvino, pg. 157.

12 Ao pôr-do-sol, caiu profundo sono sobre Abrão, e grande pavor e cerradas trevas o acometeram;

13 então, lhe foi dito: Sabe, com certeza, que a tua posteridade será peregrina em terra alheia, e será reduzida à escravidão, e será afligida por quatrocentos anos.

14 Mas também eu julgarei a gente a que têm de sujeitar-se; e depois sairão com grandes riquezas.

15 E tu irás para os teus pais em paz; serás sepultado em ditosa velhice.

16 Na quarta geração, tornarão para aqui; porque não se encheu ainda a medida da iniquidade dos amorreus.

17 E sucedeu que, posto o sol, houve densas trevas; e eis um fogareiro fumegante e uma tocha de fogo que passou entre aqueles pedaços.

18 Naquele mesmo dia, fez o Senhor aliança com Abrão, dizendo: À tua descendência dei esta terra, desde o rio do Egito até ao grande rio Eufrates:

19 o queneu, o quenezeu, o cadmoneu,

20 o heteu, o ferezeu, os refains,

21 o amorreu, o cananeu, o girgaseu e o jebuseu.

A primeira promessa a respeito da terra era: *...toda essa terra que vês, eu ta darei, a ti e à tua descendência* (Gn 13.15). Esta promessa não faz nenhuma referência a alguma colaboração da parte de Abrão ou de seus descendentes.

Mas agora Javé diz: **Eu sou o Senhor que te tirei de Ur dos caldeus, 7 para dar-te por herança esta terra.** "Para tomar posse dela" inclui o "conceito de ação pessoal", e poderia até ser traduzido como "conquistar".[1157]

Abrão reage a esta especificação da promessa a respeito da terra com uma pergunta e o pedido por um sinal que confirme isso: **Como saberei 8 que hei de possuí-la?** Esta pergunta de Abrão não é uma "recaída na falta de fé ou fé fraca..., não é uma pergunta que expressa dúvida, mas é um pedido".[1158] Deus responde ao pedido de Abrão com um juramento. "O juramento é composto por palavra e ação".[1159] A ação pode ser levantar uma mão ou representar metaforicamente uma maldição contra si mesmo. Entre os romanos, havia um ritual para juramento em que a pessoa que jurava segurava uma pedra na mão, expressando com isso: "Que eu seja apedrejado caso quebre meu juramento".

Vem da Mesopotâmia o costume solene de, ao celebrar um acordo, as duas partes jurarem cumprir à risca as promessas feitas: metades de corpos de animais são enfileiradas uma de frente para a outra em determinada ordem. As duas partes contratuais passam entre os animais cortados, portando tochas acesas. Com isso, declaram: caso o contrato seja rompido, que nós soframos o destino fatal destes animais cortados.[1160]

[1157] Cf. Hirsch, Genesis, pg. 262s.
[1158] Delitzsch, pg. 276.
[1159] Westermann, Genesis I/2, pg. 267.
[1160] Delitzsch, pg. 280.

O ritual mesopotâmico para celebrar acordos era conhecido na região palestina. Ele continuava sendo praticado na época do profeta Jeremias. Jeremias anunciou a derrota daqueles que tinham quebrado o acordo. Eles seriam alcançados pelo destino invocado ao passar entre as metades do bezerro cortado (Jr 34.18).

Para Abrão, a orientação para cortar os animais ao meio não era algo estranho. Ele conhecia o ritual de juramentos e amaldiçoamento próprio da sua antiga terra natal. Mas Abrão não tinha como saber o que Javé pretendia fazer, e quem prestaria um juramento.

Abrão cortou ao meio uma novilha, uma cabra e um cordeiro, cada um com três anos de idade.[1161] Posicionou as metades dos animais no chão, uma de frente para a outra, de forma que entre as partes houvesse um caminho livre, pelo qual alguém poderia passar. A rola e o pombinho não foram cortados. Possivelmente Abrão deitou um animal de cada lado do caminho formado pelos animais cortados. Estes cinco tipos de animais (novilha, cabra, cordeiro, rola e pombinho) eram os mesmos animais aceitos posteriormente nos holocaustos, sendo que as pombas não podiam ser cortadas (Lv 1.17). Depois de terminar os preparativos para o ritual, apareceram aves de rapina. Mas Abrão as espantou. Depois disso, Deus fez com que ele adormecesse profundamente. A expressão "sono profundo" (hebraico: *tardema*) é o mesmo que aparece quando Adão adormeceu no momento da criação de Eva (Gn 2.21). O sono profundo desliga a "ação natural do espírito e dos sentidos", mas abre o ser humano a um "estado de despertamento superior".[1162] O sono profundo é pré-requisito para receber uma revelação de Deus[l]. Em um discurso, Deus revela a Abrão a escura estrada que seus descendentes terão que percorrer antes de ver o cumprimento da promessa.

Na forma de uma visão do futuro (v.1), Abrão tem um vislumbre dos pensamentos de Deus na história. Abrão pediu estas informações a Deus (v.8). Agora Deus responde (v.13). "Abrão não deve ver a história como um mistério, mas deve entendê-la pela fé".[1163] Deus permite que Abrão veja longe.[1164]

O povo cujo patriarca é Abrão passará por um período de quatrocentos anos de sofrimento. Deus revela a Abrão que ele será submetido à escravidão, mas não menciona o nome do país. Quatrocentos anos são um número redondo. Mais tarde o período é especificado como sendo 430 anos (Êx 12.40).[1165] Somente depois de quatrocentos anos o povo voltará para a terra prometida; e então Deus aniquilará os amorreus[1166] por causa da sua iniquidade[m].

l Jó 4.13; 33.15

m Lv 18.24-27; 20.22-24; Dt 9.4s; 1Rs 14.24

1161 De acordo com a exegese judaica, eram três bezerros, três cabras e três cordeiros; cf. Hirsch, Genesis, pg. 264.
1162 von Rad, Mose, pg. 157s.
1163 Ibid., pg. 158.
1164 Exegetas judeus tentam ler o destino dos descendentes de Abrão no Egito a partir dos animais mortos dispostos no chão: "A novilha cortada é escravidão; a cabra cortada é tortura, abusos; o cordeiro cortado é a condição injusta e incrível de estrangeiros...; a rola, o ser sem forças e resistência, mas que, por sua força para voar, consegue se evadir com mais facilidade do domínio do ser humano". Hirsch, Genesis, pg. 266s. Esta interpretação também encontrou lugar na exegese cristã; cf. Delitzsch, pg. 278.
1165 Sobre os quatrocentos ou quatrocentos e trinta anos de vida como estrangeiros, cf. Introdução, IV. O tempo dos patriarcas.
1166 Veja Introdução II. 2. A terra ocidental (Amurru) e os amorreus.

Mas os quatrocentos anos de sofrimento só acontecerão depois da morte de Abrão. Abrão não será atingido por ele: **E tu irás para os teus** **15** **pais em paz; serás sepultado em ditosa velhice.** Deus promete uma "boa morte" a Abrão. A morte não "destruirá a integridade da vida, mas esta integridade dura até a morte, a morte em ditosa velhice".[1167] Aparece aqui, pela primeira vez, a palavra *shalom*. Shalom significa "exoneração, livramento, libertação de preocupações e necessidades, ou seja, paz tanto no sentido de pacificação quanto de satisfação".[1168] A boa morte incluía o sepultamento: "O retorno à terra reúne o falecido com seus antepassados, que voltaram à terra antes dele".[1169]

Abrão preparara o ritual do juramento. Os animais estavam deitados no chão, cortados ao meio. Deus falou com Abrão em uma visão. Depois, Deus fez um juramento a Abrão. **E sucedeu que, posto o sol, houve den-** **17** **sas trevas; e eis um fogareiro fumegante e uma tocha de fogo que passou entre aqueles pedaços. Naquele mesmo dia, fez o Senhor aliança** **18** **com Abrão** [isto é, ele fez um juramento], **dizendo: À tua descendência dei esta terra, desde o rio do Egito até ao grande rio Eufrates: o queneu,** **19** **o quenezeu, o cadmoneu, o heteu, o ferezeu, os refains, o amorreu, o** **20/21** **cananeu, o girgaseu e o jebuseu.**

A fim de transmitir sua promessa a Abrão da forma mais "palpável, impressionante e inesquecível" possível, Deus faz um juramento, "em profunda condescendência".[1170] Ao passar por entre os animais cortados, ele garante a Abrão que a promessa da posse da terra se cumpriria. Deus passou sozinho, "pois somente ele tinha algo a prometer neste momento".[1171] Abrão não viu a figura de Javé, mas reconheceu-o pelos sinais de Deus.[1172] Viu um fogareiro fumegante e uma tocha de fogo. Fumaça e fogo são sinais da presença de Deus na sarça ardente (Êx 3.2), no Sinai fumegante e em chamas (Êx 19.18ss; 20.18; Dt 4.11) e na coluna de fumaça e fogo que acompanhou o povo de Israel no deserto (Êx 13.21). O sinal do fogareiro fumegante remete à coluna de fumaça e de fogo. Na época do Antigo Testamento, o fogareiro ou forno (hebraico: *tannur*) tinha o formato de um cilindro que se afunilava no topo. Os pães eram grudados nas paredes internas e externas para assar.[1173] Nenhuma outra manifestação de Javé no seu relacionamento com os patriarcas é tão "terrivelmente sublime" como esta.[1174]

Depois do ritual, Deus diz a Abrão a "palavra comprometedora do juramento".[1175] A abrangência da terra prometida corresponde à extensão do reino de Salomão (1Rs 5.1). Ela vai do chamado "rio do Egito" até o Eufrates. O "rio do Egito" não é o Nilo, a "corrente do Egito", mas o *Wadi el-Arish* entre Gaza e a margem oriental do delta do Nilo.[1176] A lista dos dez povos que ocupavam a terra na época de Abrão começa com

---

1167 Westermann, Genesis I/2, pg. 270.
1168 Delitzsch, pg. 277.
1169 Westermann, Genesis I/2, pg. 270.
1170 Delitzsch, pg. 280.
1171 Dillmann, pg. 251.
1172 Gunkel, pg. 181.
1173 von Rad, Mose, pg. 159.
1174 Delitzsch, pg. 280.
1175 Westermann, Genesis I/2, pg. 267.
1176 von Rad, Mose, pg. 159.

n	Êx 3.8,17; 13.5; 23.23, 28; 33.2; 34.11; Dt 7.1; 20.17; Js 3.10
o	Gn 22.16; Êx 32.13; Is 45.23; Jr 22.5; 49.13; Jr 51.14; Am 6.8
p	Is 62.8
r	Sl 89.35; Am 4.2
s	Is 14.24s
t	Nm 32.10; Dt 1.34; 2.14; 4.21; Js 5.6; Jz 2.15; Sl 95.11; Jr 44.26; Am 6.8
u	Lc 1.73; At 2.30
v	Ap 10.6
w	Hb 6.13ss
x	Hb 3.11,18
y	Lv 19.12; Nm 30.2; Dt 23.22

alguns que não aparecem em nenhuma outra lista,[n] a saber, os queneus, os quenezeus e os cadmoneus. Os queneus são os descendentes de Caim; os quenezeus possivelmente remontem a Cainã, um dos filhos de Enos; e os cadmoneus – tradução: os "orientais" – originalmente moravam na terra a leste do Jordão.[1177]

O compromisso de dar aos descendentes de Abrão a área, ora habitada por dez povos pré-israelitas, que ia da fronteira do Egito até o Eufrates, não é uma simples aliança, mas um juramento de Deus. O termo técnico hebraico "o Senhor fez aliança com Abrão" (*kamt berit*) significa aqui "estabelecer um compromisso",[1178] "proferir um juramento".[1179] O sinal que confirmava o julgamento era a passagem entre as partes de um animal cortado ao meio. Ao passar por entre as metades dos animais, Javé demonstra, de forma muito expressiva, a seriedade do juramento divino!

O Antigo Testamento traz 75 relatos de um juramento de Deus. Deus jura por si mesmo[o]; por sua mão direita e seu braço poderoso[p] e por sua santidade[r].

Na maioria das vezes, Deus jura fazer o bem às pessoas. Em 34 ocasiões, o juramento de Deus inclui a promessa da posse da terra. Mas o conteúdo do juramento também pode ser ameaçador, tanto em relação a povos estrangeiros[s] quanto em relação ao próprio Israel[t].

O Novo Testamento também fala livremente de juramentos de Deus. Lucas, por exemplo, cita o juramento de Deus[u]; João fala sobre o juramento dos anjos[v]; e o autor da carta aos Hebreus considera o juramento de Deus uma garantia que sustenta a fé. Diz ele que Deus, não podendo jurar por ninguém que fosse maior que ele, jurou por si mesmo ao prometer sua bênção a Abrão[w]. Deus instituiu Jesus, o sumo sacerdote, por meio de seu juramento. Além disso, a carta aos Hebreus conta que Deus jurou em face da sua ira por causa da infidelidade de Israel[x].

No Antigo Testamento, era natural que a pessoa fizesse um juramento. Com um juramento solene, Abrão reforça sua decisão de desistir dos despojos da guerra. Ele levanta sua mão ao Senhor.[1180] Na época de Jeremias, os homens fizeram um acordo "perante Javé"; "na sua presença", passaram no meio das partes de um bezerro cortado ao meio (Jr 34.18s).

Ao contrário do Antigo Testamento, que só proíbe o juramento em falso[y], Jesus proíbe o juramento em si (Mt 5.33-37).

A proibição de Jesus de que as pessoas jurem significa que o ser humano não pode colocar sua própria "verdade humana" ao lado do Deus santo. O ser humano faz parte do mundo dominado pela mentira. Ele não pode recorrer à verdade de Deus.

Além disso, o ser humano não pode dispor de si mesmo. Como ele poderia penhorar sua cabeça, se tudo, até mesmo a mudança da cor de seus cabelos, é controlado unicamente por Deus?

1177 Odelain/Seguineau, pg. 203s.
    Sobre os demais nomes de povos da época pré-israelita, cf. o comentário sobre Gênesis 10, Bräumer, 1ª parte, pg. 163-174 e o comentário sobre Gênesis 14; veja também a Introdução II. 2. A terra ocidental (Amurru) e os amorreus.
1178 Kutsch, E.; citado por Westermann, Genesis I/2, pg. 272.
1179 Delitzsch, pg. 280.
1180 Veja o comentário sobre Gênesis 14,22; sobre o gestual do juramento, cf. Deuteronômio 32.40; Daniel 12.7.

Ao proibir que a pessoa jure pela sua própria vida, Jesus se opõe a maldição que a pessoa rogava contra si mesma no Antigo Testamento, a fim de reforçar um juramento. O Antigo Testamento cita algumas vezes a fórmula da maldição lançada contra si mesmo: *Assim me faça Deus o que lhe aprouve*r (p. ex., Rt 1.17; 1Sm 14.44; 2Sm 3.35; 1Rs 2.23). O juramento sob o governo de Josué contém uma maldição (Js 6.26), assim como o juramento das onze tribos de não dar esposas aos benjamitas (Jz 21.18). Além disso, Saul amaldiçoou o povo ao jurar (1Sm 14.28).

Jesus proíbe o juramento entre seus discípulos por dois motivos:

a) O ser humano não pode se achar no direito de dispor de Deus. O ser humano não pode recorrer à verdade de Deus em favor da sua própria palavra.

b) O ser humano não pode, por juramento, prometer coisas ou arriscar vidas que nem lhe pertencem.

Somente Deus pode jurar, pois somente ele é a verdade. Ele é o Criador e o Senhor dos céus e da terra.

Como não há nada acima de Deus, como toda a criação pertence a Deus, incluindo todos os seres humanos, e como o próprio Deus escolheu o povo de Israel, ele também pode dispor de tudo isso, o que significa que Deus pode jurar. Isso vale também para Jesus, que fez um juramento perante o Sinédrio (Mt 26.63s).[1181]

VII. SARAI E AGAR: 16.1-16

Depois da queixa de Abrão: *Continuo sem filhos...* (Gn 15.2), o relato da briga[1182] entre Agar e Sarai é iniciado com a afirmação de que Sarai, mulher de Abrão, não tinha lhe dado filhos. Como a promessa não se cumpria, Abrão e Sarai enfrentaram provações e conflitos. O impedimento para o cumprimento da promessa era Sarai. Ela era estéril (v.2). Esta constatação impulsionou Sarai e Abrão a uma "ação altamente problemática".[1183] A história de Sarai e Agar, na qual Abrão "desempenha um papel um tanto infeliz",[1184] trata de um acontecimento pessoal com significado típico, tanto para a convivência humana quanto para a forma como o ser humano lida com a promessa de Deus.

1. A briga entre Agar e Sarai: 16.1-6

1 Ora, Sarai, mulher de Abrão, não lhe dava filhos; tendo, porém, uma serva egípcia, por nome Agar,

2 disse Sarai a Abrão: Eis que o Senhor me tem impedido de dar à luz filhos; toma, pois, a minha serva, e assim me edificarei com filhos por meio dela. E Abrão anuiu ao conselho de Sarai.

1181 Sobre a relação entre juramento, voto e promessa solene no Novo Testamento, cf. Bräumer, "Heilige Versprechen", in: Lieben wagen, pg. 147-168.
1182 De acordo com Westermann, a maior parte de Gênesis 16 é relato sobre um conflito; Westermann, Genesis I/2, pg. 280.
1183 von Rad, Gênesis 16.1-16, GPM 1947, caderno 4, pg. 54.
1184 Gunkel, pg. 192.

3 Então, Sarai, mulher de Abrão, tomou a Agar, egípcia, sua serva, e deu-a por mulher a Abrão, seu marido, depois de ter ele habitado por dez anos na terra de Canaã.

4 Ele a possuiu, e ela concebeu. Vendo ela que havia concebido, foi sua senhora por ela desprezada.

5 Disse Sarai a Abrão: Seja sobre ti a afronta que se me faz a mim. Eu te dei a minha serva para a possuíres; ela, porém, vendo que concebeu, desprezou-me. Julgue o Senhor entre mim e ti.

6 Respondeu Abrão a Sarai: A tua serva está nas tuas mãos, procede segundo melhor te parecer. Sarai humilhou-a, e ela fugiu de sua presença.

Na época dos patriarcas, uma mulher só se tornava membro de uma família quando tinha filhos; não havia "outra forma de membresia ou pertencimento para uma mulher".[1185] A vida sem filhos não tinha sentido para Sarai. Já se haviam passado dez anos desde que tinham chegado a Canaã. Sarai tinha certeza: Deus lhe negara filhos. Ela se queixa: "ele me fechou" (v.2). Deus é aquele que abre o ventre materno[a], mas também é aquele que pode fechá-lo. Sarai pensava ter entendido o caminho de Deus. Para ela, havia somente "uma forma legítima"[1186] para dar sentido à sua vida e, ao mesmo tempo, assegurar que a promessa de Deus pudesse se cumprir: ela teria de dividir seu marido com outra mulher.

a Gn 29.31; 30.22

Conhecia-se na região sírio-palestina a lei imperial promulgada por Hamurabi (1792-1750 a.C.). Este códice (o Código de Hamurabi) diz:

> Se alguém tomou uma esposa, mas esta não lhe deu filhos, e decidir assim tomar uma concubina, isto lhe será permitido; ele pode fazê-la entrar em sua casa; a referida concubina não pode, em nenhuma circunstância, igualar-se à esposa.
>
> Se alguém tomou uma esposa, e esta der uma escrava ao marido, de forma que ela (a escrava) gerar filhos e posteriormente se igualar à sua senhora, esta não poderá vendê-la por dinheiro, visto que gerou filhos; colocará um sinal da escravidão nela e a contará entre as escravas.[1187]

Como Abrão não tinha pensado em tomar uma concubina, Sarai lhe propõe: **Toma, pois, a minha serva, e assim me edificarei com filhos por meio dela.** Sarai tinha uma serva egípcia, cujo nome era Agar (v.1).

b Sl 123.2; Pv 30.23; Is 24.2

O termo hebraico para serva, *shiphcha*[b], caracterizava Agar como "serva da esposa, que pode dispor dela e tem com ela um relacionamento pessoal de confiança".[1188] Em muitos casos, como com Rebeca, Leia e Raquel, tratava-se da moça que os pais davam à filha no momento do casamento (Gn 24.61; 29.24,29). É concebível que Agar, a "serva pessoal" de Sarai, fosse uma das "escravas egípcias" (Gn 12.16) que o faraó tinha dado de presente a Abrão.[1189] Quando a esposa estéril entregava sua "serva pessoal" como concubina ao marido, qualquer filho que ela concebesse dele seria

---

1185 Westermann, Genesis I/2, pg. 285.
1186 von Rad, Mose, pg. 161.
1187 Código de Hamurabi, §§ 145 e 146; citado por Greßmann (ed.), Altorientalische Texte und Bilder, vol.I, pg. 156s.
1188 Westermann, Genesis I/2, pg. 283.
1189 Delitzsch, pg. 281.

considerado filho da esposa. A serva pessoal da esposa dava à luz no colo de sua senhora (Gn 30.3,9), "de forma que a criança simbolicamente saísse do ventre da própria senhora".[1190] Dessa forma, Sarai esperava ter um filho por intermédio de Agar, literalmente "edificando-se por meio dela". Edificar, unir pedra com pedra, significa: "construir um espaço em que a pessoa possa desenvolver e consumar sua vida".[1191]

4 Abrão **a possuiu, e ela concebeu. Vendo ela que havia concebido, foi sua senhora por ela desprezada.** Desde o começo da gravidez, o "orgulho materno natural é mais forte do que a situação legal" de Agar.[1192] **Ela desprezou sua senhora** significa, numa tradução literal: "sua senhora perdeu importância a seus olhos".[1193] Sarai percebe esta injustiça e se queixa dela (v.5). O termo usado aqui para injustiça (hebraico: *chamas*) significa: "pequenas injustiças contínuas, que fogem ao juízo..., agulhadas que definham a vida..., que não matam, mas fazem adoecer".[1194]

Seguindo a lei, Sarai não se dirige a quem a ofende, mas a Abrão, seu marido, que também se tornara marido de Agar. Ele é o juiz para os assuntos familiares. "Ele é a única instância capaz de promover alguma mudança nesta situação".[1195] E Sarai responsabiliza Abrão pela injustiça que ela está sofrendo: **Seja sobre ti a afronta que se me faz a mim!... Jul-** **5** **gue o Senhor entre mim e ti. Respondeu Abrão a Sarai: A tua serva está** **6** **nas tuas mãos, procede segundo melhor te parecer. Sarai humilhou-a, e ela fugiu de sua presença.**

Sarai acusa Abrão de tolerar a injustiça em vista da perspectiva de ganhar um descendente.[1196] Ao invocar Javé como juiz^c, ela diz que a decisão tomada por Abrão deverá expressar o julgamento de Deus sobre o assunto. Abrão devolve Agar a Sarai e restabelece a situação legal anterior.[1197] Agar está novamente nas mãos de Sarai. "A mão é o instrumento que põe e dispõe".[1198] Sarai tinha total liberdade em seu comportamento em relação a Agar. Agar está entregue à retribuição de Sarai.[1199] "Ela inverte as posições e faz Agar perceber quem é que manda".[1200] Agar não suporta a situação e foge. Agar sente que a única possibilidade de ser liberta é "fugir para a desesperança".[1201] Ela arrisca sua própria vida e a do filho que cresce dentro dela. "A debandada de Hagar para o deserto, fugindo da opressão 'justa' de Sarai e expondo-se sozinha aos perigos do deserto, é um arquétipo do anseio humano por liberdade".[1202]

c Gn 31.53; Êx 5.21; 1Sm 24.12, 15

1190 von Rad, Mose, pg. 161.
1191 Hirsch, Genesis, pg. 269.
1192 Procksch, pg. 114.
1193 Westermann, Genesis I/2, pg. 286.
1194 Hirsch, Genesis, pg. 271.
1195 Westermann, Genesis I/2, pg. 287.
1196 Dillmann, pg. 254.
1197 von Rad, Gênesis 16.1-16, GPM 1947, caderno 4, pg. 54.
1198 Fitzer, G.; citado por Westermann, Genesis I/2, pg. 288.
1199 von Rad, Mose, pg. 162.
1200 Gunkel, pg. 186.
1201 von Rad, Gênesis 16.1-16, GPM 1947, caderno 4, pg. 55.
1202 Westermann, Genesis I/2, pg. 288.

2. O encontro durante a fuga: 16.7-14

7 Tendo-a achado o Anjo do Senhor junto a uma fonte de água no deserto, junto à fonte no caminho de Sur,

8 disse-lhe: Agar, serva de Sarai, donde vens e para onde vais? Ela respondeu: Fujo da presença de Sarai, minha senhora.

9 Então, lhe disse o Anjo do Senhor: Volta para a tua senhora e humilha-te sob suas mãos.

10 Disse-lhe mais o Anjo do Senhor: Multiplicarei sobremodo a tua descendência, de maneira que, por numerosa, não será contada.

11 Disse-lhe ainda o Anjo do Senhor: Concebeste e darás à luz um filho, a quem chamarás Ismael, porque o Senhor te acudiu na tua aflição.

12 Ele será, entre os homens, como um jumento selvagem; a sua mão será contra todos, e a mão de todos, contra ele; e habitará fronteiro a todos os seus irmãos.

13 Então, ela invocou o nome do Senhor, que lhe falava: Tu és Deus que vê; pois disse ela: Não olhei eu neste lugar para aquele que me vê?

14 Por isso, aquele poço se chama Beer-Laai-Roi [poço daquele que vive e olha por mim]; está entre Cades e Berede.

7   Agar tinha fugido para o deserto[1203] na esperança de não ser descoberta por ninguém. Mas **o Anjo do Senhor**[1204] a encontrou. Agar tinha ido bem para o sul, até o oásis que fica no caminho para Sur[d]. Sur (tradução: muro) provavelmente seja a atual Tell Fara (tradução: grande monte de ruínas), um posto de vigilância dos egípcios, e mais tarde, dos filisteus que se protegiam dos nômades.[1205]

d Gn 20.1;
25.18;
Êx 15.22;
1Sm 15.7;
27.8

De acordo com o Alcorão, Sur é o monte Tur, nas proximidades de Meca. De acordo com a tradição islâmica, este é o lugar onde nasceu Ismael, o pai dos muçulmanos.[1206]

O anjo do Senhor dirigiu duas perguntas à fugitiva, a respeito de seu

8   passado e de seu futuro: **Donde vens e para onde vais?** Sem hesitar, Agar responde à primeira pergunta. Não sabe que resposta dar à segunda. "Por isso, o anjo passa a cuidar tanto de seu passado quanto de seu futuro".[1207] Em três palavras, o mensageiro se dirige a Agar, que estava a ponto de levar a si mesma e a seu filho para a morte:

9   Então, lhe disse o Anjo do Senhor: Volta para a tua senhora e humilha-te sob suas mãos.

10   Disse-lhe mais o Anjo do Senhor: Multiplicarei sobremodo a tua descendência, de maneira que, por numerosa, não será contada.

11   Disse-lhe ainda o Anjo do Senhor: Concebeste e darás à luz um filho, a quem chamarás Ismael, porque o Senhor te acudiu na tua aflição.

1203 Cf. o comentário sobre Gênesis 21.9-21.
1204 Sobre o anjo do Senhor, veja Excurso I: Os anjos de Deus.
1205 Keel/Küchler, vol.2, pg. 129.
1206 Westermann, Genesis I/2, pg. 291.
1207 von Rad, Mose, pg. 164.

Ele será, entre os homens, como um jumento selvagem [cavalo selvagem ou zebra]**; a sua mão será contra todos, e a mão de todos, contra ele; e habitará fronteiro a todos os seus irmãos.** 12

Destas três declarações específicas do anjo, a primeira é uma ordem, e a segunda e a terceira são promessas.

Agar deveria voltar para Sarai e, voluntariamente, reconhecê-la como sua senhora. Por meio de seu mensageiro, Deus seguiu aquela que fugiu da casa de Abrão. Ele quer levá-la de volta e promete a Agar que seus descendentes são parte de seus planos para a história. Ela deverá dar o nome de Ismael a seu filho.[1208] Traduzido, Ismael significa: "Deus ouviu". Este nome pressupõe um pedido de Agar por proteção.

Ismael[e] é o patriarca de uma tribo nômade com doze subtribos (Gn 25.13-16). Os ismaelitas espalharam-se da fronteira do Egito até o Golfo Pérsico (Gn 25.18). Na tradição islâmica, Ismael é considerado o patriarca dos árabes.[1209] Nos escritos rabínicos, Ismael é contado entre os filhos de Abrão, mas depois excluído deles como impuro, por causa de sua maldade.[1210]

e Gn 17.20-26; 25.9-17; 37.25,28; 39.1; Jz 8.24; 1Cr 1.29-31; Sl 83.6

A fala do anjo dirigida a Agar compara Ismael a um cavalo selvagem. A maioria dos tradutores usa "jumento selvagem" para o termo hebraico *pärd*. Mas "jumento selvagem", em hebraico, é *ᵉarod* (cf. Jó 39.5), enquanto *pärd* é a zebra, que naquela época era comum na região palestina, mas atualmente está extinta nestas latitudes.[1211] A vida de Ismael será determinada pela guerra de todos contra todos. Apesar dos seus muitos inimigos, incluindo seus irmãos, ele conquistará e possuirá a terra. "Ninguém será seu amigo, mas, ainda assim, ninguém ousará se opor a ele".[1212] A vida de Ismael será luta após luta, "este Ismael indomável é um filho digno de sua mãe rebelde, que não queria se submeter a seu jugo e que tinha arriscado a segurança de sua vida, pois esta não passava de humilhação".[1213]

Depois de ter ouvido as palavras do anjo, Agar reconheceu que o próprio Deus tinha se aproximado dela. **Então, ela invocou o nome do** 13 **Senhor, que lhe falava: Tu és Deus que vê; pois disse ela: Não olhei eu neste lugar para aquele que me vê? Por isso, aquele poço se chama** 14 **Beer-Laai-Roi** [poço daquele que vive e olha por mim]**; está entre Cades e Berede.**

Por intermédio do mensageiro de Deus, Agar encontrou o próprio Deus. O anjo do Senhor é uma das manifestações de Javé. É o próprio Javé que aparece em forma de homem. Deus encontra o ser humano, mas este só pode ver Deus na forma de um anjo, de um mensageiro de Deus.[1214] Deus vê Agar. Mas Agar vê o anjo! Do ponto de vista do ser humano, o mensageiro de Deus é igual àquele que o envia. O próprio Deus fala e age por meio de seu anjo.[1215] Agar vê o anjo, que lhe apresenta o futuro de seu filho, como "a própria presença de Javé".[1216] Ela invoca o nome do

---
1208 Sobre a nomeação pela mãe, cf. Gênesis 4.1,25; 29.32ss; 30.6ss; 38.4s.
1209 Noth, Ismael, col. 935s.
1210 Odeberg, Esau, pg. 957.
1211 Köhler, Lichter, pg. 64-70.
1212 Hirsch, Genesis, pg. 273.
1213 Gunkel, pg. 189.
1214 von Rad, Angelos, pg. 76.
1215 Ficker, mal'ak, col. 903 e 907.
1216 Delitzsch, pg. 286.

Senhor na forma de uma "oração de louvor a Deus"[1217]: "Tu és o Deus que vê". Deus tinha visto Agar e cuidara dela. Quando o anjo foi embora, ela percebeu que "o Deus que tudo vê estivera presente, e contempla sua partida".[1218] Agar podia ver Deus partindo[f]. Como Agar, apesar de seu sofrimento, percebeu a graciosa "pró-visão" de Deus[1219], o poço foi chamado de "poço daquele que vive e que olha por mim". Até hoje não foi possível determinar com precisão a localização deste poço. Ele deve ter estado próximo a Cades.[1220] O nome Berede aparece apenas aqui no Antigo Testamento. Até hoje não foi possível determinar sua localização.

f Êx 33.23; Jz 13.20ss

3. O nascimento de Ismael: 16.15-16

15 Agar deu à luz um filho a Abrão; e Abrão, a seu filho que lhe dera Agar, chamou-lhe Ismael.

16 Era Abrão de oitenta e seis anos, quando Agar lhe deu à luz Ismael.

O texto não diz quanto tempo Agar ainda ficou junto ao poço chamado "poço daquele que vive e olha por mim", nem mesmo como ela deu à luz a Ismael e se ela mesma lhe deu o nome. Em vez disso, o texto usa a fórmula das genealogias, dizendo que ela deu este filho a Abrão, e que Abrão o chamou de Ismael. Agora Abrão tinha um filho. Ficava em aberto a questão se Ismael seria o descendente prometido por Deus! "Abrão não consegue responder a esta pergunta. Ele muitas vezes terá perguntado isso a Deus, até receber a resposta descrita no capítulo 17".[1221] A constatação de que Abrão deu o nome a Ismael pressupõe que a apaixonada Sarai e a rebelde, mas corajosa, Agar estivessem novamente vivendo juntas na família de Abrão.[1222]

❖

EXCURSO I: Os anjos de Deus

O Antigo Testamento não tem capítulos que falem especificamente sobre a doutrina dos anjos (angelologia). Mas os anjos encontram as pessoas de forma muito natural durante sua vida diária, no trabalho, nos lugares familiares às pessoas. "Se não viesse mais nenhum anjo, o mundo acabaria. Enquanto Deus sustentar o mundo, ele enviará seus anjos... Os anjos são possibilidades de Deus ou personificam Deus em suas possibilidades para nós".[1223]

A palavra "anjo" vem do grego *ángelos*.

A tradução grega do Antigo Testamento (Septuaginta) na maioria das vezes traduz a palavra anjo (hebraico: *mal' ak* = mensageiro) como *ángelos*

1217 Westermann, Genesis I/2, pg. 296.
1218 Dillmann, pg. 256.
1219 Delitzsch, pg. 286.
1220 Sobre Cades, veja o comentário sobre Gênesis 14.7.
1221 Delitzsch, pg. 287.
1222 Sobre a caracterização das duas mulheres, cf. Gunkel, pg. 192.
1223 Westermann, Gottes Engel, pg. 7s.

(anjo); assim como o mensageiro no Antigo Testamento, *ángelos* designa tanto alguém enviado por uma pessoa quanto alguém enviado por Deus. Somente a tradução latina da Bíblia, a Vulgata, passa a fazer diferença entre ambos. O mensageiro humano é chamado de *nuntius*, o mensageiro divino, de *angelus*.

1) Os mensageiros de Deus

O mensageiro de Deus se apresenta a um ser humano na forma de ser humano. Sua figura não permite reconhecê-lo como anjo. Ele se apresenta de forma incógnita.

A existência do anjo é mensagem. O anjo de Deus se torna visível e perceptível por meio de sua mensagem. Uma vez cumprida a tarefa, ele desaparece ou vai embora da mesma forma como veio. Como é característica de toda mensagem, também a mensagem do anjo gira em torno de unir distâncias. "No caso dos anjos de Deus, trata-se da maior de todas as distâncias: eles precisam vencer a distância em relação a Deus".[1224]

Os mensageiros se apresentaram a Abrão como amigos (Gn 18). Não tinham aparência especial. Suas roupas eram comuns e discretas. A função das roupas é ocultar. Eles se apresentam a Abrão como pessoas. Mas Abrão tinha uma grande esperança. Ele esperava que Deus superasse a distância, acabasse com a condição do estrangeiro e enviasse um mensageiro a ele, que era estranho em terra estranha. Depois da refeição, um dos desconhecidos comunica a mensagem de Deus. Ele anuncia a Abrão que ele terá um filho com Sarai (Gn 18.10).

"Anjos de Deus não precisam de asas".[1225] Os anjos que Jacó vê em sonho também não têm asas. Eles precisam de uma escada que alcance os céus a fim de subir e descer (Gn 28.12).[1226]

Os mensageiros de Deus se encontram com as pessoas sem que seu nome seja conhecido. O mensageiro é menos importante que a mensagem. No encontro com um anjo, não é o anjo em si que importa, mas a mensagem que este traz de Deus para a pessoa. Por isso, o anjo se recusa a dar seu nome.

Na época dos juízes – por volta de 1100 a.C. – um anjo visitou a esposa estéril de Manoá. Ele lhe anunciou que ela teria um filho. Quando seu marido chegou, ele perguntou ao anjo: "Qual é o seu nome? Para que possamos honrá-lo caso a sua palavra se cumpra". A isto, o anjo respondeu: *Por que perguntas assim pelo meu nome, que é maravilhoso?* (Jz 13.18)

Quando alguém sabe o nome de um anjo, pode chamá-lo pelo nome. Mas os anjos de Deus rejeitam isso. Mais de 1000 anos haviam se passado desde que Manoá tentara honrar o anjo quando o evangelista João tentou se prostrar diante de um anjo, na ilha de Patmos. Ele tinha ficado arrebatado pelas visões que o anjo lhe mostrara. Por isso, jogou-se aos pés do anjo "para o adorar". Mas o anjo lhe disse: *Vê, não faças isso... Adora a Deus* (Ap 22.9).

1224 Ibid., pg. 9.
1225 Este é o título do livro de Claus Westermann sobre anjos; cf. pg. 21: portanto, foi a imaginação humana que atribuiu aos anjos o uniforme alado, pois deixara de entendê-los, já que não os encontrava mais. O mensageiro de Deus não precisa de asas.
1226 von Rad, Angelos, pg. 78. obs. 27: os anjos também podem ser simplesmente chamados de homens (hebraico: ‚ish) (Js 5.13; Ez 40.3; Dn 10.5).

Os anjos de Deus não têm existência própria. Todo o seu ser é mensagem.[1227] O próprio Deus quer se aproximar ao máximo do ser humano por intermédio de seus anjos.

Mesmo no Antigo Testamento, o encontro direto com Deus é extraordinário, raro. Mas os mensageiros de Deus podem se encontrar com qualquer pessoa, não somente de cima para baixo, mas também no nível do chão. Deus vai ao encontro das pessoas por meio de seus mensageiros, de forma repentina e inesperada, da mesma forma como uma pessoa encontra outra.

O mensageiro de Deus não é reconhecido como anjo quando chega, mas quando vai embora. Não é seu exterior, a sua imagem, que faz dele um mensageiro, mas sua mensagem. "O anjo vai embora de forma diferente do que veio".[1228]

No caso de Gideão, o anjo se apresentou como uma pessoa comum. Gideão tinha se escondido para trabalhar. Como a terra estava ocupada por inimigos, ele não podia malhar o trigo na eira, à vista de todos. Era perigoso demais. Inimigos que passassem poderiam roubar-lhe o grão. Por isso, ele tinha se escondido no lagar, um rebaixamento escavado na pedra dentro do vinhedo. Foi ali que o mensageiro de Deus abordou e cumprimentou o jovem agricultor: *O Senhor é contigo, homem valente.* Gideão ficou desconfiado. Ele questionou a saudação: "Como assim, 'o Senhor é contigo'?", apontando para sua própria fraqueza. Mas o mensageiro de Deus explica para Gideão que ele foi escolhido para salvar seu povo. A fim de combater o ceticismo de Gideão, o anjo lhe dá um sinal. O anjo faz queimar a oferta e desaparece.

Somente quando o homem desapareceu, Gideão reconheceu nele o anjo de Deus, e disse: *Ai de mim, Senhor Deus! Pois vi o Anjo do Senhor face a face* (Jz 6.22). Os olhos de Gideão tinham sido abertos. Não eram os mesmos olhos que viram a chegada do mensageiro. Quando o anjo chegou, seus olhos estavam "fechados", na hora em que ele foi embora, estavam abertos. Ao desaparecer, o anjo é reconhecido porque Deus abre os olhos do ser humano. Sobre Agar, o texto diz que Deus lhe abriu os olhos, e ela viu (Gn 21.19). A Jacó, Deus diz: *Levanta agora os olhos e vê* (Gn 31.12); e na história de Balaão, o relato diz: *Então, o Senhor abriu os olhos a Balaão* (Nm 22.31).

A história de salvação no Antigo e no Novo Testamento começa com o anúncio a respeito de uma criança (Gn 18.10; Mt 1.21; Lc 1.31). É preciso que uma criança nasça para que Deus possa fazer sua obra entre as pessoas.

O nascimento decisivo no Antigo Testamento é o de Isaque. Ele é anunciado primeiro a seu pai, pelos três homens (Gn 18). Também Agar, a concubina de Abrão, recebe o anúncio do nascimento de seu filho.

No deserto, o mensageiro pergunta de onde Agar veio e para onde ela vai. Ele lhe fez uma promessa que ela achou aceitável. Depois que o mensageiro foi embora, Agar disse: *Tu és Deus que vê... Não olhei eu neste lugar para aquele que me vê?* (Gn 16.13).[1229]

[1227] "O anjo não possui ser nem existência que possa ser comparada à existência humana, que caiba dentro da mesma definição". Westermann, Gottes Engel, pg.15.

[1228] Ibid., pg. 84: "Os olhos que contemplam a saída do anjo não são os mesmos que o veem chegando. Algo decisivo aconteceu neste meio tempo: seus olhos foram abertos".

[1229] Sobre a equiparação entre mensageiro e quem envia, cf. Gênesis 16.13.

Na época dos juízes, os pais de Sansão, Manoá e sua esposa, receberam o anúncio do nascimento de um filho. Mais tarde, um sacerdote e um profeta assumiram as tarefas dos mensageiros de Deus. Eli disse à mãe de Samuel que ela receberia um filho, e Eliseu fez o mesmo com a sunamita que não tinha filhos (1Sm 1.17; 2Rs 4.16).

No limiar da Nova Aliança, aparece novamente um anjo, que anuncia o nascimento de João ao seu pai, Zacarias (Lc 1.13), e também anuncia o nascimento de Jesus à virgem Maria, em Nazaré (Lc 1,30s). O nascimento de Jesus cumpre a profecia de Isaías: *Porque um menino nos nasceu, um filho se nos deu; o governo está sobre os seus ombros* (Is 9.6).

> Este é o mistério da salvação do mundo, todo o passado e todo o futuro estão incluídos nisso. A misericórdia infinita de Deus vem até nós, rebaixa-se até nós na figura de uma criança, seu filho. Minha vida agora depende disso: de que essa criança nos nasceu, de que esse filho nos foi dado, que este bebê, este filho de Deus me pertence, de que eu o conheço, o possuo, o amo, que sou seu e ele é meu. Uma criança tem a nossa vida em suas mãos.[1230]

No começo da história neotestamentária do povo de Deus também está a tripla mensagem angelical que José recebeu em sonho. O mensageiro de Deus ordenou que José fugisse para o Egito. Ele anuncia a morte de Herodes a José e avisa que agora é possível retornar. A fim de evitar algum ataque por parte de Herodes Arquelau, o anjo manda que José não volte para a Judeia, mas que vá morar na Galileia (Mt 2.13,19,22).

No Antigo e no Novo Testamento, a mensagem dos anjos é o anúncio da libertação na tribulação.

2) O anjo com a espada

Há um espaço que Deus destinara às pessoas. O ser humano devia morar no Paraíso. A vontade do Criador era manter as pessoas bem próximas de si, na sua presença direta. Mas o ser humano não queria continuar sendo ser humano. Ele queria tornar-se como Deus. Deus expulsou o ser humano de sua presença. Ao mesmo tempo, ordenou a seu anjo que mantivesse o ser humano longe da presença de Deus. O anjo com a espada chamejante impede o ser humano de voltar à presença de Deus, de tornar-se imortal e, assim, ser como Deus.

O anjo com a espada tem função de vigilante, para que o ser humano não ultrapasse mais o limite determinado por Deus. O mensageiro com a espada existe para proteger o ser humano. Ao vigiar o jardim de Deus, ele impede que o ser humano o invada e, assim, se exponha à morte eterna. A divindade está proibida ao ser humano. Este precisa esperar até que o próprio Deus o transforme à sua imagem e semelhança. Virá o tempo em que o ser humano verá Deus como Deus é. Então o ser humano será igual a Deus (1Jo 3.2). Até que chegue o momento de entrar para a glória eterna, o anjo vigia o jardim. O anjo com a espada é um anjo vigia. Ele protege o ser humano da destruição e vigia o paraíso, o jardim indestrutível de Deus. Jesus é o caminho para o paraíso. Desde que ele nasceu, o que vale é:

[1230] Bonhoeffer, Gesammelt Schriften, vol.4, pg. 571.

Hoje ele abre novamente a porta
ao belo paraíso;
o querubim não a guarda mais.
A Deus louvor, honra e glória![1231]

3) O anjo do juízo

Os anjos de Deus não anunciam somente salvação e redenção, e também não são somente vigias que guardam a entrada do paraíso, mas também podem ser mensageiros do juízo! O anjo de Deus também pode trazer aniquilação. Quando Davi confiou mais na quantidade e capacidade de seus soldados, em vez de contar com a intervenção de Deus, este envia o anjo do juízo. Ele estendeu a mão, e o povo de "Dã até Berseba" morreu, 70.000 homens, até que Deus dissesse: *Basta, retira a mão* (2Sm 24.15s).

A morte de 185.000 assírios foi obra do anjo do juízo divino (2Rs 19.35). O anjo do juízo e da morte é mensageiro da ira de Deus (Sl 78.49). Como o ser humano sabe que Deus pode enviar o anjo do juízo e da morte, ele sempre fica com medo ao encontrar um anjo de Deus. "Quando eles (os anjos) aparecem, manifesta-se aquele que é terrivelmente santo e maravilhosamente assustador".[1232]

Entre as características dos anjos está o aspecto sinistro. Eles emitem um brilho apavorante. Quando os anjos levam a mensagem de salvação e redenção aos seres humanos, suas primeiras palavras são: *Não tema!* (Lc 1.30; 2.10).

4) O anjo de guarda e proteção

Deus ordena aos seus anjos que "guardem as pessoas em todos os seus caminhos", incumbe-os de "as sustentarem em suas mãos", para que "não tropecem nalguma pedra" (Sl 91.11s). O anjo do Senhor acampa como uma muralha protetora ao redor daqueles que temem a Deus (Sl 34.8).

O anjo de Deus protegerá e guiará aquele que parte para buscar uma esposa para Isaque (Gn 24.7, 40). Ao olhar para trás, Jacó pôde dizer: o anjo do Senhor me salvou de todo mal (Gn 48.16). Em seu desânimo, Elias foi tocado e encorajado por um anjo a encarar o "caminho longo" que tinha pela frente (1Rs 19.5,7). Os anjos do Senhor são os acompanhantes invisíveis na vida. No pequeno livro de Tobias, o pai de Tobias consola a mãe, preocupada com seu filho, com as seguintes palavras: "Não chores, nosso filho chegará salvo, e voltará salvo... o bom anjo de Deus o acompanha" (Tobias 5.26s). Depois do retorno de Tobias, seu anjo da guarda e proteção, chamado Rafael, se apresenta com as palavras: "A paz seja convosco, não temais. Porque, quando eu estava convosco, eu o estava por vontade de Deus; bendizei-o, e cantai-lhe louvores" (Tobias 12.17s).

Os anjos do Senhor não acompanham apenas indivíduos em seus caminhos de vida, mas também o povo escolhido por Deus, Israel. O anjo do Senhor andava à frente de Israel (Êx 14.19). Ele o guardou no caminho (Êx 23.20). Ele mostrou a Moisés o caminho por onde conduzir o povo (Êx 32.34). O anjo repeliu os inimigos do povo (Êx 33.2). Foi um anjo, enviado por Deus, que levou o povo para fora do Egito (Nm 20.16).

[1231] Nikolaus Hermann (1560), EKG, 21, 6.
[1232] Guardini, R.; citado por Nigg/Gröning, pg. 2.

O anjo do Senhor é o acompanhante invisível na vida de uma pessoa e de um povo. O anjo que acompanha vê o que o ser humano não enxerga. Ele está sempre presente. Sobre a ligação do anjo de Deus com indivíduos, Jesus diz o seguinte, tendo em vista os desprezados e pequeninos: *Vede, não desprezeis a qualquer destes pequeninos; porque eu vos afirmo que os seus anjos nos céus veem incessantemente a face de meu Pai celeste* (Mt 18.10).

Martinho Lutero, que, baseado em Paulo (Cl 2.18), rejeitava qualquer tipo de adoração a anjos, ensina a orar a bênção matutina e vespertina: "Teu santo anjo esteja comigo, para que o inimigo não consiga me alcançar".[1233] Martinho Lutero praticava e ensinava essa oração com a certeza: "Onde houver vinte demônios há também cem anjos. Se não fosse assim, já teríamos sido aniquilados há muito tempo... Quem tem um anjo como amigo não precisa mais temer o mundo inteiro. Os anjos de Deus são um forte de carros à nossa volta".[1234]

Deus envia os anjos para proteger e acompanhar as pessoas. Eles são mensageiros do Deus Trino. Os anjos acompanham os apóstolos de Jesus Cristo em seus caminhos. O anjo de Deus tira o apóstolo da prisão (At 5.19; 12.7). Um anjo dirige Filipe até o eunuco etíope (At 8.26ss) e aconselha Cornélio a buscar Pedro (At 10.3,7,22; 11.13). Um anjo aparece a Paulo na viagem para Roma (At 27.23). Os anjos de guarda e proteção de Deus são "espíritos ministradores", que foram *enviados para serviço a favor dos que hão de herdar a salvação* (Hb 1.14).

Johann Sebastian Bach conhecia a tarefa dos anjos, e compôs uma cantata para o Dia de São Miguel Arcanjo intitulada "Es erhub sich ein Streit" [Levantou-se uma contenda]. Um trecho dela diz o seguinte:

> Acampa em torno de nós, perto e longe,
> o anjo do nosso Senhor...
> Ficai, vós anjos, ficai comigo!
> Acompanhai-me em ambos os lados,
> para que meu pé não resvale.
> Mas também ensinai-me aqui
> a cantar vosso grande 'Santo',
> para que eu dê louvores ao Altíssimo.[1235]

5) O anjo intérprete

Há revelações de Deus que só podem ser interpretadas por quem pertence ao mundo de Deus: um anjo.

Quando Ezequiel vê o novo tempo – revelado em visões divinas – um "homem" se dirige a ele com as palavras:

Filho do homem, vê com os próprios olhos, ouve com os próprios ouvidos; e põe no coração tudo quanto eu te mostrar (Ez 40.4).

Para Zacarias, o anjo que fala com ele é o intérprete constante e indispensável. Zacarias fica impotente diante do que vê, assim como alguém que está em um país estrangeiro e não entende a língua falada pelas pessoas. Nos primeiros seis capítulos de Zacarias, o anjo intérprete é

1233 Lutero, Katechismus, pg. 621s.
1234 Lutero; citado por Glaser, pg. 31s.
1235 Bach, J.S., Es erhub sich ein Streit. Cantata BWV 19.

mencionado 17 vezes. Zacarias lhe pergunta: "Meu senhor, o que significa isto?", e o anjo lhe responde: "Eu te mostrarei".

O profeta Daniel também só entende a visão com ajuda de um anjo intérprete. O anjo lhe mostrou o que as coisas significavam (Dn 7.16).

O anjo intérprete aparece mais uma vez, a saber, na ilha de Patmos. Como João não teria entendido a grande visão da Revelação, Jesus enviou seu anjo, para que lhe explicasse os mistérios por meio de sinais (Ap 1.1).

Desde a vinda de Jesus, o anjo intérprete é mensageiro de Jesus Cristo. Somente Jesus tem o poder de enviar o anjo intérprete. Jesus tornou-se muito superior aos anjos (Hb 1.4). *Havendo Deus, outrora, falado, muitas vezes e de muitas maneiras, aos pais, pelos profetas, nestes últimos dias, nos falou pelo Filho* (Hb 1.1s).

Tudo o que Deus, Jesus e o Espírito Santo dizem hoje não é nada mais do que uma interpretação explicada daquilo que seus mensageiros já viram e testemunharam no Antigo e no Novo Testamento. Os anjos de Deus esclarecem. Normalmente, isso acontece de forma discreta e sem circunstâncias especiais. "Nem toda pessoa que recebe uma explicação de um anjo percebe que foi um anjo que a instruiu".[1236] Mas é impossível que o anjo, sendo sujeito a Jesus, comunique ao ser humano novas revelações que vão além da mensagem de Jesus. Sempre que alguém pensa ouvir uma mensagem angelical de conteúdo diferente daquilo que está escrito na Escritura Sagrada precisa considerar esta revelação como proveniente do anjo mau, inimigo de Deus. "Por natureza, tanto o anjo bom quanto o mau conseguem movimentar a imaginação do ser humano".[1237] Para o intérprete da Bíblia, isso significa que é necessário colocar-se conscientemente, em oração, sob a influência do anjo de Jesus. "Se não corrermos para o anjo que está na presença de Deus, com certeza correremos para aquele anjo que se afastou de Deus, aproximando-nos do demônio. Pois por natureza o ser humano sempre busca ir além de si mesmo, aproximando-se do anjo ou então do demônio".[1238]

6) Os santos de Deus

a Dt 33.2;
Jó 1; 2;
Sl 82; 89;
Is 6; Zc 6.5

b Jó 4.18;
Sl 104.4

c Sl 103.20s;
148.1s;
Is 6.3

d Zc 14.5

e Sl 68.18,31;
Jl 2.11

Do ponto de vista do ser humano, os anjos são mensageiros de Deus, anjos de cura, salvação e juízo, de guarda e proteção e (em tempos bíblicos) de interpretação. Nestas funções, os anjos são a face visível de Deus neste mundo. Mas o Antigo e o Novo Testamento também conhecem os anjos como seres celestiais. Deus está entronizado, rodeado por santos anjos[a]. Os anjos no céu servem a Deus[b]. Eles o louvam e honram[c]. Eles o acompanham na sua vinda[d]. São seus guerreiros e exércitos[e]. Entre estes mensageiros celestiais estão os serafins e os querubins.

No Antigo Testamento, os *serafins* só aparecem na visão celestial de Isaías. Isaías viu os serafins como seres celestiais com seis asas, das quais duas cobriam a face, duas cobriam os pés e duas eram usadas para voar, e, enquanto isso, eles clamavam: *Santo, santo, santo é o Senhor dos exércitos!* (Is 6.2s)

1236 Aquin, Th. v.; citado por Nigg/Gröning, pg. 130.
1237 Ibid.
1238 Peterson, E.; citado por Nigg/Gröning, pg. 52.

O grupo dos *querubins* inclui o anjo com a espada[f]. Os querubins são os vigias do Jardim de Deus, eles cercam o Senhor dos exércitos[g]. Onde quer que apareçam, eles testificam: o Senhor está próximo! Por isso, receberam lugar no tabernáculo e no templo[h]. De acordo com a visão de Ezequiel, os querubins têm quatro rostos e quatro asas (Ez 1.6).

Os serafins e os querubins dão testemunho da majestade de Deus. Deus está cercado por uma corte de servos celestiais. Quando Jesus Cristo voltar, no fim dos tempos, o exército dos servos celestiais se tornará visível para as pessoas. Eles cercarão o Filho do homem[i], reunirão os escolhidos[k] e julgarão os condenados[l].

Na grande visão do fim dos tempos João ouve a voz de muitos anjos em volta do trono[m]. Por ordem de Deus, os exércitos celestes dão início ao Juízo Final. Eles tocam as trombetas do juízo (Ap 8), derramam as taças da ira (Ap 16), aprisionam Satanás (Ap 20.2) e vigiam a nova Jerusalém (Ap 21.2,10).

No fim dos tempos, os exércitos celestiais dos servos de Deus são os reais atores. Serão vistos pelas pessoas como seres celestiais, cujas asas abrangem todo o espaço.

> O anjo é espírito, somente espírito,
> Não inimigo da matéria, mas imaterial.
> Toda a altura, profundidade e largura dos sentidos e essências
> é o seu ambiente.
> Ele sobe, penetra, dimensiona.
> Isso se mostra em suas asas:
> O anjo é aquele que voa.[1239]

Parte desses seres celestiais alados se tornou visível durante o anúncio nos campos em torno de Belém. Depois que o anjo do Senhor tinha dado a mensagem aos pastores, dizendo "Hoje vos nasceu o Salvador", o texto relata: *E, subitamente, apareceu com o anjo uma multidão da milícia celestial, louvando a Deus e dizendo: Glória a Deus nas maiores alturas* (Lc 2.9-14). Os anjos viram o mensageiro de Deus e também os exércitos celestiais. O mensageiro não precisava de asas. Ele podia se manifestar aos anjos como faziam os mensageiros do Antigo Testamento, que só era reconhecido por causa de sua mensagem. Ao verem os exércitos celestiais, os pastores viram parte dos servos dos céus.

f Gn 3.24; Ez 28.14,16;
g 1Sm 4.4; 2Sm 6.2; 22.11
h Êx 25; 26; 36; 37; 1Rs 6; 7; 8; 2Cr 3; 5
i Mt 25.31; 26.53
k Mt 24.31; Mc 13.27
l Mt 13.39; cf. 1Ts 4.16; 2Ts 1.7
m Ap 5.11; cf. Ap 8; 10; 19

7) O arcanjo

O Antigo Testamento fala de anjos que se destacam nos exércitos celestiais. Antes da tomada de Jericó, aparece a Josué um arcanjo, "um príncipe (hebraico: *sar*) do exército do Senhor" (Js 5.14s). Assim como Deus falou a Moisés quando o chamou, o arcanjo ordena a Josué: *Descalça as sandálias dos pés, porque o lugar em que estás é santo* (Js 5.15).

No caso de Daniel, o arcanjo é *Miguel, um dos primeiros príncipes* (Dn 10.13) ou *o grande príncipe* (Dn 12.1). No livro de Daniel, cada povo tem um anjo; o ajudador e representante de Israel (Dn 10.13) é o arcanjo Miguel. No Apocalipse de João, Miguel é o anjo que vence o dragão, a antiga serpente, isto é, o diabo (Ap 12.7-10). Na cantata de Bach para o Dia de São Miguel Arcanjo, o texto diz:

1239 Guardini, R.; citado por Nigg/Gröning, pg. 8.

> Levantou-se contenda.
> A serpente violenta, o dragão infernal,
> ataca o céu com furiosa vingança.
> Mas Miguel o derrota,
> e o exército que o cerca
> derruba a crueldade de Satanás.
>
> Glória a Deus! O dragão foi derrubado.
> Miguel, o não criado,
> e seu exército de anjos
> o venceu.
>
> Agora ele está deitado nas trevas
> preso por correntes,
> e seu lugar não é mais
> encontrado no reino dos céus.
>
> Nós estamos seguros e certos,
> e, ainda que nos assustem os seus rugidos,
> nosso corpo e nossa alma
> estão cobertos pelos anjos.[1240]

Gabriel é o anjo intérprete de Daniel. Ele explica a visão a Daniel, de forma que ele a entenda (Dn 8.15s). Certa vez – por volta do sacrifício da tarde – Gabriel tocou Daniel e lhe disse: *Saí para fazer-te entender o sentido* (Dn 9.21s).

No Novo Testamento, Gabriel anuncia e explica o mistério do nascimento de Jesus (Lc 1.26).

O terceiro nome conhecido do Antigo Testamento é *Rafael*, o anjo da guarda de Tobias (Tobias 5.5; 12.15).

Sem dar nomes, Ezequiel conhece sete anjos especiais. Eram seis homens e um sétimo que portava um estojo de escrevedor (Ez 9.1ss).

Paulo também conhece o significado dos arcanjos. *Porquanto o Senhor mesmo, dada a sua palavra de ordem, ouvida a voz do arcanjo, e ressoada a trombeta de Deus, descerá dos céus, e os mortos em Cristo ressuscitarão primeiro* (1Ts 4.16).

As representações antigas de anjos ainda faziam diferença clara entre os mensageiros e os exércitos celestiais. Desde o começo, os querubins no templo foram retratados com asas, mas os mensageiros de Deus eram como homens comuns. A arte cristã primitiva rejeitava a representação de anjos alados. Somente a partir do ano 400 todos os mensageiros de Deus passaram a ser representados com asas – provavelmente seguindo o modelo dos serafins e querubins. Mas a figura dos anjos continuava sendo a dos mensageiros. Até o século 15, os artistas representavam os anjos como rapazes jovens, às vezes com barba. Somente a partir do século 15 começaram a aparecem meninas angelicais, e durante a Renascença surgiram os *putti*, os anjinhos em forma de crianças rechonchudas com trombetas e asas. Esta representação dos anjos descambou para o meramente decorativo. Os modelos para as crianças-anjos eram os antigos gênios e cupidos.[1241]

Os anjos de Rembrandt podem ter asas, mas sua figura e expressão assemelha-se às imagens neotestamentárias dos mensageiros divinos. Ernst

---

1240 Bach, J. S., Es erhub sich ein Streit. Cantata BWV 19.
1241 Nigg/Gröning, pg. 47.

Barlach ousou voltar à representação de anjos sem asas. Alguns exemplos são a escultura "Der Schwebende" [O Suspenso], na Igreja Antoniter, em Colônia, ou o "Anjo de Güstrow". A figura suspensa sem asas de Barlach renovou a tradição dos anjos sem asas, comum na era cristã primitiva.[1242]

Nem todos os anjos precisam de asas. Os mensageiros bíblicos aparecem como seres humanos. O anjo é reconhecido pela sua mensagem. Os exércitos celestiais voam. Eles penetram e medem todos os espaços. No Novo Testamento, os anjos mensageiros aparecem com maior frequência em dois momentos: na vinda de Jesus à terra e na ressurreição e ascensão de Jesus. Os exércitos celestiais são servos de Deus e de Jesus na volta e no Juízo Final.

Tanto o judaísmo quanto o Novo Testamento se opõem à adoração e veneração de anjos.

> Quando alguém passar por dificuldade, não deverá clamar nem por Miguel nem por Gabriel, mas a mim, e eu lhe responderei.[1243]
>
> *Ninguém se faça árbitro contra vós outros, pretextando humildade e culto dos anjos, baseando-se em visões* (Cl 2.18).

O cristianismo primitivo e a igreja da Idade Média começaram a desenvolver a veneração aos anjos, o que foi expressamente rejeitado por Martinho Lutero:

> E porquanto os anjos no céu intercedam por nós
> (como também Cristo o faz)... disto não decorre
> que possamos aos anjos... invocar, adorar,
> jejuar, festejar, celebrar missa, sacrificar, dedicar
> igrejas, altares, cultos e muitas outras coisas,
> considerando-os como nosso auxílio na angústia..., pois isso
> é idolatria, a honra pertence somente a Deus.[1244]

A rejeição à adoração de anjos, no entanto, não significa deixar de acreditar na existência dos anjos de guarda e proteção enviados por Deus.

> O mundo está cheio de mensageiros
> com mensagens para todos,
> pois entre vivos e mortos
> ninguém deverá ficar sozinho.[1245]

Os anjos de Deus são mensageiros "no sentido geral de que de alguma forma trazem consigo o próprio emissor".[1246]

Tanto Jochen Klepper quanto Dietrich Bonhoeffer tinham consciência da companhia do anjo de Deus em meio à falta de esperança e ao sofrimento doloroso. Em seu poema "Canção de consolo ao entardecer", Klepper diz:

> Em cada noite que me ameaçou
> tua estrela sempre me apareceu.
> Se tu, Senhor, o ordenares,
> teu anjo se aproxima para me servir.

1242 Cf. Rosenberg, pg. 310.
1243 jBer 13a; citado por Kittel, mal'ak, pg. 81.
1244 Lutero, Schmalkaldische Artikel, pg. 425.
1245 Schröder; citado por Onasch, col. 1077.
1246 Guardini; citado por Nigg/Gröning, pg. 25.

Qualquer que fosse o meu sofrimento,
tu me enviaste a tua forte palavra.[1247]

No último Ano Novo que Dietrich Bonhoeffer viveu antes de sua execução no campo de concentração de Flossenbürg, ele escreveu:

Cercado por bons poderes, fiéis e silenciosos,
maravilhosamente protegido e consolado,
quero viver estes dias com vocês
e com vocês entrar no novo ano.[1248]

❖

VIII. A ALIANÇA DE DEUS COM ABRAÃO: 17.1-27

De acordo com a exegese judaica, há cinco alianças:[1249]

1. A aliança com Noé (Gn 6.18; 9.9). Sinal: arco íris.
2. A aliança com Abraão (Gn 17). Sinal: circuncisão.
3. A aliança com Israel (Êx 24.7ss; 31.13ss). Sinal: tábuas da lei e sábado.
4. A aliança com o rei Josias (2Rs 23.1ss). Sinal: o livro da lei redescoberto.
5. A "nova aliança" profetizada por Jeremias (Jr 31.31). Sinal: os menores e os maiores reconhecerão a Deus e este lhes perdoará a culpa.

Depois da pré-História, a aliança de Deus com Abrão é a primeira da nova fase da História à qual ele também dá início. Abrão nasceu a partir de um ramo da história universal. A história de Deus com o mundo se concentra em Abrão. Treze anos depois do nascimento de Ismael, Deus estabelece sua aliança com Abrão. Como já acontecera na aliança com Noé,[1250] no primeiro momento apenas Deus age.

Deus revela seu nome El Shaddai. Deus estabelece a aliança. Deus dá a ordem da circuncisão. Deus escolhe o herdeiro da aliança. A resposta a estas quatro ações de Deus é uma ação humana: Abrão obedece.

1. Deus revela seu nome El Shaddai: 17.1

1 Quando atingiu Abrão a idade de noventa e nove anos, apareceu-lhe o Senhor e disse-lhe: Eu sou o Deus Todo-Poderoso [El Shaddai]; anda na minha presença e sê perfeito.

Deus revela a Abrão seu nome El Shaddai[a]. El Shaddai é o nome de Deus que se destaca na aliança dos patriarcas.[1251]

Desde Sete e Enos, que deram início à nova história da humanidade, Deus era chamado por Javé (Gn 4.26). Abrão conhecia o nome Javé, que já tinha sido revelado na pré-História. Ao jurar diante do rei de Sodoma,

---

a Gn 17.1;
28.3; 35.11;
43.14; 48.3;
49.25;
Êx 6.3;
Nm 24.4,16;
Jó 5.17;
6.4,14; 8.5;
11.7; 13.3;
15.25;
21.15,20;
22.3,23,26;
24.1; 27.10s,
13; 31.2;
32.8; 33.4;
34.10;
37.23; 40.2;
Sl 68.14;
91.1;
Is 13.6;
Ez 1.24;
10.5;
Jl 1.15

1247 Klepper, pg. 19
1248 Bonhoeffer, Widerstand, pg. 275.
1249 Kirschner/Joseph, Bund, col. 1233.
1250 Veja o comentário sobre Gênesis 6.18; 9.9; Bräumer, 1ª parte, pg. 137 e 155-156.
1251 Dillmann, pg. 259.

Abrão diz: *Levanto a mão ao Senhor, o Deus Altíssimo, o que possui os céus e a terra* (Gn 14.22). Assim como Jetro (Êx 3.1), Abrão também conhecia o nome Javé, ainda que Deus não o tivesse revelado diretamente a ele.[1252]

Imediatamente antes de tirar o povo do Egito, Deus diz a Moisés: *Eu sou o Senhor. Apareci a Abraão, a Isaque e a Jacó como Deus Todo-Poderoso; mas pelo meu nome, o Senhor, não lhes fui conhecido* (Êx 6.2s). Abrão só conhecia o nome Javé pela revelação de Deus na pré-História.

Até hoje, é impossível explicar de forma definitiva a história do nome El Shaddai e seu significado original.[1253]

Aparentemente, os antigos tradutores da Bíblia já não entendiam mais o nome divino El Shaddai. A tradução grega do Antigo Testamento (Septuaginta) traduz o nome várias vezes como "Todo-Poderoso" (grego: *pantokrator*); a tradução latina (Vulgata) segue esta opção e traduz El Shaddai como "Deus Onipotente" (latim: *deus omnipotens*). A incerteza da tradução grega pode ser reconhecida pelo fato de que ela não traduz El Shaddai somente como "Todo-Poderoso", mas também como "o Celestial" (grego: *ep ouranios*; Sl 68.14)[1254] e em vários outros trechos como "o Suficiente" (grego: *hikanos*; Jó 21.15; 31.2; 40.2; Ez 1.24).

Nas traduções contemporâneas, encontramos oito propostas de explicação, sem que seja possível estabelecer uma ligação entre elas: 1) o Poderoso e Forte, 2) o Senhor, 3) o seio materno, 4) aquele que lança raios, 5) o Supremo, 6) aquele que conhece os corações, 7) o Deus do campo, 8) aquele que é suficiente.[1255]

Áquila (por volta do ano 130), Símaco (por volta do ano 170) e Teodócio (fim do século 2) preferem a tradução "o Suficiente", que já aparecia em algumas passagens da Septuaginta.[1256]

Áquila era prosélito, aluno de Rabi Akiva. Seu objetivo era criar uma tradução rigorosamente literal. *Símaco*, um samaritano convertido ao judaísmo, queria traduzir de forma literal e em bom grego; e *Teodócio*, também um prosélito, apresentou uma tradução grega revisada baseada no texto hebraico.[1257]

Não somente Áquila, Símaco e Teodócio escolheram traduzir El Shaddai como "o Suficiente", mas também todo o judaísmo antigo. A palavra *Shaddai* foi decomposta em *shä* (= abreviação do pronome relativo) e *daj* (– suficiente). Os exegetas judeus adotaram esta tradução até o século 19.

A pesquisa judaica contemporânea é mais reticente. Independentemente da explicação etimológica, Umberto Cassuto descreve El Shaddai como o Deus que tem todas as leis da natureza em suas mãos. Ele concede fertilidade e multiplicação e cumpre a promessa da descendência.[1258] Nehama Leibowitz segue por um caminho muito parecido, ao descrever El Shaddai como o autor por trás de todos os eventos da natureza.[1259]

1252 Sobre o nome divino Javé, cf. Bräumer, 1ª parte. comentário sobre Gênesis 4.26, pg. 112-114; veja também o comentário sobre Gênesis 14.22.
1253 von Rad, Mose, pg. 167.
1254 Traub, pg. 539.
1255 Weippert, THAT, vol. II, col. 875-880.
1256 Rengstorf, hikanos, pg. 294, esp. obs. 3.
1257 Würthwein, pg. 44.
1258 Cassuto, Exodus, pg. 78s
1259 Leibowitz, vol. I, pg. 135. Cf. um debate aprofundado na exegese judaica contemporânea em ibid., pg. 139.

Mas estas explicações judaicas contemporâneas no fim das contas não passam de uma confissão: Deus é suficiente! Portanto, El Shaddai significa: "Eu sou suficiente. Eu sou aquele que diz: Deus é suficiente!" Esta tradução "contém o caráter específico da revelação de Deus dada aos patriarcas".[1260]

No pensamento do Antigo Testamento, um nome não é apenas som e fumaça. O anúncio de um "novo nome de Deus significa ao mesmo tempo uma revelação de conteúdo novo".[1261]

Ao revelar a si mesmo com o nome El Shaddai, Deus diz a Abrão: "Olhe à sua volta, e por toda parte você verá – nas coisas grandes e pequenas – um 'basta!'" O céu e a terra teriam continuado a se desenvolver continuamente caso Deus não tivesse dito, em algum momento: "Basta!" Mas Deus disse "basta" (hebraico: *daj*) também ao menor átomo dotado de força e forma. Este "basta" é o "selo do sábado" da criação, o selo divino sobre céu e terra. O mundo não é resultado de forças cegas e indomadas, mas obra livre do Criador. A criatura não pode continuar se desenvolvendo de forma arbitrária. Deus estabeleceu limites para as coisas maiores e também para as menores. "O *daj* (basta!) do Criador é o que pesou e mediu o Universo, que se revela em cada medida, cada tamanho, cada lei e cada objetivo".[1262]

O descanso de Deus no sétimo dia da criação é o alvo da sua criação. Deus não descansou por estar esgotado, mas encerrou sua criação com o repouso.

Também ao ser humano Deus diz "basta"; Deus determina seus limites: limites para criação e pensamento, limites para a alegria e o sofrimento. Deus, que disse "basta!" ao mundo, ao céu e à terra, também diz "basta!" ao sofrimento humano.[1263]

El Shaddai significa: eu sou o Deus que diz ao mundo e às pessoas: "Deus é suficiente!" El Shaddai é o Deus que dá limites a tudo e todos, e que é suficiente para tudo e todos. "Vocês têm o suficiente quando o tiverem [a Deus]; e, se não o tiverem, vocês não têm nada".[1264]

1 A explicação de El Shaddai como "Deus é suficiente" tem implicações para a orientação dada a Abrão: **Anda na minha presença e sê perfeito!** Sobre Enoque e Noé é dito: "Eles andavam *com* (hebraico: *eth*) Deus" (Gn 5.22,24; 6.9). Mas Abrão deve andar *diante* (hebraico: *liphne*) de Deus. Andar diante de Deus é viver "debaixo dos olhos de Deus",[1265] uma "vida na presença de Deus".[1266] Em uma tradução literal, a ordem de Deus é: "Conduze-te diante da minha face",[1267] isto é: Abrão não deve fazer sua vida depender de circunstâncias exteriores, mas deve, a cada passo e por livre vontade, ter a presença de Deus em mente. A vida na presença de Deus só é genuína quando é sem reservas e incondicional, por isso Deus acrescenta: **e sê perfeito!**

1260 Hirsch, Genesis, pg. 276.
1261 Noth, 2. Mose, pg. 44.
1262 Hirsch, Genesis, pg. 277.
1263 Hoschoja, R. (por volta do ano 200); citado por Kittel, autarkeia, pg. 467.
1264 Hirsch, Genesis, pg. 277.
1265 Dillmann, pg. 260.
1266 Westermann, Genesis I/2, pg. 311.
1267 Hirsch, Genesis, pg. 278.

A palavra traduzida como "perfeito" (hebraico: *tamim*) significa "consumado, pronto, completo e inimputável". (As palavras hebraicas *tam* e *tamam* são semelhantes.) No relacionamento comunitário entre pessoas, o termo "inteiro" (hebraico: *tam*) é usado no sentido de "sem segundas intenções", "sem reservas" (Gn 20.5). No relacionamento com Deus, "inteiro" (hebraico: *tamim*) significa "o aspecto completo, integral da entrega".[1268]

O termo "inteiro" ou "sem defeito" usado em relação aos animais sacrificados (hebraico: *tamim*)[1269] refere-se a um animal "ao qual nada falta", isto é, "que não tem sobrando nem faltando".[1270]

A "inteireza" do ser humano diante de Deus não é uma característica que ele mesmo possa obter ou conseguir com seu esforço, a fim de apresentá-la a Deus, mas refere-se à vida em um espaço possibilitado e limitado por Deus. É "inteiro" aquele que "vai até o limite do permitido e ordenado em todos os seus relacionamentos, parando ali..., que preenche completamente o âmbito prescrito por Deus e se realiza nele".[1271]

Quando El Shaddai diz a Abrão: **Anda na minha presença e sê perfeito!**, ele o convoca a viver em um mundo onde vale a regra: Deus é suficiente! Pronunciado pelo ser humano, o nome divino El Shaddai contém uma tripla confissão:

a) Deus é suficiente em qualquer situação, em todo sofrimento

Ao revelar-se a Abrão com o nome El Shaddai, Deus está dizendo: "O que quer que lhe aconteça, Abrão, sempre tenha certeza disso: El Shaddai, Deus é suficiente!" Na época antes dos reis do Antigo Testamento, uma mulher passou por terrível sofrimento. Ela não queria mais se chamar "Noemi", a "graciosa", mas Mara, a "profundamente amargurada". Seu rosto trazia as marcas da dor. Mas mesmo na profundidade de sua dor, ela foi capaz de dizer: "Foi ele, El Shaddai. Ele me deu grande amargura. Ele me lançou no sofrimento" (Rt 1.20s). Seu nome é El Shaddai: Deus é suficiente!

Também os cristãos do Novo Testamento conhecem o nome divino El Shaddai, Deus é suficiente. Filipe diz a Jesus: *Senhor, mostra-nos o Pai, e isso nos basta* (Jo 14.8). Em face de seu sofrimento, Paulo conta que Deus não lhe tirou o espinho da carne, mas que lhe deu uma resposta acerca dessa dor: *A minha graça te basta, porque o poder se aperfeiçoa na fraqueza* (2Co 12.9).[1272] O nome veterotestamentário El Shaddai foi incluído na promessa do Novo Testamento: *Deus pode fazer-vos abundar em toda graça, a fim de que, tendo sempre, em tudo, ampla suficiência...* (2Co 9.8).

b) Deus é suficiente: ele determina os limites

No Paraíso, Deus indicou ao ser humano uma determinada área, e ao mesmo tempo excluía dela dois pontos, a árvore do conhecimento do bem e

---
1268 von Rad, Mose, pg. 168.
1269 Procksch, pg. 426; cf. também o comentário sobre Gênesis 6.9, Bräumer, 1ª parte, pg. 132.
1270 Hirsch, Genesis, pg. 278.
1271 Ibid, pg. 278s.
1272 Sobre a interpretação de 2Co 12.9, cf. Bräumer, Ich werde für euch dasein, pg. 120.

do mal e a árvore da vida (Gn 2.9).[1273] Depois da queda no pecado, Deus delimita o espaço destinado ao ser humano com dez postes, a saber, os Dez Mandamentos. Deus reserva um determinado espaço para as pessoas. Sempre que o ser humano ultrapassa os limites dados por Deus, ele peca. O judaísmo rabínico chama o pecado de transgressão (hebraico: ᵉ*aberah*).[1274] Pecado é transgredir o limite (hebraico: ᵉ*abar*). Deriva-se disso o egoísmo ilimitado, o hybris[b]. Exceto pelo ser humano, todos os outros seres criados por Deus só conseguem chegar até os limites que Deus lhes impôs. Para eles, o limite determinado por Deus é intransponível. Somente o ser humano consegue ultrapassá-lo. Mas o ser humano que voluntariamente aceita o espaço que Deus lhe determina move-se livremente dentro destes limites. "Dentro do espaço determinado por Deus, tudo é santo e bom, até mesmo o que é sensual".[1275] Ao tomar a decisão de não ultrapassar as fronteiras dadas por Deus, o ser humano consegue resistir até mesmo aos seus impulsos mais fortes, declarando: Deus é suficiente!

b Pv 21.24;
Is 16.6;
Jr 48.30

c) Deus é suficiente: ele determina a medida

Culpa perante Deus não é somente transgredir os limites, mas deixar de preencher o espaço que ele destinou ao ser humano. O ser humano deve cuidar do espaço que recebeu para viver de forma responsável, usando todas as suas forças, ideias e ações para isso.

Já no Paraíso Deus ordenou ao ser humano: domine, cultive, proteja (Gn 1.28; 2.15). Uma vida que não faz uso de toda a sua força não é uma vida digna. O cristão não pode se recolher em um canto, com sua piedade particular e inatividade. Ele não pode determinar por si mesmo a medida de seu trabalho e desempenho. Deus é a medida. El Shaddai significa: "Deus é suficiente", e seu mandamento é: **Anda na minha presença e sê perfeito.** Dessa forma, Deus se opõe ao atrofiamento ou destruição de talentos. Deus quer que o ser humano se desenvolva dentro do espaço que lhe é destinado. Ele quer que o ser humano "preencha totalmente a área que Deus lhe destinou e se realize nela".[1276]

2. Deus estabelece a aliança: 17.2-8

2 Farei uma aliança entre mim e ti e te multiplicarei extraordinariamente.

3 Prostrou-se Abrão, rosto em terra, e Deus lhe falou:

4 Quanto a mim, será contigo a minha aliança; serás pai de numerosas nações.

5 Abrão já não será o teu nome, e sim Abraão; porque por pai de numerosas nações te constituí.

6 Far-te-ei fecundo extraordinariamente, de ti farei nações, e reis procederão de ti.

1273 Em geral, as versões bíblicas, tanto em português quanto em inglês e alemão, trazem que apenas uma não era permitida ao homem comer: a árvore do bem e do mal (cf. Gn 2.17). (N. de Revisão)
1274 Lewkowitz, col. 279.
1275 Hirsch, Genesis, pg. 279.
1276 Ibid.

7 Estabelecerei a minha aliança entre mim e ti e a tua descendência no decurso das suas gerações, aliança perpétua, para ser o teu Deus e da tua descendência.
8 Dar-te-ei e à tua descendência a terra das tuas peregrinações, toda a terra de Canaã, em possessão perpétua, e serei o seu Deus.

A aliança é descrita em duas promessas: **Farei uma aliança entre mim e ti e te multiplicarei extraordinariamente. Estabelecerei a minha aliança entre mim e ti e a tua descendência no decurso das suas gerações.**

A aliança estabelecida por meio do verbo "dar" (hebraico: *nathan*) aparece no pacto feito com Noé (Gn 9.12) e também na promessa do "sacerdócio perpétuo" concedida a Fineias, filho de Aarão: *Eis que lhe dou* (hebraico: *nathan*) *a minha aliança de paz. E ele e a sua descendência depois dele terão a aliança do sacerdócio perpétuo* (Nm 25.12s). A exegese judaica entende a formulação *Farei uma aliança entre mim e ti* como uma transferência da aliança com Noé para Abrão. Deus tinha estabelecido sua aliança com a humanidade como um todo quando lhe deu o mundo pela segunda vez. Na pessoa de Abrão, Deus procurara e encontrara o ser humano ao qual podia dizer: "Gostaria de concretizar aquela aliança estabelecida com a humanidade por meio de ti, começando por ti e fazendo de ti a pedra fundamental da humanidade inteira que quero reconquistar para mim".[1277] A aliança estabelecida com Fineias, que novamente diz "Eu lhe dou a aliança", é outra transmissão da aliança, que agora passa às mãos da geração de sacerdotes, cuja incumbência especial era guardar a aliança.[1278] A promessa de Deus de transmitir (dar!) a aliança a Abrão é reforçada pela garantia: "Estabelecerei uma aliança eterna" (hebraico: *kum*)c. Será estabelecida, fundada e ajustada entre Deus e Abrão uma aliança que durará para sempre. O estabelecimento da aliança é "única e exclusivamente uma ação de Deus".[1279] "A aliança fundamenta-se exclusivamente sobre a graciosa condescendência de Deus".[1280] A primeira reação de Abrão corresponde a esta estrutura básica: **Prostrou-se Abrão, rosto em terra.**

c Gn 6.18

Prostrar-se no chão, de forma que o rosto toque a terra, é "uma expressão de profunda reverência e confiança dedicada", mas também de "alegria arrebatadora".[1281] Quem se joga com o rosto em terra "não enxerga mais, limita-se a escutar e, assim, desiste de sua autonomia material e intelectual em favor do outro".[1282] Ao se prostrar diante de Deus, o ser humano aceita o caminho escolhido por Deus. A prostração é a expressão física do "amém" por meio do qual a pessoa aceita a promessa de Deus.[1283]

O novo nome que Deus dá também demonstra que a aliança é uma ação unilateral da parte de Deus: **Abrão já não será o teu nome, e sim Abraão; porque por pai de numerosas nações te constituí.** O

1277 Cf. Hirsch, Genesis, pg. 280.
1278 Ibid.
1279 Westermann, Genesis I/2, pg. 316.
1280 Veja o comentário sobre Gênesis 6.18, Bräumer, 1ª parte, pg. 137.
1281 Lange, pg. 232.
1282 Hirsch, Genesis, pg. 280.
1283 Westermann, Genesis I/2, pg. 312.

nome Abrão significa "Deus, o Pai, é exaltado",[1284] e é uma declaração dirigida a Deus. Ao mudar o nome de Abrão para Abraão, Deus faz uma declaração em relação a Abraão.[1285] Aumentado pela sílaba *ham*, o nome passa a significar "pai de uma grande multidão". É possível que *ham* seja uma abreviação da palavra "alarido, multidão" (hebraico: *hamon*).[1286] O interessante é que no mundo árabe existe até hoje uma palavra cuja segunda parte corresponde ao nome Abraão e que significa o mesmo que "multidão" (árabe: *raham*).[1287] Ao mudar o nome de Abrão para Abraão, Deus se coloca ao lado de Abraão. Começa, assim, uma nova fase na vida de Abraão. Deus transforma o pai de família em pai de uma nação, ou, mais que isso, no pai de muitas nações: **Serás pai de numerosas nações. Porque por pai de numerosas nações te constituí. Far-te-ei fecundo extraordinariamente, de ti farei nações, e reis procederão de ti.** Com a mudança do nome, Deus transformou Abrão, o pai de uma família da pré-História, em Abraão, o pai do povo de Israel e patriarca de muitos povos.

4/5b
6

A aliança é única e exclusivamente um presente e uma dádiva de Deus. Deus promete a aliança, que Abrão aceita ao se prostrar. Deus dá um novo nome a Abrão e, finalmente, Deus faz a grande promessa: **Quanto a mim, será contigo a minha aliança. Para ser o teu Deus e da tua descendência. Serei o seu Deus.**

4
7b
8b

"Eu sou", "eu farei" e "eu serei", na boca de Deus, é a promessa da presença contínua. A aliança de Deus não é nada mais do que a promessa inabalável da sua presença. O hebraico não tem uma palavra específica para promessa. Essência e conteúdo da promessa estão na palavra "aliança" (hebraico: *berit*), que significa o mesmo que "garantia de compromisso".[1288] Quem ouve a "garantia de promessa de Deus", quem recebe a sua promessa de aliança também consegue escutar e compreender a ordem que Deus lhe dá.

3. Deus ordena a circuncisão: 17.9-14

9 Disse mais Deus a Abraão: Guardarás a minha aliança, tu e a tua descendência no decurso das suas gerações.

10 Esta é a minha aliança, que guardareis entre mim e vós e a tua descendência: todo macho entre vós será circuncidado.

11 Circuncidareis a carne do vosso prepúcio; será isso por sinal de aliança entre mim e vós.

12 O que tem oito dias será circuncidado entre vós, todo macho nas vossas gerações, tanto o escravo nascido em casa como o comprado a qualquer estrangeiro, que não for da tua estirpe.

13 Com efeito, será circuncidado o nascido em tua casa e o comprado por teu dinheiro; a minha aliança estará na vossa carne e será aliança perpétua.

1284 Veja o comentário sobre Gênesis 11.26-30, Bräumer, 1ª parte, pg. 188-189.
1285 Delitzsch, Genesis pg. 292.
1286 Westermann, Genesis I/2, pg. 314.
1287 Hertz (ed.), pg. 58.
1288 Westermann, Genesis I/2, pg. 313.

14 O incircunciso, que não for circuncidado na carne do prepúcio, essa vida será eliminada do seu povo; quebrou a minha aliança.

Deus ordena a circuncisão como *sinal* de sua aliança com Abraão. Por meio da circuncisão, Abraão e seus descendentes devem confirmar, reconhecer e aceitar a aliança dada por Deus. A circuncisão ordenada por Deus deve ser passada de geração a geração, em todos os machos, como sinal renovado da ligação com Deus. Abraão e seu clã vêm da Mesopotâmia e, como todos os semitas orientais, eram incircuncidados.[1289] Na Antiguidade, a circuncisão era praticada em quase todos os continentes: no Oriente Próximo, na África, na América, na Austrália; faltando entre os indo-germânicos e os mongóis. No entorno de Israel, a circuncisão era conhecida no Egito, em Canaã e entre os povos semitas ocidentais. Não era praticada na Babilônia, na Assíria e entre os filisteus.[1290] Não é possível afirmar com certeza como surgiu a prática da circuncisão entre tantos povos diferentes. Talvez ela tenha surgido por motivos semelhantes aos rituais sacrificiais, que também eram amplamente praticados. "Assim como o sacrifício nasceu da necessidade de expiação, a circuncisão nasceu do sentimento de impureza da natureza humana".[1291] Entre os povos fora do mundo veterotestamentário, a circuncisão era praticada por motivos higiênicos, físicos, médicos, sociais e, às vezes, também religiosos. Ela servia para melhorar a higiene, para fomentar a fertilidade e para prevenir doenças. Por meio dela, um homem tornava-se membro de plenos direitos da tribo e, ao mesmo tempo, era declarado habilitado para o casamento. Frequentemente, a circuncisão era praticada na puberdade, entre os 6 e os 14 anos de vida. Em algumas religiões, há uma relação com o culto aos antepassados e à fertilidade; em outras, a circuncisão era compreendida como um tipo de sacrifício.[1292]

Os *diferenciais* entre a circuncisão do Antigo Testamento e a prática das outras religiões são: foi ordenada pelo próprio Deus, limitada aos machos, com prazo determinado para a sua realização; por fim, incluía também os escravos.

a) O mandamento da circuncisão

10 Depois de revelar seu nome e comunicar o estabelecimento da aliança, Deus se volta para Abraão com uma ordem: **Todo macho entre vós será circuncidado.** Ao estabelecer a aliança, Deus permite a Abraão ter com ele um relacionamento de comunhão. Ao dar o mandamento, Deus mostra a Abraão qual é seu papel nessa comunhão.[1293] A aliança é promessa de Deus, "o mandamento baseia-se na *promessa*".[1294] É inútil discutir se a adoção da circuncisão refletia influências dos cananeus, dos egípcios ou dos midianitas. **Para Abraão e seus descendentes, o essencial era que *Deus havia ordenado a circuncisão*.** Ainda que a circuncisão fosse

---
1289 von Rad, Mose, pg. 170.
1290 Westermann, Genesis I/2, pg. 319.
1291 Delitzsch, pg. 288s.
1292 Westermann, Genesis I/2, pg. 319.
1293 von Rad, Mose, pg. 170.
1294 Westermann, Genesis I/2, pg. 306.

costumeira entre muitos outros povos, os descendentes de Abraão consideram-se os únicos "verdadeiramente circuncidados", a saber, "por serem os únicos que podiam justificá-la por meio de um mandamento de Deus".[1295]

b) A circuncisão de todos os machos aos oito dias de idade

**11
12a** Circuncidareis a carne do vosso prepúcio; será isso por sinal de aliança entre mim e vós. O que tem oito dias será circuncidado entre vós, todo macho nas vossas gerações.

Em muitas tribos indígenas os bebês são circuncidados no oitavo dia depois do nascimento – com a diferença de que o procedimento é realizado em bebês de ambos os sexos.[1296] No Antigo Testamento não há ordem para circuncidar as meninas – somente os machos eram circuncidados.

Em geral, os exegetas cristãos não explicam o processo da circuncisão e também dispensam explicações sobre o significado desse procedimento para o povo de Deus no Antigo Testamento. Alguns até mesmo desqualificam a circuncisão. Para eles, a circuncisão não é diferente "das muitas mutilações físicas comuns entre inúmeros povos bárbaros e selvagens".[1297]

A circuncisão em si consiste na remoção do prepúcio (hebraico: *milah*, de *mûl*, cortar), o desnudamento da glande (hebraico: *periah*), a remoção de fibras residuais, a sucção do sangue e o curativo.[1298]

Conforme enfatizam os exegetas judeus, a palavra que dá origem (hebraico: *mûl*) ao termo circuncisão (hebraico: *milah*), não significa apenas cortar (Êx 4.25), mas também opor-se, limitar. O Salmo 118.10 diz: *Todas as nações me cercaram, mas em nome do Senhor as destruí* (hebraico: *mûl*). Para os exegetas judeus, a remoção do prepúcio é apenas o aspecto exterior do processo. A razão e o objetivo da circuncisão é destruir o descontrole humano, determinando-lhe seus limites e submetendo-o a Deus. A circuncisão é um sinal da submissão do corpo ao mandamento de Deus. Simbolicamente, ela demonstra que o ser humano sabe que está sujeito a Deus e que o reconhece como aquele cujo nome é: Deus é suficiente! A essência da circuncisão não é a destruição, mas a submissão a Deus. "Na aliança judaica com Deus, o celibato e a castração são tão questionáveis quanto a luxúria e a devassidão. Ser judeu é santificar a sensualidade a Deus, mantendo-a decentemente limitada".[1299]

O prazo indicado para a circuncisão também aponta para essa interpretação; deveria acontecer no oitavo dia depois do nascimento[d]. De acordo com a lei do Antigo Testamento, mãe e filho são impuros durante sete dias depois do parto. A impureza do menino termina no oitavo dia, com a sua circuncisão (Lv 12.2s); a da mãe termina no quadragésimo dia (Lv 12.5s). Dessa forma, a circuncisão não é somente um sinal de submissão à vontade de Deus, mas também um sinal de pureza. É por este ângulo que devem ser compreendidas as palavras do Antigo Testamento que falam sobre a "circuncisão do coração"[e]. Em épocas posteriores,

d Lv 12.3;
Lc 1.59;
2.21;
Fp 3.5

e Lv 26.41;
Dt 10.16;
Jr 4.4; 9.25;
Ez 44.7

1295 Strack/Billerbeck, IV/1, pg. 32.
1296 Delitzsch, pg. 288.
1297 Stade; Gunkel concorda com ele; cf. Gunkel, pg. 269.
1298 Strack/Billerbeck, IV/1, pg. 28.
1299 Hirsch, Genesis, pg. 286.

quando os descendentes de Abraão viviam como exilados e estrangeiros entre as nações que não praticavam a circuncisão, ela se tornou um ato de confissão. Do exílio babilônico até hoje, os judeus entendem a circuncisão como um sinal de sua submissão a El Shaddai, o Deus da aliança com Abraão.

c) A circuncisão dos escravos

Com efeito, será circuncidado o nascido em tua casa e o comprado por teu dinheiro; a minha aliança estará na vossa carne e será aliança perpétua. O incircunciso, que não for circuncidado na carne do prepúcio, essa vida será eliminada do seu povo; quebrou a minha aliança. 13 14

Ao ser circuncidado, o escravo perdia sua nacionalidade original. A "casa", onde Deus encontrou o ser humano,[1300] requeria sua circuncisão. O escravo torna-se membro da casa. No Antigo Testamento, a família inteira formava uma unidade cultual. Ao circuncidar os escravos, ampliava-se o grupo daqueles que reconheciam o Deus da aliança El Shaddai e, assim, podiam participar do culto familiar. Por fim, Deus faz uma constatação no mandamento dado a Abraão e seus descendentes: "Recusar-se a se circuncidar significa quebrar a aliança".[1301] A pessoa que fugir da circuncisão deve ser eliminada do povo. A mesma ameaça é feita mais tarde por ocasião do mandamento sobre o sábado[f], quando ainda inclui a pena de morte a ser executada pela comunidade. A transgressão do mandamento sobre a circuncisão não fala explicitamente da pena de morte. Trata-se aqui da "exclusão da comunhão sagrada", uma "espécie de banimento", mas que poderia acarretar a morte do envolvido.[1302]

f Êx 31.14; 35.2; Nm 15.32-36

Mais tarde, valia no judaísmo a regra de que quem se recusava a se circuncidar e se separava de seu passado, perdia o status de descendente de Abraão. Ele não tem mais futuro, pois não é mais contado como descendente de Abraão. Quem rejeita a circuncisão não destrói nem aniquila a aliança de Deus, mas a torna "ineficaz para si mesmo".[1303] A circuncisão é o sinal da Antiga Aliança. A circuncisão só perde seu significado na Nova Aliança, que traz novos sinais.

Jesus e Paulo eram circuncidados (Lc 2.21; Fp 3.5). Paulo defendeu a circuncisão de Timóteo por amor aos judeus (At 16.3). Mas Tito, o não judeu incircunciso, que era seu fiel companheiro, não foi forçado a se circuncidar (Gl 2.3).

Junto com Maria e José, *Jesus* estava sob a lei: *Deus enviou seu Filho, nascido de mulher, nascido sob a lei* (Gl 4.4). Maria e José não fizeram de Jesus "alguém especial, mas deixaram que Deus fizesse dele o que tinha sido prometido".[1304] Por isso, observaram rigorosamente os dias da circuncisão e pureza prescritos pela lei. Tudo foi feito como era apropriado a uma criança judia.[1305]

1300 Procksch, pg. 520.
1301 Westermann, Genesis I/2, pg. 321.
1302 von Rad, Mose, pg. 170.
1303 Hirsch, Genesis, pg. 287.
1304 Gollwitzer, pg. 30.
1305 Schweizer, pg. 40.

José é o ator na circuncisão. A mãe ainda teve que ficar mais 33 dias em casa, não podia tocar em objetos sagrados nem entrar no lugar santo.[1306] Somente depois desse tempo ela se apresentou no templo conforme a lei prescrevia (Lv 12.6) para trazer os holocaustos necessários à sua purificação. Foi nessa visita ao templo que Maria e José encontraram Simeão e Ana (Lc 2.22-38). Na circuncisão, José foi sozinho com Jesus ao templo. Com isso, José assumia publicamente a paternidade. A partir deste momento, o filho de Deus, nascido de Maria, foi considerado filho de José.[1307] A circuncisão era acompanhada pela nomeação da criança (Lc 2.21).

No começo, a circuncisão e a nomeação não estavam associadas. De acordo com a tradição rabínica, esse costume só começou a ser praticado com os netos de Esdras.[1308] Os principais testemunhos sobre o costume praticado na virada dos tempos, o de dar nome à criança no momento da sua circuncisão, são a circuncisão de João Batista e de Jesus (Lc 1.59; 2.21).

Paulo nasceu em uma família que morava fora do território judaico, em Tarso, na Ásia Menor. Mas sua família tinha uma longa tradição. Ela remontava a Benjamim, o filho mais novo de Jacó. A tribo de Benjamim gozava de reputação especial entre os rabinos, pois, de acordo com a tradição judaica, Benjamim tinha sido o primeiro a atravessar o Mar Vermelho.[1309] Como filho de uma família renomada, cuja tradição alcançava a época dos patriarcas, Paulo foi circuncidado ao oitavo dia, conforme determinava a lei (Fp 3.5).

Timóteo foi circuncidado depois de ter se tornado cristão. Timóteo era filho de pai grego e mãe judia convertida ao cristianismo (At 16.1). Como no judaísmo a nacionalidade da mãe é determinante, Timóteo era judeu. Mas aos olhos dos judeus ele não tinha valor, por não ter sido circuncidado! Em geral, Paulo começava seu trabalho missionário nas sinagogas. Neste ambiente, Timóteo, com sua mãe judia, só seria um interlocutor aceito pelos judeus se fosse circuncidado.[1310] Por isso, Paulo mandou circuncidar Timóteo para que ele se tornasse judeu para os judeus (cf. 1Co 9.20).

Já *Tito* era filho de pais gregos. Ele era um gentio cristão. Paulo mandou circuncidar Timóteo por causa do Evangelho; no caso de Tito, ele não poderia concordar com a circuncisão – justamente por causa do mesmo Evangelho.[1311] Se Paulo tivesse aprovado ou mesmo ordenado a circuncisão para o cristão gentio Tito, estaria concordando com um ensino que naquela época era derivado do Antigo Testamento e que defendia que o cumprimento da lei era o caminho para a vida. Por isso, Paulo testemunhava a mensagem de Jesus Cristo: o ser humano não é justificado pelas obras da lei, mas unicamente pela fé em Jesus Cristo (Gl 2.16).

O judeu espera tornar-se justo pelas obras da lei. O cristão sabe: a justiça vem somente *pela fé*. A justificação baseia-se tão somente no evento da salvação. Jesus derramou seu sangue no Gólgota, para que todos pudessem se tornar justos sem merecimento (cf. Rm 3.24s). Paulo tinha que

---

1306 Cf. Grundmann, Lukas, pg. 88.
1307 Cf. Rengstorf, Lukas, pg. 45.
1308 Strack/Billerbeck, vol. II, pg. 107.
1309 Cf. Friedrich, pg. 117.
1310 Cf. Schule, pg. 333.
1311 Cf. Stählin, pg. 213.

rejeitar a circuncisão dos cristãos gentios para mostrar que a pessoa não era justificada pelas obras da lei, mas unicamente pela fé.[1312]

Para o cristão, a circuncisão deixou de simbolizar o pertencimento à aliança com Deus. De acordo com Martinho Lutero, na vida do cristão, o lugar da circuncisão foi ocupado por sinais neotestamentários:

> Assim como Abraão tinha a circuncisão..., nós temos sinais muito mais visíveis, a saber, em primeiro lugar o batismo, adornado e agraciado com uma promessa muito apropriada e formosa, isto é, de que nos tornamos bem-aventurados *quando cremos*. Por estarmos tão sujeitos ao pecado e aos tropeços nessa nossa fraca e frágil natureza, as chaves ou a pregação verbal estão ligados ao batismo... Se tu agora *tomares e aceitares esta palavra pela fé*, será aceito por tua vez em graça, voltando à vida que havia sido perdida por causa do pecado. Isto também acontece no uso do sacramento do altar. Pois estas palavras: *"Isto é o meu corpo. [...] isto é o meu sangue [...] derramado em favor de muitos, para a remissão de pecados"* (Mt 26.26,28), não são palavras vãs, *mas fortalecem e garantem de forma poderosa a esperança do perdão dos pecados*.[1313]

4. Deus escolhe o herdeiro da aliança: 17.15-22

15 Disse também Deus a Abraão: A Sarai, tua mulher, já não lhe chamarás Sarai, porém Sara.

16 Abençoá-la-ei e dela te darei um filho; sim, eu a abençoarei, e ela se tornará nações; reis de povos procederão dela.

17 Então, se prostrou Abraão, rosto em terra, e se riu, e disse consigo: A um homem de cem anos há de nascer um filho? Dará à luz Sara com seus noventa anos?

18 Disse Abraão a Deus: Tomara que viva Ismael diante de ti.

19 Deus lhe respondeu: De fato, Sara, tua mulher, te dará um filho, e lhe chamarás Isaque; estabelecerei com ele a minha aliança, aliança perpétua para a sua descendência.

20 Quanto a Ismael, eu te ouvi: abençoá-lo-ei, fá-lo-ei fecundo e o multiplicarei extraordinariamente; gerará doze príncipes, e dele farei uma grande nação.

21 A minha aliança, porém, estabelecê-la-ei com Isaque, o qual Sara te dará à luz, neste mesmo tempo, daqui a um ano.

22 E, finda esta fala com Abraão, Deus se retirou dele, elevando-se.

Mais uma vez, Deus se dirige a Abraão em sua fala. Mas agora ele inclui Sarai. Também Sarai recebe um nome novo, isto é, Deus não se coloca somente ao lado de Abraão, mas também ao lado de Sarai. A vida dela também iniciará uma nova fase. **A Sarai, tua mulher, já não lhe chamarás Sarai, porém Sara. Abençoá-la-ei e dela te darei um filho; sim, eu a abençoarei, e ela se tornará nações; reis de povos procederão dela.**

1312 Cf. Schlier, pg. 72 e 87-1229.
1313 Lutero, Ersten Moses, vol. I, pg. 339.

Em hebraico, Sarai significa princesa ou senhora.[1314] Linguisticamente, Sarai é "apenas uma forma arcaica da versão mais recente Sara".[1315] Ainda que a mudança do nome Sarai para Sara não possa ser esclarecida com precisão, é possível que o nome Sara tenha um significado mais amplo do que Sarai. Comparando este nome com palavras hebraicas aparentadas e de som parecido, a exegese judaica chega à seguinte interpretação: Sarai, a princesa de destaque, transforma-se em Sara, a senhora que define, vigia e personifica o padrão a ser observado. "A geração feminina pura, que descende de Sara, não precisa de um sinal externo da sua aliança com El Shaddai, o Deus que determina, pois carrega essa exortação naturalmente em si mesma".[1316] Essa interpretação do nome de Sara é uma explicação indireta para o fato de que, no Antigo Testamento, não há circuncisão de meninas e mulheres. Com todo o seu ser, Sara, a determinante, transmite a exortação de pertencer somente a Deus.

A promessa de Deus a Sara dentro da aliança traz, pela primeira vez – e logo duas vezes seguidas – a promessa da bênção. O primeiro "abençoá-la-ei" significa "você vai ter um filho"; o segundo significa "você será mãe de muitas nações". A bênção de Deus se manifesta na multiplicação.[1317] Bênção e multiplicação andam juntas[g].

g Gn 1.22, 28; 9.1; Dt 7.13

17 Então, se prostrou Abraão, rosto em terra, e se riu, e disse consigo: A um homem de cem anos há de nascer um filho? Dará à luz Sara com seus noventa anos?

Abraão se prostra e ri. A prostração representa a aceitação reverente da palavra de Deus. Já o riso de Abraão oculta sentimentos muito diferentes: "alegria arrebatadora",[1318] "admiração deliciada",[1319] "a dúvida de que duas pessoas tão idosas possam ter um filho",[1320] "espanto"[1321] e "descrença".[1322]

A promessa de Deus contém um contraste tal que "Abraão, a despeito de prostrar-se diante de Deus em virtude de sua confiança em Deus, ainda assim teve de rir. Este riso é tão significativo que ele é destacado novamente em Sara e acaba sendo perpetuado no nome da criança prometida".[1323] O riso de Abraão, e mais tarde o de Sara (Gn 18.12), expressam tanto alegria quanto um sinal de dúvida. "Não raro, o recebimento de uma mensagem de suprema alegria é seguido por um riso de duplo sentido, que expressa tanto alegria quanto dúvida".[1324] O riso de Abraão mostra a dura luta que a fé e a descrença travam em seu interior. O riso está ligado ao grande gesto de adoração. É um riso de admiração e um riso de desesperada decepção depois de anos de espera infrutífera: "Não desistiu de adorar, não desistiu de crer, mas agora, diante da promessa de Deus: ri!"[1325]

1314 Veja o comentário sobre Gênesis 11.29, Bräumer, 1ª parte, pg. 189-190.
1315 von Rad, Mose, pg. 171s.
1316 Hirsch, Genesis, pg. 289.
1317 Westermann, Genesis I/2, pg. 322.
1318 Lange, pg. 232; cf. também Hertz (ed.), pg. 59.
1319 Delitzsch, pg. 298.
1320 Westermann, Genesis I/2, pg. 322.
1321 Dillmann, pg. 263.
1322 von Rad, Mose, pg. 172.
1323 Hirsch, Genesis, pg. 291.
1324 König, Genesis, pg. 512.
1325 Bours, pg. 22.

Em meio a este dilema interior, Abraão tenta escapar do que não pode compreender. Ele "ainda não compreende a dimensão da promessa"[1326] e tenta "desviar o interesse de Deus para aquilo que é certo e seguro, isto é, para Ismael".[1327]

Tomara que viva Ismael diante de ti. Deus lhe respondeu: De fato 18/19 [O que eu disse foi que – cf. NTLH], Sara, tua mulher, te dará um filho, e lhe chamarás Isaque; estabelecerei com ele a minha aliança, aliança perpétua para a sua descendência.

De forma majestosa, Deus passa por cima do riso de Abraão. Com um "assim não" divino, ele se opõe à intercessão de Abraão em favor de Ismael. A partícula de oposição "assim não!" (hebraico: *'abal*) rompe a sequência do raciocínio e coloca o pensamento e os planos do ser humano em seu devido lugar.[1328] A rejeição com as palavras "assim não!" não deixa de ser, de certa forma, brusca.[1329]

Com uma determinação que exclui qualquer tipo de dúvida, Deus afirma: "O herdeiro da minha aliança é Isaque, o filho que Sara lhe dará". O nome Isaque, que não possui comprovação extrabíblica, pode ser traduzido como "Deus ri" ou então "ele ri" (o pai ou mesmo o próprio filho).[1330] Como o nome Isaque só aparece em textos bíblicos, sua interpretação não pode ignorar a promessa sobre o nascimento de Isaque (Gn 17 e 18) nem o relato sobre o nascimento em si (Gn 21). Por um lado, o nome Isaque lembra o riso de Abraão e Sara ao receberem a notícia de que ainda teriam um filho em idade avançada. Para Abraão e Sara, este anúncio era "tão tremendamente paradoxo"[1331] que não conseguiram segurar o riso. Por outro lado, o nome Isaque ressoa o "riso júbilo e grato"[1332] da mãe que ganhou um filho. A melhor tradução para Isaque é "filho do riso".[1333]

A interpretação do nome Isaque no Antigo Testamento é complementada por uma interpretação neotestamentária. De acordo com Jesus, no momento de estabelecer a aliança, Deus também revelou o futuro mais distante a Abraão (Jo 8.56). A tradição judaica traz a interpretação: "Vosso pai Abraão riu (hebraico: *zachak*; grego: *hagalliasthai*), porque veria meu dia, e ele o viu e se alegrou".[1334] Sem dúvida, esta é "a interpretação mais grandiosa"[1335] para o nome Isaque.

Quanto a Ismael, eu te ouvi: abençoá-lo-ei, fá-lo-ei fecundo e o multi- 20 plicarei extraordinariamente... A minha aliança, porém, estabelecê-la-ei 21 com Isaque, o qual Sara te dará à luz, neste mesmo tempo, daqui a um ano. E, finda esta fala com Abraão, Deus se retirou dele, elevando-se. 22

Mesmo que a aliança valha apenas para Isaque e seus descendentes, a promessa de bênção e multiplicação também se cumprirá em Ismael. Ismael se tornará um grande povo.[1336] "Ainda que a aliança continue

---

1326 Westermann, Genesis I/2, pg. 323.
1327 von Rad, Mose, pg. 172.
1328 Cf. Hirsch, Genesis, pg. 91 e 292.
1329 Cf. von Rad, Mose, pg. 172.
1330 Westermann, Genesis I/2, pg. 324s.
1331 Delitzsch, Genesis pg. 295.
1332 Stamm, J.J.; citado por Westermann, Genesis I/2, pg. 324.
1333 Odelain/Seguineau, pg. 145.
1334 Strack/Billerbeck, vol. II, pg. 525.
1335 Procksch, pg. 522.
1336 Cf. von Rad, Mose, pg. 172.

somente em Isaque, isso não significa que Deus não trabalhe mais com os povos fora de Israel; ele também abençoa, multiplica e dá grandeza a outros povos".[1337] A bênção de Deus se estende para além dos descendentes de Isaque. Ismael continua sendo filho de Abraão. Mesmo no momento de estabelecer sua aliança com um povo, Deus não se esquece dos outros povos. Ele continua sendo Deus de todos os povos, conforme demonstram a criação (Gn 1) e a genealogia das nações (Gn 10); "a bênção de Deus não está limitada às fronteiras de Israel".[1338]

Depois de garantir a Abraão que Isaque nasceria já no próximo ano, Deus retorna para o reino dos céus. "Desde a queda, Deus está distante do ser humano, e desde o dilúvio sua presença se tornou sobrenatural".[1339] Para falar diretamente com Abraão, como se fosse uma pessoa, Deus "desce", e depois da conversa ele se retira, "elevando-se".

5. Abraão obedece: 17.23-27

23 Tomou, pois, Abraão a seu filho Ismael, e a todos os escravos nascidos em sua casa, e a todos os comprados por seu dinheiro, todo macho dentre os de sua casa, e lhes circuncidou a carne do prepúcio de cada um, naquele mesmo dia, como Deus lhe ordenara.
24 Tinha Abraão noventa e nove anos de idade, quando foi circuncidado na carne do seu prepúcio.
25 Ismael, seu filho, era de treze anos, quando foi circuncidado na carne do seu prepúcio.
26 Abraão e seu filho, Ismael, foram circuncidados no mesmo dia.
27 E também foram circuncidados todos os homens de sua casa, tanto os escravos nascidos nela como os comprados por dinheiro ao estrangeiro.

A resposta de Abraão às quatro ações de Deus no estabelecimento da aliança é a sua obediência. *Deus* revela seu nome El Shaddai. *Deus* estabelece a aliança. *Deus* ordena a circuncisão, e finalmente *Deus* escolhe o herdeiro da aliança. E Abraão obedece.

A circuncisão ordenada por Deus é executada no mesmo dia. Abraão obedece imediatamente – sem hesitar! A expressão "naquele mesmo dia" (hebraico: *be^ʿäzäm hajjom hassäh*) é traduzida pelos estudiosos judeus como "na força do dia", isto é, em plena luz do dia. A circuncisão não acontece em segredo, mas é feita de forma pública. É um ato de profissão de fé.[1340]

Obediente é aquele que não adia sua decisão para o dia seguinte, aquele que cuidadosamente acaba com todas as objeções que possam se levantar contra a obediência.

"A criadagem de Abraão era praticamente um povo à parte, e cumprir a ordem de Deus não seria nada fácil. Mas, diante da Palavra de Deus, Abraão põe mãos à obra".[1341]

1337 Westermann, Genesis I/2, pg. 325.
1338 Ibid., pg. 325s.
1339 Delitzsch, pg. 295.
1340 Cf. Hirsch, Genesis, pg. 293.
1341 Calvino, pg. 185.

Quando Deus dá uma ordem ao ser humano, quem crê só tem uma possibilidade de ação: obedecer – sem objeções e sem discussão. "Quem discute o porquê de Deus ordenar isto ou aquilo na verdade duvida da sabedoria, da justiça e da bondade de Deus".[1342] Obediência e profissão de fé andam juntas. A obediência não é algo para o "quarto fechado"; qualquer pessoa que encontrar um cristão deve reconhecê-lo como alguém que é obediente a Deus.

Para o crente do Antigo Testamento, a circuncisão é o símbolo da sua decisão por Deus e da sua permanência em Deus.[1343]

A questão sobre o que substitui a circuncisão no caso do crente neotestamentário tem respostas muito variadas. Martinho Lutero cita o batismo, a absolvição (a garantia do perdão) e a Santa Ceia.[1344]

Seguindo o raciocínio dos exegetas judeus, encontramos mais uma possibilidade. Para os judeus, a circuncisão é o "segundo e mais importante aniversário, a entrada do ser humano nas alturas divinas"[1345], isto é, na comunhão com Deus.

Para os cristãos, a circuncisão foi substituída pela conversão e pelo novo nascimento: *E, assim, se alguém está em Cristo, é nova criatura; as coisas antigas já passaram; eis que se fizeram novas* (2Co 5.17).

IX. OS MENSAGEIROS DE DEUS EM MANRE: 18.1-16

Abraão tinha escolhido uma vida seminômade para si. Ele sempre voltava para o carvalhal em Manre.[1346] Para Abraão, Manre se torna o ponto alto da promessa. Em Manre, Abraão vê Deus se manifestando.

1. Os três mensageiros de Deus: 18.1-3

1 **Apareceu o Senhor a Abraão nos carvalhais de Manre, quando ele estava assentado à entrada da tenda, no maior calor do dia.**

2 **Levantou ele os olhos, olhou, e eis três homens de pé em frente dele. Vendo-os, correu da porta da tenda ao seu encontro, prostrou-se em terra**

3 **e disse: Senhor meu, se acho mercê em tua presença, rogo te que não passes do teu servo.**

Mesmo na época do Antigo Testamento, era raro Deus encontrar uma pessoa diretamente. Normalmente, ele se mostra na figura de um mensageiro, de um anjo. Um anjo vai ao encontro do ser humano no seu dia a dia, de forma muito natural. Como mensageiro, ele se apresenta como ser humano a outro ser humano. Nada em sua apresentação o identifica como anjo de Deus. Ele só se torna visível e reconhecível por meio de sua incumbência.[1347] A manifestação de Deus na forma de três mensageiros é única em todo o Antigo Testamento.[1348]

1342 Lutero, Ersten Moses, vol. I, pg. 361.
1343 Westermann, Genesis I/2, pg. 327s.
1344 Veja o comentário sobre Gênesis 17.13-14.
1345 Hirsch, Genesis, pg. 294.
1346 Sobre Manre, cf. o comentário sobre Gênesis 13.18.
1347 Veja Excurso I: Os anjos de Deus.
1348 von Rad, Mose, pg. 173.

Abraão viu três homens. O texto não diz que algum deles tenha se destacado por alguma particularidade. Não havia motivo para pensar que apenas um deles representasse Javé, e que os outros dois fossem apenas mensageiros acompanhantes.[1349] Javé se manifesta na figura de três mensageiros, que aparecem como três homens comuns: "eram três por causa de sua vocação tripla, que não era apenas de anunciar, mas também de punir e salvar".[1350] Essa interpretação veterotestamentária do trio de mensageiros resulta da tripla ação de Deus, narrada em seguida: Abraão e Sara recebem o anúncio, o povo de Sodoma é punido e Ló, salvo.

A interpretação que relaciona o trio de mensageiros com a Trindade divina é encontrada nos pais da Igreja e, especialmente, em Lutero. Martinho Lutero parte do seguinte princípio: se, de acordo com uma palavra de Jesus (Jo 8.56), Abraão viu profeticamente o dia de Cristo, "então ele, sem dúvida, também viu sua divindade. Mas se viu sua divindade, isso não poderia ter acontecido sem que ao mesmo tempo reconhecesse a Trindade".[1351] Para Lutero, a manifestação de Deus a Abraão na forma de três mensageiros (e não dois, ou mesmo quatro) não foi casual. Nisso ele vê uma indicação "de que há um Deus, dividido em três pessoas, uma vez que Abraão vê três e adora somente um".[1352]

Mesmo manifestando-se em três mensageiros em Manre, Javé é um Deus, de forma que o texto, ao referir-se a Javé, usa o singular.[1353] O aparecimento dos mensageiros de Deus foi inesperado e repentino, tão surpreendente como as demais manifestações de Deus no Antigo Testamento[a]. O ser humano apenas pressente o mistério de Deus; o ser humano reconhece apenas a pequena parte da ação de Deus que este lhe revela, "o restante permanece obscuro".[1354] Ainda assim, Abraão deve ter desconfiado desde o princípio que Deus queria falar com ele por intermédio dos três homens. Ele corre ao encontro deles, prostra-se em terra e insiste em recebê-los como convidados.

No calor do meio dia, o viajante procura um lugar para fugir do sol e descansar. Os desconhecidos procuram um lugar onde sejam bem-vindos. Eles param diante de Abraão. "De acordo com o costume, parar era um pedido humilde por hospitalidade".[1355] A interrupção na caminhada equivale ao bater na porta, pedindo entrada. Abrão prostra-se em terra. Ele não sabe quem são os desconhecidos, "mas não pode nem deseja excluir a possibilidade de que sejam dignos dessa reverência".[1356] O vocativo "senhor" (v.3) é espantoso. A única explicação possível é que no Antigo Testamento se valorize mais "a hospitalidade demonstrada aos viajantes do que o estar na presença de Deus".[1357] Abraão convida os três

a Gn 21.19; 22.13; Êx 3.2; Js 5.13; Zc 2.1,5; 5.1; 6.1

1349 Keil (Genesis, pg. 193) opina que tenha sido "o Senhor com dois anjos"; Dillmann (Genesis, pg. 264) fala de dois acompanhantes de Javé; da mesma forma, Strack (Genesis, pg. 59) supõe que um fosse Javé e os outros dois, anjos.
1350 Delitzsch, pg. 299.
1351 Luther, Ersten Moses, vol. I, pg. 368.
1352 Ibid.
1353 von Rad, Mose, pg. 173. Sobre a alternação entre singular e plural cf. singular v.10,13-15; plural: v.2,4,5,8,9,16.
1354 Gunkel, pg. 193.
1355 Delitzsch, pg. 296.
1356 Westermann, Genesis I/2, pg. 336.
1357 Hirsch, Genesis, pg. 295.

homens, que no momento não passam de desconhecidos para ele, como se o próprio Deus tivesse pedido para ser recebido como hóspede em sua casa. É assim que o vocativo divino "senhor" (hebraico: *'adonai*) deve ser compreendido. A visita do desconhecido não era somente uma mudança bem-vinda na rotina dos seminômades, que lhes permitiria receber notícias de outra parte do mundo – desde o começo, Abraão conta com a possibilidade de que, sem o saber, pudesse estar recebendo anjos[b] ou até mesmo o próprio Deus. Ele pede: **Senhor meu, se acho mercê em tua presença, rogo-te que não passes do teu servo.** 3

b Hb 13.2

2. O convite para a refeição beduína: 18.4-8

4 Traga-se um pouco de água, lavai os pés e repousai debaixo desta árvore;

5 trarei um bocado de pão; refazei as vossas forças, visto que chegastes até vosso servo; depois, seguireis avante. Responderam: Faze como disseste.

6 Apressou-se, pois, Abraão para a tenda de Sara e lhe disse: Amassa depressa três medidas de flor de farinha e faze pão assado ao borralho.

7 Abraão, por sua vez, correu ao gado, tomou um novilho, tenro e bom, e deu-o ao criado, que se apressou em prepará-lo.

8 Tomou também coalhada e leite e o novilho que mandara preparar e pôs tudo diante deles; e permaneceu de pé junto a eles debaixo da árvore; e eles comeram.

Com grande gentileza, Abraão pede que os desconhecidos lhe concedam a grande honra de hospedar-se com ele. Eles poderão lavar os pés empoeirados e ardentes, descansar na sombra e receber uma refeição. A primeira coisa que ele oferece é a lavagem dos pés[c]. Depois eles devem descansar, encostando-se ou recostando-se. A postura recostada, relaxada, em que a pessoa fica meio sentada e meio deitada (hebraico: *hischschu'en*) é um costume antiquíssimo nas refeições beduínas. O agricultor israelita costumava ficar sentado na hora da refeição[d]. Somente na época de Amós os ricos começaram a adotar o costume de comer "reclinados"[e]. Abraão convida os desconhecidos para uma refeição beduína. A forma de expressão modesta "um pouco de água" e "um bocado de pão" faz parte da linguagem da cortesia. Abraão deseja "diminuir ao máximo a impressão de que sua hospitalidade lhe traria incômodos".[1358] Os desconhecidos devem se revigorar com a refeição, literalmente "fortalecer o coração"[f]. "No conceito do Antigo Testamento, a comida e a bebida servem ao fortalecimento do coração".[1359] Elas "reforçam a força para viver".[1360] Em contraste com a cortesia prolixa de Abraão, a concordância dos três homens é breve e quase solene: **Faze como disseste.** Ainda que 5 nas histórias dos patriarcas normalmente ninguém tenha pressa, Abraão põe a casa inteira para correr com a sua agitação – ele vê, corre, se prostra,

c Gn 19.2;
24.32; 43.24;
Lc 7.44

d Gn 27.19;
Jz 19.6;
1Sm 20.5;
1Rs 13.20

e Am 6.4;
Mt 9.10;
26.7;
Jo 12.2;
13.23; 21.20

f Lv 26.26;
Jz 19.5;
1Rs 13.7;
Is 3.1

1358 Westermann, Genesis I/2, pg. 337.
1359 Delitzsch, pg. 297.
1360 Dillmann, pg. 267.

fala. A pressa de Abraão é a "pressa para servir aos outros".¹³⁶¹ É falta de educação fazer outras pessoas esperarem.¹³⁶² Rapidamente, Abraão, ajudado por Sara e por seu servo, prepara uma "verdadeira refeição beduína, muito farta".¹³⁶³ A mulher tinha de providenciar o pão, e o homem, a carne e as bebidas.

Sara preparou pão fresco. Usando três medidas de farinha – uma medida teria sido bem mais que suficiente para três homens¹³⁶⁴ – ela forma uma montanha de pães finos, redondos e não fermentados^g. Eles eram assados sobre pedras quentes.¹³⁶⁵

g Êx 12.39;
Nm 11.8;
1Rs 17.13;
19.6;
Ez 4.12;
Os 7.8

O servo foi encarregado por Abraão de abater um bezerro novo, que o próprio Abraão tinha acabado de escolher.

Para beber, *Abraão* escolheu dois tipos de leite, coalhado e fresco. Como seminômade, Abraão ainda vivia como um beduíno. Ainda que o entorno de Manre fosse um lugar típico para a plantação de uvas, Abraão não serve vinho, mas dois tipos de leite, conforme o costume beduíno.¹³⁶⁶

A pressa de Abraão nos preparativos, na qual ele incluiu também Sara e o servo, desemboca em "uma calma atenta por parte do anfitrião, que fica em pé diante de seus hóspedes, assim como eles ficaram em pé diante dele quando ele estava sentado debaixo da árvore, e olha para eles".¹³⁶⁷ Se a interrupção da caminhada por parte dos três desconhecidos equivalia ao bater na porta, a espera de Abraão em pé demonstrava a sua disponibilidade para ouvir o que os hóspedes desejassem ou dissessem. Como continua sendo costume até hoje entre alguns beduínos, o próprio Abraão serviu os hóspedes, esperando, em pé, sem fazer perguntas nem iniciar uma conversa. Quando os hóspedes quebraram o silêncio, eles abordaram diretamente o objetivo de sua visita. Tinham vindo para renovar, mais uma vez, a promessa de que Sara teria um filho.

3. A maravilhosa ação de Javé: 18.9-16

9 Então, lhe perguntaram: Sara, tua mulher, onde está? Ele respondeu: Está aí na tenda.

10 Disse um deles: Certamente voltarei a ti, daqui a um ano; e Sara, tua mulher, dará à luz um filho. Sara o estava escutando, à porta da tenda, atrás dele.

11 Abraão e Sara eram já velhos, avançados em idade; e a Sara já lhe havia cessado o costume das mulheres.

12 Riu-se, pois, Sara no seu íntimo, dizendo consigo mesma: Depois de velha, e velho também o meu senhor, terei ainda prazer?

13 Disse o Senhor a Abraão: Por que se riu Sara, dizendo: Será verdade que darei ainda à luz, sendo velha?

1361 Westermann, Genesis I/2, pg. 336.
1362 Cf. Gunkel, pg. 195.
1363 Dillmann, pg. 267.
1364 Delitzsch, pg. 297.
1365 Keil, Genesis, pg. 193; Gunkel, pg. 196.
1366 Gunkel, pg. 196.
1367 Westermann, Genesis I/2, pg. 338.

14 Acaso, para o Senhor há coisa demasiadamente difícil? Daqui a um ano, neste mesmo tempo, voltarei a ti, e Sara terá um filho.
15 Então, Sara, receosa, o negou, dizendo: Não me ri. Ele, porém, disse: Não é assim, é certo que riste.
16 Tendo-se levantado dali aqueles homens, olharam para Sodoma; e Abraão ia com eles, para os encaminhar.

Os desconhecidos não apenas conhecem o nome de Sara, mas também sabem que ela não tem filhos. Quando eles falam o nome dela, ela começa a prestar atenção e fica escutando o que dizem. Em tendas não há segredos, e a informação de que Sara se achava na porta da tenda, logo atrás dos hóspedes, não permite acusá-la de estar escutando escondida. Sara estava ouvindo, quer quisesse, quer não, o que Abraão conversava com os hóspedes, e riu.[1368] Também os visitantes, que tinham perguntando especificamente pelo paradeiro de Sara, sabiam que ela estava escutando a conversa. Como a palavra usada no Antigo Testamento para "rir" (hebraico: *zachak*) se refere a uma expressão, a suposição de que se tratasse de uma "risada interior" é forçada, "não existe este tipo de risada".[1369] Quando o texto diz que Sara riu consigo mesma, isso não significa necessariamente que sua risada tenha sido inaudível. Sua justificativa para a risada, pelo menos, podia ser escutada do lado de fora da tenda.

Como mulher, Sara não participou da refeição servida aos hóspedes. Mesmo no judaísmo mais tardio, ainda existia a regra de que era proibido à mulher servir à mesa, "é inapropriado que alguém seja servido por uma mulher" (Rabi Schmuel, pg. 254).[1370] Sara só podia participar da parte que lhe dizia respeito nessa conversa se falasse de dentro da tenda, sem ser vista. Suas palavras são desajeitadas e rudes. **Depois de velha, 12 e velho também o meu senhor, terei ainda prazer?** A expressão "estar velha" (ou "gasta"; hebraico: *balah*) é usada para roupas (Js 9.13) ou para ossos envelhecidos (Sl 32.3). Este é o único lugar em que é aplicado a uma mulher, assim como também o termo "prazer" (hebraico: ᶜ*ädnah*).[1371] Os mensageiros de Deus reagem ao riso de Sara: **Por que se riu Sara?** Também 13 repetem as palavras de Sara, mas "eliminam a sua rudeza".[1372] **Será verdade que darei ainda à luz, sendo velha?** Em seguida, os mensageiros de Deus mostram a Sara o caminho para superar suas dúvidas. Eles perguntam: **Acaso, para o Senhor** há coisa demasiadamente difícil? A segunda pergunta dos mensageiros de Deus é a "palavra de salvação".[1373] Essa palavra de salvação "repousa na história como uma pedra preciosa em um nobre engaste, e seu significado vai muito além do ambiente familiar do relato, tornando-se um testemunho orientador da onipotência da vontade salvífica divina".[1374]

A palavra de salvação **Acaso, para o Senhor há coisa demasiadamente difícil?** contém uma repreensão a Sara, pelo fato de ela querer julgar

---
1368 Sobre o riso de Sara, cf. o comentário sobre Gênesis 17.17.
1369 Jacob, B., Genesis; citado por Westermann, Genesis I/2, pg. 341.
1370 Strack/Billerbeck, vol.I, pg. 300 e 480; vol. II, pg. 99.
1371 Westermann, Genesis I/2, pg. 341.
1372 von Rad, Mose, pg. 176.
1373 Bours, pg. 23.
1374 von Rad, Mose, pg. 176.

a capacidade de Deus por padrões humanos, deixando de reconhecer, assim, o poder infinitamente grande de Deus. Calvino conclui sobre este comportamento:

> "O motivo mais profundo para a nossa falta de fé é a dúvida a respeito do poder de Deus. Suas promessas soam como contos de fada, e logo voltamos a pensar, de forma equivocada: como isso poderia acontecer? Quem se envolve e emaranha em pensamentos tão estreitos exclui o poder de Deus, cujo conhecimento deveria elevá-lo acima de mil mundos".[1375]

A palavra de salvação do mensageiro de Deus dirige-se contra o pensamento do ser humano que desconfia da onipotência de Deus. A palavra **Acaso, para o Senhor há coisa demasiadamente difícil?** é uma pedra preciosa oferecida ao ser humano. O preço desta pedra preciosa é: "abandonar-se na confiança em Deus".[1376]

Depois de ouvir a palavra de salvação da boca dos mensageiros de Deus, Sara se assusta e faz uma tentativa desesperada de voltar atrás em seu riso. Ao rir, Sara não estava tentando se voltar contra Deus ou se rebelar conscientemente contra sua palavra. Sua risada era expressão do seu dilema interior. Sara estava dividida entre a esperança e a fé.

15 Ao mentir, dizendo **Não me ri**, Sara tenta encobrir sua confusão e dilema. A resposta de Deus por intermédio do mensageiro foi: **Não é assim, é certo que riste.** O mensageiro diz: a sua risada, Sara, não será apagada, e você voltará a lembrar dela quando, daqui a um ano, estiver segurando Isaque, o "filho do riso", nos seus braços.

"O contraste entre a mulherzinha, que surge amedrontada e tenta mentir, e o 'não' brusco e frio do Senhor forma uma conclusão eficiente e séria para esta cena".[1377]

Os mensageiros de Deus, que conservaram sua dignidade do começo ao fim, agora se levantam e apressam sua saída. Abraão, o anfitrião, presta um último serviço: eles os acompanha no caminho que escolheram, em direção a Sodoma.

X. O JUÍZO SOBRE SODOMA E GOMORRA E A SALVAÇÃO DE LÓ: 18.17 – 19.38

Sodoma e várias outras cidades ficavam ao sul do mar Morto. O historiador Estrabão (63 a.C. até 26 d.C.) cita treze cidades nesta região, cinco das quais tinham formado uma aliança. O nome "Sodoma" pode significar "a fortificada". Talvez seja uma indicação de que esta fosse a cidade que dominava a aliança das cidades.[1378] Supõe-se que a região ao sul do mar Morto fosse fértil, como é, até hoje, a área em torno de Jericó. Ao separar-se de Abraão, Ló tinha escolhido essa região. Aquele pedaço de terra parecia-lhe o paraíso! Escolheu a cidade fortificada de Sodoma para morar. Mas, diferentemente da beleza da terra, os moradores de Sodoma eram completamente maus; *eram maus e grandes pecadores contra o Senhor* (Gn 13.13).

[1375] Calvino, pg. 191.
[1376] Bours, pg. 23.
[1377] Procksch, pg. 120.
[1378] Keel/Küchler, vol.2, pg. 254; veja também o comentário sobre Gênesis 14.1-7.

Os mensageiros de Deus que tinham visitado Abraão e Sara em Manre estavam decididos a ir até Sodoma. Abraão acompanhou-os até um ponto de onde era possível ver Sodoma (Gn 18.16).

1. Deus torna Abraão seu confidente: 18.17-22

17 Disse o Senhor: Ocultarei a Abraão o que estou para fazer,
18 visto que Abraão certamente virá a ser uma grande e poderosa nação, e nele serão benditas todas as nações da terra?
19 Porque eu o escolhi para que ordene a seus filhos e a sua casa depois dele, a fim de que guardem o caminho do Senhor e pratiquem a justiça e o juízo; para que o Senhor faça vir sobre Abraão o que tem falado a seu respeito.
20 Disse mais o Senhor: Com efeito, o clamor de Sodoma e Gomorra tem-se multiplicado, e o seu pecado se tem agravado muito.
21 Descerei e verei se, de fato, o que têm praticado corresponde a esse clamor que é vindo até mim; e, se assim não é, sabê-lo-ei.
22 Então, partiram dali aqueles homens e foram para Sodoma; porém Abraão permaneceu ainda na presença do Senhor.

À vista de Sodoma, Deus confidencia seus planos a Abraão. A decisão de Deus de contar tudo a Abraão tinha sido tomada há tempo. Deus não queria "que Abraão ficasse sabendo dos terríveis acontecimentos em Sodoma por outros, por assim dizer".[1379] Abraão deve entender o que acontecerá em Sodoma. Deus explica este propósito com quatro declarações sobre Abraão:

1) Abraão é o portador da promessa: "Ele será **uma grande e poderosa nação**". **18b**
2) Abraão é a "fonte da bênção que derrama sobre outros a bênção da qual ele mesmo está repleto".[1380] A bênção pessoal concedida a Abraão também é bênção para outras pessoas: **nele serão benditas todas as nações da terra.** **18b**
3) Abraão é o confidente de Deus. **Porque eu o escolhi.** Deus criou um relacionamento de confiança com Abraão. O texto original traz aqui a palavra reconhecer, amar (hebraico: *jada'*)[a]. Esta é a única ocorrência deste termo no contexto do relacionamento entre Deus e ser humano na história dos patriarcas.[1381] Trata-se de uma "comunhão de amor",[1382] na qual Deus trouxe Abraão para perto de si. **19a** a Am 3.2
(4) Abraão tem a "função de mestre de seus descendentes".[1383] Ele [ordenará] **a seus filhos e a sua casa depois dele, a fim de que guardem o caminho do Senhor e pratiquem a justiça e o juízo.** **19b**

1379 von Rad, Mose, pg. 178.
1380 Delitzsch, pg. 250.
1381 Westermann, Genesis I/2, pg. 351.
1382 Delitzsch, pg. 300.
1383 von Rad, Mose, pg. 178.

Justiça e juízo[b] não são ideias ou grandezas autônomas, mas "o fruto que amadurece na árvore da 'caminhada com Deus'".[1384] Quando a pessoa caminha na presença de Deus, quando sua vida inteira pertence a Deus, a justiça e o juízo, isto é, a "justiça interior e exterior",[1385] se concretizam. Abraão ordenará a seus descendentes que caminhem com Javé. Mais tarde, a palavra "caminho" tornou-se o termo preferido para a piedade veterotestamentária[c]. Deus não transformou Abraão em um "emir rico e poderoso", mas em "educador", mestre do povo escolhido.[1386]

Abraão é o portador da promessa, a fonte da bênção, o confidente de Deus e mestre do povo.

Na tradução grega do Antigo Testamento (Septuaginta) e na tradução síria, a declaração de propósito de Deus é vertida da seguinte forma: "Ocultarei a Abraão, *meu servo*, o que pretendo fazer?" É perfeitamente concebível que este seja o fraseado original. Abraão é amigo de Deus (Gn 26.24; Tg 2.23; 2Cr 20.7; Is 41.8), o amado de Deus. "Não se oculta segredos de um amigo".[1387]

b Dt 33.21; Sl 33.5; Pv 21.3

c Jó 4.6; 13.15; 17.9; 22.3,15,28; 23.10s; Sl 1.6; 16.11; 25.4; 26.11;

20 **Disse mais o Senhor: Com efeito, o clamor de Sodoma e Gomorra**
21 **tem-se multiplicado, e o seu pecado se tem agravado muito. Descerei e verei se, de fato, o que têm praticado corresponde a esse clamor que é vindo até mim; e, se assim não é, sabê-lo-ei.**

Assim como fez o sangue de Abel (Gn 4.10), o "ambiente violentado"[1388] clamou aos céus. O termo "clamor" (hebraico: *s⁽e⁾akah*) "é um termo técnico da linguagem judicial, que designa o pedido de socorro emitido por alguém cujos direitos estão sendo violentamente desrespeitados".[1389] O lamento ou pedido de ajuda ou socorro pode ter sido simplesmente este: violência (hebraico: *chamas*)![d] Deus ouve o grito dos violentados e interfere como juiz. "A interferência começa com uma investigação, um inquérito judicial, a respeito da veracidade das queixas".[1390] O próprio Javé, que, na pessoa dos três mensageiros e acompanhado por Abraão, contempla a planície do Jordão[1391] a partir de uma elevação, está decidido a descer até Sodoma. Ele quer verificar se os sodomitas realmente estão se comportando como alega o pedido de socorro dos violentados.

d Jó 19.7; Jr 20.8; Hc 1.2

22 **Então, partiram dali aqueles homens e foram para Sodoma; porém Abraão permaneceu ainda na presença do Senhor** [ou: "porém o Senhor ainda permaneceu na presença de Abraão", cf. o texto em alemão].

Como depreendemos do relato posterior, aqui os mensageiros de Deus se separam: dois vão até Sodoma (Gn 19.1), e um fica para trás, junto com Abraão. Os três mensageiros de Deus representam a tripla ação divina: promessa, punição e salvação.[1392] Quem investiga a situação em Sodoma é o Deus da punição e da salvação. Por isso, dois mensageiros vão até Sodoma. Mas o Deus da promessa fica junto de Abraão. Os estudiosos judeus da era cristã consideram incompatível com a dignidade

---

1384 Hirsch, Genesis, pg. 304.
1385 Procksch, pg. 122.
1386 Cf. Hirsch, Genesis, pg. 301.
1387 Delitzsch, pg. 300.
1388 König, Genesis, pg. 520.
1389 von Rad, Mose, pg. 179.
1390 Westermann, Genesis I/2, pg. 353.
1391 Cf. o comentário sobre Gênesis 13.8-13.
1392 Cf. o comentário sobre Gênesis 18.1s.

de Javé o fato de ele permanecer na presença de Abraão. Por conta própria – ainda que deixando um registro disso – alteraram o texto para "Abraão permaneceu na presença do Senhor". Com isso, pretendiam dizer que Abraão se agarrou a Deus. Mas o texto original diz que Deus se agarrou a Abraão! "Por causa de sua timidez religiosa, [os estudiosos judeus] sacrificaram o gesto hesitante, que continha um convite mudo para desabafar".[1393] Na época do Antigo Testamento, postar-se na frente de seu interlocutor equivalia a bater na porta e aguardar tranquilamente por aquilo que o outro talvez quisesse dizer.[1394] Antes, Javé tinha se postado na frente de Abraão na pessoa dos três mensageiros, aguardando pela reação dele. Ele encoraja Abraão, seu amigo e amado, a falar com ele. Deus quer que Abraão fale com ele sobre aquilo que acontecerá em Sodoma. Deus faz de Abraão seu confidente, alguém que deve entender suas ações.

2. Abraão intercede por Sodoma: 18.23-33

23 E, aproximando-se a ele, disse: Destruirás o justo com o ímpio?

24 Se houver, porventura, cinquenta justos na cidade, destruirás ainda assim e não pouparás o lugar por amor dos cinquenta justos que nela se encontram?

25 Longe de ti o fazeres tal coisa, matares o justo com o ímpio, como se o justo fosse igual ao ímpio; longe de ti. Não fará justiça o Juiz de toda a terra?

26 Então, disse o Senhor: Se eu achar em Sodoma cinquenta justos dentro da cidade, pouparei a cidade toda por amor deles.

27 Disse mais Abraão: Eis que me atrevo a falar ao Senhor, eu que sou pó e cinza.

28 Na hipótese de faltarem cinco para cinquenta justos, destruirás por isso toda a cidade? Ele respondeu: Não a destruirei se eu achar ali quarenta e cinco.

29 Disse-lhe ainda mais Abraão: E se, porventura, houver ali quarenta? Respondeu: Não o farei por amor dos quarenta.

30 Insistiu: Não se ire o Senhor, falarei ainda: Se houver, porventura, ali trinta? Respondeu o Senhor: Não o farei se eu encontrar ali trinta.

31 Continuou Abraão: Eis que me atrevi a falar ao Senhor: Se, porventura, houver ali vinte? Respondeu o Senhor: Não a destruirei por amor dos vinte.

32 Disse ainda Abraão: Não se ire o Senhor, se lhe falo somente mais esta vez: Se, porventura, houver ali dez? Respondeu o Senhor: Não a destruirei por amor dos dez.

1393 von Rad, Mose, pg. 180.
 A Massorá enumera 18 "correções de escribas", as chamadas Tiqquney Soferim. Todas foram feitas para evitar afirmações que pudessem denegrir Deus. Como "ficar na presença de alguém" também poderia significar "servir na presença de alguém", os "escribas" alteraram o texto original. Outras "correções de escribas" aparecem em Nm 11.15; 12.12; 1Sm 3.13; 2Sm 16.12; Jó 7.20; 32.3; Sl 106.20; Lm 3.20; Jr 2.11; Ez 8.17; Os 4.7; Hc 1.12; Zc 2.12; Ml 1.13; cf. Würthwein, pg. 20.
1394 Cf. o comentário sobre Gênesis 18.1-3,8.

33 Tendo cessado de falar a Abraão, retirou-se o Senhor; e Abraão voltou para o seu lugar.

23 Depois que Javé "bateu à porta" e ficou na frente de Abraão, em atitude de expectativa, Abraão, **aproximando-se a ele, disse**. Abraão tinha entendido o convite de Javé e "aproxima-se do seu interlocutor, como alguém que deseja falar de forma urgente e ao mesmo tempo discreta".[1395] A conversa de Deus com Abraão não é uma oração de intercessão comum. Faltam aqui as expressões corriqueiras da intercessão clássica[e], a súplica por misericórdia e ao fim também a comunicação sobre a concordância ou negativa da parte de Deus.[1396] Mesmo que estes elementos da intercessão não apareçam tão claramente no texto, eles ainda assim estão presentes. Abraão conhece o poder da intercessão,[1397] ele luta com Deus.

e Jr 11.14ss; Am 7-9

a) Os pedidos de Abraão

A postura de Abraão "não é a do abandono sereno em Deus, em profunda confiança". Abraão insiste com Deus. Ele se "transformou em petição, com toda a força de seu coração".[1398] Na história da exegese, a postura de Abraão e seus pedidos ousados já foram alvo de mal-entendidos e zombaria, mas também de grande admiração. Alguns exegetas veem aqui somente uma comprovação do estilo judaico de negociar com Deus.[1399]

Voltaire achou muita graça na conversa entre Abraão e Javé, enquanto Lavater ficou profundamente admirado: "Toda essa conversa – e grito isso o mais alto que posso – em que outra parte do mundo haverá outra coisa igual a esta em inocência e grandeza".[1400] A conversa de Abraão com Javé não é uma oração de intercessão genérica, mas a "oração da grande intercessão".[1401]

Abraão não intercede por seus parentes, mas pela cidade inteira. Abraão não quer "que os inocentes sejam extraídos da cidade e salvos de maneira isolada; ele deseja algo diferente, muito maior, ou seja, ele se importa, do começo ao fim, com Sodoma como um todo!"[1402]

Abraão apresenta seis pedidos. Ele considera a possibilidade de que haja apenas uma minoria diminuta de inocentes em meio à quantidade avassaladora de culpados, talvez cinquenta, quarenta e cinco, quarenta, trinta, vinte, dez. Ao chegar a dez, ele para de pedir. O número dez representa o menor grupo. "Se houver menos de dez justos na cidade, tratar-se-ão de poucos indivíduos que, como tais, poderão ser protegidos da destruição".[1403] A petição de Abraão encontra seu limite natural no número dez.

1395 von Rad, Mose, pg. 180.
1396 Westermann, Genesis I/2, pg. 354.
1397 von Rad, Mose, pg. 182.
1398 Bours, pg. 24.
1399 Procksch, pg. 124; Hausrath e Gesenius falam do "espírito negociador do judeu"; cf. Delitzsch, pg. 302.
1400 Citado por Delitzsch, pg. 302.
1401 Bours, pg. 25.
1402 von Rad, Mose, pg. 181.
1403 Westermann, Genesis I/2, pg. 356.

Abraão não exige nada de Javé. Seus pedidos são submissos, "apresentados a Deus com o coração muito dolorido".[1404] Abraão tem consciência da ousadia de suas perguntas e pedidos incessantes. Ele sabe que não passa de pó e cinzas[f], que não tem direito de questionar a justiça de Deus[g], e por isso pede várias vezes: **Não se ire o Senhor.**

f Jó 30.19; 42.6

30/32

g Jó 9.12; Dn 4.32; Eclesiástico 10.9; 18.7-9

b) A justiça de Deus

Nesta conversa com Deus, Abraão deve reconhecer a justiça de Deus na História, para depois explicá-la aos seus descendentes. A justiça de Deus é inabalável, segura em todas as épocas. Duvidar da justiça de Deus leva o cristão a vacilar.[1405] Deus permitiu que Abraão compreendesse sua ação em Sodoma, e Abraão, como mestre de seus descendentes, encarregou-se de que "o acontecimento em Sodoma passasse a ter um significado exemplar de advertência para todos os tempos".[1406] O Senhor, *reduzindo a cinzas as cidades de Sodoma e Gomorra, ordenou-as à ruína completa, tendo-as posto como exemplo a quantos venham a viver impiamente* (2Pe 2.6). Abraão, a quem Deus tinha feito seu confidente, conseguia compreender os caminhos de Deus.

A justiça de Deus pode ser reconhecida pela forma como ele lida com uma comunidade. Sodoma era uma cidade cujos moradores eram completamente maus. Mas Abraão acreditava "que houvesse justos ali".[1407] Deus tinha um "relacionamento comunitário com Sodoma".[1408] Esse relacionamento comunitário estava prestes a se quebrar por causa do pecado. Os sodomitas tinham se tornado culpados. Não havia informações claras sobre quantas pessoas formavam a minoria que não tinha se tornado culpada dos pecados comuns naquela cidade. As perguntas angustiadas de Abraão concentram-se neste ponto: Seria possível encontrar um grupo de justos? Em tudo isso, Abraão tem certeza de que a ação justa de Deus não será determinada pela maldade de muitos, mas pelo pequeno grupo de justos. Essa percepção da justiça de Deus levou os estudiosos judeus a concluirem: os justos não podem abandonar uma comunidade! Somente Deus pode tirá-los da companhia dos ímpios. "Ensinam os sábios que, na queda de Jerusalém, justamente os 'justos', que tinham cumprido a lei do começo ao fim, foram os primeiros a serem destruídos, porque não estavam no centro da cidade, mas ocupados em tentar melhorar seus irmãos".[1409]

A vontade salvífica de Deus pesa mais do que sua vontade de punir. Um número muito pequeno de justificados pode adiar o juízo. Este mundo continua existindo porque nunca deixou de haver um grupo mínimo de dez justos. Nascer em uma comunidade, ainda que esta seja tão ímpia quanto Sodoma, não é coincidência. Deus não deseja a "emigração". Ele procura aquele pequeno grupo de justos capaz de adiar o juízo.

A justiça de Deus é a sua disposição em perdoar. A resposta de Deus aos seis pedidos de Abraão é seis vezes "não destruirei". A destruição não é o propósito de Deus! Deus quer perdoar! – Caso seja encontrado apenas

---

1404 von Rad, Mose, pg. 181.
1405 Cf. Westermann, Genesis I/2, pg. 348 e 352.
1406 von Rad, Mose, pg. 178.
1407 Delitzsch, pg. 302.
1408 von Rad, Mose, pg. 181.
1409 Hirsch, Genesis, pg. 308.

o número mínimo para a formação de um grupo, Deus está disposto a poupar uma cidade inteira da destruição por causa destes poucos inocentes. A justiça de Deus é sua disposição em perdoar. Mas o perdão nunca pode ser separado da justiça, isto é, com Deus não existe perdão barato, "graça desperdiçada".[1410] Quando Abraão chegou a dez, o menor número a designar um grupo, ele para de pedir. Mas o próprio Deus encontrou um caminho de ir bem além desse número: "É a singularidade e a maravilha da mensagem para aquele Um, que produz salvação e expiação para os 'muitos'",[1411] o servo de Deus (Is 53.11), que para os cristãos é o Redentor e Salvador Jesus Cristo. Mas aqui o justo que salva não é um ser humano, mas o próprio Deus. Desde a redenção no Gólgota, nenhuma pessoa mais precisa se perder, não importa o ambiente e a comunidade em que ela viva. O único limite para o perdão é o desprezo à oferta da redenção produzida por Jesus.

A justiça de Deus se torna visível na resposta às orações. As orações de Abraão não ficam sem resposta. Deus responde a cada um dos seis pedidos de Abraão. A justiça de Deus e sua disposição ao perdão são tão grandes, que ele repetidamente se digna a aceitar a sugestão de Abraão. Essa condescendência de Deus é a base de todas as respostas de oração. "Quando Deus criou seres livres, criou, ao mesmo tempo, a possibilidade de que o comportamento destes seres determinasse suas próprias ações, e de que a oração deles, isto é, a invocação de sua bondade e graça, agisse sobre ele".[1412] Deus ouve as orações por causa da "importunação" (Lc 11.8). Abraão aproximou-se de Deus com seus pedidos. O Novo Testamento chama este tipo de petição de oração intensa. Jesus praticava esse tipo de oração: *E, estando em agonia, orava mais intensamente* (Lc 22.44). A palavra grega traduzida como "intensamente" significa, em uma tradução literal, "tensamente", "violentamente". A Igreja Primitiva conhecia a oração com todo o empenho do coração, a "oração da grande intercessão".[1413] Na ocasião da prisão de Pedro, o texto bíblico conta: ...*mas havia oração incessante a Deus por parte da igreja a favor dele* (At 12.5).

3. Os sodomitas não desistem de seu pecado: 19.1-11

1 **Ao anoitecer, vieram os dois anjos a Sodoma, a cuja entrada estava Ló assentado; este, quando os viu, levantou-se e, indo ao seu encontro, prostrou-se, rosto em terra.**

2 **E disse-lhes: Eis agora, meus senhores, vinde para a casa do vosso servo, pernoitai nela e lavai os pés; levantar-vos-eis de madrugada e seguireis o vosso caminho. Responderam eles: Não; passaremos a noite na praça.**

3 **Instou-lhes muito, e foram e entraram em casa dele; deu-lhes um banquete, fez assar uns pães asmos, e eles comeram.**

4 **Mas, antes que se deitassem, os homens daquela cidade cercaram a casa, os homens de Sodoma, tanto os moços como os velhos, sim, todo o povo de todos os lados;**

1410 Bonhoeffer, Nachfolge, pg. 13-15.
1411 von Rad, Mose, pg. 182.
1412 Delitzsch, Genesis, pg. 303.
1413 Bours, pg. 25.

5 e chamaram por Ló e lhe disseram: Onde estão os homens que, à noitinha, entraram em tua casa? Traze-os fora a nós para que abusemos deles [ou: "para que os conheçamos", cf. RC].
6 Saiu-lhes, então, Ló à porta, fechou-a após si
7 e lhes disse: Rogo-vos, meus irmãos, que não façais mal;
8 tenho duas filhas, virgens, eu vo-las trarei; tratai-as como vos parecer, porém nada façais a estes homens, porquanto se acham sob a proteção de meu teto.
9 Eles, porém, disseram: Retira-te daí. E acrescentaram: Só ele é estrangeiro, veio morar entre nós e pretende ser juiz em tudo? A ti, pois, faremos pior do que a eles. E arremessaram-se contra o homem, contra Ló, e se chegaram para arrombar a porta.
10 Porém os homens, estendendo a mão, fizeram entrar Ló e fecharam a porta;
11 e feriram de cegueira aos que estavam fora, desde o menor até ao maior, de modo que se cansaram à procura da porta.

Em Sodoma, Ló encontrou dois homens "na entrada". Eram os dois mensageiros de Deus que tinham se separado de Abraão e do mensageiro que ficara com este. O lugar junto à "entrada" é a passagem espaçosa nas torres que guardavam as cidades orientais (cf. 2Sm 18.24). Durante o dia, era o lugar do mercado e dos julgamentos[h]. À noite, os homens costumavam se reunir na torre. Naquela noite, Ló também estava lá. Tornara-se um típico "morador de cidade", com sua própria casa; suas filhas estavam casadas com filhos de famílias locais.[1414]

h Gn 34.20; Dt 21.19; Rt 4.1; 2Rs 7.1

O lugar na entrada era onde se recebia os estranhos. Quando os dois mensageiros em forma humana apareceram no portão, Ló foi ao encontro deles para convidá-los a ir até sua casa. "A cidade, em si, poderia hospedar os viajantes, mas ficar em uma casa representaria maior proteção".[1415] Ló cumprimenta os desconhecidos "de forma não menos reverente que Abraão".[1416] "Orgulhosa e monossilabicamente",[1417] eles recusam. No texto original, a recusa dos mensageiros é descrita com uma palavra tão dura que é preciso traduzi-la como "Não e mais uma vez não", ou então "De jeito nenhum, está fora de cogitação".[1418] "Mas uma preocupação sombria impele Ló a insistir com eles, e eles acabam concordando".[1419]

Depois de uma refeição simples com pães asmos, a casa é atacada pelos sodomitas, antes que os visitantes pudessem se deitar para dormir. Não era gentalha estranha. Eram os nativos, os homens de Sodoma, velhos e jovens, homens de todo nível social. A expressão **todo o povo de todos os lados** refere-se "aos mais pobres e aos mais ricos".[1420]

1414 von Rad, Mose, pg. 185.
1415 Westermann, Genesis I/2, pg. 367.
1416 Delitzsch, pg. 303.
1417 von Rad, Mose, pg. 185.
1418 Delitzsch: O não hebraico possui um "daguesh de reforço", assim como em 1Sm 8.19 e 1Rs 11.22; cf. Delitzsch, pg. 304.
1419 von Rad, Mose, pg. 185.
1420 Hirsch, Genesis, pg. 313.

Ló deveria levar os homens para fora, para que eles os conhecessem (v.5) [ou "abusassem deles", cf. RA). Conhecer (hebraico: *jada'*) significa claramente ter relações sexuais (cf. Gn 4.1,17). Os sodomitas queriam usar os dois homens para as suas práticas homossexuais. Mas Ló queria proteger os dois, que estavam desfrutando de sua hospitalidade. Ele saiu pela porta da casa e, ao fechá-la atrás de si, ficou indefeso diante dos agressores. Ele "apela ao seu senso de responsabilidade e adverte contra o crime".[1421] Ele chama os moradores de Sodoma de irmãos. Ao chamá-los de **irmãos**, Ló "queria criar uma situação de igualdade legal".[1422] Com isso, ele estava dizendo: também sou cidadão de Sodoma, como vocês. Aceitem uma palavra pacificadora! Mas eles se referiram a Ló como **só ele**, um **estrangeiro**, e o acusaram de querer ser **juiz** sobre eles. Os sodomitas estavam decididos a agir, e – assim como pessoas violentas de todas as épocas – não queriam ser questionados por isso. Queriam conservar a sensação de estar com a razão! Ló não era mais seu vizinho, mas um homem qualquer, um estranho. A visita dos homens de Deus revelou o dilema em que Ló tinha vivido durante todo aquele tempo. Para os moradores de Sodoma, Ló não passava de um "estrangeiro vadio".[1423] Ló fez uma proposta desesperada: **tenho duas filhas, virgens, eu vo-las trarei; tratai-as como vos parecer.** Esta "oferta do desespero e da falta de saída"[1424] pertence a uma época tão distante que se torna incompreensível para o leitor contemporâneo. Será que Ló queria sacrificar sua responsabilidade como pai em favor da responsabilidade como anfitrião, cometendo assim o "pecado de querer evitar um pecado por meio de outro pecado"?[1425] Ou Ló ofereceu suas filhas àquela turba homossexual na esperança de que, como tais, eles não atacariam as moças?[1426]

A proposta de Ló permanece inexplicável! É incompreensível por que Ló estaria disposto a entregar suas filhas.

Exegetas homótropos[1427] tentam dessexualizar o pecado dos sodomitas, interpretando a palavra hebraica para "conhecer" (*jada'*) da forma

---

1421 Westermann, Genesis I/2, pg. 368.
1422 von Rad, Mose, pg. 186.
1423 Frey, pg. 120.
1424 Westermann, Genesis I/2, pg. 368.
1425 Delitzsch, pg. 304.
1426 Jacob, B.; citado por Westermann, Genesis I/2, pg. 368.
1427 O termo "homotropia" foi cunhado por Spijker (Spijker, pg. 25), enquanto "homossexualidade" foi usado pela primeira vez em 1968, pelo médico húngaro K. M. Benkert. Atualmente, as pessoas em questão acusam o termo homossexualidade de resumir a tendência homossexual a uma questão de comportamento sexual. Elas rejeitam a designação "homofilia", argumentando que esta indique que a sexualidade não seja importante entre parceiros do mesmo sexo. A expressão pejorativa "gay" usada por alguns envolvidos que, engajados em sua crítica social, a usam para seu próprio comportamento a fim de lhe tirar o aspecto discriminatório.
Em 1968, Herman van de Spijker apresentou uma saída para a discussão em torno do termo apropriado, cunhando a palavra "homotropia". Este termo, derivado do grego, significa, de forma genérica, "estar direcionado para o mesmo lado" (grego: homoion = igual; tropon = direcionamento). De forma correspondente, a atração sexual entre sexos diferentes é chamada de "heterotropia" (grego: heteron = diferente). As duas situações, tanto a homotrópica quanto a heterotrópica, envolve três níveis: o pessoal, o erótico e o sexual. Na homotropia, o nível pessoal é a homofilia, o nível erótico é o homoerotismo, e o nível sexual é a homossexualidade. A homotropia "não exclui nada, antes inclui tudo" (Looser, pg. 16). O termo homotropia abrange tanto o relacionamento entre dois homens quanto entre duas mulheres. Sobre a questão da homotropia e o tratamento espiritual para homótropos, cf. Bräumer, Lieben wagen, pg. 169-190.

convencional, como "encontrar alguém pela primeira vez".[1428] Na opinião deles, o pecado dos homens de Sodoma seria o desrespeito aos direitos dos hóspedes. Mas isso não explica o medo de Ló. Por que Ló teria medo se os homens de Sodoma só estivessem tentando descobrir quem eram aqueles anjos? Por que ele os teria advertido a não fazerem o mal (Gn 19.6s), ou mesmo oferecido suas filhas, para que eles as "conhecessem" (hebraico: *jada'*)? O desejo dos homens de Sodoma era, nitidamente, uma "tentativa de cometer imoralidade homossexual".[1429]

Na negociação entre Ló e os sodomitas homossexuais, estes ameaçam violentar o primeiro. No último momento, os hóspedes interferem e promovem uma virada: **Porém os homens, estendendo a mão, fizeram entrar Ló e fecharam a porta; feriram de cegueira aos que estavam fora, desde o menor até ao maior, de modo que se cansaram à procura da porta.** 10 11

Depois que os homens puxam Ló para dentro de casa e fecham a porta novamente, nenhum dos sodomitas conseguiu arrombá-la. Eles foram "feridos de cegueira". A palavra usada aqui para "cego" (hebraico: *sagar*) descreve uma falha temporária da visão (cf. 2Rs 6.18). Portanto, os atacantes não ficaram permanentemente cegos, mas ofuscados, "confusos".[1430] Eles se limitaram a ficar tateando, sem encontrar a porta, e por fim foram embora.

4. A catástrofe e a salvação de Ló: 19.12-29

12 Então, disseram os homens a Ló: Tens aqui alguém mais dos teus? Genro, e teus filhos, e tuas filhas, todos quantos tens na cidade, faze-os sair deste lugar;

13 pois vamos destruir este lugar, porque o seu clamor se tem aumentado, chegando até à presença do Senhor; e o Senhor nos enviou a destruí-lo.

14 Então, saiu Ló e falou a seus genros, aos que estavam para casar com suas filhas e disse: Levantai-vos, saí deste lugar, porque o Senhor há de destruir a cidade. Acharam, porém, que ele gracejava com eles.

15 Ao amanhecer, apertaram os anjos com Ló, dizendo: Levanta-te, toma tua mulher e tuas duas filhas, que aqui se encontram, para que não pereças no castigo da cidade.

16 Como, porém, se demorasse, pegaram-no os homens pela mão, a ele, a sua mulher e as duas filhas, sendo-lhe o Senhor misericordioso, e o tiraram, e o puseram fora da cidade.

17 Havendo-os levado fora, disse um deles [ou: "Enquanto *eles* os levavam para fora, *ele* {o anjo} disse", cf. versão em alemão]: Livra-te, salva a tua vida; não olhes para trás, nem pares em toda a campina; foge para o monte, para que não pereças.

18 Respondeu-lhes Ló: Assim não, Senhor meu!

19 Eis que o teu servo achou mercê diante de ti, e engrandeceste a tua misericórdia que me mostraste, salvando-me a vida; não posso escapar no monte, pois receio que o mal me apanhe, e eu morra.

[1428] Wirz, C; Barton, G. A.; Bailey, D.S.; Williamson, H. R.; citado por Spijker, pg. 70.
[1429] Ibid.
[1430] Jacob, B.; citado por von Rad, Mose, pg. 186.

20 Eis aí uma cidade perto para a qual eu posso fugir, e é pequena. Permite que eu fuja para lá (porventura, não é pequena?), e nela viverá a minha alma.
21 Disse-lhe: Quanto a isso, estou de acordo, para não subverter a cidade de que acabas de falar.
22 Apressa-te, refugia-te nela; pois nada posso fazer, enquanto não tiveres chegado lá. Por isso, se chamou Zoar o nome da cidade.
23 Saía o sol sobre a terra, quando Ló entrou em Zoar.
24 Então, fez o Senhor chover enxofre e fogo, da parte do Senhor, sobre Sodoma e Gomorra.
25 E subverteu aquelas cidades, e toda a campina, e todos os moradores das cidades, e o que nascia na terra.
26 E a mulher de Ló olhou para trás e converteu-se numa estátua de sal.
27 Tendo-se levantado Abraão de madrugada, foi para o lugar onde estivera na presença do Senhor;
28 e olhou para Sodoma e Gomorra e para toda a terra da campina e viu que da terra subia fumaça, como a fumarada de uma fornalha.
29 Ao tempo que destruía as cidades da campina, lembrou-se Deus de Abraão e tirou a Ló do meio das ruínas, quando subverteu as cidades em que Ló habitara.

Depois que o pecado dos sodomitas, que clamava aos céus,[1431] tinha ficado comprovado, os dois mensageiros de Deus começaram a executar sua incumbência de salvar e destruir. Os sodomitas tinham demonstrado sua "luxúria bestial".[1432] Como animais selvagens, tinham ido atrás dos hóspedes de Ló. Comportavam-se como um bando desenfreado e selvagem: "ávidos como hienas atrás de um pedaço de carne".[1433] A decisão de destruir Sodoma é definitiva. Os mensageiros negociam com Ló em favor daqueles que poderiam ser salvos. Eram Ló e seus familiares. A primeira pergunta foi a respeito das filhas e filhos que já tinham sua própria casa, isto é, as famílias dos genros e dos filhos de Ló. A palavra para genro usada no texto original (hebraico: *chathan*) não pode se referir a um "futuro genro".[1434] Ló tinha filhas casadas com moradores de Sodoma. Ló foi até a casa deles durante a noite, a fim de chamá-los para sair da cidade com ele. No entanto, Ló foi recebido por eles com zombaria e escárnio. Os genros zombaram da mensagem ridícula que os hóspedes de Ló tinham trazido. **Acharam, porém, que ele gracejava com eles**. Nenhum detalhe é dado sobre os filhos de Ló. Portanto, só restaram Ló, sua esposa e duas filhas, que o texto discerne das filhas casadas: **tuas duas filhas, que aqui se encontram**. Os mensageiros apressam a saída. Mas Ló ainda hesitava, de forma que eles pegaram Ló, sua esposa e suas filhas pela mão e os puxaram para fora da cidade. **Havendo-os levado fora, disse um deles** [ou: "Enquanto *eles* os levavam para fora, *ele* {o anjo} disse", cf. versão em

---

1431 Cf. o comentário sobre Gênesis 18.20; cf. também Gênesis 4.10, Bräumer, 1ª parte, pg. 99.
1432 Hirsch, Genesis, pg. 314.
1433 Ridderbos, pg. 55.
1434 Ehrlich, pg. 79.

alemão]: **Livra-te, salva a tua vida; não olhes para trás, nem pares em toda a campina; foge para o monte, para que não pereças.**

A alternância entre o plural *eles* e o singular *ele* demonstra: "Somente Deus pode salvar do juízo"![1435] "Livra-te!" é um "grito no ápice da crise... no momento do maior perigo".[1436] A proibição de olhar para trás ainda vai além. "Quando Deus interfere de forma direta, o ser humano não pode assumir postura de espectador. Diante do juízo de Deus, só há a opção de ser atingido ou de escapar; não existe uma terceira possibilidade".[1437] A mulher de Ló olhou para trás! Será que ela queria ver o juízo destruidor de Deus? De qualquer forma, abateu-se sobre ela uma morte estranha. E o estranho não é a forma como ela morreu, mas a justificativa de sua morte. A mulher de Ló transformou-se em uma estátua, coberta pela massa de enxofre e betume ardente que também caiu sobre os demais moradores da região. Há relatos de mortes muito parecidas entre pessoas que tentavam fugir da destruição que se abateu sobre Pompeia.[1438] A mulher de Ló não sofreu uma morte lendária.[1439] Seu corpo foi coberto por uma crosta de enxofre, betume e sal. Ela literalmente transformou-se em estátua de sal. "Ao interromper a fuga, foi alcançada pela morte que a perseguia de perto".[1440] A justificativa para a sua morte é: **E a** **26** **mulher de Ló olhou para trás e converteu-se numa estátua de sal**. Olhar para trás é ser engolido pela catástrofe. Olhar para trás significa, ficar preso no passado, paralisado, "endurecido no que aconteceu até agora... Quem se prende, perde a vida. A vida só existe onde há movimento".[1441] Ao falar sobre o discipulado, Jesus diz: *Ninguém que, tendo posto a mão no arado, olha para trás é apto para o reino de Deus* (Lc 9.62).

É surpreendente que, apesar de ter reconhecido os dois hóspedes como mensageiros de Deus, Ló não tenha confiado incondicionalmente neles. Ele fala com os mensageiros como alguém que pede a Deus: **Senhor! Eis que o teu servo achou mercê diante de ti, e engrandeceste** **18/19** **a tua misericórdia que me mostraste, salvando-me a vida; não posso escapar no monte, pois receio que o mal me apanhe, e eu morra. Eis aí** **20** **uma cidade perto para a qual eu posso fugir, e é pequena.**

Ló se assustou com a ordem de Deus de mandá-lo para as montanhas, isto é, as montanhas dos moabitas, que ficavam a leste. Com muitas palavras, ele apresenta a Deus o "mas" decorrente de seu medo. Ele pede que Deus lhe permita fugir para a pequena cidade de Zoar, porque temia não sobreviver à viagem nas montanhas. Indiretamente, Ló também estava pedindo a Deus que poupasse Zoar, usando seu pequeno tamanho como argumento, **ela é pequena.** Até agora, não foi possível determinar com exatidão a localização exata de Zoar (hebraico: *mis'ar* = insignificância).[1442]

1435 von Rad, Mose, pg. 187.
1436 Bours, pg. 26.
1437 von Rad, Mose, pg. 189.
1438 Hertz (ed.), pg. 68.
1439 Somente autores posteriores transformaram a mulher de Ló em lenda. O autor de Sabedoria alega tê-la visto em forma de estátua de sal (Sabedoria 10.7). Josefo descreve-a em um poema. Tertuliano relata que, quando mutilada, ela se refazia, e que todos os meses era possível observar nela sinais de um organismo vivo; cf. Delitzsch, pg. 308.
1440 Hirsch, Genesis, pg. 321.
1441 Bours, pg. 26.
1442 Sobre Zoar, cf. o comentário sobre Gênesis 13.10.

Sem mais justificativas, Deus, atende ao pedido de Ló. No momento em que Ló estava em segurança dentro de Zoar, a catástrofe desabou sobre Sodoma e toda a terra em torno dela.

Pela descrição, a catástrofe era um terremoto tectônico. Gases (enxofre), betume e petróleo jorraram para a superfície. Uma fagulha que acendesse esses minerais "poderia, em questão de segundos, facilmente incendiar toda a atmosfera acima das fendas abertas".[1443] **Então, fez o Senhor chover enxofre e fogo,**[i] **da parte do Senhor, sobre Sodoma e Gomorra.** Até hoje é possível encontrar traços desta catástrofe na beira do mar Morto, [1444] na forma de depósitos de betume e enxofre. Eles apontam para o fato de que, no passado, houve ali um incêndio alimentado por gases subterrâneos.

No relato sobre a destruição de Sodoma não há nenhuma menção ao mar Morto. A destruição de Sodoma não está relacionada com a formação do mar Morto. Geologicamente, ele se formou em uma época muito anterior. Mas é possível que o mar Morto tenha aumentado de tamanho em decorrência dessa catástrofe, mediante o afundamento de terras na sua margem sul.[1445] A parte sul do mar Morto tem somente seis metros de profundidade, enquanto na porção norte ele alcança profundidades de até 400m.[1446] A catástrofe de Sodoma destruiu uma terra outrora fértil, onde havia várias cidades. Os nomes "Sodoma e Gomorra" representam toda a área destruída neste evento[k]. O nome hebraico "Gomorra" talvez derive do árabe *ghmr*, "encobrir". Gomorra é, assim, a "encoberta". Além da parte sul do mar Morto, o monte de Sodoma também aponta para a catástrofe. Ele é mencionado pela primeira vez nos escritos do médico Galeno, no século 2. No interior do monte de Sodoma (hebraico: *Har Sedom*) há cavernas de aproximadamente 300m de comprimento. Acima das cavernas há uma ponta isolada de depósito salino, que hoje é considerada a mulher petrificada de Ló.[1447]

Se partirmos do princípio de que os nomes de cidade "Adma" e "Zeboim" sejam as "variações norte-israelitas" para Sodoma e Gomorra[1448], então não há no livro de Gênesis texto algum que seja tão frequentemente citado no restante da Escritura Sagrada quando a destruição de Sodoma e Gomorra[l]. Sodoma e Gomorra tornaram-se proverbiais para o juízo de Deus na época dos patriarcas. O motivo era a maldade generalizada. Além da tentativa de estupro homossexual contra os mensageiros de Deus (Gn 19), em Sodoma havia também violência social (Is 1.10), adultério, mentira e encorajamento aos malfeitores (Jr 23.14), soberba, fartura e próspera tranquilidade (Ez 16.49). Mas a "causa imediata"[1449] para a destruição de Sodoma e Gomorra foi a luxúria homossexual. Ela levou o povo a desrespeitar o direito do hóspede e era exemplar para a maldade fundamental dos moradores de Sodoma. O

1443 Blankenhorn; citado por von Rad, Mose, pg. 188.
1444 Westermann, Genesis I/2, pg. 374.
1445 von Rad, Mose, pg. 188; sobre o mar Morto, cf. o comentário sobre Gênesis 14.8-12.
1446 Keel/Küchler, vol.2, pg. 253.
1447 Ibid, pg. 248, 254, 257.
1448 Zimmerli, W.; Wolff, H.W.; citado por Westermann, Genesis I/2, pg. 365.
1449 Spijker, pg. 73.

ápice da "degeneração absoluta"[1450] dos sodomitas era a prática homossexual, conhecida também nas cidades cananeias.

Depois da catástrofe, Abraão volta mais uma vez para o mesmo lugar até onde tinha acompanhado os três mensageiros. Sua grande intercessão não tinha conseguido salvar a cidade da destruição. Não havia nela nem mesmo o menor grupo de justos.[1451] Somente alguns indivíduos, Ló e duas de suas filhas, foram salvos "por causa da intercessão de Abraão".[1452] Agora, "o idoso sobre a elevação, que se estica para olhar para baixo", só vê "uma nuvem de fumaça preta" no vale, acima do ponto onde antes havia uma terra fértil.[1453]

5. As filhas de Ló: 19.30-38

30 Subiu Ló de Zoar e habitou no monte, ele e suas duas filhas, porque receavam permanecer em Zoar; e habitou numa caverna, e com ele as duas filhas.
31 Então, a primogênita disse à mais moça: Nosso pai está velho, e não há homem na terra que venha unir-se conosco, segundo o costume de toda terra.
32 Vem, façamo-lo beber vinho, deitemo-nos com ele e conservemos a descendência de nosso pai.
33 Naquela noite, pois, deram a beber vinho a seu pai, e, entrando a primogênita, se deitou com ele, sem que ele o notasse, nem quando ela se deitou, nem quando se levantou.
34 No dia seguinte, disse a primogênita à mais nova: Deitei-me, ontem, à noite, com o meu pai. Demos-lhe a beber vinho também esta noite; entra e deita-te com ele, para que preservemos a descendência de nosso pai.
35 De novo, pois, deram, aquela noite, a beber vinho a seu pai, e, entrando a mais nova, se deitou com ele, sem que ele o notasse, nem quando ela se deitou, nem quando se levantou.
36 E assim as duas filhas de Ló conceberam do próprio pai.
37 A primogênita deu à luz um filho e lhe chamou Moabe: é o pai dos moabitas, até ao dia de hoje.
38 A mais nova também deu à luz um filho e lhe chamou Ben-Ami: é o pai dos filhos de Amom, até ao dia de hoje.

A história de Ló no Antigo Testamento termina com o relato, até hoje inexplicado, sobre o incesto cometido pelas filhas de Ló. As etapas conhecidas da vida de Ló começam quando ele cede aos encantos das opulentas planícies do Jordão no momento em que se separou de Abraão.[1454] Apesar de seu empenho pessoal, Ló não conseguiu fazer frente aos sodomitas e às suas tentativas de violência homossexual. Tinha pouca firmeza em suas decisões. Não foi capaz de confiar incondicionalmente nos mensageiros de Deus. Estes tiveram que levá-lo

---
1450 Ridderbos, pg. 54.
1451 Cf. o comentário sobre Gênesis 18.23-33.
1452 Delitzsch, pg. 308.
1453 von Rad, Mose, pg. 189.
1454 Cf. o comentário sobre Gênesis 13.8-13.

pela mão para fora da cidade. Não achava que conseguiria sobreviver nas montanhas dos moabitas, mas ansiava por morar em uma cidade, por menor que fosse. Deus poupou Zoar por amor a Ló. Mas Ló não aguentou ficar ali. Ele "não se sentiu protegido lá e, nesta caminhada de medo e tremor, afastou-se cada vez mais da trilha que Deus tinha andado com ele".[1455] Agora ele vai para as montanhas de Moabe, para onde antes ele não quisera ir. Antigamente um nômade e depois um morador de cidade, ele torna-se, agora, um "morador das cavernas".[1456] Lá, "inconsciente em sua embriaguez, transforma-se em mero objeto nas mãos das duas filhas solteiras e sem filhos".[1457] Teria sido por causa de "absoluta e passiva inconsciência" ou por "instinto animal", de forma que ele se entregou "sem qualquer reflexão moral", seguindo apenas um "impulso obscuro"?[1458] O texto bíblico não responde a estas perguntas. Ló nunca mais é mencionado nos escritos do Antigo Testamento, nem mesmo sua morte é notada.

Mas as duas filhas solteiras de Ló não agiram sujeitas à embriaguez, elas tinham plena consciência do que estavam fazendo. Seu único objetivo era engravidar. "Trata-se do próprio filho, o único futuro possível para a mulher".[1459] Qualquer meio lhes parecia justo para alcançar esse objetivo. As interpretações dos exegetas a respeito do ato desesperado destas duas jovens não são somente muito diferentes, mas até mesmo contraditórias.

Alguns veem nisso somente uma "piada israelita popular", para justificar sua aversão aos moabitas e aos amonitas, descendentes das duas filhas de Ló. Alguns exegetas rotulam este relato de "inacreditável" e "feio".[1460]

Outros desculpam as filhas de Ló, dizendo: "Elas estavam tomadas pela ideia enganosa de serem as únicas pessoas que sobreviveram na face da terra". Com seu comportamento, queriam salvar a existência da humanidade. "Sua motivação era moral, e elas não somente achavam que não estavam erradas em agir assim, mas até mesmo que essa era a forma correta de proceder".[1461]

Muitos outros exegetas consideram essa argumentação totalmente inaceitável. Afinal, pouco antes de irem morar nas cavernas, as filhas de Ló tinham morado algum tempo em Zoar. Por isso, chamam as filhas de Ló de "verdadeiras filhas de Sodoma".[1462]

O exegeta imparcial precisa abrir mão de encontrar uma explicação para o incesto das filhas de Ló. Ele deve limitar-se a apontar para duas coisas:

1) Deus não perde de vista quem abandona a casa de Abraão e toma outros rumos. "Como também na história de Agar, chama atenção o interesse e a compaixão com aqueles que saem do caminho, isto

---

1455 von Rad, Mose, pg. 190.
1456 Delitzsch, pg. 310.
1457 von Rad, Mose, pg. 190.
1458 Delitzsch, pg. 311.
1459 Westermann, Genesis I/2, pg. 384s.
1460 Dillmann, pg. 276-278.
1461 Hirsch, Genesis, pg. 322.
1462 Hertz (ed.), pg. 69.

é, por aqueles que saem da casa de Abraão e se desviam de seu caminho".[1463] A moabita Rute é um elo na genealogia de Davi (Rt 4.18-22; Mt 1.5).

2) A história dos patriarcas conta vários atos de rebelião praticados por mulheres: Agar (Gn 16), Rebeca (Gn 27) e Tamar (Gn 38) opõem-se aos costumes da época com o único objetivo de ganhar um filho próprio. Já nos primórdios de Israel, em determinadas situações a iniciativa podia partir de mulheres: "De qualquer forma, no entanto, as mulheres tinham uma importância maior na época dos patriarcas do que em geral se supõe".[1464]

XI. ABRAÃO NA TERRA DE GERAR: 20.1 – 21.34

O modo de vida de Abraão era seminômade, ainda que ele, às vezes, permanecesse mais tempo em determinado lugar ou região.[1465] Os próximos acontecimentos da vida de Abraão aconteceram entre Cades, o oásis no sul das montanhas do Neguebe[1466], e Sur.[1467]

1 Partindo Abraão dali para a terra do Neguebe, habitou entre Cades e Sur e morou em Gerar.

Na época do Antigo Testamento, a terra do sul (hebraico: *Negeb*) ainda não era uma região geograficamente delimitada.[1468] Naquela época, a região entre Cades e Sur era conhecida pelo nome de "Gerar".

Gerar é, em primeiro lugar, nome de uma cidade, mas também de uma região inteira. Gerar, uma cidade tipicamente cananeia, é citada em conjunto com Gaza (Gn 10.19), representando assim um pedaço da cultura urbana daquela época[a]. Provavelmente, o nome Gerar significa algo como "terra raspada, nua".[1469] Gerar nunca foi encontrada nas escavações. A assim chamada Tell Haror (árabe: *Tell Abu Hurere*) ocupa uma área de aproximadamente 14 hectares, sendo assim o maior Tell na parte ocidental do Neguebe. A cidade alta, por si só, já ocupa 1,8 hectares. Gerar era uma importante cidade na fronteira entre a Palestina e o Egito.

Ao mesmo tempo, Gerar designava uma região inteira do Neguebe. As cartas de Amarna (aprox. 1350 a.C.) contam que o faraó perdera a terra de Gari (= Gerar). No 2º milênio a.C. a terra de Gari não era uma cidade-estado minúscula, cujas fronteiras políticas coincidiam com as bordas dos campos locais. Gerar era também o nome de uma região cujo domínio era, por direito, do príncipe de Gerar.[1470]

1

a Gn 26.1,6; 2Cr 14.8-15

1463 von Rad, Mose, pg. 191.
1464 Westermann, Genesis I/2, pg. 385.
1465 Cf. o comentário sobre Gênesis 18.4-8.
1466 Sobre Cades, veja En-Mispate-Cades, cf. o comentário sobre Gênesis 14.7.
1467 Sobre Sur, cf. o comentário sobre Gênesis 16.7.
1468 Sobre Neguebe, cf. o comentário sobre Gênesis 12.9.
1469 Keel/Küchler, vol. 2, pg. 135.
1470 Ibid.

1. Novo perigo e salvação para o casamento de Abraão e Sara: 20.2-18

2 Disse Abraão de Sara, sua mulher: Ela é minha irmã; assim, pois, Abimeleque, rei de Gerar, mandou buscá-la.

3 Deus, porém, veio a Abimeleque em sonhos de noite e lhe disse: Vais ser punido de morte por causa da mulher que tomaste, porque ela tem marido.

4 Ora, Abimeleque ainda não a havia possuído; por isso, disse: Senhor, matarás até uma nação inocente?

5 Não foi ele mesmo que me disse: É minha irmã? E ela também me disse: Ele é meu irmão. Com sinceridade de coração e na minha inocência [ou: "mãos limpas"], foi que eu fiz isso.

6 Respondeu-lhe Deus em sonho: Bem sei que com sinceridade de coração fizeste isso; daí o ter impedido eu de pecares contra mim e não te permiti que a tocasses.

7 Agora, pois, restitui a mulher a seu marido, pois ele é profeta e intercederá por ti, e viverás; se, porém, não lha restituíres, sabe que certamente morrerás, tu e tudo o que é teu.

8 Levantou-se Abimeleque de madrugada, e chamou todos os seus servos, e lhes contou todas essas coisas; e os homens ficaram muito atemorizados.

9 Então, chamou Abimeleque a Abraão e lhe disse: Que é isso que nos fizeste? Em que pequei eu contra ti, para trazeres tamanho pecado sobre mim e sobre o meu reino? Tu me fizeste o que não se deve fazer.

10 Disse mais Abimeleque a Abraão: Que estavas pensando para fazeres tal coisa?

11 Respondeu Abraão: Eu dizia comigo mesmo: Certamente não há temor de Deus neste lugar, e eles me matarão por causa de minha mulher.

12 Por outro lado, ela, de fato, é também minha irmã, filha de meu pai e não de minha mãe; e veio a ser minha mulher.

13 Quando Deus me fez andar errante da casa de meu pai, eu disse a ela: Este favor me farás: em todo lugar em que entrarmos, dirás a meu respeito: Ele é meu irmão.

14 Então, Abimeleque tomou ovelhas e bois, e servos e servas e os deu a Abraão; e lhe restituiu a Sara, sua mulher.

15 Disse Abimeleque: A minha terra está diante de ti; habita onde melhor te parecer.

16 E a Sara disse: Dei mil siclos de prata a teu irmão; será isto compensação [literalmente: um véu sobre os olhos] por tudo quanto se deu contigo; e perante todos estás justificada.

17 E, orando Abraão, sarou Deus Abimeleque, sua mulher e suas servas, de sorte que elas pudessem ter filhos;

18 porque o Senhor havia tornado estéreis todas as mulheres da casa de Abimeleque, por causa de Sara, mulher de Abraão.

Quando Abraão tinha ido para o Egito durante a fome na terra, a fim de sobreviver, ele tinha ido para lá como estrangeiro, isto é, alguém sem os direitos naturais dos nativos. Naquela época, ele já tinha apresentado Sara como sua irmã.[1471] Abraão também era estrangeiro sem direitos em Gerar. Tudo o que Abraão tinha vivido no Egito e visto em Sodoma fez com que ele compartilhasse os temores dos pequenos nômades criadores de gado. Eles tinham medo dos moradores das cidades. Temiam os citadinos porque os viam como pessoas sem moral, que não tinham medo de nada. Por isso, os nômades lançavam mão de todo tipo de artimanha que pudesse protegê-los contra a ganância dos moradores da cidade.[1472] Esse foi o motivo pelo qual Abraão se decidiu, pela segunda vez, a optar pela meia verdade – e, com isso, pela inverdade. Quando a situação se repetiu, a sua culpa se repetiu também.

Pecado e culpa sempre têm algo de atraente para o ser humano. Basta que algum detalhe da situação seja diferente da primeira vez e já o ser humano esquece todos os bons propósitos e decisões tomados por conta de seu arrependimento e conversão. Junte-se a isso a capacidade humana para encontrar desculpas e raciocínios que justifiquem a inocência de suas motivações. "Um ato errado, isto é, que desagrada a Deus, não se transforma em um ato bom só por causa da inocência das motivações".[1473]

Novamente, Abraão arca com uma culpa dupla. Ele perde sua confiança em Deus, isto é, cai na falta de fé e, mais uma vez, recorre à mentira.[1474] "Abraão pode até se desculpar, mas não poderá ser livrado de sua culpa".[1475]

a) Abimeleque, o enganado

Cacos encontrados nas escavações no Tell Haror demonstram que Gerar era habitada já no início da Idade do Bronze.[1476] Abimeleque era rei de uma cidade cananeia. Abimeleque pode ser traduzido como "meu pai é rei",[1477] e é um título de nobreza. Abimeleque tinha sua residência em Gerar. Mas o território dominado por ele se estendia por toda a terra de Gerar, na região entre Cades e Sur. De acordo com as leis daquela época, o rei podia levar para seu harém qualquer mulher não casada de suas terras.[1478] O texto não diz por que Abimeleque mandou levar Sara para seu harém. Será que – como na época do faraó – Sara continuava linda, apesar da idade avançada (Gn 12.14)? Ou Abimeleque queria ter Abraão, o rico xeque nômade, como cunhado?[1479] Seja como for, de acordo com a lei vigente em seu território, ele não fizera nada de errado. Ele tinha se garantido contra enganos, e questionara os dois, tanto Abraão quanto Sara. A resposta foi inequívoca. Abraão dissera: **É minha irmã**, **5** e Sara confirmara: **Ele é meu irmão**. De boa consciência, Abimeleque

---
1471 Cf. o comentário sobre Gênesis 12.10-20.
1472 Keel/Küchler, vol. 2, pg. 1355.
1473 Hirsch, Genesis, pg. 326.
1474 Cf. o comentário sobre Gênesis 12.10-13.
1475 Westermann, Genesis I/2, pg. 397.
1476 Keel/Küchler, vol. 2, pg. 136.
1477 Odelain/Seguineau, pg. 5.
1478 Cf. o comentário sobre Gênesis 12.14-16.
1479 Delitzsch, pg. 313.

podia dizer: **Com sinceridade de coração e na minha inocência** [ou: mãos limpas], **foi que eu fiz isso.** Em hebraico, há duas palavras para "mão": a mão estendida e ativa (hebraico: *jad*) e a mão fechada, segurando algo que foi conquistado (hebraico: *kaph*). Ao pleitear sua inocência, Abimeleque escolhe a segunda opção (*kaph*), dizendo dessa forma: o que tenho aqui em minhas mãos não é produto de saque indevido, fiz tudo da forma correta e justa.[1480]

b) Abimeleque, o obediente

Ao contrário dos dois mentirosos, Abimeleque é inocente. "A inocência pessoal do rei pagão é destacada pelo narrador, a ponto de envergonhar profundamente a Abraão".[1481] Deus se revela ao pagão Abimeleque. Ele se dirige ao rei em sonho e o protege de um pecado que teria provocado sua morte.

b Gn 28.12; 31.11,24; 37.5; Nm 22.9,20; Mt 2.12; 27.19

A fala de Deus em sonho[b] é, em última análise, a experiência de alguém que dorme, ou seja, o "nível inferior na hierarquia das revelações".[1482] Deus falou em sonho ao pagão Labão (Gn 31.24) e ao vidente pagão Balaão (Nm 22.9,20). A primeira palavra que Deus dirige a Abimeleque é um veredito. Na segunda palavra, ele exime Abimeleque de culpa, mediante a condição de que Sara fosse devolvida intocada a Abraão. Caso Abimeleque não estivesse disposto a aceitar isso, a ameaça de morte inicial seria executada: **Vais ser punido de morte por causa da mulher**

3

6 **que tomaste, porque ela tem marido... Bem sei que com sinceridade de coração fizeste isso; daí o ter impedido eu de pecares contra mim e não**

7 **te permiti que a tocasses. Agora, pois, restitui a mulher a seu marido, pois ele é profeta e intercederá por ti, e viverás; se, porém, não lha restituíres, sabe que certamente morrerás, tu e tudo o que é teu.**

De forma absolutamente inequívoca, Deus explica ao rei pagão que todo casamento está sob sua proteção particular. O casamento entre duas pessoas não poderá ser impunemente tocado por uma terceira pessoa. Quaisquer que sejam os motivos para o adultério, Deus não perde o adúltero de vista.

Deus impediu Abimeleque de interferir no casamento de Abraão, na condição de traído e inocente. Ao mesmo tempo, exigiu que Abimeleque, uma vez que agora conhecia a situação real, devolvesse Sara imediatamente. Deus tinha impedido que Abimeleque cometesse o pecado do adultério, o que lhe traria a morte.

8 Abimeleque agiu logo cedo, **de madrugada**. Avisou as pessoas de sua corte. Devolveu Sara ao marido, presenteou Abraão e Sara e permitiu que Abraão vivesse como nômade em qualquer lugar de seu território.

14 Então, Abimeleque tomou ovelhas e bois, e servos e servas e os deu
15 a Abraão; e lhe restituiu a Sara, sua mulher. Disse Abimeleque: A mi-
16 nha terra está diante de ti; habita onde melhor te parecer. E a Sara disse: **Dei mil siclos de prata a teu irmão; será isto compensação** [literalmente: um véu sobre os olhos] **por tudo quanto se deu contigo; e perante todos estás justificada.**

1480 Hirsch, Genesis, pg. 326.
1481 von Rad, Mose, pg. 194.
1482 Delitzsch, pg. 314.

Diferentemente do que aconteceu no Egito, aqui os presentes de Abimeleque não são uma indenização ao suposto irmão. Os presentes do faraó eram um pagamento pela bela mulher.[1483] Já Abimeleque, depois de devolver Sara, não devia nada a Abraão. O reconhecimento expresso pelos presentes não se dirige a Abraão, mas "ao Deus que falou com ele".[1484] Os presentes que Abraão recebeu no lugar de Deus eram animais, servos e dinheiro. Demonstram que, naquela época, vigorava uma mistura de economia de subsistência e de economia monetária. Além disso, eles expressam a situação legal da mulher: "É possível restituir-lhe a honra depois da ofensa, mas o pagamento é entregue ao homem, pois a mulher não podia ter posses".[1485]

O dinheiro que Abimeleque dá a Abraão por causa de Sara é uma "soma fabulosamente alta".[1486] O objetivo desse presente é restituir a honra de Sara. A palavra traduzida aqui como "compensação" (literalmente: um véu sobre os olhos) é um termo do sistema judicial da época e não pode mais ser explicado com clareza. O objetivo do véu sobre os olhos ou a cobertura do rosto[c] é tornar o observador "cego para o que aconteceu".[1487] Não fica claro se os olhos a serem encobertos por este véu são os de Sara ou das pessoas à sua volta. É possível que essa metáfora se aplique às duas opções. "As pessoas não devem desprezá-la";[1488] seus olhos "não devem ver nada de desfavorável em Sara";[1489] e a própria Sara deve se sentir como se isso nunca tivesse acontecido. Isso é indicado pela palavra dirigida a Sara: **perante todos estás justificada.**

c Jó 9.24

c) Abraão, o intermediador culpado

Em momento algum diminui-se a gravidade da mentira de Abraão. Deus inocenta Abimeleque de toda culpa, mas não Abraão. A culpa de Abraão não é ocultada. Sua defesa não encontra qualquer eco da parte de Deus. Abimeleque tinha exigido explicações a Abraão, perguntando: **Disse mais Abimeleque a Abraão: Que estavas pensando para fazeres tal coisa?** Abraão justifica seu comportamento com várias desculpas. No entanto, sua fala não leva à sua inocentação, mas só serve para revelar a verdadeira dimensão de sua culpa.

10

Abraão considera Abimeleque como um pagão sem Deus e sem moral. Ele via em Abimeleque não apenas um rei impulsionado por uma inescrupulosa luxúria sexual, mas também uma pessoa sem qualquer temor a Deus (v.11). Neste contexto, Abraão entende temor a Deus como a "postura respeitosa" apresentada também aos estrangeiros sem qualquer direito.[1490] Sem conhecer Abimeleque, Abraão temia sua maldade. Ele achava que Abimeleque seria igual àqueles pervertidos moradores da cidade tão temidos pelos nômades daquela época.[1491] Os pensamentos e as ações de Abraão eram determinados por um "conceito limitado de amigo e inimigo".[1492]

1483 Cf. o comentário sobre Gênesis 12.14-16.
1484 Westermann, Genesis I/2, pg. 401.
1485 Gunkel, pg. 294.
1486 Westermann, Genesis I/2, pg. 401.
1487 Delitzsch, pg. 216.
1488 Jacob, B.; citado por Westermann, Genesis I/2, pg. 401.
1489 von Rad, Mose, pg. 195.
1490 Westermann, Genesis I/2, pg. 398.
1491 Keel/Küchler, vol. 2, pg. 135s.
1492 Westermann, Genesis I/2, pg. 402.

Abraão defende sua mentira baseada na meia verdade. Com muita ênfase, Abraão aponta para o fato de que Sara não é somente sua esposa, mas também sua meia-irmã (v.12).[1493] Mais tarde, o casamento com a meia-irmã tornou-se proibido por lei[d], mas na época dos reis ele continuava sendo possível, como se vê pela história de Amnom e Tamar. Tamar tentou se defender contra a violentação por parte de Amnon, dizendo-lhe: *Peço-te que fales ao rei, porque não me negará a ti* (2Sm 13.13).

d Lv 18.9,11; 20.17

Desde a queda no pecado,[1494] a meia verdade é um recurso usado com muito sucesso por Satanás para derrubar as pessoas.

A arte da sedução da serpente, a criatura falante, fica clara quando ela reposiciona uma única palavra dentro da frase, mantendo as demais inalteradas. A instrução de Deus era "Comereis, *não* de toda árvore do jardim!" Distorcida, a palavra de Deus, transformada em meia verdade – e, portanto, mentira – ficou assim: "*Não* comereis de toda árvore do jardim!".

A meia verdade de Abraão consiste na omissão de metade da frase. A verdade é: "Sara é minha irmã *e minha esposa*". A omissão da segunda parte transforma a primeira em mentira. A abreviação transforma o teor inicialmente correto em mentira. Muitas meias verdades surgem simplesmente por causa da omissão da segunda parte da declaração.

De qualquer forma, a meia verdade aciona um desvio, no qual o ser humano perde a comunhão com Deus.

Desde o começo, a fé de Abraão era "pequena". A fé pequena de Abraão é

13 tão antiga quanto seu chamado: **Quando Deus me fez andar errante da casa de meu pai, eu disse a ela: Este favor me farás: em todo lugar em que entrarmos, dirás a meu respeito: Ele é meu irmão.**

Desde o começo, Abraão tinha medo do desconhecido. O desconhecido é incerto. A palavra hebraica usada aqui por Abraão significa literalmente "me fez andar perdido" (hebraico: *hith‛ah*). Buber traduz assim: "Quando poderes divinos me fizeram errar da casa do meu pai".[1495] Ainda que o verbo esteja no plural, esses poderes divinos não são "poderes obscuros", que impeliram Abraão no começo, até que ele encontrasse a verdadeira divindade,[1496] mas os poderes divinos (hebraico: *Elohim*) são nada mais, nada menos do que o único Senhor e Deus onipotente, de quem o Antigo Testamento inteiro fala no plural[e].[1497]

e Gn 35.7; Js 24.19; 1Sm 17.26; 2Sm 7.23; Sl 58.11

Para Abraão, o lugar estranho era uma incerteza. É a "caminhada inconstante",[1498] o ser empurrado de "um lugar para outro".[1499] A vida de Abraão pode ser comparada com a de um viajante perdido. Ele é, como se diz mais tarde sobre Jacó, um "arameu errante",[1500] que Deus "manda caminhar sem destino fixo".[1501] Deus empurra Abraão para fora de sua posição segura e garantida, "em direção à incerteza".[1502] Abraão tinha

---

1493 Cf. o comentário sobre Gênesis 11.29; Bräumer, 1ª parte, pg. 189, também sobre Gênesis 12.10-13.
1494 Cf. o comentário sobre Gênesis 3.1-7; Bräumer, 1ª parte, pg. 69-74.
1495 Buber, Fünf Bücher der Weisung, pg. 54.
1496 Contra Procksch, pg. 304.
1497 Cf. Delitzsch, pg. 314.
1498 Keil, Genesis, pg. 204.
1499 Lange, pg. 257.
1500 Buber, Fünf Bücher der Weisung, pg. 540.
1501 Dillmann, pg. 281.
1502 Hirsch, Genesis, pg. 331.

medo da vida errante. As estações no longo caminho de sua vida eram dúvida e solidão, incerteza e constante exigência de coragem. Abraão, o primeiro crente, conhecia as dúvidas comuns aos crentes de todas as épocas:

> Onde você está, Deus?
> Você está aí?
> Como você pode permitir tudo isso?
> Você está me vendo?
> Você vai me ajudar?
> Ainda faz sentido continuar lutando?[1503]

Abraão tinha medo, mas continuou caminhando (Gn 12.8). Também para ele Deus era constantemente *Deus misterioso* (Is 45.15), e por isso ele tinha dificuldade em crer total e incondicionalmente em Deus. Ele estava decidido a se salvar, caso Deus demorasse demais para agir. Por isso, pediu a Sara, já no começo de sua viagem, que ela usasse essa meia verdade em todas as situações de risco. Caso Deus falhasse, ele poderia escapar do perigo com ajuda dessa meia verdade – ou pelo menos ele esperava isso. Dessa forma, a meia verdade, assim como a mentira, foi incluída desde o começo nos planos de Abraão.

Mas Deus não age de acordo com a "iniquidade" de Abraão (cf. Sl 103.10). Apesar da fraqueza e culpa de Abraão, Deus não o abandonou. Abraão tinha um lugar fixo na história de Deus.

Abraão é um profeta

Aqui a palavra "profeta" aparece pela primeira vez na Bíblia.[1504] A crer na exegese judaica, a palavra "profeta" (hebraico: *nabij'*) é aparentada com o verbo "brotar" (hebraico: *naba'*), de forma que o profeta não é alguém que "prevê", mas "o órgão da fala de Deus, por meio do qual a palavra de Deus brota, por meio do qual o Espírito de Deus fala com as pessoas..., o profeta é o vaso e o órgão por meio do qual o Espírito e a palavra de Deus chegam às pessoas, não a partir do profeta em si, mas Deus fala com ele para que ele passe a palavra adiante".[1505] De acordo com esta explicação judaica sobre o termo "profeta", Martin Buber traduz, na sua versão da Bíblia para o alemão, a palavra profeta como "anunciador". O profeta é o "portador de notícias entre o céu e a terra, o 'anunciador'; ele não 'profetiza', não tem um acontecimento futuro específico a comunicar, mas deve apresentar as alternativas aos seus ouvintes".[1506] O profeta conclama a uma decisão.

Abraão sabe orar.

Ele é profeta e intercederá por ti. É possível que a busca pelo significado básico da palavra "interceder" (hebraico: *palal*) tenha de partir do termo "avaliação" (hebraico: *p^elilim*). Interceder por alguém significa: "estimar,

7

1503 Cf. Bours, pg. 30s.
1504 Hertz (ed.), pg. 70.
1505 Hirsch, Genesis, pg. 328.
1506 Buber, Zu einer neuen Verdeutschung der Schrift, pg. 25.

arbitrar, mediar, defender".¹⁵⁰⁷ Buber traduz o conceito de defender alguém pela intercessão (*hitpallel b*ᵉ*'ad*)ᶠ com "empenhar-se", empenhar sua própria pessoa diante de Deus, em favor de alguém que esteja sendo objeto da ira de Deus.¹⁵⁰⁸

f Gn 20.7;
Nm 21.7b;
Dt 9.20;
1Sm 7.5;
12.19,23;
1Rs 13.6;
Jó 42.10;
Sl 72.15;
Jr 7.16;
11.14;
29.7; 37.3;
42.2,20

O intercessor coloca sua própria pessoa na balança. Em vista da semelhança na escrita e no som (hebraico: *palal* und *balal*), a exegese judaica tradicional chega à seguinte explicação: orar significa "inserir um novo elemento em uma massa".¹⁵⁰⁹ A oração de Abraão não é a expressão de pensamentos que já existiam dentro dele. É possível que Abraão nem tivesse pensado em interceder por Abimeleque. A ordem de se empenhar em favor de Abimeleque veio de Deus. Este disse a Abimeleque: **Ele intercederá por ti**. Mas a intercessão – na verdade, a oração em si – não expressa o que transborda no coração, mas oração é absorver a palavra de Deus que vem de fora. Esta palavra de Deus é o "novo elemento" que permeia todo o ser da pessoa. Atualmente, quem ora pode usar para isso as palavras da Bíblia ou as orações do Antigo Testamento. Os salmos contêm muitos impulsos novos, que podem romper a estreiteza do coração humano. Orar um salmo permeia e determina as palavras e a vida de quem ora.

Depois de ser desmascarado como mentiroso na frente de Abimeleque, Abraão certamente não estava disposto e inspirado para orar por ele. A ordem de interceder por Abimeleque veio *de fora*, de Deus. "Quanto menos vontade sentirmos de orar, mais necessidade deveríamos perceber, pois tão mais importante e salvadora será a mudança que a oração precisa realizar em nós".¹⁵¹⁰

A oração de Abraão é atendida

**17 E, orando Abraão, sarou Deus Abimeleque, sua mulher e suas servas,
18 de sorte que elas pudessem ter filhos; porque o Senhor havia tornado estéreis todas as mulheres da casa de Abimeleque, por causa de Sara, mulher de Abraão.**

Abraão, o profeta, o "anunciador" de Deus, era alguém que entendia a linguagem de Deus e tinha acesso a ele. Deus ouviu sua intercessão em favor de Abimeleque. Uma doença tinha atingido Abimeleque e sua esposa, isto é, homem e mulher. A partir do momento em que Sara tinha entrado na casa de Abimeleque, tinha cessado ali a capacidade de gerar descendentes e até mesmo de dar à luz as crianças que já estivessem crescendo no ventre materno. A doença era o "impedimento de conceber e também de parir".¹⁵¹¹ A palavra para "parir" (hebraico: *jalad*) não se refere apenas ao ato de dar à luz, mas também o de conceber descendentes.¹⁵¹² A oração de Abraão foi atendida quando a capacidade de conceber e parir tinha sido restabelecida no reino de Abimeleque.

1507 Stähli, palal, col. 427.
1508 Buber, Zu einer neuen Verdeutschung der Schrift, pg. 22.
1509 Hirsch, Genesis, pg. 329: orar é "repetido receber e permear com verdades que vêm de fora para dentro".
1510 Ibid.
1511 Delitzsch, pg. 216.
1512 Kühlewein, THAT, vol. I, col. 732s.

2. O nascimento de Isaque: 21.1-8

1 Visitou o Senhor a Sara, como lhe dissera, e o Senhor cumpriu o que lhe havia prometido.
2 Sara concebeu e deu à luz um filho a Abraão na sua velhice, no tempo determinado, de que Deus lhe falara.
3 Ao filho que lhe nasceu, que Sara lhe dera à luz, pôs Abraão o nome de Isaque.
4 Abraão circuncidou a seu filho Isaque, quando este era de oito dias, segundo Deus lhe havia ordenado.
5 Tinha Abraão cem anos, quando lhe nasceu Isaque, seu filho.
6 E disse Sara: Deus me deu motivo de riso; e todo aquele que ouvir isso vai rir-se juntamente comigo [ou: "mas todo aquele que ouvir isso vai rir-se de mim", cf. texto em alemão].
7 E acrescentou: Quem teria dito a Abraão que Sara amamentaria um filho? Pois na sua velhice lhe dei um filho.
8 Isaque cresceu e foi desmamado. Nesse dia em que o menino foi desmamado, deu Abraão um grande banquete.

Deus cumprira sua promessa. Sara recebeu o filho prometido. **Visitou 1 o Senhor a Sara**. A amplidão do significado da palavra "visitar" (hebraico: *paqad*) pode ser reconhecida já no acádio, onde seu significado inclui "entregar, confiar, prover, cuidar, levantar, verificar, instituir (em um cargo)".[1513] A visita a Sara é a atenção que Deus lhe dispensa. Deus dá fim à dor de sua infertilidade[g]. Ele lhe confia uma criança, tirando-a da condição de desprezada, completando assim seu casamento com Abraão.[1514] Deus abre um novo futuro a Sara. Martin Buber traduz essa passagem da seguinte forma: "Ele agrega a Sara o que lhe tinha prometido".[1515] A vida e o destino de Sara estão mudados. Abraão dá ao recém-nascido o nome de Isaque, conforme lhe fora ordenado,[h] e circuncida o bebê no oitavo dia.[1516] Tomada pela alegria, Sara exclama: "Quem diria que eu ainda teria um filho? Realmente dei um filho ao meu marido, apesar da minha velhice!" **Deus me deu motivo de riso; e 6 todo aquele que ouvir isso vai rir-se juntamente comigo** [ou: "mas todo aquele que ouvir isso vai rir-se de mim", cf. texto em alemão].

Quando o filho foi prometido, Abraão e Sara riram. Daquela vez, seu riso estivera marcado pelo dilema interior. Era ao mesmo tempo expressão de alegria e de dúvida.[1517] Era um riso em que o coração não estava livre de sofrimento, e as lágrimas estavam para rolar. *Até no riso tem dor o coração* (Pv 14.13).

Mas agora o riso de Sara expressava uma alegria arrebatadora, um riso de espantada felicidade e profunda gratidão. Não havia mais nenhum traço de dúvida e dor. O filho tão desejado estava em seus braços.

g 1Sm 1.19s.; Lc 1.24s

h Mt 1.21,25; Lc 1.13,63; 1.31; 2.21

1513 Schottroff, THAT, vol. II, col. 467 e 476.
1514 Somente quando nasce um filho é que "uma família se torna completa, uma família de verdade"; Westermann, Genesis I/2, pg. 409.
1515 Buber, Fünf Bücher der Weisung, pg. 55.
1516 Sobre a circuncisão de Isaque no oitavo dia e a definição de seu nome, cf. o comentário sobre Gênesis 17.1-14,19.
1517 Cf. o comentário sobre Gênesis 17.17 e Gênesis 18.9-16.

Além do riso misturado com a dor no coração e do riso de felicidade, Sara também conhece um terceiro tipo de riso: o riso zombeteiro de que ela será alvo por ter sido mãe em idade avançada. Ela sabe que haverá "risadas e falatório"[1518] entre os vizinhos. Aqueles que não conhecem a intervenção divina, que vai além de toda compreensão humana, explodirão em gargalhadas zombeteiras e sarcásticas.[1519] Em meio à sua felicidade, Sara sabe que não será poupada do sorriso irônico de todos aqueles que ouvirem a seu respeito.

8 Mas **Isaque cresceu e foi desmamado. Nesse dia em que o menino foi desmamado, deu Abraão um grande banquete.** Na época do Antigo Testamento, as fases de vida de uma criança eram divididas da seguinte forma: primeiros nove meses no ventre materno, depois três anos de amamentação no seio da mãe e, por fim, o período de criação e cuidado (2 Macabeus 7.27). O assim chamado desmame era o fim da primeira fase da vida da criança depois do nascimento, comemorado com uma festa. A criança tinha superado a primeira fase da vida, e agora era realista contar com sua sobrevivência, mesmo em uma época em que a mortalidade infantil era alta.[1520] O termo usado para "desmamar" (hebraico: *gamal*) originalmente era usado em relação a árvores que amadureciam seus frutos. Quando os frutos amadurecem, eles não precisam mais da seiva da árvore que os alimentava até então.[1521] Sobre a festa do desmame, a única informação que temos é que era comemorada com um grande banquete.

3. A expulsão e a salvação de Ismael: 21.9-21

9 Vendo Sara que o filho de Agar, a egípcia, o qual ela dera à luz a Abraão, caçoava de Isaque,

10 disse a Abraão: Rejeita essa escrava e seu filho; porque o filho dessa escrava não será herdeiro com Isaque, meu filho.

11 Pareceu isso mui penoso aos olhos de Abraão, por causa de seu filho.

12 Disse, porém, Deus a Abraão: Não te pareça isso mal por causa do moço e por causa da tua serva; atende a Sara em tudo o que ela te disser; porque por Isaque será chamada a tua descendência.

13 Mas também do filho da serva farei uma grande nação, por ser ele teu descendente.

14 Levantou-se, pois, Abraão de madrugada, tomou pão e um odre de água, pô-los às costas de Agar, deu-lhe o menino e a despediu [ou: "deu para Agar comida e um odre cheio de água. Pôs o menino nos ombros dela e mandou que fosse embora", cf. NTLH]. **Ela saiu, andando errante pelo deserto de Berseba.**

15 **Tendo-se acabado a água do odre, colocou** [ou: "jogou"] **ela o menino debaixo de um dos arbustos**

[1518] von Rad, Mose, pg. 197.
[1519] A expressão hebraica usada no texto original (piel zachak) refere-se ao "riso propositadamente zombeteiro"; Hirsch, Genesis, pg. 333.
[1520] Westermann, Genesis I/2, pg. 414.
[1521] Hirsch, Genesis, pg. 334.

16 e, afastando-se, foi sentar-se defronte, à distância de um tiro de arco; porque dizia: Assim, não verei morrer o menino; e, sentando-se em frente dele, levantou a voz e chorou.

17 Deus, porém, ouviu a voz do menino; e o Anjo de Deus chamou do céu a Agar e lhe disse: Que tens, Agar? Não temas, porque Deus ouviu a voz do menino, daí onde está.

18 Ergue-te, levanta o rapaz, segura-o pela mão, porque eu farei dele um grande povo.

19 Abrindo-lhe Deus os olhos, viu ela um poço de água, e, indo a ele, encheu de água o odre, e deu de beber ao rapaz.

20 Deus estava com o rapaz, que cresceu, habitou no deserto e se tornou flecheiro;

21 habitou no deserto de Parã, e sua mãe o casou com uma mulher da terra do Egito.

Como já acontecera no primeiro conflito entre Agar e Sara,[1522] também aqui a questão principal é Ismael e seu futuro. O primeiro relato diz que Ismael será como uma "zebra" ou um "cavalo selvagem",[1523] isto é, sua vida seria marcada pela guerra de todos contra todos; no segundo relato, ele **se tornou flecheiro**, ou seja, Ismael viverá da caça e do roubo. "É a primeira – e praticamente a única – menção a uma arma na história dos patriarcas".[1524] **20**

O ponto central nos relatos bíblicos é Ismael; os atores são Sara, Abraão e Agar.

Ismael ainda não tinha nascido quando Agar fugiu; quando eles foram expulsos, ele já tinha cerca de 17 anos. Ele tinha sido circuncidado por Abraão aos treze anos (Gn 17.25). Depois de Isaque ter sido desmamado, isto é, no terceiro ano de vida, Sara percebeu como Ismael, o mais velho, lidava com seu meio-irmão mais novo. Sara viu que ele **caçoava de Isaque**. **9** Buber traduz como "zombava".[1525] A palavra usada aqui para "caçoar" (hebraico: *zachak*) significa, em primeiro lugar, simplesmente "brincar", mas também pode se referir a "tratar o outro de forma maldosa" (cf. Gn 39.14; Ez 23.32). Os exegetas judaicos escolhem o segundo significado.[1526] Paulo diz até que o filho gerado pela carne perseguia o filho gerado pela promessa divina, vendo nisso o motivo para que Agar e Ismael fossem expulsos (Gl 4.29s). Portanto, não se trata de brincadeiras inocentes de duas crianças, mas de uma maldade objetiva e consciente do mais velho em relação ao mais novo.[1527] O fato de o texto chamar Ismael de menino (hebraico: *jäläd*) e de que Abraão **lhe deu o menino** [ou: "pôs o menino **14** nos ombros dela"] não indicam necessariamente que Ismael ainda devesse ser considerado um menino pequeno na época da fuga. Também José, aos dezessete anos, ainda é chamado de "menino" (hebraico: *jäläd*) pelo

---

[1522] Veja o comentário sobre Gênesis 16.
[1523] von Rad, Mose, pg. 164; cf. o comentário sobre Gênesis 16.7-14.
[1524] Westermann, Genesis I/2, pg. 420.
[1525] Buber, Fünf Bücher der Weisung, pg. 55.
[1526] Jacob, B.; citado por Westermann, Genesis I/2, pg. 415; Hertz (ed.), pg. 72.
[1527] Delitzsch, pg. 310.

Antigo Testamento (Gn 37.30).¹⁵²⁸ A expressão "colocar nas costas" é uma figura de linguagem, que significa que a partir deste momento Hagar deve assumir sozinha a responsabilidade por Ismael. Por fim, jogar o menino embaixo de um arbusto (v.15) pode referir-se ao ato de deitar alguém rapidamente. Ismael está esgotado – ele não conseguia mais continuar se arrastando –, por isso, a mãe, em uma "decisão repentina, movida pela resignação e falta de esperança",¹⁵²⁹ deitou-o na sombra de um arbusto.

20 No fim, o texto diz que **ele cresceu**, isto é, tornou-se adulto. Como Agar se tornara a única responsável por Ismael, ela lhe escolheu uma esposa, do Egito – sua própria terra natal.

Mas o ponto decisivo na vida de Ismael é a validade da promessa de
13/18 Deus. Deus também fará dele **uma grande nação**.¹⁵³⁰ Ismael não é excluído do "relacionamento de proteção e bênção com Javé".¹⁵³¹ Por meio de uma promessa específica, a "bênção de Deus também está com Ismael".¹⁵³²

Sara exigiu que Abraão expulsasse Agar e Ismael. Seus motivos não eram somente o ciúme e a honra ferida, como no primeiro conflito com a escrava,¹⁵³³ mas a preocupação com o futuro de Isaque. "Por também ser filho de Abraão, o filho de Agar, 'que ela dera à luz a Abraão', representa uma ameaça para o futuro do filho de Sara e dela mesma".¹⁵³⁴ Sara teme
10 que Isaque tenha que dividir a herança com Ismael,¹⁵³⁵ **porque o filho dessa escrava não será herdeiro com Isaque, meu filho.** Implacavelmente, ela exige que Agar e Ismael sejam mandados embora. Sara "dirige seu olhar para o futuro".¹⁵³⁶ Ela vê Ismael como um rival perigoso para seu filho. Sua decisão está tomada: Ismael precisa desaparecer!

Abraão considera esse raciocínio de Sara "extremamente mau e du-
11 ro".¹⁵³⁷ **Pareceu isso mui penoso aos olhos de Abraão, por causa de seu filho.** Em uma tradução literal, Abraão achou este veredito ruim (hebraico: *ra'a*).¹⁵³⁸ O relato breve e o silêncio do autor permitem supor uma grave discussão entre Abraão e Sara. Abraão tinha consciência de sua responsabilidade com seu filho Ismael, e se sentia ligado a Agar. Abraão rejeita os planos de Sara, e só acaba concordando com eles por causa
12 de uma orientação expressa da parte de Deus: **Atende a Sara em tudo o que ela te disser.** A ordem para escutar o que Sara dizia significava: "Confie na avaliação dela, ela tem uma percepção mais profunda".¹⁵³⁹ A voz de Deus confirma o que Sara somente pressentia. Ainda que Ismael fosse filho de Abraão, "a verdadeira descendência está ligada ao nome de Isaque".¹⁵⁴⁰ Aqueles que carregarão o nome de Abraão serão os

---

1528 Cf. Hirsch, Genesis, pg. 337.
1529 Delitzsch, pg. 320.
1530 Veja o comentário sobre Gênesis 16.12.
1531 von Rad, Mose, pg. 200.
1532 Westermann, Genesis I/2, pg. 421.
1533 Veja o comentário sobre Gênesis 16.1-16.
1534 Westermann, Genesis I/2, pg. 415.
1535 De acordo com o direito hereditário babilônico, o pai pode reconhecer os filhos da serva, fazendo-os também seus herdeiros; Código de Hamurabi, § 170; citado por Gunkel, pg. 228.
1536 Gunkel, pg. 228.
1537 Hirsch, Genesis, pg. 336.
1538 Stoebe, THAT, vol. II, col. 796.
1539 Hirsch, Genesis, pg. 336.
1540 Procksch, pg. 311.

descendentes de Isaque.¹⁵⁴¹ Em sua visão profética, Amós chama Israel de "casa de Isaque" (Am 7.16). Jacó, o filho de Isaque, é o "descendente eleito de Abraão" (Is 41.8). O povo escolhido por Deus tem seu ponto de partida em Isaque\[^i\]. Sara planejou o futuro de Isaque, mas "os planos de Deus alcançam distâncias históricas ainda maiores".¹⁵⁴² Em silêncio, Abraão pega pão, um odre de cabra cheio de água, coloca o destino de Ismael nas mãos da escrava egípcia Agar e manda-os embora. Como na época anterior a Israel não havia despedidas sem bênção, é concebível que Abraão tenha entregue Agar e Ismael ao Deus que lhe deu a ordem de mandá-los embora.¹⁵⁴³

i Rm 9.7; Hb 11.18

No primeiro conflito, *Agar* tinha fugido de Sara por atrevimento e rebeldia, tornando-se, assim, também culpada de seu destino.¹⁵⁴⁴ Mas agora ela é expulsa, mesmo sendo "totalmente inocente, e contra sua vontade".¹⁵⁴⁵ Sem destino, ela caminha à toa com seu filho pelo Neguebe, ao sul de Berseba¹⁵⁴⁶, até que a água acaba e seu filho fica totalmente esgotado. Ela coloca o filho debaixo de um arbusto, ou seja, desiste dele, sem qualquer esperança de que ele pudesse sobreviver.¹⁵⁴⁷ Como não suportava ver o filho morrendo de sede, Agar se afasta um pouco. Mas ela não o perde de vista. Enquanto espera pela morte de seu filho, ela clama a Deus e chora. **Deus, porém, ouviu a voz do menino; e o Anjo de Deus chamou do céu a Agar e lhe disse: Que tens, Agar? Não temas, porque Deus ouviu a voz do menino, daí onde está. Ergue-te, levanta o rapaz, segura-o pela mão, porque eu farei dele um grande povo.** O texto não diz que Ismael tivesse se dirigido a Deus com palavras; mas o vulto que morre de sede clama aos céus do lugar onde estava deitado, literalmente: "onde está". Deus não tinha abandonado Ismael nem por um momento. Ele sabe a condição de Ismael, vê o lugar onde ele sofre e interfere exatamente no ponto em que Ismael está. Deus sempre encontra o ser humano onde este está.¹⁵⁴⁸

17

18

Agar ouviu a voz do mensageiro vinda do céu. Há somente mais uma ocasião em que a voz do mensageiro de Deus chama do céu, a saber, quando Isaque é salvo (Gn 22.11,15).¹⁵⁴⁹ Agar ouve da boca do mensageiro de Deus que o menino, que morria de sede e já tinha sido abandonado pela mãe, seria "um grande povo". As promessas de Deus despertam nova esperança em Agar. Sua profunda resignação e o medo que a cegava desaparecem. Ela descobre um poço que tinha deixado de ver por causa de seu medo,¹⁵⁵⁰ busca água e a dá ao seu filho.

Decidida, ela aceita a tarefa dada pelo mensageiro de Deus: "segura-o pela mão", ou, literalmente: "que a sua mão o segure com firmeza", isto é: encoraje-o, dê-lhe apoio.¹⁵⁵¹ "Torne-se um apoio firme e uma líder para

---

1541 Cf. Dillmann, pg. 285.
1542 von Rad, Mose, pg. 198.
1543 Westermann, Genesis I/2, pg. 417.
1544 Veja o comentário sobre Gênesis 16.1-16.
1545 Gunkel, pg. 232.
1546 Sobre o Neguebe, cf. Gênesis 12.9; sobre Berseba, veja o comentário sobre Gênesis 21.22-34.
1547 Ehrlich, pg. 89.
1548 Hertz (ed.), pg. 72.
1549 Cf. Ehrlich, pg. 90.
1550 Hertz (ed.), pg. 73.
1551 Cf. Ehrlich, pg. 91.

ele".[1552] Ismael cresceu, isto é, tornou-se adulto,[1553] decidiu-se pela profissão de flecheiro e escolheu o deserto de Parã como sua habitação. Parã é a região do Neguebe a oeste da Arabá, e que ao sul faz fronteira com o Egito.[1554] Formou-se assim uma nação de nômades, com doze subtribos, aparentada com os descendentes de Isaque, mas ainda assim separada destes (Gn 25.12-16). Isaque e Ismael estavam separados, havia promessas diferentes para suas vidas, mas ambos eram filhos de Abraão. "Apesar da ênfase na descendência legítima de Isaque, o patriarca Abraão tem um significado que alcança também os outros povos".[1555]

4. O acordo entre Abraão e Abimeleque: 21.22-34

22 Por esse tempo, Abimeleque e Ficol, comandante do seu exército, disseram a Abraão: Deus é contigo em tudo o que fazes;

23 agora, pois, jura-me aqui por Deus que me não mentirás, nem a meu filho, nem a meu neto; e sim que usarás comigo e com a terra em que tens habitado daquela mesma bondade com que eu te tratei.

24 Respondeu Abraão: Juro [ou: "jurarei", cf. texto em alemão].

25 Nada obstante, Abraão repreendeu a Abimeleque por causa de um poço de água que os servos deste lhe haviam tomado à força.

26 Respondeu-lhe Abimeleque: Não sei quem terá feito isso; também nada me fizeste saber, nem tampouco ouvi falar disso, senão hoje.

27 Tomou Abraão ovelhas e bois e deu-os a Abimeleque; e fizeram ambos uma aliança.

28 Pôs Abraão à parte sete cordeiras do rebanho.

29 Perguntou Abimeleque a Abraão: Que significam as sete cordeiras que puseste à parte?

30 Respondeu Abraão: Receberás de minhas mãos as sete cordeiras, para que me sirvam de testemunho de que eu cavei este poço.

31 Por isso, se chamou aquele lugar Berseba, porque ali juraram eles ambos.

32 Assim, fizeram aliança em Berseba; levantaram-se Abimeleque e Ficol, comandante do seu exército, e voltaram para as terras dos filisteus.

33 Plantou Abraão tamargueiras em Berseba e invocou ali o nome do Senhor, Deus Eterno.

34 E foi Abraão, por muito tempo, morador na terra dos filisteus.

Abimeleque, rei dos filisteus,[1556] propõe a Abraão um acordo permanente de amizade. Ele vai acompanhado do comandante de seu exército, Ficol. Abimeleque leva consigo o líder de suas tropas para mostrar que é mais poderoso que Abraão. Abimeleque deseja selar um "pacto de

---

1552 Hirsch, Genesis, pg. 339.
1553 Delitzsch, pg. 321.
1554 Sobre o planalto de Parã, veja o comentário sobre Gênesis 12.9.
1555 Westermann, Genesis I/2, pg. 421.
1556 Sobre o nome Abimeleque, rei dos filisteus, e sobre a região de Gerar como a terra dos filisteus, veja o comentário sobre Gênesis 26.1-6; cf. também Bräumer, 1ª parte, pg. 171-172.

não agressão; ele quer que haja apenas demonstrações mútuas de bondade".[1557] O alto oficial deve servir de testemunha para o acordo. Não há uma explicação clara para o nome Ficol.k É possível que seja um título de honra tomado do idioma egípcio, relacionado ao posto do comandante máximo do exército.[1558] O acordo proposto por Abimeleque não é uma aliança,[1559] mas um compromisso mútuo mediante juramento. As etapas específicas do acordo estão refletidas no nome Berseba.

k Gn 26.26

    Berseba (hebraico: *beersheba*) pode ser traduzido como "poço dos sete (cordeiros)"[1560] ou "poço (hebraico: *beer*) onde foi feito um juramento (hebraico: *nishba'*)".[1561] A tradução "poço do juramento ou voto" não se origina primariamente da língua, isto é, das palavras hebraicas contidas na palavra Berseba, mas do acordo fechado ali entre Abraão e Abimeleque. Ainda assim, essa tradução para Berseba já aparece na tradução do Antigo Testamento para o grego, a assim chamada Septuaginta.[1562] A partir da suposição de que há uma ligação entre o verbo "jurar" e o número "sete", é possível estabelecer uma conexão entre as duas diferentes traduções de Berseba, "poço dos sete" ou "poço do juramento".[1563]

    Ainda que as pesquisas mais recentes rejeitem a ligação entre "jurar" e o numeral "sete" como "especulativa" e "não científica",[1564] ela continua sendo digna de nota em virtude dos relatos bíblicos sobre os acontecimentos junto àquele poço.

    Havendo uma ligação entre jurar (hebraico: *shaba'*) e o numeral sete (hebraico: *shiba'*), fazer um juramento passa a significar: "assumir o sete diante de outros, isto é, colocar a veracidade de uma afirmação sob o crivo de Deus".[1565] No pensamento judaico, o número sete é uma indicação que aponta para Deus, o Criador, que criou o mundo em sete dias. Jurar significa, então, "entregar-se ao sete..., sujeitar-se a Deus caso o conteúdo das palavras esteja errado".[1566] Quando Abraão jura, chama a atenção que ele não o faça sem apresentar um "mas".[1567] Abraão não diz: "Assim eu juro", mas **Juro** [ou: "jurarei", cf. texto em alemão]. Seguem-se então os preparativos para o juramento. Abraão faz valer seus direitos sobre um poço que ele havia escavado. A resposta de Abimeleque é evasiva, mas ele não se opõe à exigência de Abraão. Então Abraão entrega a Abimeleque os animais que deverão ser cortados no momento de fechar o acordo. Fazia parte do ritual do juramento que os dois parceiros do acordo passassem entre as metades dos animais cortados ao meio e posicionados uma de frente para a outra no chão. Eles expressavam assim uma maldição sobre si mesmos: em caso de quebra do contrato, o transgressor de-

24

1557 Westermann, Genesis I/2, pg. 426.
1558 Procksch, pg. 161; Gunkel, pg. 304; Westermann, Genesis I/2, pg. 522.
1559 Para uma explicação sobre a expressão hebraica karat berit, veja o comentário sobre Gênesis 15.18.
1560 Odelain/Seguineau, pg. 59.
1561 von Rad, Mose, pg. 202.
1562 A LXX traduz Berseba como phrear o'rkismou (Gn 21.31).
1563 Por último, por M. R. Lehmann, Biblical Oaths, ZAW 81, 1969, pg. 74-92; citado por Keller, scheba, col. 856.
1564 Keller, scheba, col. 856.
1565 Delitzsch, pg. 323.
1566 Hirsch, Genesis, pg. 341.
1567 Delitzsch, pg. 322.

veria sofrer o mesmo destino que estes animais cortados.¹⁵⁶⁸ Abraão dá a Abimeleque, hierarquicamente superior, os animais a serem cortados.¹⁵⁶⁹ Até aqui, Abimeleque não contesta nada. Mas quando Abraão separa mais sete cordeiras, Abimeleque pergunta, espantado: **Que significam as sete cordeiras que puseste à parte? Respondeu Abraão: Receberás de minhas mãos as sete cordeiras, para que me sirvam de testemunho de que eu cavei este poço. Por isso, se chamou aquele lugar Berseba, porque ali juraram eles ambos. Assim, fizeram aliança em Berseba.**

Abraão incluiu no acordo celebrado com Abimeleque uma garantia relativa ao poço necessário à sobrevivência de seu clã. Ele amplia o ritual de acordos mediante animais cortados, conhecido no ambiente mesopotâmico,¹⁵⁷⁰ por meio do sinal das sete cordeiras, que Abimeleque não conhecia. Desta forma, ele solicitava que Abimeleque jurasse que, em caso de quebra de contrato, se sujeitasse também à punição do Deus que criara o mundo em sete dias.

De acordo com essa interpretação do acordo celebrado por Abraão e Abimeleque, o nome Berseba significa: "poço junto ao qual foi celebrado o juramento simbolizado pelas sete cordeiras".

XII. O "CATIVEIRO" DE ISAQUE: 22.1-24

Na exegese judaica, o relato sobre as horas mais difíceis da vida de Abraão é chamado de "o cativeiro (hebraico: *'ake-da*) de Isaque".¹⁵⁷¹ Abraão amarrou Isaque ao altar (hebraico: *'akad*), e Isaque aceitou ser "preso" (Gn 22.9). O título escolhido pelos exegetas judeus, "O cativeiro de Isaque", faz referência a dois aspectos do texto. Isaque não é sacrificado, mas amarrado. Além disso, não se trata apenas de uma história de Deus com Abraão, mas com Abraão e Isaque.¹⁵⁷²

As conversas registradas no texto destacam "duplas".¹⁵⁷³ São diálogos sempre entre duas pessoas: entre Deus e Abraão; entre Abraão e Isaque; entre o anjo e Abraão. Mas, no decorrer do relato sobre o cativeiro de Isaque, a ênfase muda "de Abraão para Isaque e deste para Deus".¹⁵⁷⁴ O ponto de partida e o cerne de todo o acontecimento continua sendo Deus.

O relato do cativeiro de Isaque mostra uma terceira possibilidade para a ação de Deus:

1) Deus é percebido pelo crente como aquele que se volta para uma pessoa, para salvá-la e protegê-la.

2) Deus é percebido como aquele que vira as costas a uma pessoa, de forma que esta é atingida pelos golpes e pela desgraça.

3) Deus pode testar uma pessoa: "A experiência da desgraça pode ser gerada por algo que não seja o afastamento irado da parte de Deus; por trás dela pode estar o propósito de Deus de testar essa pessoa".¹⁵⁷⁵

1568 Veja o comentário sobre Gênesis 15.7-21.
1569 Ehrlich, pg. 93.
1570 Veja o comentário sobre Gênesis 15.7-21.
1571 Hertz (ed.), pg. 201.
1572 Westermann, Genesis I/2, pg. 483.
1573 Voigt, Geliebte Welt, pg. 170.
1574 Reventlow, pg. 132.
1575 Westermann, Arten der Erzählungen, pg. 72.

O capítulo sobre o cativeiro de Isaque é "teologia no sentido mais profundo",[1576] pois seu objetivo é declarar algo a respeito de Deus. É verdade que Gênesis 22 gira, sim, em torno da vida e da sobrevivência da família de Abraão, mas ainda assim trata-se de um relato singular. Ele tem uma função nova: "a elaboração de questões e respostas teológicas".[1577] Não há um denominador comum para elas. É preciso, portanto, "desistir de estudar um pensamento fundamental como se ele fosse o sentido do todo".[1578] O cativeiro de Isaque é a "mais insondável das histórias dos patriarcas".[1579] O relato sobre o cativeiro de Isaque "tem muitas camadas de significado, e quem pensa ter chegado ao fundo delas em breve descobrirá que ainda existe mais chão por baixo".[1580] Foi Martinho Lutero quem melhor expressou a incompreensibilidade do cativeiro de Isaque. Durante dez anos, de 1535 a 1545, Lutero explicou Gênesis aos seus alunos.[1581] De forma radical, Lutero compara o exegeta, isto é, todo aquele que não participa diretamente do relato bíblico, com o burro deixado no pé da montanha. Em seus pensamentos finais sobre Gênesis 22, ele diz:

> Que tenha sido dito o suficiente sobre esta história, que é espiritual, mas que eu – sendo carnal e como aquele que tem patas de jumento, que não sabe a montanha – não posso compreender nem interpretar completamente. Mas tentei ensinar e mostrar o quanto pude refletir e entender em minha fraqueza e falta de entendimento... Por isso, recomendo este texto a todos os cristãos piedosos, como um texto repleto de ensino e sabedoria ricos e multiplamente espirituais. E se, de minha parte, a exegese não tratou de tudo com a dignidade devida, que o leitor atribua isso ao meu pouco conhecimento.[1582]

1. O teste: 22.1-2

1 Depois dessas coisas, pôs Deus Abraão à prova e lhe disse: Abraão! Este lhe respondeu: Eis-me aqui!
2 Acrescentou Deus: Toma teu filho, teu único filho, Isaque, a quem amas, e vai-te à terra de Moriá; oferece-o ali em holocausto, sobre um dos montes, que eu te mostrarei.

As palavras de transição **Depois dessas coisas** situam o relato sobre o cativeiro de Isaque no contexto maior da história de Abraão. Depois que Isaque nasceu, Ismael, o filho mais velho de Abraão, fora expulso por causa do mais novo. Isaque era o único futuro de Abraão. O futuro prometido a Abraão em Isaque "já tinha criado raízes no presente daquela época".[1583] E então vem a prova de Deus! O nome "Deus" vem logo antes do verbo "provar", o que significa que "o próprio Deus" fez o teste com Abraão.[1584]

1576 Reventlow, pg. 130.
1577 Westermann, Arten der Erzählungen, pg. 72.
1578 von Rad, Mose, pg. 208.
1579 von Rad, 1. Mose 22,1-19, GPM 1947, caderno 4, pg. 56.
1580 von Rad, Mose, pg. 208.
1581 Sobre a exegese de Lutero, cf. von Rad, Das Opfer, pg. 42-57.
1582 Martinho Lutero; citado por von Rad, Das Opfer, pg. 56 e 57.
1583 Hirsch, Genesis, pg. 347.
1584 Cf. Voigt, Geliebte Welt, pg. 170.

Diferentemente de outros termos hebraicos para "testar", a palavra "provar" ou "colocar à prova" (hebraico: *nisah*)[1585] dirige toda a atenção para aquele que será provado. Como ele se portará? Ele será aprovado? O conceito "submeter Abraão a uma prova" não é novo, ainda que o termo específico não apareça em outros textos. O relato da promessa divina quando Abraão é chamado para sair da Mesopotâmia (Gn 12.1ss) já contém o tema da tentação. A fome sem dúvida representou uma prova. Abraão não foi aprovado nela (Gn 12.10ss). A visita dos três mensageiros também foi uma prova para Abraão (Gn 18).[1586] Os exegetas rabínicos mencionam dez provas na vida de Abraão, e chamam a ordem de Deus para sacrificar Isaque de "coroa de todas as tentações".[1587] A novidade não é a prova para a fé de Abraão, mas a expressão de que **pôs Deus Abraão à prova** pessoalmente. Esta é a única vez no livro de Gênesis em que o nome de Deus aparece como agente em conjunto com a palavra "provar"[a]. O próprio Deus exige que Abraão lhe sacrifique Isaque. Por mais terrível e desumana que essa provação pareça a Abraão, "ainda assim trata-se da palavra do Deus que ele conhece; o Deus ao qual Abraão pertence deve estar nesta palavra".[1588]

a Êx 15.25;
16.4;
Dt 8.2,16;
13.3; 33.8;
Jz 2.22;
3.1,4;
2Cr 32.31;
Sl 26.2

A fé de Abraão é testada pessoal e diretamente por Deus. O livro de Jó narra um acontecimento parecido: Satanás, o anjo que decaiu de Deus e se alçou à condição de seu inimigo, duvidou da legitimidade da piedade de Jó. Por isso, Deus ordenou que Jó fosse provado por meio do sofrimento (Jó 1 e 2). O conceito da provação por parte de Deus é repetidamente analisado pelos sábios e mestres:

Porque o Senhor repreende a quem ama, assim como o pai, ao filho a quem quer bem (Pv 3.12), ou:

"Meu filho, quando entrares no serviço de Deus, persevera firme na justiça e no temor, e prepara a tua alma para a tentação" (Eclesiástico 2.1). Mesmo diante dos mais duros golpes, os crentes do Antigo Testamento sempre cogitavam a possibilidade de que Deus permitira que isso lhes acontecesse para provar a fidelidade deles a Deus. O incompreensível – ao menos assim supunha o crente no Antigo Testamento – podia ser "um evento de Deus para o qual o ser humano deve estar sempre preparado... Mas a provação de Abraão está muito acima daquilo que, de resto, era entendido como tentação ou provação em Israel".[1589]

Por trás da provação de Abraão não está o inimigo, mas somente Deus. Martinho Lutero a chama de "provação verdadeiramente patriarcal, que depois ninguém mais teria sido capaz de suportar".[1590] A provação de Abraão vai muito além das tentações da carne ou do diabo, ou seja: por trás da provação de Abraão não estavam os deuses desconhecidos, que queriam seduzi-lo a afastar-se de Deus, e também não estava na área sexual. Por trás da provação de Abraão não está o pensamento da educação divina, conhecida pelos mestres da sabedoria, e também não se

---

1585 Cf. Gerlemann, nisah, tentar, col. 69.
1586 von Rad, Mose, pg. 204.
1587 Hertz (ed.), pg. 74.
1588 Westermann, Genesis I/2, pg. 436.
1589 von Rad, Das Opfer, pg. 25.
1590 Lutero: "vere patriarchales tentationes, quas posteri non potuissent ferre"; citado por von Rad, 1. Mose 22,1-19, GPM 1947, caderno 4, pg. 58.

tratava de sofrimento físico, como no caso de Jó. Era uma "ordem direta de Deus, em que simplesmente não havia nada a interpretar".[1591]

A ordem de Deus foi tripla: toma – vai – sacrifica!

a) Toma [então] teu filho, teu único filho, Isaque, a quem amas!

Deus fala diretamente com Abraão, como uma pessoa se dirige a outra pessoa. A expressão: **Toma** [então] (hebraico: *kach-na'*) reflete uma ordem abrandada. Deus deseja que o sacrifício seja voluntário.[1592] Em conjunto com a palavra "então", a ordem "Toma" equivale a "por favor". Deus fala com Abraão de amigo para amigo![1593] O tamanho da dificuldade contida na exigência fica claro pela descrição tripla do filho de Abraão[1594]: **teu único filho, Isaque, a quem amas.**

Depois da expulsão de Ismael, Isaque é o único filho que restou a Abraão; também é o único de seu casamento com Sara.[1595] Ele é o *amado*, isto é, o insubstituível,[1596] aquele que "possui todo o amor do pai".[1597] Isaque, "presente de Deus e adornado com suas maravilhosas promessa",[1598] é o futuro de Abraão.

Deus diz a Abraão: exijo e peço-te teu único filho, "aquele a quem amas com toda a tua alma, é Isaque, ao qual está ligado todo o conteúdo da tua vida".[1599]

A descrição de Isaque como o único (hebraico: *jachid*) é complementada com as palavras "aquele, a quem amas".[1600] Em alguns lugares, a tradução grega do Antigo Testamento (Septuaginta) traduz a expressão "o único" (hebraico: *jachid*) com "o amado" (hebraico: *jadid*, grego: *agapetos*)[b].

b Am 8.10; Zc 12.10

Por ocasião do batismo de Jesus no Jordão, uma voz fala do céu: *Este é o meu Filho amado* (Mt 3.17; Mc 1.11; Lc 3.22). O evangelista João chama Jesus de *Filho unigênito* (ou seja, o único; hebraico: *jachid*, grego: *monogenes*)[c].

c Jo 1.14,18; 3.16,18; 1Jo 4.9

b) Vai-te à terra de Moriá!

A ordem "vai-te!" é igual à que apareceu no início do chamado de Abraão (Gn 12.1) e, como naquela vez, precisa ser traduzida como "vai-te, sozinho". "A vida de Abraão começa com uma convocação assim, isoladora, ligando-o tão somente a Deus; a mesma convocação, mas elevada à potência máxima, culmina o fim de sua vida".[1601] Abraão está sozinho diante de Deus!

O relato de como Deus lida sozinho com Abraão, e de como Abraão está sozinho na presença de Deus, lembra a oração de Jesus no Getsêmani[d], "que não foi presenciado por ninguém, nem mesmo pelos três

d Mt 26.36-46; Mc 14.32-42; Lc 22.39-46

1591 von Rad, Das Opfer, pg. 25.
1592 Lange, pg. 272.
1593 Hertz (ed.), pg. 74.
1594 Cf. Dillmann, pg. 291.
1595 Cf. Delitzsch, pg. 325.
1596 Cf. Lange, pg. 272.
1597 Dillmann, pg. 291.
1598 Delitzsch, pg. 325.
1599 Hirsch, Genesis, pg. 348.
1600 Sobre a ligação entre "o único" e "o amado", cf. Procksch, pg. 315.
1601 Hirsch, Genesis, pg. 348.

discípulos, que são mencionados como testemunhas, sendo, no entanto, testemunhas adormecidas".[1602]

Abraão precisa trilhar um caminho incomumente solitário, "sozinho e isolado". Ele precisa decidir sozinho, carregar o peso sozinho e suportar as consequências sozinho. Assim como teve que partir de Harã sem consultar e conversar com seus parentes,[1603] da mesma forma agora ele deve empreender o caminho sem falar nada a Sara.

A exegese judaica sublinhou a singularidade da incumbência divina "Vai-te, sozinho" com um poslúdio imaginado. Depois de voltar, Isaque contou à sua mãe que tinha sido amarrado sobre o altar do holocausto. Ouvindo isso, Sara teria dado seis gritos e morrido.[1604] Trata-se de algo inventado, mas que, ainda assim, mostra o alcance da ordem de Deus: "Vai-te, sozinho!"

O destino que Deus indica para a caminhada solitária de Abraão é a terra de Moriá. Como a expressão "terra de Moriá" aparece somente aqui no Antigo Testamento, este nome já trazia dificuldades para antigos tradutores. Alguns supunham tratar-se de uma terra chamada Marom. As traduções sírias leem *haamori*, terra dos amorreus. Portanto, o destino indicado por Deus seria na região de Siquém. Isso corresponde à tradição samaritana, que situa o cativeiro de Isaque no monte Gerazim.[1605] A Septuaginta traduz Moriá como "terra alta", enquanto Símaco e Jerônimo usam "terra da aparição".[1606]

O nome Moriá é mencionado mais uma vez no Antigo Testamento, com uma grafia ligeiramente alterada, a saber, em 2Cr 3.1: *Começou Salomão a edificar a Casa do Senhor em Jerusalém, no monte Moriá, onde o Senhor aparecera a Davi, seu pai, lugar que Davi tinha designado na eira de Ornã, o jebuseu*. Aqui, Moriá claramente designa o local onde ficava o monte do templo.

O nome Moriá aparece em uma inscrição em Laquis, nas proximidades de um antigo centro egípcio-cananeu, 18 km a oeste de Hebrom.[1607] Nessa inscrição, ele é relacionado com Jerusalém.[1608]

A "terra de Moriá" (Gn 22.2) significa "a região em torno do monte Moriá".[1609]

Na época de Abraão, o monte Moriá ficava fora da antiga cidade dos jebuseus. Vindo do Neguebe, Abraão precisava primeiro dar a volta em Salém, cidade do rei Melquisedeque. Abraão aproximou-se de Jerusalém vindo de uma direção que lhe permitia ver o monte Moriá de longe (Gn 22.4).

Na tradição judaica não há nenhuma dúvida de que a terra de Moriá seja a região em torno do que depois seria o monte do templo.[1610] Para os cristãos, o olhar vai mais longe. Assim como naquela época Moriá ficava "fora da cidade", Jesus também foi crucificado "fora da porta" (Hb 13.12).

1602 Harder, GPM 1962/63, pg. 105.
1603 Veja o comentário sobre Gênesis 12.1-3.
1604 Cf. Strack/Billerbeck, vol. IV, pg. 182.
1605 Harder, GPM 1962/63, pg. 104.
1606 Cf. Voigt, Weinstock, pg. 139.
1607 Sobre Laquis, cf. Keel/Küchler, vol. 2, pg. 881-923.
1608 H. Bartke, Bibel, Spaten und Geschichte, pg. 94; citado por Voigt, Geliebte Welt, pg. 170.
1609 Dillmann, pg. 291. Como fundamentação para sua tradução, Dillmann aponta para a formulação "terra de Jazer, terra de Gileade" (Nm 32.1), assim como para "Ai e sua terra" (Js 8.1) e "terra de Gósen" (Js 10.41); cf. também a argumentação de König, Genesis, pg. 547-549.
1610 Hertz (ed.), pg. 74.

Na época de Jesus, o Lugar da Caveira era fora dos muros da cidade. "A cruz ficava apenas a poucas centenas de metros de Moriá".[1611]

c) Oferece-o ali em holocausto, sobre um dos montes, que eu te mostrarei!

A terceira exigência de Deus, a de sacrificar o filho, transporta o leitor atual para uma época em que os sacrifícios humanos (de crianças) não eram raros. Entre os vizinhos de Israel, o sacrifício de crianças fazia parte da religião de amonitas e moabitas, fenícios, cananeus e egípcios.[1612] Durante todo o período da Antiga Aliança, Israel foi tentando pelos sacrifícios de adultos e crianças realizados nas outras religiões[e]. Em torno de Israel, praticavam-se os dois tipos de sacrifício humano: o repetido e o único. Entre os sacrifícios repetidos estavam, por exemplo, os sacrifícios que os cananeus faziam quando construíam algo (cf. 1Rs 16.34). Sacrifícios humanos únicos aconteciam em situações de emergência específicas (cf. 2Rs 3.27; Mq 6.7). Jefté cedeu à tentação e sacrificou sua filha (Jz 11). Também há informações sobre sacrifícios humanos com prisioneiros de guerra.[1613]

e Lv 18.21; 20.2ss; Dt 12.31; 2Rs 3.27; 16.3; 21.6; 23.10; Jr 7.31; 32.35; Ez 16.20; 20.26; Mq 6.7

O povo do Antigo Testamento frequentemente tinha que lidar com o assunto dos sacrifícios humanos. Os sacrifícios infantis eram duramente condenados (Dt 12.31; 1Rs 16.34; 2Rs 16.3; 17.17). O sacrifício de crianças em honra a Moloque era punido com a pena de morte (Lv 18.21; 20.2-5). No Antigo Testamento, o sacrifício a Moloque também é descrito como "passar pelo fogo" (Dt 18.10; 2Rs 16.3; 2Cr 28.3).[1614] Os sacrifícios infantis realizados em honra a Moloque são comprovados pelos numerosos esqueletos de crianças encontrados em escavações nos sítios religiosos de fenícios e púnicos. Supõe-se que nestes lugares houvesse culto a mortos, já que o ser humano sacrificado era visto como um deus.[1615]

Israel abominava e proibia os sacrifícios humanos, tanto de adultos quanto de crianças. Trechos da lei que poderiam indicar sacrifícios infantis eram imediatamente esclarecidos. No mandamento: *Consagra-me todo primogênito; todo que abre a madre de sua mãe entre os filhos de Israel* (Êx 13.2,12) segue-se uma explicação em relação ao "primogênito do homem": tu o *resgatarás* (Êx 13.13). A instrução: *O primogênito de teus filhos me darás* (Êx 22.29) é cumprida pela ordem do resgate: *Remirás todos os primogênitos de teus filhos* (Êx 34.20). A lei "não possibilita a execução factual do sacrifício humano".[1616]

Trata-se de uma "avaliação muito superficial"[1617] julgar que tenha havido em Israel uma época em que "o sacrifício infantil na adoração a Javé também era considerado agradável".[1618] O Antigo Testamento não dá argumentos que permitam afirmar que em algum momento – por mais remota que seja essa época – Deus também tivesse aceitado sacrifícios humanos.[1619]

1611 Voigt, Geliebte Welt, pg. 175.
1612 Comprovações em Gunkel, pg. 241s e Dillmann, pg. 290.
1613 Westermann, Genesis I/2, pg. 437.
1614 Stolz, THAT, vol. I, col. 244.
1615 Soggin, THAT, vol. I, col. 918 e 919.
1616 Westermann, Genesis I/2, pg. 438.
1617 König, Genesis, pg. 552.
1618 Gerson, A.: Die Scham, 1919, pg. 33; citado por König, Genesis, pg. 552, obs. 2.
1619 Hertz (ed.), pg. 74.

Não se pode dizer que a tentação de Abraão consistia na exigência, da parte do Deus vivo, de que ele realizasse um sacrifício humano, como faziam os deuses pagãos. A ordem para oferecer Isaque em holocausto era uma prova de Deus. O holocausto era um sacrifício completo, a queima e destruição total.[1620] Se, ao sair de sua terra para seguir o chamado de Deus, Abraão tinha se separado de seu passado, agora ele deveria "sacrificar todo o seu futuro com Deus".[1621]

A solicitação de Deus em relação ao sacrifício de Isaque era, para Abraão, uma contradição em relação às promessas que ele recebera no tocante ao menino. Do ponto de vista de Abraão, não se tratava de sacrificar o único filho, mas de suportar a tensão causada pela "oposição" entre a ordem de Deus e as promessas que ele mesmo dera.[1622] "Esta é a verdadeira tentação: de que a palavra de Deus se opõe à palavra de Deus... A carne não suporta essa contradição, e pensa: Deus está mentindo, ou então ele me odeia".[1623] Abraão não deve apenas sacrificar o filho, mas, junto com ele, todo o futuro que lhe fora prometido. A vida inteira de Abraão estava "voltada para a redenção por Deus, e agora Abraão deve sacrificar esta redenção".[1624] A prova que Deus impôs a Abraão consistia em suportar essa tensão: se Deus cumpriria sua promessa ou se ele a abandonaria. É trágico quando os exegetas querem limitar a provação de Abraão somente ao fato de que ele deveria sacrificar seu único filho. Isso leva a falhas de interpretação:

» A identificação com Abraão

Pessoas que pensam se reconhecer em Abraão, que se identificam totalmente com ele, podem chegar ao ponto de imolar seu próprio filho, pensando que estão sacrificando-o. Um exemplo recente do mundo islâmico é o sacrifício que o turco Mumin fez nos anos 1960.[1625] Mumin tinha sido preso, mas era inocente. Na prisão, ele jurou: "Se eu for libertado e tiver mais um filho, ele se chamará Ismael. Assim como Abraão sacrificou seu filho, também sacrificarei o meu Ismael". Um ano depois de voltar para sua aldeia natal, ele teve um filho. Ele chamou-o de Ismael. Não falou com ninguém sobre seu juramento. Manteve-o em segredo até depois de cometer o ato. Ele passou a associar qualquer desgraça que acontecia na aldeia com "sua culpa" por ainda não ter sacrificado Ismael. A gota d'água para que Mumin tomasse uma atitude foi uma pregação sobre juramentos, feita pelo sacerdote islâmico: "Um juramento não cumprido pesa sobre a comunidade da aldeia inteira".

Em 1962, Mumin imolou seu Ismael. Ele o abateu como se faz com um cordeiro. Mumin foi condenado à morte, mas a sentença capital foi comutada em prisão perpétua. Na prisão, Mumin só falava do juramento que tinha feito. No dia 12 de maio de 1974, ele foi indultado e saiu da cadeia. Pouco tempo depois, morreu.

1620 Cf. Westermann, Genesis I/2, pg. 438.
1621 von Rad, Das Opfer, pg. 31.
1622 von Rad, 1. Mose 22,1-19, GPM 1947, caderno 4, pg. 57.
1623 Harder, GPM 1962/63, pg. 109.
1624 Voigt, Geliebte Welt, pg. 173.
1625 A vida do turco Mumin foi retratada em um documentário, transmitido pela TV alemã em fevereiro de 1984.

» A idealização do martírio

No judaísmo, o relato do cativeiro de Isaque fundamentou a idealização do martírio, o mais tardar a partir da revolta dos macabeus (167-143/42 a.C.). A decisão de Abraão de amarrar Isaque e sua disposição em sacrificá-lo tornaram-se modelos para a postura judaica. Entrou para a história o acontecimento envolvendo Ana e seus sete filhos: *Entretanto a mãe deles, sobremaneira admirável, e digna da memória dos bons, vendo morrer os seus sete filhos em um só dia, suportava com ânimo constante a sua morte, pela esperança que tinha em Deus* (2 Macabeus 7.20). De acordo com um relato judaico, antes do sacrifício, Ana teria dito ao mais novo de seus filhos: "Vá até Abraão, nosso pai, e conte-lhe que andei pelo seu caminho de forma ainda mais perfeita. Ele sacrificou um filho, eu, sete. Ele amarrou Isaque para sacrificá-lo, eu executei o sacrifício".[1626]

Na Idade Média, pais e mães judeus sacrificavam, com uma coragem sobre-humana, seus filhos e a si mesmos como "sacrifícios a Deus". Assim eles queriam impedir que as crianças renegassem sua fé e fossem forçadas a se batizar. Uma poesia judaica moderna, de J. L. Gordon, diz:

> Sacrificamos tudo.
> Entregamos: nossa prosperidade,
> nossas casas, nossa honra,
> nosso lar, nossa saúde,
> nossa vida – assim como Ana entregou seus sete filhos –
> apenas por amor à lei, que do céu
> recebemos.[1627]

Até hoje, os judeus podem ser chamados de o povo clássico dos mártires. Os judeus piedosos extraem sua força permanente para o martírio do relato do cativeiro de Isaque.[1628]

» Abraão como exemplo

Para Søren Kierkegaard (1813-1855) – a quem Martin Buber chama de "pensador do cristianismo"[1629] – Abraão é o modelo por excelência: "Abraão é um exemplo eterno do religioso; assim como ele teve que sair da terra de seus pais para a terra estrangeira, o religioso precisa emigrar voluntariamente, isto é, abandonar toda a época de seus contemporâneos, isolando e afastando-se deles, apesar de continuar entre eles. O 'ser estrangeiro', o exílio, é justamente o sofrimento peculiar do homem religioso".[1630]

Para Kierkegaard, Abraão é o "arquétipo" que o dirigiu na sua decisão de romper o noivado com Regine Olsen.[1631] Kierkegaard e Olsen tinham celebrado seu noivado em 10 de setembro de 1840. Mas, no dia 11 de outubro de 1841, Kierkegaard rompeu o noivado. Dois anos depois, publicou as obras *Ou isso, ou aquilo, A repetição* e *Temor e tremor*.

1626 Hertz (ed.), pg. 201.
1627 Gordon, J. L.; citado por Hertz (ed.), pg. 201.
1628 Cf. Hertz (ed.), pg. 201.
1629 Buber, M., Die Frage an den Einzelnen, Berlim, 1936, pg. 11-14; citado por Gerdes (ed.), Die Tagebücher, pg. 346.
1630 Kierkegaard, Die Tagebücher; citado por Schlechta, pg. 250.
1631 Paulsen, pg. 57.

Na obra *Ou isso, ou aquilo*, Kierkegaard retoma o diálogo com Regine. Anteriormente ele tinha escrito *Diário de um sedutor*, com a finalidade de afastá-la de si. Mas ficou devendo uma resposta a Regine tanto em *Diário de um sedutor* quanto em *Ou isso, ou aquilo*. Como fica claro em seus diários, ele tinha pretendido justificar o rompimento do noivado com o fato de ser muito melancólico: "A única coisa que falta neste livro é um conto que comecei e depois abandonei... Deveria chamar-se 'Amor infeliz'. Seria o contraponto ao sedutor. Nele, o herói faria exatamente os mesmos movimentos que o sedutor, mas sua motivação seria a melancolia".[1632]

Na Páscoa de 1843, Kierkegaard e Regine Olsen encontraram-se rapidamente. Regine acenou-lhe com a cabeça durante o culto. Kierkegaard conclui daí que ela não o teria esquecido e perguntou-se se um novo começo, uma "repetição", seria possível. Ele tinha que encontrar uma resposta. Encontrou-a em seu livro *Temor e tremor*. Na história bíblica do sacrifício de Abraão, ele reconheceu sua própria história.[1633] *Temor e tremor* é uma "paráfrase do conflito da vida do próprio Søren Kierkegaard".[1634] Em repetidas novas abordagens de pensamento poético, ele tenta reencontrar sua própria existência no exemplo bíblico básico de Abraão. Em uma de suas tentativas de explicação, ele diz:

> Ele (Abraão) subiu a montanha, mas Isaque não o entendia. Por um momento, virou-se para o outro lado, e quando Isaque viu novamente o rosto do pai, este estava transformado. Seu olhar era selvagem, sua figura, assustadora. Agarrando Isaque pelo peito, jogou-o no chão e disse: "Menino tolo, você acha que sou seu pai? Que sou idólatra? Você acha que isso é ordem de Deus? Não, é minha própria vontade!" Em seu pavor, Isaque gritou: "Deus do céu, tem misericórdia de mim! Se não tenho pai na terra, sê tu então meu pai!" E Abraão disse baixinho, para si mesmo: "Senhor dos céus, agradeço-te, pois é melhor que ele pense que sou um monstro do que perca a fé em ti".[1635]

Nos seus diários, o diálogo pessoal de Abraão soa da seguinte forma: "Que seja assim; pois é melhor que ele pense que sou um monstro, e que me amaldiçoe por ser seu pai, e continue adorando a Deus, do que saber que Deus foi quem apresentou essa tentação, pois assim perderia a razão e talvez amaldiçoasse a Deus". – No fim da anotação, estão as palavras: "Este seria o dilema de Abraão. – Quem explicar esse mistério, terá explicado a minha vida".[1636]

Depois de separar-se de Regine Olsen, Søren Kierkegaard tornou-se um homem tão sozinho e solitário quanto poucos antes ou depois dele. Martin Buber chama o rompimento do noivado de Kierkegaard de "acontecimento central da sua vida, e cerne da cristalização de seu pensamento". Martin Buber continua dizendo que esta sua posição só e solitária "era de um tipo diferente das de outros pensadores cristãos antigos que poderíamos associar a ele, como Agostinho ou Pascal. Não foi casual

---

[1632] Citado por Paulsen, pg. 95.
[1633] von Rad, Das Opfer, pg. 62.
[1634] Geismar, pg. 172.
[1635] Kierkegaard, Furcht und Zittern; citado por von Rad, Das Opfer, pg. 64 e 65.
[1636] Kierkegaard, Die Tagebücher; citado por Gerdes (ed.), Die Tagebücher, pg. 88.

o fato de Agostinho ter tido a companhia de sua mãe e Pascal, de sua irmã, mantendo assim sua ligação orgânica com o mundo como só uma mulher, embaixadora dos elementos, pode fazer".[1637]

Na visão de Kierkegaard, as ações de Abraão ultrapassam os limites da ética. Abraão desliga seu amor paterno. Kierkegaard queria sacrificar o amor por sua noiva.

Kierkegaard atribui um esquema de três categorias existenciais ao ser humano, que ele enxerga como "estágios", isto é, fases de desenvolvimento: o estético, o ético e o religioso-cristão. Para Kierkegaard, os dois primeiros são "pré-estágios que, ainda que tragam alguma realização ao ser humano, invariavelmente o levarão a 'encalhar'".[1638] Portanto, para Kierkegaard até mesmo a ética tem seus limites. Neste contexto, ele fala de uma "suspensão da ética", isto é, não um encerramento definitivo das demandas éticas, mas "uma revogação do compromisso de validade geral justificada a partir de uma instância última".[1639] Sozinho diante de Deus, o ser humano pode ser forçado a transgredir a ética, assim como aconteceu com Abraão, no seu propósito de sacrificar Isaque, e com ele mesmo, ao romper seu noivado. Abraão suspendeu seu amor pelo filho e Kierkegaard, seu amor por Regine, sem que essas decisões pudessem ser reconhecidas por uma ética de orientação humana. Kierkegaard não entende a "suspensão da ética" como uma revogação geral de todos os compromissos éticos, mas uma "revogação teleológica" em casos especiais, isto é, a suspensão tem um objetivo muito definido, um propósito mais elevado. "O objeto da suspensão não é perdido, mas preservado justamente em seu nível mais elevado, seu *telos*, seu propósito".[1640] Ao sacrificar Isaque, o filho da promessa, Abraão "sabe que Isaque e a promessa estão guardados no amor eterno de Deus, assim como Kierkegaard, ao perder Regine, alcançou um relacionamento eterno com ela".[1641]

Mas Kierkegaard só chegou a este relacionamento eterno com Regine depois de "romper com a fé em Deus segundo o Antigo Testamento".[1642] Já em outubro de 1843, quando publicou *Temor e tremor* e *A repetição*, Kierkegaard redigiu *Três discursos edificantes*, em que faz uma contraposição severa entre a fé do Antigo Testamento e a fé cristã. Mas a prova clara da mudança na posição de Kierkegaard em relação a Abraão só aparece na assim chamada *Retractio*, um resumo da história de Abraão registrado em seu diário de 1853, dois anos antes de sua morte. Em 3 de novembro de 1847, Regine Olsen tinha se casado com Fritz Schlegel. Acabara-se a ideia de uma relação eterna com Regine. Para Kierkegaard, a fé de Abraão não era mais "arquétipo", mas "fé falsa", baseada somente em uma esperança terrena. Kierkegaard intitulou seu registro no diário de 1853 com as palavras "Novo temor e tremor". Ali ele escreve:

1637 Buber, M., Die Frage an den Einzelnen, Berlim, 1936, pg. 11-14; citado por Gerdes (ed.), Die Tagebücher, pg. 346.
1638 von Rad, Das Opfer, pg. 58.
1639 Paulsen, pg. 100.
1640 Kierkegaard; citado por Geismar, pg. 179.
1641 Geismar, pg. 179.
1642 Gerdes, Christusverständnis, pg. 29.

E Abraão subiu o monte Moriá com Isaque. Ele decidiu falar com Isaque – e consegue convencê-lo de que se trata da vontade de Deus, de forma que Isaque está disposto a ser sacrificado.

E ele rachou a lenha, e amarrou Isaque e acendeu a fogueira – beijou Isaque mais uma vez; agora não estavam mais unidos como pai e filho, mas como amigos, como filhos obedientes de Jeová. Ele pegou a faca e a enfiou (no coração) de Isaque.

No mesmo momento, o Senhor Jeová apareceu em pessoa ao lado de Abraão e disse: "Velho, velho, o que fizeste? Não ouviste o que eu disse, que eu chamava: 'Abraão, Abraão, pare?'"

Mas Abraão respondeu, com uma voz que denotava em parte submissão obediente e, em parte, confusão de espírito: "Não, Senhor, não ouvi. Grande era a minha dor – tu o sabes bem; pois tu sabes dar o melhor, e também exiges o melhor – mas isso foi atenuado pelo fato de Isaque me entender e, na alegria de saber que um entendia o outro, não ouvi nem mesmo a tua voz, mas enfiei, obedientemente, a faca na vítima obediente".

Então, Jeová trouxe Isaque de volta à vida. Mas, em luto silencioso, Abraão disse a si mesmo: "Isto não pode ser Isaque", e, de certa forma, também não era, pois Isaque tinha entendido o que ele mesmo compreendera no monte Moriá: que tinha sido escolhido como holocausto para Deus; por isso, em certo sentido, tinha se tornado um homem idoso, tão velho quanto Abraão; ele não era mais o mesmo Isaque, e somente na eternidade eles teriam combinado bem um com o outro.

Senhor Jeová previu isso, e teve misericórdia de Abraão, e, como sempre, consertou tudo, de forma infinitamente melhor, como se o errado não tivesse acontecido, "há", disse ele a Abraão, "uma eternidade na qual, em breve, estarás reunido com Isaque, onde vocês estarão junto para todo o sempre".

"Se tivesses ouvido a minha voz e parado – então tu terias ganhado Isaque para esta vida, mas não terias aprendido que há uma eternidade. Foste longe demais, estragaste tudo – mas eu farei tudo ainda melhor do que se não tivesses ido longe demais... há uma eternidade".

Este é o relacionamento entre o judaísmo e o cristianismo. No cristianismo, Isaque é realmente sacrificado – mas então vem a eternidade; no judaísmo, tudo não passava de um teste; Abraão conserva Isaque, mas desta forma tudo acaba restrito basicamente a esta vida.[1643]

Søren Kierkegaard resignou diante de Abraão.

2. O caminho: 22.3-8

3 Levantou-se, pois, Abraão de madrugada e, tendo preparado o seu jumento, tomou consigo dois dos seus servos e a Isaque, seu filho; rachou lenha para o holocausto e foi para o lugar que Deus lhe havia indicado.

4 Ao terceiro dia, erguendo Abraão os olhos, viu o lugar de longe.

5 Então, disse a seus servos: Esperai aqui, com o jumento; eu e o rapaz iremos até lá e, havendo adorado, voltaremos para junto de vós.

1643 Kierkegaard, Die Tagebücher; citado por Gerdes, Christusverständnis, pg. 30-31.

6 Tomou Abraão a lenha do holocausto e a colocou sobre Isaque, seu filho; ele, porém, levava nas mãos o fogo e o cutelo. Assim, caminhavam ambos juntos.
7 Quando Isaque disse a Abraão, seu pai: Meu pai! Respondeu Abraão: Eis-me aqui, meu filho! Perguntou-lhe Isaque: Eis o fogo e a lenha, mas onde está o cordeiro para o holocausto?
8 Respondeu Abraão: Deus proverá para si, meu filho, o cordeiro para o holocausto; e seguiam ambos juntos.

O leitor da Bíblia sabe: Deus está provando Abraão. Ao mesmo tempo, ele já conhece o final feliz. Por isso, não espera nenhum "sensacionalismo terrível",[1644] mas dirige toda a sua expectativa para a atitude de Abraão em cada detalhe desta provação.

a) A decisão de Abraão

Depois de Deus ter falado, Abraão pôs-se a obedecer às suas ordens sem qualquer contestação, ainda que, aos seus olhos, a incumbência fosse incompreensível e ameaçadora.[1645] Preparou tudo para a saída: **Levantou-se, pois, Abraão de madrugada e, tendo preparado o seu jumento, tomou consigo dois dos seus servos e a Isaque, seu filho; rachou lenha para o holocausto e foi para o lugar que Deus lhe havia indicado.** 3

Abraão não tinha o conhecimento, isto é, não conseguia compreender o propósito de Deus, mas age de forma convicta e sem fazer concessões.[1646] O fato de Isaque ser mencionado somente no fim, depois dos servos, não é casual nem insignificante. Naquela época, Isaque era um homem de trinta e sete anos. Abraão não queria dizer nada a ele nem a Sara. Por isso, evitou ao máximo ficar sozinho com ele, a fim de "bloquear" seus sentimentos.[1647] O destino da caminhada era a terra de Moriá, o lugar que Deus tinha lhe indicado. Abraão sabia a região para onde deveria ir, mas não conhecia o lugar exato onde sacrificaria seu filho. A expressão "o lugar que Deus lhe havia indicado" também pode ter o sentido de "o lugar que Deus lhe mostraria".[1648] Para Abraão – assim como para qualquer pessoa que tem medo de trilhar certo caminho – o destino é desconhecido. Abraão foi obediente e "entrou na noite que Deus abriu à sua frente".[1649]

b) O silêncio

A caravana viajou durante três dias. O prazo de três dias[f] era um tempo de preparo para acontecimentos importantes também em outros trechos do Antigo Testamento.[1650] Durante estes três dias, a convicção e a irredutibilidade de Abraão no cumprimento da incumbência de Deus

f Gn 31.22; 34.25; 40.20; 42.18; Êx 3.18; 5.3

1644 von Rad, Das Opfer, pg. 23.
1645 Cf. Westermann, Genesis I/2, pg. 438.
1646 Cf. Doppelfeld, pg. 11: "Na maioria das vezes, o que nos falta não é o conhecimento nem a compreensão das necessidades da vida cristã, mas a convicção e a ausência de concessões".
1647 Hirsch, Genesis, pg. 350s.
1648 Westermann, Genesis I/2, pg. 439.
1649 von Rad, Das Opfer, pg. 28.
1650 Cf. Westermann, Genesis I/2, pg. 439.

se fortaleceram. Sua obediência era "firme, e não apenas uma breve emoção".[1651] Os três dias e três noites de caminhada foram envoltos em silêncio. Ninguém disse nada. Abraão não agiu como Jó, despejando sua dor na frente dele. Ficou em silêncio e suportou o silêncio. Há "coisas que estão mais bem guardadas no silêncio do que nas palavras mais bem-intencionadas... situações em que o silêncio é mais expressivo do que as palavras".[1652]

4 No terceiro dia, Abraão rompeu o silêncio. Ele tinha visto o monte. No Antigo Testamento, a expressão "erguendo os olhos" (hebraico: *nasa' 'ajin*) descreve a ação de elevar o olhar e contemplar o entorno de forma consciente, proposital.[1653] Abraão tinha olhado em volta de forma consciente. Ele temia ver o lugar que Deus tinha escolhido para o sacrifício. No terceiro dia, a hora chegara. A pequena caravana separou-se em dois grupos. Abraão ordenou aos dois servos que permanecessem ao pé do monte. "Abraão precisa executar sozinho a ordem que recebera".[1654] Para **5** os servos, ele diz: **Eu e o rapaz iremos até lá e, havendo adorado, voltaremos para junto de vós.** Como já fazia três dias que Abraão estava carregando a madeira e o fogo para o holocausto, os servos sabiam que ele queria fazer um sacrifício. Mas Abraão chamou aquilo que estava prestes a fazer de "adoração". Para Abraão, o holocausto é adoração. Ao mesmo tempo, não conta aos servos o que precisa ser feito, e explica: "nós vamos voltar para cá". Seria esta frase uma mentira de emergência, ou estaria Abraão "tentando encobrir, de forma errada, suas verdadeiras intenções"?[1655] Para os exegetas rabínicos, é impensável que Abraão tenha mentido, nem que fosse por necessidade. Eles partem do princípio de que o Espírito de Deus tenha inspirado estas palavras a Abraão. Assim, Abraão disse a verdade, mesmo que no momento ele mesmo ainda não conseguisse reconhecê-la.[1656]

c) A conversa

Com Isaque, Abraão começou então a caminhada mais difícil que um pai já fez com seu filho. O silêncio está repleto de palavras não ditas, mas também de gestos visíveis. Mesmo que Isaque fosse um homem, Abraão divide as cargas de forma que ele mesmo carregue os objetos perigosos, a faca e o vasilhame com o fogo.[1657] Mas Isaque tinha chegado ao limite do silêncio, a incerteza tornara-se demais para ele. Quebrou o silêncio, **7** iniciando uma conversa com as palavras **Meu pai!** "No silêncio, em que cada um está sozinho, o chamado cria uma ligação que permite uma conversa".[1658] A resposta do pai: **Eis-me aqui, meu filho!**, demonstra que ele está disposto a ouvir. A conversa em si consiste de uma única pergunta e **8** uma resposta: **Eis o fogo e a lenha, mas onde está o cordeiro para o holocausto? ... Deus proverá para si, meu filho, o cordeiro para o holocausto.**

1651 von Rad, Mose, pg. 205.
1652 von Rad, Das Opfer, pg. 30.
1653 Hirsch, Genesis, pg. 350.
1654 Westermann, Genesis I/2, pg. 439.
1655 Kilian, pg. 102.
1656 Hertz (ed.), pg. 74.
1657 Cf. von Rad, Mose, pg. 205.
1658 Westermann, Genesis I/2, pg. 440.

Isaque espera que o pai lhe explique o inexplicável. Mas Abraão não dá uma resposta direta. Ele desvia. A resposta de Abraão "se aproxima muito da solução",[1659] está cheia de "amor cuidadoso".[1660] "Ela contém uma verdade da qual o próprio Abraão ainda não tem consciência".[1661] Ela aponta para Deus! Ao responder a pergunta de seu filho, Abraão "de certa forma devolve a iniciativa a Deus: 'Deus proverá para si'".[1662] Em uma tradução livre, a resposta é: "O próprio Deus vai providenciar"[1663] ou: "Vamos deixar isso por conta de Deus".[1664] A resposta de Abraão "na mais profunda dor da alma... em terrível sofrimento e, ainda assim, obediência irredutível"[1665] mais tarde se confirma no nome que ele dá ao monte (Gn 22.14). "É raro que a Bíblia diga de forma tão enfática e clara que Deus é um Deus vivo".[1666] As últimas palavras que Abraão diz na conversa com Isaque são **meu filho**. A conversa está aninhada na constatação repetida de que **caminhavam ambos juntos**. A tradução de Buber diz: "E os dois andaram juntos".[1667] O último trecho do caminho foi novamente percorrido em silêncio.[1668] A conversa tinha ficado em aberto. Dificilmente a resposta de Abraão terá deixado Isaque satisfeito. Mas ele não perguntou mais nada. "Provavelmente, ele percebeu, pela resposta de seu pai, que este não poderia dizer mais nada".[1669]

6/8

Nem todos os exegetas se conformam com o silêncio de Abraão. O historiador judeu Josefo (37/38 – aprox. 100) – que, entre outras coisas, foi um dos generais e defensores da Galileia durante a guerra entre judeus e romanos (ano 66) – imaginou um discurso emocionado de Abraão. De acordo com Josefo, Abraão conta a Isaque quanto tempo precisou esperar pela promessa e quão incompreensível lhe parecia agora que tivesse que sacrificar o filho que o próprio Deus lhe dera. Sobre Isaque, Josefo diz que ele aceitou as palavras de Abraão com alegria.[1670]

Também Lutero lamenta que as demais conversas entre Abraão e Isaque não tenham sido registradas, "mas disso não tenho dúvida: o pai terá feito um discurso excelente ao filho, cujo conteúdo e essência terão sido, principalmente, o mandamento de Deus e a ressurreição dos mortos".[1671]

Em uma gravura de 1645, o pintor holandês Rembrandt (1606-1669) também parte do princípio de que, o mais tardar no local do holocausto, tenha havido uma conversa entre Abraão e Isaque. Atrás de Abraão está o vasilhame com o fogo, o cutelo está pendurado na sua cintura, Isaque, na frente de um precipício. Ele segura com as duas mãos o feixe de madeira apoiado no chão. Sobre seu rosto vê-se uma sombra escura. Por trás da figura do jovem forma-se uma ameaçadora nuvem preta. No

f Gn 31.22;
34.25; 40.20;
42.18;
Ex 3.18; 5.3

1659 Jacob, B.; citado por von Rad, Mose, pg. 206.
1660 Delitzsch, pg. 326.
1661 von Rad, Mose, pg. 206.
1662 Westermann, Genesis I/2, pg. 440.
1663 Gunkel, H.; citado por Voigt, Geliebte Welt, pg. 170.
1664 Hirsch, Genesis, pg. 352.
1665 Gunkel, pg. 238 e 239.
1666 Westermann, Genesis I/2, pg. 440.
1667 Buber, Fünf Bücher der Weisung, pg. 58.
1668 Cf. von Rad, Mose, pg. 206.
1669 Westermann, Genesis I/2, pg. 440.
1670 Cf. von Rad, Das Opfer, pg. 29 e 30.
1671 Lutero, M.; citado por von Rad, Das Opfer, pg. 53.

centro da imagem – e ao mesmo tempo a meio caminho entre os olhos dos dois homens, está a mão de Abraão. Com o indicador, ele aponta para cima.[1672] Abraão não apela para a coragem de Isaque. Ele também não fala de sua convicção ou de sua fé inabalável. Aponta para cima. O rosto preocupado de Abraão e a mão direita que agarra o coração são indicações de que sua fé foi abalada. Não há fé que seja forte o suficiente para que o ser humano consiga sustentar-se apenas nela. Com o indicador, Abraão aponta para Deus.[1673]

Por baixo dessa imagem de Rembrandt, poderiam ser escritas as seguintes palavras do salmista:

> Quando o coração se me amargou,
> e as entranhas se me comoveram,
> eu estava embrutecido e ignorante,
> era como um irracional à tua presença.
> Todavia, estou sempre contigo,
> tu me seguras pela mão direita.
> Tu me guias com o teu conselho
> E depois me recebes na glória.
> Quem mais tenho eu no céu?
> Não há outro em quem me compraza na terra.
> Ainda que minha carne e o meu coração desfaleçam,
> Deus é a fortaleza do meu coração
> e a minha herança para sempre (Salmo 73.21-26).

3. O sacrifício: 22.9-14

9 Chegaram ao lugar que Deus lhe havia designado; ali edificou Abraão um altar, sobre ele dispôs a lenha, amarrou Isaque, seu filho, e o deitou no altar, em cima da lenha.

10 e, estendendo a mão, tomou o cutelo para imolar o filho.

11 Mas do céu lhe bradou o Anjo do Senhor: Abraão! Abraão! Ele respondeu: Eis-me aqui!

12 Então, lhe disse: Não estendas a mão sobre o rapaz e nada lhe faças; pois agora sei que temes a Deus, porquanto não me negaste o filho, o teu único filho.

13 Tendo Abraão erguido os olhos, viu atrás de si um carneiro preso pelos chifres entre os arbustos; tomou Abraão o carneiro e o ofereceu em holocausto, em lugar de seu filho.

14 E pôs Abraão por nome àquele lugar – O Senhor Proverá [ou: "o Senhor vê"]. Daí dizer-se até ao dia de hoje: No monte do Senhor se proverá.

Chegando ao monte, Abraão começa a executar a incumbência que recebera de Deus, sem dizer palavra alguma. Abraão está decidido a sacrificar Isaque, seu único filho. Sem conhecer bem as afirmações bíblicas sobre o holocausto, o leitor corre o risco de usar dois pesos e duas medidas.

1672 Hoekstra (ed.), vol. IV, pg. 28 e 29.
1673 Cf. von Rad, Das Opfer, pg. 88 e 89.

Por um lado, sente repulsa ao imaginar o ato terrível que Abraão está prestes a cometer; mas, por outro lado, aceita que vidas humanas sejam sacrificadas – no passado e no presente – em nome de "grandes coisas" ou "necessidades maiores". Basta lembrar aqui das guerras atrozes que custaram inúmeras vidas e também da pena de morte que ainda existe em alguns países. Assim, a mesma pessoa pode sentir repulsa pelo cativeiro de Isaque e, ao mesmo tempo, observar, com satisfação, a execução de um criminoso. Essa "moralidade dúbia" – repulsa de um lado, satisfação de outro – surge sempre que ideias extrabíblicas são inseridas em textos da Bíblia. Em todo o relato bíblico não há uma única exigência de sacrifício em nome de uma causa maior, muito menos uma justificação para o sacrifício humano e até mesmo infantil. O ensino bíblico afasta-se claramente das exigências de sacrifícios comuns no mundo extrabíblico.

No entorno de Israel, o sacrifício era visto como a entrega de um bem precioso a alguma divindade, fosse para expressar gratidão ou para pedir misericórdia.

Os termos usados para sacrifício no Antigo Testamento já mostram que o holocausto bíblico não tem *nada* em comum com estes sacrifícios pagãos. A fim de deixar isso o mais claro possível, a tradução de Martin Buber para o texto bíblico desiste totalmente de usar os conhecidos termos "sacrifício" e "sacrificar", assim como os termos técnicos "holocausto" e "oferta de manjares". Para verter os termos veterotestamentários para sacrifício, Martin Buber se baseia na palavra *"korban"*. Para Buber, *korban* é o termo que abrange todos os sacrifícios do Antigo Testamento, pois ele descreve o relacionamento do ofertante com seu Deus. Dentro da palavra *korban* está o verbo "chegar, aproximar-se" (hebraico: *karab*). "O sentido da oferta é aproximar-se de Deus por meio dela; portanto: aproximação, chegada, aproximar(-se), achegar(-se)".[1674] Buber procura fazer com que essa lembrança do significado original comum a todas as ofertas, o aproximar-se, ressoe na tradução de cada um dos termos dos diferentes tipos de sacrifícios. Por isso, ele traduz "holocausto" (hebraico: *'olah*) como "elevação" e "oferta de manjares" (hebraico: *mincha*) como "direcionamento". Por meio da oferta, o ser humano estabelece contato com Deus. Ao trazer seu sacrifício, o ofertante deseja expressar nada mais do que seu anseio por comunhão com Deus. A oferta não é dádiva de gratidão nem de reconciliação, mas uma substituição para aquilo que o ser humano fica devendo a Deus.[1675] Tudo o que o ser humano é e possui deve a Deus. Mas, por causa do pecado, ele se afastou de Deus. Com a oferta, ele expressa sua disposição em entregar-se a Deus.[1676] O ofertante mostra que deseja ter novamente comunhão com Deus.

A palavra "sacrifício" é traduzida como "dádiva imolada", e Buber explica: "Um animal é imolado, uma parte é ofertada e o restante é comido: há, assim, em um só ato, comunhão com Deus e com as pessoas, e cada refeição conjunta inclui uma oferta. No mesmo contexto está o fato de que frequentemente a oferta é associada à palavra 'gratidão' e a uma palavra intimamente relacionada a 'paz'".[1677]

1674 Buber, Zu einer neuen Verdeutschung der Schrift, pg. 19.
1675 Cf. Voigt, Geliebte Welt, pg. 175.
1676 Voigt, Weinstock, pg. 139.
1677 Buber, Zu einer neuen Verdeutschung der Schrift, pg. 20.

Quando o texto fala da "oferta queimada" (hebraico: *reach nichoach*), Buber não traduz como "aroma agradável", mas como "aroma do agrado" (Êx 29.18).[1678] O propósito do aroma da oferta não é agradar a Deus, mas é um sinal de que o ser humano se agrada em Deus. A tradução dos termos relacionados à oferta não é simples acrobacia semântica. Ela ajuda a entender as ofertas praticadas no Antigo Testamento.

A oferta cujo sentido é restabelecer a comunhão com Deus também é a base para compreender o conceito neotestamentário de oferta. Os muitos tipos de oferta que as pessoas traziam para conseguir comunhão com Deus eram incapazes de restabelecê-la. As ofertas não passavam de expressão do anseio das pessoas. Elas não tinham condições de "eliminar o pecado" (Hb 10.11). Mas Jesus, *tendo oferecido, para sempre, um único sacrifício pelos pecados, assentou-se à destra de Deus, aguardando, daí em diante, até que os seus inimigos sejam postos por estrado dos seus pés. Porque, com uma única oferta, aperfeiçoou para sempre quantos estão sendo santificados* (Hb 10.12-14).

De acordo com a mensagem do Novo Testamento, os sacrifícios do Antigo Testamento "são apenas sombras, mas não o objeto em si".[1679] São tentativas humanas de substituição, que apontam para o *substituto* que o próprio Deus deu em Jesus. Deus sacrificou aquilo que há de mais precioso nos céus e na terra, seu único Filho. Era mais do que um sacrifício humano. Era o "Senhor da glória" pregado na cruz (1Co 2.8).

Os sacrifícios do Antigo Testamento são prenúncios do sacrifício de Jesus. Jesus é a oferta de Páscoa, *o Cordeiro pascal (que) foi imolado* (1Co 5.7). Jesus é o Cordeiro sacrificial (cf. Is 53.7), *que tira o pecado do mundo* (Jo 1.29). Não o sangue dos animais (cf. Lv 16), *mas o sangue de Jesus, seu Filho, nos purifica de todo pecado* (1Jo 1.7). Jesus é o Cordeiro imolado de Deus[g]. Por meio do sacrifício de Jesus, Deus abriu o caminho para a comunhão consigo. Agora, os discípulos de Jesus podem – pelas *misericórdias de Deus* – apresentar toda a sua vida como um *sacrifício vivo, santo e agradável a Deus* (Rm 12.1). O sacrifício daqueles que seguem Jesus deixa claro que Deus mantém seus direitos sobre a vida inteira do ser humano. "Deus pode, de fato, pedir tudo".[1680] Abraão ainda não suspeitava que haveria apenas um substituto verdadeiro, que somente Deus poderia prover. De que outra forma ele poderia entender a ordem de Deus: "Vai-te e oferece-me teu filho em holocausto"? A única interpretação possível que ele via era a de que teria que imolar seu filho.

a) Os preparativos para o sacrifício

Os detalhes são descritos com uma precisão assustadora: o próprio Abraão constrói o altar, coloca a lenha sobre ele, amarra Isaque e deita-o sobre a madeira. Em seguida, ele estende a mão e pega o cutelo. Os verbos usados aqui para descrever as ações de Abraão não são os termos técnicos usados no contexto dos sacrifícios. A palavra "amarrar" (hebraico: *'akad*) só aparece aqui.[1681] Abraão estava prestes a "imolar" (hebraico:

g Ap 5.6,12, 13; 6.1; 7.9,10,14; 12.11; 13.8; 14.1; 15.3; 19.7,9; 21.22,23; 22.1,3

1678 Buber, Fünf Bücher der Weisung, pg. 232.
1679 Voigt, Geliebte Welt, pg. 175.
1680 Voigt, Weinstock, pg. 139.
1681 Westermann, Genesis I/2, pg. 441.

schachat) Isaque, isto é, cortar a sua carótida para drenar o sangue.[1682] Em muitos países orientais, até hoje os animais destinados ao consumo são abatidos dessa maneira.

Abraão estava decidido a sacrificar tudo. Estava animado por um único objetivo, o de não perder a comunhão com Deus em circunstância alguma. Em um dos quadros de "Imagens da Bíblia", Marc Chagall (1887-1985) mostra até que ponto Abraão vai em sua luta por manter-se fiel a Deus.

Na tela "O sacrifício de Isaque",[1683] este já está deitado sobre a lenha do altar. Os braços estão amarrados nas costas, a cabeça pende para trás, de forma que a carótida esteja bem exposta. O corpo nu brilha, branco como a neve. Já Abraão está totalmente envolto em escuridão. Ao contrário de Isaque, o velho tem uma cabeça enorme, mas com traços pouco claros: um olho – o nariz – alguns fios de barba. Os dedos que agarram o cutelo e a mão que segura Isaque pela perna são claros. Esta mão está relaxada, dando a impressão de que ele está fazendo um carinho em Isaque. Ele não olha para Isaque. Olha para cima. De lá vem o mensageiro de Deus, dirigindo-se qual raio a Abraão. Os olhos e a boca do mensageiro são claramente visíveis. O branco brilhante do anjo corresponde à cor de Isaque. Ele vem para salvar Isaque. No meio da escuridão – entre o anjo e Isaque – há uma pequena mancha branca, um carneiro. A ponta do cutelo de Abraão, preparado para imolar Isaque, aponta na direção do animal. Deus interferiu no último momento. "Deus pode silenciar durante muito tempo, mas, no ápice da dor, ele fala".[1684]

O sacrifício de Isaque também é tema de obras de Barlach. Na obra de Barlach, Abraão e Isaque estão ajoelhados lado a lado. As mãos de Isaque estão atrás de sua cabeça. Estão amarradas. O rosto de Abraão está crispado. Suas mãos estão em posição de oração, abertas para cima. São mãos vazias, mãos rendidas e esperançosas.[1685]

b) O cancelamento

O ritual sacrificial de Abraão é interrompido por um brado do céu: **Abraão! Abraão!** Esse vocativo duplo é "a palavra em tom mais alto do relato".[1686] Trata-se da voz do anjo de Javé. Deus não fala diretamente com Abraão, como fizera no v.1, mas por meio de seu mensageiro. "Se um anjo lhe tivesse trazido a ordem para sacrificar o filho, Abraão não teria acreditado nele... mas, para interromper a ação, o envio do anjo é suficiente".[1687] Deus fala diretamente com Abraão quando este precisa fazer algo totalmente novo (Gn 12.1; 22.1). Mas quando Deus interfere no curso dos acontecimentos, manda seu mensageiro. Quando Deus fala por meio de seu anjo, "alguma coisa já ocorreu antes".[1688] A mensagem do anjo é: **Não estendas a mão sobre o rapaz e nada lhe faças;** **12**

11

1682 Cf. Gunkel, pg. 238.
1683 Bible 10, WVZ Nizza 266; reproduzido por Goldmann, pg. 25.
1684 Gunkel, pg. 238.
1685 Barlach, Abraham und Isaak, Kohle, 1918; cf. Barlach, fig. 43.
1686 Westermann, Genesis I/2, pg. 442.
1687 Hirsch, Genesis, pg. 352.
1688 Westermann, Genesis I/2, pg. 442.

pois agora sei que temes a Deus, porquanto não me negaste o filho, o teu único filho.

Abraão percebe que Deus está do lado de Isaque. Ele não volta atrás em sua promessa, "não a anula".[1689] Isaque viverá!

Abraão recebe o "título honorífico"[1690] de "temente a Deus". Os tementes a Deus são os "fiéis do Senhor",[h] aqueles que são fiéis a Javé desde a sua juventude até a sua morte[i]. Há uma relação estreita entre temer a Deus e obedecer à sua vontade.[1691] O temor de Abraão a Deus é a sua completa obediência, "que se comprova em uma prova sobremaneira difícil".[1692] Abraão foi aprovado no teste de Deus. Ele suportou "a contradição de Deus".[1693] Sua obediência era mais importante do que a execução do sacrifício. Abraão não negou seu único filho a Deus, isto é, "era como se o tivesse sacrificado".[1694] Abraão não gritou contra Deus. "Ele não agiu como Jó, simplesmente discutindo se Deus teria o direito de agir assim em sua vida, mas agarrou-se a Deus mesmo na pior escuridão que poderia enfrentar".[1695] Em Abraão já vemos o que Davi reconhece em sua grande oração de arrependimento: *Sacrifícios agradáveis a Deus são o espírito quebrantado; coração compungido e contrito, não o desprezarás, ó Deus* (Sl 51.17). Diferentemente de Saul, para Abraão a obediência vinha em primeiro lugar. Samuel teve que repreender Saul: *Tem, porventura, o SENHOR tanto prazer em holocaustos e sacrifícios quanto em que se obedeça à sua palavra? Eis que o obedecer é melhor do que o sacrificar, e o atender, melhor do que a gordura de carneiros* (1Sm 15.22).

Deus reconheceu a obediência de Abraão, que não lhe negou seu filho, como sua oferta. O verbo "não negar" é usado "no mesmo sentido"[1696] por Paulo quando este se refere ao sacrifício de Deus: *Aquele que não poupou o seu próprio Filho, antes, por todos nós o entregou, porventura, não nos dará graciosamente com ele todas as coisas?* (Rm 8.32)

O reconhecimento da oferta de Abraão, claramente expresso pela voz do anjo, faz com que Hebreus narre o sacrifício de Abraão como se ele tivesse imolado Isaque de forma literal: *Pela fé,* ofereceu *Abraão a Isaque, quando foi provado, sim, aquele que recebera as promessas* ofereceu *o seu unigênito* (Hb 11.17 – cf. RC). A única fé que o autor de Hebreus considera capaz de habilitar Abraão para este ato é a fé em um Deus *poderoso até para ressuscitá-lo dentre os mortos* (Hb 11.19). A "fé em Deus que ressuscita dos mortos" (hebraico: *mechajjeh metim*) é reconhecida também pelos judeus em sua principal oração litúrgica, a chamada Amidá.[1697]

Para Tiago, temor a Deus e obediência andam juntos, e ele usa isso para justificar a união que ele vê entre a fé e as obras: *Não foi por obras que Abraão, o nosso pai, foi justificado, quando* ofereceu *sobre o altar o próprio filho, Isaque?* (Tg 2.21) Esta declaração extrema de Tiago parece estar em contradição

---

h Sl 25.14; 33.18; 34.8,10; 103.11, 13,17; 111.5; 119.74,79; 147.11

i 1Rs 18.3, 12; 2Rs 4.1; Ne 1.11; Jr 32.39s

1689 von Rad, 1. Mose 22,1-19, GPM 1947, caderno 4, pg. 59.
1690 von Rad, Das Opfer, pg. 33.
1691 Cf. Stähli, jara. temer, col. 774-777.
1692 Westermann, Genesis I/2, pg. 443.
1693 von Rad, Das Opfer, pg. 31.
1694 Delitzsch, pg. 327.
1695 von Rad, Das Opfer, pg. 31.
1696 Westermann, Genesis I/2, pg. 443.
1697 Das Achtzehngebet, em: Sidur Sefat Emet, pg. 40-49; cf. também Leipoldt/Grundmann (ed.), vol. II, pg. 231-233.

insolúvel(!) com Paulo: *Porque, se Abraão foi justificado por obras, tem de que se gloriar, porém não diante de Deus. Pois que diz a Escritura? [Gn 15.6] Abraão creu em Deus, e isso lhe foi imputado para justiça* (Rm 4.3).

As diferenças entre Tiago e Paulo resultam, por um lado, da forma particular com que cada um cita o Antigo Testamento, por outro lado, do objetivo de suas citações.

Paulo se reporta unicamente a Gênesis 15.6; já Tiago estabelece uma ligação entre Gênesis 15.6 e Gênesis 22.9-14. Paulo fala da justificação que nem mesmo a maior fé do mundo consegue merecer. Mas Tiago explica que a verdadeira fé se reflete em obras, isto é, nas decisões, no comportamento e nas ações da pessoa. De acordo com Tiago, uma fé sem consequências existe até mesmo nos demônios (Tg 2.19). Afinal, a expressão "por obras" (Tg 2.21) também permite a seguinte interpretação: a fé se prova completa *a partir das obras*.[1698] Por este ponto de vista, as referências de Paulo e Tiago a Abraão não são contraditórias; na verdade, elas se complementam.

c) O sacrifício animal

A escuridão da noite se rompera. Abraão conseguia ver novamente. A formulação **Tendo Abraão erguido os olhos** refere-se também aqui a um olhar em torno consciente e focado.[1699] Neste momento, Abraão vê um carneiro. Provavelmente este já estava lá desde o começo, mas agora ele parece estar disponível a Abraão.[1700] Na escuridão da noite, Abraão tinha devolvido a Deus a responsabilidade por suas ações: *Deus proverá para si, meu filho, o cordeiro para o holocausto* (v.8). No pior da escuridão, não restou a Abraão outra alternativa que não permitir que Deus agisse, e o próprio Deus providenciou o animal para o holocausto.

13

Em vez de sacrificar seu único filho, Abraão imolou o carneiro encontrado. Decisivo aqui não é o baixo valor do substituto,[1701] mas o fato de que o próprio Deus o providenciou.

Deus devolveu a vida a Isaque, que tinha sido oferecido por Abraão.[1702] Ele também providenciou o carneiro preso nos arbustos.

"Aquilo que Deus poupou a Abraão na última hora, não poupou a si mesmo".[1703] Deus não "poupou" seu Filho (Rm 8.32). No Gólgota "não havia carneiro preso nos arbustos, e ele também não teria sido suficiente".[1704]

d) O louvor a Deus

O relato sobre o sacrifício de Isaque não termina com um brado de alegria,[1705] mas com louvor a Deus. "Agradecido, Abraão se lembra das palavras que disse a seu filho, em profunda agonia da alma: 'Deus provê para

---

1698 Cf. Härder, GPM 1962/63, pg. 108.
1699 Veja o comentário sobre Gênesis 22.4; cf. Hirsch, Genesis, pg. 350.
1700 Cf. von Rad, Mose, pg. 207.
1701 Hirsch, que dá especial valor a isso em sua exegese, descreve o acontecimento da seguinte forma: "Generosamente, alguém nos dá um milhão – e nós pegamos um alfinete caído no chão e pedimos: então fique pelo menos com isso, em troca!" Cf. Hirsch, Genesis, pg. 354.
1702 von Rad, Gênesis 22,1-19, GPM 1947, caderno 4, pg. 59 e 60.
1703 Voigt, Weinstock, pg. 140.
1704 Voigt, Geliebte Welt, pg. 176.
1705 Procksch, pg. 319.

si'".[1706] Abraão dá um nome para o lugar que Deus lhe mostrara para o holocausto: **O Senhor Proverá** [ou: "o Senhor vê"]. "Este nome expressa sua alegria, liberada a partir da dor profunda; no Antigo Testamento, o louvor a Deus é expressão de alegria dirigida a Deus".[1707]

O louvor a Deus por parte de Abraão, "o Senhor vê", deu origem ao nome do monte: **No monte do Senhor se proverá** [ou: "o Senhor se deixa ver"], ou então: Javé "sempre providencia para si".[1708] O fato de Deus ver é bênção para Abraão. "Ele abre o futuro até o horizonte dos tempos! Aquilo que o crente entrega a Deus e larga, isso ele receberá de volta abençoado e para sempre".[1709]

O uso triplo da palavra "ver" – Deus "provê" (v.8), "ele vê" a obediência de Abraão (v.14a) e "ele também se deixa ver no futuro" (v.14b) – é uma paráfrase do significado do nome Moriá, cujo significado detalhado é intraduzível.[1710] O monte e seu nome devem ser um lembrete para crentes de todas as épocas: o Senhor vê o sofrimento e o desespero[k].

A exegese judaica entende o nome do monte por um lado como uma referência ao templo que mais tarde foi construído neste lugar,[1711] e, por outro, como uma explicação do significado do culto no templo. Cada filho de Abraão e Isaque deve apresentar-se três vezes ao ano neste monte, "para ser analisado e desvendado".[1712]

No relato bíblico em si, o louvor a Deus da parte de Abraão e o nome do monte confirmam a certeza de Abraão: Deus é e continua sendo um Deus vivo.[1713] Abraão não está lidando com um Deus inventado, mas um Deus real. Para Abraão, Deus não é um "princípio" imutável, mas o Deus vivo, totalmente diferente, e que, por isso mesmo, precisa ser levado muito a sério.[1714]

Há conceitos de Deus – desenvolvidos com grande sabedoria e erudição – nos quais Deus é apenas uma teoria, um princípio fixo. Desse tipo de Deus espera-se apenas que ele garanta os princípios e convicções desenvolvidos pelo ser humano.

Esse tipo de Deus inventado é comandado pelo ser humano. Immanuel Kant (1724-1804), o filósofo do Iluminismo, por exemplo, estava convencido de que a ordem "Vai-te e oferece teu filho em holocausto" não poderia ter vindo de Deus: "Ele (o ser humano) pode certificar-se de que, em alguns casos, não é a voz de Deus a que está ouvindo; se, afinal, a ordem for contra a lei moral, é preciso considerá-la um engano, por mais majestosa e sobrenatural que pareça a manifestação". Kant explica seu princípio em uma nota de rodapé:

> Como exemplo, podemos citar o mito do sacrifício que Abraão pretendia realizar, imolando seu único filho (o pobre menino, sem saber, ainda carregou a lenha necessária para isso) por ordem divina. Diante desta suposta voz

k Êx 3.7

1706 Gunkel, pg. 239.
1707 Westermann, Genesis I/2, pg. 444.
1708 Gunkel, pg. 239.
1709 Bours, pg. 32.
1710 Cf. Harder, GPM 1962/63, pg. 105.
1711 Hertz (ed.), pg. 75.
1712 Hirsch, Genesis, pg. 355.
1713 Cf. o comentário sobre Gênesis 22.8.
1714 Cf. Voigt, Geliebte Welt, pg. 173.

divina, Abraão deveria ter dito: é certo que não devo matar meu filho; mas não tenho certeza de que tu, que estás me aparecendo aqui, sejas Deus; não teria certeza disso nem que tua voz soasse dos céus.[1715]

Para Kant, Deus não é o Deus vivo, real, mas um Deus inventado. No encontro de uma pessoa com o Deus vivo, não se trata de "confirmar um conceito de Deus, mas que aconteça algo entre Deus e nós, algo que quebre e acabe com todas as obviedades, e nos prenda ainda mais firmemente nele".[1716]

Reconhecer o sacrifício de Abraão mostra que Deus pode levar para dentro da crise, mas que ele não destrói o ser humano dentro dela, antes o consola.[1717] Deus não prova Abraão com o objetivo de aniquilá-lo. *Ninguém, ao ser tentado, diga: Sou tentado por Deus; porque Deus não pode ser tentado pelo mal e ele mesmo a ninguém tenta* (Tg 1.13). A tentação da qual Tiago fala é a "tentação para o mal".[1718] Mas a provação de Abraão não é uma tentação para o mal. Deus não deseja destruir Abraão, mas quer "sua entrega total e absoluta".[1719] Abraão foi aprovado no teste para o bem. Ele entregou – a si mesmo e a Isaque – completamente nas mãos de Deus. Este é o sacrifício de Abraão. Ao interpretar o sacrifício de Abraão, é preciso considerar três passos. Pode-se interpretar o sacrifício de Abraão do ponto de vista tipológico e pastoral. Mas, ao mesmo tempo é preciso apontar sempre para a singularidade do caminho de Abraão.

» A interpretação tipológica

O nome e o objeto da interpretação tipológica reporta-se a uma declaração do apóstolo Paulo. Desde a conversão de Paulo, o Antigo Testamento era, para ele, "acima de tudo testemunho da dispensação que leva a Cristo".[1720] As coisas do Antigo Testamento *lhes sobrevieram como exemplos* (grego: *typikos!*) *e foram escritas para advertência nossa, de nós outros sobre quem os fins dos séculos têm chegado* (1Co 10.11).

Em tradução literal, *typos* é a "forma oca" usada para moldar uma imagem (grego: *antilypos*). O *typos* é o fato histórico, enquanto o *anti typos* é aquilo que acontecerá no futuro de forma perfeita. A interpretação tipológica parte do princípio de que a história do sacrifício de Isaque aconteceu exatamente conforme relatada pela Bíblia. Ao mesmo tempo, ela contém traços (assim como a forma oca) que só poderão ser reconhecidos de forma plena após a moldagem do *antitypos*. A imagem perfeita, o *antitypos*, do relato sobre o sacrifício de Isaque é o caminho de Jesus, suas ações, morte e ressurreição. A forma oca não deve ser associada a um personagem só, p.ex. Abraão ou Isaque, mas com o relato com um todo. Assim como a forma oca permite reconhecer alguns traços, o relato do sacrifício de Isaque permite perceber com clareza os indícios de vários acontecimentos da vida de Jesus.

1715 Kant, I.; citado por Westermann, Genesis I/2, pg. 432-433.
1716 Voigt, Geliebte Welt, pg. 173.
1717 Cf. Kilian, pg. 168.
1718 Härder, GPM 1962/63, pg. 108.
1719 Kilian, pg. 166.
1720 Goppelt, pg. 153; cf. também pg. 18s; cf. Bräumer, Gênesis 1-11, 1ª parte, pg. 83-84.

A voz do céu por ocasião do batismo de Jesus fala do "Filho amado" (Mt 3.13-17; Mc 1.9-11; Lc 3.21,22). Assim como na provação de Abraão, também na tentação de Jesus a Palavra de Deus é usada contra a Palavra de Deus (Mt 4.1-11; Mc 1.12s; Lc 4.1-13). "Esta é a verdadeira tentação, quando a Palavra de Deus se opõe à Palavra de Deus".[1721] A tentação começa sempre que houver palavra contra palavra!

O caminho solitário ordenado a Abraão lembra a luta de Jesus no Getsêmane (Mt 26.36-46; Mc 14.32-42; Lc 22.39-46). A caminhada de Isaque na subida do monte, carregado de lenha, é uma referência à caminhada com a cruz na Via Dolorosa (Mt 27.31s; Mc 15.20s; Lc 23.26-32; Jo 19.16s). Toda a caminhada em direção ao sacrifício está coberta pela "escuridão da Sexta-Feira da Paixão".[1722] A salvação de Isaque é uma referência disfarçada à ressurreição de Jesus (Mt 28.1-10; Mc 16.1-8; Lc 24.1-12; Jo 20.1-18). Mas, ao contrário da "forma oca" do Antigo Testamento, o caminho de Jesus é a caminhada salvífica completa e perfeita. Deus não se negou a entregar seu Filho (Rm 8.32). Jesus ressurgiu!

» A interpretação pastoral

Para muitas pessoas que sabem o que significa entregar um filho, o caminho sacrificial de Abraão é uma história que traz consolo. Eles não são apenas "espectadores", mas "participantes".[1723] E esse grupo de "participantes" também pode incluir aqueles que tiveram que abrir mão de seu cônjuge, seu emprego, suas forças físicas ou sua saúde.

A interpretação pastoral pode ajudar a entender o ponto de vista de Deus em relação a um destino incompreensível. No entanto, permanecem algumas diferenças entre Abraão e o sofredor de hoje:

1. Deus exige que o próprio Abraão se disponha ao sacrifício. Quem sofre hoje em dia precisa submeter-se posteriormente à vontade de Deus. Ele precisa dizer "sim" àquilo que lhe parece incompreensivelmente duro e cruel. Ele precisa sacrificar sua saudade e sua dor a Deus. Ele pode aprender a falar como Jó: *O Senhor o deu e o Senhor o tomou; bendito seja o nome do Senhor* (Jó 1.21).[1724]

2. Por mais que o sacrifício de Abraão deva servir para nosso consolo, uma coisa continua sendo incomparável. Abraão não deve sacrificar apenas algo pessoal, aquilo que é mais valioso e amado para ele; no caso de Abraão, a entrega gira em torno do "todo da promessa divina, toda a esperança, toda a salvação do mundo que tinha sido prometida a Abraão por meio de Isaque".[1725]

3. No caso de Abraão – e principalmente no caso de Jesus – trata-se de um sofrimento próprio, só deles. O seguidor de Jesus não poderá sofrer como Abraão, muito menos como Jesus. Jesus carregou todo o sofrimento sobre si de forma vicária. Ao seguidor, resta, no máximo, a possibilidade de "sofrer com Jesus" (cf. Rm 8.17; 2Co 1.5; Fp 3.10; Cl 1.24; 2Tm 2.3).

1721 Harder, GPM 1962/63, pg. 109.
1722 Vischer, pg. 176.
1723 Cf. Westermann, Genesis I/2, pg. 447.
1724 Cf. Rupprecht, pg. 98.
1725 Vischer, pg. 176.

» A singularidade do sacrifício

Dois anos antes de sua morte, Søren Kierkegaard reconheceu ter tirado conclusões erradas do relato sobre o sacrifício de Abraão. Ele tinha tomado Abraão como modelo e tentara agir de acordo com esse "arquétipo". Baseando-se em Abraão, Kierkegaard justificou a si mesmo e o rompimento de seu noivado com Regine Olsen mediante a suspensão de um compromisso ético de validade universal. Nesse contexto, ele se referiu a uma "suspensão teleológica da ética".[1726]

A abordagem positiva de Kierkegaard lutava contra o absolutismo da ética defendido por Immanuel Kant. Kierkegaard sabia que bastava um único exemplo para abalar a universalidade do princípio ético. Se não houvesse esse exemplo, a fé afundaria na filosofia. Kierkegaard encontrou esse exemplo em Abraão. Com Abraão, Kierkegaard "combateu a inserção da religião na ética, conforme exercitada pelo Iluminismo".[1727]

O erro cometido por Kierkegaard, o "grande arquiexaminador do cristianismo",[1728] foi situar o relato bíblico em uma esfera que prescindia da inequivocidade que havia entre Deus e Abraão. A crítica de Martin Buber não faz justiça aos pensamentos de Kierkegaard em *Temor e tremor*,[1729] mas aponta, com razão, para o fato de que ninguém pode sentir ou mesmo imitar diretamente o que Abraão enfrentou em seu caminho sacrificial: "A situação entre Abraão e Deus, em que este rompe a ordem ética estabelecida por ele mesmo, conduziu o processo a uma esfera, na qual (= na esfera de Kierkegaard) tudo é muito menos inequívoco do que no relato bíblico".[1730]

Martin Buber não via a frente de batalha contra a qual Søren Kierkegaard lutava, a saber, a filosofia de Immanuel Kant. Mas ele temia, com razão, que Kierkegaard pudesse gerar, de forma indesejada, seus próprios imitadores. Nenhum ser humano – diz Buber – recebeu uma ordem divina de forma tão direta e inconfundível quanto Abraão. Por isso, nenhum ser humano pode agir reportando-se a um propósito mais elevado, revogando a "ética", mesmo que apenas temporariamente. A fundamentação de Buber referia-se à impossibilidade de justificar assassinato, extorsão, campos de concentração e outros horrores de sua época.[1731] Quem pensa poder deixar os mandamentos de Deus de lado em casos assim não age em nome do Deus vivo, mas do ídolo Moloque: "No domínio de Moloque, os sinceros mentem e os misericordiosos torturam, pensando mesmo que o fratricídio abrirá o caminho para a fraternidade".[1732] Quatrocentos anos antes de Martin Buber, Martinho Lutero já apontara para a singularidade do sacrifício de Abraão. Só se pode "contemplar de longe" o sacrifício de Abraão em Moriá. Sobre si mesmo, Lutero disse: "Eu não poderia ter sido espectador disso, muito menos agente e imolador".[1733] É preciso lembrar-se dessa interpretação de Lutero quando se

---

1726 Veja o comentário sobre Gênesis 22.1 e 2, XII. 1. (3) c) Abraão como exemplo.
1727 Perkins, pg. 311.
1728 Buber, Gottesfinsternis, pg. 138.
1729 Perkins, pg. 306-312.
1730 Buber, Gottesfinsternis, pg. 140.
1731 Perkins, pg. 308.
1732 Buber, Gottesfinsternis, pg. 144.
1733 Lutero; citado por von Rad, Gênesis 22.1-19, GPM 1947, caderno 4, pg. 58.

canta, com seriedade e convicção, o hino "Castelo forte é nosso Deus", composto por este reformador, e que diz:

> Se nos tirarem a vida,
> bens, honra, filhos, mulher:
> que tudo se vá,
> pois lucro neles não há,
> o Reino continua nosso.[1734]

4. O novo futuro: 22.15-24

15 Então, do céu bradou pela segunda vez o Anjo do Senhor a Abraão
16 e disse: Jurei, por mim mesmo, diz o Senhor, porquanto fizeste isso e não me negaste o teu único filho,
17 que deveras te abençoarei e certamente multiplicarei a tua descendência como as estrelas dos céus e como a areia na praia do mar; a tua descendência possuirá a cidade [ou: o portão] dos seus inimigos,
18 nela serão benditas todas as nações da terra, porquanto obedeceste à minha voz.
19 Então, voltou Abraão aos seus servos, e, juntos, foram para Berseba, onde fixou residência.
20 Passadas essas coisas, foi dada notícia a Abraão, nestes termos: Milca também tem dado à luz filhos a Naor, teu irmão:
21 Uz, o primogênito, Buz, seu irmão, Quemuel, pai de Arã,
22 Quésede, Hazo, Pildas, Jidlafe e Betuel.
23 Betuel gerou a Rebeca; estes oito deu à luz Milca a Naor, irmão de Abraão.
24 Sua concubina, cujo nome era Reumá, lhe deu também à luz filhos: Teba, Gaã, Taás e Maaca.

A segunda fala do anjo descreve o novo futuro de Abraão. Assim como fizera antigamente, na Mesopotâmia, mais uma vez Deus exigira de Abraão uma caminhada solitária. Abraão precisou fazer sozinho a caminhada do sacrifício (cf. Gn 12.1; 22.1). Para Abraão, isso era como um novo começo com Deus: "Começos e recomeços são estações da vida espiritual".[1735] Deus confirmou o recomeço de Abraão com um reforço de suas promessas. O futuro de Abraão será um "futuro abençoado e abençoador".[1736]

O anjo comunica a Abraão o que Javé diz. Javé jura[l] por si mesmo a respeito dessa promessa,[1737] relata o mensageiro. Além das promessas de bênção e multiplicação,[m] Deus ainda acrescenta a promessa de vitória.

---

l Gn 24.7; Êx 32.13; Is 45.23; Jr 11.5; Lc 1.73; At 7.17

m Gn 12.1-3, 7; 13.14-16; 15.5; 16.10; 17; 18.18; 21.13-18

1734 Lutero, "Ein feste Burg", EKG 201, estrofe 4. {Tradução literal a partir do alemão. Em português, a tradução de Jacob Eduardo von Hafe, a versão mais conhecida, diz: Se temos de perder/família, bens, poder [ou: mulher]/embora a vida vá/por nós Jesus está/e dar-nos-á seu reino [ou: e nos dará seu reino]. (Cf. HCC 406, CC 323) (N. de Tradução)}
1735 Doppelfeld, pg. 10.
1736 Hirsch, Genesis, pg. 356.
1737 Sobre o juramento de Deus, cf. o comentário sobre Gênesis 15.7-21.

A tua descendência possuirá a cidade [ou: o portão] **dos seus inimigos.** **17**
O portão é o lugar mais importante de uma cidade (cf. Gn 19.1). Quem consegue conquistar o portão, domina a cidade inteira.[1738] Os descendentes de Abraão terão inimigos, mas a vitória estará do seu lado. Eles conquistarão e dominarão as cidades inimigas.[1739]

A promessa da multiplicação diz: eles serão como **a areia na praia do mar**. A figura da areia é retomada por Jeremias, que a interpreta como o limite do mar: ...[Eu, o Senhor,] *que pus a areia para limite do mar, limite perpétuo, que ele não traspassará? Ainda que se levantem as suas ondas, não prevalecerão; ainda que bramem, não o traspassarão* (Jr 5.22). A descendência incontável de Abraão não será vencida nem destruída por ataque algum, por mais ameaçador que ele seja.[1740]

A promessa de bênção[n] refere-se, simultaneamente, a ser abençoado e a abençoar.[1741]

n Gn 12.3; 18.18; 26.4; At 3.25; Gl 3.8

Depois da segunda fala do anjo, Abraão e Isaque retornam para o lugar onde os servos estão esperando, no pé do monte; e **juntos, foram** **19** **para Berseba**.

Duas vezes o texto menciona que Abraão e Isaque foram "juntos" (Gn 22.6,8). Agora, a pequena caravana que foi para a terra de Moriá está novamente reunida. Todos, Abraão, Isaque, os servos e o jumento, retornam para Berseba. Abraão e Isaque voltaram do monte como se nada tivesse acontecido. Deus tinha confirmado sua existência a Abraão e ampliara sua promessa. Mas o retorno não era uma marcha triunfal, e também não houve uma celebração de vitória ao pé do monte; Abraão e Isaque retornam naturalmente à pequena caravana. Dessa maneira, Abraão cunha mais um padrão básico para a vida do crente: "Quanto mais alto ele chega em sua vida espiritual e moral, menos arrogante ele é, menos consciência ele tem de sua própria grandeza".[1742]

Chegando em Berseba, Abraão recebe notícia sobre os filhos de seu irmão Naor.[1743] A formulação **foi dada notícia a Abraão** pode ser enten- **20** dida como se essa notícia que o aguardava em Berseba era resposta a uma consulta que Abraão fizera.[1744] Antes de sacrificar Isaque, Abraão não tinha nenhuma informação sobre seus parentes. Agora ele fica sabendo que Naor tem doze filhos, oito de sua esposa, Milca, e quatro de sua concubina, Reumá. Milca já tinha sido mencionada na Mesopotâmia, junto com Sara.[1745] Reumá, a concubina de Naor, é mencionada apenas aqui no Antigo Testamento. A tradução de seu nome não é clara. Talvez signifique "a amada de Deus".[1746]

Os doze filhos de Naor chamam-se:[1747]

1738 Hertz (ed.), pg. 75.
1739 Dillmann, pg. 294.
1740 Cf. Hertz (ed.), pg. 75.
1741 Veja o comentário sobre Gênesis 12.3; I. 7.: "Em ti serão benditas todas as nações da terra".
1742 Hirsch, Genesis, pg. 357.
1743 Cf. o comentário sobre Gênesis 11.26; Bräumer, Gênesis 11.10-30, 1ª parte, pg. 188-189.
1744 Hirsch, Genesis, pg. 358.
1745 Sobre Milca, cf. o comentário sobre Gênesis 11.29; Bräumer, Gênesis 11.10-30, 1ª parte, pg. 189-190.
1746 Cf. Westermann, Genesis I/2, pg. 450.
1747 A maioria dos nomes não podem ser traduzida de forma inequívoca. Sobre as traduções, cf. Odelain/Seguineau, pg. 157 Jakim [Jaquim]; pg. 34 Aram [Arã]; pg. 211 Kesed [Quésede]; pg. 346 Tebach [Teba]; pg. 108 Gaham [Gaã]; pg. 344 Tahasch [Taás]; pg. 227 Maacha [Maaca].

1) Uz°
2) Buzᵖ
3) Quemuel (= "Deus levanta"), patriarca dos arameus
4) Quésede, patriarca dos caldeus
5) Hazo
6) Pildas
7) Jidlafe
8) Betuelq, o pai de Rebeca
9) Teba (= "nascido na época de um massacre")
10) Gaã (= "chama")
11) Taás (= "golfinho")
12) Maaca, patriarca dos maacatitasʳ.

o Jó 1.1; Jr 25.20; Lm 4.21
p Jr 25.23
q Gn 24.50-51; 28.2,5
r Dt 3.14; Js 12.5; 13.11,13; 2Sm 10.6,8; 1Cr 19.6s

Os nomes dos filhos são, em sua maioria, simples nomes de pessoas. Somente Uz, Buz e Maaca fazem referência às áreas geográficas em que viviam clãs que descendiam especificamente dos filhos de Naor. Uz ficava em Edom, Buz, provavelmente nas proximidades de Edom. Jó era da terra de Uz (Jó 1.1-3), Eliú era de Buz, e Maaca era uma região junto ao Hermom.[1748]

A proporção numérica dos filhos de Naor é a mesma dos filhos de Jacó: oito filhos com Milca (Jacó teve oito filhos com Leia e Raquel) e quatro com a concubina Reumá (assim como com as concubinas Bila e Zilpa).[1749] Ismael também teve doze filhos (Gn 25.13-16).

O objetivo da enumeração dos filhos de Naor não é fazer referência à formação das tribos arameias. Trata-se de uma árvore genealógica antiga, com um "caráter familiar muito forte",[1750] uma informação sobre os parentes de Abraão. Por causa da ordem de Deus ("Vai-te", Gn 12.1), Abraão tinha se separado completamente de seus parentes. A questão do cumprimento da promessa da multiplicação sugere contato com os parentes. Rebeca, a filha de Betuel, torna-se esposa de Isaque.

XIII. A MORTE DE SARA E A COMPRA DO CAMPO PERTO DE HEBROM: 23.1-20

a Gn 12.1,5,7; 13.15; 15.18; 17.8

Abraão tinha recebido a promessa de que ele e seus descendentes possuiriam a terra de Canaãᵃ. Mas a terra ainda não lhe pertencia. Ele continuava sendo seminômade, que morava aqui e ali, por mais ou menos tempo. Ele vivia na terra que lhe tinha sido prometida, mas "a promessa ainda não tinha se cumprido".[1751] Depois da morte de Sara, Abraão comprou seu primeiro imóvel, um túmulo.[1752] O terreno do túmulo é um pequeno pedaço da terra prometida. Além de Sara, foram enterrados aqui também Abraão (Gn 25.9), Isaque (Gn 35.29), Rebeca e Lia (Gn 49.31) e finalmente também Jacó (Gn 50.13). Abraão e seus descendentes, a quem

---

1748 Cf. Westermann, Genesis I/2, pg. 450s e 476.
1749 Delitzsch, pg. 331.
1750 Westermann, Genesis I/2, pg. 449.
1751 von Rad, Mose, pg. 214.
1752 Cf. Delitzsch, pg. 335.

a terra fora prometida, não precisaram descansar em terra estranha. "Na morte já foram herdeiros, e não mais 'estrangeiros'".[1753] "Na morte, confessaram sua fé na promessa".[1754]

Para os cristãos, que veem o Antigo Testamento como *a sombra dos bens vindouros* (Hb 10.1), a compra do campo para o túmulo em Hebrom aponta para a sepultura de Cristo, o começo da vida.

> Um túmulo torna-se, para o estrangeiro,
> a primeira propriedade da herança,
> começo da Terra Prometida!
> Estrangeiros tornam-se herdeiros –
> por meio de uma sepultura!
> Um túmulo é o começo!
> A sepultura da Páscoa é
> o começo da Terra Prometida.
> Por meio da sepultura da Páscoa, nós,
> os filhos de Abraão,
> passamos de estrangeiros a herdeiros!
> O túmulo torna-se lugar de começo,
> de nascimento!
> A promessa de Deus transforma a morte
> em começo.
> O túmulo de Cristo transforma-se em começo da vida.[1755]

1 Tendo Sara vivido cento e vinte e sete anos.
2 morreu em Quiriate-Arba, que é Hebrom, na terra de Canaã; veio Abraão lamentar Sara e chorar por ela.
3 Levantou-se, depois, Abraão da presença de sua morta e falou aos filhos de Hete:
4 Sou estrangeiro e morador [ou: hóspede] entre vós; dai-me a posse de sepultura convosco, para que eu sepulte a minha morta
5 Responderam os filhos de Hete a Abraão, dizendo:
6 Ouve-nos, senhor: tu és príncipe de Deus entre nós; sepulta numa das nossas melhores sepulturas a tua morta; nenhum de nós te vedará a sua sepultura, para sepultares a tua morta.
7 Então, se levantou Abraão e se inclinou diante do povo da terra, diante dos filhos de Hete.
8 E lhes falou, dizendo: Se é do vosso agrado que eu sepulte a minha morta, ouvi-me e intercedei por mim junto a Efrom, filho de Zoar,
9 para que ele me dê a caverna de Macpela, que tem no extremo do seu campo; que ma dê pelo devido preço em posse de sepultura entre vós.
10 Ora, Efrom, o heteu, sentando-se no meio dos filhos de Hete, respondeu a Abraão, ouvindo-o os filhos de Hete, a saber, todos os que entravam pela porta da sua cidade:

1753 von Rad, Mose, pg. 214.
1754 Delitzsch, pg. 336.
1755 Bours, pg. 34 e 35.

11 De modo nenhum, meu senhor; ouve-me: dou-te o campo e também a caverna que nele está; na presença dos filhos do meu povo te dou; sepulta a tua morta.

12 Então, se inclinou Abraão diante do povo da terra;

13 e falou a Efrom, na presença do povo da terra, dizendo: Mas, se concordas, ouve-me, peço-te: darei o preço do campo, toma-o de mim, e sepultarei ali a minha morta.

14 Respondeu-lhe Efrom:

15 Meu senhor, ouve-me: um terreno que vale quatrocentos siclos de prata, que é isso entre mim e ti? Sepulta ali a tua morta.

16 Tendo Abraão ouvido isso a Efrom, pesou-lhe a prata, de que este lhe falara diante dos filhos de Hete, quatrocentos siclos de prata, moeda corrente entre os mercadores.

17 Assim, o campo de Efrom, que estava em Macpela, fronteiro a Manre, o campo, a caverna e todo o arvoredo que nele havia, e todo o limite ao redor

18 se confirmaram por posse a Abraão, na presença dos filhos de Hete, de todos os que entravam pela porta da sua cidade.

19 Depois, sepultou Abraão a Sara, sua mulher, na caverna do campo de Macpela, fronteiro a Manre, que é Hebrom, na terra de Canaã.

20 E assim, pelos filhos de Hete, se confirmou a Abraão o direito do campo e da caverna que nele estava, em posse de sepultura.

2a Sara morreu em **Quiriate-Arba**, posteriormente Hebrom, aos cento e vinte e sete anos.

O antigo nome Quiriate-Arba pode significar "cidade dos quatro (clãs ou distritos)"[b] ou então "cidade de Arba"[c]. O nome Hebrom, mais recente, é derivado de "aliar-se" (hebraico: *chabar*), e significa "lugar da aliança". A primeira opção de tradução do antigo nome Quiriate-Arba indica que, originalmente, havia quatro clãs vivendo nessa região; a segunda tradução expressa: o patriarca de Hebrom era Arba, o maior dos anaquins (cf. Js 14.15). Os espias enviados por Moisés para explorar a terra (Nm 13.22) tinham encontrado os anaquins (tradução: "povo das correntes no pescoço"). Os israelitas viam os anaquins como um povo de gigantes (Nm 13.28-33; Dt 9.2).[1756]

Na época da Segunda Guerra Judaica (132-135 d.C.), Hebrom passou a ser chamada de *habaruch*, o abençoado. Assim, Hebrom era chamada de "cidade do abençoado", isto é, cidade de Abraão. Também os árabes consideram Hebrom como a cidade de Abraão. Sua designação *el-chalil*, "o amigo", é uma referência a Isaías 41.8, em que Deus chama Abraão de seu amigo.[1757]

Na época de Abraão, Quiriate-Arba era terra dos heteus. O pequeno povo dos heteus na região de Hebrom não tem nenhuma relação com o antigo reino dos hititas ou com governos hititas mais recentes na Síria.[1758] Os heteus de Quiriate-Arba fazem parte dos sete povos da terra de Canaã[d].

1756 Odelain/Seguineau, pg. 213 Quiriate-Arba; pg. 132 Hebrom; pg. 27 e 28 Anaque.
1757 Cf. Keel/Küchler, vol. 2, pg. 672 e 673.
1758 Veja Introdução, III. 3. O reino dos hititas.

Na região de Hebrom, arqueólogos encontraram vestígios da Era do Cobre (4500-3150 a.C.), indicando que havia povoações ali.[1759] Naquela época, as cavernas eram usadas como moradias e depois, no começo da Idade do Bronze Inicial (3150-2200 a.C.), passaram a ser aproveitadas como túmulos. Textos egípcios permitem concluir que havia ali uma cidade chamada Hebrom já na Idade do Bronze Média (2200-1550 a.C.). Somente na época dos hicsos (a partir de 1750-1550 a.C.), Hebrom foi ampliada, tornando-se uma cidade fortificada com um muro de 9,5 m de espessura. As ruínas da época áurea da antiga Hebrom certamente ainda existiam na época na tomada da terra (por volta de 1160 a.C.). Para Davi, Hebrom tornou-se cidade real e trampolim para seu reinado sobre todo Israel (cf. 1Sm 30.31; 2Sm 2.1-7). Depois de conquistar Jerusalém, Davi a transformou em cidade real. Absalão, que ainda nascera em Hebrom (2Sm 3.3), usou-a como sede do complô que armou contra seu pai. Depois do fracasso da rebelião de Absalão, Hebrom perdeu sua importância. Nada mais se falava sobre Hebrom, mas a cidade nunca desapareceu da vista dos israelitas. Também na volta do exílio houve judeus morando em Hebrom (Ne 11.25), ainda que naquela época a cidade ficasse fora da província persa de Jeúde. Na época das lutas pela libertação (164-161 a.C.), Judas Macabeus conquistou "Hebrom e as aldeias adjacentes", e "queimou as torres que a rodeavam" (1 Macabeus 5.3,65). Sob João Hircano (135-104 a.C.), a terra da Idumeia, como a região onde ficava Hebrom era chamada naquela época, foi judaizada à força. Desde aquela época, as cavernas do campo de Macpela são indicadas na atual localização de Hebrom.

Em torno das cavernas dos patriarcas, o rei idumeu Herodes, o Grande, construiu um esplendoroso muro de proteção, cujos restos podem ser vistos até hoje.

No ano 68, o imperador romano Vespasiano destruiu Hebrom, a última fortaleza antes de Jerusalém. Ele a incendiou. Os muros herodianos, o "Haram", ficaram intocados.

Não se sabe até quando as cavernas sepulcrais em Macpela ficaram acessíveis. Mas já no segundo século não era mais possível entrar nelas. Relatos de peregrinos informam que uma basílica fora construída por cima das sepulturas. Esta foi destruída no século 7. Desde aquela época, Macpela é um santuário judeu, cristão e muçulmano.

Os cruzados voltaram a construir uma igreja em cima das sepulturas. Os materiais usados na igreja construída pelos cruzados e alguns vestígios da basílica são reconhecíveis na mesquita que hoje existe ali.

Desde o século 13, há uma mesquita nestes túmulos. Na Idade Média, os integrantes de uma comunidade judaica que se formou em torno dos sepulcros dos patriarcas foram assassinados ou expulsos em 1929, por fanáticos árabes. Depois da Guerra dos Seis Dias, em 1967, uma comunidade judaica retornou a Hebrom e fundou uma povoação 1 km ao norte da antiga Hebrom, dando-lhe o nome de "Quiriate-Arba".

Sara morreu em Quiriate-Arba, na terra de Canaã. **Veio Abraão lamentar Sara e chorar por ela.** Os verbos – vir, lamentar e chorar – descrevem as características básicas do ritual de luto.[1760] Para Abraão, o luto é

2b

1759 Sobre a história da cidade de Hebrom, cf. Keel/Küchler, vol. 2, pg. 673-686.
1760 Westermann, Genesis I/2, pg. 456.

um assunto familiar, aqui não há carpideiras (cf. Jr 9.17). Também não há menção a jejuar, descobrir a cabeça, ocultar a barba nem tirar os sapatos (cf. Ez 24.15-17,22s). Abraão chora em silêncio e sozinho. "Vir" pode significar o recolhimento à barraca, sair do ambiente público para um lugar fechado e privado. "Abraão não exibe sua dor, não a divulga".[1761] Em silêncio, Abraão "faz justiça a Sara".[1762] De acordo com o entendimento judeu, o lamento é a forma de honrar os mortos. Lamentar significa "atribuir a alguém as conquistas obtidas em vida, valorizá-lo"; e chorar é dar vazão aos sentimentos: "Na lágrima, escorre a alma".[1763]

3/4
e Is 47.1-5;
Jr 6.26

Depois de encerrar o lamento, para o qual a pessoa sentava ou deitava^e, Abraão levantou-se para enterrar sua morta.[1764]

Desde a queda no pecado, o ser humano, que foi tirado e moldado "da terra", está destinado a "voltar ao pó da terra" (Gn 3.19). Ele "volta ao pó, de onde veio" (Sl 104.29; cf. Ec 3.19s). Abraão precisa de um túmulo para enterrar sua morta. Ele negocia oficialmente com os heteus, na porta da cidade, isto é, o lugar onde são celebrados os contratos.[1765] A negociação em si só pode ser compreendida levando em conta o contexto das conversas orientais.[1766]

6-11

Humildemente, Abraão chama a si mesmo de **estrangeiro e morador** [ou: hóspede] **entre vós**, isto é, um "morador que veio de terras estrangeiras".[1767] Ele se apresenta aos heteus como "sem terra",[1768] um homem sem propriedades. O pedido de Abraão é feito com clareza: **Dai-me a posse de sepultura.** Desde o começo, ele pede por um pedaço de terra próprio. Os heteus tiram o peso da humilde autodesignação de Abraão e chamam-no de **príncipe de Deus**. Eles tinham observado que Abraão tinha um relacionamento de confiança com seu Deus e estava "sob a proteção e a bênção de Deus".[1769] O importante título que os heteus dão a Abraão não os impede de evitar atender ao seu pedido. Eles não lhe dão uma resposta concreta, mas uma recusa disfarçada. Abraão pede uma propriedade, e eles lhe oferecem a possibilidade de escolher a melhor das sepulturas para enterrar Sara em terreno alheio. Respeitosamente – ele se levanta e se inclina –, mas de forma firme, Abraão especifica seu pedido: **Intercedei por mim junto a Efrom, filho de Zoar, para que ele me dê a caverna de Macpela, que tem no extremo do seu campo; que ma dê pelo devido preço em posse de sepultura entre vós.** A especificação da caverna, acompanhada da explicação "no extremo do seu campo", aponta para a possibilidade de separação da terra.[1770] Com palavras amáveis, Efrom declara que dará não somente a caverna, mas o campo inteiro de presente a Abraão. É típico dos orientais que

---

1761 Hirsch, Genesis, pg. 360.
1762 Gunkel, pg. 275.
1763 Hirsch, Genesis, pg. 360.
1764 O enterro de Sara é o primeiro relato bíblico sobre um sepultamento. Para os judeus, o enterro de Sara serve até hoje como justificativa para o enterro de seus mortos, e a recusa em cremar um corpo. Hertz (ed.), pg. 80.
1765 Sobre o "portão" (v.10), cf. o comentário sobre Gênesis 19.1.
1766 Sobre o transcorrer da conversa, cf. von Rad, Mose, pg. 212s.
1767 Westermann, Genesis I/2, pg. 457.
1768 Hirsch, Genesis, pg. 360.
1769 Westermann, Genesis I/2, pg. 457.
1770 Westermann, Genesis I/2, pg. 458.

eles evitem a palavra "vender". Teme-se que esse tipo de oferta possa ofender um rico comprador.

Efrom diz: "Quero lhe dar não somente a caverna, mas o campo inteiro; pode enterrar a sua morta!" "Este nobre gesto já deixa claro a Abraão que o negócio sairá bem caro".[1771] Ainda assim, ele insiste em seu pedido de comprar o terreno. Muito casualmente, Efrom menciona o preço de compra, 400 siclos de prata; e, a fim de evitar qualquer tipo de negociação, continua: **Que é isso entre mim e ti? Pode ir, sepulta ali a tua morta.** **15** Diferentemente do que normalmente acontecia nas negociações orientais, Abraão aceita imediatamente a proposta inicial de Efrom e pesa a soma em prata, como se costumava fazer no comércio.

O valor da compra era imenso. De acordo com o Código de Hamurabi (1792-1750 a.C.), conhecido no ambiente palestino, o salário anual de um trabalhador era de 6-8 siclos.[1772] Mais tarde, Jeremias comprou um campo por dezessete siclos (Jr 32.9); e a área inteira comprada por Omri para a construção de Samaria custou 6.000 siclos. "Para Abraão, a compra incontestável da sepultura era tão importante que ele estava disposto a pagar qualquer quantia por ela".[1773]

Depois de fechado o negócio, todos os detalhes são, mais uma vez, registrados na frente de testemunhas. Abraão é proprietário do terreno inteiro, da caverna de Macpela e de todas as árvores que estão naquele campo.

Macpela significa "caverna dupla". Pode-se imaginar duas cavernas **9** superpostas ou uma atrás da outra.[1774]

A primeira propriedade de Abraão, a sepultura de Sara, está na região da atual Hebrom – defronte a Manre, o lugar onde Isaque lhe tinha sido prometido.[1775]

O túmulo de Macpela, a primeira propriedade de Abraão e de seus descendentes na terra prometida de Canaã, "era o elo que, de forma permanente, ligava os descendentes de Abraão no Egito à Terra da Promessa".[1776]

XIV. OS ÚLTIMOS ANOS DE VIDA DE ABRAÃO: 24.1 – 25.18

Depois da morte de Sara e de seu enterro na caverna dupla de Macpela, restam somente poucos relatos sobre Abraão. Seus últimos anos de vida são descritos da seguinte forma:

1 Era Abraão já idoso, bem avançado em anos; e o Senhor em tudo o havia abençoado.

No fim da sua vida, uma coisa era certa: Deus havia abençoado Abraão em tudo. A expressão "em tudo" (hebraico: *bakot*) "resume todas as bênçãos da vida".[1777] Está escrito que Abraão era "idoso, bem avançado em anos". "Avançado em anos" significa "avançado em idade" (cf. Gn 18.11), "velho": "maduro e experiente" (cf. Is 3.2; 9.15). Enquanto o

---

1771 Cf. von Rad, Mose, pg. 212.
1772 Hertz (ed.), pg. 81.
1773 Westermann, Genesis I/2, pg. 459.
1774 Keel/Küchler, vol. 2, pg. 681.
1775 Sobre Manre, cf. o comentário sobre Gênesis 13.14-18.
1776 Delitzsch, pg. 336.
1777 Procksch, pg. 148.

homem jovem ainda tenta fazer tudo por conta própria, o "ancião" se caracteriza por sua experiência. Ancião (hebraico: *saken*) é "o lucro obtido pelo trabalho de uma vida inteira, a maturidade da personalidade".[1778] O enfraquecimento físico, o cansaço e a escuridão ameaçadora da velhice são, no máximo, indicados pela expressão "avançado em anos"; de resto, o Antigo Testamento usa uma palavra específica para este aspecto da "velhice" (hebraico: *jaschen*). No caso de Abraão, a palavra "ancião" (hebraico: *saken*) significa que ele desfrutava de grande respeito.[1779] Um homem respeitado pelas pessoas à sua volta era um homem marcado pela experiência (cf. Gn 23.6).

Entre as últimas experiências, ordens e "etapas do testamento"[1780] deste ancião avançado em dias está a instrução que ele deu ao seu servo para procurar uma esposa para Isaque.

1. A corte de Rebeca: 24.2-67

O objetivo principal do relato sobre a corte de Rebeca é contar como Isaque se casou com Rebeca. É o relato mais longo da história dos patriarcas, e talvez também "o mais simpático e gracioso".[1781] Mas o aspecto mais especial deste relato, que vai muito além da simples história de família, são as orações do servo e as múltiplas referências à orientação de Deus. A corte de Rebeca é uma "história de providências",[1782] uma história de oração e um testemunho de como Deus vai ao encontro do ser humano em sua vida pessoal. O relato em si pode ser dividido em quatro cenas:

a) O juramento e a primeira oração do servo: 24.2-14

2 Disse Abraão ao seu mais antigo servo da casa, que governava tudo o que possuía: Põe a mão por baixo da minha coxa,

3 para que eu te faça jurar pelo Senhor, Deus do céu e da terra, que não tomarás esposa para meu filho das filhas dos cananeus, entre os quais habito;

4 mas irás à minha parentela e daí tomarás esposa para Isaque, meu filho.

5 Disse-lhe o servo: Talvez não queira a mulher seguir-me para esta terra; nesse caso, levarei teu filho à terra donde saíste?

6 Respondeu-lhe Abraão: Cautela! Não faças voltar para lá meu filho.

7 O Senhor, Deus do céu, que me tirou da casa de meu pai e de minha terra natal, e que me falou, e jurou, dizendo: À tua descendência darei esta terra, ele enviará o seu anjo, que te há de preceder, e tomarás de lá esposa para meu filho.

8 Caso a mulher não queira seguir-te, ficarás desobrigado do teu juramento; entretanto, não levarás para lá meu filho.

1778 Hirsch, Genesis, pg. 365.
1779 Strack, pg. 76.
1780 Delitzsch, pg. 31.
1781 von Rad, Mose, pg. 21.
1782 Westermann, Genesis I/2, pg. 468-470 e 480.

9   Com isso, pôs o servo a mão por baixo da coxa de Abraão, seu senhor, e jurou fazer segundo o resolvido.
10 Tomou o servo dez dos camelos do seu senhor e, levando consigo de todos os bens dele, levantou-se e partiu, rumo da Mesopotâmia, para a cidade de Naor.
11 Fora da cidade, fez ajoelhar os camelos junto a um poço de água, à tarde, hora em que as moças saem a tirar água.
12 E disse consigo: Ó Senhor, Deus de meu senhor Abraão, rogo-te que me acudas hoje e uses de bondade para com o meu senhor Abraão!
13 Eis que estou ao pé da fonte de água, e as filhas dos homens desta cidade saem para tirar água;
14 dá-me, pois, que a moça a quem eu disser: inclina o cântaro para que eu beba; e ela me responder: Bebe, e darei ainda de beber aos teus camelos, seja a que designaste para o teu servo Isaque; e nisso verei que usaste de bondade para com o meu senhor.

2a Abraão chama o servo, o mais velho de sua casa. O significado da palavra veterotestamentária para servo (hebraico: ᵉäbäd) é mais amplo que o da palavra em português. Os "servos do rei" são seus ministros e generais. Há um profundo relacionamento de confiança com o servo, como pode ser depreendido da expressão *meu Servo, o Justo* (Is 53.11). Servo pode referir-se a "qualquer posição hierárquica, desde que o referido indivíduo tenha um relacionamento de dependência profissional".[1783] O servo de Abraão é o seu "administrador".[1784] Ele desfruta de grande confiança junto ao pai e ao filho. Mas como ele, ainda assim, está em uma posição de dependência, não é necessário mencionar seu nome.[1785] É muito provável que este servo, o mais velho da casa de Abraão, seja Eliéser (= meu Deus é ajudador), de Damasco.[1786]

2b Abraão faz seu servo jurar. Ele lhe diz: **Põe a mão por baixo da minha coxa.** Muitos exegetas entendem que Abraão estava exigindo um "juramento físico",[1787] no qual a pessoa que jurava devia tocar a genitália daquele a quem ele jurava.[1788] Mas este ritual pressuporia uma santidade especial do membro masculino. Assim como acontecia com o culto fálico, o membro reprodutor seria então a divindade no ser humano. Decorre que a "real essência da divindade estaria na geração e na fertilidade".[1789] Esse conceito é estranho ao Antigo Testamento. Também não é o caso de tocar o membro circuncidado no sentido de que aquele que jurava "assumia um compromisso baseado na aliança da circuncisão".[1790] A formulação **Põe a mão por baixo da minha coxa** é uma metáfora. A "coxa" é o símbolo da descendência:[1791] *Todos os que vieram com Jacó para o Egito, que*

1783 von Rad, Mose, pg. 218.
1784 Westermann, Genesis I/2, pg. 470.
1785 Gunkel, pg. 250.
1786 Veja o comentário sobre Gênesis 15.2.
1787 Delitzsch, pg. 338.
1788 Westermann, Genesis I/2, pg. 219; von Rad, Mose, pg. 218; Procksch, pg. 148.
1789 Gunkel, pg. 251.
1790 Hirsch, Genesis, pg. 368; ao contrário de Delitzsch, pg. 338.
1791 Hertz (ed.), pg. 82 e 174.

a Êx 1.5;
Jz 8.30;
Hb 7.5

eram os seus descendentes (literalmente: todos os que saíram de suas coxas),ᵃ *fora as mulheres dos filhos de Jacó, todos eram sessenta e seis pessoas* (Gn 46.26). A coxa é o símbolo de toda a descendência, "enquanto o membro reprodutor simbolizaria apenas a próxima geração".[1792]

Se o texto diz que o servo de Abraão (v.9) e mais tarde também José (Gn 47.29) juraram "colocando a mão por baixo da coxa", isto não significa nada além de que tanto um como o outro tiveram de jurar pela descendência. Isto pode ser entendido de duas formas: em primeiro lugar, "que o juramento vale para os descendentes e deve ser mantido em benefício deles",[1793] mas também: neste juramento, os descendentes são conclamados a "vigiarem o juramento feito e vingarem o seu rompimento".[1794]

Não há motivo para imaginar que o servo de Abraão ou José usassem outro gesto para o juramento além daquele que o próprio Abraão usou. Abraão jurou com a mão levantada (Gn 14.22). "Ponha sua mão debaixo da minha coxa" significa: "Jure pela descendência".[1795]

Na conversa com seu servo, Abraão lhe explica os quatro pontos do juramento pedido:[1796]

a) Isaque não deve tomar uma cananeia como esposa, isto é, Isaque não deve se expor, de forma nenhuma, ao perigo da miscigenação religiosa (cf. Êx 34.15s; Dt 7.3s).

b) O servo deve ir até a terra natal de Abraão. Ele deve buscar a esposa para Isaque entre os parentes de Abraão.

c) Mesmo que a esposa pedida se recuse a ir para a nova terra, Isaque não deve voltar à terra natal de Abraão, em nenhuma hipótese. Nem mesmo o desejado casamento deve inverter o caminho de salvação determinado por Deus (cf. Dt 17.16; 28.68).

d) Se realmente nenhuma mulher se dispuser a seguir o servo, este será liberado de seu juramento.

7 Abraão encoraja o servo com as palavras: **O Senhor, Deus do céu, que me tirou da casa de meu pai e de minha terra natal, e que me falou, e jurou, dizendo: À tua descendência darei esta terra, ele enviará o seu anjo, que te há de preceder, e tomarás de lá esposa para meu filho.** Abraão tem certeza de que o anjo da guarda e proteção[1797] enviado por Deus acompanhará seu servo. Esta "garantia de bênção"[1798] da parte de Abraão e a liberação do juramento no caso de fracasso da missão são as últimas palavras da boca de Abraão relatadas em sua história.[1799]

Depois de fazer o juramento pedido por Abraão, o servo se prepara cuidadosamente para a viagem. A rota não é mencionada, apenas **10** os preparativos, a saída e o destino da viagem. O destino é a **Mesopotâmia**, a "terra dos dois rios".[1800] É a "região média do Eufrates, a

---
1792 Lange, pg. 284.
1793 König, Genesis, pg. 561.
1794 Dillmann, pg. 301.
1795 Lange, pg. 287.
1796 Cf. von Rad, Mose, pg. 218.
1797 Cf. Excurso I: Os anjos de Deus. 4. O anjo da guarda e proteção.
1798 Westermann, Genesis I/2, pg. 470.
1799 Jacob, B; zitiert nach von Rad, Mose, pg. 218.
1800 Odelain/Seguineau, pg. 242.

Mesopotâmia central".[1801] O nome da cidade de Naor não é mencionado, talvez seja Harã.

Abraão tinha abandonado seus parentes em Harã, para ir a Canaã.[1802] Fora da cidade de Naor, o servo ficou esperando com sua comitiva junto ao poço. Naquela época, o poço era "o lugar onde as mulheres e moças se encontravam".[1803] Os homens se reuniam no portão da cidade (Gn 19.1; 23.18). A primeira coisa que o servo fez foi orar. O servo não age logo, "mas ora e assim coloca tudo nas mãos de Javé".[1804] O servo pede que Deus, que o guiou até aqui, tome a situação em suas mãos. Com isso, declarava que, pessoalmente, não seria capaz de concluir a missão da qual fora encarregado, nem mesmo usando todas as suas forças e todos os recursos à sua disposição.[1805] Ele pede um sinal a Deus. O sinal pedido pelo servo não é um milagre natural menor ou maior, como os sinais pedidos por Gideão (cf. Jz 6.17ss,36ss). Não é um sinal *embaixo, nas profundezas, ou em cima, nas alturas* (Is 7.11). Nestes sinais, corre-se o risco de tentar ao Senhor Deus (Is 7.12). O sinal é um "teste para avaliação"[1806] da moça, em um aspecto totalmente natural de seu trabalho. Ele quer que a moça vá muito além do que simplesmente atender ao seu pedido "Dê-me um pouco de água para beber". A prova dela é não somente saciar sua sede, mas, voluntariamente, dar de beber também a todos os seus camelos.[1807] Com este sinal natural, o servo pede que Deus "confirme sua ação redentora".[1808]

O cuidado com os animais não deve ter sido algo natural naquela época. O Talmude contém a orientação: um homem não pode se sentar para tomar uma refeição antes de dar de beber e de comer aos seus animais.[1809]

O sinal pedido não se destina a testar o caráter da menina, mas ele deseja reconhecer a vontade de Deus.[1810] Ele pede: **que me acudas hoje!** **12** Literalmente: "Conduza isso hoje para mim". Ele não quer deixar sua missão ao acaso.[1811] Quer ter certeza de que será realmente a mulher que Deus "destinou" a Isaque (cf. v.14 e 44).

A oração do servo e o sinal pedido não são padrão para os intercessores do futuro, mas, em primeiro lugar, "algo absolutamente único para os envolvidos".[1812] Mesmo o chamado Rolo dos Jejuns, um escrito da época talmúdica, advertia contra usar o método de Eliéser como um "modelo" para "escolher uma esposa".[1813] Mas o comportamento do servo não deixava de ser fundamentalmente exemplar: ele ora antes de agir. O sinal que ele pede não é um milagre sobrenatural, mas algo que pode acontecer naturalmente no dia a dia. O sinal não serve para "fortalecer sua fé, mas para reconhecer a vontade de Deus".[1814]

1801 Westermann, Genesis I/2, pg. 472.
1802 Veja Gênesis 1-11, 1ª parte: Gênesis 11.31s; veja também Gênesis 12.5.
1803 Westermann, Genesis I/2, pg. 472.
1804 von Rad, Mose, pg. 219.
1805 Hirsch, Genesis, pg. 373.
1806 von Rad, Mose, pg. 219.
1807 Cf. Lange, pg. 288.
1808 Westermann, Genesis I/2, pg. 473.
1809 Cf. Hertz (ed.), pg. 83.
1810 Cf. von Rad Mose, pg. 219.
1811 Cf. Hirsch, Genesis, pg. 373.
1812 Westermann, Genesis I/2, pg. 480.
1813 Cf. Hirsch, Genesis, pg. 374.
1814 von Rad, Mose, pg. 219.

b) As conversas junto ao poço e a segunda oração do servo: 24.15-31

15 Considerava ele ainda, quando saiu Rebeca, filha de Betuel, filho de Milca, mulher de Naor, irmão de Abraão, trazendo um cântaro ao ombro.

16 A moça era mui formosa de aparência, virgem, a quem nenhum homem havia possuído; ela desceu à fonte, encheu o seu cântaro e subiu.

17 Então, o servo saiu-lhe ao encontro e disse: Dá-me de beber um pouco da água do teu cântaro.

18 Ela respondeu: Bebe, meu senhor. E, prontamente, baixando o cântaro para a mão, lhe deu de beber.

19 Acabando ela de dar a beber, disse: Tirarei água também para os teus camelos, até que todos bebam.

20 E, apressando-se em despejar o cântaro no bebedouro, correu outra vez ao poço para tirar mais água; tirou-a e deu-a a todos os camelos.

21 O homem a observava, em silêncio, atentamente, para saber se teria o Senhor levado a bom termo a sua jornada ou não.

22 Tendo os camelos acabado de beber, tomou o homem um pendente de ouro de meio siclo de peso e duas pulseiras para as mãos dela, do peso de dez siclos de ouro;

23 e lhe perguntou: De quem és filha? Peço-te que me digas. Haverá em casa de teu pai lugar em que eu fique, e a comitiva?

24 Ela respondeu: Sou filha de Betuel, filho de Milca, o qual ela deu à luz a Naor.

25 E acrescentou: Temos palha, e muito pasto, e lugar para passar a noite.

26 Então, se inclinou o homem e adorou ao Senhor.

27 E disse: Bendito seja o Senhor, Deus de meu senhor Abraão, que não retirou a sua benignidade e a sua verdade de meu senhor; quanto a mim, estando no caminho, o Senhor me guiou à casa dos parentes de meu senhor.

28 E a moça correu e contou aos da casa de sua mãe todas essas coisas.

29 Ora, Rebeca tinha um irmão, chamado Labão; este correu ao encontro do homem junto à fonte.

30 Pois, quando viu o pendente e as pulseiras nas mãos de sua irmã, tendo ouvido as palavras de Rebeca, sua irmã, que dizia: Assim me falou o homem, foi Labão ter com ele, o qual estava em pé junto aos camelos, junto à fonte.

31 E lhe disse: Entra, bendito do Senhor, por que estás aí fora? Pois já preparei a casa e o lugar para os camelos.

Mal o servo terminara de orar, e também já recebia o atendimento a seu pedido.[1815] Em silêncio e com atenção, ele observa a moça que veio ao poço. Repara na beleza da menina. No Antigo Testamento, a beleza era "vista no dia a dia e nas atividades corriqueiras".[1816] A moça desce até

1815 König, Genesis, pg. 563.
1816 Westermann, Genesis I/2, pg. 473.

o poço. Provavelmente tratava-se de uma fonte murada, com degraus que desciam até a água.[1817] A moça não somente atende ao pedido do servo, sem hesitar, mas também dá de beber aos camelos. Agora o servo sabia que Deus estava abençoando sua missão e dá presentes à menina, mesmo antes de perguntar-lhe por sua família. Os presentes "refletem a grande medida de sua alegria".[1818] Os enfeites de ouro que ele entrega são um pendente para o nariz e duas pulseiras. O pendente para o nariz era "um adorno feminino dado como presente de noivado da Índia até o Egito, e que continua comum até hoje entre os árabes".[1819] Ele era preso em uma das narinas.

E lhe perguntou: De quem és filha? Peço-te que me digas. Haverá em casa de teu pai lugar em que eu fique, e a comitiva? 23 24 A resposta: **Sou filha de Betuel, filho de Milca, o qual ela deu à luz a Naor**, mostrou-lhe que Deus tinha ido muito além de seu pedido ao atender à sua oração. "O servo realmente não poderia esperar que a moça fosse da casa de Naor".[1820] Espontaneamente, o servo faz uma oração de gratidão. **Então, se inclinou o homem e adorou ao Senhor. E disse: Bendito seja o Senhor, Deus de meu senhor Abraão, que não retirou a sua benignidade e a sua verdade de meu senhor; quanto a mim, estando no caminho, o Senhor me guiou à casa dos parentes de meu senhor.** 26 27

A oração de gratidão é uma "conversa espontânea com Deus, nascida dos eventos".[1821] A posição usada para orar é descrita por meio de dois verbos, que juntos significam algo como "inclinar-se, ajoelhar-se com reverência".[1822] A própria postura de inclinar-se e ajoelhar-se perante Javé "já é uma expressão de gratidão".[1823] As palavras que ele usa para expressar sua gratidão são um grito de louvor a Deus: "Louvado seja Javé, o Deus de meu senhor Abraão!" Literalmente: Bendito seja Javé (hebraico: *baruch Yahwe*)! Bendito (hebraico: *baruch*) é aquele que traz salvação. Em sua exclamação de espanto e gratidão, o servo diz: "Tu, Javé, fizeste agir tua força redentora". O servo experimentou a força benéfica do Senhor, sua oração fora atendida. Ele agradece a Deus, dizendo: "Bendito seja Javé".[1824] No Antigo Testamento, era comum orar em voz alta.[1825] A oração silenciosa do servo é expressamente descrita desta forma (Gn 24.45); a oração silenciosa de Ana em Siló chama atenção (1Sm 1.12s). Mas na segunda oração do servo, a moça é testemunha, não somente de sua postura, mas também das palavras da oração.

Rebeca vai embora do poço, corre para a casa da sua mãe para relatar tudo o que vira. 28

O nome da moça já tinha sido mencionado quando ela chegara ao poço. Rebeca – nome cujo significado é incerto[1826] – corre para a tenda de

---

1817 Delitzsch, pg. 340.
1818 Westermann, Genesis I/2, pg. 473.
1819 Delitzsch, pg. 340.
1820 von Rad, Mose, pg. 220.
1821 Westermann, Genesis I/2, pg. 480.
1822 Stähli, chawah, jogar-se ao chão, col. 531.
1823 Westermann, Genesis I/2, pg. 474.
1824 Keller, barach, abençoar, col. 355 e 358.
1825 Stähli, palal, orar, col. 432.
1826 Cf. von Rad, Mose, pg. 220. Alguns tentam interpretar o nome trocando algumas letras de lugar. Em vez de Ribkah, eles leem Bikrah (= vaca). Odelain/Seguineau, pg. 292.

b Gn 24.67;
31.33

sua mãe. Naquela época, as mulheres tinham sua própria tenda[b], na qual moravam até morrer.[1827]

27 As palavras do servo são importantes para estabelecer o parentesco das pessoas mencionadas. Ele diz: **o Senhor me guiou à casa dos parentes de meu senhor.** "Casa dos parentes" refere-se à parentela de Abraão.

Milca, a filha de Harã, deu oito filhos a Naor, irmão de Abraão, entre eles, Betuel (Gn 22.20-23). Outro filho de Naor – sem menção à sua mãe – é Labão. Mais tarde, Jacó pergunta aos moradores de Harã: "Vocês conhecem Labão, o filho de Naor?" (Gn 29.5) Milca era a matriarca, Labão era – de acordo com os termos de parentesco que usamos hoje – tio de Rebeca. Mas no pensamento familiar do Antigo Testamento, ele também podia ser chamado de "irmão de Rebeca" (Gn 24.29s; 27.43). Abraão, tio de Ló, p.ex., chama o sobrinho de "irmão" (Gn 14.16). Chamar tanto o sobrinho quanto o tio de "irmão" era possível devido ao significado desta palavra no Antigo Testamento. "Irmão" (hebraico: *'ach*) não é somente o irmão direto, como o irmão de sangue ou o meio irmão, mas também o parente próximo, às vezes até mesmo o integrante da mesma tribo ou povo.[1828]

Rebeca corre então para a tenda da matriarca de sua família, Milca. Labão, o tio[1829] de Rebeca, "seu irmão" – no sentido de parente próximo –, vai até o poço e convida o servo e sua caravana, dizendo: "Já está tudo preparado para vocês". No Antigo Testamento, nem sempre as negociações relativas ao casamento de uma moça eram conduzidas pelo pai. No caso de Diná, por exemplo, seus irmãos trataram desse assunto (Gn 34).

Labão deve ter ficado sabendo por Rebeca do teor da oração que o servo de Abraão dirigiu a Deus. As palavras "Bendito seja Javé" são a base para que Labão chame o servo de "Bendito de Javé". O servo, assombrado pela prova do poder de Deus, agradece com as palavras: "Bendito seja Javé!" E agora ele mesmo é chamado de "Bendito de Javé": *Benditos os que te abençoarem* (Nm 24.9).[c]

c Gn 26.29;
27.33;
Nm 23.11;
1Rs 2.45;
Is 65.23

c) O pedido por Rebeca e a terceira oração do servo: 24.32-61

32 Então, fez entrar o homem; descarregaram-lhe os camelos e lhes deram forragem e pasto; deu-se-lhe água para lavar os pés e também aos homens que estavam com ele.

33 Diante dele puseram comida; porém ele disse: Não comerei enquanto não expuser o propósito a que venho. Labão respondeu-lhe: Dize.

34 Então, disse: Sou servo de Abraão.

35 O Senhor tem abençoado muito ao meu senhor, e ele se tornou grande; deu-lhe ovelhas e bois, e prata e ouro, e servos e servas, e camelos e jumentos.

36 Sara, mulher do meu senhor, era já idosa quando lhe deu à luz um filho; a este deu ele tudo quanto tem.

37 E meu senhor me fez jurar, dizendo: Não tomarás esposa para meu filho das mulheres dos cananeus, em cuja terra habito;

1827 Strack, pg. 80.
1828 Jenni, ach, irmão, col. 99.
1829 Cf. Hertz (ed.), pg. 84; e König, Genesis, pg. 563, nota 1.

38 porém irás à casa de meu pai e à minha família e tomarás esposa para meu filho.
39 Respondi ao meu senhor: Talvez não queira a mulher seguir-me.
40 Ele me disse: O Senhor, em cuja presença eu ando, enviará contigo o seu Anjo e levará a bom termo a tua jornada, para que, da minha família e da casa de meu pai, tomes esposa para meu filho.
41 Então, serás desobrigado do meu juramento, quando fores à minha família; se não ta derem, desobrigado estarás do meu juramento.
42 Hoje, pois, cheguei à fonte e disse comigo: ó Senhor, Deus de meu senhor Abraão, se me levas a bom termo a jornada em que sigo,
43 eis-me agora junto à fonte de água; a moça que sair para tirar água, a quem eu disser: dá-me um pouco de água do teu cântaro,
44 e ela me responder: Bebe, e também tirarei água para os teus camelos, seja essa a mulher que o Senhor designou para o filho de meu senhor.
45 Considerava ainda eu assim, no meu íntimo, quando saiu Rebeca trazendo o seu cântaro ao ombro, desceu à fonte e tirou água. E eu lhe disse: peço-te que me dês de beber.
46 Ela se apressou e, baixando o cântaro do ombro, disse: Bebe, e também darei de beber aos teus camelos. Bebi, e ela deu de beber aos camelos.
47 Daí lhe perguntei: de quem és filha? Ela respondeu: Filha de Betuel, filho de Naor e Milca. Então, lhe pus o pendente no nariz e as pulseiras nas mãos.
48 E, prostrando-me, adorei ao Senhor e bendisse ao Senhor, Deus do meu senhor Abraão, que me havia conduzido por um caminho direito, a fim de tomar para o filho do meu senhor uma filha do seu parente.
49 Agora, pois, se haveis de usar de benevolência e de verdade para com o meu senhor, fazei-mo saber; se não, declarai-mo, para que eu vá, ou para a direita ou para a esquerda.
50 Então, responderam Labão e Betuel: Isto procede do Senhor, nada temos a dizer fora da sua verdade.
51 Eis Rebeca na tua presença; toma-a e vai-te; seja ela a mulher do filho do teu senhor, segundo a palavra do Senhor.
52 Tendo ouvido o servo de Abraão tais palavras, prostrou-se em terra diante do Senhor;
53 e tirou jóias de ouro e de prata e vestidos e os deu a Rebeca; também deu ricos presentes a seu irmão e a sua mãe.
54 Depois, comeram, e beberam, ele e os homens que estavam com ele, e passaram a noite. De madrugada, quando se levantaram, disse o servo: Permiti que eu volte ao meu senhor.
55 Mas o irmão e a mãe da moça disseram: Fique ela ainda conosco alguns dias, pelo menos dez; e depois irá.
56 Ele, porém, lhes disse: Não me detenhais, pois o Senhor me tem levado a bom termo na jornada; permiti que eu volte ao meu senhor.

57 Disseram: Chamemos a moça e ouçamo-la pessoalmente.
58 Chamaram, pois, a Rebeca e lhe perguntaram: Queres ir com este homem? Ela respondeu: Irei.
59 Então, despediram a Rebeca, sua irmã, e a sua ama, e ao servo de Abraão, e a seus homens.
60 Abençoaram a Rebeca e lhe disseram: És nossa irmã; sê tu a mãe de milhares de milhares, e que a tua descendência possua a porta dos seus inimigos.
61 Então, se levantou Rebeca com suas moças e, montando os camelos, seguiram o homem. O servo tomou a Rebeca e partiu.

Chegando à casa do irmão de seu senhor Abraão (Gn 24.27), o servo permite apenas que se faça o absolutamente necessário: os animais são cuidados, os visitantes lavam seus pés. Mas antes que eles comam, ele pede para se desincumbir da tarefa recebida de Abraão.[1830] Ele cumpre sua missão com um longo discurso (v.34-49), em que começa se apresentando. Em seguida, relata detalhadamente tudo o que aconteceu, desde a missão dada por Abraão até o encontro com Rebeca. "Os fatos devem falar por si mesmos, trazendo a decisão desejada".[1831] Em seu relato sobre os eventos, é possível observar algumas sutilezas. Cuidadosamente, ele omite a ordem de Abraão para que Isaque não volte para a família de Naor em hipótese alguma. Ele fala objetivamente da riqueza de Abraão e do fato de que Isaque já recebeu tudo em herança. Conscientemente, também faz referência às suas duas orações. Ele repete, palavra por palavra, o pedido pelo sinal, "para que também a família de Rebeca perceba que o atendimento deste pedido é prova de que Deus falou".[1832] A referência explícita ao fato de que

45 era uma oração **no meu** íntimo, isto é, uma oração silenciosa, pretende enfatizar o fato de que ninguém poderia saber a respeito do sinal pedido, e que, portanto, Deus tinha agido sozinho.

O discurso do servo alcançou o efeito desejado. Labão, o porta-voz da família no assunto do casamento de Rebeca, e Betuel, seu pai, responde-

50 ram: **Isto procede do Senhor, nada temos a dizer fora da sua verdade.**
51 **Eis Rebeca na tua presença; toma-a e vai-te; seja ela a mulher do filho do teu senhor, segundo a palavra do Senhor.** "Isto procede do Senhor" significa, literalmente: tudo isso vem do próprio Javé. Labão e Betuel

d Gn 31.24, 29; aceitam a "providência visível de Deus".[1833] Por isso, eles não têm mais
2Sm 13.22 nada a dizer sobre isso^d, nem contra nem a favor. Segue-se então a entrega formal: toma-a – vai-te – entregue-a como esposa.[1834]

52 A primeira reação do servo aqui é uma terceira oração: ele **prostrou-se em terra diante do Senhor**. A oração em si era somente este gesto. Ele não somente se ajoelhou, como fizera em gratidão (v.26), mas jogou-se ao chão com o rosto em terra (hebraico: *chawah 'arzah*).[1835] Ao prostrar-se, a chamada *proskynesis*, aquele que se ajoelha coloca as mãos sobre o chão

---
1830 Cf. von Rad, Mose, pg. 221.
1831 Dillmann, pg. 304.
1832 Westermann, Genesis I/2, pg. 476.
1833 von Rad, Mose, pg. 221.
1834 Cf. Westermann, Genesis I/2, pg. 476.
1835 Stähli, chawah, prostrar-se, col. 531.

e toca o solo com o rosto. "É um gesto de completa submissão"[1836] e, ao mesmo tempo, "da dedicação de todo o corpo".[1837] Na maioria das vezes, a oração precedida pela prostração é uma oração de adoração.[1838]

Depois da adoração, o servo entrega presentes para Rebeca, e dá o dote da noiva à sua família.

O presente precioso para a noiva, as joias de ouro e prata e as roupas, é o chamado "presente nupcial" (hebraico: *matan*). É o sinal da confirmação do noivado.[1839] O chamado "dote da noiva" (hebraico: *mohar*)[e] é a indenização pelo casamento, paga à família.[1840]

e Gn 34.12;
Êx 22.16;
1Sm 18.25

Só agora o servo considera sua missão cumprida e aceita sentar-se com seus companheiros para a refeição, além de pernoitar na casa de seu anfitrião. Na manhã seguinte, o servo insiste – "muito ao contrário do costume oriental"[1841] – que seja autorizado a voltar imediatamente para casa. A família pede para que Rebeca fique ainda algum tempo com eles[f], ao menos alguns dias, talvez uns dez, isto é, pouco mais de uma semana.[1842] Mas o servo insiste em viajar, dizendo: **Não me detenhais, pois o Senhor me tem levado a bom termo na jornada; permiti que eu volte ao meu senhor.**

f Tobias 8.21

56

Os parentes tinham reconhecido a providência de Deus (v.50), mas queriam combiná-la com seus próprios desejos.[1843] Mas o servo não tolera nenhum adiamento, por ver uma atuação tão visível de Deus. Ele "insiste daquele jeito porque quer encontrar seu senhor ainda com vida".[1844] Ele queria comunicar-lhe o sucesso de sua missão. "Nenhum retardamento nem atendimento deve atrasá-lo; são as características de sua submissão fiel e aprovada".[1845] Martinho Lutero vê no comportamento do servo um "exemplo memorável", um padrão bíblico para orientação de crentes de todas as épocas.

> Assim somos exortados do fato de que não podemos atrasar nem relaxar na obra de Deus, mas que devemos, antes, tirar do caminho todas as ligações e tudo o que poderia nos impedir de concluir a obra começada. Quem não atende no momento em que ouve o chamado do Espírito Santo, nunca mais o agarrará. Pois, uma vez que este vai embora, ele nunca mais volta.[1846]

A família deseja, então, que Rebeca dê a última palavra na questão dessa partida tão incomumente rápida. Rebeca concorda com a saída repentina. Agora a família também aquiesce e abençoa Rebeca em sua despedida: **És nossa irmã; sê tu a mãe de milhares de milhares, e que a tua descendência possua a porta dos seus inimigos.**

60

A bênção de despedida[g] é a forma mais antiga de abençoar. Consistia em um gesto (por exemplo, um abraço ou a imposição de mãos) e nas

g Rt 4.11;
Tobias 10.11s

1836 Westermann, Gebet, col. 1213.
1837 Hirsch, Genesis, pg. 378.
1838 Herrmann, Das Gebet im AT, pg. 786.
1839 Cf. Delitzsch, pg. 343. Os presentes para a noiva também são mencionados no Código de Hamurabi. Gunkel, pg. 258.
1840 Westermann, Genesis I/2, pg. 657.
1841 von Rad, Mose, pg. 221.
1842 Cf. Dillmann, pg. 305.
1843 Cf. von Rad, Mose, pg. 221.
1844 Gunkel, pg. 258.
1845 Calvin, pg. 256.
1846 Lutero, Ersten Moses, vol. II, pg. 200.

palavras de bênção.[1847] Ainda que a família nada soubesse das promessas dadas a Abraão e a seus descendentes,[1848] as palavras de bênção invocam multiplicação e vitória. O desejo de multiplicação faz parte da bênção do casamento, mas a promessa de vitória vai além do âmbito familiar.[1849]

59 Depois da bênção de despedida, a caravana parte. A comitiva de Rebeca inclui uma série de escravas (v.61) e também a **sua ama**, isto é, a mulher que "desde a sua mais tenra infância, era, além de sua mãe, sua melhor amiga e confidente".[1850] O nome da ama de Rebeca era Débora (Gn 35.8).

d) O encontro com Isaque e o casamento: 24.62-67

62 Ora, Isaque vinha de caminho de Beer-Laai-Roi [ou: o "poço daquele que vive e que olha por mim"], **porque habitava na terra do Neguebe**.

63 Saíra Isaque a meditar [ou: lamentar] **no campo, ao cair da tarde; erguendo os olhos, viu, e eis que vinham camelos.**

64 **Também Rebeca levantou os olhos, e, vendo a Isaque, apeou do camelo,**

65 **e perguntou ao servo: Quem é aquele homem que vem pelo campo ao nosso encontro? É o meu senhor, respondeu. Então, tomou ela o véu e se cobriu.**

66 **O servo contou a Isaque todas as coisas que havia feito.**

67 **Isaque conduziu-a até à tenda de Sara, mãe dele, e tomou a Rebeca, e esta lhe foi por mulher. Ele a amou; assim, foi Isaque consolado depois da morte de sua mãe.**

Naquela época, Isaque morava no Neguebe, a terra do sul, na região em torno do "poço daquele que vive e que olha por mim" (hebraico: *Beer-Laai-Roi*). Hoje não temos mais como determinar com exatidão a localização deste poço. Ele ficava entre Cades e Berede, e tinha sido importante na história de Agar.[1851]

No fim do dia, no momento em que os orientais saem de casa, Isaque costumava lamentar. O significado da palavra usada aqui (hebraico: *sut*) é incerta.[1852] Os antigos tradutores (LXX, Áquila, Símaco e a Vulgata) partem do significado "meditar, refletir, falar, lamentar" (hebraico: *sit*). De acordo com isso, o passeio vespertino de Isaque era seu momento de oração ou meditação.[1853] Tendo em vista a morte de Sara e o luto de Isaque por sua mãe (v.67), faz sentido imaginar a oração como um lamento.[1854] Isaque ora,[1855] ele lamenta e chora por Sara.[1856]

1847 Cf. Westermann, Genesis I/2, pg. 477.
1848 Cf. von Rad, Mose, pg. 221.
1849 Cf. Westermann, Genesis I/2, pg. 478.
1850 Gunkel, pg. 259.
1851 Veja o comentário sobre Gênesis 16.7-14.
1852 Westermann, Genesis I/2, pg. 478; Gunkel, pg. 259.
1853 Cf. Delitzsch, pg. 344.
1854 König, Genesis, pg. 569. De acordo com König, *sut* significa lamentar também em Sl 55.18; 77.4; 143.5 e em Jó 7.11.
1855 Hirsch, Genesis, pg. 386.
1856 Dillmann, pg. 306; Procksch, pg. 154.

Isaque e Rebeca "levantaram os olhos", isto é, olharam atentamente em volta.[1857] Isaque viu a caravana que se aproximava, e Rebeca viu um homem no campo. Rebeca desce do camelo e pergunta ao servo quem é o homem que vem ao encontro deles. O costume de descer do camelo[h] era uma demonstração de reverência.[1858] Quando ela ficou sabendo que se tratava de Isaque, cobriu o rosto. Este véu não era o mesmo que as mulheres árabes passaram a usar mais tarde sobre o rosto. No dia a dia, as mulheres (Gn 12.11; 26.7) e as moças (Gn 24.16) andavam sem véu.[1859] Pode-se imaginá-lo como um xale leve que cobria o corpo e que também podia ser usado para cobrir a cabeça.[1860] O cobrir-se está relacionado aos costumes matrimonias daquela época, "em que a noiva era apresentada ao noivo encoberta por um véu".[1861] Rebeca cobriu-se com o véu porque Isaque só poderia vê-la no casamento.[1862] No idioma assírio, a noite é chamada de "noiva encoberta".[1863]

[h] Js 15.18; 1Sm 25.23

Depois de acomodar os viajantes – a viagem em si não é descrita nem mesmo aqui (cf. Gn 24.10s) –, Isaque leva Rebeca para a tenda de sua mãe. Ele lhe entrega o domínio de sua casa.[1864] Depois disso, ele toma Rebeca por sua esposa. E só agora o texto diz: Isaque passou a amá-la.

A sequência de levá-la à tenda de sua mãe, de tomá-la por esposa e de amá-la "não é o que conhecemos dos romances".[1865] Como eles não se conheciam antes, a ênfase não está sobre o amor que veio antes do casamento, mas sobre "o crescimento do amor entre marido e mulher".[1866] O casamento não é o "auge, mas a semente de onde brota o amor".[1867] Enquanto hoje em dia se dá mais importância ao amor que leva ao casamento, aqui se fala de um amor que dura uma vida inteira. "Por mais significativo que seja o amor que leva ao casamento, é mais significativo ainda que ele cresça depois do casamento".[1868]

Com o casamento, fechou-se para Isaque uma lacuna aberta depois da morte de Sara.[1869] "Isaque foi consolado" significa que agora ele não fazia mais as orações de lamento por causa de sua mãe (v.63).[1870]

1857 Sobre a expressão "levantar os olhos", veja o comentário sobre Gênesis 22.4.
1858 Dillmann, pg. 307.
1859 Procksch, pg. 155.
1860 Delitzsch, pg. 345.
1861 Westermann, Genesis I/2, pg. 478.
1862 Dillmann, pg. 307.
1863 Procksch, pg. 154.
1864 Hertz (ed.), pg. 87.
1865 Jacob, B.; citado por von Rad, Mose, pg. 222.
1866 Westermann, Genesis I/2, pg. 479.
1867 Hirsch, Genesis, pg. 387.
1868 Hertz (ed.), pg. 87.
1869 Delitzsch, pg. 345.
1870 Dillmann, pg. 307.

Bibliografia

ACHTZEHNGEBET, in: *Sidur Sefat Emet*, tradução para o alemão de Bamberger, S., 2ª ed., Basileia, 1960, pg. 40-49.

AICHELIN, H.; LIEDKE, G. (ed.). *Naturwissenschaft und Theologie*, Texte und Kommentare, 3ª ed., Neukirchen, 1975.

ALAND, K., (ed.). *Lutherlexikon*. Luther Deutsch. Die Werke Martin Luthers. Ergänzungsband. Göttingen, 1983.

ALBECK, Ch., "Jochanan ben Sakkaj", in: *JL*, vol. III, col. 291-293.

ALBERTZ, R. " '*atar*, beten", in: *THAT*, vol. II, col. 385 e 386.

ALCORÃO, Os significados dos versículos do Alcorão Sagrado (trad. Prof. Samir El Hayek). São Paulo: 1989.

ALT, A. "Hebräer", in: *RGG*, III, col. 105 e 106.

ALT, Kanaan (II), in: *RGG*, III, col. 1109 e 1111.

AMSLER, S., "hajah", in: *ThWAT*, vol. I, col. 477-486

AROMA, Y. *Aqaydat Yitzchaq*. Commentary of Rabbi Yitzchaq Arama, Translated and Condensed by Eliyahu Munk, 2 vols., Jerusalém, 1986.

ASMUSSEN, H. G. *Der biblische Schöpfungsglaube im Lichte moderner Naturwissenschaft*, edição própria, Beselerstr. 28, 2240 Heide.

AUERBACH, E. *Wüste und Gelobtes Land*, vol. II. Geschichte Israels. Von den Anfängen bis zum Tode Salomos. Berlim, 1938.

BACH, J. S. *Es erhub sich ein Streit, Kantate BWV 19*, zum Michaelisfest, Hänssler-Verlag, Neuhausen-Stuttgart, 1981.

BAMMEL, E. "*ptochos*", in: *ThWNT*, vol. VI, pg. 885-915.

BARDTKE, I. *Bibel, Spaten und Geschichte*, Leipzig, 1969.

BARLACH, E. mit einem Essay von Kurt, W., Berlim, 1985.

BAUERNFEIND, O. "*machomai*", in: *ThWNT*, vol. IV, pg. 533-534.

BEHM, J. "*anatithemi*", in: *ThWNT*, vol. I, pg. 355-357.

BERNHARDT, K. H. *Die Umwelt des Alten Testaments*, Quellen und ihre Erforschung, vol. I, 2ª ed., Berlim, 1968.

BERGMANN, U. "*ezär*", in: *THAT*, vol. II, col. 256-259.

BERTRAM, G. "*hypsoo*", in: *ThWNT*, vol. VIII, pg. 604-611.

_____. "*phylasso*", in: *ThWNT*, vol. IX, pg. 232-240.

BEYERLIN, W. (ed). *Religionsgeschichtliches Textbuch zum Alten Testament*, Göttingen/Berlim, 1975/1978.

BÍBLIA SCOFIELD. *Die neue Scofield Bibel* Die Heilige Schrift nach der deutschen Übersetzung D. Martin Luthers, 3ª ed. alemã, Pfäffikon/Schweiz, 1978.

BIC, M. "1. Mose 4.1-16", in: *GPM* 1963/64, pg. 239-243.

BOHREN, R. "Göttlicher Überfall (1. Mose 32,22-32)", in: Trost, Neukirchen, 1981, pg. 76-82.

BOMAN, Th. *Das hebräische Denken im Vergleich mit dem griechischen*, 5ª ed., Göttingen, 1968.

BONHOEFFER, D. Ética, 9ª ed., Sinodal, 2009.

_____. Finkenwalder Homiletik, 1935-1939, in: *Gesammelte Schriften*, vol. 4, pg. 237-289, 2ª ed., Munique, 1961.

_____. *Gesammelte Schriften*, vol. 4, Munique, 1967.
_____. *Nachfolge*, 9ª ed., Munique, 1967.
_____. *Resistência e submissão*, 2ª ed., Sinodal, 2003.
_____. *Sanctorum Communio*, Dogmatische Untersuchung zur Soziologie der Kirche, 3ª ed., Munique, 1963.
_____. *Schöpfung und Fall*, Theologische Auslegung von Genesis 1-3, Munique, 1958.
BOURS, J. *Der Gott, der mein Hirte war, mein Leben lang*, Freiburg, 1977.
BRACKER, H. D. *Das Gesetz Israels, verglichen mit den drei altorientalischen Gesetzen*, Hamburgo, 1962.
BRÄUMER, Hj. *Das erste Buch Mose*, parte 1, cap. 1-11, Wuppertal, 1983.
_____. *Ich werde für euch dasein*, Breklum, 1982.
_____. *In Freiheit leben*, Gottes Gebote setzen Maßstäbe, Wuppertal, 1981.
_____. *Lieben wagen*, Neuhausen-Stuttgart, 1986.
BRANDON, S. G. F. *Creation Legends of the Ancient Near East*, Londres, 1963.
BRUNNER, H. "Amarna", in: *RGG*, I, col. 304 e 305.
_____. "Hyksos", in: *RGG*, III, col. 498 e 499.
BUBER, M. *Die fünf Bücher der Weisung*, 9ª ed., Heidelberg, 1976.
_____. *Gottesfinsternis*, Betrachtungen zur Beziehung zwischen Religion und Philosophie, Zurique, 1953.
_____. *Zu einer neuen Verdeutschung der Schrift*, suplemento do vol. 1, Die fünf Bücher der Weisung, Heidelberg, 1976.
_____. *Zur Verdeutschung des letzten Bandes der Schrift*, suplemento do vol. 4, Die Schriftwerke, Heidelberg, 1980.
BÜCHSEL, F. *"eidolon"*, in: *ThWNT*, vol. II, pg. 373-377.
CALVIN, J. *Genesis*, Auslegung der Heiligen Schrift, Neue Reihe, vol. I, Neukirchen, 1956.
CASSUTO, U. *The Documentary Hypothesis*, 2ª ed., Jerusalém, 1972.
_____. *A Commentary on the Book of Genesis*, Part I, From Adam to Noah, 2ª ed., Jerusalém, 1972.
_____. *A Commentary on the Book of Genesis*, Part II, From Noah to Abraham, 2ª ed., Jerusalém, 1974.
_____. *A Commentary on the Book of Exodus*, 2ª ed., Jerusalém, 1974.
CLOSEN, G. E. *Die Sünde der Söhne Gottes*, Genesis 6,1-4, Scripta Pontificii Instituti Biblici, Roma, 1937.
COHN, M. "Notzucht", in: *JL*, vol. IV/1, col. 529.
COX, H. *Stirb nicht im Warteraum der Zukunft*, Aufforderung zur Weltverantwortung, 3ª ed., Stuttgart, 1970.
DEKOR, M. *"naga', berühren"*, in: *THAT*, vol. II, col. 37-39.
DELITZSCH, F. *Messianische Weissagungen*, Leipzig, 1890.
_____. *Neuer Kommentar über die Genesis*, Leipzig, 1887.
DELLING, G. "parthenos", in: *ThWNT*, vol. V, pg. 824-835.
DILLMANN, A. *Die Genesis*, 6ª ed., Leipzig, 1892.
DOPPELFELD, B. *Der Weg zu seinem Zelt*, Münsterschwarzacher Kleinschriften 2, Münsterschwarzach, 1979.
EHRLICH, A. *Randglossen zur Hebräischen Bibel*, vol. I, Genesis und Exodus, Leipzig, 1908.
EICHRODT, W. *Theologie des Alten Testaments*, vol. II/III, 6ª ed., Göttingen, 1961.
EIßFELDT, O. "Zehnten", in: *RGG*, VI, 3ª. ed., col. 1877 e 1878.
ERNST, J. *Das Evangelium nach Lukas* (Regensburger Neues Testament), Nachdruck Leipzig, 1984.
FICKER, R. *"mal'ak, Bote"*, in: *THAT*, vol. I, col. 900-908.

FOHRER, G. Zion - Jerusalem im Alten Testament, *ThWNT*, vol. VII, pg. 291-318.
FREY, H. *Das Buch des Glaubens*. Die Botschaft des Alten Testaments, vol. II, Stuttgart, 1935.
FRIEDLÄNDER, M. *Die jüdische Religion*, 2ª ed., Basileia, 1971.
FRIEDRICH, G. "Der Brief an die Philipper", in: *Die kleineren Briefe des Apostels Paulus*, NTD, vol. VIII, 9ª ed., Göttingen, 1962.
FUCHS, H. "Erzväter", in: *JL*, vol. II, col. 499-501.
GEISMAR, E. *Sören Kierkegaard: Seine Lebensentwicklung und seine Wirksamkeit als Schriftsteller*, Göttingen, 1929.
GERDES, H. *Das Christusverständnis des jungen Kierkegaard*, Itzehoe, 1962.
_____ (ed.) *Sören Kierkegaard, Die Tagebücher, Eine Auswahl*, Düsseldorf/Colônia, 1980.
GERLAND, G. *Der Mythos von der Sintflut*, Bonn, 1912.
GERLEMANN, G. *"mut*, sterben", in: *THAT*, vol. I, col. 893-897.
_____. "*nisah*, versuchen", in: *THAT*, vol. II, col. 69-71.
_____. "*Saba'*, sättigen", in: *THAT*, vol. II, col. 819-821.
_____. "*schalam*", in: *THAT*, vol. II, col. 919-935.
GERLEMANN, G. e RUPRECHT, E. "*darasch*, suchen", in: *THAT*, vol. I, col. 460-467.
GITT, W. *Logos oder Chaos*, Aussagen und Einwände zur Evolutionslehre sowie eine tragfähige Alternative, Wort und Wissen, vol. 5, Neuhausen-Stuttgart, 1980.
GLASER, Th. *Fröhliche Weihnachten*, Vellmar, 1984.
GOLDMANN, Chr. *Kinder entdecken Gott mit Marc Chagall*, Göttingen/Freiburg, 1978.
GOLLWITZER, H. "1. Mose 3.1-19", in: *GPM* 1957/58, pg. 77-83.
_____. *Die Freude Gottes, Einführung in das Lukasevangelium*, 2ª ed., Berlim-Dahlem und Gelnhausen, 1952.
GOPPELT, L. *Typos*, Die typologische Deutung des Alten Testaments im Neuen, Darmstadt, 1973.
GORION, E. bin (ed.). Micha Josef bin Gorion: *Sagen der Juden zur Bibel*, Frankfurt, 1980.
GORION, M. J. bin. *Die Sagen der Juden*, vol. I, Von der Urzeit, Frankfurt, 1930.
GRESSMANN, H. (ed.). *Altorientalische Texte und Bilder zum Alten Testament*, vol. I Textos, vol. II Imagens, Tübingen, 1909.
_____ (ed.). *Altorientalische Texte zum Alten Testament*, 2ª ed., Berlim/Leipzig, 1926.
GRUNDMANN, W. "*christos* (Die Christusaussagen im Neuen Testament)", in: *ThWNiT*, vol. IX, pg. 518-576.
_____. "*dynamis*", in: *ThWNT*, vol. V, pg. 286-318.
_____. "Das Evangelium nach Lukas", in: *ThHK*, vol. III, 6ª ed., Berlim, 1971.
_____. "Das Evangelium nach Markus", in: *ThHK*, vol. II, 6ª ed., Berlim, 1973.
_____. "Das Evangelium nach Matthäus", on: *ThHK*, vol. I, 3ª ed., Berlim, 1972.
_____. "Amulette", in: *JL*, vol. I, col. 295-298.
GUARDINI, R. *Der Herr*, Leipzig, 1964.
_____. *Die Existenz des Christen*, 2ª ed., Munique, 1977.
_____. *Tugenden/Meditationen*, Würzburg, 1963.
GUNKEL, H. *Genesis*, HK, 1ª. parte, vol. I, 5ª ed., Göttingen, 1922.
HAAF, G.; RANDOW, Th. Universum, Leben, Mensch in: *Die Zeit*, impressão especial dos n°s 6-8, Hamburgo, 1978.
HANSEN, N. *Hoffnung hat mein Herz berührt. Gedanken über Himmel und Hölle und Informationen zur Allversöhnung*, Wesel, 1986.

HARDER, G. "1. Mose 22,1-14", in: *GPM* 1962/63, pg. 104-111.

HAUCK, F. *"deka"*, in: *ThWNT*, vol. II, pg. 35 e 36.

HEIM, K. *Der christliche Gottesglaube und die Naturwissenschaft*, Erster Teilband, Grundlegung, Tübingen, 1949.

HEINZ-MOHR, G. *Lexikon der Symbole*, 4ª ed., Düsseldorf/Colônia, 1976.

HEMPEL, J. *Gott und Mensch im Alten Testament*, Studien zur Geschichte der Frömmigkeit, BWANT, 3. Folge, Stuttgart, 1926.

HENRY, M. L. *Das Tier im religiösen Bewußtsein des alttestamentlichen Menschen*, SGV 220/221, Tübingen, 1958.

HERMANN, K. *Evangelisches Kirchengesangbuch*, Ausgabe für die evangelisch-lutherischen Kirchen Niedersachsens, Hannover.

HERRMANN, J. "Das Gebet im Alten Testament", in: *ThWNT*, vol. II, pg. 782-799.

HERRMANN, S. *Geschichte Israels in alttestamentlicher Zeit*, Berlim, 1981.

HERTZ, J. H. (ed.). *The Pentateuch and Haftorahs*, 2ª ed., Londres, 1969.

HIRMER, M. e OTTO, E. *Altägyptische Kunst*, vol. I, 2ª ed. Munique, 1976, vol. II, 2ª ed., Munique, 1976.

HIRSCH, S. R. *Der Pentateuch*, übersetzt und erläutert, Parte 1, *Die Genesis*, Frankfurt, 1867.

_____. *Der Pentateuch*, übersetzt und erläutert, Parte 3, *Leviticus*, Frankfurt, 1873.

_____. Der Pentateuch, übersetzt und erläutert, Parte 5, *Deuteronomium*, Frankfurt, 1878.

_____. *The Psalms*, vols. I e II, Jerusalém/Nova Iorque, 1973.

HOEKSTRA, H (ed.) *Die Rembrandt-Bibel*, vol. IV, Die Patriarchen, Neuhausen-Stuttgart, 1983.

HOFIUS, W. "Fluch/Verfluchen", in: *Brockhaus Biblisches Wörterbuch*, Wuppertal, 1982, pg. 106-110.

_____. "Segen", in: *Brockhaus Biblisches Wörterbuch*, Wuppertal, 1982, pg. 317-32.

IWAND, H. J. *Briefe, Vorträge, Predigtmeditationen*, Berlim, 1979.

_____. "1. Mose 4,1-16", in: *Predigtmeditationen*, 2ª ed., Göttingen, 1964, pg. 409-414.

JACOB, B. *Das erste Buch der Tora*, Berlim, 1934.

JENNI, E. " '*ab*, Vater", in: *THAT*, vol. I, col. 1-17.

_____. " '*ach*, Bruder", in: *THAT*, vol. I, col. 98-104.

_____. "*dabaq*", in: *THAT*, vol. I, col. 431 e 432.

_____. "*gadal*", in: *THAT*, vol. I, col. 402-409.

JEREMIAS, J. "Abraham", in: *ThWNT*, vol. I, pg. 7-9.

_____. *Neutestamentliche Theologie*, Primeira parte. Die Verkündigung Jesu, 2ª ed., Gütersloh, 1973.

_____. *Theophanie, die Geschichte einer alttestamentlichen Gattung*, WMANT, vol. 10, 2ª ed., Neukirchen, 1977.

KAHLE, R. *Der hebräische Bibeltext seit Franz Delitzsch*, Stuttgart, 1961.

KAISER, O. *Einleitung in das Alte Testament*, 2ª ed., Gütersloh, 1970.

KEEL, O. *Die Welt der altorientalischen Bildsymbolik und das Alte Testament, am Beispiel der Psalmen*, 2ª ed., Zurique/Neukirchen, 1977.

KEEL, O.; KÜCHLER, M. e UEHLINGER, Chr. *Orte und Landschaften der Bibel*, vol. 1, Geographisch-geschichtliche Landeskunde, Zurique/Göttingen, 1984.

KEEL, O. e KÜCHLER, M. *Orte und Landschaften der Bibel*, vol. 2, Der Süden, Zurique/Göttingen, 1982.

KEIL, C. F. *Biblischer Commentar über die Bücher Mose's*, vol. I, Genesis und Exodus, ed. C. F. Keil e F. Delitzsch, Leipzig, 1878.

KELLER, C. A. "*barach*, segnen (I-III)", in: *THAT*, vol. I, col. 353-367.

_____. "*scheba*', schwören", in: *THAT*, vol. II, col. 855-863.
KENYON, K. *Archäologie im Heiligen Land*, Neukirchen, 1967.
KILIAN, R. *Isaaks Opferung, Zur Überlieferungsgeschichte von Genesis 22*, Leipzig, 1982.
KIPPER, B. Genesis 2.4-25, Uma segunda narrativa da criação (kein zweiter Schöpfungsbericht), *RCB* 4, 1960, pg. 101-105.
KIRSCHNER, B. e JOSEPH, M. "*Berit Mila*", in: *JL*, vol. I, col. 861-866.
_____. "Bund", in: *JL*, vol. I, col. 1231-1234.
KITTEL, R. "*autarkeia*", in: *ThWNT*, vol. I, pg. 466s.
_____. *Geschichte des Volkes Israel*, 2 vols, 6ª ed., Gotha, 1923.
_____. "*mal'ak*", in: *ThWNT*, vol. I, pg. 75-81.
_____. *Die alttestamentliche Wissenschaft in ihren wichtigsten Ergebnissen*, 4ª ed., Leipzig, 1921.
KLEPPER, J. *Kyrie, Geistliche Lieder*, 11ª ed., Witten/Berlim, 1960.
KLUGE, F. "Amulett", in: *Etymologisches Wörterbuch der deutschen Sprache*, 21ª ed., Berlim/Nova Iorque, 1975, pg. 20.
_____. *Etymologisches Wörterbuch der deutschen Sprache*, 21ª ed., Berlim/Nova Iorque, 1975.
KOCH, K. "Weltbild", in: *Reclams Bibellexikon*, Stuttgart, 1978.
_____. "1. Mose 1,1-31", in: *GPM*, 1966/67, pg. 200.
_____. *Was ist Formgeschichte? Neue Wege der Bibelexegese*, 2ª ed., Neukirchen, 1967.
KÖHLER, L. *Kleine Lichter, Fünfzig Bibelstellen erklärt*, Zurique, 1945.
KÖNIG, F. *Die Genesis, eingeleitet, übersetzt und erklärt*, 2ª/3ª ed., Gütersloh, 1925.
_____. *Geschichte der alttestamentlichen Religion*, Gütersloh, 1912.
KRAUS, S. e RAPPAPORT, M. S.-W. "Kebsweib", in: *JL*, vol. III, col. 6424-643.
KROLL, G., *Auf den Spuren Jesu*, 8ª ed., Leipzig, 1980.
KRUSCHE, W. "1. Mose 1, 23-31", in: *GPM* 1965/66, pg. 243-250.
KÜHLEWEIN, J. "*gabar*", in: *ThWAT*, vol. I, col. 398-402.
_____. "*jalad*, erzeugen, gebären", in: *THAT*, vol. I, col. 732-736.
KUHN, K. G. "Israel", in: *ThWNT*, vol. III, pg. 360-370.
LABUSCHAGNE, C. J. "*kara*", in: *ThWAT*, vol. II, col. 673.
LAMBELET, F. *Orbis Terrae Aegiptiae*. Museum Aegiptium, 2ª ed., Cairo, 1980.
LAMSA, G. M. *Die Evangelien in aramäischer Sicht*, Gossau/St. Gallen, 9ª ed., 1963.
LANGE, J. R. "Die Genesis oder das Erste Buch Mose", in: *THBW*, parte I, Bielefeld, 1864.
LEIBOWITZ, N. *Studies in Bereshit* (Genesis), 2ª ed., Jerusalém, 1974.
_____. *Studies in Shemot*, The Book of Exodus, vols I e II, Jerusalém, 1976.
LEIPOLDT, J. e GRUNDMANN, W. (ed.) *Umwelt des Urchristentums*, vol. II, Texte zum neutestamentlichen Zeitalter, 3ª ed., Berlim, 1972.
LEWKOWITZ, J. "Schuld", in: *JL*, vol. IV/2, col. 279 e 280.
LIAGRE BÖHL, F. M. Th, de. "Amraphel", in: *RGG*, 3ª ed., vol. I, col. 332 e 333.
LICHTENSTEIN, H. "*Geschichte Palästinas*", in: JL, vol. IV/1, col. 669-673.
LIEDKE, G. "*din*, streiten", in: *THAT*, vol. I, col. 445-448.
LINK, H. G. "Segen", in: *TBLNT*, vol. III, pg. 1119-1126.
LOOSER, G. *Gleichgeschlechtlichkeit ohne Vorurteil*, Zeitbuchreihe polis, Neue Folge, vol. 5, Basileia, 1980.
LUTERO, M. *Predigten über das erste Buch Mose*, EA, vol. 33, 1843.

_____. *Auslegung des ersten Buches Moses*, Im Auszug wiedergegeben und bearbeitet von Th. Stiasny, vol. I, Duisburg-Meiderich, 1926.

_____. *Evangelisches Kirchengesangbuch*, Ausgabe für die evangelisch-lutherischen Kirchen Niedersachsens, Hannover.

_____. "Der kleine Katechismus", in: *BSLK*, 4ª ed., Göttingen, 1959, pg. 499-541.

_____. "Artikel christlicher Lehre (Schmalkaldische Artikel)", in: *BSLK*, 4ª ed., Göttingen, 1959, pg. 405-468.

MAAS, F. "*tama'*, unrein sein", in: *THAT*, vol. I, col. 664-667.

_____. "Jerusalem", in: *RGG*, vol. III, 3ª ed., col. 593-597.

MAIER, G. "Kritisches zur Pentateuchkritik", in: *Theologische Beiträge*, 16. Jahrgang, 1985, H. 6, pg. 286-290.

MARTIN-ACHARD, R. " '*anah* (II), elend sein", in: *THAT*, vol. II, col. 341-350.

MAURER, Chr. "*prasso*", in: *ThWNT*, vol. VI, pg. 632-645.

MEIR-ZLOTOWITZ, *Sefär Bereishit/Genesis*, Nova Iorque, 1977.

MENGE, H. *Die Heilige Schrift des Alten und Neuen Testaments*, 11ª ed., Stuttgart, 1949.

METZGER, M. *Grundriß der Geschichte Israels*, Neukirchen, 1963.

MICHAELIS, W. "*horao*", in: *ThWNT*, vol. V, pg. 315-381.

MICHEL, O. *Der Brief an die Hebräer*, KEK, parte 13, 12ª ed., Göttingen, 1966.

_____. "Melchisedek", in: *ThWNT*, vol. IV, pg. 573-575.

_____. *Der Brief an die Römer*, KEK, parte 4, 12ª ed., Göttingen, 1963.

MITTMANN, S. "Richter 1,16f und das Siedlungsgebiet der kenitischen Sippe Hobab", in: *ZDPV* 93, 1977, pg. 213-235.

MÖLLER, H. *Der Anfang der Bibel (1. Mose 1-11)*, 2ª ed., Berlim, 1981.

MUNK, F. *The Seven Days of the Beginning*, Jerusalém, 1974.

NIGG, W. e GRÖNING, K. *Bleibt, ihr Engel, bleibt bei mir*, 4ª ed., Berlim, 1981.

NOTH, M. "Amoriter", in: *RGG*, I, col. 327 e 328.

_____. *Das zweite Buch Mose (Exodus)*, ATD, Teilbd 5, 2ª ed., Göttingen, 1961.

_____. *Geschichte Israels*, 4ª ed., Göttingen, 1959.

_____. "Hat die Bibel doch recht?", in: *Aufsätze zur biblischen Landes- und Altertumskunde*, vol. I, pg. 17-33.

_____. "Ismael", in: *RGG*, III, 3ª ed., col. 9354-936.

_____. "Mari und Israel, Eine Personennamenstudie", in: *Aufsätze zur biblischen Landes- und Altertumskunde*, vol. II, pg. 213-233.

_____. "Zur Geschichte des Namens Palästina", in: *Aufsätze zur biblischen Landes- und Altertumskunde*, vol. I, pg. 294-308.

ODEBERG, H. "Esau", in: *ThWNT*, vol. II, pg. 957 e 958.

_____. "Jakob", in: *ThWNT*, vol. III, pg. 191 e 192.

ODELAIN, O. e SEGUINEAU, R. *Lexikon der Biblischen Eigennamen*, traduzido e editado para a versão Einheitsübersetzung por Franz Joseph Schierse, Düsseldorf/Neukirchen, 1981.

ONASCH, K. *Christliche Engelverehrung*, EKL, vol. I, col. 1075-1077.

PÄKOZELY, L. M. "1. Mose 3,1-19", in: *GPM* 1965/66, pg. 97-103.

PATAI, R. *Sitte und Sippe in Bibel und Orient*, Frankfurt, 1962.

PAULSEN, A. *Sören Kierkegaard, Deuter unserer Existenz*, Hamburgo, 1955.

PERKINS, R. R. "Buber und Kierkegaard, Eine philosophische Begegnung", in: Martin Buber, *Bilanz seines Denkens*, Freiburg, 1983.

PHILO-LEXIKON. *Handbuch des jüdischen Wissens*, Königstein/Ts., 1982.

PROCKSCH, O. *Die Genesis*. Kommentar zum Alten Testament, ed. E. Seilin, vol. 1,2./3ª ed., Leipzig/Erlangen, 1924.

von RAD, G. *Gottes Wirken in Israel*, Neukirchen, 1974.

_____. *Das erste Buch Mose*, ATD 2-4, Göttingen, 1961.

_____. *Theologie des Alten Testaments*, vol. I e II, 3ª ed., Munique, 1961.

_____. "*mal'ak* im Alten Testament", in: *ThWNT*, vol. I, pg. 75-79.

_____. "Israel", in: *ThWNT*, vol. III, pg. 356-359.

_____. "1. Mose 16,1-16", in: *GPM* 1947, Heft 4, pg. 54-56.

_____. "1. Mose 22,1-19", in: *GPM* 1947, Heft 4, pg. 56-60.

_____. "1. Mose 32,22-33", in: *GPM* 1947, Heft 5, pg. 59-61.

_____. *Das Opfer Abrahams*, Munique, 1971.

_____. "*shalom* im Alten Testament", in: *ThWNT*, vol. II, pg. 400-405.

RAPPAPORT, S. "*Ki Tow*", in: *JL*, vol. III, col. 725 e 726.

RASCHI, *Pentateuchkommentar*. Trad. para o alemão por S. Bamberger, 3ª ed., Basileia, 1975.

REINDL, J. *Das Angesicht Gottes im Sprachgebrauch des Alten Testaments*, EThST, Bd 25, Leipzig, 1970.

RENGSTORF, K. H. "*hikanos*", in: *ThWNT*, vol. III, pg. 294-297.

_____. *Das Evangelium nach Lukas*, NTD 3, 10ª ed., Göttingen, 1965.

REVENTLOW, H. "1. Mose 22,1-14a", in: *GPM* 1968/69, pg. 127-132.

RIDDERBOS, J. "Bibel und Homosexualität", in: *Der homosexuelle Nächste. Ein Symposion*. Stundenbücher, vol. 31, Hamburg, 1963, pg. 50-73.

ROSENBERG, A. *Engel und Dämonen*, Munique, 1967.

ROSENSTOCK-HUESSY, F. *Die Sprache des Menschengeschlechts*, vol. I, Heidelberg, 1963.

SAUER, G. "*shamar*, hüten", in: *THAT*, vol. II, col. 982-987.

SCHEDL, C. *Geschichte des Alten Testaments*, vol. I, Alter Orient und Biblische Urgeschichte, 2ª ed., Innsbruck, 1964.

SCHEDL, C. *Geschichte des Alten Testamentes*, vol. III, Das goldene Zeitalter Davids, Innsbruck/Viena/Munique, 1959.

SCHELKLE, K. H. *Die Petrusbriefe und der Judasbrief*, HThK, XIII/2, 2ª ed., Freiburg, 1964.

SCHICK, E. *Vom Segnen*, 9ª ed., Stuttgart, 1956.

SCHIPPMANN, K. "Geschichte Alt-Mesopotamiens", in: *Sumer, Assur, Babylon*, Eggebrecht, A (ed.), Hildesheim, 1978, pg. 8-33.

SCHLATTER, A. *Der Brief des Jakobus*, Stuttgart, 1932.

_____. *Der Evangelist Matthäus*, 5ª ed., Stuttgart, 1959.

_____. *Gottes Gerechtigkeit, Ein Kommentar zum Römerbrief*, 3ª ed., Stuttgart, 1959.

SCHLECHTA, E. *Sören Kierkegaard, Christentum und Christenheit*, aus Kierkegaards Tagebüchern ausgewählt und übersetzt, Munique, 1957.

SCHLIER, H. *Der Brief an die Galater*, KEK, parte 7, 12ª ed., Göttingen, 1962.

SCHMID, H. H. "*lakach*", in: *ThWAT*, vol. I, col. 879.

SCHMIDT, K. L. e SCHMIDT, M. A. "*paroikos*", in: *ThWNT*, vol. V, pg. 840-848.

SCHMIDT, W. H. *Die Schöpfungsgeschichte der Priesterschrift*, 3ª ed., Neukirchen, 1974.

SCHNIEWIND, J. *Das Evangelium nach Matthäus*, NTD 2, 9ª ed., Göttingen, 1960.

SCHNIEWIND, J. e FRIEDRICH, G. "*epaggello*", in: *ThWNT*, vol. II, pg. 573-583.

SCHOLEM, G. *Die Geheimnisse der Schöpfung*, Ein Kapitel aus dem Sohar, Berlim, 1935.

SCHOTTROFF, W. *"paqad*, heimsuchen", in: *THAT*, vol. II, col. 466-486.
SCHRADER. "Simeon", in: *Bibellexikon Realwörterbuch zum Handgebrauch*, vol. V, 1875, pg. 297s.
SCHULE, G. *Die Apostelgeschichte des Lukas*, ThHK, vol. V, Berlin, 1983.
SCHWEIZER, E. *Das Evangelium nach Lukas*, NTD 3, Göttingen, 1982/Berlim, 1983.
SEESEMANN, K. *"paroxyno"*, in: *ThWNT*, vol. V, pg. 855 e 856.
SEGAL, M. H. *The Pentateuch, Its composition and its authorship*, Jerusalém, 1967.
SEIDEL, H. *Das Erlebnis der Einsamkeit im Alten Testament*, ThA, XXIX, Berlim, 1969.
SEILIN, E. *Einleitung in das Alte Testament*, editado por L. Rost, 9ª ed., Heidelberg, 1959.
SOGGIN, J. A. *"mäläch*, König", in: *THAT*, vol. I, col. 908-920.
SPANIER, A., "Essau", in: *JL*, vol. II, col. 501 e 502.
van de SPIJKER, H. *Die gleichgeschlechtliche Zuneigung*, Freiburg i. B., 1968.
STÄHLI, H.-P. *"chawah*, sich niederwerfen", in: *THAT*, vol. I, col. 530-533.
_____. *"Jara'*, fürchten", in: *THAT*, vol. I, col. 765-778.
_____. *"pachad*, beben", in: *THAT*, vol. II, col. 411-413.
_____. " *'palal'* beten", in: *THAT*, vol. II, col. 427-432.
_____. *Die Apostelgeschichte*, NTD 5, 10ª ed., Göttingen, 1962.
STECH, K. G. "1. Mose 32,23-32", in: *GPM* 1958/59, pg. 277-283.
STEINWAND, E. *Verkündigung, Seelsorge und Gelebter Glaube*, Göttingen, 1964.
STOEBE, H. J., *"ra'a*, schlecht sein", in: *THAT*, vol. II, col. 794-803.
STOLZ, R. " *'esh*, Feuer", in: *THAT*, vol. I, col. 242-246.
STRACK, H. L. *Die Bücher der Genesis, Exodus, Leviticus und Numeri*, KK, A, Altes Testament, parte 1, Munique, 1894.
STRACK, H. e BILLERBECK, R. *Kommentar zum Neuen Testament. Aus Talmud und Midrasch*, vols. I-IV, 6ª ed., Munique, 1975.
SYMANK, A. *Werden alle Menschen gerettet? Überlegungen zur Lehre der Allversöhnung*, Zurique, 1982.
TERSTEEGEN, G. *Evangelisches Kirchengesangbuch*, Ausgabe für die evangelisch-lutherischen Kirchen Niedersachsens, Hannover.
THIELICKE, H. *Theologische Ethik*, vol. I, 3ª ed., Tübingen, 1965, vol. II, 1 e 2, 2ª ed., Tübingen, 1966, vol. III, 2ª ed., Tübingen, 1968.
_____. *Theologische Ethik*, vol. III, 2ª ed., Tübingen, 1968.
_____. *Tod und Leben. Studien zur christlichen Anthropologie*, Genf. o. J.
TORCZYNER, H. (ed.) *Die Heilige Schrift*. Neu ins Deutsche übertragen. Frankfurt, 1937
TRAUB, H. *"eporanios"*, in: *ThWNT*, vol. V, pg. 538-543.
_____. *Wie die Welt begann*, Der Mensch in der Urgeschichte der Bibel, Stuttgart, 1963.
TRILLHAAS, W. *Vom Wesen des Menschen*, Eine christliche Anthropologie, Stuttgart, 1949.
TRÖGER, K.-W. (ed.). *Altes Testament - Frühjudentum - Gnosis*, Neue Studien zu "Gnosis und Bibel", Berlim, 1980.
VAUX, R. de,. *Die Patriarchenerzählungen in der Geschichte*, 2ª ed., Stuttgart, 1968.
VISCHER, W. *Das Christuszeugnis des Alten Testaments*, vol. I, 7ª ed., Zurique, 1946.
_____. "1. Mose 3,1-19", in: *GPM* 1959/60, pg. 113-116.
_____. "1. Mose 4,1-16", in: *GPM* 1957/58, pg. 1-5.
VOIGT, G. "1. Mose 22,1-13", in: *Die geliebte Welt, Homiletische Auslegung der Predigttexte der Reihe III*, Berlim, 1980, pg. 169-176.
_____. "1. Mose 22,1-14a", in: *Der rechte Weinstock*, 2ª ed., Berlim, 1974, pg. 135-140.

_____. "1. Mose 32,23-32", in: *Die große Ernte*, vol. II, pg. 439-445.
VORLÄNDER, W. *Christus erkennen. Die Theologie des Paulus.* Neukirchen, 1986.
von WAHLERT, G. "Der Mensch als Bestandteil der Evolution, Kommentar zu Charles Darwin: The origin of species by means of natural selection, or the presentation of favoured races in struggle of life", Londres 1859, in: *Naturwissenschaft und Theologie*, ed. H. Aichelin e G. Liedke, 3ª ed., Neukirchen, 1975.
WANKE, G. " *'aphar*, Staub", in: *THAT*, vol. II, col. 353-356.
_____. "*phobos* im Alten Testament", in: *ThWNT*, vol. IX, pg. 194-201.
_____. "*satan*, Widersacher", in: *THAT*, vol. II, col. 821-823.
WEBER, O. *Grundlagen der Dogmatik*, vol. I, 2ª ed., Neukirchen, 1959.
_____. *Bibelkunde des Alten Testaments*, 10ª ed., Hamburgo, 1964.
WEIPPERT, M. "*Schaddaj*", in: *THAT*, vol. II, col. 873-881.
WEISER, A. "*pisteuo* (B.), Der alttestamentliche Begriff", in: *ThWNT*, vol. VI, pg. 182-197.
von WEIZSÄCKER, C. F. *Der Garten des Menschlichen*, Beiträge zur geschichtlichen Anthropologie, Munique/ Viena, 1977.
von WEIZSÄCKER, V. *Am Anfang schuf Gott Himmel und Erde*, Grundfragen der Naturphilosophie, 6ª ed., Göttingen, 1963.
WESTERMANN, C. "Arten der Erzählungen in der Genesis", in: *Forschung am Alten Testament, Gesammelte Studien*, Munique, 1964, pg. 9-91.
_____. "Gebet im Alten Testament", in: *RGG*, 3ª ed., vol. I, col. 1213-1217.
_____. *Gottes Engel brauchen keine Flügel*, Siebenstern-Taschenbuch 52, Munique/Hamburgo, 1965.
_____. *Lob und Klage in den Psalmen*, 5ª ed., Göttingen, 1977.
_____. "Micha 5,1-3", in: Eichholz: *Herr, tue meine Lippen auf*, vol. 5, 2ª ed., Wuppertal, 1961, pg. 54-59.
_____. *Der Segen in der Bibel und im Handeln der Kirche*, Munique, 1968.
_____. *Segen und Fluch*, *EKL*, vol. III, col. 916-919.
_____. "Tempel", in: *EKL*, vol. III, col. 1324-1328.
_____. *Genesis 1-11. Biblischer Kommentar Altes Testament*, vol. I/1, Neukirchen, 1974.
_____. *Genesis 12-36. Biblischer Kommentar Altes Testament*, vol. I/2, Neukirchen, 1981.
_____. "tehom", in: *ThWAT*, vol. II, col. 1026-1031.
_____. "naefaesch", in: *THAT*, col. 71-96.
WIENER, M. "Götzendienst", in: *JL*, vol. II, col. 1246-1248.
WILDBERGER, H. " *'aman*", in: *THAT*, vol. I, col. 177-209.
WILDER-SMITH, A. E. *Herkunft und Zukunft des Menschen*, Gießen, 1966.
WILSDORF, H. "Gold", in: *Lexikon der Antike*, J. Irmscher (ed.), Leipzig, 1977, pg. 197.
_____. "Amulett", in: *Lexikon der Antike*, J. Irmscher (ed.), Leipzig, 1977, pg. 197.
WOLFF, H. W. *Anthropologie des Alten Testaments*, 3ª ed., Munique/Berlim, 1977/1980.
WÜRTHWEIN, E. *Der Text des Alten Testaments*, Stuttgart, 1952.
ZIMMERLI, W. "1. Mose 32,23-31", in: Eichholz, G.: *Herr, tue meine Lippen auf*, vol. V, 2ª ed., Wuppertal, 1961, pg. 266-276.
ZOHARY, M. *Plants of the Bible*, Cambridge University Press, 1982.

Sobre o livro:
Formato: 16 x 23
Tipo e tamanho: Palatino Linotype 10,5/11,5
Papel: Capa - Cartão 250 g/m2
Miolo - Offset 75 g/m2